U0453233

南开大学中外文明交叉科学中心
南开大学梅田善美日本文化研究基金 资助项目

Umeda Yoshimi Japanese Culture Research Fund, NKU.

善美原典日本研究文库

日本哲学与宗教史料集

刘岳兵 主编

日本哲学资料集

[美]詹姆斯·W.海思克
[美]托马斯·P.卡苏利斯
[美]约翰·C.马拉尔多——主编

张政远——等译

下册

JAPANESE PHILOSOPHY: A Sourcebook

中国社会科学出版社

下册目录

作为现代学术的哲学 ································· 467
 综　论 ·· 469
 西　周 ·· 500
 福泽谕吉 ·· 507
 中江兆民 ·· 518
 井上哲次郎 ······································· 524
 井上圆了 ·· 535
 大西祝 ·· 545

京都学派 ··· 553
 综　论 ·· 555
 西田几多郎 ······································· 562
 田边元 ·· 586
 务台理作 ·· 605
 三木清 ·· 616
 高坂正显 ·· 624
 西谷启治 ·· 629
 下村寅太郎 ······································· 645
 高山岩男 ·· 651
 武内义范 ·· 657
 阿部正雄 ·· 662

辻村公一	671
上田闲照	680
长谷正当	700
大桥良介	708

二十世纪哲学 … 715

综　论	717
波多野精一	724
阿部次郎	732
高桥里美	739
九鬼周造	745
和辻哲郎	766
三宅刚一	784
户坂润	791
市川白弦	797
今西锦司	804
船山信一	810
泷泽克己	818
家永三郎	831
井筒俊彦	837
丸山真男	847
源了圆	856
大森庄藏	862
汤浅泰雄	869
中村雄二郎	882
木村敏	893
广松涉	908
坂部惠	914
藤田正胜	927

附加主题

文化与同一性 ... 937
- 综　论 ... 939
- 不干斋巴鼻庵 ... 974
- 森有正 ... 979
- 八木诚一 ... 985
- 《中央公论》座谈会 ... 994
- "近代的超克"座谈会 ... 1013
- 竹内好 ... 1021
- 柄谷行人 ... 1029

武士道思想 ... 1037
- 综　论 ... 1039
- 死亡与忠诚 ... 1042
- 武士道思想的核心 ... 1044

女性哲学 ... 1047
- 综　论 ... 1049
- 与谢野晶子 ... 1074
- 平塚雷鸟 ... 1085
- 山川菊荣 ... 1098

美　学 ... 1105
- 综　论 ... 1107
- 藤原俊成 ... 1115
- 人的情感 ... 1134
- 知物哀 ... 1136
- 无　常 ... 1138
- 言灵之辨 ... 1141

幽　玄 …………………………………………………… 1143

　　金春禅竹 ………………………………………………… 1145

　　民族主义与美学 ………………………………………… 1147

　　粹的构造 ………………………………………………… 1152

　　切的构造 ………………………………………………… 1158

　　茶　道 …………………………………………………… 1160

　　花　道 …………………………………………………… 1164

　　书　道 …………………………………………………… 1168

　　鸭长明 …………………………………………………… 1170

　　世阿弥元清 ……………………………………………… 1176

　　大西克礼 ………………………………………………… 1214

　　井筒丰子 ………………………………………………… 1218

生命伦理学 …………………………………………………… 1225

　　综　论 …………………………………………………… 1227

参考资料 …………………………………………………… 1241

　　词汇表 …………………………………………………… 1243

　　文献表 …………………………………………………… 1260

　　时序表 …………………………………………………… 1303

　　主题索引 ………………………………………………… 1310

　　总索引 …………………………………………………… 1315

　　授　权 …………………………………………………… 1347

　　中译本后记 ……………………………………………… 1349

作为现代学术的哲学

综　　论

　　日本现代学术中的哲学开始于对哲学这个词的含义和范围的争论。这个词和它所指定的学科作为知识和技术的巨大涌入的一部分，在19世纪中期进入日本，因为当时日本在经历了两百多年的相对孤立之后，向西方和世界其他国家更广泛地开放了边界。社会和政治体制的动荡导致了政府的崩溃和一个具有全球影响力的帝国的最终崛起。日本的知识传统也同样受到了外国思想的挑战，哲学的概念就是其中的缩影。这一概念的性质和新颖性在明治初期（1868—1912）引起了大量的惊讶，甚至是惊愕。

　　事实上，如果惊讶或惊愕本身也算作哲学思维的起源，正如希腊人所建议的那样，那么对 *philosophia* 的意义和范围的惊讶可以说是现代哲学在日本的起源。哲学是一门局限于欧洲传统的学科，还是可以适用于日本和亚洲的传统思维，这是一个激烈的，甚至是分散的辩论主题。学者们争论的是，日本过去的思想家们是否取得了类似哲学的成就，以及在当时亲口承认这门学科的日本人是否真正的哲学家。

　　将笛卡尔、康德和效益主义者等哲学家与儒家、佛教和国学的思想家，以及明治时期的翻译家和教授的工作相比较，批评者认为后二者只是前者的模糊反映，不是纯粹的哲学家。其他学者认为，哲学在中国和日本的传统中确实有对应的内容，甚至是先例。（然而，值得注意的是，对于"印度哲学"的存在，争议相对较少。）

　　解决哲学的范围和性质的努力也涉及翻译的问题，并产生了一个新的，或多或少的标准术语，即哲学本身。事实上，日本和东方的哲学问题与翻译问题是不可分割的。一个半世纪后，当专业哲学家们继续审视其学科的起源和范围时，当时关于哲学的意义和范围的辩论具有指导意义。

哲学的概念

西方哲学在日本的引进

日本与西方哲学思想的第一次接触是通过 16 世纪中期的天主教传教士进行的。他们在神学院教授亚里士多德、奥古斯丁和阿奎那，并在与佛教徒的辩论中呼吁证明上帝的存在。他们的努力在 1614 年戛然而止，因为德川幕府禁止基督教的传播，然后在 1633 年关闭了日本与罗马天主教欧洲国家来往的边界。在这个锁国的国度只允许荷兰商人在长崎的出岛上进行交易的时期，研究兰学的武士学者高野长英（1804—1850）出版了可能是日本第一部系统介绍希腊和欧洲哲学史的著作，这部著作后来被命名为"西方大师的理论"。他的作品因其用于表达哲学学科的术语以及与日本和中国知识传统的联系而备受关注。他主要依靠荷兰语资料，其中 *wijsgeer*（哲学家）这个词，他用一个一般的儒家术语 *gakushi*（学士）来翻译。他按时间顺序研究了从泰勒斯到克里斯蒂安·沃尔夫的思想家，但跳过了中世纪，从希腊人和罗马人直接跳到了哥白尼；他经常将这些人的名字归入教师和学生的学派或世系，并使用传统的新儒家术语来解释柏拉图等哲学家的学说。

> 柏拉图将人类的精神，作为一个"稀薄的、没有黑暗的精神"，与天堂的精神联系起来。然而，当与世俗物质混合时，它就变成了被玷污的、无知的、不纯的东西。这与朱熹理论中的思想状况相似。我认为这是一种存在与虚无的学说，无形的精神是虚无，有形的大地是存在。

该书只提到了每位思想家的一两个贡献，但他对自然哲学的实验方法，即对物理现象的"实际测量"表现出了明显的兴趣，这使得哲学能够在各个时代取得进展。"今天的学问是由牛顿、莱布尼茨和洛克建立的，他们有很多后继者，但没有人能超过克里斯蒂安·沃尔夫。长英没有提到康德或他之后的哲学家，但提到了 18 世纪初的几位荷兰和英国自然哲学家和数学家，他们今天被认为是科学史上的小人物。"根据他们在实际测量中的工作，没有丝毫无根据的争论，他们不断地提出更清晰、更确定的理论。他的"自西方世界创建以来的 5840 年中哲学家的兴衰、功过概要"最后解释了哲学的五个主要学科，今天我们称之为逻辑学、道德和政治哲学、自然哲学或科学、数学，最后是形而上学（包括本体论、心理学、宇宙论和神学）。为了解释荷兰语中未被翻译的词语，长英采用了儒家的范畴，采用了朱熹关于自然、科学哲学的术语，并为逻辑学创造了一个全新的术语"知理义学"（*chirigigaku*），认为这门学科"其规则是根据事物的自然运作建立的，以显示如何分辨真假，什么是真实的，什么是不真实的，从而确定各种理论和论证的真假"（高野长英 1835，205，209-10）。

哲学作为一个独特的概念的出现

将 *philosophia* 这一术语引入日本的是西周（1829—1897），他在 19 世纪 70 年代初的几次尝试之后，将其翻译为"哲学"（*tetsugaku*），这是一个由两个汉字组成的新词，后来在中国和韩国也成为 *philosophia* 的标准翻译。西周一开始阅读了荷兰研究的少数资料，随后被德川幕府派往荷兰的莱顿，使其得以尽可能多地吸收西方的学科，如宪法、经济、政治和社会思想。前一年，即 1861 年，在他莱顿的同窗津田真道的一本书的后记中，他用"希哲学"来解释这个译名。这些汉字可能取自周敦颐在 11 世纪的儒家作品《通书》中的一个儒家术语，即"士希贤"。①但"希哲学"这个词也可能是西周的修改，大致意思是把 *philosophia* 翻译成"希求智慧"。我们不应忽视的是，希的汉字与现在希腊的古字所使用的汉字相同。西说，希贤学，寻找智慧的研究，也可以作为一个翻译，并将其缩写为贤学，但最终在 1874 年确定为哲学（西周1874a）。这一解决方案与古老的儒家词汇相呼应，如哲人或圣人，以及哲理或"人生哲学"这一短语的大致含义。事实上，早在儒家六经之一的《尚书》中就出现了"哲"字，它被用来描述舜帝的"贤"，舜被儒生赞誉为圣贤之君。学的汉字，意思是研究或学习，同样也有古老的根源。它出现在《论语》的开篇，后来，在一个罕见的不谦虚的时刻，孔子宣称他无与伦比的"好学"（第 28 节）。因此，"哲学"这个词是一个新名词，无法与儒学引起共鸣。

---

① 周敦颐（1017—1073）是一位宋代哲学家，其思想是朱熹新儒家哲学的原型。

翻译哲学术语的努力成为这些早期岁月的一个决定性特征。西周的尝试表明他至少在中国的传统中找到了西方这一学科的一些对应物，或者用中国的术语解释这门学科的一些方法吗？毕竟与其用汉字翻译这个词，他还可以用音译的方式直译。看来，西周既想强调哲学的不同，同时又想把它与传统的儒家学问联系起来。在1870年的一篇文章中，他写道："孔子和孟子的方法实际上与西方的哲学是一样的。"（西周1870，305）然而，大约在同一时期，他发表了一个不同的意见，正如他的学生永见裕所记录的那样：

> 到目前为止，我的解释是从日本到中国，然后再到西方，但说到哲学，我们必须从西方开始。在我们国家，几乎没有什么可以称为哲学的东西。在这一点上，中国也比不上西方。（西周1871，181）

在他去荷兰学习之前，西周已经表达了这样的观点："在哲学研究中，其对人性和生活原则的解释甚至超过了宋代儒学。"（西周1862，8）最终，他承认中国儒家思想和西方哲学之间有深刻的相似之处，尽管他继续主张二者也有明确的区别。

> 这个词来自英语 *philosophy*，法语 *philosophie*，以及希腊语中"*philo*"和"*sophia*"的意思。因此，我们称哲学为热爱智慧的人的研究领域……这也是周敦颐所使用的"渴望智慧的高雅人士"这一说法的含义……在后来的用法中，哲学特别指讨论原则的研究。理学或理论，"原则的研究"或"关于原则的论述"，可能是更直接的翻译，但为了不把哲学与宋代的儒家学派相混淆，我们将把它翻译成哲学，并把它与东方的儒家学派区分开来。（西周1873，31）

在接下来的十年中，西周的翻译遇到了日本知识分子的抵制，如西村茂树、中江兆民和三宅雪岭，他们都和西周一样，是在儒学研究中成长起来的。直到东京大学及其哲学系建立，理学一词还被用来翻译 *philosophia*。

在他对哲学史的全面概述中，西周注意到希腊和中国早期思想都有一个共同的转向，即从他所谓的对宇宙及其所有美好事物的"客观沉思"，转向对思想和灵魂的"主观沉思"。

> 那么，到目前为止，我们已经概述了欧洲哲学的主要潮流……我们发现哲学在人类文明的最初阶段就已经萌芽了，从东方的尧舜时代到西方的希腊泰勒斯时代，他们被认为是创始人。一开始，哲学并没有延伸到对人性原则的讨论。它开始于客观的沉思：人们仰望天空，观察那里出现的东西，然后回头观察地球上的规律。他们仰望宇宙的主宰，赞美万物的壮丽和美丽，并发展出一种客观的观察方式。

> 他们尽可能地追求这种方法，直到他们无法再进一步理解，他们回头发展了一种基于人性的观察方式，一种主观的沉思，通过物体看到认识它们的自我或主体，看到指导自我的思想，看到指导思想的人性。这是一个理所当然的事情，就像一个自然法则。例如，今天，一个孩子的知识从一天天显示出增长的迹象。如果这种知识不通过看和听的东西来扩展和增长，那么作为一个理所当然的事情，孩子将无法反思或思考自己。儒家研究和哲学的发展也是如此。自尧舜时代起，基于观察的客观沉思产生了一种看待事物的方式，但随着孔子的出现，发生了巨大的变化，思想转向了对成为人和智慧的解释。同样，从泰勒斯到诡辩家，他们的主要事情是观察天上的图案，但在苏格拉底那里，当他努力从灵魂出发时，一切都改变了。（西周1873，38-9）

西周通过研究西方的哲学史发展了他对哲学的理解。然而，他在所有这些思想中发现的对日本最有益的东西，主要是从约翰·斯图尔特·密尔的归纳逻辑和奥古斯特·孔德的实证主义体系中获得的，他在19世纪60年代初曾在荷兰的莱顿听过关于这些主题的讲座。归纳逻辑相对于投机性形而上学的实际意义，以及导致科学思想的逐步阶级化，给西周留下了深刻的印象，尽管与孔德不同，他仍然认为哲学是科学的女王。

哲学的英文定义指出，"哲学是诸科学的科学"，是所有科学中最重要的。（西周1871，146）毫无疑问，在对朱熹学派的理想主义倾向的批评中，西周也强调了科学需要被应用。

科学首先是实现真理的东西，而一旦实现，就必须使真理成为实用的技艺，并付诸使用……由于很难直接应用科学，我们需要学习、调查和掌握各种技术，使其成为一门技艺……从磁力原理发明电报，或从风的原理发明风车，或使其他此类机器工作，都表明真理是如何在实用艺术中实现并投入使用的。不管是什么问题，我们必须在科学的层面上寻求真理，并试图将其应用于技术。然后，科学将最终成为"可用的、有利的、适用的"，正如英语所说的那样，真理将得到验证，真理将得到彰显，也就是说，在科学中取得的真理将在实用技艺的层面上得到彰显。（西周1871，63-4）

西周后来澄清，哲学提供了一个关于支撑特定科学的统一性的观点。

因此，为了解释研究领域，我们当然必须区分理论和实践，其中实践主要是根据心灵的原则建立法律，而不关心解释物理原理；另一方面，理论必须考虑到物质的原则，但解释时不能把物质的原则和心灵的原则混为一谈……

如果人类也是自然界中的物质，那么我们必须考虑到物理原理，特别是西方的自然史。自然史涉及矿物、植物和动物领域的理性依据，包括人类。它分为几个分支，如地理学和古生物学，反映了这个地球的开端。研究人类和动物的领域包括人类学，或者按我的翻译，"对人性的研究"。它从比较解剖学开始，包括生物学、心理学、人种学、神学，以及对善和美的研究。我们还必须区分综合艺术和历史等研究领域，除了处理物理原理的研究外，还要考虑到它们。

我们可以在所有这些领域的研究中探究心灵的原则。考虑到所有这些问题，在建立不同研究领域的方法论的同时，探究心灵的原则并阐明自然和人类的方式的学科，就是哲学，译为 *tetsugaku*。

自古以来，哲学在西方也是一个争论不休的问题，如果我现在试图在"所有的教义都归于一个"的标题下协调各种学术，那么，这也可以被称为一种哲学。如果只看细节，人们通常最终会相信一个学派，而认为其他学派是错误的。将所有的科学放在一起并阐明它们的本质是一样的，需要一个非常广泛的视角。因此，哲学必须把物质和精神的原则放在一起讨论，而不能把二者混为一谈。（西周1874a，288-9）

同时，西周对西方强调客观性持批评态度。在《生理学和心理学的基础》中，他认为日本人和中国人已经忘记了像密尔的归纳法这样的方法，但可以从西方哲学中重新学习。同时，西方已经成功地适应了"客观的沉思"，但可能必须重新认识自己，认识自己的灵魂的需要的首要地位。哲学应该回归到"主观的沉思"，并重新开始对心灵的研究。

西方的分析方法和东方的整体方法

西村茂树（1828—1902）也赞同东方思想更可能来自内部反思而非客观观察的观点，他是启蒙运动的倡导者，也是寻求实现日本现代化的进步的明六社的共同创始人。

> 东方的学问大体上都是向内求心，而西方的学问则主要是向外求心。内求是以禅宗的"直指人心，见性成佛"或王阳明的"通达先天"等教义为例。外求是在生理学中寻找心的基础，或通过检查心理现象来研究它。向内求心的人通过综合的方式全面地看待它；他们的缺点是缺乏精确性。那些从外部寻求心灵的人通过分析的方式来看待它；他们的缺点是，他们屈服于吹毛求疵。当今天的学者普遍遵循西方的研究方式时，他们大多从外部寻求思想，也就是说，他们用分析的方法来看待它。尽管这种方法在分析的精确性上远远超过了东方的方法，但由于它缺乏对心智的整体把握和训练心智的方法，有许多人研究了十年或更长时间，仍然不知道心智是什么。（西村1899，23）

西村的文本对定义日本的哲学有两个重要的影响。首先，作者发现有必要使用一种反映西方哲学术语的新语言来描述东方和西方思想。在他的时代，许多哲学术语的翻译已经成为标准，例如"分析""综合"和"现象"等词。同时，他的许多术语是如此不寻常，以至于他觉得有必要对新词、舶来品和特别重要的观点进行高度评价。有一个术语因其桥梁作用脱颖而出。西村用古典词心（こころ）来连接"东方"和"西方"，并含糊地表示古典的中日思想中的概念以及西方的范畴，如思想、灵魂和精神，或 esprit 和 Gemüt。在1912年的哲学辞典中，井上哲次郎将心智列为主体的同义词，而不是客体的。总的来说，外国学科引入日本后，改变了日本过去的定义方式。其次，西村的对比意味着东方和西方这两种方法是互补的。西方人偏好分析，但代价是自我认识的碎片化；东方人对综合的偏爱有更全面的看法，但缺乏定义。最值得注意的是，东方提供了一种训练思想的方法，而不仅仅是研究它。这两种方法能否结合起来，形成哲学的新方向？西村认为哲学的未来发展向东西方成就的共生开放，然而，他对哲学的定义排除了它在时间上的延伸以涵盖传统的日本思想。1887年，他将哲学定义为"对宇宙真理从头开始的研究，它对创始人或经文或任何类似的东西都没有用的权宜之计"（引自船山信一1975，67）。儒家和佛教的哲学性质问题是我们将回到的一个主题。

定义哲学的对话

在这一时期，哲学的不寻常，可以从净土僧侣和改革者井上圆了（1858—1919）在1886年为《哲学一夕话》写的序言中看出端倪。圆了在文章的开头写了一段虚构的幽默对话，在对话中，几个当地人猜测着"哲学"的含义，井上圆了的解释后来成为"哲学"的标准。

有一次，我在乘坐汽船时，旁边坐着五六个乘客。谈话转到了哲学上。其中一个人说："哲学是一种来自西方的新学科，但它到底是什么样的学科呢？"另一位说："我听说哲学是调查原理的学科。"第三个人说："研究原理的学问是物理学，不是哲学。"在我看来，如果哲学的铁是贤人的铁，那么哲学就是像孔子和孟子一样的圣人的学问。"第四个人说："哲学并不是像孔子和孟子的研究那样浅薄的东西。有一次，我读了井上哲次郎的《伦理新说》，对哲学的崇高地位感到惊讶。"第五位说："最近，西·阿曼尼成为著名的哲学家。我曾经读过他翻译的一本关于心灵的书，于是我就把哲学理解为心理学。"第六个人说："我听说佛教学者原田山法师已经成为一所大学哲学系的教授,所以佛教和哲学一定是同义词。"第七个人说:"既然你们的解释都不一样,我们还不能知道哲学是什么。"第一个人笑着说:"那么,这就是哲学的含义:我们无法知道的东西!"大家都笑了,说这就对了。

听到这一切,我也不得不笑了。其实,你们之所以有这样不同的看法,是因为你们不知道什么是哲学。一般来说,宇宙中有两种东西:有形态的东西和没有形态的东西。太阳、月亮、星星、地球、岩石、植物、鸟兽、鱼和昆虫都是有形之物。感觉、思想、社会、神灵、佛陀等都是没有形态的东西。对有形之物的经验性研究称为物理科学,而对无形之物的研究是哲学。这是两种研究之间的一个区别点。也有人称物理学是以实验方式处理个别部分,而哲学是阐述整体。也有人说,物理学是一种实验研究,而哲学是思想研究。也就是说,物理学是与物质有关的研究,而哲学则是与思想中的非形式问题有关的研究。然而,有几门学科与思想问题有关:心理学、逻辑学、伦理学和纯哲学。人们对心理学、逻辑学等或多或少都很熟悉,但说到纯哲学,人们对它没有丝毫概念。简而言之,纯哲学,作为对纯哲学原理的研究,必须被称为探究真理公理和学科基础的研究。

纯哲学的目的是对出现的各种问题进行解释和说明,如心灵或物质的实质性现实是什么,它们的本源是什么,或者心灵和物质之间的关系是什么。我想向那些对哲学一无所知的人指出纯哲学的问题及其解释,这就是我要写《哲学一夕话》的原因。本书第一部分讨论心灵与物质的关系,并指出是什么形成了世界的问题;第二部分讨论上帝的实体性,并指出物质和心灵从何而来的问题;第三部分讨论真理的本质,并涉及各种科学的依据问题。如果有一天晚上读到这段对话的人能够瞥见纯粹的哲学,我将高兴得不得了。(井上圆了,33-4)

这篇序言以古老的风格写成,让人想起传统的儒家课程,它们利用一些儒家术语来暗示哲学是什么。然而,为了更充分地表达哲学的含义,井上不仅自由地发明了新的词汇,而且还利用其他新引进或翻译的术语。1886年,哪些词会成为西方术语的标准译文,还有待观察。整个系列的化合物、组成部分以及它们的词序，是一大批浮动的符号。例如，意味着"实体性"（上帝）的术语，今天被用于康德的范畴，但在井上的时代它并不是一个传统的词。然而，即使精确的含义仍然难以捉摸，任何具有汉字基础知识的读者都能轻易地从这些新词中找到一些意义，就像英语读者能够从"sophology"这样的术语中找到一些东西，如果它被用来将哲学重新翻译成英语。另外，现在被翻译成"实验"和"心理学"的标准术语应该用19世纪的英语来表述。

一些词对日本人来说是新词，或意味着新概念，如圆了的逻辑、伦理、真理、公理和"心与物"等术语。哲学和理学之间的区别——理学在这里用来指自然科学——以及有形式的事物和没有形式的事物之间的基本区别，至少可以追溯到福泽谕吉的《劝学》，甚至可以追溯到亚里士多德的《物理学》和《形而上学》，尽管这将掩盖日本人所作的这些区别的佛教起源。这种划分最终必须被视为一种尝试，即通过诉诸读者熟悉的区别，使进口的学科变得易懂。圆了采用了在一种文化背景下建立的术语和方法，并试图在另一种文化背景下传达和实践它们。他的《哲学一夕话》告诉我们，在日本定义哲学是一项创造性的工作，需要的不仅仅是术语的直接翻译。

尽管圆了欣赏西方哲学的独特性，但他坚持认为，在佛教与"宗教"相交的地方，最好将其理解为一种哲学，这也是日本的一个新概念。他在《佛教活论序论》《大乘哲学》《印教哲学》《宗教哲学》等作品中广泛论述了哲学的范围及其与科学的区别，以及佛教哲学。他的三本著作——《真宗哲学序论》《禅宗哲学序论》和《日宗哲学序论》——没有把亲鸾、日莲或道元称为哲学家，但他明确地把这些日本佛教宗派创始人的一些教义与西方复古的"纯哲学"联系了起来。总而言之，很明显，圆了认为自己是在自己的国家创造了哲学，同时也传达了西方的遗产，并重新解释了亚洲的传统。他创建了日本第一所哲学研究所——哲学堂，即东洋大学的前身。

东方哲学的幻象

对三宅雪岭（1860—1945）来说，用传统术语来点缀西方的新范畴是不够的，他批评日本明治时期的西化过于热衷，也批评把东西方两个伟大传统的实践随意等同。他在1909年的作品《宇宙》中，试图综合东方和西方的思想，但之前他宣称它们之间存在巨大的差异。他在1889年的《哲学涓滴》中是这样说的：

> 我们可以把东方哲学与西方哲学并列在一起，但那些已经这样做的人还没有提供理论上的理由，而只是停留在对古老大师的特定思想和术语的评论上。那些开始谈论"东方哲学"并试图解释它的人，都是喜欢重提古人陈旧学说的咖啡馆二流子。不管他们在做什么，这都不是东方哲学。

接下来是对儒家、道家和佛教徒的长篇大论。

> 不照镜子就看不到自己脸上的斑点。我们需要把西方哲学转过来，以便它能照出东方哲学的面貌。西方哲学并非没有缺陷，但它成功地思考了先验与后验之间的关系，并产生了冗长的论述，以一致的方式组织其解释和说明。在这方面，它可以帮助东方哲学重新定义，因为东方哲学已经在其词汇中变得根深蒂固，并陷入了切断前因后果的坏习惯。唉，东方哲学长期以来尘土飞扬，蓬头垢面，面目全非。难道现在不是它拿起这面镜子，换上衣服，换上灿烂的笑容，来吸引远方的旁观者的时候吗？（三宅1889，151）

三宅一生似乎并不蔑视"东方哲学"的实质，而是蔑视与之相关的做法：对我们所称的东方经典进行不假思索的语言理解和注释。他坚持使用"哲学"一词来指代这些文本，并将"中国哲学"的核心描述为感觉，将"印度哲学"的核心描述为意图或意志，而将"欧洲哲学"的核心描述为知识或智慧。但他也坚持将西方哲学与逻辑和因果调查相提并论。这种概念理解将被证明是至关重要的。

"日本没有哲学"

日本知识界缺乏哲学的趋势愈演愈烈,在中江兆民(1847—1901)生命的最后一年,他发出了著名的感叹:在日本没有哲学这种东西。这位自由民主、唯物主义和无神论的坚定的倡导者曾研究过19世纪70年代初的法国哲学,对欧洲学科的创造性和理论性,甚至是不切实际的力量印象深刻,这在传统的日本思想中是前所未有的——或者说他是这样认为的,而现今的日本教授也很难做到完全批倒他。

> 从古代到现在,日本一直没有哲学。本居宣长、平田笃胤和他们的同类人只不过是挖掘帝国古墓和追寻古代词汇的古董商;当涉及自然和生命的方式时,他们仍然处于黑暗之中。像伊藤仁斋和荻生徂徕这样的人在古老的经文中找到了新的意义,但最终也只是学者。有些佛教徒成功地给佛经注入了新的生命,创造了新的寺庙和教派,但最终没有离开宗教领域。这并不是纯粹的哲学。尽管在我们这个时代,某个加藤弘之和井上哲次郎自称是"哲学家",甚至受到了公众的赞许,但他们自己也在研究和引进西方人的学说,只是把享受那些异国果实的权利留给了自己,这还不足以配得上"哲学家"的称号。哲学的好处在每个人的眼里和耳里不一定是显而易见的。贸易的起伏,金融市场的动向,以及工商业命运的变化,似乎与哲学没有关系……哲学可能并不总是必要的,但事实是,如果没有它,一个民族将对他们所做的事情缺乏深刻的洞察力,无法避免肤浅。(中江,6)

对今天的我们来说,兆民的批评有三方面的讽刺意义。首先,他对国学、新儒家和佛教的陈旧努力的抨击是以传统的、现在已经过时的风格表达的。其次,兆民被认为不如他所诋毁的加藤和井上那样是个哲学家。最后,在他的时代,哲学的引进确实与商业交流有关。为了理解兆民语言的古朴风格,我们必须把它翻译成维多利亚时代的英语,但即便如此,我们也无法为他所使用的古老表达方式和范畴找到近似的对应物。例如，他写到了天地和生命的原则，以表示我们所说的自然规律。另外，他的陈述暗示了"纯粹和简单的哲学"的三个明显特征：它是原始翻译的结果，而不是照搬学说的结果；它超越了实践性；它赋予我们的生活和行动以真正的含义。他还坚持认为，真正的哲学是与宗教信仰相分离的。即使不是明确的无神论者，他的信念也会在十年后被日本第一个广受赞誉的现代哲学家西田几多郎的作品所反驳。

兆民的朋友，自由主义、个人主义和民主的倡导者，田中喜一（别名王堂，1867—1932）在谈到日本的哲学问题时持不同意见。

> 乍看，日本似乎只继承了从中国和印度引进的哲学传统。然而，这些国家，就像日本一样，在过去的一千年里，不得不为了实际和审美的需要，努力修改和改造在完全不同的土地上形成的神话、历史、习俗和政府系统。仅仅从这一事实我们就可以推断出，日本已经有了自己的哲学思想，这与中国和印度的哲学思想自然不同。（田中喜一 1901，1012）

田中深信文化和思想之间的密切联系，着手辨别日本哲学的民族特性。他与兆民一样，对那些吸收西方思想而不对其进行批判的同胞感到不屑。田中曾于 1893—1897 年在芝加哥大学与乔治·赫伯特·米德和约翰·杜威一起学习，回到日本后，他修改了杜威的政治观点，批评其祖国的压迫性权威结构，并比杜威更有力地倡导个人自由。然而，在学术界之外，兆民对日本缺乏哲学的判断没有受到质疑，直到 1911 年西田几多郎的《善的研究》出版。

学术界的哲学思想

在日本，哲学作为一门正式的学科是在 1877 年随着大学系统本身的建立而诞生的，这要归功于兆民嘲笑的那位加藤弘之（1836—1916）。1877 年，加藤帮助政府将各种教育机构组织到东京大学，并开始聘请外国教授讲授伦理学、政治哲学、逻辑学和进化论的传统。即使是日本教授，如外山正一（1848—1900）也经常使用英语文本，并试图用英语授课。哲学研究与外语研究同时进行，主要是英语和德语；学习哲学意味着学习一门外国语言。在日本最早的两位外国哲学教授，德国人路德维希·布塞（Ludwig Busse，1862—1907）和拉斐尔·冯·克贝尔（Raphael von Koeber，1848—1923）所提供的定义中，会出现日本年轻学生所不熟悉的概念。布塞用英语将哲学定义为：

> 探讨现实的最终数据和规律，并对所有现实的本质和意义给出全面和令人满意的看法的普遍科学。（布塞1892，21）

同样用英语写作的克贝尔强调了希腊人对理性（logos）的继承性。

> 这些能力中，人类赖以区别于动物的能力之一是理性，即逻辑思维，它是语言、科学和哲学的源泉……理性无处不在……理性（Logos）产生并统治世界。它是第一和最后的原则……普遍的智慧（sofia，Weisheit），我们的特殊（个人）智慧只不过是认识普遍的智慧。（克贝尔1895，1，4，5）

克贝尔教授、未来的小说家夏目漱石和许多后来代表日本哲学的人都熟悉德语、希腊语和拉丁语，以及康德、黑格尔的哲学与基督教的历史。这些人包括西田、桑木严翼、波多野精一、田边元、和辻哲郎。然而，思想的传播在大多数情况下是单向的，即从欧洲到日本。第一个哲学教授，美国人欧内斯特·费诺罗萨（1853—1908）的努力是个例外，他和冈仓天心（1862—1913）一起，负责说服日本人保护他们的传统艺术和文化，并向国外传播日本的知识。

另外，对加藤弘之来说，研究日本的思想传统意味着延长一个过时的、压抑的政治制度。他本人倡导唯物主义、自然主义和赫伯特·斯宾塞的社会达尔文主义，认为这是日本需要的进步哲学。在一篇试图将思想解释为生物演化结果的文章中，加藤写道：

> 简单地说，我们的批评者的观点是，为生存而斗争是演化论最基本的条件，而要最终解释这种斗争，首先需要研究性地回到原始的起源，回到某种伟大的动力或宇宙意志，从最终静态的宇宙现实中上升。由于进化论者完全忽视了所有这类问题，他们的理论不可能被算作哲学。然

而，像我这样的自然主义者认为，对于这样一个静态的宇宙，根本没有可信的证据。同样，我们认为在宇宙背后有一个伟大的意志在起作用的想法只是猜想，是在想象中炮制出来的奇怪的、神秘的、超自然的幻影。宇宙不是这样的。相反，它是物质和能量的统一体以绝对自然和因果的方式逐步展开的。因此，我们必须得出结论，如果不主要从进化的原则来研究宇宙的现象，就根本没有办法达到真理。简而言之，在未来，哲学必须是进化论的。（加藤1910，41）

加藤的攻击目标是井上哲次郎（1855—1944）的演讲，他是兆民的另一个嘲讽对象。在这篇文章中，我们发现加藤对井上哲次郎的主张进行了逐一审查，并以他提出的在科学上更优越的主张进行了反驳。尽管可能不符合今天的哲学标准，但加藤代表了早期日本版本的哲学领域"自然化"的努力，也就是说，将问题视为仅仅通过经验调查即可解决的。

井上哲次郎曾在东京大学师从费诺罗萨学习哲学，然后从1884年到1890年在德国学习，当时他成为日本第一位本土哲学讲座教授。他从小就是儒家思想的学生，但他并不倾向于将哲学局限于西方，早在1881年他就编写了《东方哲学史》。他的哲学词典在同年出版，并在1912年再次修订，是日本第一部此类词典，为西方术语的翻译设定了标准。当东京帝国大学授权在这个标题下设立各种系和教席——包括"印度哲学"和"中国哲学"时，哲学本身的术语"哲学"得到了正式承认。井上最重要的贡献之一是对日本前现代哲学进行了一系列开创性的历史研究，其成果分三卷出版，分别是《日本阳明学派之哲学》（1900）、《日本古学派之哲学》（1902）和《日本朱子学派的之学》（1905）。

这些作品都没有清楚地说明井上为什么认为这些儒家学派算作哲学。然而，他确实尝试了自己的原创性综合，以其全面的范围和专门的方法将哲学与其他学科区分开来，并将其定义为一门将逻辑真理与心灵平静联系起来的学科。他概述了其子领域，即实践和理论领域，并坚持认为纯哲学或理论哲学在制定"世界观"方面起着至关重要的作用，这一点在本编后面所选的他的著作中有所体现。除了纯粹的学术兴趣，井上还为公众写了关于国体和

"国家道德"的有影响力的小册子，并对武士道的发明负有部分责任。[①] 战前国家意识形态的构建，以及日本哲学学科的建立，都要归功于井上哲次郎的影响。

到了桑木严翼（1874—1946）接替井上哲次郎担任哲学教授的时候，哲学这门学科被明确地以西方的类别加以描述。桑木用英文术语将哲学正式定义为对基本原则，即普遍的、终极的和统一的原则进行普遍化、方法化或系统化和理性的研究。至于它的主题，桑木指出：

> 哲学是对有关自然、人类生活的基本原则以及对现实和理想的知识的渐进研究，或者说，把前两者简单称为现实，是对现实和知识的基本原则的研究。（桑木1900，202）

这里没有试图纳入本土范畴或传统学问。桑木的灵感来自他在笛卡尔和康德身上发现的严格分析和他在黑格尔身上发现的推测深度。他努力成为西方哲学术语的准确传播者和解释者，而不是一套原创思想的创造者，这种专注为日本哲学学科的第一阶段奠定了基调。

所谓的"纯哲学"，完全是指西方哲学。东京帝国大学哲学系主要讲授其历史，强调"笛—康—叔"，即笛卡尔、康德和叔本华。井上哲次郎将传统的东亚和日本思想合法化为真正的哲学的努力并没有成功。当时的大学没有为日本哲学思想设立讲座或系所，甚至印度哲学和中国哲学的讲座也被转移到它们自己的部门。自20世纪20年代初以来，"日本思想"的研究就被留给了其他部门，如伦理学或宗教学。（截至2010年，全日本只有一个专门研究日本哲学的教席，那是在京都大学。）1887年创办的第一份专门研究该领域的学术期刊《哲学会杂志》——后来简称为《哲学杂志》，也反映了对该词的逐渐限制。该杂志开始时不仅发表关于西方哲学的文章，还发表关于亚洲思想、美学和伦理学的文章，但到1912年，它的内容仅限于"纯（即西方）哲学"。东京大学的教授们，如桑木，最终主张将纯哲学更严格地限制在投机性的德国哲学。当涉及最近的英美思潮如实用主义时，桑木采取了明确的纯粹主义

---

① 见本书"武士道思想"部分。

立场。在 1905 年与田中喜一的辩论中，他拒绝了实用主义，认为它是"那些把哲学当作某种消遣的学者所提出的一种伪哲学"（桑木1906，24）。

尽管田中和他的学生继续在私立早稻田大学推进实用主义，但桑木的意见赢得了胜利，东京和京都帝国大学的哲学学科都开始强调德国的思辨思想，几乎排除了功利主义、实用主义和其他英美哲学。

在世纪之交的哲学学科边缘，赫伯特·斯宾塞的社会达尔文主义和尼采的哲学版本对日本作家和文学批评家的影响远比大学教授们的"笛—康—叔（笛卡尔、康德和叔本华）"更广泛。高山樗牛 1901 年发表的《论审美生活》一文，在文学杂志上引发了为期两年的激烈辩论，讨论他受尼采启发的个人主义和对人类基本动力的追求。这场辩论促使桑木写了一本关于尼采的生活和作品的书，其中有对其伦理学的批判。这些哲学家们中有一些人迷恋西方典范，他们出版了总结尼采思想的书籍——如 1913 年的和辻哲郎和 1919 年的阿部次郎。

西谷启治也许是第一个以新颖的方式解决尼采所预见到的虚无主义问题的日本哲学家。事实上，直到西谷的老师西田几多郎（1870—1945）在 1914 年接替桑木担任京都大学的哲学教授，并激发了后来被称为京都学派的思想，日本的哲学学科才开始重新借鉴亚洲和欧洲的思想。

[JCM]

中国和韩国的论争

哲学在日文的发音为"*tetsugaku*"，在中国和韩国也被采用，但也不是没有过激烈的争论。在中国，还有几次尝试翻译西方的 Philosophy 一词的实践。在 16 世纪初的明末，耶稣会士艾儒略（Giulio Aleni）用费禄琐非亚来音译 *philosophia*，随后用儒家术语将其确定为"关于原则的学习分支"。清代的作家们使用了一个意为"智慧之学"的术语，并将哲学解释为与儒家的万物之学和"人性与原则之学"一样的研究。在这种背景下，日本翻译的"哲学"一词的汉字进入了中国，尽管具体时间并不明确。黄遵宪在 1887 年的《日本国志》中提到这个词是东京大学课程的一部分。梁启超（1873—1929）是一位君主立宪制的倡导者，也是 1898 年失败的政府改革的领导者，他将"哲学"——在日本读作"tetsugaku"的中文写法——作为概念性思想，而不仅仅是一门学术课程的名称。1901 年，在流亡日本期间，他把他的政治改革伙伴康有为（1858—1927）称为"康哲"。他在 1903 年的作品《现代最伟大的救世主康德的学说》中，对康德和佛教的哲学进行了比较，将"哲理"一词引入中国思想界。他的《老子哲学》再次用"哲"来介绍经典的道家思想。然而，"学"的概念遇到了一些强烈的阻力，特别是在有关在中国建立现代教育体系的争论中。1902 年，张之洞（1837—1909）敦促皇帝排除哲理或西方哲学。他认为，它们不仅是空洞无用的，而且还误导了人们，颠覆了国家道德和公共秩序。张认为哲理与传统中国学问不相容。

王国维（1877—1927）则持相反意见，认为只要是对真理的探索，哲理就与中国的学问并不矛盾。王国维是一位多才多艺的学者和诗人，曾在东京学习自然科学，后来沉浸在德国的观念论中。他声称，哲学是教育的根本，因为它寻求真、善、美，他强烈主张将其纳入教育系统。在这里，王沿用了桑木严翼对哲学的解释，1902 年他翻译了桑木的《哲学概论》。然而，与日本的情况不同的是，在中国，哲学不需要被西方的学科"净化"。"哲学"一直是以区别于"中国哲学"的形式出现的。问题是，在西方哲学被吸收之后，如何思考"中国哲学"的问题。

第一个答案是胡适（1891—1962）在其 1919 年的作品《中国哲学史大纲》中给出的。胡适是一位实用主义者，曾在哥伦比亚大学跟随约翰·杜威学习，他对哲学实践的开创与日本的情况形成了鲜明的对比。对胡适来说，在中国做哲学意味着借研究西方哲学家的作品来创造自己的哲学，以西方的资料为基础，但要吸收东方思想。通过撰写其历史，学者们可以将"中国哲学"与西方哲学相提并论。这种新引入的历史视角使西方哲学相对化了。因此，中国哲学的合法化是通过编写中国哲学史来实现的，最终形成了冯友兰全面的《中国哲学史》，分两卷于 1934 年出版。

与日本的京都学派大致相同，中国的思想家们也在努力创造一种具有原创性的推测性哲学，被称为"现代新儒家"的学派试图通过使儒家和佛教哲学化来完善它们。与冯友兰（1895—1990）一样，胡适曾向杜威学习。第一代包括梁漱溟（1893—1988），他的《东西文化及其哲学》（1921）试图根据西方哲学重新解释儒家传统；熊十力（1885—1968）的《新唯识论》（1932）对佛教也做了同样的解释。第二代包括熊十力的两个学生。唐君毅（1909—1978）的《中国人文精神之发展》对人文主义的范畴进行了批判；牟宗三（1909—1995）的"新儒学"试图通过儒家和天台佛教的教义来纠正康德的哲学。在《中国哲学的特质》中，牟宗三提出了他对是否存在中国哲学的看法。

> 自古以来，在中国就没有像哲学这样的词……如果只把希腊原文与西方哲学相提并论，就可以说从根本上没有中国哲学……同样，如果按照基督教的标准来谈宗教，中国的孔教、佛教和道教就无话可说。如果说到哲学，中国也没有西式的哲学……那么什么是哲学？哲学是对所有与人性有关的活动的思考和合理解释。中国有几千年的文化历史，当然也有与人性有关的活动和创造的悠久历史，也有反思和解释的历史，有理性和概念化的历史。怎么可能没有哲学呢？

在一个让人联想到西周和西村茂树的说法中，牟氏继续将中国哲学的主旨与西方哲学进行对比。

> 中国哲学强调"主体性"和"内在道德"。中国思想的三个主要流派，儒家、佛教和道家，都强调主观性，尽管只有儒家，这三个流派中最突出的，给了它一个特定的定义，即"内在道德"，也就是道德上的次级行为。相比之下，西方哲学对主观性的关注并不如对客观性的关注多。它的重点和发展主要与"知识"有关。（牟宗三1963，1—6）

（张政远译）

20世纪初韩国被日本政府殖民时，从日本借用了翻译 philosophia 的术语。这门学科的引入与该国的政治形势有关。在20世纪20年代和30年代的日本殖民统治时期，韩国学者认为他们应该掌握像哲学这样的学科，以了解是什么让韩国遭受了殖民主义。同时，他们也意识到哲学对全世界学术界的意义，它是对现实的基础以及科学的性质和范围的一种探索。

江原大学教授李光来（1946— ）在其《韩国接受西方思想史》（2003）中

认为，韩国哲学家承担了一种爱国主义的负担，他称之为"阿特拉斯综合体"。就像古希腊神话中的阿特拉斯在他注定要背负的整个世界的重量下弯下了腰一样，许多韩国第一代哲学家认为，他们注定要背负韩国政治现实的重量，这主要与日本的殖民统治有关。他们将哲学视为从更广泛的角度感知韩国局势并最终应对这一局势的关键途径。

朴钟鸿（1903—1976）采用了"Chorhak"一词，这是朝鲜人对汉字的翻译，在日语中读作"哲学"。朴钟鸿发起了对西方哲学的接受，并对西方意义上的现代韩国哲学的崛起有开创之功。他的《普通逻辑》一书以传统的亚里士多德概念为基础，是韩国思想史上第一本此类书籍。他介绍了康德、黑格尔、李卡尔特、科恩、哈特曼、海德格尔、雅斯贝尔斯、卡西尔、罗素、维特根斯坦、卡尔纳普、艾耶尔等人的哲学。虽然他的主要贡献是对西方哲学的吸收，但他也对韩国文化的许多领域产生了浓厚的兴趣，并发表了关于韩国传统新儒家思想、佛教和实学的文章。朴钟鸿通常（尽管不是唯一）使用"Chorhak"一词来处理韩国传统"思想"，为使用"Chorhak"一词来指称东方式和西方式哲学奠定了基础。在过去的一个世纪里，韩国哲学家们至少有几次质疑这个词的恰当性。有两个例子可以说明韩国哲学的一般意义在这段时间的变化。

李灌镕（1891—1933）提出了一个论点。他是第一个获得西方大学——苏黎世大学哲学博士学位的韩国人。作为一个来自殖民地国家的学者，他试图用"本质科学"取代"中国哲学"。在1923年发表于《新生》杂志上的一篇题为《作为本质科学的哲学》的简短文章中（该杂志在创刊后就停刊了），李灌镕写道：

> 哲学是一般科学和原始科学的典型，满足了人类与生俱来的智力本能。我敢说，在这个意义上，"中国哲学"可以被定义为"巫术"。

他引用泰勒斯、阿那克西曼德、毕达哥拉斯、赫拉克利特、柏拉图等人的观点，认为哲学从一开始就研究事物的永恒本质和宇宙的最终本质。李灌镕并没有批评其他哲学家对"贞观"一词的理解；他只是想更忠实于他所认为的哲学的原始含义。虽然韩国的哲学家们没有采纳李灌镕的建议，用《论语》取代《论语》，但他对哲学作为基本或原始科学的理解代表了他那个时代的知识环境。

李氏对哲学的理解可能是对柏拉图和亚里士多德传统的忠实再现，但他似乎并没有认真考虑将东方传统作为解决韩国人面临的问题的方法。

最近韩国学界对 philosophia 一词的日文翻译提出了挑战。

白钟铉（1950— ）是首尔国立大学教授，属于韩国第三代哲学家。他承认："这个词（Chorhak）本身已经被使用很久了，因此没有必要再使用另一个韩国哲学词汇。"然而，他确实想扩大哲学的范围。

他认为，这个源自日本的术语的意义，是由西天野的尝试性翻译发明的，其中之一是指 kitetsugaku 或追求智慧的研究。在他的《20 世纪的德国哲学和韩国哲学》（2000）中，白氏提到了中国的经典著作，如《论语》，并提出 "Chorhak" 一词应被理解为哲学家的科学。他认为哲学家的地位仅次于"圣人"，即孔子本人，以及儒家传统中的七十二位"贤人"。在他看来，哲学家是为达到完美而奋斗的人。

道家，但并没有达到道的境界。禅宗不仅包括"一般"或"基本"的科学，而不是具体的科学，还包括"道学"和新儒家的"理学"。

这两个例子相隔近 80 年。李灌镕赞成研究西方哲学，这是与具体科学同时引入的。它一开始代表了时代的精神和要求。在西方帝国主义和日本殖民主义的统治下，李灌镕并不指望东方哲学传统会有积极的贡献。另外，他认为西方思想是使帝国主义成为可能的力量的基础。相比之下，白氏生活在独立的大韩民国时代，其经济增长显著，民主政治充满活力，民族自豪感高。他吸收了亚洲的哲学传统，特别是儒家的"道学"和理性主义，尽管他似乎对道教和佛教不太重视。大多数当代韩国哲学家不再为"中国"一词的来源而争论。他们为韩国人面临的紧迫的认识论、美学、道德、政治、经济和环境问题寻找答案，并借鉴东西方的哲学传统。

除了关于术语和哲学出处的争论之外，中国、韩国和日本的思想家在 20 世纪初开始寻求被承认为原创性的哲学家，并且在这一时期更多的是以德国的投机哲学作为他们的模式来建构其体系。

［NT，HWS］

（张铉寓译）

日本的第一个哲学家

对中江兆民来说，如果不是对井上哲次郎来说的话，真正的哲学思想是创新而不是模仿，是系统的而不是折衷或零散的，是形而上学的而不是实用或政治的（尽管西天野坚持其适用性）。此外，对一些批评家来说，要算作日本哲学，其日本风味必须是显而易见的。一些评论家宣布西田的《善的研究》（1911）是第一部真正的日本哲学作品，与日本早期的哲学教授和日本知识传统的学者的作品形成对比。高桥里美（1886—1964），一个本身就是哲学家的人，评论道：

> 我们的同胞是否有值得作为独立的、哲学的作品来谈论的"哲学"作品？哲学的含义是什么？在《善的研究》出版之前，我不知该如何回答……与其他作品相比，有些东西使这部作品真的显得很有哲学性。确实有一些值得尊敬的作品，如波多野精一的《斯宾诺莎研究》，以及关于哲学各分支的有价值的作品，但在纯粹的哲学中，据我所知，到目前为止，几乎没有任何思考是有丰富的原创性的……这难道不是明治后日本的第一部也是唯一一部哲学作品吗？我确信它是。（高桥1912，153—154）

高桥无法从结构上定义西田的"原创性"，伟大的明治哲学史家船山信一也是如此，他在1959年写道："随着西田对善的研究的展开，日本的哲学从启蒙的阶段进入了原创性的阶段……但西田最终是一个形而上学者。"（船山信一1959，59—60）不过，船山确实暗示，由于形而上学——不管它是什么——对日本传统思想来说是全新的东西，所以西田的哲学是新颖的。西田的弟子下村寅太郎（1902—1995）后来试图从历史角度定义西田的创新。下面这段话强调了一些特别值得注意的地方。

> 日本的思想家只是在19世纪后半叶日本开放后才知道欧洲意义上的

"哲学"和"科学"。长期以来，日本一直有佛教、儒教和神道教的思想家，他们中的佼佼者甚至有哲学的东西，也有科学的东西，只要它们不包含魔法和迷信的成分；但佛教和儒教本身既不是"哲学"也不是"科学"。当然，只有在明治以后，人们才会把"哲学"与宗教和道德区分开来。而且，即使在此之前有哲学，也肯定只是零星的形式。明治时代被称为启蒙时代，但它是一种从西方思想出发并与之相对立的启蒙。日本人对西方的哲学和科学以及其政治、经济和军事系统有着极其积极的兴趣。然而，跨越半个世纪的明治时代（1868—1912）却止步于对西方哲学的研究；尤其是几乎没有任何表现出日本特色的原创思想家。总的来说，只有一些折衷主义者，他们肤浅而粗暴地混合了西方哲学和东方思想。在这个时代结束前后，在本世纪开始时，原创性的、系统性的哲学的基础工作首次显现。最具典范性的，并且至今仍有影响力的哲学家是西田几多郎……有一段时间，哲学家们开始通过西方的思维方法使自己的思想系统化。这些努力的第一个成果，具有最独特个性的典范，是西田几多郎的《善的研究》。当时的日本哲学是对同时代欧洲哲学的敏感和反应，以及迅速地引进它。实用主义、新康德主义、柏格森，以及现象学都在当时流行开来。从那时起，日本的哲学界一般都是与同时代的西方学术界直接联系起来发展的。大部分日本的主要思想家们接受了西方哲学家的问题，并通过批判性的对抗形成了他们自己的思想。因此，日本的哲学似乎与西方哲学没有区别，几乎看不到独立的发展和问题的提出。一个掌握了西方哲学的严格方法和概念，但又拥有独特的东方或日本原创性的哲学，是一种极其新颖的发展。在这方面，西田成为一个典范。（下村寅太郎1977，197-8，201）

最近的批评性评价继续把西田称为第一个日本哲学家。例如，中村雄二郎写道：

> 人们不得不等待西田的作品，以推翻兆民关于日本没有哲学的判断……西田的作品是第一个配得上哲学之名的作品。（中村，15-6）

西田对哲学的定义

西田是否可以正确地被称为日本的第一位哲学家，仍然是一个有争议的问题。但清楚的是，在他自己的作品中，他已经掌握了欧洲的哲学术语。在一本字典的条目中，他将哲学与宗教区别开来：

> 哲学是科学，也就是统一的概念性知识，因此与艺术或宗教不同。当然，也有人像柏格森一样，说哲学是直觉知识，但直觉本身不能被称为哲学。即使它的内容可以来自直觉，但当直觉采取概念性知识的形式时，哲学就找到了它存在的理由。但哲学是什么样的科学？哲学研究什么？哲学最初被认为是最基本的科学，是诸科学的科学。但这种说法必须在严格的意义上进行，因为每一个研究领域都会产生它的基本概念。例如，几何学的基本概念是空间，物理学的基本概念是物质现象。
>
> 没有空间概念就不可能有几何学，但以空间为前提的几何学不能反思空间本身，也不能从更基本的角度澄清它。与此相反，哲学反思特定科学的基本概念，并从这些概念中构建出一个知识体系。这就是哲学与特殊科学的区别所在。因此，哲学所研究的对象是近在咫尺的东西，如空间、时间、物质和心灵。
>
> 尽管哲学反映并统一了特定科学的基本概念，但它的研究对象并不仅仅是现实的基本概念。基本的规范性概念，如真、善、美，当然也必须进入哲学研究中。哲学不仅要澄清现实的基本概念；它还必须阐明人类生活的理想，即"应该"本身。哲学不只是一种世界观，它更是一种人类生活的观点。如果像今天的新康德主义者所声称的那样，"应该"比"是"更基本，那么哲学就是对价值的研究（Wertlehre）。因此，哲学可以被称为知识的终极统一体，与存在或"应该"有关的基本概念的统一体，也就是说，人类生活在宇宙中的最高原则的科学。（西田1923，667—668）

在他职业生涯的这一阶段，西田倡导哲学作为第一和普遍科学的理想，其语言明显呼应了费希特对哲学作为知识之学（Wissenschaftslehre）的看法，以及赫尔曼·科恩对哲学作为"科学原理的理论以及由此产生的所有文化"的定义。因此，日本的哲学术语经历了三个阶段。当西田开始他的工作时，这个术语主要是外来的。日本的术语意味着西方的术语，而这些术语往往意味着译者所看不到的一系列概念。寻找对应的西方术语最终意味着什么，仍处于起步阶段。在下一阶段，一个新的成语开始被使用。一个日本的术语可能首先意味着与西方的一系列概念相似，并具有大致相似的用法。这是一种"回到概念本身"的举动，西田自己对理或原则的解释就是例证。最后，像西田、田边元以及后来的西谷启治这样的哲学家通过利用潜在的回声和术语的模糊性来扩展这个术语，这些术语可以指称传统的西方或东方的概念，例如西田和西谷的有无（being-nothingness）以及和辻哲郎的人类。思想的翻译工作今天仍在继续，像大森庄藏这样的哲学家将语言的技术哲学与从古代日本概念（如言灵，语词的灵）中获得的洞察力相结合，或者坂部惠写到意涵的滑移和"在新引进的西方思想模式的权威的意识形态光环下陷入语义真空的危险"。

[JCM]

哲学还是宗教？

思想的翻译不仅带来了日语和哲学概念的转变，日本的知识传统也开始被人们以新的术语理解。将佛教、儒教和神道与欧洲的哲学和宗教等范畴联系起来的努力，导致了它们实际上被重新定义，但也并非不会对词语的含义感到困惑。

与哲学范畴一样，宗教的含义在明治初期也是一个混乱的根源。虽然宗教及其同义词的翻译并不是新词，但它们确实以新的方式使用了旧的术语。为了尝试解开这种混乱，我们可以指出对这一范畴的理解中的三条线索。它们交织在一起，使宗教的概念更加复杂，而不是将其形成一个连贯的概念。

首先，宗教被按照新教的思路设想为个人信仰和实践的问题。1874 年，有影响力的西方范畴翻译家西周解释说，宗教信仰存在于一个人的内心深处，是一个个人偏好的问题。宗教信仰的起点是知识的终点。他认为，只要宗教不危害社会，不涉及世俗权力，公共政府和法律就不应该管它。（西周1874b，186-7，189）

其次，在许多试图使日本现代化或使其传统与科学思维接轨的知识分子看来，只要宗教是超越理性的信仰问题，它就接近于非理性和纯迷信。尽管西周的立场是宗教宽容，但他几乎没有掩饰自己对本土民间神道的蔑视，如认为相信它们是"相信狐狸和獾"。在其他方面激烈对立的知识分子，例如唯物主义者加藤弘之和佛教徒井上圆了，都对不科学的迷信和非理性的宗教信仰感到厌恶。争论的焦点是这种信仰是否界定了佛教、儒家和神道的核心。

最后，学者们将宗教理解为一套社会共享的信仰或学说。在19世纪70年代用于解释宗教的几个不同的词中，宗教赢得了首选翻译，其字面意思是一个教派的核心教义，因此倾向于不强调仪式性的因素。

对于学者和政府官员来说，问题在于如何理解神道、儒家和佛教与哲学和宗教的关系。神道的分类虽是一个复杂的故事，就本文而言，结论却相对简单。一方面，一些哲学家如井上圆了和井上哲次郎确实把神道当成了日本的哲学传统之一，但在大多数情况下，神道思想和国学都没有被作为日本哲学的候选者进行审查。另一方面，从19世纪90年代开始，国家将神道作为一种官方的国家意识形态来推广，有时会抵制将其归类为一种宗教，即众多宗教中的一种，直到1940年，近卫文麿首相的内阁宣布，国家神道是唯一的宗教。被称为佛教和儒教的传统则是另一回事，几十年来人们一直在讨论它们的哲学和宗教性质。

西村茂树和鸟尾小弥太（1847—1905）的评论是第一批争论的代表。当西村在与儒家和佛教的对比中定义哲学时，正如本综论前面提到的：

> 他们同时强调知识和实践（或者说，他们站在实践的一边）。他们尊崇他们的创始人，认为他们教导我们如何安排自己的个人生活，以及如何作为社会成员发挥作用。佛教特别强调对佛经的虔诚，重视权宜之计的实施，因此超越了理性的界限，宣扬地狱和天堂。与此相反，哲学是对宇宙真理的深入研究，因此它不需要创始人或经文或任何类似权宜之计。（转引自船山信一1975，67）

哲学并不依赖权威的论证。第二年,即 1888 年,鸟尾试图反驳西村的排除法。

> 儒家和佛教难道不是对宇宙真理的探究吗?知识和实践的基础不也是我们所说的"真理"的基础吗?真理难道不是教导人们安排自己生活的目的,而这不取决于对真理的信仰吗?对创始人的崇敬和对经文的虔诚难道不取决于对这一真理的信仰吗?……因此,儒家和佛教方式的哲学不仅有相同的起源,而且有相同的目标,这没有理由不被称为东方的哲学。(转引自船山信一 1975,68)

鸟尾的反驳,虽然是修辞,却突出了与哲学对照的那种思想。作为临济禅寺住持今北洪川(1816—1892)的俗家弟子,鸟尾号"得庵居士",并为佛教本身代表一种哲学思想的立场进行辩护,证明佛教与现代的关系。

井上圆了和清泽满之是佛教改革者,他们对佛教为何应算作哲学——当然是一种与宗教相交的哲学——提出了更广泛的论点。他们的动机既是为了证明佛教的理性特征和与科学的相容性,也是为了解释佛教理论的兴趣。他们的共同对手是中江兆民和加藤弘之等唯物主义者。

他们用从黑格尔那里改编的进化论唯心主义来对抗加藤的进化论唯物主义,他们与加藤共同致力于某种形式的进化论,将哲学概念视为系统的、理性的话语,并认为佛教也算作宗教。与加藤不同的是,这两位佛教徒高度重视宗教的概念,清泽起初坚持宗教与道德的关系,这也是儒家式的一种联系。在他生命的最后几年,清泽放弃了理性宗教的想法,强调信仰的宗教,其独立于哲学和伦理学。

研究儒家思想的学者同样也在争论这一传统如何与输入的西方范畴相联系。将儒家思想归类为哲学,可能意味着将它强行纳入西方的理论框架,而放弃了它的实践倾向。把它称为宗教,会把它与 19 世纪末日本对这一概念的三种主要看法中的一种或多种联系起来。儒教的核心对许多人来说是一套教义,但很难成为没有仪式感的个人信仰,也绝不会陷入非理性和迷信。除了哲学和宗教之外,第三种可能性也出现了,那就是用本土的术语对儒家思想进行分类,同时也与西方进口的范畴有关。儒家思想是伦理学,或者更准确地说，是"道"，即美德或公共道德之道。但这种可能性也不是没有问题的。如果儒家思想被认为是一套伦理原则，是属于公共领域的伦理，那么它就有可能被国家收编，并作为国家义务的一个事项强加于人。对一些学者来说，其宗教核心将被忽视。服部宇之吉（1867—1939）以一种相当细微的方式解决了这个问题，将儒学与"教化"区分开来。

孔子之前的思想有许多宗教因素。在孔子建立了他的教学后，它变得更加理论化和伦理化，其宗教特征减少了……原始的儒家思想是相当宗教化的，但孔子把它变成了一种伦理学——然而，孔学既不局限于世俗的人类事务领域，也不无视超越它们的东西……孔子的基本信仰是宗教的。（服部1939，32，90-1）

服部将孔子的教导定义为一种新的"哲学宗教性"：

古代的仪式完全是宗教性的，但孔子完全从伦理的角度来解释仪式的意义。古代仪式的存在是为了通过神灵的力量带来财富或避免不幸，但孔子只宣扬我们要报答祖先的基本恩惠。不过，孔子还是深深地相信天意，并认为天意就在他的心中。在这方面，他是有宗教信仰的。如果我们把宗教看成是有限与永恒的结合，那么孔学就具有多重的宗教性，无限的或相对的和绝对的。许多哲学家的学说最终都主张这种结合，因此是宗教性的。儒家教学在这个意义上也是宗教性的，但这种宗教性与古代儒家的宗教性不同。（服部1938，163）

服部对公共道德和私人宗教的任何分离都感到不满。他提出孔学是现代的儒家思想，既是伦理性的，也是宗教性的，让人想到了"公民宗教"的范畴。

服部在东京大学的同事井上哲次郎主张儒家思想同时具有宗教性和伦理性。他对佛教的立场则比较矛盾。他在1915年出版了一本长卷《哲学与宗教》，其中包括关于生命和死亡等主题的大学讲座记录，他认为佛教和神道是宗教，并讨论"中国宗教的改革和未来"以及"日本宗教的统一"。然而，在其他作品中，他拒绝将佛教作为一种古老的宗教，同时接受儒家和神道作为一种宗教。他的主要议程是构建一种新型的宗教，一种以儒家思想为模式的"伦理宗教"。他在《超越宗教的道德》中写道：

> 我们需要使道德成为我们的理想得以实现的地方，使其成为我们的宗教。我们不需要旧的宗教，但现在是时候构建一种道德作为它们的继承者了。这种道德比任何古老的宗教都要合理得多。它没有迷信，与今天的科学相一致。古老的宗教不能与当前的科学接轨，证明了它们的陈旧性。今天的道德能够与科学接轨并促进个人自主，证明了它作为旧宗教的替代品的价值。以这种方式来看，道德在价值和进步性方面都超过了任何宗教。（井上哲次郎1908a，302-3）

在这种观点中，儒家思想是一种公共道德教义，它保留了一个虔诚的核心：

> 儒家思想与宗教不谋而合，因为它将天尊为超越人类的伟大事物。然而，它与宗教完全不同，因为它忽略了仪式和来世。（井上哲次郎1908b，309）

另外，井上将神道与公共道德联系起来，仍然承认它是宗教，也就是一种信仰。在1910年代，他似乎试图在许多公众情绪和政府官员的政策之间进行调停，前者将神社理解为崇拜的场所，后者则导致了国家神道的出现，并声称"神道不是一种宗教"。他写到，参拜神社是为了向国家的恩人的杰出服务表示敬意，这一点可以理解为：

> 在道德意义上，达到可被称为信仰的崇敬深度。一个人没有这种深度，参拜在道德上是没有结果的。我们可以把它看作道德，认识到这种信仰是道德所必需的。（井上哲次郎1917，364）

到1935年，井上将儒家思想和神道的混合体作为日本君主制的"皇道"来宣传，认为其比中国和朝鲜只知道儒家思想的"王道"更胜一筹。但不要忘了，他也曾将日本的新儒家传统作为哲学来介绍。两年前，他为儒家思想的世俗性提出了一个理由，将其与宗教信仰区分开来。和辻认为孔子是人类伟大的导师之一，但与其他导师如佛陀、苏格拉底和耶稣不同，他从未触及死亡问题，他的传记中也没有任何关于他死亡的故事。孔子的核心学说包括"人之道"，没有提到一个"宗教上帝"。对于孔子来说：

> 了解并实现"道"就足够了。"道"是人类的方式，而不是神的话语或启蒙的方式。如果他遵循人类的伦理之道，也就是说，如果他意识到人性，并实行忠诚和宽容，就不会有恐惧或焦虑困扰他。这就是为什么他的学说不需要任何形式的神秘，不要求"凭着荒谬的信念"。道完全是一种理性的方式。孔子学说最显著的特点是，他承认人类的道路在绝对层面上是有意义的。（和辻1933，344）

对和辻来说，哲学的核心是伦理学，仅仅因为这个原因，儒家之道的核心是哲学的。当然，儒家思想早在明治初年就受到了福泽谕吉等现代主义者的批评，但主要是因为和辻和其他哲学家从其原始教义中剥离出来的社会实践。在世纪之交，大西祝是少数以明确的哲学理由批评儒家价值观的哲学家的代表。今天，儒家哲学这一称谓被广泛接受，更多的是由于全世界对中国知识传统的关注，而不是井上哲次郎等日本思想家的努力。事实上，和辻自己的伦理学工作既是佛教的，也是儒家的，正如他著作中的内容所示。

在日本建立哲学学科后，出现了一群深受佛教思想和实践熏陶的哲学教授。这个团体，即京都学派，他们认为佛教的哲学性质是理所当然的。正如本卷中的许多选题所示，对他们来说，问题不在于佛教是否算作一种哲学，而在于从佛教角度看宗教和道德的性质，以及他们对哲学、伦理学的交集与分歧的思考。丸山真男在他的著作中介绍了日本思想的发展历程，他说：日本思想的发展经历了几个世纪的转变，其中包括来自中国的儒家和佛教的概念和范畴，以及来自西方的概念和范畴。在京都学派之外，丸山真男对日本思想的发展方式进行了引人入胜的解释，即几个世纪以来的概念和范畴的转变，包括来自中国的儒家和佛教，以及来自西方的基督教、民主和马克思主义思想。尽管他的分析可能是有争议的，但它表明日本哲学家一直在认真对待他们思考的术语和范畴问题。

延伸阅读

Braisted, William R., *Meiroku Zasshi: Journal of the Japanese Enlightenment* (Cambridge: Harvard University Press, 1976).

Davis, Winston Bradley, *The Moral and Political Naturalism of Baron Katō Hiroyuki* (Berkeley: Institute of East Asian Studies, 1996).

Defoort, Carine, "Is There Such a Thing as Chinese Philosophy? Arguments of an Implicit Debate," *Philosophy East and West* 51/3 (July 2001), 393–423.

Godart, Gerard Clinton, " 'Philosophy' or 'Religion'? The Confrontation with Foreign Categories in Late Nineteenth-Century Japan," *Journal of the History of Ideas* 69/1 (January 2008), 71–91.

Havens, Thomas H., *Nishi Amane and Modern Japanese Thought* (Princeton: Princeton University Press, 1970).

Josephson, Jason Ānanda, "When Buddhism Became a 'Religion': Religion and Superstition in the Writings of Inoue Enryō," *Japanese Journal of Religious Studies* 33/1 (2006): 143–168.

Kishinami, Tsunezō, *The Development of Philosophy in Japan* (Princeton: Princeton University Press, 1915).

Piovesana, Gino K., *Recent Japanese Philosophical Thought 1862–1994: A Survey*, 3rd ed. (London and New York: Routledge Curzon, 1997).

Reitan, Richard M., *Making a Moral Society: Ethics and the State in Meiji Japan* (Honolulu: University of Hawai'i Press, 2009).

Tsuchida, Kyoson, *Contemporary Thought of Japan and China* (London: Williams and Norgate Ltd., 1927).

[JCM, NT]

（张政远译）

西　　周

西周（1829—1887）

　　西周是因其将欧洲的哲学及其他学科介绍至日本而闻名于世的。他出生于津和野（今天的岛根县津和野町），在当地一所培养武家子弟的学校中学习朱子学，但很快他就开始倾向于朱子学的批判者荻生徂徕的思想。西周在江户（今东京）学习了荷兰语和英语，并为德川幕府的官僚翻译了许多西方教材。1862年，他和法学者津田真道受幕府派遣留学荷兰莱顿，在西蒙·卫斯林的指导下专心致志地学习法律、经济和统计学。1865年，西周回国后为日本的末代将军德川庆喜翻译了卫斯林有关国际法及自然法的讲座。之后他领导了一所军事学院并继续担任开成所的教授，后者是一所从事科学研究的学术机构，后来并入了东京大学。1868年明治维新之后，他参与制定了军事法令、有关新教育体系的规定以及起草国家的新宪法，该宪法规定天皇与国会共享立法权。这项关于立法权的建议遭到了井上毅（1844—1895）的严厉批评，井上主张天皇的绝对权威，他的这一主张在1889年的明治宪法中占了上风。西周还曾出任初期国民议会的顾问、贵族院的成员以及东京大学的校长。

　　西周的哲学工作主要是将形式逻辑介绍至日本，以及将东西方的学术领域加以系统化。他翻译了约翰·密尔的功利主义，并译介了部分奥古斯特·孔德的实证主义。他撰写了有关人性和心理学的专著，最早用日语阐释了客观视角和主观视角之间的区别，并描绘出了提倡信仰自由以及国家与宗教相分离的宗教理论。西周还创造了许多日语词汇，例如哲学、理性、感性、概念、理念、归纳、演绎，等等。有关军事、国家教育、经济及法律的理论充实了他的成果。

　　以下节选的文章说明了西周面临的两项不同的挑战：促进现代的自由观念以及传达西方概念的意义。作为"启蒙"及进步的明六社的领导人物，他坚持自我修养在法律事务及管理艺术的培训中具有无可替代的作用。在写作有关人性及"自由"的限度时——"自由"一词在日语中也可以意味着利己主义——西周阐明了上述两个概念的差异，并且论证了与动物行为不同的正当的人类自由得自服务于社会整体利益，而非个体自身利益的伦理训练。在更为理论化的语境中，我们可以看到西周将儒学的"理"，这个朱子学大肆讨论的观念，与西方相对应的"原理"及"理性"做了比较和对照。在与朱子学对西方原理所做的批判进行对话时，他将自身对于"理"的理解推进至了表达关系而非实体的术语之中。

[ST]

治理、自由、独立
西周 1874A，237-8；1879，312-3

　　一些学者假定，通过逐步理解万事万物的"原理"以及具备真诚的心灵和思想，他们就自然能够治理国家了，而不需要再做深入的学习、调查乃至搞清何为国家利益，怎么做是对国家有利的。只要想想那些把国家治理建立在如禅宗的和尚"坐禅"之上所带来的危害，实在令人感到痛苦。

关于"自由即独立"之理念

　　所有生物都倾向于追逐及获取利益。禽鸟飞翔于天空，鱼儿遨游在水中，青蛙跳跃于地上——它们无一不在逐利，其余如蝴蝶、虱子、跳蚤也一样。小草和树木总是面向阳光，背向树荫，人类社会也总是朝着利益所在的方向运转：互助的道德（如同夫妻、父子）、劳动分工的法律（交换和分配工作）、领导和群众（官员和非官员）以及政府和市民（司法制度防止冲突，军队保卫国家）的区分。因此探究何为利益是道德的基础。自由之道并不否定追求利益。

所谓自由正是与获取利益相关的自由。在这方面需要着重指出的是获取利益的自由绝非不要任何规则。因此，一个国家和社会的组成就不可能给人民不受限制的自由。野蛮人拥有几乎不受任何限制的个体自由。因此非洲的土著遭到了袭击，被捕捉，被卖为奴隶。为了消除上述灾难，就产生了社会道德，人们建立了政府，形成了国家。我们必须严格地对待那些忽视了自由规则的人们，但我们不能够用我们自己的自由去侵犯人类同胞的自由。（疫苗接种破坏了一些健康但有益于更大范围的健康。自由选择职业是自由的开端。）没有约束就没有自由。（剥夺某人的自由是为了所有人的自由。）

只有动物、昆虫、鱼儿之类才能够完全自由，不受约束地追求它们自己的利益。在人类社会中，人们放弃了这种狭隘的、低级形式的自由，以便获得更为广阔的、高级的自由。如此一来，人类社会中的个体自由虽然看上去似乎缺少像动物、昆虫、鱼儿那样的自由，但人们相应地获得了更加巨大的自由。在人类社会中，人们可以免于被屠杀和被吃掉的灾难，因此获得了自由并为共生而奋斗；他们不互相对立。如果要区别二者（自由与获取利益）的话，那么获利是目的，自由则是达到目的的手段。总之，道德的存在是为了获得自由。没有独立就没有自由。

法则、理性、科学
西周 1873，65；1882，167–72

关于心理学的物质基础

尽管此处所译之心理学和生理学术语仍然包含现代意义的假设，但西周的观点呈现出了卓越的远见。

心理学或是对人性的研究必须建立在物质性法则的基础之上，丢弃那些非物质性的观点。以生理学重新开始，心理学能够揭开人类研究的奥妙。

对于法则的说明

我没有足够的篇幅来揭示和阐明将生理学与心理学联结起来的法则，接下来我将暂时分别说明二者，即精神与物质的法则。在每一个案例中我都将努力说明二者出现的先后顺序。在分别解释精神和物质的法则之前，我们必须追问一个问题：如何界定"理"这个概念（此概念在日语中被用于生理学及心理学）？究竟什么才是它的本质？

西周试图表明"理"这个概念的意义范围部分地与欧洲哲学的核心关切"理性"和"法则"相重叠。

中国自古代起就存在并使用"理"这个概念。儒学的著作都在探讨"理"或"法则"。在古代的典籍中，我们可以发现：《易经》中象征现象特征的变化法则，以及用数字所做的表述；《中庸》中有关和谐的法则；以及诗篇中诸如"大音希声，大象无形"这样对于法则的赞美之词。上述例子无不表达了法则存在的崇高与深厚。

……

因此这个词的意思也随着时代而发生变化，到了今天它最常见的用法是表明理性的观念、原因理由或是"道理"这个术语中的合理性——字面意义为"原则的实现方式"。在我国的语言中我们也将"理"这个中文表述念作kotowari，意思是有关某事或某个字的理解。

接下来是一段有关各种日语表述的评论，其后西周在译自欧文的各种术语，例如理性、自然法、基本法则、范围、理念等的大杂烩中解释了"理"的用法。

因此，我们无法在欧洲语言中找到一个能准确地翻译"理"的术语。人们发现这个国家的儒学者们发表了如下意见：西方人始终对"理"缺乏认识（我想这话是赖山阳写的，因为彼时这个国家尚未对欧洲学术开放）。但是欧洲人肯定知道这个"理"。在近来的欧洲术语中，"理"主要用于表达两层意思，相当于英语中的"理性"（reason）和"自然法"（nature law），以及法语中的 raison 和 loi de nature，德语中的 Vernunft 和 Naturgesetz 以及荷兰语中的 reden 和 natuurwet，等等。

有关上述第一层意思，更为普遍的说法"道理"（方法或原理）和更为明确的说法"理性"（讲原则的自然属性）被用于翻译 reason。理性或者说合理性是有关正确与错误的原初判断，正是该判断赋予了人以人性；它也说明了何以人类是所有生物之灵长。更为普遍的术语"道理"则变成了包括观点、决策、思考和解释等的意味。当这一中文表述用于表达如此广义的 reason，它的意义范围就从建立在观察基础上的推理一直延伸到天地之理，但是在后一种情况中它仅仅表明人类思想本身的东西。因此，我们必须明确一点，在翻译欧洲术语时，"理性"和"道理"都不具有任何超出人类范围的意味，例如天之理和天之道。

有关第二层意思，"理法"用来翻译 nature law，即天或自然之法。牛顿的万有引力定律、开普勒的行星运动定律、波得的行星距离定律等都不是与人类事物直接相关的，尽管它们都是人类发现的结果，但它们都不同于"理"这一人类思想的产物。它们属于客观事物的范畴。并且，英语中 principle 这个词，以及法语的 principe、德语的 Prinzip、荷兰语的 beginsel 在其原本的意思中均可译作"原理"（"原初的法则"），甚至"主义"（理论上的原则）。尽管如此，绝非单凭"理"就能表达上述所有的概念，当我们使用"理"这个词时表示的是某些原初的概念，正如人们往往用"仁"和"义"来说明儒学的观念。

此外，我们还会遇到英语的 idea、法语的 idée、德语的 vorstellung 以及荷兰语的 denkbeeld，它们都起源于希腊语和拉丁语。这些语词原本都是对希腊语的"看"做了某些修改，从阐明阴影或镜像的意义上说，它们原本指的是物质的东西留在了头脑中。这个概念后来演变成了总体上指理解和想象。我们现在用"观念"这个词来翻译它，看上去好像和"理"没什么关系，但是它的重要性就如同"理"这个词之于宋代的儒学者。

为了详细说明这个词的要领，接下来谈一谈欧洲人是否都对"理"缺乏认识。可以说欧洲人对于 reason 这个词所做的多种不同的解释较之儒学意义的"理"要精确得多。宋代的儒学者认为，所有的事情，从天上到地下，从刮风下雨到人类的道德问题都存在于"天理"这个不可改变的天则当中，脱离了这个原则就是对"天理"的违背。不得不说这个主张言过其实了。按照这个信条采取行动的话会犯下大错误的。这样的思路会导致一些不可能的观念，例如日食月食以及水旱灾异与统治者的政策有关。（古代人产生上述想法是由于他们的知识水平太低，因此我们不应该责备他们。我们也不应该责备宋代的儒学者们，因为他们也还不了解欧洲的学术。但是如果今天的人们仍然固执于这些观念，我们就应该担心并且批判他们。）人们也难免不盲目地认为，蒙古人的船是被伊势神风或写有"菩萨保佑"之类的旗帜的力量打翻的。总之，所有的事情都在他们所依赖的"理"的范围之内，无论事大事小。"理"既是先验的也是后验的。"理"的力量可以是持久的，也可以是瞬间的，可以是巨大的，也可以是微小的。我们无法将上述含义整合进一个广义的表述中。

然而人们常常会说"理外有理"。换句话说，许多人认为"理"是这样这样的，但事物的出现并不一定符合那些"理"。人们如此认为如此行事是因为他们把"理"视为事物的多种形式中的一种。但他们并没有理解"理"。"理"的广度和深度是无所不包的。如使之自由，"理"可谓是横贯天上地下，四面八方。如将其包裹起来，"理"则变身于细节当中。就其广度而言，它无所不包。就其细小而言，它内无一物。两个事物之间必定存在"理"，只是我们无法完全加以辨识。"理外之理"是指那些无法用通常的"理"来进行解释的事物。有某个现象或行为存在，就一定会有一个使之存在的理由。同样，如果"理"是这样这样的，而事实却不符合这个"理"，这不过是因为我们尚未发现能够正确应用于相关事实的"理"而已。一旦我们发现了这个"理"，它一定会与事实相符合的。例如，如果你想在两个孩子之间公平地分配两个桔子，你将会给他们一人一个吧。但是就桔子的重量和大小而言，这样的分配就不是正好公平的。如果你在分配之前先称一称重量，你就离精确的分配又近了一步。但是某些化学特性，例如是甜是苦就无法通过称量桔子的重量来进行公平分配了。因此，除非我们还能找到某种技术对甜度和苦度进行公平的分配，我们就难以说对桔子做了完美的分配。

至于人心之"理"，我们只是相当粗略地知道它是恒常的。还有许多的"理"是我们所未知的。当人们说某些他们不理解的事物存在于"理之外"或是"某个理不符合现实"时，他们所表达的并非"理"不充分，而是他们自身对"理"的认识不充分。

有些事物，人类的思想只能认识其中的部分"理"，而非全部。例如宇宙——我们称之为"世界"或是"天上地下",我们推断它是无限的,但我们完全不知道为什么会这样。因此,这就是我们对"理"的认识。如果我们面前有两个事物,我们会知道其中的一部分完全取决于自然规律,但我们没有任何理由说我们知道了全部。这一点应该足以消除人们之中的混乱了吧。

[ST,JCM,GCG]

(赵晓靓译)

福泽谕吉

福泽谕吉（1835—1901）

在个人看来，福泽谕吉是日本诸多现代化改革的发起者，或者至少提供了灵感来源。或许出于这种考虑，他强烈反对封建思想的陋俗。福泽接受过西方教育，并自学荷兰语和英语。在日本开国后不久，他开始三次访美之行的第一次，回国后在德川幕府翻译局工作。在此期间，他出版第一部作品《西洋事情》，该书立即成为畅销书，并使其开启了作为作家和社会评论家的多产生涯。

下述摘录的欧洲启蒙运动和现代科学方法论是福泽的两个重要哲学参考，尽管其依赖这两种论证，却很少详细阐述，并坚决反对传统的先入为主与盲目引入西方政府模式。他多次强调培养知识分子是日本觉醒与以"时代精神"前进的第一要务。《文明论概略》最全面地介绍了其哲学理念，开篇便强调通过培养智力以平衡私人道德。

福泽还撰写了大量关于妇女问题的著作。尽管现代人对其中的大部分内容耳熟能详，但如选集所示，他驳斥主流儒家思想对女性的压制，这在当时是极为新奇的事情。作为接受物理科学训练的人，当结果不公正时，他对权威或传统文本的争论就显得极不尊重。

[JWH]

道德、知识和智慧
福泽谕吉 1875，102-43（77-106）

德意味道德，西方称为"伦理"，意味内心的准则，也指一个人内心真诚且不愧于心。智意味智慧，西方称为"智力"，是指思考事物、分析事物、理解事物的能力。另外，道德和智慧各自存在两种区别，第一，凡属忠实、纯洁、谦逊、严肃等内心活动统称为私德；第二，廉耻、公平、正直、勇敢等与外在接触且体现在人际关系上的东西统称为公德；第三，探索事物的道理并能顺应这种道理的才能，称为私智；第四，区分事物的轻重缓急，后办轻缓之事，先办重急之事，能观察时间和场所的才能，称为公智。因此，私智也可称为找窍门的小智，公智也可称为聪明的大智。

这四者中最为重要的是第四条的大智。倘若缺少聪明睿智的才能，就难以将私德私智扩大为公德公智，或者出现公私相悖、互相抵触的状况。自古以来，虽然尚未明确讨论上述四者，但从学者的议论或社会的日常谈话中，仔细揣摩其含义，就能发现存在这种区别。

……

有些君子说："吾能洒扫天下，区区庭院，何足挂齿。"即便熟知治国平天下之道，却难以做到修身齐家。也有专注洁身自律，闭门不闻窗外事的人，乃至损害身体却于世无益的人。他们都是不明智的，误解了事物之间的关系，未能辨别轻重缓急，从而丧失了修德的平衡。

智德受到聪明睿智的支配，就道德而言也可称为大德，倘若依据社会上普通人通用的字义，就难以称为道德。因为自古以来我国人民认为的道德，专指个人的私德。考究其所在，都是以古书中的温良恭俭让、无为而治、圣人无梦、大智若愚、仁者如山等为主旨。总之，道德是指存于内而非形于外的东西，西方称为"被动的"，是指并非采取主动而是被动对待事物，似乎只将排除私心作为要领。尽管经书所言不全是被动的道德，也有活泼生动的妙处，但是经书的整体风气，给人的感觉只是劝人忍耐服从而已。其他神佛两教的修德部分也是大同小异。我国人民接受这种教育熏陶，所以在其一般概念中，道德的含义极其狭窄，聪明睿智的才能并不包含在这个字义中。

……

尽管内心知晓智德的四种区别，但有时似乎知道，有时又似乎不知道，最终还是受到社会风气的制衡，只是偏重私德方面。所以我也根据社会普通人的看法规定字义，将聪明睿智的才能归于智慧的名目，对所谓的道德，必须缩小字义范围并限制在被动的私德。当我讨论德时……也是按照这种含义进行解释的。在讨论时，将智慧和道德进行比较，认为智的作用重且广，德的作用轻且狭。尽管存在偏颇，但若学者理解上述旨趣，就不会感到困惑。

……原本，私德的条目是传之万世而不变、放之四海而皆准、最纯粹最完美的东西，并非后世所能改变的。但随着社会的发展，运用私德必须选择场所，必须研究运用的方法。例如人要饮食是万古不变的，但是古代只有用手送到口中的方法，后世的饮食方法却千变万化。又比如私德对于人心，犹如耳目鼻口对于人身，原本就不存在是否有用的问题，而且只要是人，就必然存在耳目鼻口。除非在残疾人居住的世界，才有必要讨论耳目鼻口是否有用，倘若并非残疾不全，就没必要喋喋不休。

不管是神儒佛，还是基督教，都是在上古民智未开的时代所倡导的学说，在那个时代本来就是必要的。在后世的今天，倘若世界人口的十之八九都是残疾人，道德的教化也难以等闲视之，或者还要为此争论。文明的本质却是随着人事的繁杂而前进，不能安于上古时代的无为状态。如今的人在饮食方面，已经不满足用手送到口中的方法，倘若知晓拥有耳目鼻口并不值得夸耀，就能明白只修私德并不能尽人事的道理。……

智慧和道德如同将人的思想分成两部分，各自支配一部分，没有道理认为孰轻孰重，只有兼具两者，才可谓是完整的人。但是试看自古以来学者的论述，十之八九误解了事实，只主张道德，甚至极端地误以为智慧是完全无用之物。为社会着想，这是最令人忧虑的弊端，在讨论弊害时，却又遇到困难。因为在如今的社会中，为论述智慧和道德的区别以及纠正旧弊，就必须首先明确两者的界限，并指出两者的功能所在。思想浅薄的人认为这种议论轻德重智，贬低道德价值，于是心怀不满。还有人误解这种议论，简单地认为道德是无用之物。本来为了社会的文明发展，智德都不可或缺，如同人的身体不能缺少粮食蔬菜与鱼肉。所以如今提示智德的功能，讨论智慧的重要性，如同劝告不知养生的素食者吃肉。劝人吃肉，必须说明肉的功能，以及蔬菜粮食的不足，更要说明同食菜肉互不相悖的道理。倘若这个素食者只是片面地理解这个道理，禁食蔬菜粮食而只吃鱼肉，那就是极其糊涂，不得不说这是误解。

窃以为古今之士也知晓智德的区别，只是担心发生误解才避而不谈，但是知而不谈，永远不能解决问题。只要是合乎道理的事情，不一定每个人都会误解，倘若十之二三存在误解，总比不谈论强。忌惮两三人的误解而妨碍七八人增长见识，这并不合理。担心社会的误解而隐藏议论，或者装饰个人议论而使人难以分辨，玩弄"见风使舵"的手段，可谓是蔑视同类的行为。尽管世人愚昧，但尚能分辨黑白，人们的智愚并没有太大悬殊。但是主观地认为他人愚昧，并臆测他人的误解，而不告知事实，难道不是有失敬爱之道吗？这并非君子所做的事情，只要认为是正确的，就应该坦率地完全说出，交由他人判断对错。这就是我好辩与议论智德区别的缘由。

……

道德是个人行为，其功能首先限于一家之内。倘若主人的品行正直，其家人自然趋向正直；父母言行温顺，子女自然也趋向温顺。或者亲友之间相互规劝，也能进入道德之门。但是劝人向善的作用极其有限，仅靠道德难以做到家喻户晓。

智慧则不然，倘若对外公布发明，立刻就能牵动全国的人心，或者是更大的发明，将以一己之力改变全世界的面貌。詹姆斯·瓦特改良蒸汽机，使全世界的工业为之一变；亚当·斯密发现经济规律，全世界的商业为此改变面貌。传播的方式，既可以口述，也可以书面传播。听到这种话或看到这本书，并将其实施的人，便与瓦特和斯密毫无差别。所以昨天的愚者成为今天的智者，全世界可产生数千万的瓦特和斯密，其传播速度之快和实行范围之广，并非依靠个人道德规范来劝告家人朋友所能比拟。

或许有人说，托马斯·克拉克森①毕生致力于废除社会上贩卖奴隶的恶法，约翰·霍华德②努力扫除监狱的恶习，这都是道德的力量，可谓功德无量。我回答说诚然不错，两人将私德扩展为公德，确实是功德无量。他们历经千辛万苦，想尽办法，或著书或疏财，克服艰辛，最终打动人心，从而实现伟大事业，与其说是私德的功劳，不如说是聪明睿智的作用。

虽然他们的功业很伟大，但是仍然依从世人看待、解读德的含义，简单而言道德就是舍身救人。仁人看到儿童落井，为救其性命而丧生；约翰·霍华德为拯救数万人而丧生。倘若比较他们的恻隐之心，是没有孰优孰劣的。

---

① 托马斯·克拉克森（1760—1846），毕生致力于废除奴隶制，主张从英国开始，进而扩展到世界各地，禁止奴隶贸易。

② 约翰·霍华德（1726—1790），英国的一名公务员，被称为现代监狱改革之父。

不同之处是前者为拯救一个儿童，后者为拯救数万人；前者只是建立一时的功德，后者是遗留万代的功德。在牺牲生命方面，二者并没有道德上的轻重之分。霍华德之所以留下拯救数万人的万代功德，是因为通过聪明睿智发挥私德的作用，扩大了功德的范围。所以那位仁人只有私德而缺乏公智公德，霍华德则是兼具公私德智的人。

私德如同铁材，聪明的智慧如同加工，没有加工的铁材只是坚硬沉重的原料；倘若稍微加工成锤子或铁锅，就具有锤子和铁锅的功能；再稍微加工成小刀或锯，就具有小刀和锯的功能；以极为精巧的技术加工，既可制成巨大的蒸汽机，也可制成精细的表弦。以大锅和蒸汽机相比，世人都会认为蒸汽机的功能大且可贵。为何蒸汽机可贵呢？并非大锅和蒸汽机的铁材不同，而是蒸汽机的加工更可贵。所以在观察铁制品并讨论其原料时，大锅、机器、锤子和小刀都完全一样，之所以产生贵贱的区别，是因为加工程度不同而已。

……

道德不是用有形的东西来教授，而是依据学习者的内心努力而习得。……韩愈[1]曾上《论佛骨表》以谏天子，俨然是忠臣。虽然被贬潮州后，他通过写诗以泄忠愤之情，但其后又从远方给京城权贵写信，卑躬屈膝地请求再度出仕，这正是伪君子。倘若进行列举，自古以来，在中国、日本和西方都不缺乏韩愈之流。在讲述《论语》的人中，就有人巧言令色和贪图钱财；在信奉基督教的西方人中，就有人欺骗无知和恐吓弱小，并企图名利双收。这些小人利用无形的道德作为检验的准绳以出入道德之门，可谓乘机贩卖私货。这证明道德的功能并不能控制他人。

智慧却并非如此。社会上的智慧丰富多彩，无需教导即可相互学习，也可自然地引入智慧的领域。这与道德的感化并无区别，但是智慧的力量未必仅靠陶冶就能发挥作用。完全可以通过有形的东西学习智慧，并能明显看到这种轨迹。在听到水沸腾变为蒸汽的道理后，学习制造机器和使用蒸汽的方法，就可以制造蒸汽机。如果成功制造，其功能与瓦特制造的机器就没有区别，这就是有形的"智慧教育"。由于这种智慧教育是有形的，所以在检验时

---

[1] 中国唐代著名文学家韩愈（768—824），建议焚烧道教和佛教书籍，因为它们鼓励安静和远离社会事务。其写的佛教谏文是用来抗议唐宪宗对佛骨的崇敬。

也存在有形的规则准绳。

……

社会上的道德家曾言：道德是一切的根本，社会上的任何事业必须依靠道德才能成功，倘若有了道德修养，将无往而不利，所以必须教导和学习道德。可以暂且放下社会上的一切事情，首先修习道德，然后方可谋划其他问题。世上若无德教，犹如黑夜无灯，难以看清事物的方向。西方文明是德教的成果，亚洲的半开化和非洲的野蛮也是德教的程度差异所致。德教如同寒暑，文明如同寒暑表，一旦前者有变化，后者立刻就有反应，每增加一分道德，文明就会前进一步。所以人们悲叹人的不德和忧伤人的不善，有人主张引入基督教，有人主张恢复业已衰弱的神道教，有人主张推广佛教，儒家有其说法，国学家也有其论调，众说纷纭，莫衷一是。他们悲伤忧愁的样子，如同水火即将摧毁家庭，真是狼狈不堪！

我有另外的看法，尽管上述看法可以抓住事物的极端，但不能将议论止于此。倘若将不善不德的极端情况视为唯一目标而进行拯救，好似解了燃眉之急，但只能挽救这一方面的缺陷，而不能完善一切人事。正如人只获得用手送到口中的食物，并不代表圆满了人类的全部生活。倘若将事物的极端视为议论的目标，德教也不能解决问题。假设如今只以德教作为文明的根本，令全世界人民都诵读耶稣的圣经，除此以外无所事事又会如何？倘若宣扬禅宗不立文字之教，令天下人民忘记文字又会如何？倘若只知背诵《古事记》与五经，专门学习忠义修身之道，却不知谋生之道，又可否将其称为文明人？倘若抛弃五官的情欲，忍受艰苦生活，却不知人间世界为何物，又可否将其称为开化人？

路旁有三只石雕猴像，分别掩目、掩耳、掩口，寓指不见、不听、不说的忍耐之德。倘若据这种意义解释，他人的耳目口便成为不道德的媒介，这就像是说上天创造人，即赋予了其不道德的工具。倘若耳目口有害，那么手脚也将成为做坏事的工具。所以聋哑人并非完美的善人，只有夺其四肢的功能方为上策。相比创造如此不完美的生物，世界上没有人类才是上策，这可谓是造化的规律吗？我对此表示怀疑。但是诵读耶稣的圣经、皈依不立文字的宗教、推崇忠义修身之道、舍弃五官肉体情欲之人，都是德教的忠实信徒。即便这种坚信德教的人是无智的，也不能责备他是恶人，责备其无智是智慧问题，与道德并无关联。所以极端来看，在道德上缺乏私德的人被称为恶人，似乎德教的目的就只是减少这种恶人。但是广泛考察人的心理活动，并详细分析其所表现的事实，就能知晓不能将减少这种恶人称为文明……

原本，神儒佛和基督教的本意并非如此狭隘，只是在社会的传教和信教中，纵观人心的反应，难免存在这种弊端。可将之比作严重胃酸的患者，不管给予何种食物，都被酸化而得不到任何营养，这并非食物之罪，而是疾病所致。学者必须注意这种道理。

……

企图依赖偶然的事情支配社会，可谓是极大的错误。人生在世，不能只满足独善其身。试问有德行的君子，每日衣食从何而来？尽管上帝恩泽宏大，但是山中不长衣服，天上不落食物。况且世界文明的逐渐进步，不仅产生衣服和饮食的便利，还有蒸汽机、电报以及政府商业的好处，这些都是智慧的恩赐。依据人权平等的道理，没有道理坐享其成。倘若有德行的君子如同悬挂的葫芦不用吃饭，就另当别论。只要希望吃饭穿衣，享受蒸汽机、电报以及政府商业的好处，就必须承担个人责任。即便已经满足物质享受和无愧个人德行，也没有道理安于现状。所谓满足，所谓无愧，仅限于如今的文明，明显尚未到达极限。人的精神发展没有极限，造化的奥妙是有规律的。依据无限的精神研究固定的道理，不管有形还是无形，都囊括在人的精神之中。倘若到达这种境界，就没有必要讨论智德的界限，这就是天人并立的状态，天下后世终有一日可以到达。

……

[DAD，GCH]

赞美有条不紊的怀疑
福泽谕吉 1876，202-10（93-100）

相信的世界多欺骗，怀疑的世界多真理。试看社会愚民，相信人言、书籍、小说、传闻、神佛、卜筮；父母有大病，则信按摩之说，或服用草根树皮；女儿出嫁，则信算命先生的指点，以致失去佳婿；生病时，不找医生而求神拜佛；乃至因相信不动明王而绝食数日，最终丧命者。这些流行于民间的风俗，并没有多少真理，真理少则欺骗多。由于普通人易于轻信，才更容易受欺骗。所以我说，轻信易受欺骗。

文明的进步在于钻研天地间的有形物质和无形人事的动态，进而发现真理。倘若寻求西方各国人民实现今日文明的源泉，可谓是从怀疑出发。伽利略怀疑旧的天文说而提出地动说，伽尔瓦尼怀疑蛙腿的痉挛而发现动物电，牛顿见苹果落地而怀疑地心引力，瓦特见壶水烧开而怀疑蒸汽的作用，可以说都是从怀疑之路到达真理。

倘若抛开物质领域，就可知人事进步的情况也是如此。托马斯·克拉克森怀疑奴隶买卖法律的正当性而为天下后世杜绝悲惨的根源，马丁·路德怀疑罗马旧教的不合理而进行宗教改革，法国人民怀疑贵族的跋扈而开展革命运动，美国人民怀疑英国成文法而实现独立。

试看现代西方学者倡导新学说与引导人们走向文明，其只是为了驳斥古人认为不变的学说，并怀疑社会普遍不容置疑的习惯。尽管现在都认为男主外、女主内是天经地义的，但是斯图亚特·密尔的《妇女论》试图打破这种万古不变的陋习。英国经济学家主张自由贸易，尽管相信这种主张的人将其视为世界的普遍规律，但是美国经济学家提倡贸易保护，建立本国的经济学说。只要出现一种议论，就会出现另一种学说将其驳倒，异说纷纭且不知其极。但是亚洲人民轻信虚妄之说和沉溺巫蛊神佛，或者依附圣贤之言，万世之后仍不敢逾越，相比之下，其品行的优劣与心智的勇怯，实在不可同日而语。在异说纷纭中寻求真理，犹如逆风行舟，在风浪的击打下时右时左，尽管行驶百十里的海路，但是直线距离不过前进三五里。相比航海偶尔遇到顺风，在人事方面却不会一帆风顺，只有通过各种学说的相互争论，才能实现社会的进步，通往真理。怀疑也是产生各种学说的根源，所以我说，怀疑的世界多真理。

尽管不可轻信事物，但倘若是事实，也不可轻易怀疑。在相信和怀疑之间，必须善于辨别取舍，学问的本质也在于明辨这个道理。日本自开国以来，民心骤变、改革政府、打倒贵族、兴建学校、创办报社、改变铁路、电信、兵制、工业等百种事物的旧面貌，都是因为怀疑数千百年的旧习惯而尝试改革，从而获得如此成就。然而这只是在与西方交往以后，看到西方的文明情况而信以为好，进而仿效的结果。这种怀疑旧习并非源于自发的怀疑，而是基于由相信旧习转而相信新事物，即过去相信东方，如今转而相信西方，但很难保证疑信取舍之间是否恰当。鉴于才疏学浅，难以对取舍问题展开详细讨论。虽然深感内疚，但考察世事变迁的大势与人心趋向，就可以明显看出，或者流于轻信，或者过于怀疑，而未能在信疑之间保持适度。

……

倘若四百年前西方诞生亲鸾圣人，日本出现马丁·路德，亲鸾上人改革西方流行的佛法和推行净土真宗，路德在日本反对罗马旧教并推行新教，那么评论者必然会说：宗教以普度众生为宗旨，不应杀戮人民，倘若违背该宗旨，其余将一无可取。西方的亲鸾上人对此深有体会，卧草枕石，历尽千辛万苦，竭尽终生之力，最终改革国家的宗教，以致如今大半数国人受其教化。其教化如此宏大，上人死后，其门徒在宗教事务上既不杀戮异教徒，也未被杀，真可谓专门以宗教道德教化他人。反观日本却大不相同，日本的路德出世后，反对罗马旧教，旧教徒也并未轻易屈服，旧教如虎，新教如狼，虎狼相斗，血流成河。路德死后，他们为了宗教而杀害日本的人民，浪费日本的财富，兴师灭国，难以记录和言说这场祸乱。杀伐和野蛮的日本人因普度众生的教导而陷入生灵涂炭，以爱敌为宗旨却屠戮无辜的同类，如今试问其成效，可以说路德的新教并未感化半数的日本人民。这就是东西方宗教的不同情况。

尽管我长期以来表示怀疑，但是并未找到明确原因。仔细思考可能是日本的基督教和西方的佛教虽然性质相同，但在野蛮的国家实行将促进杀伐之气，在文明的国家实行将自然养成淳厚风气；或者东方的基督教和西方的佛教原本就存在本质的差异；或者作为改革始祖的日本路德和西方的亲鸾上人存在道德上的优劣，鉴于见识浅陋，难以臆断，只待后世博学者下结论。

但是如今的改革者们厌恶日本的旧习而相信西方的事物，未免过于轻信轻疑。他们以相信旧事物的信任来相信新事物……

仔细思考，不禁百疑丛生，几乎如同暗中摸索。如今处于混乱纷杂中，认真比较东西方的事物，信其可信，疑其可疑，取其可取，舍其可舍。尽管适当的信疑取舍并非易事，但我辈学者应责无旁贷，并以此自勉。比起空想，不如致学。多读书，多接触事物，平心静气，打开眼界，以求真理之所在，自然可知晓信疑的不同。昨日所信，今日或生疑；今日所疑，明日或可解，学者必须勉励。

[DAD，HU]

男女平等

福泽谕吉 1885，9-10，45-46（11-13，39-40）

孔子曰："有事，弟子服其劳；有酒食，先生馔。"（《论语》ii.8）如今我辈借用此语来评论日本的男女关系：有事，女子服其劳；有酒食，男子馔。

我国女子在家庭内外都没有责任，而且地位极低，所以其苦乐也很小。由于数千百年来的习惯，使其处于一种虚弱状态，所以将其导向身体强壮和心态活泼并非易事。社会上关于女子教育的议论极其热烈，本来教育也不是无效，只要教导学问和技艺，就可知晓学问和技艺；使其身体运动，就可增加体力，但是，这些尝试只是在女性禁锢虚弱的生活中攻击有限的领域，可想而知其最终效果如何。

我辈曾说过，想要以如今的学校教育方法使女子身心发达，犹如培养盆栽中的松树，而期望其突破云霄。培灌对树木很重要，而且必须要有这种培灌。使用上好的肥料，并注意适度地控制湿度和温度，松树极易枝繁叶茂，绿色光泽极为美丽，但是这种美丽只是盆中的美丽，虽经过一段岁月，也难以期望其长成高耸百尺的树木。忧虑如今的女子没有学问和知识，通过学校或其他手段开展教育不是徒劳之举，可使其精通科学和文学，乃至法学。尽管她们在学校教室中与男子相比没有优劣，但是放学回家后又是何种情况呢？

她们在家中没有财产，在社会中没有地位，住的是男子的家，养育的孩子是丈夫的孩子。没有财产，没有权利，没有孩子，而且寄生在男子家，又如何使用其获得的知识和学问呢？不能使用科学和文学，法律更不会有帮助。在社会的一般观念中，女子讨论法律和经济只会带给自己痛苦。

不使用学识并等闲视之，就会变质，正如长期不使用机器，到需要时就不适宜使用。所以与男子接受同等教育的女子，一旦结婚后就变成普通的家庭主妇，不再崭露头角，学识也因长期居家而消失。或将其评价为，婚姻一举使学问变得毫无意义。学校的辛苦教育，甚至比不过培养盆栽的辛劳，因为长期培养盆栽中的矮松，可以使其保持繁茂，学校教育却不能在学校以外持续。

另外，学校沿袭所谓儒教主义的方式，或带有佛教的风气，主张唯女子与小人难养也,女子无才便是德,女人是五障三从①的罪人等,以此压迫她们,并灌输贞德谨慎的理念,甚至妨碍其耳目鼻口的功能。教育者竟未察觉这种教育法的弊端,这也确实阻碍了女子的身心发展。

……

所以男女的平衡,在体质和思维活动上并无不同之处,毫无疑问是平等的。倘若人是万物之灵,那么男女都是万物之灵。倘若没有男人就没有国与家,那么没有女人也没有国与家。关于男女孰轻孰重,无论怎么看都没有轻重贵贱的差别。

中国的儒家将男女比作阳阴,男是阳、天、日,女是阴、地、月,提出一方尊贵和另一方卑贱的学说,虽然将其视为自然的道理并不奇怪,但是阴阳原本就是儒家的虚构,并没有任何证据。在数千年前的愚昧时代,人们环顾天地间的万物,相似的事物总是成对存在,一个看似强大且热烈,另一个看似弱小且安静,于是擅自命名前者是阳,后者是阴。例如,天地看起来如同天花板和地板,一方低且被脚踩着,另一方高且手摸不到,所以说天是阳,地是阴;日月既圆又亮,一个又热又亮,另一个相对较暗,所以说日是阳,月是阴。在如今来看,都只不过是幼稚的胡话。

毕竟阴阳没有附带的特征,但是首先要在心中描绘两种想法,自己依据想法将这个稍微优越的东西归入阳类,将那个稍微低劣的东西归入阴类,然后据此提出各种学说,都是将胡话变成热闹的空话。所以在男女之间原本就没有阴阳的区别,阴阳学说本来就是虚构之物,虽然男女不存在何种不同的特征,但是儒家看到女子,总觉得要贬低她们,自认为女子比男子逊色,例如作为阴性,将其归入脑中的阴类。这对女子来说是极为困惑的麻烦,毫无缘故地搬出天地日月,并被说成阴性,可谓是儒者无知的受害者。

[KE]

(王振涛译)

---

① 五障是指懒惰、不满、诽谤、嫉妒和愚蠢;三从是指在家从父,出嫁出夫,夫死从子。

中江兆民

中江兆民（1847—1901）

中江兆民是一名记者、自由权利的倡导者、自由思想家和政治家。他从 1862 年开始学习"西学"和法语，并于 1871—1874 年居住在法国，学习法律、哲学、历史和文学。归国后，他开设法语学校，着手翻译卢梭的《社会契约论》。兆民为多家报纸撰写文章和社论，从而对 19 世纪 70 年代和 80 年代初的自由民权运动作出重要的学术贡献。1887 年，他发表强烈批评政府的《三醉人经纶问答》，以致被逐出东京两年，归来后当选首届众议院议员。1901 年，兆民被诊断患有喉癌，预计只剩一年半寿命，于是撰写了其唯物主义哲学最清晰的表述——《一年有半》和《续一年有半》，同年去世。正如摘录所示，兆民是一位公认的无神论者和唯物主义者，尽管上帝和不朽的灵魂或精神的存在贯穿大部分欧美唯心主义哲学，但其表示坚决反对，并颠覆无常身体和不朽精神的说法，主张身体的"真正物质"（构成身体的元素）以某种形式无限存续，而精神只是身体的"效果"或表象，在死亡时消灭。

[RMR]

没有上帝，就没有灵魂
中江兆民 1901，233-43，258-9

在研究理学即世间的所谓哲学问题时，终究难以局限于五尺之躯，即使可以做到，而所述的道理，在不知不觉间难免被孤立。不能局限在人类范围内，也不能局限在十八里的大气层或太阳系天体之内。

所谓空间、时间或世界，本就是独一无二的存在。不管使用有限狭隘的想象力如何加以想象，没有理由肯定空间、时间、世界这些东西是有始的，也没有道理认为上下、东西是有极限的。然而，由于局限于五尺之躯、人类、十八里的大气层，以及个人利害或希望的制约，疏远且蔑视虫兽鸟鱼等其他动物，仅从人这种动物来判断和思考，就会罗列一些利于人这种动物的论点，并发出极端违背逻辑、极端违反哲学的呓语，如神的存在，精神不灭，即身体死亡后，还能保持各自的灵魂等。

尽管柏拉图、普罗提诺、笛卡尔和莱布尼茨都是学识渊博的伟人，他们也在不知不觉间考虑死后的情况，受到自己同类即人类利益的诱惑，不反省天堂、地域、唯一神、精神不灭等如同烟雾般的说法。不，烟雾是实际存在的，这些东西却是说话时溅出的泡沫。他们堂而皇之地著书立说，恬不知耻地谈论道理，实在令人笑话。同时，众多欧美学者幼时都受到与母乳一同吸收且融化在身体和血管中的迷信思想的支配。若有人说到无神或无灵魂，就被认为犯有大罪，实在可笑至极。

诚然极端霸道和残虐的盗跖切碎人肉，却很长寿；号称亚圣的颜回却早死。除此之外，社会上习惯逆取顺守的土豪劣绅得到荣华富贵，品行端正的人物却吃不起糟糠，饥饿而亡。看到如此情形，就出现所谓未来存在真正公平的法庭的说法，而这只是迎合多数人的心理而已。尤其对身患重病，一年、半年和每月每天都临近死亡的人来说，存在极为仁慈和绝对公正的神，且灵魂不灭，即身死之后灵魂尚能保持独立性质，将足以自我安慰。但如何对待哲学的庄严性呢？又如何对待冷静地只承认真理的哲学家身份呢？我已经存活五十五年，稍微阅读几本书，略懂一些道理，却不幸没有勇气道出神的存在和灵魂不灭的呓语。

我认为哲学家的义务或者根本资格，就是在哲学中保持极端冷静、极端直率、极端不妥协的态度，所以坚决主张无佛、无神、无灵魂的纯粹物质学说。我不局限于五尺之躯、人类、十八里的大气层、太阳系、天体，直接将自身置于时间和空间的中心（倘若无始无终、无边无际之物存在中心的话），而不把宗教教义放在眼中，不理会前人学说，在此提出个人独特的观点，主张这种理论。

灵　　魂

　　首先从灵魂开始探讨，所谓灵魂是什么呢？若想象眼睛的视觉、耳朵的听觉、鼻子的嗅觉、口的饮食、手足的捕捉行走，可以说非常不可思议，究竟是谁在主宰？至于想象力和记忆力，更不可思议。乃至现在的国家和社会，又由何种力量构成？只有所谓的精神力量，才能阐发和推进各门科学走出野蛮并趋向文明。若谈到身躯，也只限于五尺或六尺范围，只是用十三种或十五种元素捏合而成的一块顽肉而已。因此，绝妙的精神必然是主宰，有顽肉形成的身躯必然是其奴仆。

　　这种说法正是陷入重大错误的首要原因。所谓精神，并非本体，而是从本体发生的作用，是活动。本体是五尺之躯，五尺之躯的行动就是精神的绝妙作用，如同炭与焰、薪与火的关系，漆园吏庄周已看穿这种道理。十三种或十五种元素暂时结合的身躯的作用就是精神，身体一旦还原即分解也即身体死亡，身体作用即精神就同时消失。如同炭成灰、薪烧尽，焰和灰就同时熄灭。所谓身躯分解而精神尚在，乃是极端违背道理的话。

　　即便具备健全的头脑，不受宗教毒害，不考虑死后状况，按理也无法理解这种说法。所谓辣椒已不存在而辣味尚存，大鼓已破碎而咚咚声独存，难道是思索义理的哲学家一本正经的话语吗？在17世纪以前的欧洲，若主张无神无灵魂的学说，将被处以水火的酷刑，或许那时迫不得已，但在倡导言论自由的今天，依然发出这种梦呓，就实在不像话了。

　　所以身躯是本体，精神是身躯的活动，即作用。若身躯死亡，灵魂将同时消亡。或许这对人类太冷酷无情，若是真理，即便冷酷无情，也无可奈何。哲学的宗旨并非权宜性的，也并非讲温情。即便是不妥协或直率的，乃至不满意自己内心的推理，也不能不说。

　　若如同宗教家和被宗教迷惑的哲学家从人类利益推断的言论那样，所谓精神的东西存在于身躯，与身躯脱离且独立于身躯之外，如同木偶剧演员操纵木偶，成为身躯的主宰，即便身体分解，即身体死亡时，这种精神另外存在，那么存在于身躯中的期间，又处在哪个部位？心脏？脑髓？抑或肠胃？这恐怕是纯粹的想象。鉴于五脏六腑均由细胞组成，难道那种精神分成几千万亿的碎片，寄居在细胞中吗？

说精神是无形的，并没有物质存在，却是没有意义的话。凡属无形，是指耳朵和眼睛接触不到，即便正在接触，也并未察觉。如同空气，只有在科学上观察才是有形的，只有用显微镜观察才是有形的，而用肉眼看则是无形的。凡属无形，是指即便存在物质，也极其微小，即便觉察不到与其接触，其实也是有形的东西。若那种精神并非如此，而是纯粹无形且没有物质，难道不就是虚无吗？所谓虚无成为身躯的主宰，这样真的合适吗？

凡属无形的东西，是指至今在科学上尚不能掌握，或即便在科学上能够掌握，肉体却感觉不到的东西。比如光、热、电这类现象，在科学日益进步和发达以后，或许能够通过显微镜观察。如同那种精神在灰白色脑细胞的作用下，其每个活动都飞散着极微小的分子。凡属科学上的未解问题，当然应极力选择近乎情理的假说，即精神也是身躯中的脑神经在结合与排斥时产生的，如同视觉、听觉、嗅觉、味觉，以及记忆、感觉、思考、决断等活动，每次发生这种情况，宛如瀑布向四面溅出水花般。

假设能看到极微小的分子，这未必是违背道理的，并且是不会使人的良心感到愤怒的事。相反，那种认为既无分子又无形质而纯粹的虚无精神，成为全身的主宰，产生各种活动的说法，难道不是完全违背道理吗？难道没有令人的良心感到愤怒的性质吗？

精神的死灭

且考虑关于生育一事，思索关于得失消长的大道理。凡属胎生的动物死亡后，大多留有子孙。父母将身体及其可能发生的精神分给子孙，即儿女是父母的分身，父母死亡而留下儿女，这符合得失消长的数学原理。

蚕蛾产卵后，不久就会死亡。假设蚕蛾将身躯和精神遗传给卵，蚕蛾只是身躯死亡而精神仍单独存在，这合乎道理吗？假设张三李四分别留下儿女，其死亡后，若灵魂单独存在而不灭，灵魂国的人口恐怕要大量增加，繁殖至十亿、百亿、千亿、万亿、十万亿趋于无限，却没有消灭一个或半个。这真的符合得失消长的数学原理吗？

凡属有生命的东西，虽为草木，却与人兽无异。凡属父祖辈，均因子孙，方得不朽。既因子孙而不朽，还强行说除此以外，自己也能不朽，这是过于信口雌黄且极端违背哲学道理的话。若是将死的乡下老妪所言，尚姑且不论；

若自我标榜哲学家的人物也吐露这般极端违背哲理的话语，简直是不知羞耻的事情。

身体的不灭

所以身躯是本体，精神是身躯的活动即作用。正因如此，身躯一旦停止呼吸，其视觉、听觉、言语、行动等作用就立即停止。一般来说，若身躯死亡，精神就消灭，恰似薪燃尽时，火就熄灭。据此道理来讲，不朽或不灭并非精神具备的属性，而是身躯具有的属性，这是由于身躯是由若干种元素结合而成。所谓死亡，就是这些元素开始分解，但元素即便发生分解，也并不消失。一旦分解，即身体腐烂时，其中的气体元素就混入空气，液体或固体元素就混入土地。

简言之，各种元素即便相互分散，也分别存在于世界的某处。或者随空气被呼吸，或者被草木的根叶吸收。不仅不朽不灭，而且必然发生某种作用且循环无穷。

所以身躯即物质，即元素，是不朽不灭的，反而作为身躯作用的精神会腐朽和消灭，且不留痕迹，这是不言自明的道理。若打穿大鼓，将断绝咚咚声；若敲破洪钟，将停止铛铛声。打穿的大鼓和敲破的洪钟，不管尔后变成何种形状，毁坏成何种碎片，也不会消灭一分一厘，只会存在于某处，这就是物的本体与活动或作用的区别。

释迦牟尼和耶稣的灵魂早已消灭，路上的马粪却和世界永存。天满宫即菅原道真①的灵魂，在其身死后立即消灭，其心爱的梅树的枝叶，却散落为几千万，至今尚存于世界各处，即不朽不灭。

不朽不灭一词，在宗教家的心中，极其高尚，极其玄妙，极其不可思议；在冷静的哲学家心中，却是一切物质均具备的属性。凡属物质，没有一种不是不朽不灭的。等同真空的虚无灵魂，不仅谈不到不朽不灭，而且根本不存在，只是唯心派哲学家的语言泡沫。

---

① 菅原道真（845—903），是平安时代前期的学者和诗人，尽管死于流亡中，但据说其灵魂为报复不公正待遇而返。

概　　要

综上所述，可得出以下结论，精神并非坚不可摧，而身体——由多种元素组成的精神的真正物质，最终会破裂——反而坚不可摧。

例如，考虑一下拿破仑或丰臣秀吉的死亡，在其身体所包含的元素中，气体元素混入空气，从而被鸟类摄入；固体元素溶入地球的水中，被胡萝卜和萝卜吸收，并进入某人的胃里。尽管这些元素据此移动且呈现不同形式，却决不会消灭。因此，当人死亡时，即便五尺之躯开始断裂，元素消散，却坚不可摧。所以人倘若死亡，无需盼望天堂，也不必惧怕地狱，更不必期望再次诞生于此，并获得人类的身躯。在此世间，吾人的第二代就是吾等子孙。

尽管存在多神或一神的论点，但并无理由相信神的存在。世间万物皆是无始无终的……作为元素聚合与溶解的结果，物体 a 变成物体 b，然后变成物体 c，再变成物体 d，没有尽头，也并无所谓上帝的神秘实体的任何干预。如此，世界的伟大历史就此展开。

[RMR]

（王振涛译）

井上哲次郎

井上哲次郎（1855—1944）

在日本现代哲学学科的形成过程中，井上哲次郎可谓是最重要的人物之一。早在明治时代，井上对于儒学中的哲学概念和范畴的关注就促使他编著了若干哲学辞典。1884—1890 年，井上留学德国，师从爱德华·冯·哈特曼，之后便任教于东京大学，直至 1923 年退休。在此期间，他活跃于哲学界的讨论中，担任哲学社团的负责人，并且在明治政府的意识形态统治中扮演了一个有力的角色。

他与有贺长雄合作创办了第一个将西方哲学介绍至日本的"西方哲学讲座"，其后两人又合编了最早的一部哲学辞典。出于对佛教和儒学的同情，1893 年他出版了专著《宗教与教育的冲突》，在该书中他指责基督教与日本的国体及现代科学不相容，从而在日本引发了关于宗教的广泛讨论。之后他试图根据其对儒学价值的理解倡导伦理的宗教，他建构日本儒学思想史的开创性工作广为人知，在某些场合井上也试图将自身的"现象即实在论"定位于他所理解的东西方哲学的更加广阔的世界中。明治时代克服主客体二元对立的若干尝试之一展示了井上对于哲学的定义、范围及方法的开创性关注。

[GCG]

我的世界观之管窥
井上哲次郎 1894，489-512

我今天选的这个题目非常庞大，要说的内容数都数不清，因此只能说个大概。首先从哲学的性质开始谈起吧。哲学与科学在性质上有很大的差异，那么二者在哪些方面有差异呢？这可以列举出许多方面，但首先可以明确的是，哲学是一门普遍性的学问，它的研究对象是世间的万事万物，这一点大大有别于仅以部分事物为研究对象的专门性学问，从这个意义上来说，哲学就不能称为专门性的学问。但是，如上文所说，以万事万物为研究对象的学问，除了哲学就再也找不出第二个了，由于只有哲学是研究万事万物的，从这一点上说，哲学仍然可说是一门专门性的学问。然而，哲学并不是仅在这一点上有别于其他的科学，哲学是一门可供安身立命的科学，在这一点上哲学又与科学大不相同，例如化学、物理学，又或者是代数、几何，这类学科的学问就不是以安身立命为目的的，然而哲学上的考察则归根结底还是在于安身立命，这一点就是与其他学科大不相同之处。但是，要想能安身立命归根结底就必须有个世界观，因为有世界观，世间才有了研究世界观的称为哲学的学问。有鉴于此，接下来首先从哲学大体是一门怎样的学问，其中包含怎样的研究谈起，然后再逐渐将话题推向深入吧。

哲学研究大致可以分为方法的研究和材料的研究两大类。当然，对哲学类别的划分方式也多种多样，我主要是为了便于展开今天要谈的内容而采取了上述划分方式。方法的研究称作理论学，材料的研究又可分为三类：第一是真，第二是善，第三是美。这里的真是指智识的境界，善是指思想的境界，美是指情感的境界。研究真则产生了纯正哲学，换言之也就是理论哲学，在此基础上细分，又可以分为研究意志的部分，研究物质的部分，以及研究实在的部分。研究善的学科分为伦理学和政理学两个部分，研究美的是美学。这三个部分可冠以实践哲学之名，与上述理论哲学相对应。但是，如果不依据理论哲学则无法构造出世界观。当然，回顾以往的经验也有不少人试图凭借真善美其中之一安身立命，有仅凭智识安身立命者（例如许多的哲学家），有仅凭意志安身立命者（例如许多的宗教家），有仅凭情感安身立命者（例如许多的诗人），各种各样，五花八门，但是我今天要谈的仅仅是有关纯正哲学的部分。

在纯正哲学即理论哲学部分有一个根本性的问题，它是什么呢？关于这一点自古以来就有两个完全相反的观点。第一个观点认为真理归根结底是我们无法认知的，另一个观点则认为真理是可以认识的。认为真理是无法认知的就是怀疑派；除了怀疑派以外的哲学流派都属于真理可知派，这一派大致又可以分作两派：其一为观念派，其二为实在派。如果真理果真无法认知，则纯正哲学也就无法成立了，所能成者唯有批评而已。因此，若要积极地建构某一种世界观，则必须在真理是可认知的这一前提之下才有可能成事。关于这一点我今天不打算一一细论，总之，真理是可以认识的才是我们的观点。

刚才已经提到，认为真理是可以认识的分为观念派和实在派，那么这两派又在哪些方面有区别呢？当然，无论是观念派还是实在派，其中又包含诸多流派，但是今天在这里没有时间一一细说，而简要地谈一谈两派相区别的要点的话，则在于二者对于客观世界的观念的理解有所区别。那么对于客观世界二者究竟有何区别呢？一方认为客观世界是实在的，是与我们的主观相区别的、存在于主观之外的实在，因此它是给我们带来各种表象的本体。虽然有关这一客观实在究竟为何存在多种解释，但是，的确有一在主观之外且异于主观的实在则是实在派的共同主张，这就是所谓的实在论。相反，另一方则认为所谓客观绝非与主观不同的东西，客观归根结底是我们主观产生的结果，客观来源于主观，离开了我们的主观也就不存在所谓的客观，世间实在的唯有主观，这种观点叫作一元论，又叫观念论。这类观念论中也包含各种流派，今天就不能一一细说了。

实在论中也有各种实在论，今天我将根据要论述的内容将其分作两个类型，想必大家就会明白。两个类型的区别在于，其一可称为现象即实在论。现象即实在论认为各种现象是作为客观存在于主观之外的，现象本身即为实在，除了现象再无其他实在。此外还有一个类型可称为过境的实在论……过境的实在论认为客观世界中存在作为知识的对象的各种现象，这些现象并非实在，实在是脱离现象而独立存在的东西。也就是说前者将现象视为实在，后者则否定现象即为实在，如此区分想必大家就明白了吧。但是，现象即实在论又有两种，一种认为唯有此现象可称作实在，现象以外绝无其他可称为实在的东西，也就是实验派；另一种认为理论上可以将现象与实在区别开来加以思考，但实际上是同体不离、二元一致的，就如器具与元素，虽然器具不直接等同于元素，但是任何器具皆由元素组成，元素就是器具，器具就是元素，在此意义上说现象即实在。上述二者不可混同。我们采取的观点是现象即实在论的第二类，而非过境的实在论。

接下来首先看一看现象即实在论与观念论有什么样的区别。这一点刚才已经谈到了，下面再做进一步的阐述。我们的智识的对象也就是客观世界中存在的所有现象，这些现象有别于智识，它们是客观的实在，同时给我们带来各种的表象。但是观念论认为在我们的主观现象以外不存在任何实在的东西，正是在这一点上现象即实在论与观念论具有本质上的差异。但是也不能与过境的实在论相混淆。过境的实在论通常认为实在的东西独立于现象，存在于现象之外，实在是现象的根源，现象并非实在，现象是过境的实在的体现，斯宾塞的想法属于这一类。与之相对，现象即实在论认为一切现象皆为现象，同时也是实在，现象之外并不存在独立于现象的其他实在。要阐明这一点十分困难，但如果举出若干例子来加以说明的话就会清楚得多吧。我在这里所说的客观的现象当然是由向我们呈现该现象的一方所命名的，因此离开了我们的感觉，自然也就不存在向我们呈现的那个现象了。例如各种各样的颜色只是在我们看来呈现为各种颜色，在别人看来就不是客观地呈现为各种颜色，而完全是光线的跃动，只是光线跃动的强弱程度表现为各种颜色呈现于我们眼前而已。此外，各种各样的性质也不可能如向我们呈现的那样是客观的实在，由于我们的身体结构有差异，我们的感觉也就相应不同，例如感觉身体僵硬，就说明自己的肌肉力量过强，需要使之变得柔软起来，反之如果感觉身体发软，则说明自己肌肉乏力，需要使之变得强健起来。总之，赋予我们关于上述各种颜色、各种性质的感觉的是客观的实在，现象与实在并不是互相分离而存在的，现象当中就包含有实在，实在与现象是全然不可分离的。实在就如同细胞，现象则好比眼耳鼻口四肢躯体，离开了眼耳鼻口四肢躯体，细胞就无法存在，离开了细胞，眼耳鼻口四肢躯体也不可能存在。因此，我们认为现象本身就是实在，但是在这一点上，自古以来人们的观念就有各种差异，因而在实在论中又分为两大流派，每个流派又可以做若干的细分。

唯心论……观念论的一部分必定变成唯心论，虽然观念论并不全是唯心论，但是其中多数是唯心论，回顾以往的哲学史可以发现观念论大抵都具有唯心论的倾向。唯心论认为客观世界由我而生，是主观的结果，由此逐渐发展至对客观实在的否定，即所谓的客观绝非实在之物，实在之物唯有我心。这样的世界观迄今为止在历史上至少出现过三次，且出现于不同的地方。一次是在希腊，巴门尼德开启了唯心主义的倾向，最终由柏拉图集大成；还有一次在德国，由康德开创，其观念至黑格尔达到极致；还有一次在印度，奥义书开启了唯心主义的观念，并由吠檀多派集大成。此外还有一些颇具唯心主义倾向的流派，但都没有达到上述三国的程度。希腊一方面产生了唯心论，另一方面也出现了形形色色反对唯心论的世界观，因此唯心主义的世界观并未独占哲学舞台。至于德国则是唯心主义的世界观大张其势，康德试图调和先天唯心论和经验实在论，但他归根结底仍是唯心论，这样一来物自身（Ding an sich）这种东西在他的思想体系中就是毫无用处的东西，因而费希特就将之除去而仅保留了主观唯心论。谢林的世界观与康德和费希特有些差异，但仍然具有鲜明的唯心主义倾向，因此一直以来谢林的哲学就被称作客观唯心论。黑格尔、叔本华等人的哲学虽然建构方式颇有不同，但他们都是唯心论。因此唯心论在德国势力很大，一度统治了整个学术界，幸而到了晚近格物穷理的学问逐渐兴盛起来，实在派的势力开始大涨。并且由于历史上各种现象的出现，反唯心派的势力日益强大，到了今日情况完全改变，唯心论已经无法独占德国哲学了。印度则几乎全是唯心论的天下，实在论庶几不存在，如吠檀多派将唯心论推向了极致，结果造成客观世界消失无踪，世界完全变成了梦幻：认为世界存在的想法不过是一个错误，这个错误是由精神迷失所导致的，只有我们的心灵是真实存在的，主观之外绝无其他实在可言。这样的世界观不仅逐渐影响了哲学以外的学科，对于社会也产生了影响，那么它究竟会产生怎样的影响呢？

例如假定有一辆马车自东向西行驶，要观察它的话也必须跟随马车行驶的方向自东向西移动，反之如果由西向东则无法进行观测了。这是因为观测所必需的因果关系只能是客观的，如果变成主观的话，则从哪边开始观察就完全可以随意进行了。空间、时间、因果是先于我们而存在的客观实在，相反，知识则是由我们后天的经验所累积起来的。空间的观念、时间的观念、因果的观念并非先天就存在于我们脑海中的东西，它们都只是我们通过累积经验所获得的结果，但同时它们也都是先于经验的客观实在。看一看晚近的进化论者是如何解释空间、时间的？他们认为空间、时间都是人们从经验中得来的。从什么样的经验得来的呢？例如我们伸出手就能体验空间的延长，如是从众多的俱在当中就抽象出了空间的观念；此外，又从体验物质现象的继在当中抽象出了时间的观念。仅就上述两点而言，我们的想法基本相同，并无争议，也就是说我们也认为空间、时间这样的观念能够得以形成是依靠经验，在这一点上我们同意进化论者的观点。但是，进化论者仅凭俱在和继在这两点解释空间、时间，换言之，不能够仅仅根据伸出手体验物体的延长以及体验现象的继在这样的例子来解释空间、时间的客观实在，这是因为体验延长和继在实际上是预先设想了空间、时间。延长指的是占据了多大范围的空间，因此延长本身是一个不预设空间就无法形成的东西；同样继在也是一开始就预设了时间，如此一来，无论是空间还是时间都必须先于经验而存在，否则就无法展开说明。另外，之所以因果这类的关系是客观的，是因为因果的观念虽然产生于我们的主观，但正是由于外部世界存在使我们产生因果观念的客观现象，因果观念的产生才是可能的。因此，不能因为因果的观念产生于我们的主观，就以为不存在与之对应的客观实在，这样的错误认识是无法正确解释因果关系的。产生因果观念的客观现象是存在的，这些现象绝非主观的产物，而是有异于主观的实在。总而言之，对于上述空间、时间、因果，唯心论者把它们都看成是主观的产物，我们则完全相反，我们认为上述三者都是客观实在的，并非主观的结果，它们是先于主观的实在。

前面已经说了，哲学史上有三个地方出现了相似的观念论，并且最终都形成了唯心主义的世界观。唯心主义的世界观绝非健康的世界观，是犯了根本性的错误的。事实上健康的世界观完全是实在论的，尤其是现象即实在论。但是实在论中又包含各种哲学流派，例如有人就将其与唯物论等同起来。然而这样的认识并不正确。唯物论虽然主张主客一元，但它预设了客观的实在，因此仍然属于实在论。但是，实在论却未必都是唯物论。这一点尤其必须注意。归根结底唯物论者是无法解释世界的，因为空间、时间这样的东西是非物质的，因而唯物论者往往不解释空间、时间，一旦要解释它们，唯物论者就会难以招架。也就是说，在物质之外还存在与物质迥然相异的空间、时间，这一情况使得唯物论无法成立。世界并非仅仅由物质构成，有鉴于此，唯物论就山穷水尽了。再加上无法由物质延伸的主观现象，例如智识，唯物论对此也完全没办法解释吧。物质都是可延伸的，但是对于不可延伸的具有空间自由的心意现象，唯物论就无论如何也无法加以穷尽了。唯物论最大的历史功绩在于，由于观念论在欧洲极度盛行，发展到完全否定客观世界，认为只有精神即主观才是实在的，如此一来则轻视经验事实，排斥自然科学，产生了种种危害，此时唯物论者奋起批判其弱点，矫正其弊害，不可谓不痛快淋漓。但是，唯物论者终究只是研究物质的表面，换言之，他们只是研究延伸性的现象，只是停留在研究的表面阶段，因此，迄今为止能够进入深远玄妙阶段的唯物论者绝无仅有，相反皆为皮相论者。如此一来，我们当然就不能采取唯物论的立场了。话说到这里，接下来要开始谈别的问题了，总之，我们既不是谈唯物论也不是谈唯心论，就只是说到一元论为止吧。

话又说回来，也不能与进化论相混同。进化论当然是实在论。因为实在论之一仍然是预设客观现象的实在，所以尽管进化论者当中无疑也有各种不同，但其中的多数也还是实在论。进化意味着实在的客观现象的进化，因此如果客观现象像吠檀多派理解的那样根本就是迷惘，也就是非实在的话，进化的理法也就不存在了。虽说进化论是实在论，但实在论的范围比进化论广阔，同时实在论又未必反对进化论，在解释各种现象的发展时实在论仍然可以与进化论相同。但是，必须指出进化论在建构世界观方面是不充分的，因为进化论从一开始就不曾设想及解释根本性的实在，对于何为物质缺乏深入的关注，相反他们假定物质作为物质最初就是不言自明的，这样一来，他们所研究的就不过是物质的细枝末节了。然而哲学这门学问并不是先假定根本然后研究其末节，相反是要从末节不断向前追溯根本，最终研究其根源的学问。因此，如果先假定根本再向末节推进的话，就与哲学的研究方法背道而驰了。进化论中进化者为何？答曰：进化的必须是客观的现象。何谓客观的现象？答曰：物质。物质又是什么？就只能回答物质就是物质了。像这样进化论者的研究也只能停留在表面的程度，而无法推进至幽奥深邃的境界了。纯正哲学的境界绝非假定延伸性的物质，然后研究其现象就能得到满足的。假定物质就是物质，只研究其现象的是自然科学，充其量不过是 natural sciences。当然我们是否能够进一步深入地研究物质，以及我们是否连物质本身也无法认识这样的想法也会产生吧，这还只是进入纯正哲学的开端，是否能够研究这样的问题，不开始研究就不会有结论，开始研究就会遭遇各式各样的困难，要经历这个过程逐渐进入纯正哲学的境界。因此这绝不是凭假定就能满足的。满足于假定，研究其末节是自然科学的事情，不是纯正哲学的工作。如果进化论认为一切事物都是进化的，据此进化来解释世界的话，它就必须同时解释空间、时间，例如空间、时间是如何进化至今的？将来又会如何进化？一直以来人们都不认为空间、时间会进化。尽管我们关于空间、时间的观念在进化，但恐怕不能够说客观实在的空间、时间在进化吧？那么可以说空间、时间是不存在的吗？这样就变得更加困难了。因为如果空间、时间原本就是不存在的，充其量不过是我们主观的结果的话，那么进化论者的位置就会由原本的实在论者转而变成唯心论者了。也就是说，他不得不去到与自身原本的出发点完全相反的方向，结果与自身原本的期待背道而驰。如此一来进化论就有了许多解释不了的空白，或者假定已经解释了那些进化论解释不了的事情，又或者只研究那些进化论能够解释的部分。实在论虽然与进化论并不矛盾，但能够覆盖比进化论更加广阔的范围。此外还有一些别的方面也与此相关，但对其中细节的讨论就不是今天的目的所在了。

实在论是最合理的世界观，这一点在解释真理方面也是最没有矛盾的，真理可以由实在论来加以建构。何为真理是各派学者重点研究的课题，在此没有时间为大家一一细数，只谈其中最为显著的一点：从我们的立场来说真理是主观与客观的符合，也就是说它是我们从经验中获得的概念与客观世界中某个现象的关系的符合。但是，如果从唯心论的立场来看的话，真理又是什么呢？真理变成了完全由我们的思想决定的东西，思想之外再无真理，不存在能够确定真理之为真理的标准，只能由我们的反复思考来决定。然而，仅凭我们的想象是无论如何也不能确定何为真理的。正是因为如此，唯心主义世界观的结果便是，总是与客观世界的经验事实相矛盾，这一点只要对照哲学史上的种种事实便可以一目了然。我们所拥有的知识都是从经验中得来的，我们的立场是绝不允许有任何经验之外的知识，所有的知识都应该来自经验。但是，经验都是特殊性的，都只能是我们所经历过的东西，我们从这样的特殊的经验当中获得许多的形象，再经过我们的内在的作用将之组合起来抽象出一定的概念，这些概念就组成了我们的知识。由于概念原本就是来自经验的世界，是从经验中得到的结果，因此某一概念是否正确也只能对照客观世界的现象来加以检验。比如从观察许许多多特殊的星星当中得到星星的概念，那么要验证这一概念也只能诉诸星星这一客观实在。总之我们认为根本就不存在先天的观念、先天的知识这一类的东西，有关这一点没有时间再做进一步的展开了，在此仅指出应用由经验获得的知识一共需要三种类型的考察。第一，由某种经验所获得的知识只能应用于该种经验所涉及的范围之内，超出该范围则不再适用该知识。第二，由某种经验所获得的知识不仅适用于该种经验所涉及的范围，以往未曾经历过的领域也可应用该知识，该领域虽然过去不曾经历过，但是将来有可能经历。第三，根据经验获得的知识可应用于完全不可能经历的领域，即可以做过境式的应用，这一点十分困难。

上述第一类考察实际上难以成立，这一类考察认为知识应该应用于已经经历过的现象，但是已经经历过的东西并非原封不动地保存着，而是在不断地变化着的。一切现象都是变化着的，这种变化不仅仅是空间和时间意义上的，还有各种各样材质上的变化，因此根本就没有一成不变的现象。如果某种知识仅适用于我们已经经历过的现象，则我们就不可能拥有任何确凿的知识了，所谓的怀疑派正是持此观点：我们不可能获得任何确凿的知识，真理根本就不存在。但是，无论什么样的怀疑派在如数学的单元这样一目了然的东西面前都只能自动败北，2加2等于4这样的事实，无论如何怀疑人类知识的确定性，也是无法加以否定的吧；还有对于自己存在的实在性，任何怀疑论者也都是无法否定的。事实上怀疑论者自身也是从一开始就预设了知识这一前提的，因此当他们说所有的知识都不确定，实际上也是以自己预设的知识为标准的，如果那就是真理的话，那他们也同样是预设了知识的，也就是说，怀疑派也主张一切的知识都是正确的。这样一来就变成了除了怀疑派主张的真理以外其他都是非真理。

第二类考察认为知识必须应用于经验的领域，这也正是我们的主张。经验的领域是指我们可以经历的范围，并且即便是尚未经历的，我们也可以将积累大量的经验所获得的结果应用于未曾经历过的东西。我们拥有的一切知识、一切法则、一切真理无不来源于对过去经验的结果进行的实际应用。我们不怀疑法则，不怀疑2加2等于4这个事实，尽管我们并没有对之从头到尾地进行论证，但我们还是认为它不容置疑，任何时候都会得到相同的结果，并且它绝不是可能如此的概然说，而是我们所拥有的确凿无疑的知识。谁也不会怀疑人类终究要面对死亡。一切现象无疑都具有因果关系，这些对我们来说都是真理，都是确凿的知识，是我们从许许多多的经验中获得的，可以将之应用于尚未经历过的经验领域。真理来源于我们的预想，来源于许许多多、数不胜数的经验，来源于在任何情况下都不会自相矛盾的、没有任何反例的我们的主观与客观的结合。所谓法则……科学上的法则也就是上述主观与客观之间的恒常的吻合。或许怀疑派会说这不是知识,如果这不是知识的话,我们就不会有知识了,我们所说的知识指的就是这样的东西。

第三类考察认为知识可以应用于经验之外的领域,这在今天看来已经是不可取的说法,过境式的应用完全是古人犯的错误,正如我们不能跳过自己的影子,我们根据经验从经验的领域获得的知识无法应用于非经验的、完全有异于经验的领域——如果这样的领域存在的话。这一领域的东西完全是另一种类型的,对此也许有各种各样的想象,总之那不是知识,而是与知识完全不同的东西。然而也许人们会产生以下疑问:果真如此的话,到底我们能不能获得具有普遍价值的知识呢?又或者根本就不可能实现吧。具有普遍价值的知识不是别的,正是我们从无数经验当中得到的结果,因而也是不会出现任何反例的知识,除此之外再也没有什么可以称得上是具有普遍价值的知识了。若问这样的知识是不是绝对的东西,那就要看绝对这个词是什么样的含义,在过境的意义上说具有相对性,但是在经验的领域中是绝对的,在我们的经验范围内 2 加 2 等于 4 这个事实是绝对的。但是如果把它想象成与我们的经验领域截然有异的东西,它就会变成另外一个样子,因此在这种情况下它就不再是具有普遍价值的知识了。例如,如果我们想象在距离无限遥远的恒星的世界中 2 加 2 是否等于 4 的话,由于恒星的世界超出了我们的经验范围,我们就很难做出肯定或否定的回答了。我们不具备判断上述情况的智识,如果有一天我们必须面临那样的状况,则我们就不再拥有任何绝对的真理了。但是这种状况已经超出了我们的研究范围,在我们的经验世界中过去不曾出现过相反的例子,今后也很难想象会出现例外,从这一点上说,可以认为(知识)是绝对的。绝对是什么意思呢?不同的理解会导致不一样的结果。在过境的意义上说没有绝对的真理,从经验的意义上说绝对的真理是存在的,这取决于绝对的含义。

总之,实在论认为这个世界并不是主观产生的结果,世界并非像吠檀多派理解的那样是个迷妄,所谓没有客观世界只有主观精神是不对的,精神之外有一个与精神截然不同的客观实在,正是这个客观实在赋予了我们各种印象。吠檀多派曾经举出下面的例子:地上掉了根绳子,我们以为是蛇,后来又发现那是绳子,与此相似,世界也不过是个梦,活着的时候以为真实的世界，死后就变成了梦一样的东西，于是顿悟世界是个迷妄；又或者即便不死一旦解脱，也能察觉世界是个迷妄。但是在实在论看来，上述观点搞错了比较的对象，我们以之为真实的东西仅限于具有因果关系的东西，所有脱离了因果关系的东西都不能说是真实的，客观世界中的所有现象都是由前后无限的因果规律决定的，唯此可谓真实，其余都不能算作真实。刚才所说的看见绳子以为是蛇然后顿悟世界之迷妄的例子并不符合因果规律，刚开始看到的时候以为是蛇，如果是蛇这个原因真的成立，就必定有蛇的动作之类的结果，也就是说蛇会动或者会咬人，然而观察一阵之后发现它既不会动也不咬人，于是判断它根本不是蛇，换句话说它不符合因果关系的规律，这才得知蛇这个判断是虚妄的。像这样，世界由始至终都是由因果规律支配的，如果不受因果规律的支配，把我们唯一的真理也当成是迷妄的话，最终就会变成吠檀多派那样极端的唯心论。北方的佛教也是和吠檀多派大同小异的唯心论，但在我们看来二者都是古人在错误的认识下形成的世界观，唯有实在论是我们今天应该采取的确定的、健康的世界观。

[GCG]

（赵晓靓译）

井上圆了

井上圆了（1858—1919）

井上圆了大概是明治时期最具影响力和最多产的佛教理论家。他本应成为佛教净土宗的僧人，却在东京学习哲学后，决定走自己的道路。他既走遍日本及其殖民地，也在乡村和市政厅内发表数千场演讲，并且三次环游世界。尽管他是哲学家，却因多卷本的关于超自然现象的著作《妖怪学讲义》而广为人知。

下述内容选自圆了的演讲，凸显了其简单明了的论述方式，甚至可以说其对哲学问题的理解有些天真。这些文章也对明治哲学家尽力解决的问题提供了良好的洞察力。因此，他成为西田几多郎的启蒙者，甚至被视为京都学派哲学的先驱。

由于在佛教遭受严厉批判的时代进行写作，圆了成为佛教现代化和哲学化的热心捍卫者。他关注宗教、哲学与科学之间的结构性差异，以及佛教在宏大的现代思想分类中的地位，这些问题都促使其形成"佛教哲学"的概念。在三卷本的《复兴佛教》中，他利用西方哲学概念重新解读佛教，并提出佛教哲学的辩证历史，批判基督教，以及论证佛教与现代科学的兼容性。为帮助没有接受高等教育的人接触哲学，他在1887年成立哲学研究所，其后发展为东洋大学。他还试图创造基于佛教的"哲学宗教"，在1904年建立哲学堂，人们可以在这一庭院式建筑中参观。

[GCG]

佛教与哲学

井上圆了 1893,107-13

佛教究竟是哲学还是宗教，这是如今的一大问题。正如社会上的讨论者所言，佛教是宗教而非哲学；或者说，佛教是哲学而非宗教，但是二者都被视为极端的偏见。这正是我要回答的问题，佛教既由哲学组成，也由宗教组成，正是哲学与宗教的相互结合。三者的关系如下图所示。

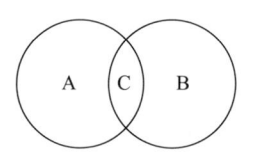

A 是哲学，B 是宗教，两者结合的部分 C 是佛教，所以佛教是哲学和宗教的结合物。除佛教以外，哲学和宗教还共同拥有众多种类的东西。我想阐述的部分，并不是佛教属于宗教的部分，而是佛教属于哲学的部分，所以题为"佛教哲学"。为辨析佛教与哲学及宗教究竟拥有何种关系，首先在此叙述哲学和宗教的关系。倘若哲学与宗教拥有不同的名称，二者的性质必然也不同。究竟如何定义哲学，宗教又有何种释义，这是必须事先知道的内容。鉴于尚未明确定义，相信比起不明确的解释，解读二者关系的异同才是捷径，所以首先论述二者的异同。

世界（最广泛意义上的）大概存在两个部分，用专业用语来讲就是可知的世界和不可知的世界，通俗地讲就是人的智慧可以知道的世界和人的智慧不可知的世界，这两个部分就是展示哲学与宗教差异的东西。可知的世界是现象世界，不可知的世界是与之相对的实体世界。只要存在现象，就必定存在它的实体；只要存在实体，也必然存在它的现象，也就是说从不可知世界的本体中发现可知的现象世界。现象世界是有限的，实体世界是无限的，因为现象世界的各种事物在时间和空间上都是有限的，但是实体世界是不可知的，人的智力难以对其施加限制。

另外，有限世界是相对的，无限世界是绝对的，这是因为有限世界在各种事物的比较中成立，动静、刚柔、大小、高低等都是相互对立存在的，无限世界却没有任何可以比较的东西。相对世界是有差别的，绝对世界是平等的，在相对世界中，从天上的日月星辰到地上的昆虫鱼贝，无数事物呈现不同的形状和性质，所以造成差别。但是绝对世界原本就存在于我们的智力之外，难以窥探其中的差别，所以是没有差别的平等世界。如下图所示。

$$世界\begin{cases}可知的——现象——有限——相对——差别\\不可知的——实体——无限——绝对——平等\end{cases}$$

在佛教中，现象被称为"事物的形式"，实质被称为"本质属性"，但是构成现象世界的无数事物被称为万法，其实质被称为真如。这种区别显示了哲学与宗教之间的关系，即哲学和宗教具有不同的基础，哲学从可知走向不可知，宗教从不可知走向可知。但是哲学也允许不可知的存在，宗教则试图解释它的存在，所以二者只是方向不同，从右开始或从左开始，这是区别哲学与宗教的一种方式。

再从心理学的视角来看，哲学与宗教对待"心"的功能有所不同。哲学基于智力的功能，宗教基于情感的功能，但是二者是相互关联的，情感略微参与哲学，智力也在宗教中发挥作用，这只是一种粗略的区分。众所周知，在心理学中，人心的作用被大致区分为智力、情感和意志三个方面，哲学以智力为基础，宗教基于情感成立。智力以思想为基础进行思考和推理，是能动的；与之相反，情感是被动的，由我们的心灵感受和接受其他的刺激而产生。

由于智力孕育思想，而情感产生信仰，所以思想以逻辑为基础，信仰以直觉为基础。逻辑将道理作为根本，直觉将启示作为根本。概括而言如下图所示。

哲学——智力——思想——逻辑——道理
宗教——情感——信仰——直觉——启示

倘若将这个区别与前述的区别进行对照，可以明确哲学与宗教的异同。哲学的可知论以智力为基础，智力所及之处就是可知的，不及之处就是不可知的。但是哲学是依据思想和逻辑的力量朝着道理前进，并推断出不可知世界的存在。宗教在情感上可以立即察觉不可知世界的存在，不可知的东西不是通过精神的力量而获得，而是在精神中自发地感知，可以称之为启示。即便哲学和宗教存在各自的异同，也仅限于大致的区别，其中依然存在密切联系。

尽管哲学主要关注可知的世界，但也论及不可知的世界。那么，以智力为基础的哲学，究竟如何认识人的智力以外的不可知呢？原本就不能通过深入不可知事物并对其研究来把握，从可知的事物逐步推进，既可知晓不可知事物的存在，也能大致推断其状态。也就是说在逐步探究时到达不可知的境界，但是只是在外部徘徊，而非进入内部。不仅推测不可知的事物是何种东西，而且形成模糊的概念，我所思考的不可知反而在不经意间进入可知的范围，所以真正做的只是将可知的逻辑应用于不可知的范围。自古以来，学者都在努力解决这个问题，佛教也不例外。

《维摩诘经》中维摩诘和文殊菩萨的对答就是这样的事例。据说释迦牟尼的数名弟子奉命前去探望维摩诘的病情，但是与维摩诘相比，他们的知识过于浅薄，甚至无法理解佛法的一角，悉数被维摩诘驳倒，并呵斥他们是小聪明。于是文殊菩萨争辩说，我们无法把握和思考事物的不可知性，维摩诘沉默不语。此时文殊菩萨醒悟到自己的错误，不可知的事物之所以不可知，是因为我们无法了解，所以陈述"这是不可知的东西"的人并非领悟了真正的不可知。正如老子所言："知者不言，言者不知。"真正知道大道的人不说，一旦阐述就不是大道的真相，这也是维摩诘保持沉默的原因。

但是依我来看，维摩诘并未穷尽佛法之道，尽管维摩诘没有用语言表达自己，但在思绪中已经认为自己领悟佛道的本质，所以他的沉默成为必然的结果。倘若是我，就直接睡着，进入没有念想的状态，真正的不可知是不说、不想，到达言亡虑绝的境界。但是实际上，没有办法阻止思考和说话。总之，即便在思考不可知事物时有所收获，倘若试图深入核心，只会立即反弹回来。哲学和宗教都与不可知存在关联，只是接近的方式不同。

从心理学的角度来看，即便宗教是基于信仰，但智力也在一定程度上发挥作用。也就是说在信仰宗教时，只有在有所领悟后才会信仰，无论多么普通的人，都拥有相当的智力去思考信仰，但必须依赖自我领悟。倘若学者和普通人具有相同的信仰，也会诉诸智力来推理和探究，然后承认其真理性。

与之相同，以智力为主的哲学也必须依赖信仰。例如在哲学中提出一个疑问，就要对其进行研究，倘若出现解决这种疑问的学说，就必须相信它。只要康德与黑格尔坚信自己的学说是万古不变的真理，他们的立场就与宗教信仰无异。倘若休谟提倡一种怀疑学说,并排斥一切的学说,主张没有真理、没有物质、没有精神,那么他已经将没有真理和信仰视为真理和信仰,这种信仰就是基于情感的东西。因此,即便哲学与宗教在整体上存在区别,但是仔细观察,反而发现它们存在密切关联,佛教与哲学及宗教的联系尤其密切。实际上,佛教与哲学的联系,是众多其他宗教所不能比拟的。

接下来叙述哲学与宗教在佛教中得以成立的原因。在每个佛教派别的教义中,都有理论部分与实践部分。理论部分是在道理上研究每个教派的支撑原理,应该说这部分属于哲学。实践部分是解释信仰方法和修行规则,也就是说这部分属于纯粹性宗教。佛教的目的是实现涅槃,涅槃是不可知的世界,或者说是真如。各教派已经在道理上阐明涅槃的真实性,这种阐明是一种哲学,但寻求涅槃的方法是一种宗教。

宇宙观

井上圆了 1917,236-40

自古以来的宇宙观,包括唯物论与唯心论、一元论与二元论、超理性主义与虚无论,由于看待问题的方式不同,所以众说纷纭,但是这些讨论几乎没有得到解决。各种理论只是对宇宙的局部观点,只有统合所有学说并融为一体,才能初步窥探宇宙的真相。总之,只要将自古以来的各种学说视为一定的逻辑和真理即可。对这些学说进行说明并指出其优劣是哲学史的任务,并非我要讨论的内容,所以在此省略。

我在几年前发表自己独特的宇宙观,希望得到社会的广泛认可。也就是题为《哲学新案》的书籍,其中将宇宙分为表面观和背面观,而且在表面上又分为纵视与横视。虽然现在不能详细阐述,但是总结要点如下。

首先,基于星云说,世界最初起源于星云,逐渐分化并出现各种事物和现象,这就是宇宙的进化。但是将来会逐渐退化,回归原本的星云。也就是说,世界起源于星云也回归星云,我将其命名为世界的"巨大变化"。由于它遵从进化与退化的循环,所以将其称为"循化"。世界从星云开始进化并出现万象,然后退化与封闭万象,再次回归星云,那么星云将会再次扩展。在现在的世界之前肯定还有前世界，反复地一进一退、一开一合，在世界之前有世界，在前世界之前也有世界。正如在世界之后有世界，在后世界之后还有世界，始于过去却没有开始，走向未来却没有结束，永无止境地循环，这就是我在表面上纵式观察世界的想法。

这种无限循环变化的理论是依据物质不灭、能量守恒、因果定律三大科学定律得出的必然结果。依据这种观察，除非被因果定律所欺骗，不然作为必然的推论，几十亿年以后将会再现与如今相同的世界，将会看到日本帝国的再现与井上圆了的再生。但是，由于指导我们今天生活的原因，毫无疑问将经历某种程度的变化，所以我们的死亡并非真正的死亡，而是长眠。倘若今天的因与以后世界的果存在关联，那么在这个世界上为国为民尽心尽力，应该会延续到长眠。俗话说"尽人事，听天命"，但是在不确定天命是否出现在下一个世界时，应改为"尽人事，等来世"。

接下来在横向观察时，可以将世界分为物质与精神的对立。但是穷尽物质将回归精神，穷尽精神将回归物质，物质的极端是精神，精神的极端是物质，自古以来的唯物论和唯心论已经清晰地证明了两个极端的结合。所谓唯物论或唯心论是真理都是偏见，从外部来看，两者无非事物的两端、一体的两面而已。倘若将这种逻辑应用于相对与绝对之间，那么就会探明相对将成为绝对，绝对将成为相对，相对与绝对也是一体两面，在此称其为"相容相含学说"。

虽然古今的众多哲学家都提倡一体两面说，但那种解释只是对无用之物的思考，并未凸显自由交融的逻辑，难以说明从表面看到背面，以及从背面看到表面的逻辑。正如精神与物质的关系，在精神中看到物质，在物质中看到精神，一念容纳世界，一分子包含精神，也就是两者相互包容，所以说一体两面，并且两者相互包含。

依据这种相互包容的逻辑，就能克服经典学说的矛盾。原本众多学者为将哲学问题定位为哪个方面，苦心焦虑地克服其中的矛盾，倘若应用相互包容的逻辑，这些千古疑团将会瞬间消失，所以我想声明矛盾就是真理。正如过去相信大地是平坦的时代，想要解释天地感到非常困难，但是一旦知晓地球是球体以后，各种疑惑立即得到解决。如今试图用平面和直线来解释宇宙，也引起各种矛盾。

换句话说，直线思维就是指物质始终是物质，精神永远是精神的论点，但有时难以避免矛盾。如果大的极端是小，小的极端是大，一的极端是多，多的极端是一，同一的极端是不同，不同的极端是相同，我的极端是他，他的极端是我，有的极端是无，无的极端是有，即便有人说这是矛盾，但倘若理解宇宙的真理是大与小、一与多、我和他、有和无的相互包含，就能顿悟矛盾并非矛盾而是真理。从哲学的一般观点来看，看似矛盾的地方往往存在真理，所以我毫不犹豫地说矛盾就是真理。

倘若需要印证这种相互包含的逻辑，我觉得数千年的哲学已经反复细致地论证过了。如同唯物论是唯心，唯心论是唯物；一元论是二元，二元论是一元；相对论是绝对，绝对论是相对；日升月降，寒来暑往，一切都在无休止地重复，完全相反的学说在其内部相互包容。总之，古今中外的哲学史已经论证了这种相互包容的逻辑。所以每个事件与事物，无数现象和变化，都具有自由转化和互相融通的性质。倘若对其命名，可将宇宙的真相归纳为"圆了"二字，这也是"圆了哲学"的出处。但是坚持直线逻辑和平面推理，就会遇到各种矛盾与冲突，并在疑团重重与不明真相中彷徨。实在令人露出怜悯的微笑。

地球在平面中包含球体，在球体中包含平面，许多人只要稍微研究，就能轻易理解。尽管在世界范围中没有东西南北的方向，但是显然方向是存在的，而且在方向中又没有方向。在平面中容纳球体，在球体中包含平面；在没有方向中出现方向，在方向中看不到方向，正如应该知道二者相互包含，倘若使用这种相互包含的逻辑来解决哲学上的宇宙问题，千古疑团将会瞬间烟消云散，并促使哲学界走向清明的道理。

在中国哲学中，虽然通过二元阴阳来解释所有现象和变化的发生，但是阳中有阴，阴中有阳，正是相互包含的逻辑在起作用。佛教宣扬肉体与精神的不二性，有与空的相容性，显然也是依据这种相互包含的逻辑。由于西方不知道这种逻辑，所以出现各种争论，双方都不愿妥协，也不知道哪方是正确的。这是东方哲学领先西方哲学的进步之处。西方哲学提供的是基于分析和推理的详细观点，而东方哲学提供的是综合性和直观性的概览，好似显微镜与望远镜之间的区别。正如建设房屋有建筑和杂事之分，西方哲学适合杂事，东方哲学适合建筑，构思大纲是东方哲学的强项，完成细节是西方哲学的长处。

倘若已经了解这种相互包含的逻辑，那么应当知晓我的身体包含国家，我们的国家包含世界。因此，必须清楚地知道，期待世界的完美就要为国家的发展尽心尽力，正如期待国家的发展就要关注个人的培养。不忘记我的身体包含国家，以及我的国家包含世界，个人应该努力奋进，这就是我主张的"行动哲学主义"。

哲学堂
井上圆了 1899，69-72

哲学堂始于 1904 年为纪念文部省承认哲学馆为大学而建设的一栋建筑。1906 年 1 月，我从哲学馆大学退休，这里被指定为我的退休场所。由于亲自经营，所以希望不只是作为自己的精神修养场所，将来也可成为多数人的修行场所，于是出现扩建计划。最初只有四贤堂，后又增加六贤台、三学亭，整个建筑群被命名为哲学堂。它的目的并非宗教崇拜，而只是教育、伦理和哲学的精神培养，所以这里崇敬的圣贤都是在人格、德性、言行上堪为我辈楷模的人，时常接近他们，有利于提高自身的精神修养。

哲学堂的内容

四贤堂是供奉释迦牟尼、孔子、苏格拉底、康德四圣人的地方，虽然有人疑惑为何没有耶稣，但倘若知道这不是宗教堂，而是哲学堂，答案应该就很明显。耶稣是伟大的宗教家，但是并非哲学家，无论阅读多少哲学史的书籍，都没有将耶稣当作哲学家的。与之相反，东西方都承认释迦牟尼既是宗教家也是哲学家。

如今世界的哲学类别如下：

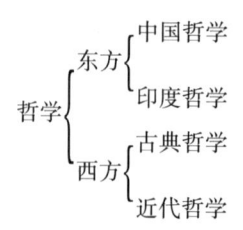

$$\text{哲学}\begin{cases}\text{东方}\begin{cases}\text{中国哲学}\\\text{印度哲学}\end{cases}\\\text{西方}\begin{cases}\text{古典哲学}\\\text{近代哲学}\end{cases}\end{cases}$$

如上所述，从每个类别中选出一位具有代表性的哲学家，孔子是中国哲学的代表者，释迦牟尼是印度哲学的代表者，苏格拉底是古典哲学的代表者，康德是近代哲学的代表者。倘若看到这个表，明显没有选择耶稣的余地。

去年，由于其他原因，决定除四贤堂以外，还要推崇六贤与三学。之前来此参观的大多数人遗憾四贤堂中没有日本的圣贤，所以决定进一步扩建，以容纳从日本、中国、印度各自选出的两位贤人，以及从我国神儒佛的学者中各选出的一个代表，从而设置六贤台和三学亭，全表如下所示。

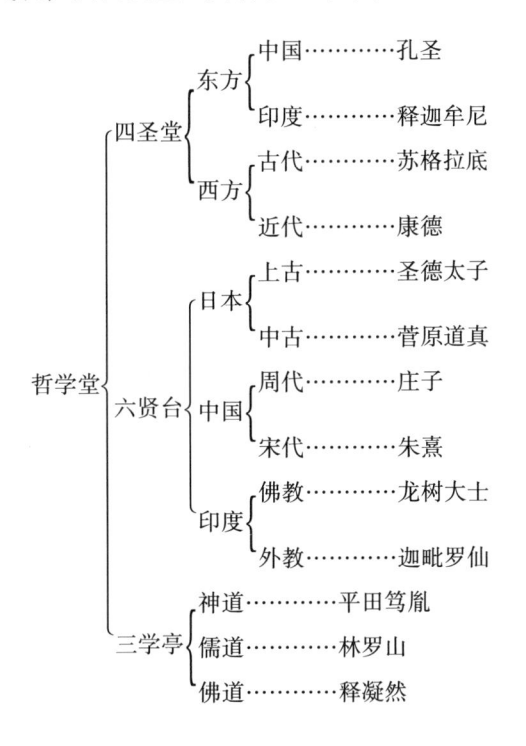

```
         ┌ 四圣堂 ┬ 东方 ┬ 中国……孔圣
         │        │      └ 印度……释迦牟尼
         │        └ 西方 ┬ 古代……苏格拉底
         │               └ 近代……康德
         │        ┌ 日本 ┬ 上古……圣德太子
         │        │      └ 中古……菅原道真
哲学堂 ┤ 六贤台 ┼ 中国 ┬ 周代……庄子
         │        │      └ 宋代……朱熹
         │        └ 印度 ┬ 佛教……龙树大士
         │               └ 外教……迦毗罗仙
         │        ┌ 神道……平田笃胤
         └ 三学亭 ┼ 儒道……林罗山
                  └ 佛道……释凝然
```

四圣堂及庭院

首先叙述四圣堂的设计，这个堂分为三间四面，四方都是正面。在中央，四根柱子的底座被悬挂在天花板上，自然形成天盖，以表达宇宙的形状，这四根柱子仿照天的四根柱子。内部的金银色玻璃正是基于传说中天地未分之时，如同鸡蛋的混沌状态。红色玻璃球灯悬挂在金色半球的中间，代表精神，而在周围柱子上悬挂的方形香炉代表物质的意象，并被想象成精神是透明和圆形的，物质是不透明和角形的寓意。同时也包含精神是从宇宙的精神本质中发现，物质是从宇宙的体质中分化的意味。而且从天花板的中心向外辐射数量众多的小圆木，作为椽子，象征从中心散发的光线。综合这些就构成四贤堂的理想本体，并决定尤其不放置偶像。

庭院分为山顶和山脚，山脚又有左右两边，在右边设置物字园，在左边设置心字庭，分别表示唯物论和唯心论，逐一介绍其中的事物名称。

山上也就是中间的部分：哲理门（俗称妖怪门，左右分别是天狗与幽灵的雕刻物）、常识门、四圣堂、六贤台、三学亭、钻仰轩、骷髅庵、鬼神窟、万象阁、宇宙馆（其中设置皇阁殿）、无尽藏（书库）、时空冈、相对溪、理想桥、绝对境、圣哲碑、幽灵梅、天狗松、百科严、学界津、一元墙、二元衢、怀疑巷。

右边也就是唯物园的部分：经验坂、感觉峦、万有林、造化涧、神秘洞、后天沼（通称扇状沼）、原子桥（通称扇骨桥）、博物堤、理化潭、造化沟、物字坛、客观庐。

左边也就是唯心园的部分：意识站、直觉径、认识路、逻辑关、独断峡、心理崖、先天泉、概念桥、伦理渊、理性岛、心字池、主观亭。

以上统称为哲学堂，其中还有尚未建设的地方。之所以逐一解释它们的名称，是因为可以澄清哲学的要旨。

向上帝致辞
井上圆了 1917，440

虽然在基督教中对上帝的称呼没有固定词语，但是佛教有南无阿弥陀佛、南无观世音菩萨、南无大师遍照金刚、南无妙法莲华经、南无释迦牟尼佛等固定的诵语。倘若念诵这些固定的词语，能够极大地唤起信仰之心和扫除杂念，那么尝试为哲学的宗教确立固定诵语，即南无绝对无限尊。倘若专心地反复念诵，宇宙的伟大精神将自然地从绝对源头流进精神的心门中。

[GCG]

（王振涛译）

大西祝

大西祝（1864—1900）

大西祝，哲学家、基督教的捍卫者和社会批评家，1877—1884年于同志社英学校（同志社大学的前身）学习神学，1885—1889年于帝国大学（东京）学习哲学。随后他在东京专门学校（早稻田大学的前身）开设了哲学、伦理学、美学和逻辑学讲座。1896年他与姊崎正治、横井时雄一道创立了丁酉伦理会，同时参与编辑基督教社会主义杂志《六合杂志》。1898年他留学德国，于耶拿大学师从奥托·李普曼和鲁道尔夫·欧肯，第二年一场疾病终止了他的留学并很快夺去了他的生命。在他的哲学和伦理学中，大西祝吸收了康德和格林的学说以及哲学的人格理想主义。作为一名社会批评家，在19世纪90年代早期的所谓教育与宗教的冲突问题上，他发表了关于1890年《教育敕语》的多种评论以驳斥其对于基督教的批评。

在以下节选的文章中我们会读到大西将哲学和社会批评结合起来，批驳把道德的基础设定为忠诚和孝道，他回应那些将对父母的孝道与对天皇（"家族国家"中的父亲角色）的忠诚等同起来的国家御用学者，后者同时主张孝道和忠诚也应作为社会秩序的道德基础。忠诚和孝道，《教育敕语》规定的两大核心价值，同时也被组合进了建构服从国家的意识形态之道德工程当中。大西系统地、批判性地——或者用他的话说"科学地"——消解了关于服从道德的各种论证，而他自己的论证则令人想起苏格拉底在对话录中的推理，只是缺少一个更高的、神圣的假设。他的批评中隐含的颠覆性的主张是，在某些情况下恰恰是对国家的不服从才能形成真正的道德行为。

[RMR]

忠孝和道德的根本
大西祝 1893，308-23

人们也许会说忠孝是道德的根本，尤其是在我国。我并非一概反对这个说法，但我认为这要取决于"根本"这个词的含义。

如果忠孝是道德的根本这句话是从学理的意义上说的话，那我就不明白何以能够这么说了。为什么忠孝能够成为判断所有正邪、善恶、道德非道德的基本标准，为什么一切道德行为都必须以忠孝为根本才能够产生？我们来到这个世上就只是为了尽忠尽孝，除此之外就没有其他目的了吗？在忠孝的背后再也没有使忠孝得以成立的更加根本的、更加终极的道德了吗？功利论者以最大多数人的最大幸福为道德的根本，康德则认为所谓理性的法则才是道德的根本，忠孝果真能在上述主张的意义上被称为道德的根本吗？如果要从伦理学的意义上来展开讨论的话，就必须追问上述问题。然而就上述问题而言，将忠孝称作道德的根本不可不谓荒谬。

从学理的意义上不能说国家不同道德的根本也不同，也就是说，不能认为我国的道德其根本在于忠孝，而西洋的道德则另有其根本。也许人们会说，无论古今东西道德都具有同样的根本不过是想象出来的，实际上由于时间地点的不同，道德不也就不同了吗？在持此类观点的人们看来，道德丝毫也没有任何一定的普遍原理、标准以及根本，如此一来，他们就不能不演变成主张伦理破坏的学说了。如果道德没有一定的普遍原理，没有标准，没有根本的话，对善恶正邪的区分就只能是个人的、瞬间的判断，也就是说，除了某个人在某个时刻对正邪的判断之外再无正邪之分，并且也不存在什么道德上的错误了。没有普遍的法则，没有标准，如何能够判断何为真实，何为谬误？一时这样一时那样，最终将导致彻底破坏伦理道德上的区分。因此，那些漫无边际地主张道德随时间地点而不同的论者也不得不假定一个社会具有统一的民心和性情，然后可以在此基础上建设伦理道德。如果一个民族或是一个社会果真具有某种共性，并且可以在此基础上建设普遍适用于该民族该社会的共同道德的话，那么又有什么理由认为全人类就没有共性，就不能建设一个全人类都普遍适用的共同道德呢？在伦理学说中需要深究的并不是仅限于一个民族的状态，而应当是适用于全人类的那个终极的根本。如果要从学理上论究一个社会一个民族的道德，最终必须通向这一终极理论。离开了普遍人道所建构的民族道德只能是盲目的理论。不同的民族有不同的道德风格，正如尽管依据相同的进化原理，风土上的差异也会使进化的动物呈现出相异的状态，因此道德的根本又怎么会因为国别而有所差异？这也正说明在学理意义上不可能仅仅我国的道德以忠孝为根本。

或者有人会说学理当然不会因国家而异，忠孝并不仅仅是我国的道德根本，而是说无论时间地点有何差异，道德的根本必定为忠孝。如果是这个意思的话，接下来产生的问题就是，是否忠和孝均等地构成道德的根本？如果只是漫不经心地主张忠孝是道德的根本，不讨论忠和孝二者的关系的话，我们就会对到底什么才是道德的根本产生困惑。如果忠和孝是两个不同的范畴，而二者又均等地构成道德的根本，那不就得认为道德有两种根本了吗？并且如何才能保证这两种根本不互相冲突呢？有谁敢说不会发生想要尽忠就无法尽孝，想要尽孝就无法尽忠这样的情况呢？如果出现了上述情况又该如何选择呢？是认为忠孝二者中的一项比另一项重要，还是与之相反，将二者均等地视作道德的根本？将忠视作根本或将孝视作根本已经不得不多少区分二者，如果认为二者中的一项比另一项重要又根据什么来做出判断呢？提出这样的问题就已经无法仅仅局限于忠孝的观念，而是必须深入国家秩序的稳定、权力的大小以及恩惠的多少这类的观念中去了。

此外能否将忠孝这两者看作毫无关系的、分别独立统摄不同领域的概念？换句话说，它们所涉及的行为领域各不相干，完全是两个不同的范畴吗？如果它们真是毫不相干、互不交涉的话，那么二者之间是不是就不会有什么冲突的危险了呢？果真如此的话，那它们就不再是联结我们行动的范畴，而完全分离成两个毫无关系的独立范围了。即便假定我们的行为范围可以做上述分割，然而行为的每一个主人（从事该行为的人）又如何能做那样的分割呢？一个人不可能同时从事两个完全不同的行为，因此如果最终将忠和孝均等地视作道德的根本就无法保证二者不互相冲突。

再有，能否将忠和孝视作一模一样的东西？如果二者一模一样、没有任何差异的话，那为什么又要特意用忠和孝这两个字来进行表述？

如果忠和孝并非一模一样，那么二者具有可以相互融合的一致性，或者具有统一的共通精神以及据以成立的同一根本吗？如果回答是肯定的，接下来需要追问的就是所谓二者的同一根本、同一精神究竟是什么。认为有这样的根本，并允许对其展开追问不就是不仅限于讨论忠和孝，而是进一步将问题加以推进吗？并且，忠和孝相互融合的一致性、同一的精神、同一的根本正是道德的根本，换言之，与其说道德的根本在于忠孝，不如说道德的根本恰恰就是忠孝共通的同一根本。但是，忠孝共通的根本又怎么能够成为其他道德行为共通的根本呢？这样一来就不仅仅是忠孝，其他道德行为的根本就也可以说成是道德的根本了。多数高唱忠孝是道德之根本的人脑海里都不曾想过这个问题，不，他们是连想都不愿意想，他们只是漫不经心地跟着感觉走，相互谩骂而已。所有思考国家长久之计的人绝不会做那样的事情。连忠孝究竟是什么都没想清楚，就把它们视作伦理学上的道德的根本，实在是太可悲了。

对于那些高唱忠孝是道德之根本的人，首先要质问的是，究竟何为忠孝。他们要是能安静地回答这个问题一定会大有收获的。对于什么是忠，什么是孝这样的问题，他们能回答好吗？他们也许会说孝就是遵从父母之命，忠就是遵从君主之命，这样的回答是最顺手也最容易想到的解释。接下来就根据这一解释做进一步的阐述。

（一）如果把忠孝解释成遵从君父之命，并以此作为道德的根本的话，那么君父的命令所无法涉及的领域就不会有道德存在了，这是该论点所导致的必然结果。现实中君父的命令能够深入我们极其复杂的社会行为的所有领域吗？在我们不知所措、深感犹豫的时刻，如果没有君父的命令来做决断的话，那我们就只能因为个体的知识和见解不足而无法判断善恶正邪了吧？这样一来就完全没有善恶正邪的区别了，因为没有了作为道德之根本的君父的命令。没有君父的命令就无从判别道德与非道德。当我们面对复杂的世事，我们能不犹豫该向左还是向右吗？如果发生了上述情况，一定会有君父的命令降临吗？

（二）如果忠孝是道德的根本，那么一切德行都必须从忠孝中才能够推算出来。无论德行在形式上有何差异，其根本都必须是忠孝。上述主张果真说得通吗？看见小孩儿掉进井里就出手相救，这算忠孝吗？使唤佣人时宽严得宜，这算忠孝吗？欠债还钱，这算忠孝吗？我们日常从事上述行为是为了向什么人尽忠尽孝吗？有人也许会说，将忠孝的精神推而广之便可以网罗一切德行，克忠克孝者在任何情况下都会实践道德。然而，所谓的忠孝精神又究竟是什么呢？如果像一直以来所解释的那样，忠孝精神就是服从君父的命令，那么忠孝二者共通的精神就应该是服从尊长和上级的命令。那么，只要推广这一服从的精神果真就能够搭救落水的儿童和对佣人宽严得当吗？如果像我们现在所说的那样，存在一种令忠孝得以成立的精神，那这种精神的存在就必然会改变对忠孝的解释。然则该如何解释忠孝呢？假定忠孝中包含某种确定的精神，推而广之便可涉及一切德行，但这仍不足以说明忠孝是伦理学上的道德的根本。（对于上述行为）想来只能得出以下程度的结论吧：正心诚意处事者（只要其品性不变）处理与己无关之事也须正心诚意。如果是上述程度的结论的话，就不仅仅是推广忠孝之精神便可网罗一切德行，而是推广其他德行的精神也可以网罗一切道德了。如果说克忠克孝者对朋友必然讲诚信，对佣人也必然恩深义重的话，那么反过来对朋友讲诚信者，对佣人有恩义者也必然是克忠克孝之人。也就是说不仅仅是忠孝，任何正心诚意的行为只要推广其精神便可以网罗一切德行。然而将忠孝大书特书是因为忠孝是各种德行的起点，在起点这个意义上来说的话，它与伦理学所说的道德的根本绝非同一个意思。对于出生于某个家庭中的孩子来说，对父母尽孝是为人子的一切德行的起点。如果在这个意义上说孝是道德的根本的话我也欣然同意，在此意义上对孝的珍视我也丝毫不逊于他人。但是上述观点仅仅是从孩子的角度所做的阐释。一个家族的生存所必需的道德，不仅仅是孩子的孝道，与之同等重要的还有父母的慈爱，不能把孩子的孝道摆在父母的慈爱之前，反之倒不如说，为了家族的生存，父母的慈爱必须先于孩子的孝道，这就好比谁也不能要求嗷嗷待哺的婴儿履行孝道。有鉴于此，要说什么才是整个家族的德行的起点的话，我们就不能认为是孝，而应该说是父母的慈爱。也许有人会问，父母在成为父母之前不也是孩子吗？所以父母作为个体其德行的起点不也是孝吗？但是，父母成长的家庭里首先也要有生育他（她）们的父母，这样一来父母的父母的慈爱就必须先于父母的孝道。总之，不能一概将德行的起点归之于孝，只有站在出生于某个家庭的孩子的角度上才能够这么说。并且，从今天出生于社会的某个人的发育顺序来考量的话，将忠孝合并成德行的起点是违背事实的，只知道父母和兄弟姐妹的小孩儿如何能够理解忠的含义？以忠的名义进行的行为或节操，从个人的发育的角度来看完全是遥远的后天才有可能发生的事情。

（三）如果把忠孝理解成服从君父的命令，并且以之为道德的根本，那么君父的命令本身不就变成道德之外的东西了吗？为什么这么说呢？因为如果服从君父的命令才能产生正确与善良，不服从命令则产生邪恶，那么对命令本身就无法做出善恶正邪的判断了。如果对君父的命令本身做道德上的区分，则道德的根本就不在于服从命令（即忠孝），而在于判断君父命令的那个道德根源了。如果君父的命令是善的，正确的，所以必须服从的话，这就等于在君父的命令之上放置了正与善的观念，于是就变成了不是有了君父的命令才有正与善，而是有了正与善才有君父的命令，换言之，使君父的命令为正为善的东西才是道德的根本。例如，服从君父的命令是为了保障国家的安宁，促进家庭的幸福，所以服从，这样一来道德的根本就已经不在于忠孝的观念，而在于国家的安宁和家庭的幸福了。总而言之，忠孝是道德的根本如果是指道德行为的起点的话，则君主下达命令的行为就不是道德行为了，因此就不能将其讴歌为正与善，也就是说，它根本就没有道德性。如果说君父的命令是正与善的话，被称作正与善的行为（即道德性的行为）之根本就不在于忠孝自身，而是存在于忠孝之上的东西，并且比忠孝要深刻得多。总之，无论是忠孝还是君父的命令之所以是道德的，其根本都在于命令及忠孝的观念之外。世上那些高唱忠孝是道德之根本的人们多半都没有搞清这个道理，他们过度宣扬忠孝，结果陷入了使君父的命令超出道德行为范围的窘境，然而他们却全然不顾，只是一味感情用事，其发言中没有任何明确的思想。

论证至此足以得知，道德的根本不在于服从君父的命令，君父的命令本身也必须立足于道德。也就是说，如果把忠孝理解为服从的话，就不能说忠孝是道德的根本。士兵有义务服从长官的命令，服从命令是士兵的道德，但是服从之所以成为德行的理由并不在于服从这个行为本身，而是在于达成军队的（战争的）目的之所必需。换句话说，如果士兵不服从长官的命令，军队就不能有效地展开行动，因而也就无法在战斗中取胜。是故，就算士兵个人不理解长官的命令，他也必须曲己从命，这对于达成军队整体的目标是必需的，这就是士兵的义务。因此，作为军队的一分子，其道德的根本在于达成军队的目标，服从只是为了达到目的，不过是德行的一部分而已。举凡有利于达成军队的目标，那就不仅仅是服从，所有士兵的行为资格都可以看作士兵的品德。与之相同，总之是所有冠以忠孝之名的东西都不过是我们德行的一部分，不能把它错认为是道德（在伦理学说意义上）的根本。

然则何以臣子必须服从君父的权力呢？无他，因为我们组建家庭建立国家是为了达到人类生存的目的，为达到此目标，君父的权力不可缺少。并且作为一种教育性的力量，尊长的权威具有莫大的价值。小孩儿不明事理，因此必须先有父权的约束，对于父亲的命令，先不论是非，要求孩子们一概遵从，这是因为孩子们还不具备辨别是非的知识和见解，需要用父亲的知识和见解代替他们的幼稚无知来做出判断，这也正是为什么孩子的道德训练中需要尽孝的原因。即便放弃自己的主张也要严格地遵从父亲的命令，这使得孩子们接受到了严格遵守道德法则的训练。对孩子来说，父亲的命令就代表了道德的法则，孩子们虽然不明其所以然，但仍相信父亲的命令是正确的，并且一丝不苟、老老实实地加以服从，这正是孝道之美，也是其德行的价值所在。像这样一心一意地相信父亲，服从父亲的命令，日后就可以根据自身的知识和见解判断正与善，并加以贯彻、执行、练习和习惯。因此，毫无疑问，父亲的命令在道德教育方面就是不可缺少的了。但是，这归根结底也只是在教育方面不可缺少的力量，绝不可将其视为道德的根本，君父的命令本身也必须建立在道德的基础之上。

所谓国家，所谓社会，都不过是达成人类存在目的的伦理机关，忠孝是维持机关运转的不可缺少的德行，因此不用说也是社会必需的德行。但同时，它也不过就是实现人类生存之目标的一大手段而已，绝非社会道德的全体，也不是社会道德的根本，并且它作为德行的价值仅仅体现在实现人类的生存这个目标方面（也就是与人类的生存相关联者），因此它的价值不是绝对的，而是有所依赖的，所依赖者实为人类的目标，其程度也不过是达成此目标的必需而已。那么什么又是人类生存的目的呢？这就是伦理学要探究的问题了。

以上解释了为何忠孝就是服从君父的命令。也许有人会觉得上述解释过于狭隘，又或者有人会说孝不仅仅是服从父母的命令，也包含敬爱父母的意思。即便把孝理解成对父母的敬爱，那也不过是道德的状态之一，从对前文论证所做的理解来看没有任何理由可以将其扩大为道德的根本。归根结底，除非对忠孝做一个能够包含所有德行的宽泛极致的解释，忠孝就只能是德行的一种而已。如果还有人主张忠孝是道德的根本的话，那我不得不奉劝他先要给忠孝下一个明确的定义。

　　本文阐述了为什么在伦理学的意义上不能够把忠孝视为道德的根本，如果本文是无的放矢，则作者幸何如哉！然而事实却并非如此，奈何！最后还想补充一点：高唱忠孝是道德的根本无益于保持忠孝的价值，本文要论证的恰恰是如何才能永久保持忠孝的价值，因此本文绝非和一时稀泥的政略论。

[RMR]

（赵晓靓译，郭驰洋校）

京都学派

综　　论

由于京都学派在日本思想史上的重要地位，我们将这一学派从20世纪的其他哲学中抽取出来进行特别处理。西田几多郎和在京都大学中受他启发的思想家圈子通常被认为是日本第一批现代意义上的原创哲学家，并被称为东西方之间的桥梁。虽然他们的原创性和对不同传统的忠诚度仍有争议，但他们对日本国内外哲学讨论的影响是毋庸置疑的。京都学派的思想与西方所谓的"思辨哲学"最为相似，但与这种思想的通常特征有很大区别。像西方的思辨哲学家一样，京都学派的思想家通常寻求对经验和现实的整体的解释，将各个方面如自然、文化、道德、艺术、心灵和绝对概念统一起来，并将普遍性和整体性置于具体自然和社会世界的特殊性之上。然而，与西方思辨哲学不同的是，京都学派通常以消极的方式定义任何系统性的统一原则，这实际上是一种破坏作为基础原则的概念的方式，我们将看到这一点。

京都学派成员作为一个独特的思想家群体的标准是比较不明确的。标准往往是相互冲突的，在大量的二手文献中，关于如何对该学派中的几个分支进行归类，几乎没有一致的意见。一般来说，政治评论家倾向于根据他们与太平洋战争的军事意识形态的合作程度，或至少是被认为的合作程度来归类。那些强调他们在一般哲学史中的地位的历史学家则以相当不同的方式归类。为了保持这种意见的多样性，似乎最好将京都学派视为一种"模糊集合"，它具有不稳定的边界和不同的联系程度。

当然，与京都学派有关的所有思想家的唯一共同特征是他们与西田的联系，这位被称为"创始人"的人没有打算自己建立一个"学派"。一方面，西田的哲学作为一项巨大的成就而自成一体，并且可以独立于与该学派有关联的其他人的几乎所有作品来理解和诠释。唯一的例外是田边元的工作，他的批评对西田哲学的发展产生了很大的影响,他们各自的哲学可以说部分的是在彼此的反馈中成长起来的。

另一方面,田边和西田开创了哲学的新方向,这也是这里所选择的松散定义的传统中四代思想家的特点。如果我们把西田和田边算作该学派的第一代,那么西田的学生务台理作、三木清、西谷启治、下村寅太郎、高山岩男和高坂正显构成了第二代,他们可以说是把该学派巩固为一个具有自己传统的学派。田边的学生竹内义范和辻村公一,西谷的学生上田闲照,以及在思想上更接近西谷的阿部正雄,组成了第三代,他们的贡献尤其表现在通过向国外传播该学派而使其恢复活力。最初分别接受法国和德国哲学训练的长谷正当和大桥良介,代表了第四代,他们同时从西田和西谷以及欧洲哲学家那里获得灵感。本卷的其他部分介绍了一些思想家,他们吸收了西田的思想或根据西田的思想来自我定义。有些人,如九鬼周造、和辻哲郎和户坂润,在他们的哲学中追求相对独立的方向。其他人,如铃木大拙、久松真一和唐木顺三,更多的是作为有哲学思想的佛教徒而不是作为哲学教授参与讨论。

虽然在界定京都学派成员方面有诸多的模糊性,我们还是可以确定五个相互交织的因素,以确定其哲学方向并帮助确定各个思想家的位置。

第一,京都学派的哲学家们对亚洲和西方哲学的价值表现出了深刻的、批判性的赞赏。日本其他大多数专业哲学家直到最近还主张摒弃日本的传统,完全致力于从西方引进的哲学,而京都学派的哲学家则不同,他们从一开始就在与欧洲和美国思想的接触中借鉴了东亚文本的思想。可以肯定的是,如果他们对亚洲传统材料的挪用是相当有选择性的,那么他们对西方哲学的立场也是有一定批判的。京都学派的思想家既没有拒绝他们遇到的欧美哲学,也没有简单地接受它们。像世界各地富有创造力的哲学家一样,他们以一种不同于日本第一代哲学教授的方式,批判性地参与它们的发展。例如,西田明确地批评了西方的本体论及其对存在基础的探索,并发展了一种"非存在论"(来自希腊语的"*meon*")——或者更准确地说,是一种关于无的哲学——以寻求语境化而不是奠基。但西田的哲学也包含了对佛教相对缺乏对历史世界和在其中行动的个人的欣赏的潜在批评。此外,有几位京都学派的哲学家质疑其学派经常被认为所连接的东西方的范畴。

第二,与他们对欧美哲学的立场有关,即京都学派思想家对西方的现代性概念持批判态度。现代性的问题对京都学派第二代的许多人有特别的吸引力，他们在职业生涯中一直在处理这个问题。下村、西谷、他们的历史学家同事、西田的同学铃木成高（1907—1988）参加了1942年的一个关于克服现代性的研讨会，讨论了全盘接受西方价值观和制度的替代方案，并提倡东亚霸权，尤其是日本霸权主义的发展。西谷主张超越现代性的理念，而不是从现代性中退缩，但认为此举需要恢复东亚，特别是佛教的价值观。久松和他的学生阿部后来提出了一个完全超越国家或文化身份的替代方案，并提出了一个"后现代主义"时代的想法，即将主权转移到"全人类"。最近，大桥主张承认并非来自现代欧洲的文化资源。

第三，与他们对现代性的立场有关，即使站在不同的立场，前两代京都学派哲学家对马克思主义、民族国家和太平洋战争采取了明确但不同的政治立场。[①] 无论他们对马克思主义的评价如何，马克思主义对这些思想家都施加了强大的影响。西田的一些学生，如户坂接受了它对唯心主义哲学的批判；其他人如西谷拒绝了唯物主义。20世纪20年代和30年代的马克思主义潮流无疑启发田边对历史产生了兴趣，它们构成了他的历史中介和"种的逻辑"思想的背景。西田批评了马克思主义对历史和文化的解释，但仍然深受其影响。他感到不得不解决现实的历史和社会层面的问题，主要是因为户坂、三木和田边对他提出了批评。西田在与马克思主义思想的对立中形成了他的诗意、生产和行动的概念。

20世纪30年代末和40年代初，一边是马克思主义思想，一边是右翼极端主义，与西田有关的思想家对日本民族国家和太平洋战争采取了公开的立场。这种立场如果有一个共同的因素，那就是他们都坚信需要一个新的世界秩序，在这个新的"世界—历史的世界"中，东方将与西方一起拥有它们应

---

① 关于民族国家，京都学派学者的态度较为复杂。虽然他们批判西方民族国家体系，认为其建立在个体主义与对立逻辑之上，但在日本的战时语境中，这种批判往往被引导为对"大东亚共荣圈"或日本国家主义的某种辩护。至于太平洋战争，京都学派的成员立场各异，但大体上没有公开反对战争，甚至部分人对战争表达了一定的正当化倾向。虽然有人辩称西田等人对军国主义持"微妙的批判"态度，但从实际效果来看，他们的思想仍在一定程度上被日本军国主义政府所利用。因此，将他们的立场描述为"明确"，可能会掩盖其中的复杂性和历史背景。因此我们要更加审慎且批判地看待他们的态度和立场。——译者注

有的地位。虽不是完全公正，这些内容在《中央公论》的讨论中也有部分体现。京都学派的支持者认为这种信念在总体方向上是合法的；批评者则谴责这一信念往好里说是天真，往坏里说是帝国主义。更具体地说，支持者说西田和田边不遗余力地向日本政府提供了国家认同和全球存在的第三种可能性，既不是马克思主义也不是极端民族主义；但批评者认为他们的努力是为太平洋战争辩护。1945 年西田去世后，京都学派的迅速衰落与这些指责直接相关，这些指责使这个学派在整整一代人的时间里都处于虚无状态。

第四，这些思想家的共同特点是他们寻求的替代方案都具有宗教性质。一般来说，京都学派的思想家们希望通过佛教和其他宗教间的接触来解决社会和哲学问题。宗教代表着人类最强大和最深刻的需求，这一主题对他们中的许多人来说是共同的。特别是禅宗和净土宗，甚至是基督教也是如此，它们对这些思想家来说是宗教的典范，即使他们质疑传统宗教的界限。西田的禅宗实践经常被引用为他"纯粹经验"概念的来源。谈到"悟的宗教"和"悟的哲学"的久松，也是一位修行的禅师。西谷、辻村和上田对禅宗文本进行了哲学诠释，并在诠释麦斯特·埃克哈特（Meister Eckhart）和马丁·海德格尔（Martin Heidegger）时借鉴了禅宗。田边、竹内，以及后来的三木，主要转向了佛教的净土真宗传统。西田和西谷关于宗教的著作也提到了净土真宗信仰，他们提出的解释破坏了这种信仰和禅宗实践之间的任何根本区别，即他力和自力之间的区别。京都学派的思想家们在禅宗和大乘传统中不仅发现了个人灵性的来源，而且还发现了对社会问题进行哲学推理的资源。禅宗的"空""无我"和"自我否定"的逻辑提供了一个框架，使促进文化和民族复兴（铃木大拙），克服虚无主义（西谷），或超越民族自我主义的人类社会（阿部）成为可能。

许多京都学派的思想家都对基督教有着深刻的体悟，并着手阐述其与佛教的共同哲学基础。田边在其职业生涯的最后阶段获得了体悟。他在 1948 年出版的《基督教与辩证法》一书中，对基督教进行了佛教式的解释，他宣称自己是"正在成为基督徒的基督徒"（ein werdender Christ），不是"已经成为基督徒的基督徒"（ein gewordener Christ）。西谷本人在生命的最后阶段，认为他在基督教和佛教中都找到了绝对的表达和否定。西谷的《宗教与虚无》中既有对基督教思想和教义的批评，也有赞赏。在对埃克哈特的神秘主义或对基督的神性放弃（kenotic）理解中，找出佛教和基督教之间的交汇点，这可说是上田和阿部的工作。两人都强化了由西谷和西田开始的努力，以证明现代世界是一个宗教相遇的全球舞台。

第五，在对佛教思想的挪用中，大多数京都学派的思想家经常援引"绝对无"的概念，"绝对无"因此几乎成了一个身份标签。尽管它在文本中无处不在，但这个词的含义是有问题的，京都学派的不同作家对它所采取的立场也有很大的不同。当然，佛教"无"的概念可以追溯到很早以前，但西田和京都学派的思想家们赋予了它一个新的和更强大的解释。西田把禅宗典籍中"无"的经验性和实践性的主旨，重新导向对世界的哲学解释。对他来说，绝对无是历史现实的最终归宿，它具有直接性和对客体化的抵抗力。田边批评西田将"绝对无"作为一个场所的称呼，但在描述绝对中介的作用时保留了这个概念。久松和他的追随者将其作为"无形的自我"的同义词，并将其作为区分东方和西方的概念来引用。后来，西谷将它再次转移到其传统的佛教根源，并用区别于"无"的"空"概念取代了它。这些"绝对无"的各种变体是否保留了统一的意义，最好通过仔细研究他们的著作来回答。后文的选段是一个初步的尝试。如果这五个交错的因素界定了京都学派在日本哲学实践中的轮廓，那么它的思想在日本以外的影响也很重要。没有其他日本哲学家团体对全世界的思想家产生过如此强烈的影响。可以肯定的是，在日本从事西方哲学研究的专业哲学家作为一个群体得到了国际认可，日本现象学家就是最明显的例子。然而，更多的时候，"日本现象学"这个名字所表示的不过是现象学家们的地理位置，他们很少甚至从未传达过任何关于日本古老的思想传统的东西。京都学派是个例外，即使这些思想家无意发展一种特别的佛教或"日本"哲学。

西田的名字在 20 世纪 20 年代和 30 年代传到了德国，当时三木、田边和西谷正跟随胡塞尔和海德格尔学习。与九鬼周造、和辻哲郎一起，京都学派的哲学家们是第一批在其祖国传播现象学的人。可以肯定的是，他们对欧洲人的影响，远不如现象学对他们的最初影响那么明显。除了海德格尔的情况之外，德国和法国的教授倾向于与日本思想保持距离，直到后来的一代人开始向他们的日本学生求教，而这些学生们开始在欧洲和北美讲学。

起初，在北美和欧洲的神学家和宗教哲学家中京都学派对他们的影响最为强烈。20 世纪 60 年代，竹内在德国讲了几次课；西谷于 1969 年在美国讲学一个学期，1979 年又在美国短暂讲学。但对日本佛教哲学的认真研究还得再等十年左右。20 世纪 80 年代和 90 年代，上田在德语国家广泛讲学，阿部在美国讲学，重点研究西田和西谷的思想，并介绍禅宗思想，经常与哲学家和神学家对话。在这些情况下，影响是相互的。西方的宗教思想家，以及精通德语或英语的京都学派思想家，开始从他们的同行那里获得思想，并追求共同的兴趣。京都学派的主要人物能够将日本思想文化作为一种有生命力的传统在国外传播。另外，知道早期京都学派思想家在战争时期的不幸遭遇的政治和社会历史学家，继续对他们进行更有选择性的粗略阅读。

京都学派本身是否仍然活跃是一个悬而未决的问题，但它与西方思想家的动态交流所产生的影响是清晰可见的。它帮助把明治以前和当代日本思想变成了日本国内和国外的一个哲学研究领域。20 世纪 80 年代以来，这种研究已经慢慢地进入了欧洲和美洲大学的哲学课程，世界各地的学者已经开始承认"日本哲学"的存在。自 20 世纪 70 年代以来，在日本一直有源源不断的关于西田的出版物。到了 21 世纪的第一个十年，它已经扩展为关于日本哲学的一般文献，在亚洲和欧洲的语言中都在不断增加。在日本，已经出现了大约三十一卷题为《京都哲学选集》的著作（京都哲学这个名称有非常广泛的意义），还有两份新的期刊专门讨论西田和日本哲学史。在国外，一些会议和独立的学者已经出版了一些专门处理京都学派思想以及日本前现代哲学的书。如果说京都学派有它自己独特的身份，那么它的影响已经远远超出了定义它的参数。

延伸阅读

Davis, Bret W. "The Kyoto School," *The Stanford Encyclopedia of Philosophy* (Summer 2010 Edition), Edward N. Zalta, ed. url: <http://plato.stanford.edu/archives/sum2010/entries/kyoto-school/>.

Davis, Bret W., Brian Schroeder, and Jason M. Wirth, eds. *Japanese and Continental Philosophy: Conversations with the Kyoto School* (Bloomington: Indiana University Press, 2011).

Dilworth, David A., Valdo H. Viglielmo, and Agustin Zacinto Zavala, eds. *Sourcebook for Modern Japanese Philosophy: Selected Documents* (Westport, Conn.: Greenwood Press, 1998).

Goto-Jones, Christopher. *Political Philosophy in Japan: Nishida, the Kyoto School, and Co-Prosperity* (London and New York: Routledge, 2005).

——, ed. *Re-Politicising the Kyoto School as Philosophy* (London and New York: Routledge, 2007).

Heisig, James W. *Philosophers of Nothingness: An Essay on the Kyoto School* (Honolulu: University of Hawai'i Press, 2001).

Heisig, James W., et al., eds. *Frontiers of Japanese Philosophy*, 7 volumes (Nagoya: Nanzan Institute for Religion and Culture, 2006–2010).

Heisig, James W., and John C. Maraldo, eds. *Rude Awakenings: Zen, the Kyoto School, and the Question of Nationalism* (Honolulu: University of Hawai'i Press, 1995).

Maraldo, John C. "Nishida Kitarō," *The Stanford Encyclopedia of Philosophy* (Summer 2010 Edition), Edward N. Zalta, ed. url: <http://plato.stanford.edu/archives/sum2010/entries/nishida-kitaro/>.

Ōhashi Ryōsuke. *Die Philosophie die Kyōto Schule: Texte und Einfuhrung* (Freiburg: Karl Alber, 2011).

Unno, Taitetsu, ed. *The Religious Philosophy of Nishitani Keiji* (Berkeley: Asian Humanities Press, 1989).

Unno, Taitetsu, and James W. Heisig, eds. *The Religious Philosophy of Tanabe Hajime* (Berkeley: Asian Humanities Press, 1990).

[JCM]

(张政远译)

西田几多郎

西田几多郎一般被认为是日本最伟大的哲学家，把通过十年的禅宗实践培养出来的精神意识与现代哲学结合起来是他的终身任务。他从禅宗中体会到经验的活生生的统一性，这种统一性先于身和心、主体和客体的二分法；在西方哲学中，他认识到逻辑思维的重要性，批判先入为主的思想，主张要有一个对世界的全面看法。从处女作《善的研究》的实验开始，他将所有的现实看作"纯粹经验"，此后西田的每一步都是在为他的哲学而努力。他提出了新的问题，并留下了一连串的新名词来标记他所走过的路线：行为直观、绝对无、成为物来知、绝对矛盾的自我同一、场所逻辑、辩证的历史世界、逆对应，等等。

西田的学术生涯以京都大学为中心，他从1910年到1928年在那里任教。在他生前聚集在他周围的弟子和同事，在他死后继续辩论和追求他的思想，产生了丰富的哲学思想，这些思想可以笼统地称为"京都学派哲学"。

尽管西田的著作有相当一部分是在他退休后的十七年里完成的，但他的最高思想，即场所逻辑，已经在他在京都大学最后一年发表的一篇文章中得到了阐述。这里的选文包括了那篇论文的开头部分。他的最后一篇文章是在他去世的那一年完成的，试图将他成熟的思想的各条线编织成一幅单一的织锦，即他所说的"宗教世界观"。西田因混合对旧思想的密集转述和对新思想的微妙暗示而声名狼藉，这一直是日本学者们讨论的焦点。后文的摘录，反映了其风格和内容。

在西田教学生涯的最后几年，马克思主义辩证法在日本越来越受欢迎。为了回应马克思主义辩证法，他试图在他的哲学思考中增加一个社会和历史的维度。当时的全球政治，包括德国民族主义和意大利法西斯主义的兴起，进一步促使他澄清历史的意义以及个人、族群、文化和国家的相关性。随着西田的观点越来越具体化，他逐渐将注意力从意识的运作转移到整个历史世界上。后文包括了承认这一转变的简短段落。他开始将人类的存在视为"世界的自我决定"，其根源在于寻找内部的自相矛盾。特别是，他认为个人是个体，既反映世界，又是世界的集中反映。与莱布尼茨的个人观不同，西田的个人是由历史塑造的，同时也塑造了历史。自始至终，他都保持着对肯定—否定的辩证逻辑的执着，以防止现实和人类生活的矛盾以他在西方存在主义思想中发现的简单的非理性的愤怒而告终。他关于米开朗基罗和歌德的文章中的话表明，西田有能力从他典型的深思熟虑的散文中转身出来，用具体、动人的意象重新表述他的想法。

在日本战后的几年里，特别是在西方的1980年代，西田的政治思想受到了尖锐的批评，一方指责他是极端民族主义者，另一方则为他辩护，认为他是军事政权及其意识形态的坚定而微妙的批评者。[①] 尽管他本人对这些指控并非无知，正如对他当时的个人信件的审查所表明的那样，他深信，如果他的场所逻辑的主要见解得到正确的理解，他的历史观也会得到正确的理解。最后的选段中他对其批评者的哀叹，暗示了这一点。

[YM]

经　　验

西田几多郎 1911, 3, 9, 11–12（xxx, 3-4, 6-7）；
1933, 5；1936, 3-4（xxi-iii）

多年来，我想在纯粹经验作为唯一现实的基础上解释所有的事情。起初，我阅读了恩斯特·马赫等人的文章，但这并没有让我满意。随着时间的推移，我逐渐认识到，不是因为有个人才有经验，而是因为有经验才有个人。因此，

[①] 了解西田对于战争的立场，最好阅读他在战争时期所写的《世界新秩序的原理》。尽管在文中他批判了英美的侵略主义和帝国主义，但是没有对日本的战争行为进行批判，甚至把日本皇室"万世一系"和日本帝国"八纮为宇"等宣传口号合理化。因此我们要更加审慎地看待这种辩护立场。——译者注

我得出了这样的想法：经验比个人更为根本，这样才能够避免唯我论。此外，通过将经验视为能动的，我觉得我可以将我的思想与从费希特开始的超验哲学相协调……

经验意味着认识事实的本来面目，完全放弃自己的加工，按照事实来感知。我们通常所说的经验掺杂了某种思想，所以我所说的纯粹是指没有添加丝毫思辨的、真正的经验的本来状态。例如，看到一种颜色或听到一个声音时，这是指不仅没有考虑这是外部的作用还是自己在感觉它，而且也没有判断这种颜色或声音是什么的那种状况。因此，纯粹经验与直接经验是一致的。当人们直接经验到他自己的意识状态时，还没有主客之分，认知和它的对象是完全一致的。这是最纯的经验。当然，通常情况下，经验这个词的含义并不明确……即使是意识现象，我们也不能经验他人的意识。即使是自己的意识，不管是对现在发生的一些事情的意识，还是对过去的回忆，当一个人对它做出判断时，它就不再是纯粹经验。真正的纯粹经验没有任何意义；它只是对事实如实的当下意识。

……

纯粹经验之所以直接和纯粹，并不是来自经验的单一性、不可分析性或瞬间性，而是来自具体意识的严格统一。意识不是从心理学家所说的简单精神元素的整合中产生的；它从一开始就构成了一个体系。刚出生的婴儿的意识很可能是一个混乱的统一体，其中甚至连明暗的区别都不清楚。从这个条件出发，分化发展出无数种意识状态。即便如此，无论这些状态的分化有多精细，我们都不会失去意识的基本系统形式。对我们来说，直接的具体的意识总是以这种形式出现。即使是瞬间的知觉也不会偏离这种形式。例如，当我们认为自己一眼就感知到了一个事物的整体时，仔细调查会发现，注意力通过眼球运动自动转移，使我们能够了解整体。这种系统化的发展是意识的原始形式，只要统一性保持不变，意识自行发展，我们就不会失去在纯粹经验中的立足点。

[AM, CAI]

西田最终放弃了纯粹经验作为基础思想，而选择了场所的逻辑。1933年以及三年后，他对自己最初的立场有如下的说法。

直接或纯粹经验的理论认为，现实是对自己直接的经验性内容，也就是广义上的内部感知的东西。当然，这种观点先于主体和客体的划分，但那只是从内向外看事物。真正的自我是行为中的自我，而真正的现实必须被认为是这个行为中的自我的对象。我们生在这个世界上，通过在这个世界上行为来实现我们的自我。

[JWH]

从今天的观点来看，本书的立场是意识的立场，可能被认为是一种心理主义……然而，我确实认为，深藏在我思想中的并非仅仅是心理主义。在《自觉中的直观和反省》中，通过费希特的事行（Tathandlung）的调解，我把纯粹经验的立场发展为绝对意志的立场。然后在《从动到看》的后半部分，通过希腊哲学的中介，我进一步发展了它，这次是发展到场所的概念。通过这种方式，我开始为我的想法奠定一个逻辑基础。接下来，我把场所的想法具体化为一个辩证法的一般者，并用这个观点直接表达行为直观。我在第一本书中称之为直接或纯粹经验的世界，现在我已经把它看作历史现实的世界。行为直观的世界——poiesis 的世界——正是纯粹经验的世界。

[AM，CAI]

场所的逻辑

西田几多郎 1926 年，415-28，433-4

我们今天所熟知的认识论处理的是三个不同要素之间的关系：对象、内容和行为。在我看来，这种区别归根结底只是短暂的认知操作与超越认知操作的对象之间的对立。要使这些对象彼此相关，并在一个单一的、自我维持的系统中自我维持，我们不仅需要考虑是什么维持了这个系统，还需要考虑是什么建立了这个系统——也就是说，它在哪里"发生"。万事万物都存在于其他事物之中。否则，我们就无法区分"有"与"无"。这使我们能够从逻辑上区分关系的条件和关系本身，区分维系关系的东西和关系所在的东西。

同样的道理也适用于相关的操作。如果我们用类似于"自我"这样的东西来思考，那么"自我"就是与"非自我"相对应的，而"非自我"反过来又包含了某种东西，它将"自我"与"非自我"之间的对立包含在自身之中，并产生了我们所说的意识现象。按照柏拉图《蒂迈欧篇》的思路，我将这种观念所需的容器称为"场所"，但显然这与柏拉图的空间或容器观念并不相同。

这个想法本身很简单。我们倾向于认为物质体存在于空间之中，并在空间中相互作用，就像传统物理学所做的那样。或许在事物之外并不存在空间，空间只是一个物质体与另一个物质体之间的关系；又或许空间就在事物内部，正如洛茨[1]所言。即便如此，相关联的事物和它们之间的关系必须是同一的，就像它们在物理空间的概念中一样。但是，将一个物理空间与另一个物理空间联系起来的东西本身不可能是物理空间；物理空间必须有另一个位置。当然，我们可以假设，处于关系中的事物可以简化为一个关系系统，构成一个单一的整体，而无需引入任何类似于地点的东西来解释它。严格说来，任何关系的产生都必须能够确定该关系的要素。例如，在知识中，形式需要内容。我们可以把两者看成是一个统一的整体，但必须有一个地方来反映这个统一的整体。这种"场所"看似是一个纯粹主观的概念，但只要认识的客体是独立的，超越了主体的行为，那么产生客体的场所就不可能属于主体。此外，当我们把主体的活动客观化来观察它时，我们会看到它反映在容纳思维对象的同一个地方。如果意义本身被认为是客观的东西，那么产生意义的地方也必须是客观的。有人可能会说，所有这些东西根本就是无，但在思维的世界里，即使是无也具有客观意义。

因此，当我们思考事物时，必须有一个地方来反映它们。首先，我们可以从意识领域的角度来思考。意识到某一事物，就意味着它在意识领域中得到了反映。在这里，我们需要区分被反映的意识现象和反映它们的意识场。有些人可能会说，根本不存在这样的意识场，而只有一连串的意识现象。然而，一定有一个不动的意识场，意识现象在这个意识场中来来往往，彼此关

---

[1] 鲁道夫·赫尔曼·洛茨（1817—1881），观念论形而上学家，发展了莱布尼茨一元论的变体。

联，穿成一串。有人可能会进一步说，这个场更像是一个点，一个自我。然而，如果我们把意识内的东西与意识外的东西区分开来，那么我的意识现象就必须属于我的意识框架。从这个意义上说，我可以说是把我的意识现象包裹在意识之中。这至少为我们承认意识领域提供了一个起点。

我们的思维行为也属于意识。首先，思维的内容反映在意识领域中，在意识领域中，思维的内容被确定为对象。当今的认识论学者将内容区分为内在的内容和超越的对象。客体自成一体，完全超越我们的意识行为。因此，它处于意识领域之外，不需要意识。那么，如果我们要把意识和对象联系起来，就必须有某种东西把它们都包含在内——一个它们可以联系起来的地方。这可能是什么呢？假设客体超越了我们的意识活动，如果它完全处于意识之外，那么处于意识之内的我们甚至没有办法想到意识的内容是在确定一个客体，更不用说得出它超越了我们的意识活动的结论了。

对于康德主义者来说，主体被认为是超越的，是与认知对象世界相对立的一般意识。从认识论的主体性出发，我们如何才能超越意识，离开意识领域呢？意识领域可能有其外部界限，但这并不意味着意识领域会简单地消失。从心理学角度讲，意识领域由已经思考过的东西组成。它不过是一种对象，意识领域本身即使到了最极限也无法超越。即使我们把意识领域视为现实的东西，在它的背后也总是存在超越现实的东西。"实验心理学"可能会认为意识领域不过是一系列可测量的感官知觉，但没有意义就没有意识。意识通过唤起今天的记忆，将昨天包裹在意义之中。它可以被称为一种普遍性的自我决定。即使是感官意识，只要它能够在以后被反思，也可以被称为意识现象。诚然，普遍性无法达到其最极限，但个体也无法达到。

当康德们认为认知能够通过形式统一物质时，他们是在假定一个具备形式的主体的构成活动。否则，任何形式构成的"客体"都将超越其与构成行为的对立。同时，声称客观形式构成客观事物会使构成行为变得完全客观，从而无法产生认知意义。我们不能把形式和物质的对立与主体和客体的对立混为一谈。形式与物质的对立无法解释判断行为的客体，必须引入另一种对立。判断的直接内容包含真假问题。在真与假之间建立对立的地方一定不是在形式与物质之间建立对立的地方。在认知产生的地方，形式和物质仅仅分离是不够的，它们的分离和结合必须是自由的。正是在这里，我们可以把主观性说成是从外部附加到主客体对立之外的客体。正如拉斯克①所言，完全非逻辑经验的客体可以与基本逻辑形式对立起来。同时，他也承认，认识也是一种经验。经验的逻辑性质并不意味着它与"感官物质"完全相同。我们最好将其称为超越逻辑或笼罩逻辑。艺术和道德的体验也是如此。认知的立场还要求经验在自身内部反映自身。认识只是经验在自身内部的成形。形式与物质之间的对立和关系在经验中出现，主客体之间的对立也在经验中出现，在这种对立中，自我作为一个真正的"我"，无限地反映自身，使自身成为无，以包含存在的无限性。这个地方不能被称为相同或不同，不能被称为存在或无。作为建立逻辑形式的东西，它本身不能根据逻辑形式来确定。无论我们如何追求形式，都无法"超越形式"。形式的真正形式就是形式之所在。在《德·阿尼玛》中，亚里士多德也追随阿卡德米亚的思想家们，将灵魂视为"形式之所"。我们可以称之为"自我照亮的镜子"，它不仅是知识的源泉，也是情感和意志的源泉。当我们谈论经验的内容时，我们往往已经将其转化为知识，这也是我们将经验本身视为逻辑问题的原因。真正的经验是一种完全无的立场，一种脱离知识的自由立场。心灵的东西也反映在这里，这就是为什么洞察力、情感和意志都被认为是有意识的现象。

按照这一思路，我把活动理解为被反映的对象与反映它的地方之间发生的关系。如果只考虑被反射的物体，我们就只能看到没有任何动态的物体。物体背后必须有一面镜子来反射它们，有一个地方让它们得以存在。当然，如果我们把这个地方当作对象背后的反射镜，那么对象本身也就没有了动态。这就把一切都变成了超越一切活动的认知对象，并停留在一种"一般意识领域"上，它通过完全抽空自身来反映一切。如果对象与意识完全无关，我们就谈不上意识反映对象，也谈不上对象位于意识之中。因此，我们可以认为判断行为连接了两者之间的"空间"。一方面，我们可以认为对象超越了判断行为；另一方面，我们可以认为意识领域超越了判断行为，并将其包裹在自身之中。当我们认为意识领域总体上是无限扩展的，可以为自身内部的对象提供空间时，我们就可以看到对象在意识领域中占据着不同的场所，并能够

---

① 新康德主义者中最接近胡塞尔的埃米尔·拉斯克（1875—1915）试图将事实与价值的区别建立在具体经验的"给予"之上。

以各种形式反映出来。正是在这里，"意义世界"通过分析和抽象对象的各种方式而产生；同时，我们可以认为判断行为反映了这些对象的场所和关系。

通过这种将超验对象从一般意识领域中分离出来的做法，即不能说判断行为属于它们中的任何一个，我们得到了一种统一活动的"认识主体"。如果我们按照常识认为事物存在于空间中，那么事物和空间就被视为不同的，这就使我们能够认为事物在空间中具有各种关系，并且能够改变形状和场所。这反过来又使我们别无选择，只能从一种不同于空间和事物的力的角度来思考问题。如果我们假设事物在自身存在的意义上拥有力，我们就可以把力归属于空间，从而得出物理空间的概念。我的想法是把认识视为属于意识的空间。

传统的认识论从主体与客体的对立出发，认为认识是通过形式建构物质。而我希望从自我意识的观念出发，在自我意识中，自我在自身中反映自身，我认为这是认识的根本意义所在。从认识自身之内的事物出发，它认识自身之外的事物。给予自我的东西必须首先在自我内部给予。我们可以把自我看作一种统一点，它在"自我意识"中确立了认识者与被认识者之间的对立，即主体与客体、形式与物质之间的对立。这个统一点不是认识者，而仅仅是已经对象化和被认识的事物。如果我们假设一个无限的统一体，而不是一个统一点，情况也是如此。认识首先意味着包裹。当被包围的东西处于包围者之外时，它只是被包围着，就像我们认为物质对象位于空间中一样。当包围者和被包围者合二为一时，就形成了一种无限系列。当我们把这个"一"无限地包含在物质之中时，我们就得到了一种类似于无限动态或纯粹行为的东西。即便如此，我们也不能把它称为"认识者"。只有当我们能够把位于自我内部的东西视为其本身再次被包裹起来时，我们才能谈论认识。

至于形式与物质之间的关系，我们不能简单地把"知"说成是一种形式建构。知性与形式和物质的对立中的包裹有关。如果我们把物质看作形式的低级层次，那么认识者也可以被看作形式的形式。那么，它就必须是一种超越纯粹形式和纯粹行为的地方，并使它们在其中产生。这就是为什么拉斯克认为主体破坏了客体的客观性。正如我们可以认为物质对象在空间中是可分离的，我们也可以认为思想对象在思想发生的地方是可分离的。正如空间中的物质对象在任何意义上都是无限可分的一样，思想对象在其场所上也是无限可分的。对于上述意义上的认识者来说,这似乎意味着主客体对立的意义消失了,主体的综合或行为的意义也随之消失了。事实上,"主体"的意义也就不复存在了。

在此,我们无需进一步讨论这个问题,只需指出,在简单地将事物置于空间中时,事物和空间都是彼此外在的,这就消除了空间的任何主体性。当我们从事物的实体性转向它们在所处空间中的关系时,事物就被简化为力。如果我们把力视为一种物质,我们就需要考虑与之相关的术语的关系。这种作为事物本身的力要到哪里去寻找呢?如果我们在事物的原初状态中寻找它,我们就会发现事物最终无法还原为力。如果我们把力本身归结为空间,那么我们只能把它想象成空间关系中构成条件的一个点。但是,如果关系本身只是一种点,那么就不存在力这种东西。只有像力的场那样,所有的线都起矢量的作用,才能把力的关系包含在其中。

同样,在包含纯粹行为的认知中,所有现象都必须具有方向性。我们之所以认为,当认识者被视为包裹者时,主客体对立的意义就丧失了,是因为我们把场所看作它所包含的事物之外的东西。空无一物的空间本身并不能真正地将物理现象包裹其中。真正包裹其对象的东西必须在其内部反映其形式,就像形式在空间中的构成方式一样。甚至可以说,"所在"的意义被遗忘了,随之被遗忘的还有"场所"的意义,即场所可以无限扩展,为其所包裹的对象腾出空间。然而,这两种意义在意识领域中结合在一起,意识与所有认识对象保持分离,即使它将这些对象纳入自身。

如果认识是在自身中反映自身,如果意识行为在被反映者和反映者之间的关系中可见,那么拉斯克所说的完全超越行为的"无对立之物"又是什么呢?即使是这样的对象,也需要被定位于某物之中。我们通过把某物与非某物对立起来来认识它。但是,通过把非物与是物对立起来来认识非物,就是为了对立而使它成为存在。真正的无必须同时包含对立的"是"与"非";它必须是两者产生的地方。通过否定存在来对抗存在的无不是真正的无。真正的无构成了存在的背景。

举个例子也许会有所帮助。当我们说某物不是红色时,它是与红色的某物相比较的,这意味着不是红色的某物也拥有一种颜色。但是,如果要同时确定红色和非红色的场所,那么拥有颜色并将它们固定住的东西本身就不可能是一种颜色。在我看来，同样的想法可以超越确定认识对象的范围，进而包括存在与无之间的关系。如果我们认为颜色是一种"定位"事物的场所，那么颜色就可以说是一种事物，就像亚里士多德所说的事物的品质是内在的一样。问题在于，当事物被说成具有属性时，地点的意义就丧失了。与此相反，当事物被无剩余地分解为各种关系时，包含存在与无的事物就可以被视为单一的行为。即便如此，我们仍有可能在活动背后假设一种潜在的存在形式。与实质存在相比，我们可以谈论纯粹的行为，谈论没有工作物质的工作，但如果我们把潜伏性排除在行为之外，它就不再是行为了。在这种潜在存在产生的背景下，我们需要从类似于场所的角度来思考。

当我们可以认为一个事物具有某种品质时，反品质就不可能存在于其中。但是，一个事物要想发挥作用，就必须在其中包含它的反面；任何变化都会变成它的反面。这就是为什么我们会立刻想到，包含存在和无的地方涉及活动。现在，为了让一个特定的行为变得可见，在其基础上必须有一个特定的观念。只有在具体层面上确定的观念才能让相对的对立面显现出来。活动背景中的地方需要无的特征：它不应该是简单的任何地方，而应该是一个拥有特定的、确定的内容的地方。存在与无在行动中结合，但这并不意味着无包裹着存在。在真正的场所中，一个特定的事物不仅可以转变为它的对立面，还可以转变为它的矛盾面，并突破其绝对的特殊性。真正的场所不仅是变化的场所，也是来临和消逝的场所。在超越物种的范畴并进入这样的场所时，甚至连工作的意义也消失了，只剩下观看。只要我们把地点理解为具体确定的概念，就无法消除潜在的存在：我们只能看到正在工作的东西。在一个被理解为反映了具体观念的地方，情况甚至不是这样：在那里，我们看到的是包裹着正在进行的工作的东西。真正纯粹的活动不是由工作的东西组成，而是由包裹工作的东西组成。首先出现的不是潜在的存在，而是实际的存在，这就是融合形式与物质的"无对立之物"。

这种"无对立之物"被恰当地称为"无对立之物"，它完全超越了意识领域。但是，如果它完全处于主体之外，又怎么会在那里得到反映并成为认知活动的目的呢？我认为，即使是这样的客体，它也不在意识领域（在场所的意义上理解）之外；它始终且无处不在地立足于意识领域。当地点仅仅被理解为一种与存在相对立并否定存在的无时，我们就会不由自主地认为客体是存在于外部超越意识领域的，是存在于自身之中的。如前所述，"意识的立场"通常被理解为无相对于存在的立场。当与存在相对的无把一切都归结为一个单一物种的概念时，它就成了一种单一的潜在存在。当我们假定无的立场无休止地否定每一种存在时，意识的立场就出现了，也就是说，当无独立于存在而存在时，意识的立场就出现了。存在的整体性可以在超越一切存在的立场上得到反映和分析。真正的"无"是将"存在"和"无"包裹在一起，而不存在这种对立的特性。即使是否定了各种存在的无，也仍然是对立的无。即使摆脱了任何关于确定物种的观念，只要它是思想的东西，它就无法摆脱这种观念。只要潜在的存在感依然存在，它就会建立起一种精神形而上学。真正的意识也反映了这种"意识"，而这种"意识"实际上不过是进一步的对象化。

真正的无之地必须在各种意义上超越存在与无之间的对立，这种对立才能在那里产生。真正的意识是在所有关于具体事物的观念都被打破的地方出现的。在这个意义上，即使是没有对立的超越之物，也不能说它已经超越了意识。恰恰相反，正是由于在这个地方被反映出来，它才作为这样的对象而显现出来。没有对立的客体"成为我们思考"应当的对象，成为决定我们所说的判断内容的主要意义的标准。如果不这样想，就会陷入自相矛盾的境地，使思维自我毁灭。没有其他方法可以设想没有对立的对象。看到一个没有对立的对象，我们可能会认为，我们已经超越了设置对立内容的主观意识领域，我们只是把它抛在了脑后。事实上，我们所做的只是从对立的无的立场前进到了真正的无的立场，从反映事物影子的地方前进到了事物所在的地方。这不是一个放弃"意识立场"的问题，而是一个激进化"意识立场"的问题。真正的否定必须是对否定的否定；否则，我们就不可能把一般意识与无意识区分开来；意识就会变得毫无意义。

如果我们必须用这些术语来思考才能避免陷入矛盾，那么意识领域就必须能够在自身内部反映出超越的对象。因为这种立场是真正的虚无，是对否定的否定，所以它也能否定在对立的虚无之处所反映的一切。正是通过真正的虚无，意识领域才能反映出对象的本来面目。也许有人会认为，在这种情况下，对象只是位于自身之中。如果是这样的话，它就不能作为确定意识内容的标准。物体所处的场所只能是意识所处的场所。当我们观察一个物体时，我们可能会认为我们已经通过直接的直觉抓住了它。但知觉直观也是有意识的，不可能脱离意识领域，而在意识领域中也存在矛盾。我们通常认为直觉与思维完全不同，但为了使直觉能够维持下去，它必须位于一种"它发生的地方"。这也是思维所在的地方。当直观感知在其所在的地方得到反映时，它们就成为思维的内容。这种直觉必须被视为我们所说的"具体思维"的一部分。我看不出意识如何能将自己从普遍概念的背景中剥离出来，因为普遍概念始终扮演着反射镜的角色。即使我们从直观的角度出发，认为主体和客体是统一的，意识也没有远离普遍概念的领域；相反，意识已经到达了普遍概念的外部界限。即使是突破普遍概念的领域，在意识到矛盾的立场上将自己置于其外，也意味着这些概念的客观化。这种客观化的普遍概念只不过是一种已经确定的特殊性；甚至称其为"认识"也是没有意义的。反映知觉直观的地方也必须立即成为反映概念矛盾的地方。

对于承认直觉背后有一个意识领域——一个场所——会有很多反对意见，但如果直觉仅仅意味着没有主体和客体，它就相当于一个简单的思维对象。当我们谈论知觉直观时，我们已经暗示了知者与被知者之间的区别以及两者的结合。此外，"认识者"并不仅仅指工作或建构的过程。它必须包裹已知，或者更准确地说，在自身内部反映已知。同时，主体与客体的结合，或者说主体与客体的缺失，只能意味着主体与客体所在的地方成了真正的虚无，成了一面反射的镜子。

我们往往认为特殊性是客观的，而普遍性是主观的，但只要特殊性代表了知识的内容，它也是主观的。如果我们允许特殊性有一个客观的给定，那么我们也可能允许普遍性有一个客观的给定。在康德哲学中，客观给定只是一种先验形式，但其前提是，它是由主体的构成行为所构成的。然而，构成并不等于认识。认识需要在自身内部反映出一个自我。真正的先验是在自我内部构成自我的内容。因此，除了构成形式之外，我们还可以引入领域范畴（拉斯克称之为 Gebietskategorie）。正是通过这样一个场所的自我决定，我们才能在认识论对象世界中感知普遍概念。我们所说的"普遍概念"就是一个地方的自我决定或自我对象化。

柏拉图哲学将普遍性的领域视为一种客观现实，但它并没有得出一个真正涵盖万物并为万物的产生提供场所的普遍性。相反，"场所"被认为是一种虚幻的东西，一种"无"。然而，在观念本身的直观基础上，一定存在某种这样的"场所"。即使是最高的理念也不再是某种特殊的、确定的东西；"善"的理念本身也无法避免是相对的。仅仅把对立的虚无的场所假定为意识的场所，可能会让人得出这样的结论：它在直观中消失了。人们甚至会拒绝承认任何类似于直觉所在之处的东西。就我而言，我认为这样一个地方不是被直觉所笼罩，而是笼罩着直觉。

不仅直觉位于意识的场所，意志和行动也位于意识的场所。这就是为什么我们能够把意志和行动看作有意识的。笛卡尔认为延展和思维是次要物质；他认为运动是延展的方式，而意志是思维的方式。从这个意义上说，真正的延伸必须是一种物理空间，而真正的思想则必须是我们在这里所说的那种场所。看起来，有意识和在知识对象的领域中进行反映是同一回事，但严格地说，我们无法将我们情感和意志的内容反映到已知对象的世界中，而这个世界总是带有确定的场所的意义。唯一能够反映情感和意志的地方是一个更深、更广的地方。说我们的情感和意志是有意识的，并不意味着它属于认知知识。知识、情感和意志所共有的意识领域不可能属于其中的任何一个。它无限扩展，甚至为"直觉"留出了空间。意识的最深层意义在于真正的虚无。任何反映概念性知识的东西都必然属于相对的虚无。在"直觉"中，我们已经站在了真正虚无的场所上，但带来情感和意志的场所必须是一个更深、更广的虚无场所。这就是为什么我们可以在我们的意志中……构想一种无拘无束的虚无。

只有在真正的无之场所，我们才能看到自由之物。在被决定的存在中，我们只能看到工作。在对立的虚无中，意识的运作是可见的，但在绝对的虚无中，真正的自由意志才会出现。因为对立的虚无仍然是一种存在，所以意识活动会出现中断：在昨天的意识和今天的意识之间会出现中断。真正的虚无超越了对立的虚无，并将其包裹起来，因此从行为主体的角度来看，昨天的"我"和今天的"我"立即合二为一。从这些角度来看，意志是无因无果的，它本身必须是永恒的。在这种情况下，可以认为意志的背景是无意识的，但意识的背后只能是绝对的虚无。必须有一种东西，它不仅否定一切存在，而且也否定虚无。在时间中产生并消逝的意识活动不是意识。意识必须是永恒的存在。在意识中，过去是位于现在的过去，现在是位于现在的现在，未来是位于现在的未来。我们所谓的"当下"，不过是当下反映的当下的影子。

不是知识的经验，而是意志的经验为我们阐明了这种意识的本质。我们的意识在我们对意志的体验中变得最为明亮，只要知识是有意识的，我们就可以将其视为一种意志。

[JWH]

艺术与诗歌中的永恒
西田几多郎 1932，321-4，329-30

我们可以将时间看作从永恒的过去流向永恒的未来：它在永恒中诞生，也在永恒中消逝。历史上出现的一切都在这个永恒的背景下形成。从历史的角度来看，我们不可避免地将一切都看作通过因果关系从永恒的过去流向永恒的未来。然而，如果时间本身被界定为被"永恒的现在"所包裹的东西，那么将时间包裹起来并使其消失的想法暗示着永恒具有个人人格的特质。

可以说，所有的文化都是在永恒的背景下被历史塑造的，艺术尤为如此。正如米开朗基罗的"未完成雕塑"和罗丹的雕像都是从大理石块中凿刻而成的；伟大的艺术就是从永恒的大理石中凿刻出来的浮雕一样的存在。与生活中更个人的事物相比，这样的背景似乎更冷漠，但个人并不是指物质与形式对立，而是指某物在何处以及如何被赋予形状。如果没有永恒的背景，就没有个人。米开朗基罗的大理石块不仅仅是物质；它是艺术的一部分。我们认为心灵是在自我中看到自我。同样，所谓"个人"只不过是永恒在永恒中投射的影子而已。

这样的背景对所有艺术来说都是不可或缺的；没有它，就没有艺术。如果通过个人与在这个背景下形成的事物的关系，各种个人元素得以显现，那么各种艺术元素也会如此。东方艺术通常被认为是无个人的，是因为这样的背景本身构成了艺术的主要部分。其中蕴含着无形无限的余波，无声无尽的回响。相比之下，西方艺术是完全被塑造的。希腊雕塑被视为"理念"的实际体现，形式之美被凿减到最后一击，毫无缺憾。然而，人们不禁感到希腊雕塑在深度上有所欠缺。希腊的永恒在我们面前明显可见；而不是后来将我们包容的永恒。随着基督教文化中对人格实在的重视，艺术被赋予了深度和背景。早期的基督教艺术似乎展示了一种内在性，使人想起东方佛教绘画。当我们欣赏米开朗基罗的艺术时，它内在力量的光辉使我们无法抑制自己的感觉，仿佛自己站在一个旋转着黑色火焰的幽深的火山口前。他的艺术就恰恰具有崇高的深度和背景。

那么，歌德的诗歌背后是什么背景？他是用什么材料雕刻他的诗歌的呢？如果我们将形成艺术背景的永恒在空间上来想象，它可以被想象为二维或三维、有形或无形。根据高度和深度，可以进一步区分三维背景。因此，米开朗基罗雕塑的内部因其似乎从地狱深渊涌出的力量而被称为深，而但丁的《神曲》似乎在其背后包含一种引人向上的高度：超越的基督教上帝。然而，歌德诗歌的背景似乎是二维的，仿佛它是无形的东西。在谈到东方绘画时，我们说的是一个交替被视为或高或深或平的距离。但我在这里所说的二维，是指一种没有高度、没有深度、没有距离的高度。以这种形式为展开背景的艺术很难避免时不时地陷入对人性的否定。无限不只是有限的否定，也可以被构想为一种无法归约为任何人类的黑暗命运。歌德诗歌的背景并不是以这种意义上的二维存在的。它是一种包容人性，并在不否定它的同时将其溶解在自身中的东西。这种溶解并不是失去个性。相反，只有在这样的背景下，个体人类的回声才会回响——一种人性的共鸣板。

我没有资格谈论绘画，但难道伦勃朗的画作背景不也显示了类似的特征吗？那里有一种深度，但与米开朗基罗的深度大不相同：柔和而不是力量，情感的深度而不是权力的深度。正如韦拉朗在他对伦勃朗的研究结束时所说："他把我们最内在的眼泪、呼喊、欢乐、苦难和希望带进我们内心深处，向我们展示了他在颂扬的上帝，一个与我们一样混乱的上帝。"他的"上帝"就像是人性的共鸣板。柔和深度的想法也会让我们想起达·芬奇，尽管他更加理性：他的《蒙娜丽莎》的微笑可能是神秘的，但它不是爱的微笑。

歌德与斯宾诺莎哲学的关系是众所周知的。歌德回忆说，自己年少时曾跪在自然的王座前，并在阅读了斯宾诺莎的《伦理学》后，对其中的思想和教义深感敬佩，自那以后终生与斯宾诺莎的思想保持着紧密的联系。歌德对宁静的人生观和冥想的看法，正是基于万物一体的观念，将自然视为神，这与斯宾诺莎的泛神论基调一脉相承。然而，歌德与斯宾诺莎式思想的关系并不是那样深厚。事实上，从某种角度来看，他甚至可以被称为反斯宾诺莎的。

斯宾诺莎的泛神论是一种否定个人的平面永恒。他关于实体的观念完全拒绝了个体；在斯宾诺莎的哲学中，个体不过是实体的一种形式。在他的哲学中时间是不存在的。他的自然是数学必然性的自然。斯宾诺莎抛弃了犹太的神论，尽管他的一元论和严格的逻辑准确性比任何东西都更能证明他犹太人的特质。

相比之下，歌德的泛神论则无所不包，覆盖了一切个体。他的自然并不是否定个性的自然，而是在各个方面赋予个性的自然。它必须是一种形成有形和无形事物的无限空间的存在，没有型态而又具有型态（没有固定型态）。

……

歌德的普遍主义并不像斯宾诺莎那样否认人的存在，并将万物归纳为唯一实体。相反，他将万物都看作存在于人之中。然而，他也不像莱布尼兹在单子论中所提出的观点一样，将每一个个体都视为不可毁灭的实体。

> Im grenzenlosen sich zu finden,
> wird gern der Einzelne verschwinden.
> 在无边无际中寻找自我，
> 个体常愿意消失。

个体被吸纳到普遍性中，它们之间没有预先建立的和谐关系……在歌德的观念中，既无内在也无外在，所有的存在都是如其本来的样子存在。它既没有来处，也没有去处。然而，当它从这无中进入无之所时，有着微弱的人性共鸣（回响）。事实上，歌德颠覆了斯宾诺莎的普遍主义。对人的观点不是像斯多葛哲学派的智者那样产生知性之爱，而更像是对玛丽亚的爱、一种永恒的女性之爱。

……

历史不仅仅是从过去流向未来。真正的历史也以相反的方式运作，从未来倒流回过去，循环往复于永恒的当下。当历史被认为消失在永恒的过去中时，其中一切将成为永恒的阴影，就好比希腊文化。相反，当历史被认为消失在永恒的未来中时，其中一切都将是通往永恒的道路，这就如基督教文化。但当我们将历史视为永恒当下的限定时，过去和未来都消失于现在，一切到来的不来自任何地方，一切离去的也不去任何地方；存在的事物的本质就是永恒的。这样的思想之流正流淌在我们所学的东方文化的底蕴中。

[JWH]

（张铉寓译）

宗教的观点，对世界的看法
西田几多郎 1945a，316-7，319-25，330-6，340-1，355-6，358-9（20-1，23-8，84-5，87-90，94，108-9，111-2）

神

真正的绝对是一种绝对矛盾的自我认同。这是我们用逻辑术语描述上帝的唯一方式。上帝以绝对自我否定的反相关方式面对自身，在自身中包含绝对自我否定；它存在于自身之中，正因为它是绝对的无，所以它是绝对的有。作为绝对的"无"和"有"，上帝无所不能、无所不知。这就是为什么我说："因为有佛，所以有众生；因为有众生，所以有佛。被造世界之所以存在，是因为造物主上帝的存在；上帝之所以存在，是因为被造世界的存在。"这种观点不应被视为类似于巴特将上帝视为绝对超越的概念。它也不是泛神论……

绝对总是在其自我否定中存在：真正的绝对成为相对的绝对。"一"在个体的"多"中存在。上帝通过自我否定而彻底存在于这个世界。从这个意义上说，上帝是彻底内在的。因此，上帝并不存在于这个世界的任何地方，但也没有上帝不存在的地方。

佛教用"即非"的逻辑描述了这一悖论。我们在《金刚经》中读到"一切现象皆非现象，是故名为现象"（T8，751b）。佛不是佛，所以是佛；众生不是众生，所以是众生。大东国师禅师这样描述这种关系："相隔永恒，却连一瞬也不曾相隔；整日面对，却连一瞬也不曾面对。"仅仅是超越和自我满足的神不是真正的神。上帝必须彻底具有克赎或自我救赎的特征。真正辩证的上帝是完全超越而又自在、自在而又超越的。因此，上帝是真正的绝对者。据说，上帝出于爱创造了世界。上帝的绝对之爱作为他的绝对自我否定，对他来说是不可或缺的；它不是额外的作品。这种观点虽然不是泛神论，但也可以说是"泛神论"，尽管我并不认同客观逻辑。我的思维方式绝对是自相矛盾的，是彻底的辩证法。黑格尔的辩证法没有脱离客观逻辑的立场。正因为如此，他的思想被左派黑格尔主义者作了泛神论的解释。与此相反，般若传统的佛教思想则是彻底的辩证法……

世　界

这个绝对矛盾的自我同一的世界通过自我否定来表达自身；它通过否定之否定来肯定地形成自身；换句话说，它是创造性的。我用"世界"这个词来表达这样一种不与我们对立的彻底拓扑存在，也可以称之为绝对存在。（在我对数学的讨论中，我把它称为"自相矛盾的实体"。）在这个矛盾地自我同一的世界里，绝对存在的自我表现就是上帝的启示，它的自我形成就是上帝的旨意。绝对存在的绝对矛盾的自我同一世界在自身中反映自身，在自身中拥有焦点，并围绕这些动态焦点旋转的同时形成自身。在这里，我们可以看到圣父、圣子和圣灵的三位一体关系。我们，作为"个体的许多"和独特的个体，决定着世界并表达着绝对。同样，作为绝对的自我表达，我们成为世界的自我投射点。作为创造性世界的创造性元素，我们继续形成创造性世界。这样，我们就可以看到，我们的存在是个人的，是以世界的三位一体特性为基础的……它是个人到处活跃的世界。从被创造到创造，这是一个绝对意志的世界。因此，它也是绝对邪恶的世界……

恶

这听起来可能极其矛盾，但一个真正绝对的上帝在某种程度上必须是恶魔。只有这样，上帝才可以说是全知全能的。耶和华是一位要求亚伯拉罕献祭独子以撒的神（见克尔凯郭尔的《恐惧与战栗》）。他要求亚伯拉罕否认自己的人格本身。如果上帝只是站在邪恶的对立面与之斗争，尽管他可能战胜邪恶，但他是一个相对的上帝。仅仅是超越至善的上帝只是一个抽象的概念。绝对的上帝本身必须包含绝对的否定；它必须面对最邪恶的事物。拯救最邪恶者的上帝才是真正的绝对上帝。最高的形式必须包含最低的物质。绝对的爱必须延伸到最邪恶的人身上。反过来说，上帝甚至秘密地居住在最邪恶者的心中。当然，我这样说并不是要取消善与恶的区别……

无限的场所

我经常把这个绝对自相矛盾的地方——这个绝对当下的世界，这个历史的空间——比作一个无限的球体，它的圆周一无所在，而它的中心却一无所在。这个自相矛盾的自我同一的球体缺乏任何自身的基础，它在自身内部映射自身。一方面，它无限的向心方向是超验的上帝。在这里，我们看到了历史世界的绝对主体性。另一方面，它的离心方向则是无限的消极和恶魔。因此，这样的世界充满了恶魔的元素。作为这样一个世界的个体，我们既是恶魔，也是神灵。地方逻辑神学既不是有神论，也不是神论；既不是灵性主义，也不是自然主义。它是历史的。

圣　恩

是什么使自我从根本上具有宗教性？为什么我们对自身存在的基础反思得越深，也就是自我意识越强，我们就越能感受到从内心深处对宗教的需求，我们与宗教问题的斗争就越激烈？因为我们是绝对自我矛盾的存在。……

这个世界在否定的同时又是肯定的，是一个彻底的反向决定、反向相关的世界。上帝与人类处于逆相关的对立之中。我们的宗教意识实际上并不是从我们内心产生的，而是由上帝或佛陀的声音唤起的。它是上帝或佛陀在起作用；它产生于自我产生的元素基础。正如奥古斯丁在《忏悔录》开头所说："因为你为你自己创造了我们，我们的心躁动不安，直到安息于你。"……

道德无疑是人类的最高价值。但宗教并不一定以道德为中介或强调道德。在宗教关系中，自我与作为其生命之源的绝对存在相对立，智者与愚者、善人与恶人都是一样的。正如有人所说：连善良的人都能获得救赎，何况恶人呢？在我们这个从根本上自相矛盾的世界里，引导我们信奉宗教的场合比比皆是。宗教是价值观的绝对颠倒。从这个意义上讲，可以说一个自以为是的道德家进入宗教可能比骆驼穿过针眼还要困难。（《马太福音》19：24）……

知识与灵性

在认识的过程中，自我超越了自身，站在了自身之外。相反，被认识的事物成为自我的一部分，并决定着自我。认知的运作就是在这种认知者与被认知者相互矛盾的自我同一性中产生的……这正是我所说的"行动直觉"。在我们自我意识的深处，有一种超越自我的东西。我们的自我意识越深，这一点就越成立。真正的自我以"即存在即超越，即超越即存在"的方式运作，也就是说，以一种矛盾的自我同一的方式运作。直觉是肯定存在的；行动直觉是以这种否定为中介的辩证过程……如果把"行动直觉"理解为"理智直觉"，那不过是对康德立场的歪曲。在涉及审美直觉等事物时，自我被视为客观化的东西。而我的行为直觉则反其道而行之，它从超越意识自我的角度看待事物。事实上，在自我的基础上存在超越意识自我的东西。铃木大拙称其为"灵性"[1]，并说意志的力量在这种灵性的支撑下超越自我……

从心理学的角度来看，自我的源泉既不是简单的感觉，也不是简单的意志，而是两者绝对矛盾的自我认同。因此，接受宗教信仰需要颠覆自己的立场。这是一种"皈依"，但不是通常意义上的重新定位。自我既不是动物，也不是天使，正因为如此，它才会迷失方向，才会在绝对矛盾的自我认同中转过身来寻找慰藉。皈依就是亲鸾所说的"信仰的横向飞跃"。它是一种循环运动。

在宗教皈依或精神解放的过程中，我们并没有抛弃具有自我意识的自我及其所有的欲望和理性。我们不会变得"无意识"。相反，我们的自我意识更加敏锐，并停留在可理解的领域。我们并没有放弃判断、分别的自我。铃木把它称为"无差别的辨别"。灵性就是这种超越分别的非分别……自我的存在是对上帝绝对自我否定的肯定……

永　　生

自我停留在对自身永恒死亡的认知中。但在自知的那一刻，自我已处于永生之中。当我们穿透自身存在的根基时，我们就接受了宗教信仰。这就是

---

[1] 参考铃木大拙，1944b。

我们的"皈依"。只有作为绝对存在的自我决定，作为上帝的力量所创造的东西，这才是可能的。信仰就是恩典。在自我的根基上，我们听到了上帝呼唤的声音。这就是为什么我说，在自我的深处，有一种东西超越了我们，确立了我们的自我。因此，"生即无生"，"生死即永恒"。……

自我通过深入自身的元素基础而回归绝对，并不意味着离开现实。相反，它意味着抵达历史现实的底部。这意味着我们作为绝对当下的自我决定者，成为彻底的历史个体。用一位中世纪禅师的话说就是："得法身之后，那里没有什么特别之处，我与我牧部平四郎没有什么不同。"南泉普愿说："平常心即是道。"（《无量寿经》19）临济说："至于佛法，无需努力，只需平常心，无事可做——大小便、穿衣、吃饭、累了就躺下。"（《临济录》i.13）

如果把这些话理解为无动于衷，那就大错特错了。它们是一种全面的参与，每一步都要榨出一滴血。消灭分别心并不意味着我们变得不加区别。正如道元所说，它意味着我们真正变得一无所有：

> 以佛陀之道为榜样，就是以自己为榜样。以自我为榜样就是忘却自我。忘我就是被现象的整体所认证。（《正法眼藏》现成公案）

这与追求科学真理并无不同。这就是我所说的"成物而见，成物而闻"。我们必须否定的，是抽象地看待自我的教条主义；我们必须斩断的，是绝对地看待自我的执着。我们越虔诚，就越能忘我，越能锻炼我们的理智，越能投入我们的心灵。被任何形式主义所奴役都意味着宗教的堕落。信条无异于一把斩断生命之根的利刃。

自我、神与世界

自我，作为绝对者的自我否定，以一种反向相关的方式完全面对绝对者：我们越是个体化，我们就越是站在与上帝这一绝对者的关系中。我们面对的上帝是个体性的极致，而当我们与上帝相对立时，我们是以一种矛盾的自我同一的方式，在历史世界自我决定为个体的极致上面对上帝的。因此，我们每个人都是作为永恒的过去和永恒的现在的人类代表来面对上帝的。我们作为绝对现在的瞬间决定者面对绝对现在。这样，我们的存在就好比是一个无限球体的无数中心,这个球体的圆周无处不在,而中心却一无所在。

当绝对确定自身为多与一的绝对矛盾的自我同一性时,世界作为绝对虚无的无根据的自我确定,就具有了意志性。世界是整体绝对意志的世界,同时,无数个体的意志又与整体相对立。

世界就是这样产生的……

自　　由

我们的每一个行动都是末世论的,都是绝对当下的自我决定,用林吉的话说,这意味着我们"全身心地行动"。反之,这意味着"对于佛法,无需努力",佛道是"普通的"(《临济录》i. 18、22、12)。我对"末世论"的理解不同于基督教的含义。我不是在超越对象的意义上理解它,而是在内在超越的意义上将它理解为绝对存在者的自我决定。在自我的深处,什么都没有;我们完全是虚无的,并以一种反相关的方式对绝对作出反应。从我们自我存在的根基到我们个体性的顶端,我们无时无刻不在超越自我,并对绝对作出反应——这意味着我们在这一行为中超越了一切。我们超越历史世界,这是绝对当下的自我决定;我们超越过去和未来。这样,我们就获得了绝对的自由。这就是盘山宝积①所说的"凌空挥剑"的境界,也是陀思妥耶夫斯基所追求的……

亲鸾说阿弥陀佛的誓愿是只为他一人而立的自由立场。我们变得越有个性,这句话就越有道理。因此,我们的存在是反向相关的。在这里,我们拥有无底的"普通层次"的立场。这就是作为绝对否定之绝对肯定的反相关的立场。此外,作为绝对呈现自身的自决的观点,是绝对自由的观点,在这里,每一点都是阿基米德式的"P","无论你站在哪里,哪里就是真正的地方"(《临济录》1.12)。我们变得越有个性,就越能绝对自由地站在这个普通的层面上。只要我们受制于外在的本能或内在的理性,我们就不是真正的自由。我这里所说的自由与现代西方的自由概念截然相反。人的自由不是欧几里得几何实体的一部分。

---

① 盘山宝积(720—814),临济宗僧人,引自《和尚录》公案 37。

作为象征性表达的宗教

宗教的立场在于从根本上占有这个历史世界永恒的过去和永恒的未来，这个立场连接着人类的起点和终点，这个立场最深也最浅，最远也最近，最大也最小，即"普通层面"。要有宗教意识，就意味着永远不要忽视人是如何成为人的。宗教的立场，因为是立场的立场，所以本身没有固定的内容。如果有，它也不过是迷信而已。宗教信条需要以完全象征的方式来理解，而不能作为我们历史存在的直接自我表达。只有这样，符号才能具有宗教意义。宗教的真正目的是把握永恒的生命，而永恒的生命本身并无根基。宗教的真正目的是把握永恒的生命，而永恒的生命没有自己的根基，它包含在一个普通的层面上，在这个层面上可以说："我与我无异，牧部平四郎。"在这里，所有的立场都被否定，所有的立场都成为现实。这是一种没有立场的立场。更重要的是，无限的大智慧和大行动就在这里显现。正所谓"滴水之恩，当涌泉相报"。真、善、美的立场也是从这里产生的。

[YM]

我的逻辑

西田几多郎 1945b，431-2

经过多年的思考，我相信自己已经能够厘清历史行动本身的思维模式，即历史创造力的逻辑。迄今为止，逻辑都是从抽象的、有意识的自我的立场出发构建的。通过我的逻辑，我还试图思考与自然科学、道德和宗教有关的各种基本问题。我还认为，我已经成功地找到了一个框架，可以提出以前的逻辑学没有涉及的问题，或者至少指出了澄清这些问题的方法。之所以被忽视，是因为缺乏完整的逻辑表述。无法从抽象逻辑的角度对具体事物进行思考。

然而，我的逻辑学并没有得到学术界的理解，或者应该说没有得到丝毫的考虑。不是没有批评，而是他们从不同的角度来看待我的观点，扭曲了它的含义，把它贬低为批判的对象。这些批评没有站在我的立场上看问题。不理解所批评内容的不同角度的批评不是真正的批评。我在寻找从我的角度出发的批评。

有人说我的逻辑不是逻辑，而是宗教之类的东西。如果是这样的话，我有一个问题要问他们：什么是逻辑？没有人会说亚里士多德的逻辑不是逻辑。康德声称，逻辑学在亚里士多德之后没有前进或后退过哪怕一步，而他们似乎认为亚里士多德的逻辑学是决定性的。亚里士多德的逻辑似乎是一个以符号表达自身的世界在语言上的自我表达——卓越的逻辑。康德自己的超验逻辑不再是亚里士多德的逻辑。黑格尔的辩证逻辑与亚里士多德所认为的逻辑学科是相对立的。亚里士多德的逻辑不允许有矛盾，而在辩证逻辑中，矛盾是自我发展的正确表述。难道康德和黑格尔的逻辑学不是逻辑学吗？我们必须试着思考一下什么是逻辑。它是我们思维的表述。要弄清什么是逻辑，我们必须从我们思维的本质出发。

[JWH]

（张政远译）

田边元

田边元（1885—1962）

田边元最初研究数学和自然科学，之后才转向哲学。在研究科学哲学的过程中，田边接触到新康德主义，这启发他基于胡塞尔的现象学、柏格森的生命哲学和西田几多郎的哲学重新把握康德的先验逻辑。受西田几多郎之邀入职京都大学后，田边实现了留学欧洲的梦想。留学期间，田边已经从胡塞尔哲学中清醒过来，同时，也收获了青年海德格尔的友谊。

1924年，田边回到京都后开始重点研究黑格尔哲学，和学生一起阅读德语原著。在黑格尔的基础上，田边提出了"绝对中介"的逻辑，并重新解释了西田的"绝对无"。1927年，田边接替西田的教席，但是，不到三年田边就公开批判西田，永久地破坏了他们的师徒关系。

一方面，田边不满自身思想的抽象性，试图从他者那里发现打破自己的新路。另一方面，西田一直在发展一种基于"绝对无"的自我意识理论"场所逻辑"，而田边选择与这种立场的西田决裂。在这两方面原因的影响下，田边提出了一种名为"种的逻辑"的理论。"种"这个逻辑范畴在三段论中作为小前提原本并不突出，但田边将"种"提升到了逻辑中最关键的位置。受柏格森批判"封闭社会"的启发，田边批判使民族陷入自我封闭的非理性。同时田边也认识到，除非解除社会对思想的限制，否则就不可能真正实现理性的意义。

在田边的思想完全成熟之前，日本发动了太平洋战争。为了回应时局，田边把注意力放在了日本的民族身份上。田边认为，所谓人类的普遍共同体没有为绝对者提供在历史中显现的合适位置，而田边则主张由国家来扮演这个角色。

他认为，在国家层面上，一个民族可以容忍社会存在中不可避免的非理性，并且能够启示其他国家，而日本则代表了这一过程中的"最重要形态"。[1] 在客观上，田边的这种思想附和了彼时日本帝国主义侵略亚洲邻国的战争意识形态。

虽然，田边认为他的微言大义没有受到批评者和理论家们的注意，但在接近战争尾声的时期，田边改变了态度，转向用名为"忏悔道"的哲学去批判所有的哲学。田边也尝试过复活之前的"种的逻辑"，但在他退休后又彻底放弃，转而集中注意力探索哲学与宗教的边界。

下述段落展示了田边异常晦涩的文风，他很少具体地使用日常生活中的例子。之后的选段也显示出后期田边对道元与亲鸾的亲近感，也许这已经预告了他通过绝对批判来放下自我的倡议。在《作为忏悔道的哲学》序言的最后一段，他也解释了该倡议的个人背景。

[JWH]

种的逻辑
田边 1935, 70-1, 128-30; 1936, 248-58; 1937, 449-63, 466-73; 1939a, 27-8

社会存在的逻辑

只有直视现实的恶，从而在对恶的有限性的悲痛自觉中，绝对肯定才会

---

[1] 日本是最早接近完成现代化的亚洲国家。1930 年代，田边元的身上确实带有一些民族主义的骄傲，也有一些期望以"日本模式"启蒙其他亚洲国家的"大亚洲主义"思想，并且，在国家主导的公共传媒的渲染下，当时的田边尚未深刻意识到，军国主义政客疯狂统治下的日本给本国国民与整个亚洲带来了何等沉痛的灾难。但是，1930 年起日本陆续发生了一系列政治暗杀事件，对照这一背景，当时田边的理论强调，个人应该理性地爱国，而不能以"将非理性包装成理性"的方式去爱国，尤其关键的是，个人在爱国的同时也要批判自身人性中的根本恶。在田边看来，日本政治局面的动荡已经意味着国家政治中非理性的因素膨胀到了极致，而日本当时"非理性与理性"极致对立的形态，能够为其他国家建设政治环境提供参考与警示。但是事实上，理论会在现实中被扭曲，无论田边在理论中如何提示理性的爱国方式，这些思想最终都被现实的政治宣传所吸收，客观上成为战争时期军国主义意识形态的助力。田边也逐渐意识到这一点并于 1941 年停止了所有的哲学写作，直到战后提出"忏悔道"的哲学。——译者注。

被绝对否定转换中介。对于这种哲学立场而言，社会存在首先是有限的相对的特殊的社会。只有在社会的对立性和否定性中把握社会的结构，才能以绝对否定、中介的方式过渡到整体的人类社会。这样的中介关系就是种的逻辑。我们首先应该明确区分人类的"类的社会"和特殊的"种的社会"。

虽然个体的底层潜藏着非理性，但事实上，只有承认了"种的社会"，将"种的社会"作为中介才能够具体思考非理性。否则，所谓非理性就没有意义。因此，缺少了与非理性对立的理性，就无法中介非理性，造成非理性作为绝对的非理性排斥理性化。一方面，个体预设了种，个体以种的生命作为自身本源，将种的直接规定视为自己的母体。另一方面，虽然种是母体与本源，但个体与种对立，企图篡夺并且独占种的规定，将自己另立为排他的本源。个体的非理性就是这种背离与另立的自由。同时，个体又必然是种之内的个体，没有个体能完全脱离种。

不过，类只有以个体的自由为否定环节，才能实现绝对统一。换言之，种的原始统一通过个体自由的中介发展到绝对否定态，才能实现绝对否定的绝对中介。其实，种那里自在的统一也中介着类，类是在自己与种的关联中显现的。因此，如果在存在的现实态中，类与种是同一个东西，在种之外没有所谓的类。但是，如果在普遍的方面去把握种，就可以将普遍的种看作"类"。与此相应，特殊的方面的种则依然是"种"。类的原词 Genos 是从"出生"这个词演变来的，有宗族的意思，一般认为它与意味着血缘家族的种是一个意思。不过，如果仅此而已，种与类只有相对的差异，那么，没有什么坚实的根据真正区分类与种。但事实上，二者的本质差异并不是这种相对的差异。"个"或者说个体是种的分化，并且与种对立。而种是直接的统一。只有通过个体的中介，种的直接统一才能过渡到绝对否定的统一的类，类才在本质上不同于种。换言之，类与种的区别在于，类之内包含了个体的另立。

但是，个体预设了种，与种对立，个体否定着种的同时，又以种为自身的中介。因此，类的逻辑其实是种的逻辑和个体逻辑的综合。如果以无中介的方式去把握类，就会把类看成是种，造成类的种化，消解掉类的逻辑。为了避免这种混淆，种的逻辑就应该先于个体逻辑和类的逻辑，并且种的逻辑自己要求中介自己。在辩证法的中介逻辑中，本来就没有单纯直接的东西，所有的东西都处在相互中介的绝对中介之中。如果种不预设个的对立，种也失去了作为种的意义。同时，如果种不以个为中介过渡到类，种也就不是种。虽然如此，但是可以说，绝对中介的逻辑以种的逻辑为第一步，这对于种的本质而言是一种必然。因为，逻辑的本质就是绝对中介，逻辑首先需要的就是中介项"种"。如果逻辑缺少了种，逻辑也就失去了逻辑之实。

有限相对的东西自觉着自身的有限相对，这已经开启了超越其自身的无限绝对的回向，这种信念可以从任何角度来完成自证。有限者意味着规定自我的东西在自我之外，相对者意味着以他者为中介才能确立自己。显然，我们所思考的种与个体都是在这个意义上的有限与相对。二者相互对立并从相对的方向相互规定，同时又相互预设，如此二者才真正被确立。个体在自身内就包含了否定自身的环节，以种为中介才能被确立，因此，个体是有限相对者。而种也预设着与自身对立、试图打破自身统一并且颠倒自身规定的个体，种只有在个体的集合的意义上作为共同社会，才能真正拥有自己的意义。如果种仅仅是以直接的生命意志为原理的共同体，作为直接态看似具有绝对的外表与无限的生命，但是，直接态反而是最抽象的，没有充分自觉其有限与相对，因此，实则与无限绝对完全相反。

但是，如果以无中介的方式确立无限绝对，并单纯地基于无限绝对的规定去理解有限相对的话，那么就像我在第一节说过的，这个立场不过是抽象地将有限相对的东西绝对化，同时也有合并两个相反方向东西的倾向。我与你的个体对立呈现出观念交互性，而作为其根基的绝对普遍与直接态的共同体中的相对普遍经常容易被混淆，这是极其严重的错误，是无视个体结构中种的中介的结果。现在，我们看到了个体的被中介性，换言之，个体预设着种，企图颠倒种的规定，并以排他的方式将种独占，这样的结构在我与你的对立中才能在实在层面具体地确立。而单纯基于我与你间对立交互性的普遍的观念自觉，并不能够在实在层面真正为在排他独占关系中对立着的我与你带来具体的普遍统一。我与你的交互自觉暗示着绝对普遍的中介性，然而并不包含种的中介，因此也不包含实在的对抗。尽管我与你的交互自觉可以形成观念的统一，而观念的统一又能为结合"爱邻人"的诫命提供根据，但是，企图独占种的个体的权力意志会因自身的主体性和排他性与这种思想激烈对立，为了扬弃这种对立就必须寻求在实在的层面否定权力意志分立排他的路径。不考虑这个否定的路径去空谈扬弃主体性，未免有些思虑欠周了。

放下自我不是单纯地否定我的自在的欲望，我性追求的是排他的、与他对立着的我之优越性，自为地否定我性才是真正意义上的放下自我。如果不考虑作为社会性的权力意志去谈论放下自我，不过是单薄的情感主义。权力意志是以种的生命意志为中介的、具有两个层次的个体意志。把握权力意志时，要自觉其中源自种的被中介性以及以否定为环节的对抗性。这已经显示出，种的有限特殊的直接整体性中介了个体的我性。

脱离种的中介去讨论类的绝对统一，其内容难免空疏无物。作为自为态的个体中介种的自在的直接统一，并以此为契机与之否定对立，而只有在经否定之否定将个体扬弃的绝对否定态中，作为自在自为的综合的类才能确立。换言之，否定个体的分立，扬弃我与你的直接对立，提升到绝对普遍的统一，才能实现绝对整体。不过，并非像种的直接统一那样是连续的封闭的统一，而是以相互否定的方式分立着的诸个体之间的绝对否定的统一。因此，应该说这是一种开放的统一。如果将连续的封闭的统一命名为存在的整体，那么绝对否定的统一就应该命名为无的整体。柏格森所区分的两种社会恰恰对应此二者。但并非像柏格森说的那样，二者相互分离相互对立，二者应该是相互中介的关系。换言之，开放社会扬弃封闭社会，在后者的融合中成为类，类也必然会中介种。

种的逻辑与世界图示

绝对中介的逻辑中，逻辑作为否定态的直观被中介，逻辑包含直观环节的同时，直观也包含逻辑的环节。如果借用康德哲学的概念，可以说逻辑被图示化，直观被思维化。先验想象力的图示中介了逻辑的范畴和直观的纯粹形式。同时，绝对中介的逻辑在图示中将自己显现为直观，因此，逻辑必然包含图示论。康德的图示论在先验哲学的立场上实现了逻辑的绝对中介，属于理性批判中最具辩证性的部分。……但图示不能单纯地像康德的图示论一样只是时间性的。他的图示论当然晦涩难懂，原因就在于，他试图以分析逻辑的方式去理解辩证法的东西，而时间图示本身的抽象性也多少可以说是一个原因。绝对中介的逻辑不是先验逻辑那样的时间图示论，而是世界的图示论。

世界图示不同于时间图示的地方是它的具体性，具体性意味着在空间的外在关系中作为基体的种的中介性，这点已经不须赘述了。因此，在世界图示论的立场上确立的个体实在，并非存在主义哲学中抽象的人格，而是基体即主体的、在历史社会中实现自身的具体的伦理存在。对于作为基体的、在历史社会中的伦理主体而言，世界图示不仅是认识的中介，也并非像在时间图示中那样。一方面，世界图示不仅对认识自然，也对认识历史社会具有批判的建设性；另一方面，世界图示对于主体的实践而言也是自觉的中介。

如之前我们讨论过的，认识与实践相当于绝对中介的基体的一面与主体的一面，二者以绝对否定的方式被统一。因此，即便认识处于自然认识这种最抽象的阶段，凭借康德认识论中那种仅仅接受的、感觉的概念体系也不能得到充分的解释。感性直观在认识中既是被动的又是主动的，这绝不仅仅意味着意识两个方面的统一，主动意味着它是意志的、行动的。如果没有身体的行动，就不能称之为主动。感性的直观也包含着既被规定又规定着的行动性。当前自然科学的实验操作也就是这种行动性的发展。自然认识中没有单纯接受性的东西，只有以认识的指导为前提，行动才能成为具有自觉性的行为。实验操作与理论预测处在相互制约的关系中，实验操作作为主体行动以否定的方式中介作为种的历史存在的理论，新的理论也会在类的普遍立场中被确立，这就是自然认识的发展过程，也必然在世界图示的中介中才能确立。如前所述，世界的结构即世界的存在，这也意味着世界图示既是自觉认识论立场的中介，也是认识本身的中介。在绝对中介中认识即自觉，自觉即认识。因此，世界图示并非像时间图示那样停留在认识或者理性的人的自觉中介，而是作为自身认识中介的同时又是主体存在的中介，进言之也是认识和行动的中介。在这个意义上，绝对中介是逻辑的，同时这个中介又在作为其否定环节的直接态中形成世界图示论。因此，可以说世界图示论是逻辑的主观意识方面，也就是在个人的主体自觉中直接显现的逻辑。

我将这样与世界图示论相结合并确立绝对中介的逻辑命名为"种的逻辑"，也可以命名为"基体的逻辑"。本来，种的直接态仅仅是绝对中介的逻辑中中介的环节，在中介之外不能以无中介的形式作为直接态存在。将种把握为基体亦是相同的意思，都是中介环节。但是，仔细思考作为直接态的种的基体的话，种确实中介着作为主体的个体和作为绝对整体的类，但与此同时，种自己也被它们中介，经主体的否定中介发展至类的整体。而在中介的中介中自觉到这些环节，才是绝对中介逻辑的特征。因此，种的逻辑决然不同于无的个物逻辑与企图超越辩证法的整体逻辑，这些逻辑都自诩辩证法，但其实是自我标榜。

直接态就是"中介的否定"，种作为直接态，不仅仅是在中介之前被预设，中介本身的自我异化也会衰败为直接态，因此中介也是种。同时，中介的逻辑也将种作为否定的环节，所以自我否定的就是辩证法的，这也是种的逻辑是绝对辩证法的理由。种在个体与类之间，这样的中介事态通过系词的逻辑以辩证法的方式发展到种的逻辑。逻辑的推论性作为这种情况的逻辑的形式特征，应该被视为系词逻辑的必然展开。种的意义已经不再单纯的是三段论的推论形式中小前提的形式意义。在绝对的中介中，中介也被中介。因此，推论多少有点循环论证的意味。不过，所谓辩证法，就是循环因矛盾而自为地分裂并形成张力，同时矛盾又因循环的自在态被统一的逻辑。我们可以将辩证法定义为以绝对否定的方式扬弃并综合矛盾与循环，而绝对中介的逻辑作为辩证法的实现也就是矛盾与循环的扬弃综合。

这也是世界图示的结构。世界是矛盾的存在，同时在循环统一中扬弃矛盾，并在否定的中介中自觉其自身的绝对统一性。种的逻辑将世界图示论作为中介使自己成为世界论哲学。这是与生命哲学（Lebensphilosophie）的非逻辑的、自我反思的解释立场完全相反的世界哲学（Weltphilosophie）的立场。这个绝对中介的逻辑性在绝对否定的无中综合世界的矛盾，与循环统一，实现世界作为动即静的统一的自觉，这就是世界辩证法（Weltdialektit）。世界在世界的否定中以超越的方式实现自觉。由此才能去除生命哲学中缺乏超越性的难题。

但是，世界辩证法应该严格区别于无的逻辑和整体的逻辑，这些立场以无中介的方式直观所谓绝对无或绝对有的超越的绝对者。这肯定不是世界论哲学，甚至还标榜超世界哲学。如果不与世界结合，也就不能超越世界。超世界哲学将无中介的超越绝对以否定或肯定的方式确立，其实不过是神秘主义，是对以绝对中介为本质的逻辑的否定。只有世界论哲学才能将生命哲学的内在和神秘主义的超越带入内在即超越的中介关系中，并坚持贯彻逻辑的绝对中介。作为世界论哲学内核的存在论，不像古代的自然存在论那样将基体（Hypokeimenon）与主体等同视之，并且不承认基体之外的主体；也不像近代的人格存在论那样将基体还原为主体，仅仅把主体作为真实存在；世界论哲学的存在论是将基体即主体、主体即基体的辩证法统一作为真实存在的存在论，是历史社会的存在论，也是世界存在的存在论。尤其，以中介为中心的种作为基体的立场相应于种的逻辑、基体逻辑，可以被称作社会存在的存在论或者说社会存在论。世界论哲学以社会存在论为主要课题，通过种的逻辑去解决社会存在论的问题。尽管主体和基体从同一个词源发展出来，在古代的立场中还未区分二者，但世界论哲学反对近代人格哲学中无视基体的主体主义，将基体还原为主体的中介，在这个意义上命名为"基体的逻辑"或"种的逻辑"都是合理的。世界论哲学只有在基体逻辑中才能成立，这也是绝对中介逻辑的发展。

有关种的逻辑之意义的阐明

近年来，我一直讨论社会存在的逻辑，并提出了"种的逻辑"这个理论。可以从实践与逻辑两方面总结使我的思想发展至今天的理由。第一，最近在世界各国都兴起的民族统一性与国家统治中，我认为存在"从个人的交互关系出发去思考社会"这个角度上不能理解的东西。我已经超出所谓形式社会学中交互关系的范畴，兼用最近的诠释学现象学所解释的人际关系现象去把握民族国家的强制力，饶是如此，依然有不能完全解释的地方。为此，必须超越个人意识中心理现象学的事态，在单纯的存在论的之外，承认存在—存在论的事态。在我看来，就是应该将法国社会学派所说的"物"看作国家社会的根基。

我认为，社会不仅是在个人之后存在的，也不仅与个人同时存在，而是存在与个人的生死更替不发生交互作用的基体。就此而言，若不是在个人之前就存在，就无法强制性地将个人统一起来。在社会的基体中，个人被分娩、被抚育，出于种族的原因，我认为可以称之为种的基体。

但是，社会对于个人的强制力即便来自作为基体的种，个人的道德义务也不能被单纯地等同于对自然强制的服从。对于理性的个人而言，如果外部的强制不能与自身内部的自律相统一，就不具有道德的约束力。对于不得不相信现实合理性的我而言，国家社会的强制必须经理性转化为自律，这不仅意味着强制力，也意味着具有理性的根据。但是，我所思考的理性并非只是那种形式的法则式的能力，我所思考的能力类似于将现实的个人从规定其存在的所有制约中解放出来，同时又纯粹地从自身内部将普遍法则作为意志格律的准则给予自己。理性无制约的普遍性不应该只是简单抽象的普遍性，而应该是具体的整体性。这是作为客观存在的自我的终极规定陷入二律背反的矛盾所造成的。因此，通过将自我归于无，反而以主体的方式将现实本身作为整体充实了自我，"自我就是现实"的无制约的普遍性才确立。如果以康德的方式描述，现象自我中理论理性的客观规定由于二律背反的矛盾归于无，这种极致的自我否定，其实也是实践理性作为主体自我肯定的绝对否定。这就是纯粹理性从在理论中死转向在实践中活的绝对否定之转换。因此，如果首先不思维对立于社会基体的个人自我，我们就不能抵达现实的合理性。

　　作为基体的种与个体以否定的方式相对立，这样的纠葛在二者交互否定的极致处转换为绝对否定的主体肯定，换言之就是作为全部主体的国家与个人的统一。如此，基体即主体的转换被确立，整体即个体的组织也就产生了。国家只要是以这一中介综合的原理为根据，就是大于个人间契约的整体，因此也就必然约束个人。但同时这种约束就是自由，个人正是在国家中既被否定又被肯定，国家就是自我牺牲即自我实现的组织。这样的组织才是社会存在作为理性现实的具体结构。它是使理性与现实否定统一的实践立场才能实现的东西，是行为主体辩证法的具体显现，因此，也必然是逻辑的。这就是存在、逻辑与行为间三位一体的统一。只有将耶里内克的国家两面学说提升到辩证法的层次，以实践的方式去中介社会和法律，这样的中介态才真正具有国家的本质。

　　如果承认这个立场的话，我的见解也许看起来像是极端的国家主义，但其实决非单纯直接的民粹主义所导致的非理性的极权主义。而是另外一番图景，正如自我牺牲即自我实现、统治即自由，由各个成员基于自发的合作组织成整体，整体致力于作为主体实现的国家建设。我把这种国家称为人类国家，但并不意味着将整体人类结合为一个国家，而是各个民族国家以各自国民的理性的个体性为中介，具备民族性的同时又通过与民族相结合在一起的个人去实现人类的普遍性。既非废除作为民族的种的约束（这本身是不可能的），也非将民族国家结成国际联盟，而是意味着基于作为民族国家成员的个人的绝对否定性，向柏格森所说的开放社会过渡，使国家间接地获得某种人类性。

　　在这篇论文的开头，我概括了自己提出种的逻辑的动机有两点。其一，基于以理性的方式建构观念的实践要求，寻求国家社会对于个人的统治根据。……其结果，种的逻辑超出了单纯的关于现实的实践意义，具有了关于哲学方法本身的普遍意义。这种纯粹的逻辑思辨的动机，最初对我而言只是我提出种的逻辑的第二个动机，接下来我将就这个动机做一些阐明。

辩证法的逻辑以矛盾统一为核心，在此之上并不存在可以中介这种统一的存在，因此这种统一是无中介的并且是直接的。统一存在与无、肯定与否定的东西本来并不存在。但从另一个角度思考的话，存在与无直接地被统一，同时又绝对地相互对立，二者间相隔着无法言说的否定深渊，因此决非无中介的直接连续的东西。若真如此，存在就不是无，无也并非存在。如果没有任何中介去跨越这道否定深渊，二者间的统一就是不可能。没有中介，就是必须有中介的理由。换言之，联结存在与无的中介本身就必须是既不存在又存在的东西。只有既不存在又存在才能否定无，这显然只能是绝对无。

绝对无中介了辩证法的逻辑，我认为辩证法的逻辑被奠基在绝对无之上，因此辩证法的世界才能被确立。如果将绝对无视作包容世界的场所，那么这就是所谓无的场所。

如此思考的话，绝对无似乎是不能被质疑的东西，作为无的场所被思维的根据也十分明确。当下被认为是最具有深度的日本哲学的西田哲学，也以此概念为根基并与受此概念影响的思想一致，这个意义上的无实则已不须赘言。

然而对我而言，是无论如何也不能这么理解绝对无的。自西田老师开始阐述无的场所起，已经过去十年了，在此期间老师的思想愈发精深，已然建筑了一个庞大的体系。但我对于老师高山仰止的体系，始终抱有疑问。只要绝对无直接地作为体系的根基，作为所谓无的场所被确立，这实际上不是已经是存在，而不是无了吗？绝对无无论如何都只能是无，而绝不可能是存在。如果这是绝对无，是辩证法世界的基底和根据，是自我否定存在的存在场所，那么这其实是以直接的方式被规定为存在，同时失掉了无的真意。如此一来，其他的所有存在都以辩证法的形式作为否定即肯定被中介，在无之中成为存在。然而无的场所作为使存在成为存在的中介，它本身却以非辩证法的方式被直接地肯定，这样的绝对无难免失去了存在即无的意味，成为直接的存在。说到底，这无非辩证法本身被直接地肯定，以非辩证的方式被建构所造成的恶果。

我不得不认为其实这没有贯彻辩证法的原则，换言之，绝对无也必须以否定的形式被中介。然而，绝对无以否定的形式被中介究竟如何实现？绝对无，说到底是无，因此与绝对无否定对立的是存在。正如在辩证法的思考中肯定一般被否定所中介，存在被无所中介那样，在此状况下，无反而必须被存在所中介，否定也必须被肯定所中介。绝对无以存在为自身的中介，只有在否定存在的作用中才是绝对无。只有将存在作为无的否定，并否定存在，无才能肯定自身，无才能成为被否定所中介的否定，从而成为绝对否定。换言之，绝对无必须拥有自身的中介，这个中介就是自我否定的存在。由此，绝对无并非直接被确立的，作为以自我否定的形式被中介的东西，只要是否定的作用就不是直接的存在，而是以否定的形式被中介的东西。在这个意义上必须说，绝对无就是绝对否定的作用。

就像我反复提到的，我为了贯彻辩证法的逻辑，试图将这个逻辑以辩证法的形式肯定下来，却又以与其相对的否定对立者为中介，并将否定之否定的绝对否定作用视作绝对无的真意。绝对无也应该以辩证法的形式被思维，存在作为无的否定中介，无与存在相对立，否则由于直接性的原因，无就不是无，而会转化为存在。无始终都是否定作用，因此被无否定的存在也是必要的，这就是上述的要点。那么存在作为无的否定中介，也正因为是无的中介，其自身就必须是不被中介的直接存在。只要存在作为无的中介是一个前提，存在自身就只能是无中介的存在。但是，就另一个角度而言，在辩证法的思路中，任何存在的肯定都应该被否定中介，不然就又要陷入无法整合的理论困境了。

根据我们一直所思考的，以存在作为自身中介的无就是绝对无，除此之外无法思考无。而如果要在绝对无之外寻求以存在为中介的无，这也是不可能的。然而相反，绝对无也以存在为自己的中介，换言之，绝对无自己就中介了自己的中介者"存在"，这意味着绝对无在自身之外不存在自己的中介。本来存在就不可能在绝对无之外，所有的存在都被无中介，这是辩证法的精神。因此，绝对无意味着自己绝对地中介自己，绝对无就是自己的绝对否定中介的活动，这也是将绝对否定视为绝对无之真意的原因。而绝对否定，根据我们如今所见，就是绝对中介，而绝对否定的运动就是绝对中介的作用。

国家存在的逻辑

社会存在的结构就是种作为基体和个人作为主体的对立环节，在类中实现的基体即主体的否定统一。我尝试在国家的原型下思考这种结构，对我而言，社会存在的逻辑必然包含历史的逻辑，其自身也要求发展至历史的逻辑。因为在社会矛盾环节的辩证法中以实践的方式理解社会，就意味着在发展即建设的运动过程中把握社会。然而所谓历史，就是在行为自觉的运动中把捉国家社会既对内又对外的对立统一过程。我之前所讨论的社会存在的逻辑，仅仅将历史的社会现实视作片面的自在结构的自觉，还没有达到发展即建设、生成即行为的自在自为的实践自觉。这是只有发展到历史逻辑的层次，才能够实现的具体的现实自觉。

我的关注从一开始就是历史哲学的问题，但是我从根本上对人文主义观点感到不满，他们将历史仅仅看作生命的表现或形成等直接作用，无法把捉到其中隐藏着家国存亡危机的历史意义。我认为，要理解历史就必须从作为其主体的国家开始，同时必须阐明国家的社会的成因，以及基体即主体的综合性结构。因此，我尝试将社会存在的逻辑建构为种的逻辑。这样的尝试，由于问题的复杂以及我能力的不足，存在很多缺陷，虽然已经重复讨论了好几次相同的问题，仍然不够充分。尽管受到多方面的催促，但至今也没有将这些在杂志上发表的论文结集成书。

也许我自己也并非不想做一个小结，因此，尝试以现在的立场在旧稿的基础上做一些修补。就至今发表的社会存在的逻辑而言，如果撇开因我能力不足而导致的缺陷，这个立场必然受限于无法避免的抽象性。因此，通过阐明应该过渡到历史逻辑的原因，也可以揭示出其必然受限的原因和超越限制的进路。那么，建构社会存在逻辑的历史逻辑多少可以补充一点之前论述的不足。国家将社会存在进行历史化，社会与历史的结合必然就是国家，历史与国家同步展开。因此，我认为阐明国家的历史存在性可以达到这个目的。对我而言，国家是最具体的存在，国家正是存在的原型，所谓基础存在论就是国家存在论。

[JWH]

道元哲学

田边 1939b, 451–8

　　正如上述我的立场，我深知自己的思想本源就在日本传统中。如果说有什么思想可以开示西方哲学应该去往的方向，我认为就是日本曹洞宗开祖永平道元的《正法眼藏》。实际上，我被道元细密的思辨所深深打动，对日本人的思考能力抱有强大的自信。

　　首先应该思考的问题是，道元的思想是宗教还是哲学？我认为，虽然宗教和哲学不同，但实则相通。一般而言，哲学以绝对和相对的关系为核心问题，只要以理解相对的历史现实中的绝对的意义为课题，哲学就具有与宗教相通之处。因为宗教也教化人信仰相对与绝对的关系，引导人相信绝对对于相对的规定，证明相对对于绝对的依存。但是，只要相对对于绝对而言是独立的对立的存在，相对就可以从自身的立场出发与绝对对抗，同时也可能犯下罪恶。因此，可以规定相对的绝对已经超越了善恶，善只要是单纯地属于相对者的意志行为，就必然伴随着恶的意味，决非完全的善。同样，恶作为行善的机缘也包含转化为善的可能，在这个意义上恶也是善。这样一来，就实现了善恶相对价值的绝对转化，一切都被绝对的善所吸收。相对作为相对被确立，反而使人相信这种否定转换就是绝对的显现，而作为相对本源的绝对在这个转换中显现为否定中介并参与其中，这种参与就是绝对善的自证。宗教本质上就是以绝对的、否定的形式呈现这种思想。

　　哲学是绝对否定进行转换中介的进路，应该说，宗教在思想结构上与哲学是相同的。而且由于佛教将般若的智慧作为成佛的能力，这点与哲学庶几是一致的。这已经发展到排除对自然和人事的神话解释并且寻求真正的认识，宗教与哲学的差别已经几乎消弭。不过，宗教脱离人的相对立场，重在以相信绝对的立场去行道实践，并不积极要求人以世俗生活中关于自然、文化的学问认识作为绝对转换的中介。后者不过是前者的一方便门，是利他还相的特殊中介，其自身绝非真正进入宗教信行证的动态中介统一。

　　哲学与宗教相反，到底是在学问的路上，以批判与否定的中介方式超越现实中学问认识的界限，换言之，用学问的方法得到历史之中发展即回溯的形式，并以此认识相对与绝对的转换。说到底，这还是理性自觉去融合历史现实的产物。哲学虽然指明了宗教信仰的自觉方向，但终究仅仅只是在确认其必然性，没有通过自身的行道去实现信仰的自证。这就是宗教与哲学相通但又在本质上不同的原因，也是哲学能够以否定的形式将宗教与科学综合起来的原因。

当然，道元作为宗教家，很难说他以现实认识的学问批判为思想的中介。这就不得不说他的思想其实仍然是宗教的，而非哲学的。但是，他并非像一般的宗教家那样单纯地强调超脱世俗、否定人世的一面，而是在否定俗世的同时，又不缺乏发挥、肯定人世的方面。诚然，大乘佛教排斥厌恶世俗欣求涅槃的二乘教法，承认二者表里相即，菩萨的自利得道反而教导人们要回到人世救度众生的利他行。但是，作为解脱法自然是具有否定、拨无相对的倾向。不过，道元对此尤为谨慎，他强调只有通过回归相对并以相对为中介，绝对才能作为与相对对立的东西避免沦为相对，进而以相对的交互否定为中介才能回归绝对否定即肯定的意义。正是这点，显示出其与哲学的一致性。

著名公案"学佛其实是学自己，而学自己就是忘记自己，忘记自己才能证万法"（《正法眼藏》"现成公案"），与"辩道话"开头的"功夫辩道在觉悟法上显一切存在，为求解脱行一如自我"都显示，在相对的绝对否定即肯定之外不存在绝对。"认为俗务妨碍佛法的人只知道俗世中没有佛法，并不知道佛中没有世俗法"（《正法眼藏》"辩道话"），世俗法的绝对否定即肯定就是佛法，佛法也将世俗法作为否定环节转换为自身的中介，不过这也意味着佛法离此中介也将不存。当然，我所说的绝对否定即肯定的"即"这个字意味着，佛法作为世俗法的绝对否定，在佛法中的世俗法并非作为世俗法被肯定，恰恰是作为世俗法被否定的同时，才作为佛法的否定环节被肯定。因此，道元说的"非一非异、非异非即、非即非多"（《正法眼藏》"全机"），也就并非在同一性的意义上而言，而是意味着对立的统一。道元的《正法眼藏》是属于宗教的，可即便如此，由于其绝对中介的思想倾向，显然也可以通向哲学。

临济以棒喝或偈颂象征相对的绝对否定即肯定的转换中介，有不问世事专心修道的倾向。与此不同，正如道元所用的"道得"这个词，"道"即语言对话的中介，道元的佛法不仅仅停留在不立文字、直指人心、见性成佛的顿悟直觉的境界，其佛法中还可以看到，将相对对立者之间问答对话的辩证法推向极致的哲学之路。正如"不语话，无以体得佛向上事。不相显、不相隐、不相与、不相夺，故语话具现即佛向上事，佛向上事具现时阇黎不闻……正当话语，非即闻之。即闻，乃不语话时"（《正法眼藏》"佛向上事"）。

　　法传诸佛，学法的佛反而超过佛，这才是行佛向上事。因此应该解作，佛佛相对，相对发展的同时又使"不可说不可闻"的绝对以动态的形式显现。语话与不语话二者相依相即，相对与绝对二者相互中介，因此哲学的言说表现与佛向上事的不说不闻相依相即，宗教也被哲学所中介。

　　道元的《正法眼藏》显示出辩证法式思辨的极致，我不得不惊叹于"教行信证"间相互转换中介的缜密。日本佛教诸祖道元、亲鸾、日莲三人几乎都在镰仓时代出现，虽说是偶然却有深意，就三人思想的逻辑关系而言，恰恰相当于类、个、种。也就是说，正是由于三者相互中介统一，完全的日本佛教才被确立。因此，比较三者的优劣、将他们排序简直就是完全没有意义的儿戏。不过，就哲学思想而言，在用日本语进行逻辑思辨、以语言言说开示不言不说之物的功夫上，道元的《正法眼藏》确实是无可比拟之力作。禅宗修行放下了以般若空观的智为"智"，转以佛即无的绝对否定的"行"去实现智。道元以逻辑中介即无中介的功夫辩道确立"道得"，以语话即不语话的行即知去中介"道得"，这显示他的思想高度地哲学化了。

　　在道元那里，在言说的作用下"道"被主体化，"获得道"的得道与"可以说"的道得实际相通。这不外乎就是作为宗教否定环节的哲学思辨。然而，由于"可说"与"不可说"相依相即，"说取"与"说不得底"又不可分离，所以哲学不会否定宗教进而替代宗教，二者到底是各自独立地相对立，同时又以否定中介的形式相联结。道不得底、说不得底到底是不可说、说不得，这并非在道与说之外，而是通向道的极致处即道不得底，并确立说的极致即说不得底。相反，在道与说的穷极通转处之外，也没有道不得底和说不得底。二者以否定的形式被分割，然而被分割的对立项又各自相互转变为他者。这种转换既是行为，又是中介，因此其中之一决非可以取他者而代之。

　　道元的《正法眼藏》就是他自身实现这个转换中介的证据。这决非仅仅是哲学的论述，同时也是宗教利他教化的行为。但虽说如此，又并非以劝化为主的说教，借由哲学的否定中介通过思辨和辩证，显示出通往说不得底的方向，开示出朝向宗教行信证统一的普遍客观之路。这当中不同于教义秘传的师徒关系，哲学作为中介具有其公开性。本来，作为宗教之否定中介的哲学就与作为哲学本身的哲学不同，按照之前道元关于世俗法和佛法关系的话，宗教中没有哲学。因此，这个意义下的哲学既是哲学又不是哲学，哲学作为中介即无中介。所谓中介本身就是作为中介的哲学思维中的范畴，在宗教看来这就是无中介。

虽说如此，哲学穷尽自身而消弭之时，就会生出宗教的自受用三昧。但前者又并非仅仅是抵达后者的方法，不然就会陷入道元极力排斥的修证两段论，这就不是所谓的中介即无中介，而只是有中介与无中介的相继交替。这正是悟性思维的结果，或者从宗教而言就是生死的习因所造成的。这样的哲学也谈不上什么失去作为宗教中介的意义，反而甚至在造地狱业。通过自身的穷尽而成为宗教中介的哲学，从哲学看是中介，从宗教看就是无中介。如此，哲学在有即无、无即有的关系中与宗教相依相即，变为中介即无中介的状态。我认为这就是哲学与宗教的关系。正如我早就说过的，哲学与宗教作为不同的东西相对立，但同时又相联相通，相信现在这层意思已经能够被理解了。

[RMÜ]

作为忏悔道的哲学
田边 1945, 3-13

去年夏天，日本国运倾颓，国力渐衰。尽管外敌入侵之日已然告急，但国政停滞，当局根本处理不了眼前的形势，政府也没有断然实行必要的革新、挽狂澜于既倒的能力，反而为了逃避责任，向国民隐蔽了实情，封锁了所有对施政的批评，除了谄媚政府的宣传以外，禁止所有的言论，对右翼以外的思想极尽弹压抑制之能事。国民终日在极度窘迫的生活中心怀不安地忧虑着国家的前途，并且无人可说无人可诉。

尽管比起任何事，国民最希望的就是内阁的更替，但当局已经完全封死了表达这些民意的途径。我当然也有着与所有国民一样的苦恼，且作为一个从事思想工作的人更是如此。一方面，我学习哲学就应该以思想报国，即便触怒现在的政府也在所不辞。我忧心的是，政府难道不应该反省那些针对思想与学问的政策吗？现在已经是不能再犹豫的危急时刻，如果对于国政改革有什么应该要说的却又保持沉默，那岂不是不忠于国家？另一方面，平时的正当行为到了战时就有分裂国内思想的可能，我现在也被自己的这种自我阉割裹挟，反而进一步陷入什么都做不了的自恼。

让我更加懊恼的是，身处这种夹缝一般的境地，如果我连这种程度的困难都处理不了，简直没有从事哲学的资格，况且作为哲学老师也没能好好教育学生，我难道不是应该放弃哲学，辞去教职吗？就这样，我受困于多重的内因外力之苦，极端的时候甚至觉得自己穷途末路、气数已尽。哲学如此高尚的工作，岂是我这种的天资卑劣之徒当为？

正当此时，不可思议的事情发生了。当我陷入绝望想要自我放弃的时候，我的忏悔意外地使我转变了想法。如今引导他人改正他人根本不是我迫切面对的事情，因为我自己都不能由自己的发心采取自以为正确的行动。我下定决心，首先就该自我忏悔，然后诚恳地直视自己，将本来向外的视线转向内部，彻底看清自己的无力和不自由。对我而言，这项工作已经代替了哲学。我本来就没有能力和资格从事哲学研究，正好这并非哲学的问题。比起当前局势逼我回应的那些理论思想的大问题，更重要的是我在自己能力范围内，下定决心去面对自己。这就是，以自觉忏悔的方式做"非哲学的哲学"。

如今，已经不是我在做哲学，而是忏悔在推动哲学。忏悔使我在忏悔行为中实现对自身的自觉。这是在哲学被否定之后的废墟上新生的非哲学的哲学。之所以用非哲学的哲学这个说法，是因为我一度绝望地抛弃了哲学，而忏悔以穷极思索、彻底自觉为自身要求，这本身就是哲学的目标，于是在哲学死寂的废土上，忏悔代替哲学出现。

我已经因自身的无力而抛弃了自己一次，所以，这就已经不是依靠自力在做的哲学。他力通过我的忏悔转变了我，通过充满无力感的自觉让我重新出发，让我走上这条路。……忏悔一定是他力的行为，他力在忏悔中促进我向着哲学再次出发。

忏悔中的转换复活，其实就是亲鸾在他力法门中建立净土真宗的道路。我也是偶然地在哲学中走上了亲鸾在佛教中走过的路。在想到这点的同时，我就打算致力于将他的教行信证作为忏悔道来解读。……亲鸾的他力念佛门被称为易行道，使人感觉很简单，这也造成人们将"在大慈大悲的绝对转换中被救济"这种超越的境地误解为相对的自然中的非道德立场。这导致他的教义经常被人利用去为残忍的恶行进行辩护。尽管这个危害确实存在，但亲鸾的信仰其实是以悲痛的忏悔为基调的，同时这也是我本来所具有的信仰。

也许可以将教行信证理解为佛教的忏悔道式的展开。不过，对真宗而言这种解释并不被接受，至少之前我没有从这个角度去理解过。也许是因为我生来就具有自力主义的倾向，比起亲鸾的他力念佛门，更让我感到亲近的是禅宗。虽然我没在僧堂修行过，但对高僧语录并不陌生。我天资愚钝，惭愧还没能够真正一窥禅门堂奥，但即便如此，比起真宗还是更觉亲近，教行信证对我而言曾经就是比较生疏的东西。

曾经和我一起阅读黑格尔的武内义范，写出了《教行信证的哲学》这样的著作，我从中也学到了不少。但将教行信证的思想作为自己的哲学，这是我完全没有想到的。然而今天，我自己重新从忏悔道出发，以他力的形式整理夯实哲学，通过精读教行信证，才感觉到对真宗的理解之路被打开，再次对伟大先贤亲鸾生起感佩和敬仰之情。

所谓知识分子的旁观者态度在我看来是扯淡，我坚定地认为，我们都具有连带的社会责任。站在这种连带责任的立场，忏悔道对于任何人而言时时刻刻都是必需的。以忏悔道做哲学，与以伦理为哲学道路一样都要求普遍性。

确立忏悔道，我必须继续展开忏悔道的诸形式。这说的并不是以忏悔为研究对象的哲学，也并非用现象学或生命哲学等已有的哲学方法去解释忏悔，而是当所有的哲学立场和方法都无力发挥作用只能面临被清扫的时候，在哲学废墟上被复兴的东西，就是忏悔道。这是对哲学施行一场比笛卡尔的怀疑论还要更加彻底的清算，是死过一次以后再次复活的哲学，所以不能像对待已有的哲学那样来对待忏悔道。忏悔道才是真正通过死后复活的转换来实现的行为自证。

我将忏悔道的普遍逻辑称为绝对批判。进行理性批判的理性，通过批判也不能保全自己，不得不在思想的绝对分裂中将自身撕裂。这种绝对分裂就是绝对批判，也就是最彻底的理性批判。然而，这种绝对的分裂矛盾会以矛盾的形式连矛盾本身都进行否定，这造成了绝对转换。因此，忏悔道以超越的形式将哲学复活为非哲学的哲学，而这个逻辑也就是绝对批判。在重新把握埃克哈特、帕斯卡和尼采等人思想的过程中，我发现之前未能深入廓清的问题现在对我来说已经变得清晰了。

当然，忏悔道不是我一人的哲学，作为我对国家的报恩，忏悔道是诸君的哲学。出于这种想法，也让我下定决心尽快将这本小书公之于世。纵然我由衷地提倡忏悔就是我国民今后要行的道，但也绝非意味着我要将这种忏悔道哲学强加于人。不过，今天在苦苦寻求哲学的日本国民们，虽然取舍自由，但向你们提出忏悔道哲学，也是我不得不履行的使命。

[TY, JWH, VV]

（罗江译）

务台理作

务台理作（1890—1974）

务台理作是京都学派的边缘人物，最初被心理学所吸引，但在京都大学师从西田几多郎期间，他被说服要从康德到当代的哲学中获得坚实的基础。1923年，他在大谷大学任职，三年后离开，前往法国和德国学习，在那里他曾直接在胡塞尔手下工作过一段时间。后来他在台北帝国大学[①]任教，1932年在东京教育大学任职。在这些年里，在田边元的指导下，他继续对黑格尔进行研究。1935年完成论文后，他写了关于费希特、胡塞尔现象学和伦理学问题的专著，然后集中精力致力于自己新人文主义的哲学追求。

在发展他的人文主义时，务台追求西田的"场所逻辑"的基本方向，但对圈内其他人的马克思主义倾向保持同情，如户坂润和三木清。务台以西田的普遍性和特殊性辩证法的华严模式为基础，并借鉴田边的"特殊性逻辑"，发展出一种坚定的反民族主义和反军国主义的人文主义招牌。他以反对第三帝国的抵抗运动"白玫瑰"[②]为榜样，提出了一种全球人文主义，一种"人类的人文主义"。他坚持认为，促进和平与独立，不能脱离政治自决和社会正

[①] 台北帝国大学：日据时期建立，归台湾总督府管辖，现今台湾大学前身。——译者注

[②] 白玫瑰（德语：Die Weiße Rose）是纳粹德国时期一个知名的非暴力反抗组织，其成员包含慕尼黑大学的许多学生及教授，主要由汉斯·朔尔、索菲·朔尔、克里斯托夫·普罗布斯特、亚历山大·施莫雷尔、库尔特·胡贝尔和维利·格拉夫领导。此团体之所以为人所知乃因为其于1942年6月至1943年2月间陆续发送了6张未具名的传单，主要内容在于呼吁人们参加反抗希特勒政权的运动。——译者注

义。为此，他采用田边的"特定"作为基本政治主权的范式，以调和西田的"一"与"多"的关系，为全球和平服务。务台提醒读者，"特定社会"的每个成员只是众多成员之一，同时也是短暂的。如果把任何一个特定的社会误认为是一个整体而导致民族主义，那么个人、特定社会和整个人类的相互关系可以促进国际和平，同时保障每个特定文化的自决权。

[GK]

社会存在论
务台理作 1939，106-7，109-12，59-61

主体与世界

我把实际世界理解为一切存在的开始和结束。由于没有任何东西存在于它之外，所以一切都属于实际世界，并位于它之中。不是说时间和空间构成了实际世界的框架，而是说它们共同建立在实际世界之中。

……

因此，世界代表了一种无限广阔的开放性，但同时又集中于无数的焦点。当我们把对现实世界的分析集中在它的广度上时，也就是说，当我们研究现实世界的垂直维度时，我们发现了历史世界；正是在它的水平维度上，我们看到了特定社会的出现。让我们从思考历史世界开始。

很明显，历史世界是暂时的和短暂的。大致说来，它是作为一个不断变迁①和生成的世界而出现的。历史世界是实际的世界本身。因此，它必须被认为是通过主观地将自身作为自身的一个时刻而超越自身。也就是说，世界是凭借着超越自身的过程而成为历史的。我认为这是实际世界的第一个结构特征。历史性的世界构成了现实世界本身，就在它自相矛盾地加深其作为更大进程中的一个元素的现实性的那一刻。

历史这个词通常只与暂时性相关联。一般认为，时间一旦超越了某一特

---

① 在日文底本中，此处写作"流転"。——译者注

定时刻,就不会再回到该时刻。时间被认为是一个无限的多面体,盖住了"过去"。但历史时间不仅是时间的流动;它还必须被视为未来时间同时停留在过去的那一点。在历史中,过去和未来相互对立,同时又并肩存在。历史空间位于时间中。当历史世界在时间中流动时,它的空间决定权就藏在其中。整个过去是作为给定的东西,作为已经确定的事实投向我们的;它不能自己完成自己。它的完成在于对未来的承诺。因此,过去的形状根据我们看待过去的世界意识的深度而被改变(从而将其恢复为世界表达自身的一种方式)。换句话说,我们是在进行一种蜕变。这就是为什么我们可以说,历史总是根据我们当前的世界意识而被重写。这也意味着,过去与现在同时存在,因此,也与未来同时存在。这些都丝毫不影响过去的事实性。尽管历史是根据目前的世界意识改写的,但显然,这必须以一种允许事实保持事实的方式进行。

……

行为主体构成了实际世界的第二时刻。它处于"我行动"的立场,不是在一个主体自我意识的行动的意义上,而是简单地作为一个行动的主体。事实上,正如我已经反复说过的,对我们人类来说,正确理解世界和社会的唯一途径是通过行动的主体,也就是通过被视为"我行动"的主体。指导这一过程的每一步的证据在于行动的直觉。从这个意义上讲,行为主体通过其行动的内容与历史和表达的世界相联系,而这又是由历史世界决定的。在此基础上,它还与一个特定的社会共同体有关,……一个基于此内容的社会……行为主体自我定位的基础在于它与世界的关系。行为主体,也就是个人,被定位在与世界的先验对立中。

个体和世界是对立的。个体超越自身,走向世界,以确定世界是个体的多重性。世界消灭了自身内部的个体,将它们融入一个普遍性中。当主体拥有从内部超越自身的力量时,个体就会转而面对世界。同样,世界也努力以其拥抱个体的力量来消灭个体的孤立性,就像它从外部拥抱个体一样。在这种对立中,个体和世界是矛盾的,然而,个体的主观超越面向世界的自我决定而展开,同时在个体的多重性中表达自己。这种以矛盾为基础的对立构成了完全同时的存在或"身份"。

……

这个认同点包含了一个否定,在这个否定中,变化同时也是对变化的取消。因此，正是在这个否定的方面，空间被引入，与时间相对。这一点也标志着同时性瞬间的崩溃。因此，以虚无为中介的同时性，在被推翻的过程中，构成了一个定性的流形，一个在个体和世界之间发生的相互决定的根本的、定性的中介。同时性只是通过自身成为完全的无来进行中介；它并不代表个人和世界之外的第三要素。但同时性由于它是什么，以直接性的形式实现了对绝对中介的疏离，并使其转变为作为绝对中介背景的存在的底层。这个基质，由于其多方面的特征，同时在它里面藏着一个决定基质的具体特殊性的质的扭曲。基质本身是具体的，它调解了个人与世界之间的相互关系，使其具有特殊的方向。这就是被视为实际世界的第三时刻的具体社会。

……

作为世界的生产力扭曲或取向的表现，具体的社会向我们展示了实际世界的横切面。这些生产力的扭曲沿着这个横切面显示为诸多的独立的并且也是多中心的样子。每一个扭曲都形成了自己的中心，并根据普遍性中的特殊性的逻辑寻求其存在的依据。然而，从另一个角度来看，世界的生产性力量不是别的，而是自我决定的具有魔力的、特定的力量。特殊性是积极的生产性和消极的自我异化性，这实际上来自一种逻辑，即认为两极同时存在，并说明我们需要将它们视为同时存在。通过这种同时性的确定，特殊性在世界中定位了它的自我异化，即使它在真正意义上表现出一种生产性的特殊性。这就是作为特定的成员的积极个体的实践被需要的原因。

特定的社会[①]

当我们在当今世界寻找历史文化的模式时——例如，当我们研究日本文化中最古老的元素以寻找典型元素时——我们发现了一种自我封闭：旧时代的日本人把自己关在里面，不知道在他们自己的社会之外还有其他类型的特定社会，或者至少没有一个他们会认真与之交流。同样，在古代中国和印度

[①] 田边元曾借助生物学中的"类、种、个"的概念构筑出一种社会哲学理论，即"种的逻辑"，涉及主体、动态、历史现实等层面。（廖钦彬：《近代日本哲学中的田边元哲学——比较哲学与跨文化哲学的视点》，商务印书馆 2019 年版，第 150 页）务台在此处所用"种"的概念与田边元所提内容相似，他提出了"种的社会"，英文中将此用语翻译为"society as the specific"，中译将其译为"特定的社会"。——译者注

文化的封闭中，我们发现了类似的世界，每个世界都以自己的文化为中心。在这个意义上，我们可以说，在古代存在一些独立的小世界，每个世界都是完整的。

现在，这种世界随着人民的历史经验的扩大而逐渐扩大。我们可以想象，当日本人民离开古代日本的世界，成为包括朝鲜、中国、蒙古国、印度、西亚等在内的更广泛的东方世界的参与者时，类似的情况就发生在日本。到了德川幕府时期，日本人生活的世界大体上就是这个意义上的东方世界。在很晚近的时候，西方世界才闯入了主流，影响了日本人的生活方式。同样，今天的日本人已经离开了东方世界，以便为建设一个新兴的"全球世界"作出贡献，在这个世界里，曾经占据日本中心位置的西方世界被升华为更大的东西。一个重要的事实是，我们以这种方式思考世界的历史增长和蜕变，可以说是表明了一些最重要的意义……

这样一来，随着世界在历史上的成长，随着对世界更广泛的理解与区域扩张的出现，它逐渐成为一个整体。而被席卷入这一过程中的那些过去的自给自足的小世界，之后会何去何从？在这个新出现的现实中，这种小世界的多元性应该被赋予什么意义？从全球的角度来看，当这些小世界逐渐失去它们曾经拥有的完整性时，它们会向更广阔的世界开放，它们的围墙会被打破。在这个意义上说，过去的小世界可能会被认为是在解体。从世界历史的角度来看，它们的自给自足已经消失了，在封闭环境内生活也不再可行。这意味着，伴随着历史世界的增长和扩张，古代的小世界已经成为过去，它们的完整性只是作为过去的遗迹而使人产生兴趣……

如果我们假设，任何一个世界内部都可以被认为是包含不止一个特定社会。例如，人们可能会认为，在古代日本，一个特定的社会和世界几乎是相同的，但即使在那个时候，我们也可以在日本土著和移民者的文化中认识到不同的特定社会。而即使在这些后来的移民民族中，也可以区分出几个特定的社会。多年来，特别是在日本世界最近的扩张之后，这些特定的社会已经结合起来，形成了一种单一的文化。与此同时，日本世界已经放弃了它的完整性要求，并向东方世界发展，这反过来意味着日本要参与到其他特定文化之中……

在任何情况下，特定社会的发展总是连续的、暂时的，并与传统和传说相一致；或者说，它们本身就构成了传统的基础。传统在某种意义上是封闭的，其本身是完整的。实际上，把古代的小世界想成是自我封闭和完整的，也就意味着从传统的实际特殊性方面来思考它们。没有一个世界可以在任何意义上被视为完整和自我封闭的。每一个世界都是以化为"无"而成为媒介的。一个世界之所以可以被认为是封锁的和完整的，就像古代的小世界一样，是因为它们从特定文化的角度被视为如此。也就是说，这些古代的小世界本身就是特定的世界。在这个意义上，我们必须考虑，在一个特定的社会中，可能有一些东西在变化中维持着自我完整性，在运动中维持着自我封闭。只要世界的运动是以其化为"无"为媒介的，它就是不连续的，然而具体社会的动态是连续的。尽管我们无法确定世界的流动在哪一点上达到了终点，达到了完整，但具体的社会将封闭和完整作为自己的一部分。历史必须被认为是这两个要素的相互界定的特性。

[GK]

第三种人文主义
务台理作 1961，221-5，227-8，285-7，289-93

到目前为止，我一直把面向全人类的全球人文主义称为"第三种人文主义"。我这样做是因为在现代人文主义中似乎可以区分出来三种人文主义，第一种是文艺复兴时期特有的文学形式的人文主义，第二种是在现代城市中发现的个人主义，第三种就是我们今天的第三种人文主义。如果说第一种人文主义是贵族的，第二种是资产阶级的，那么第三种则是人类的人文主义，是社会主义的人文主义。当然，文学和公民人文主义以一种畸形的状态存续着，但是，正如我前面所解释的，它们不能解决人类今天所面临的那种复杂的问题和冲突。

不过，把这种全人类的人文主义称为"第三种人文主义"似乎并不完全正确。毕竟，人文主义不是现代特有的；它从古代起就有，也有自己的古老的表达方式。人文主义也有不同于西方的东方形式。例如，在日本，我们可以区分出反映在《万叶集》中的古代的贵族人文主义，反映在战记中的镰仓时期的武士人文主义，以及德川时期在商人阶层中所发现的流行人文主义。所有这些都使我对将今天的人文主义归类为第三种人文主义提出疑问。

……

首先，全球人文主义——即面向全人类的人文主义——是建立在广义的自然主义历史观之上的。我的意思是将人类的历史扩展到包括自然的历史。有些人可能会反对说，既然历史是由人类主体创造的，并且只关注人类，那么自然界就没有历史。他们的理由是，自然界可能是历史的对象，但绝不会是历史的主体；自然界本身可能拥有一个时间过程，但绝不会有自己的历史。显然，如果我们将历史视为狭义的人类历史，那么就没有办法构建自然世界的历史。但是，如果我们向前追溯人类历史，我们最终会意识到，没有办法将其与人类的自然历史分开，更不用说与之前的生命形式的自然历史分开。而如果我们继续沿着这条道路走下去，我们就会发现，人类历史提出了生命的起源问题，因而与纯粹的无生命物质的过程有关。

……

第二，全球人文主义认为，未来的历史不会由现代资产阶级来承担，而是会转到体力和脑力劳动者，也就是生产性人类的手中……当然，我假设知识分子、文学家、艺术家、发明家、艺人等阶层会继续存在，但不是像如今一样作为资产阶级的直接或间接寄生者。他们将承担与广义上的知识生产有关的角色（即在教育、思想、文化、科学、技术等的生产中）。简而言之，只要他们与建立一个以生产劳动者为中心的新社会直接或间接相关，他们的作用就会被发挥出来。

……

第三种人文主义的前两个立场可能会引起人们的怀疑，认为宗教和道德正在被否定。仍然有人坚持这样的观点：宗教和道德需要把人类及其价值的起源追溯到一个超历史的绝对者。从自然史的第一个立场来看，我们最终将人类的起源和价值体系归结为与任何谱系或神性无关的自然和社会条件。如果我们采取第二种立场，即未来的历史被从贵族手中夺走，转交给更卑微的国民，这些怀疑绝对是无法压制的。在任何情况下，由于第一种观点不将宗教纳入思考范围，我们可以预期它的反面会在某个节点有力地出现。

……

生产力的绝对化以两种形式出现。在第一种形式中，绝对性被抽象化，使其独立于人类并自成一体，它会耗尽人类的所有力量。在这种形式下，所有的人际关系都被吸收到上帝那里，人类在上帝面前软弱无能，没有上帝就无法维持自身的存在。人类的一切都被掩盖了，人类成为上帝的可怜的奴隶。我们可以把这称为对绝对性的崇拜。也就是说，人类与自然、个人与社会之间的关系被置换成迷信的魔力。一个排除了自然界历史的上帝是一个让人们相信其拥有偶像或迷信的魔力的上帝。这种上帝在人类社会发展的某个阶段曾发挥过重要作用。但在我们这个时代，当人类主体性的运作通过科学和技术得到自我认识时，人们逐渐清楚地认识到，这种偶像崇拜的魔力掩盖了人类的本质，带来了人类的疏远。全球人文主义必须负责把人类从这种绝对性中拯救出来。在这个意义上，全球人文主义试图在自己与现代市民人文主义之间划清界限，后者在某种程度上不加批判地接受了偶像崇拜的上帝的绝对性。

在第二种形式中，承认人与自然、个人与社会之间的对抗而产生的对立、矛盾和冲突，被适当地认为是一方面确保人类主体性，另一方面提升人类社会和历史地位的一个不可或缺的部分。从此，在使人类的生产、价值和创造性的力量与历史进程相对应时，它试图通过这种相对性获得绝对性。这种绝对性并不像一个以非人类方式超越人类的绝对性，而是一种作为发展相对性的要素之一的绝对性。也许我们可以把它称为一个相对的绝对性。它不是一个拥有神奇的、偶像崇拜的力量的绝对主宰，而是一个使生产力和价值更具有历史效力的绝对性……

如果要有一个当代的宗教，它必须以这种第二种形式的绝对性为基础……在这个意义上，宗教认真对待人类主体性的命运和人类异化的问题。它从不回避人类世界和自然世界、人类和社会之间的矛盾和冲突。我为人类在当今技术时代的命运感到担忧，在这个时代，一个小小的失误（尤其是在核战争的情况下）就可能使人类灭亡。在这一点上很难避免悲观主义。痴迷于幸福与和谐的理论没有什么意义，但我们也不应该简单地把人类交给悲观的命运。相反，我们需要深入我们共同命运的深处，用整个人类取代对神圣的迷信，相信人性的实现和人类共同体的形成。不能把一切都留给自然和社会条件；要有勇气去追求完整的人性的愿望。总之，这些宗教的出现不是通过回避自然和社会条件中的对立、矛盾和冲突，而是通过挺身而出，突破它们，作为在相对性中确保绝对性的一种方式。

绝对和平主义的困境

"人类"不再是一个只存在于哲学家头脑中的概念性构造。它作为一种真实的东西存在于地球上，其核心是由体力劳动者和脑力劳动者以及承载着未来希望的年轻人组成的，所有这些人都以各种形式开始建立一个人类共同体。我们也许应该把即将到来的时代称为人类共同体的时代，以区别于天才的时代和资产阶级的时代。这就是我们关于人类的新观念中所包含的形象。如果把它看作一种空洞的幻想或如此多的理想主义的形式统一，就会错过它所暗示的历史变革的意义。

正如我所说，这种人类概念的目标是人类的幸福。而这无非人类潜能的完全实现。人类的人性化是人类的最大幸福。为了实现这一成就，世界必须处于永久和平的状态。幸福的保证是人类社会的形成，为此，和平是一个绝对必要的条件。没有什么比战争更能分裂人们或疏远他们。全体和平是幸福不可或缺的前奏。

但这种思维方式引起了一个最棘手的问题。如果和平对于实现我们作为人类的全部潜力是绝对必要的，那么战争——所有形式的战争——都必须被反对。在其激进的形式下，这种观点相当于绝对和平主义。它认为，无论出于什么原因，无论何种战争，战争都是人类和平的敌人，是绝对不能容忍的。这意味着我们甚至必须反对独立战争，反对人们冒着生命危险为那些生活在殖民主义、半殖民主义或半独立的状态下的民族争取解放的行为，这种状态压迫着他们的幸福，使他们被分化。因为战争意味着军事力量、极端的武力和人类的流血牺牲。问题是支持和平的人应该如何思考绝对和平与战争之间的关系。

绝对和平的理论似乎包含一种矛盾。它以人道主义为基础，绝对反对战争，但同时它又绝对反对殖民地的存在。那么，我们该如何看待为解放殖民地、为确保一个民族的独立、为抵制威胁独立的另一个国家的无理入侵而进行的战争？一方面，不可否认的是，这种战争显然是一种暴力战争的形式；另一方面，我们必须促进人民争取独立的武装斗争。如果不诉诸战争就能获得解放，我们就应该指出这个方向，但如果谴责所有战争而不指出替代方案，就会陷入矛盾之中。

要决定是把重点放在和平还是独立上，这是一个严重的问题。我们该如何安排人类、和平和独立这三者之间的优先次序？

……

就历史特征而言，今天的战争通常分为四大类型。首先，是两个独立的主权国家之间的典型战争，每个国家都配备了有组织的军事力量，目的是扩大自己国家的实力或追求财富的增加。这种扩张主义通常被辩解为行使自卫……

其次，当独立国家之间的关系已经上升到高度紧张时，可能会发生干涉战争，其中一个国家向另一个国家进军，煽动叛乱或革命，或向这种运动提供支持。这种战争当然包括资本主义国家之间的冲突，但它们也可能发生在资本主义国家和社会主义国家之间。

再次，还有独立战争，在这种战争中，一个半独立的国家发起反抗，以解放一个民族，并通过抵抗全部或部分殖民化从另一个国家的不公正干涉中获得独立。

最后，还有一些真正的自卫战争。也就是说，一方为了扩大自己的权力或财富，完全不顾道德正义而入侵另一个国家。被入侵的国家以自卫的名义进行正义的抵抗和反击。

……

绝对和平主义可以作为一种理想，但这一理想显然需要相对化以适应历史条件。这里并不涉及任何矛盾。对于绝对和平主义来说，战争是一个脱离了历史语境的抽象概念，所以实际上它接近于上面讨论的第一种类型的战争。原因是，传统上的战争大体上都是基于单方面的入侵。如果战争被普遍化为这第一种类型，那么反对战争而支持绝对和平主义就理所当然了。然而，当我们开始抽象地思考解放战争的历史性质时，就会出现一个问题。从这一点来看，绝对和平主义本身就成了一个抽象的概念。

所有这些都是基于这样一个事实：人民的独立是实现世界和平的最重要条件。此外，这不是一个特定民族的问题，而是整个人类社会的问题。这远非某个特定民族的命运问题，而是全人类的命运悬而未决。

即便如此，我也不认为绝对的和平主义是无用的。我毫不怀疑，和平主义的精神是世界和平运动中的一个重要组成部分。它的理想作为和平运动中的一个调节因素是必要的。它最大和最有效的作用在于尽量减少解放战争和独立战争造成的受害者人数。

……

这使我们回到了在人类幸福、世界和平和人民独立之间确定优先次序的问题。人类共同体的形成对人类的幸福很重要，世界和平是实现这一目标的条件之一。确保世界和平的一个基本条件是将所有殖民地和半殖民地从地球上抹去，所有通过不正当入侵和外国干涉削弱独立的行为，以及所有强国对民族群体的压迫，也要从地球上抹去。就建设和平的必要条件而言，各民族的完全独立是为确保实现人类幸福所需的世界和平的基础。

[GK]

（薛雅婷译）

三木清

三木清（1897—1945）

  三木清是京都学派中一位充满悲剧色彩的哲学家。在京都大学时期他师从西田几多郎和田边元，随后（留学期间）在马尔堡向海德格尔请教。① 他既有敏锐的哲学洞察力，又具备出色的写作能力。1930年，三木清失去了作为法政大学（文学部）教授的工作，并因涉嫌积极支持共产党而以莫须有的罪名被捕入狱。② 同年，三木清获释不久后，其妻子离开人世。③ 由于无法复职任教，此后三木清不得不开始从事记者（报纸撰稿人）工作。1942年，在违背其自身意愿的情况下，三木清被军部征用并派往菲律宾担任战场记者。在"二战"结束不久后，三木清最终因肾衰竭死于东京的丰多摩监狱。④

  如果按照京都学派的（文脉风格）标准，三木清的著作是非常清晰和易

---

  ① 此处存在争议，根据三木清年谱及《回忆中的海德格尔教授》（1939，MKZ17：274）中的记载，此处实际应为三木清在马堡大学向海德格尔请教并参加其冬季、春季课程。——译者注

  ② 此处存在争议，因为三木清是在1930年7月因涉嫌作为同情者向日本共产党提供资金而被捕入狱，直至11月都被拘留在丰多摩监狱，也正因此才被迫从法政大学退职。——译者注

  ③ 此处存在争议，因为三木清的妻子喜美子（东畑精一的妹妹）并非死于1930年而是1936年，见三木清年谱。1930年10月三木清在狱中时其长女洋子出生才是正确的。——译者注

  ④ 三木清在1945年3月因涉嫌向从警视厅逃离的日本共产党员高仓辉提供食宿，违反了当时日本战时治安管理法而被当局逮捕，并移送丰多摩监狱，最终因被迫使用疥癣病人的毛巾而死于肾衰竭。——译者注

于理解的。作为首位试图赋予西田哲学以社会学和政治相关性的京都学派成员，三木清在其同辈之中脱颖而出。在某种意义上，三木清将西田几多郎的非二元论范式与田边元对西田哲学的整体批判结合起来，以此表明西田的想法（writings）太过于空灵（ethereal），并且最终是非历史的。三木清尤其对西田的"永恒的现在"的概念感到不满，因为它侧重于超验的现实（transcendent reality），并且将"历史世界"简化为一个抽象且空洞的概念。三木清的思考凸显了其所秉持的信念，正如海德格尔所说的那样，即人的存在不仅仅是世俗的（worldly），而且是内在的（inherently）、社会的。这一领会成为三木清最伟大的哲学成就的基石，即他的哲学的人学和人文主义（人本主义）以及他的想象力的逻辑。

以下摘录的两篇文章强调了三木清的双重信念，即人的存在最终是主观性与客观性、内在性与外在性、帕托斯（pathos）与逻各斯（logos）的暧昧混合；任何社会与政治哲学要想具有意义都必须考虑到这一点。

[GK]

哲学的人学[①]

全集本第 18 卷 1936，127-9，147，167，170-2

首先，即使人们将"对人的研究"作为人学的一个令人满意的定义，但事实上作为人学研究对象的人其自身却并不能如同其他事物那样被定义。要给某物下定义，就必须要列举出它的类与种差。通常逻辑学的教科书会告诉我们，所谓定义就是通过将种差添加到最为接近的类的概念上从而被制定出来的。然而，在人学之中所谓的人却并不适用于这种定义的形式。而毋宁说人无法用与其他事物相同的方法被定义这个事实本身就是人学之中对人的最初的定义。这一悖论之中蕴含着关于人的一个根本的规定。当然，一般而言，用类与种差的方法来定义人这件事也并不是完全不可能的。但是，采用这种"定义"的方式对人进行研究的进路，并非我们现在所讨论的人学的方法，而

---

① 根据日语版全集本翻译。

是更接近于如同人类学这样的科学的方法。众所周知，所谓人类学是把"人"用和其他事物相同的方式进行定义的。但是，现实的人绝不能单纯地用这种方式被定义，这也是与"作为科学的人类学"所不同的"人学"其存在的理由。虽然人类学与人学都可以用"Anthropologie"来表示，但是二者之间存在性质上的差异，我所强调的人学并非自然科学的人类学，而毋宁说人们最好称其为哲学的人学。

事实上，对人的定义并不符合传统逻辑学所教授的定义形式这个事实本身，就已经说明这种（传统）逻辑归根结底是客观的，或者说是（关于）对象的逻辑，但是人并不能单纯地被把握为客体，反而必须被把握为主体。这就是作为哲学的人学的立场区别于人类学、生理学、心理学等诸多科学的根本所在……我们不能给人下定义这件事情本身，并非因为比如说人在自然的体系之中占有着最高的位置这般理由。卡尔·林奈（Carl von Linné，1707—1778）将人置于脊椎动物和哺乳动物的顶点，从而立于所有生物形式之上。但是即使人被赋予了如此荣耀的地位，这一地位却又必须属于它被称为顶点的事物，故此"脊椎动物"和"哺乳动物"的概念是人的类概念，从而像直立行走、发达的大脑等就成为定义人的种差而被列举出来。人无法被定义这个事实本身意味着人的存在无法通过形式逻辑被把握，而只能以辩证法的方式被规定。当然，虽说人需要以主体的方式被把握，但这并不意味着完全排除了将人以客体的方式被对待。就如同辩证法也包含对象的逻辑一样，即使是所谓主观也不是真正的主体，真正的主体的立场必须是包含客体的主体的立场。

……

（MKZ 18：147）在人学之中我们的立场是行为的自觉的立场。这并非将人从身体里抽象出来，而是在主体的立场，并且是社会的立场之中把握它。虽说是主体的立场，但必须将客体的立场作为辩证法的契机包含在内。人的存在是内在的同时又是外在的，是主体的同时又是客体的。只有在行为的自觉的立场上才能开始将人作为一个整体把握。的确，所谓行为不能是任何一种内在论的，如果不承认存在某种超越的东西就不能认为其是行为的。并且它需要类似于我曾经说过的"双重的超越"那样的东西，即在承认具有外在超越的事物存在的同时，还必须承认具有内在超越的事物存在。行为的自觉的立场要求对人的认识不只要从客体的角度还必须同时从主体的根柢上出发。虽说自觉是人学的基础，但自觉并非单纯的直接的知识，而必须是被媒介的知识。真正的自觉必须是在主体的立场上同时又是在客体的立场上被媒介的事物。我们只有站在行为的自觉的立场上，才可能拥有对既是内在的同时又是外在的、既是主体的同时又是客体的人的存在的具体的认识。

……

（MKZ 18：167）故此所有的行为都带有表达性的意义。行为不仅仅是所谓实践（praxis），同时也意味着创造、制作（poesis）。这意味着行为并不局限在其内部，而是在本质上向外部世界表达自己。当然行为从来都不是单纯地被外在表现的，正如曼恩·德·比朗（Maine de Biran，1766—1824）所说的那样，意欲在外部显现出来的同时也在自身内部显现，故此行为也是内在地被表现出来的。表现既是朝向外部的表现，同时也是朝向内部的表现。

……

（MKZ 18：170）表现的行为通常总是被其所表现的事物所驱动。虽说人总是在自然之中被限定的，但在这个场合下自然又必须是作为表达者的。人是从自然之中诞生的。如此表现的世界是我与你共同拥有的世界。表现是作为包含普遍性的理念的事物从而将人与人结合在一起，社会作为一种文化承载着这种表现的世界的意味。故此，较之于称人是从自然之中诞生的，我们更应该说人是从社会之中诞生的。在社会之中独立的个人作为表现者彼此对立，并且在文化之中又持有共同的表现。但是社会并不只是作为文化的表达者，它的表达也不限于与我们的关系。诚然，作为一种与我们相对立的表达，社会是文化，但它不仅仅是文化。社会必须具有"自然产生"——区别于古来有之的"生成的自然"（natura naturata）而言的"产生的自然"（natura naturans）——的意义。如果说文化与我们相对立，那么社会就是将我们包含在其内部。这就是社会与文化必须在根本上被区分的理由。社会与文化之间被认为具有类似于表达与行动的关系。① 而最大的错误莫过于将社会仅仅看作相对于我们的客体。社会将行为的人包含在作为表现的自己之中。必须区别文

---

① 日语原文与本篇英语译本存在差异，英译本为：我们需要认识到社会和文化之间的关系与表达和行动之间的关系不同。——译者注

化的对象性与社会的主体性。我们的行为并非单纯地被外在超越于我们的事物所限定，同时也被内在超越于我们的事物所限定，正因如此我们的行为才是表现的。但是外在地超越与内在地超越在辩证法看来是同一件事。社会比起被看作外在的人，更是作为外在的东西将人包含——在此意义之中不能认为文化乃至作为表现的社会在根本上是与我们对立的事物——比起将社会看作内在的人，更是作为内在的事物将人包含其中。如此这般作为社会的自我限定的人也就诞生了。人是作为主体的—客体的事物，从而是作为独立的事物从社会之中诞生的。创造的意义就在于此。创造就是独立的事物被制作出来。人是作为从社会之中被创造出来的事物并表现着社会。社会对于人来说不仅是超越的，同时也是内在的。创造不能单纯地被设想为内在的或者超越的，而是应该被看作既是内在的同时又是超越的，既是超越的同时又是内在的。

虽然人是从社会之中诞生出来的事物，但相对于社会而言，又是独立运作的，并在事实上又改变了社会。人通过自己的行动不断地改变社会，又从如此变化的社会中不断地重生。并且这一行为本身通常也是以社会为媒介的，人构成了社会辩证法式运动的要素。

如此这般，人不只是从自身之中同时还是从社会当中诞生的。人学必须从人的诞生之时开始把握人……人学首先必须是对历史的人的研究。

构想力的逻辑
三木清1939，全集本第8卷，4-10

自前作《历史哲学》（1932）出版以来，在我的脑海里不断地浮现出这样一个问题，即如何能够将客观的事物与主观的事物、合理的事物与非合理的事物、知性的事物与感性的事物结合起来。我把这个问题表述为逻各斯（理性）与帕托斯（感情）的统一问题，当时我的主要目的是分析所有历史事物之中逻各斯的要素与帕托斯的要素，论证它们的辩证法的统一结合……

（MKZ 8∶4）对我而言，在关注合理的事物、逻各斯的事物的同时，我始终无法回避关于主观性、内在性、帕托斯的问题。这就是我会受到帕斯卡(《帕斯卡之中人的研究》,1926)、海德格尔哲学影响的原因。即使在我最初对历史哲学感兴趣并热衷于研究唯物史观的时候(《唯物史观与现代意识》,1928),希望为唯物史观寻求人的基础也是怀揣着同样的愿景罢。我希望在关注逻各斯的事物的同时不要丢掉对帕托斯的关心,并且在构建逻各斯的事物的同时也不能遗忘帕托斯的存在,这种要求最终将我引向主张人文主义(人本主义,humanism)的框架(形)。换句话说,也就是我从人学推进到了人文主义……

(MKZ 8:6)我的目标是通过想象力的逻辑来构思一种行为的哲学。当我们谈及构想力的时候,通常只会想到艺术活动。甚至说到所谓的形(eidos)大体上也是从观想(theoria)的立场来思考。现在我想将构想力从这种限制之中解放出来,将它与一般的行为联系起来。在如此行事的时候,最紧要的就是不要将行为抽象地设想为意志,一如过往的主观主义的观念论所曾做过的那样,而是必须将行为视作创造来理解。

(MKZ 8:7)所有的行为在广义上都可以说是创造某物,也就是说含有制作的意思。在这种意义上来说,构想力的逻辑也就是如此这般的制作的逻辑。一切被制作的事物都具有形。行为就意味着通过加工改变(transform)事物的形从而创造出新的形。形作为被制作出来的东西是历史的,而它所经历的变化也是历史的。如此这般的形不只单纯的是客观的事物,而是客观与主观、理念与实在、存在与生成、时间与空间的统一。构想力的逻辑就是历史的形的逻辑。但是虽然可以说行为就是制作某物,但行为在是制作(ποίησις)的同时必须也包含成为(γένεσις)的意味,否则就无法思考行为的历史性。只有当行为是制作(poiesis、ポイエシス)的同时包含生成的(genesis、ゲネシス)意思时,才能设想历史的存在。虽说构想力的逻辑是形与形的变化的逻辑,但我所说的形的哲学与传统的形态学并不相同。形态学是解释的哲学而并非行为的哲学。此外,传统的形态学大多是非合理主义的(非理性主义),与之相对,我所说的形的哲学毋宁说是形相学(Eidologie)与形态学(Morphologie)的统一,并且是在行为的立场之中以此为目标。过往的逻辑,恐怕除了寻求近代科学的基础的逻辑之外,所有传统的逻辑都可以称为形式逻辑。

(MKZ 8:8)被认为是形式逻辑的完善形态的亚里士多德的逻辑,是结合了希腊的存在论以形或者说形象（イデア、エイドス）构想实在的形的逻辑。但是在当时"形"被认为是不变的事物而非历史的事物。黑格尔在他的辩证法中融入了历史的观点，但是他也同样追随希腊的存在论，止步于观想的立场而无法立于行为的立场之上。他的辩证法也是反省的逻辑或者说反思（rethinking）的逻辑，而非行为的逻辑、创造的逻辑。构想力的逻辑作为形的逻辑与亚里士多德和黑格尔的逻辑具有紧密的联系，在历史的行为的立场之中把握形。其目的并非单纯地排斥形式逻辑或者黑格尔的辩证法，与之相反，恰恰是要包摄它们。构想力的逻辑是原始逻辑（Urlogik），无论是亚氏的形式逻辑还是黑格尔的辩证法都是从作为构想力的逻辑的反省形态中推导出来的。

（MKZ 8：9）构想力的逻辑立于行为的直观的立场之上，承认在传统哲学中被轻视的直觉具有根源性的意义。但是这并不意味着构想力的逻辑是单纯的直观主义。真正的直观是通过反省被多层次地媒介的，真正的直观是聚合了无限的过去并跃入未来的现在的一点。然而，构想力的逻辑也不是单纯的所谓媒介的逻辑。媒介的逻辑最终仍然陷于反思而止步于反省的逻辑层面，而不能作为一种行为的逻辑。在此意义上，所有的媒介最终仍旧是停留在抽象的层面，所有的媒介都被集中在一个形上，而偏离了最具有生命跃动的一点。这一事实在艺术的创造性活动之中，以及一般的技术发明革新之中最为明显。人的所有行为，被看作对环境的功能性相适应的时候，可以说全都是技术的。技术的根本理念就是形。如此这般，如果我们把构想力的逻辑与技术联系起来的话，我们就能理解形的逻辑与科学之间的关系。技术是以科学作为基础的，现代技术的显著发展是由现代科学的进步一手促成的。从这一角度而言，构想力的逻辑是通过被科学的逻辑所媒介而得以发展为一种现实的逻辑。

……

（MKZ 8：10）近代利益社会[①]以前的公共社会的文化的理念也可以被看作一种形的理念。如今，人们注意到了现代社会文化的抽象性，因为它与科学的理想紧密相连，从而呼吁建立一种新的社会文化，构想力的逻辑能够为

---

① 利益社会是德国社会学家斐迪南·滕尼斯（Ferdinand Tönnies，1855—1936）在其成名作《共同体与社会》中所提出的重要概念。——译者注

这样一种新的文化的创造提供哲学的基础。但是新的公共社会并非抽象地与利益社会相对立，恰恰相反必须是对利益社会的扬弃，形的逻辑也并非与科学抽象的对立，而是必须将科学作为自身的媒介。

形的逻辑并不只是文化的普遍的逻辑，而是将自然与文化、自然的历史与人的历史结合起来的逻辑。自然也是技术的，自然也是创造性的。人的技术是延续了自然的工作。与将自然与历史或者文化隔离开来的抽象思维不同，构想力的逻辑能够从形的变化（transformation）的角度将二者统一起来进行把握。不是从自然的角度思考历史，而是从历史的角度思考自然。这样一来，构想力的逻辑能够将迄今为止被数学这一自然科学所不当蔑视的那种与自然和文化相关的描述性科学置于其正当应得的位置上。

［GK］

（李佐泽译）

高坂正显

高坂正显（1900—1969）

与其说高坂正显是一位形而上学家，不如说是一位哲学史家，他关注的是历史世界中"民族与文化"之间的连续性，这在他1937年的作品《历史的世界》中有所体现。他关注黑格尔的市民社会和民族在历史哲学中的作用，以及马克思的阶级思想，同时保持他之前阐述的新康德个人主义的立场。作为西田几多郎的弟子（他后来出版了一本关于西田几多郎思想的精彩入门书），高坂追求的这个观点不仅体现在他对西田几多郎关于历史世界是"绝对虚无的自我决定"的哲学的解读上，也体现在他对和辻哲郎的"解释学人类学"的极大钦佩上。

代表日本思想史上一个重要概念的"道"的问题，反映在下面收录的关于"道"的简短节选中，这是1937年卷中附录的一篇演讲稿。引用的观点，包括"学习道就是学习自我"，以及日本儒家关于道是行动和洞察力的统一的观点，该观点是由荻生徂徕等思想家针对朱熹的理气学说而提出的。在与儒家的对立中，本居宣长通过论证"通向事物的道路"，详细阐述了"大和思想"的立场。道的意义被进一步纳入道教和神道的思想，以及茶艺、花艺、剑术、柔道和武士道的观点中。高坂从对这个版本的广泛概述中，提出了"道"的解释学结构，以抵制当时"皇道"的狭隘立场。他通过指出西田地点的确定、道路的公共性质、道路促成的人际交往以及道路的简单蜿蜒性中所包含的历史维度做到了这一点。

后来，在战争结束后的短暂时期内，他被赶出了公共领域，他将精力投入"存在主义哲学"中，并在重新担任教职后，投入"教育哲学"和教育政治中。

[KōS]

道的诠释学

高坂正显 1937，251-5，257，259-260

历史是对世界的决定，是对一个人的决定。历史的基础包括空间以及时间。这个支撑历史的"时间空间"不是普通意义上的空间，而是一种"气候"。更准确地说，气候本身是生物的场所，因此不足以作为历史的场所。它缺乏自我移动性和主观性。赋予历史地位的必须是主观的东西，是具有连贯性、组织性和自我移动能力的东西。为自然界提供连贯性、系统性和流动性的东西——所谓的自然界的逻各斯，它迫使我们去阅读它，同时向我们讲述它自己，并展开它自己——这难道不是道路吗？正是在道路上，自然将自己组织成一个世界。对世界的冲动交织在道路上。世界是通过道路的声音和颜色组合起来的。那么，道路的决定性特征是什么？

道是由人与人之间的交往在地球上开凿的轨道组成的。从根本上说，它不是属于我一个人的东西。即使它是一条支路或一条旁路，只要它是一条路，它就必须允许其他人的交通。一条完全属于我的道路不是道路。道路不是个人的财产，而是村庄和城镇等团体的财产。它们是一种法律表达。道路是公共通道。以前，道路是人们接触的东西；他们在上面竖起告示牌，在上面曝光。站在道路上就是把自己放在世界的中间。道路不是通过单一的行走行为产生的，这一事实说明了它的公共性质。村庄沿着道路建立，道路开辟为广场；道路的共同品质是自身发展的东西。因此，道路的第一个决定性品质是它是公共的东西。道路是一个公共场所的表达。由于所有的"场所"都依附于道路，道路标志着从隐秘的存在方式到开放的存在方式的转变。在道路上，世界以自身的方式表现出来。

道路是公共的，这意味着当我在路上的时候，我已经离开了我自己的世界，站在一个公共的空间里。在那里，一个未知的世界向我靠近。在这条路上，我离开了我的内部，去找它外面的东西，这也是外部的东西可以进入内部的道路。这条路恰当的是一条来去匆匆的路。一条为一个群体攻击另一个群体而修建的道路，也是另一个群体可以用来反击的道路。因此，道路作为公共事物的第一个特征导致了第二个特征：道路是可逆的；道路是双向的。道路的这种双重指向性意味着道路不仅仅是一个共同性和亲密性的场所，也是一种疏远性的东西，是一个敌意的聚集地。它可以让人们交换友好的问候，也可以让人们彼此擦肩而过。

然而，仅仅是来来往往并不能穷尽道路的意义。道路不仅仅是运动的表达，它在某个地方显示出固定性。它不是单一行走行为的痕迹，而是反复行走的痕迹。一条路的出现可能显示了一个民族从游牧到定居的转变。在那里，一条路最终成为一个村庄；它本身带有变成一个城镇的能力。当道路相互交错时，过渡形式的变化发生在双向的直线到平面的过程中。因此，城镇的诞生是道路的结果。城镇是道路的集合体。与向另一个方向前进的 Weg 不同，城镇保持原状，正如 Stadt 在动词 stehen 中的词源所反映的——一个有趣的文字游戏。城镇用墙围住自己的倾向显示了这种固定的倾向。据说英语单词 town 与 Zaun 有关，Zaun 是德语中的栅栏。通过其固定性，道路的双向性限制了其自身的运动。在这里，道路并没有把人们带出某个区域；相反，通过沿着纵横交错的路线的交通，它深入了自己的内部。正是当自然界被装上了道路，我们才第一次拥有了一个家园。首先，道路是公共的；其次，它是可逆的；现在，在第三个地方，它被视为是固定的。就这样，我们是否已经涵盖了道路的所有特征？

只要有固定的城墙，就一定有城门。只要一个城市是一个道路的集合体，就不可能禁止道路通向外面。城门打破了道路的固定性；它们将内部和外部联系了起来。在通过大门到外面的过程中，道路被打开，进入一个无限的距离。这种无限性对我们来说是道路最值得注意的特征之一，既然如此，就不知道它从何而来了。与其说是长途旅行让我们了解了距离，不如说是距离让我们开始了长途旅行。距离，尤其是无限的距离，是我们自己的"投影"或 Ent-wurf。各种各样的障碍物和通道只有在限制无限道路的动力时才有意义。它们只是证明了道路驶向无限的反面。属于道路的无限性是我们在死胡同里猜想的东西，即使只是一种欺骗性的感觉。死胡同并不是一条路。在道路之外，一个无限的世界打开了。道路是对世界的一种冲动的表达。

尽管如此，我们决不能忘记，归根结底，道路是一种约束。一旦被赋予了形状，道路就不容易被改造。它限制我们的行走，为我们指明方向。因此，道路使我们不会走一条不合适的路。束缚是道路的另一个重要特征。

为了说明道路的特征，我列举了五个方面。一方面，它是公共的和无限的；另一方面，它是固定的和限制的；在这两者之间，就像要调解这两对对立面一样，它是可逆转的。在道路将我们束缚在一个区域的同时，它也将人们无休止地引向其他区域。道路肩负着矛盾的性质，在这方面，它在"来来往往"这个短语中找到了快乐的表达。世界不仅仅是道路之外的一个无限的开口；它不停地压迫着我们。世界也在我们内部发挥作用。鉴于其向外的方向和向内的回归的双重特性，道路等于表达了我们对世界的驱动力。如果我们可以把桥看作道路的一种形式，而把塔看作另一种形式，我们就可以谈论道路的外向性，以及它对自己内部深处的垂直定向。我们大概会认为桥上的人是在向另一边的世界跨越，而象牙塔里的人则试图通过封闭自己来保护自己的世界。

那么，什么是适合于道路的存在方式？它对历史世界有什么意义？我相信我们在道路上看到的两种现象中找到了答案的线索：相遇和蜿蜒。首先，我们在街上看到的不断发生的相遇向我们透露了什么样的深度？相遇指的是世界，特别是历史世界被赋予我们的方式；它是"被赋予"的范畴。一个简单的"你"对一个"我"来说是一个明显的存在，但他们相遇的偶然性必须是由于一个超越"你"的世界。世界，作为要遇到的东西，代表了对偶然性的需要。

……

蜿蜒曲折允许一个地区被传递到另一个地区。土地不再是简单的固定的东西。如果一般来说，在交流中存在一些历史的特殊性，这并不意味着人们只需要注意所传递的东西的时间性；空间方面也是存在的。历史的动态也总是包括空间运动，也就是发生在道路上的运动。抛开确定历史何时何地开始的问题不谈，我们只需要提出，历史的开始与道路的开始相吻合。

……

文字是人的表达；道路是大地的表达。在文字中，人占据了中心；在道路中，大地是中心。如果允许我大胆地概括说，西方的哲学源于逻各斯，东方的哲学植根于道，那么我们是不是可以说，文字的逻各斯属于人类的表达，而道路则是以自然的表达为基础的天道？尽管如此，与通过披露来表达的语言不同，道路通过沉默的封闭来表达。词语可以用固定的意义说话，但道路没有这样的词汇可言。即使它们在谈论事物，它们也将它们隐藏起来。"隐藏的披露"似乎是一个矛盾的说法，但这一矛盾不正是表明一种非人类的表达、一种天道的表达吗？当我们谈到自然界"说话"时，我们是在把自然界人格化，它"表达自己"的能力是人类身体的延伸。然而，当我们说到人类遵循天道时，自然和人类就像在同一土壤中长大的人一样。人类并不是唯一拥有表达能力的人；天道也有它的表达。道路可以被看作一种天道的表达方式。与其说道路表达了逻各斯，不如说它表达了活动。它是发生在四季中的天道的积极表达。

在我对道路的解释中，我把它们理解为天道的表达，因为它们的表达方式是隐藏的。在我们无意识的脑海中，有一些玄学上的东西存在于所走过的道路的深处。即使在哲学中，我们也必须说要努力看到近在咫尺、直接在脚下的东西。在道路的凹陷处，有一个天道的形而上学或一个地球的形而上学。只有通过道路，我们才能谈得上完全理解"世界"。

[JWH]

（张政远译）

西谷启治

西谷启治（1900—1990）

西谷启治在 1900 年 2 月 27 日出生于日本海沿岸的一个小镇。十四岁时，父亲死于肺结核，他自己随后也感染了肺结核。作为一个高中生，通过铃木大拙的作品，西谷了解了禅，并在课余时间读了很多西方作品。后被西田几多郎的作品吸引，进入京都大学哲学部学习，师从西田几多郎和田边元，并凭借研究谢林的论文毕业。接下来的几年，西谷翻译了两部谢林的作品，出版了一系列的论文，范围从普罗丁、神秘主义到康德。1932 年他回到京都大学任教，并在同年出版了第一本著作《神秘思想史》。四年后西谷开始习禅，并延续了二十四年。1943 年，他被赐予在家佛教徒的名字溪声，意味着"山间流水的声音"。

三十七岁那年，西谷在弗莱堡跟随海德格尔学习了两年，而他本来的计划是跟随柏格森学习，但因为柏格森身体状况不佳不得不放弃。留德期间，西谷准备了关于尼采和埃克哈特大师的演讲，回到日本后，西谷依旧对此深感兴趣，确信神秘主义者把宗教和哲学整合在了一起，从而与东方思维相融。

作为新一代的年轻哲学家，西谷参与了战时意识形态的圆桌讨论，并被他的导师西田和田边鼓励，用智识抵抗战时的非理性。这让西谷越来越远离自己哲学和宗教的兴趣，在第一本哲学著作《根源的主体性哲学》中，西谷讨论了政治哲学，但随后被完全舍弃。1943 年，西谷升任教授，担任宗教学讲座的职务，但三年后被占领军评定为"不合适"而被撤职。对西谷来说，接下来的几年颇为艰辛,但他仍写出了很多重要的哲学著作,其中就包括《虚无主义》。1952 年,西谷恢复任职,并在六年后传给武内义范,西谷转而担任历史哲学讲座职位。1961 年,西谷出版《宗教是什么》。

1963 年,西谷退休,转任大谷大学教授,与此同时,西谷还担任铃木大拙设立的英文杂志《东方佛教徒》的主编。西谷不仅在日本和海外继续著书演讲,而且与全世界的学者保持了交流。

下面的选文包括一篇论文的主要部分,涉及的主题是虚无主义对于日本的意义,以及《宗教是什么》的开篇,谈论的是从虚无到空的转换,以及晚年论文中谈及空的逻辑的段落。也可以参看第 1197—1200 页。

[JWH]

虚无主义对于日本的意义

欧洲的危机与虚无主义

虚无主义是近代欧洲根本的、全面危机的自觉。支撑几千年欧洲历史的地盘、文化、思想、伦理和宗教的根底之中出现破绽,危机到来。与此同时,人的生活丧失根本的依靠,人的存在成为一个疑问。自 19 世纪后半叶以来,这样的危机感与虚无主义的风潮,与悲观主义和失序相结合,周期性地袭击欧洲。感到人生没有依靠,人的存在十分空虚,对此的自觉是一个普遍的事实。所有时代的宗教和哲学都与此自觉相关。但现在我们谈及的欧洲虚无主义,与近代欧洲历史的意识紧密相关。

不只是局限于宗教和形而上学,虚无主义还渗透到了文化与伦理领域,所有这些领域的历史根据都要在历史中被质疑。与以往历史整体的对决,要在历史形而上学的根底中进行。简而言之,虚无主义是彻头彻尾的历史现实,由此可见虚无主义的深刻性质。而且正因为虚无主义已经是历史的现实,并把自己当作实验台来理解历史,这意味着先探寻历史终将抵达的终点,并且突进至历史的根底。

不仅如此,人在历史现实的根底遭遇虚无,这虚无之中酝酿着尼采所说的相反运动的转机。虚无从死的虚无转向生的虚无,转向"创造的无"(斯泰纳）。借此转变，虚无反而转向新生，风雨无改。① 对于开创此新生的人而言，生命意味着创造的虚无主义和有限性的统一。真正意义上的虚无主义不仅意味着世间所有的有限物（现象）都成为虚空，因而被否定地超越，而且永恒存在的世界（否定超越后出现的"本质"世界）也要被否定。在这二重否定之中，有限性与永恒合一的立场，也即被无支持的有限性立场得以成立。这里有限性真正成为有限性，也即贯穿现象与本质的有限性。这被尼采称为"此生，此处永恒的生"。这里的时间是真正时间里的生存，是作为自身存在从根源生起，是"时机成熟"的生存。这样有限的存在自身，在世界中存在的同时，在虚无的根底中把世界包含在内。这也就是尼采所说的永恒轮回，斯泰纳所说的作为唯一者的所有的世界，海德格尔的超越论赋予根据的立场。

现在呈现的肯定的虚无主义的立场诞生于对欧洲根源危机的自觉，具有从根源上超克危机的意图。

恶化的危机

然而，若现在所说的虚无主义是欧洲历史的现实，从历史—实存的立场来看，对于我们来说，这有何意义？现在我们的文化与思维方式已经被西化了。我们的文化是欧洲文化的末流，西式思考的暗影笼罩着我们的思维。基督教是欧洲精神的基础，日本吸收欧洲的文化却并未抵达如此深度，更不用提古希腊以来逐渐发展的伦理和哲学。这并非制度、文物这样的客观现实，或与客观现实相关的学问与技术，它直接根植于主体内部，不能随意移植他处。欧洲精神的基础并非我们精神的基础。欧洲精神基础动摇导致的危机也不是我们自身的现实。因而虚无主义并没有成为我们现实的可能。若这样的话，对我们来说，这就只是"别人的事"，只是好奇的对象吗？事实上，之前流行尼采，现在流行存在主义的哲学，根源上都有这样的性质。

从根本上而言，我们现在没有任何精神的支柱，这让问题更为复杂。西方还有基督教、古希腊哲学这样传统的信仰、伦理和思想，这些事物的统一是塑造人的原动力。即便现在被强烈摇撼，仍旧还有活力，与之战斗的人需

---

① 此处暗指宫泽贤治（1896—1933）《十二月三日》这首诗的第一行，宫泽深受禅宗影响。

要抱有必死的决心。但对于我们来说，情况不同。过去有佛教和儒教作为基础，现在不行了。我们精神的根底是完全的空白、完全的真空。恐怕这是日本有史以来第一次面对的情况。明治中期之前，精神的基础是极度发达的传统，它们留存于人们心中。当时日本人还保有精神的核心、精神的实体。他们能如此快速地吸收西方文化，就是因为他们拥有精神的力量。但随着西（美）化逐渐深入，后代逐渐丧失精神的核心，现在我们的根底只剩下大的空白。若更深地去看，我国现在涌现的多彩文化，也只是空白上的摇影罢了。最糟糕的是这并非决战后遗留的空白、绝非"彻底生存"的虚无，而是断绝传统后自然涌现的空虚。精神之核像蒸发了一样，不知道什么时候就消散了。从政治史角度来看，自明治维新以来，日本参与世界政治，这是国史上发生的最大变化。从精神史角度来看，则是最大的精神危机。但国人对此没有明确的自觉，没有意识到精神的空虚，其中就潜藏着恶化的危机。这就导致欧洲的虚无主义客观上应该是我们最关切的问题，主观上我们却无动于衷。我们认为虚无主义只是一时流行，与己身无关。这就是如今状况的悖论。

……

从一开始，日本的西化就是民族的决意，这在历史上并不多见。它不仅是世界史发展的要求，也源于内部的强力意志。与其他非欧洲民族的西化相比，这是日本特别的地方。无论如何这都是维新前后日本领导者的伟大。正是因为传统东方文化的高度、在这文化中培养起来的民族道义力量，以及尚未被过多文化软化的民族生命力，才产生了这些人物。随着西化的深入，道义力量、刚才提到的精神力量逐渐丧失，意欲的主体开始自我分裂。一方面当时受欧洲文化影响而出现的"文化人"，其"文化生活"底部潜藏着自我嫌恶，至少包含着对自己日本人身份的厌恶……因而在他者中"文化"遗忘了自己，失去了自己。而另一方面，作为对自我丧失的反动，民族的道义力量变为排他的、非文化的"爱国者"的暴力。这是无视历史环境、没有他者的自我把握。从其他方面来看，这是丧失历史的地盘。这两个极端都是片面的，代表了不再能够游刃有余地把自己置于他者之中。

尼采强调了对祖先的责任或责任意识，"在世代的系列中思考"，承担所有过去的高贵精神。他的虚无主义是与历史的彻底对决，最终也是由对祖先的责任来支撑，这同时也是在传统中拯救高贵。这是朝向未来返归祖先，或反过来说，朝向传统来预言。若没有朝向未来的欲求，就没有与过去真正的对决；若没有对祖先的责任，也没有朝向未来的欲求。现在的问题是我们没有这种含义的根本意志，我们面临最大的课题就是恢复根本意志。只有这样，欧洲虚无主义对我们的意义才会显现。

欧洲虚无主义对我们的重要性

刚才已经提到，我们面临的是恶化的危机，即不仅身处危机之中，而且这状况还没有被自觉为危机。因此我们现在的课题首先是在我们自己身上感受到这一危机——近代日本的生存矛盾以及精神基础的空洞。要在日本近代精神史之中把握我们的空虚。换言之，要在世代的系列中思考我们为何没有"在世代的系列中思考"。能够教导我们的正是欧洲虚无主义。它让我们能够对自身中的虚无、历史现实中的自我保持自觉。由此我们就能够导向尼采所说的"积极的虚无主义"，或"强劲的悲观主义"。这是欧洲虚无主义对我们而言的第一层含义。

还不仅如此，我们本来的课题是克服我们内部的空洞。欧洲的虚无主义与此有本质的关系。它能带来根本的转换，由此敞开克服精神空洞的方向。这是虚无主义对我们而言的第二层含义。原本我们日本人的精神基础之所以出现空洞，就是因为忘掉了自己，过于急切地西化……

欧洲思想界对于自己和欧洲的状况感到焦虑，当时的日本人对此并没有明确认识，对于他们来说，并不觉得精神的深处存在问题，而且受到国策影响，更多地关心政治、经济、军事这样的外部事务，因而遗忘了自己精神深处的问题。尽管如此，传统培养的睿智、道义力量依旧存在。从此力量诞生的明治文化的顶峰代表了日本文化史的高潮。但我们与明治时期的日本人完全不同，甚至可以说立于他们的反面。这不仅仅源于战争的结果、走向强国之路的挫折，更是由于明治时期继承的睿智、道义力量丧失了，而他们天真地相信欧洲文明也在目前显露危机。在世之时，尼采没有得到任何回应，如同在真空中呼喊，终于孤独。他在晚年喊道："即将到来的欧洲战争结束的时候，人们会理解我。"

一语成谶。一战暴露了欧洲深刻的危机，与此同时，相比其他任何思想家，尼采的虚无主义吸引了更多的注意力。现在我们不仅知道了自己精神实体的丧失，也知道了欧洲人的自我批判和其中蕴含的虚无主义。由此欧洲的虚无主义产生了巨大转变，不仅包括我们与欧洲的关系，还包括与自己的关系。这迫使我们现实的历史实存即"在他者中做我们自己"转向新的方向，不再容许我们遗忘自身、急匆匆地西化。第一，虚无主义教导我们认清欧洲文明中发生的危机，以及我们自身西化的危机，采纳欧洲思想家对此危机的分析，评估他们为克服现代做出的努力，并让这个问题也变成我们的关心。或许这意味着探寻目前西化的穷极之处。

第二，欧洲虚无主义教导我们返回被遗忘的自我，反思东方文化的传统。对我们现代人来说，这个传统已经失落，因而需要被重新发现。不可能再回到以往，过去的已经死了，只能被否定、被批判。只能从终极处重新思考传统，这个终极被预先确定为日本西化和西方文明的"终点"。作为一种新的可能性，必须从我们朝向的方向或尼采所谓视角的彼岸来调整传统。如同欧洲的虚无主义、欧洲文明的危机、现代的超克都成为问题，在同一个维度，传统也同样成为问题。换言之，它与超克虚无主义的问题紧密相连。

斯泰纳、尼采、海德格尔等人提出创造的虚无主义，正是克服绝望的虚无主义的尝试。这些尝试各擅胜场，都是"通过虚无主义克服虚无主义"（尼采）的尝试。在这个语境中，东方文化的传统，尤其是佛教立场，如空与无也都成为新的问题。这里既包含西化这一朝向未来的方向，同时也包含与传统再结合这一朝向过去的方向。重点是恢复创造性，既把过去带向未来，也把未来带回过去（并非恢复过去的时代）。第三，欧洲虚无主义的重要性在于让这些事情发生。

佛教与虚无主义

欧洲虚无主义抵达的极处就是"创造的虚无主义和有限性根源的统一"这一"朝向世界的超越"。至少从一般的角度来看，很接近佛教尤其是大乘佛教空的立场。叔本华对佛教深感兴趣，尼采继承了这点，论述虚无主义的时候不断地回到佛教。但恐怕承继叔本华佛教观的尼采并没有真正理解佛教，尤其是大乘佛教。如前所述，他把永远的无（无意义）这一最极端的虚无主义称为"佛教的欧洲形态"，把必然席卷欧洲的虚无的灾难称为"第二佛教"。[①] 由于基督教被自身培养的诚实证实为是虚伪的，他把"所有都是虚伪"的立场称

---

① 《权力意志》55。

为"行为的佛教",并把"渴望虚无"看作佛教的特性。① 在尼采看来,佛教是堕落的顶峰:对生命和意志的完全否定。

讽刺的是,不是尼采对佛教虚无主义的观点,而是用爱命运和狄俄尼索斯来超克虚无主义的思想让尼采接近佛教,尤其是大乘佛教。如前所说,他把狄俄尼索斯称为"伟大泛神论的同喜和同苦"以及"创造与否定的必然性的统一感情"②。但本书不讨论尼采与佛教的比较。确定的是即便用虚无主义超克虚无主义,也不能抵达大乘佛教的立场,即便尼采尝试用虚无主义克服虚无主义。大乘佛教的立场是:

> 以有空义故,一切法得成。若无空义故,一切则不成。③

换言之,若一个人本性是空,一切皆有可能。曾经有个师傅告诉他的弟子或"道"的追随者,说:

> 即今目前孤明历历的听者,此人处处不滞,通贯十方,三界自在,入一切境差别,不能回唤,一刹那间,透入法界,逢佛说佛,逢祖说祖……(《临济录》1.13)

但在目前历史的现实中,此立场并未出现,而是埋没于过去的传统之中。使之重新复活的方法就像之前说的,预先把握我们西化抵达的极处,使欧洲虚无主义成为一个对我们而言迫切的问题。

如今,美国和苏联这些非欧洲的势力已经来到前台,无论如何它们都会开启一个新时代。但无论"美国化"还是"共产主义"都无法克服虚无,这虚无的深渊在自我与世界的深处蔓延。目前这深渊被掩盖了,但终究会暴露出来。这么来看,陀思妥耶夫斯基是苏联未来的预言者,尼采则是欧洲未来的预言者。尼采称自己为"预言鸟的精神",他的呼喊仍在欧洲人心目中回

---

① 《权力意志》1。
② 《权力意志》1050。
③ 龙树《中论》24/14。

响。茨威格就认为尼采"对于我们的精神世界而言极端重要"。海德格尔认为尼采是决定性思想家中的最后一位，他把自柏拉图以来的西方哲学史化作了一个问号。陀思妥耶夫斯基和尼采都预言了即将到来的虚无主义，并敢于沉潜至历史和人性的深处来抗争。他们把我们引导到我们历史现实底部潜伏的虚无之中。但要与此抗争必须采用我们自己的方式，由我们自己创造出来。只有这样，传统的东方文化才能获得新生。

[GP, AS]

虚无与空

当我们从日常观点来考虑"现实"的时候，首先会想到我们周围的事物：山水花木，以及可见的世界。还有诸如其他的人、社会、国家的种种所为。接下来，我们把我们内部的世界看作现实：我们的思想、感觉以及欲望。

若更进一步，从日常观点跳到科学的立场，那么与个别的事物和现象相比，不如说构成事物现象的原子、能量或科学的法则才是实在。如果是社会科学家，那么经济关系会被认为是实在的根底，因为所有人类的活动都在这上面开展起来。而形而上学家会把种种事物都归于现象，真正的实在是现象背后的理念。这些不同的"现实"之间缺乏统一且相互矛盾……简而言之，对应日常生活、科学、哲学的不同角度，有不同的现实，彼此之间相互矛盾、差异甚大。对于科学家来说，从日常生活和科学的不同角度来看现实，就会陷入矛盾，而且两者他都认同。因而无法简单回答什么是真正的现实……

死亡与虚无都十分真实。虚无是对各种事物和现象的绝对否定，死亡是对生命的绝对否定。因此若生命和事物是真实的，死亡和虚无同样是真实的。只要有限存在——所有事物都有限——那么虚无就存在。有生命的地方就有死亡。面临死亡和虚无的时候，所有生命和存在都丧失了确定性和作为现实的重要性，变得不真实。从远古时候起，人类就会表达生命和存在的转瞬即逝，把它比作梦、阴影或夏日里的惨淡迷雾。

……

虽然通常我们都把外在事物看作真实，但未必真正触碰到这些事物的真实。我可以大胆地说我们并没有。把注意力集中在事物身上并迷失其中，换句话说，变成正在看的事物，这非常罕见……也可以说在自己的城堡中往外看，或在自己的洞穴中像旁观者一样坐着。

感觉、自我这些都是真实的。在意识之场，它们都被当作真的，然而它们只是表象，并不在自己的真实之中。只要里外的区分没有被打破，只要没有视角的转换，我们当作真实的事物就仍然面临着前面谈到的统一性的丧失和矛盾……我们日常生活的基础是区分自我和事物，意识之场根本不能让真实得到呈现。其中，真实只是断裂的碎片，不可避免地陷入自我矛盾。

这个立场，或可被称为现实的自我矛盾，对我们有很大的控制力，自从现代自我的主体自律出现以来，尤其如此。在近代哲学之父笛卡尔的思想中，这点最清楚地表现了出来。众所周知，笛卡尔设立了思维（本质在于思想和意识）和物质（本质在于广延）的二元论。一方面，自我是确信无疑的，在其他事物中占据中心位置。我思故我在表明了自我确定无疑的中心位置。另一方面，与此同时，自然世界中的事物与内在自我没有关联，变成一个死寂的世界，甚至动物和人的身体也都是机械的。

……

现代人拥有笛卡尔式的自我，有意识地与世界和世界中的事物对立。生命、意志、智力等都被归结为自我的功能或活动。在思考个人的主体的时候，必然把它归结为个体自己的自我，绝对独立且不可代替。主体绝不能是客体，也不来源于他物，而是所有事物的出发点。我思故我在这个公式有一个根本的问题。从一开始，笛卡尔就把我思当作自明的真理，不必经受怀疑，并因此成为思考所有其他事物的出发点……但除了自我证明之外，我思真的能够思考自身吗？难道这自我证明不应该被放到一个更基本的层面来检视吗？

……除了自我之外，我思的自我证明没有其他依据，无论是生命、物质或上帝。但因为从我思来看，自我是具有自我意识的，自我就成了自我被拘禁在自身之中，换句话说，自我意味着自我的自我捆缚。

……笛卡尔用怀疑的方法抵达我思故我在，可以把它与宗教的怀疑做个比较。怀疑和不确定是宗教的预备。关于生命、死亡、世间事物匆匆而来又倏忽而逝，在这些问题中，都可以看到怀疑和不确定性。爱的人可能会死，这是自己和他人存在根本的不确定性。怀疑有很多形式，可被多种方式表达出来。比如，禅宗会说"大疑的自我呈现"……不确定的状况，包括人的生存、自我和他人的存在，以及其中涌现的痛苦，这些都是人最基本的关切。

……当我们把虚无和死亡囊括在自身中，正是虚无和死亡构成了我们生命和存在的基础，唯有如此我们才能体会它们。当看到它们超越主观层面，隐秘地潜藏在所有存在的、世界的地基上，我们才能领悟到现实。相比于对虚无和死亡的沉思，这种觉醒意味着更多。这意味着自我在自己存在的基础上体会到虚无和死亡，在自己存在最后的边界上看到它们。并且到了这种程度，对虚无的体会就是对自己的体会。这并不是客观观察虚无，或把它作为一个表象，而是似乎自我成了虚无，并由此从自我存在的极限体会自身……

笛卡尔怀疑一切呈现给我们的，怀疑这一切都是梦，是邪恶精灵的把戏等，认为只有怀疑本身无可怀疑，最后抵达我思故我在：从一开始他就在怀疑。这和大疑全然不同……笛卡尔的我思并没有经历过净化之火的洗礼，从而让自我和所有其他事物被转化为一个单纯的大疑。我思只是在我思的场域中被构想出来，这就是为何自我的现实变得不真实。只有经过净化之火的洗礼、穿过自我根基处的虚无，我思和我在，以及所有其他事物的现实才变得真实。唯有这样现实才是现实。如果说笛卡尔哲学是近代人存在方式最好的说明，那么也可以说它代表了这种方式最基本的问题。

……

上帝的全能体现在人生活的方方面面之中，如听收音机、看报纸、聊天，而且它还可以摧毁身体和灵魂，让人感到恐惧与战栗，被迫做出决定。如果没有这种迫切感，全能和上帝就只是概念……

当然，很多人都不认为自己在听收音机的时候遭遇了神的全能。那么在那些时候，人们遭遇了自己的虚无。但如果他们坚持认为自己也没有遭遇虚无，或因为太忙没有时间遭遇虚无，或他们的理智并没有认识到虚无，那么他们就是以没有遭遇虚无的方式遭遇了虚无。正是因为没有遭遇虚无，虚无得以显现。无论什么样的人，无论多么忙碌或聪明，或者说越忙碌越聪明，就越容易遭遇虚无。即便他们的意识和理智没有遭遇虚无，他们的存在却并非如此。在他们的忙碌和理智之中，虚无显现。相反，若他们直面虚无，他们还能从中撤出。但事实上他们更深地浸入虚无之中，这就是虚无的特质……

在虚无中人被创造出来，虚无潜藏在人存在的基础之中，这是人作恶的原因。当人在意识到根本恶的时候成为虚无的中心，如前所述，当信仰的转化成为一个事实，即便他们还是罪人，无法剔除罪恶，拯救已经到来。神圣的全能是绝对肯定，在它绝对否定的过程中准许了罪恶。这向着罪人的绝对肯定即否定就是在信仰中对罪的赦免。这是神圣的爱。上帝里绝对没有罪恶，但罪恶仍身处神圣全能的范围内。

……

毫无疑问，把人设想为人格，这是尚未到来的关于人的最高概念。上帝具有人格的想法同样如此。一旦近代发生了主体性的觉醒，人作为人格性存在的概念就被凸显了出来。但现在思考人格的方式就是唯一的方式吗？

简单来说，到目前为止，人格只是从人格的立场来被检视，这是人格中心的视角……不如说，人格是一个现象，它从不能被称作人格的地方诞生，而且不包含任何自我设限……然而，当我说人格是一个现象的时候，我并不是指还有什么"东西"在人格后面，就像面具后面还有个演员。人格是表象，但没有任何后边的东西让它成为表象。也就是说，"什么都没有"，在人格后面，是完全的空无，什么都没有。

这完全的无就是人格，而且是对人格的完全否定，它并非不同于人格的某个"东西"或实体。它带出人格并与人格合而为一。因此说完全的无在人格后面，这并不准确，并不是有什么"东西"是无。并且，无在人格"后面"也不是指两者是二元。说无是完全其他的"什么东西"，并不是指真的有什么其他的"东西"。真正的无意味着没有任何东西是无，这是绝对的无。

通常无与有相关联，而且是有的否定，导致人们以为这个概念意味着什么"是"无，因为它"不是"有。这在西方思维中尤为明显。即便虚无主义的"虚无"也是如此。但若停留于此，它就只是一个概念，只是思维里的无。绝对无，其中"是"也被否定了，它绝不是思维的无，而是存在里的无……人的转变，从自我中心、自我把握的人格转变为绝对无的显现、自我表现……需要实存的转向，是一种回心。

实存的转向意味着人从自我中心的模式中跳出来，从更近一层的此岸出来。也就是说，作为本来的自己自身，"什么都没有"在自己这边打开。从人格这边来看，人格的"背后"什么都没有，但这只是被看到的无、被思考的无。作为完全的自己自身，人格的自己更近一层，"什么都没有"敞开的时候，无就如实在自身中得到实现，可以被体认出来。之前提过，自己的存在就是无的实现。体认并不是指看见无，勉强说的话，是"不见的见"，真的无是活生生的无，也就是自证。

……

与空为一，有才是有，这是与物的"实体"相关的看法……不仅平常人们没有把这当作问题，哲学的存在论对此也没有考察，这是完全不同的存在概念。比如芭蕉曾写道：

松事学松，竹事学竹。

这并不仅仅意味着仔细观察松树，更不是对松树进行科学的研究。而是进入松树是松树、竹子是竹子的存在中，从这里去看松树和竹子。参入事物如实现成的维度，把自己调整到松树和竹子的自性之中。

……

有之所以为有，是因为空的缘故，这意味着有带着"假象"的特质，任何事物都是转瞬即逝的、虚假的。这也意味着空里的有比通常认为的事物的真实存在（比如实体）或现实更真实。它代表了事物在它们自身本源场域的根源存在方式，这就是事物的如实存在。

……在虚无之场中，理性已然破碎，分析理解不再是重点。事物和自身都不再是分析理解的对象。在这里，自我领悟到事物和自身的自性超越了理性的把握。一旦进入虚无之场，对象（事物和自身）和理解都不再是问题，成问题的是事物和自身的现实……虚无独自对立于存在，处于存在"之外"，这意味着虚无还是被当作什么"东西"。它并非意识的对象，但仍被客观地看待。不是意识的立场，但虚无仍被表象为虚无。总而言之，在一定程度上，虚无被视为彼岸，从里面来看的话，仍残留着看彼岸的此岸立场。它本质上是过渡的。

虚无是对所有"存在"的绝对否定，因此与存在相对。虚无的本质在于纯粹否定（对立）的否定性。其中包含了自我矛盾，它既不能逗留于存在，也不能远离存在。在内部它被撕裂了，因而只具有过渡性质。我们把它叫作虚无的立场，但事实上并无立场可站……因为本质的过渡性和否定的否定性，它极其真实，但立场本身并没有实在性。虚无的立场本身是一个虚无，正因此，它才是虚无的立场。

"空"的立场完全不同……其中，绝对否定同时就是绝对肯定。里面的自我和事物并非都是空的，若如此，那么这个立场就跟虚无开启的立场没什么不同。空的立场的根本在于与其说自我是空的，不如说空就是自我；与其说事物是空的，不如说空就是事物。因为转换发生了，虚无就不再被看作存在的彼岸；并不只是彼岸，而是能够抵达的彼岸。站在这个立场，虚无之场里隐含地看到的彼岸的此岸立场才真正被超越。这样的"到彼岸"是彼岸的实现，而且作为立足于彼岸的立场，这是从仅止于此岸而来的绝对转换。到彼岸就是绝对的此岸。

在空之场，由康德的哥白尼革命开启的现代主体性自我意识要被再次革新。康德思想中，客体的成立要依据主体认知的先天形式，而现在主体要跟随事物，与它相应。空之场超越感知和理性，但这并不意味着主体要转向客体、与之相符，如同感知实在论或教条的形而上学。它与事物的实现（反映即理解）有关，这并不能由感官或理性来把握。这不是对事物的认识，而是事物之中非客体之物的非理解的认识，或许可称为无知之知，一种有学问的无知。

［JVB］

空与即

即、空这样的语言一般是佛教思想中出现的术语，在佛教教义的理论领域中出现。关于这些概念的研究可谓恒河沙数，恐怕没什么可以再添加的了，这里从不同角度再讨论一下。

首先，"即"和"空"本来就不是佛教用语，而是日常语言，现在也是一样。各种汉译佛典中都可以看到这一点。比如空多在"虚空"这样的表达中使用，虚空就是眼里看到的天空，表现了无限宽广、无限深度的空间，永恒不变。这是我们眼睛能看到的唯一永恒之物。在经典中，眼睛能见的世界的这个虚空作为一个形象（image，Bild），代表了不可见的永恒无限，乃至永恒无限性。在这个意义上来说，空或虚空这样的语言原本是一个比喻，但并不是单单一个比喻所能穷尽。眼睛能见的虚空，只要是能见，就是被给定的事实，也就是现实。即便能表示眼睛无法看到的永恒无限，在表现的可视现象与被表现的不可视之物之间，有着比比喻更深的亲近性。上面虽然使用形象这样的语言，但实际上眼里见到的虚空是无形的，严格来说并不是形象，不如说是无形之物可视的形象。在这种情况下，可视与不可视之间的关系并不十分清楚。西方哲学有类比这样的用语，属于存在论，只要是与存在的理论相关，是否适应这里的问题也并不清楚。因为这个词太模糊，难以逻辑地规范二者的关系。只能说其中关系超越了逻辑。

其次，空、虚空这样的语言通过佛教传播和佛教经典，已经作为佛教语言来使用，带上了佛教情感。与其说这是用理论来表现佛教法理，不如说是法理情意的表现……

到了这里，西谷开始讨论中国和日本的古典诗歌。他用芭蕉的俳句来说明"理"与"事"之间的界限，在日语里，二者都用同一个术语来表达。他质疑艺术与宗教的区分，并用这个术语来讨论"本质"和"现象"的关系。

界限就像区隔开两个房间的一块板。板向着 A 室的 x 面表示了 A 室的界限，代表 B 室。x 面的本质是在 A 中出现的 B 的表现。与此同时，同样的 x 面也是 B 的表现，作为 A 的一部分属于 A。只要在 A 里出现，作为现象就属于 A，是 A 的构成契机。对于这个板向着 B 室的 y 面来说，也是一样的。y 面属于 B 室，"现象上"是 B 现象的一部分。但同时 y 面是 A 与 B 的分界线，"本质上"是在 B 中代表 A，B 里出现的 A 的表现。

一般来说，界限意味着截断、接合。接合就是有差别的事物之间的相互投射或相互渗透。若把这样的构造称为"回互的"，回互的关联的重点就在于，首先，本质上属于 A 的在 B 里反映或投射自身现象时，在 B 中并非作为 A 的表现，而是作为 B 的一部分来表现。换言之，A（体）向 B（体）传达自身时，传达的不是 A（相），而是 B（相）。A 用 B 相来传达自身给 B，B 也从 A 分有了 B 相。这就是 A 的"用"向 B 的自我传达。从 B 向 A 的传达也是同样的。

现在谈论的点，跟刚才想象（image）的问题也有关系。在存在论或认识论中，用本质和现象讨论 image 的时候，总是会出现问题。一般是这样，用本质和现象思考某个 A，再用同样的方法思考某个 B，然后思考 A 与 B 之间的相互作用，这种从分立和差别出发的立场无法充分思考 image 的问题。这样的立场依据分别知性的判断作用，追求物事的逻辑化，这无法真正思考 image 的问题，更不用说艺术和宗教的问题。不如说寻求这样合一的立场，分立、差别的同时本质上又没有区别，而是相互连接。这样的立场中，A 在完全是另一个的 B 中呈现 B 的相，借用埃克哈特的术语，是 A 把自身思入 B 中，就等于 A 的 image 化。比如人中"神的像"，一切众生悉有"佛性"，都具有同样的意涵……

在"世界"的关联之中，有区分、区隔、分界。松树是松树，不是杉树，这棵松树是这棵松树，不是另一棵。"存在"有很多维度，但经常意味着自身与他者相异，表示自我同一。一粒灰尘，灰尘里面一颗颗的原子，只要是存在物，就表示自我同一。因而所有的自我同一性，无论是在哪个维度，都与无数他者之间有本质的（对于"有"而言）无限的区分和分界……A 是 A，不是 B、C，B 是 B，不是 A、C，无论往哪里都会碰到障碍，显示了一种自己内部的闭合性。

自己绝对不能出离自身，一切他者都成了自己的阻碍。因此世界上的一切都各自有各自的分界，世界的关联中包含了彻底的分立与差别。但其中也包含了全然相反的面向，即无差别和平等，或全面的开放与无碍。关联之中，分立与平等、差别与无差别、闭合与开放、阻碍与无碍总是同时相伴出现。相反的方向合二为一，就是"相即"，但这是怎么一回事呢？

世界之中有某物 A 的时候，与所有其他物（B、C……）之间，A 有自己的位置。这并不单单意味着现象的存在场所，不如说本质上是存在的场，现成的"本有的"场。在一切所有物之间，不是作为他物，A 作为 A 自身存在之时（也即作为 A 的本质，有 A 存在），A 在世界中获得了位置。刚才提到的 A 的自我同一性（A＝A），作为个别限定，表示了彻底的分界，现在则表示 A 在世界中获得了一个本有的场，获得了自己固有的位置……

……这些关联无限复杂。如果我们尝试用"一"或"多"这样的逻辑图式来把握关联的结构，并用语言逻辑来表达，那么我们就站到了"科学"知识的立场上，并且这会把我们从"科学"思考带到"哲学"思维。这种思维过程无法穷尽我们对关系的思考，虽然它能在理论世界中梳理这些关联，却不能亲近现实——它只能通过情感来体验。因为除了"理法界"外，还有"事法界"。因此，为了从构造上把握关联，"一即多，多即一"的公式十分必要。这是"理事无碍法界"的逻各斯。"无碍"表达了"即"的构造关联。

……

从形式逻辑的抽象概念和本体论逻辑的具体概念来看，无多的一和无一的多这样的概念都陷入了敞开的"空"和"现实"之间的逻辑矛盾，前者无"物"存在，后者全都是物……

这两个极端，"理"上绝对的一与绝对的多之间，"事"上世界现在的敞开与万物、万有、万事等的现成之间都包含绝对的矛盾。

然而与此同时，这绝对的矛盾在矛盾的同时也不矛盾。世界中万物、万事的现成是因为世界的敞开。反过来，世界的敞开是因为万物在其中现成。无一物的敞开，即如果没有现成的万物，就不是现实的敞开；不是现实的敞开，就没有现实世界的敞开。反之，万物现成是因为世界的敞开是现在的敞开。因此这两极是同一事情的两面，而两面互相矛盾。这里同一性作为同一性的"即"这样回互的关系都没有，甚至理事无碍的理法也没有。绝对的一与绝对的多之间的同一性不是一即多、多即一，也没有二者相即的相即。如果要强行相即，那就是一即零、零即多二者的即的相即。无论在何种意义上，都没有理法、逻各斯，是绝对的无理、非"理"。没有绝对的一与多，一即多、多即一里的一与多也没有，也没有两即的相即。总而言之，没有回互的世界关联。因为只有作为绝对不回互的相矛盾的两极相同一，作为世界关联的具体现实世界才能成立。这一同一性没有任何"相即"以及相即的"理"。这就是事事无碍法界，这是让理事无碍法界的现实世界能够出现的原因。要让万物、万有、万事（可能的无限事物整体）的世界成为可能，就要有能够让万物现成的场的敞开，让这个世界能够敞开的绝对敞开，就是事事无碍的世界。

［MFM］

（张政译）

下村寅太郎

下村寅太郎（1902—1995）

师从西田几多郎和田边元的下村寅太郎（Shimomura Toratarō），在京都大学攻读哲学的时候，专攻莱布尼兹（Leibniz）的学说与科学哲学及数学哲学。之后下村在东京开始了他的教学生涯，并出版了多本厚重的著作，其内容涉及自然科学、数学和哲学中相互涉及之处，以及符号思维和人类精神与社会机械化之间的关系。1956年，他第一次到欧洲旅行，这成为他生命与思想的转折点。从那时起，他的注意力就集中在思想史上，尤其是欧洲文艺复兴时期的思想史。事实上，他也是在日本建立这个学术范畴的主要人物之一。他出版了一系列题材广泛的书籍，涉及范围由达·芬奇（Leonardo da Vinci）到阿西西的方济各（Francis of Assisi），再到哲学美学，最后在1983年出版了集生涯大成的杰作《雅各布·布克哈特的世界》（The World of Jacob Burckhardt）。

虽然下村写了许多关于西田思想的文章，而西田的思想同时也是他出版作品集时的重心，但他认为他关于田边的著作更具学术性，而这须归因于他与田边有着相同的、深厚的科学学术背景。身为科学家、哲学家、艺术与思想史学家，下村的作品一再回到日本在思想史上的角色问题。他反对所谓"近代的超克"的趋势，争辩开明人文主义的优点。下文将提及，下村关注的是透过探究日本和亚洲思想中的特殊和独特之处，从而论及其更深层和更普遍的内容。为了做到这一点，他专注于京都学派主要思想家所发展的"绝对无"哲学思想。

[JWH]

绝对无的逻辑

下村寅太郎 1962，483-8

自古以来，日本人对于其他国家的思想与艺术，就有一种敏锐而活跃的触觉，能分辨出新颖与优异之处，并都能不畏艰难、坚定不懈地学习。这亦是得到历史所证明的：迄今为止日本是世界上唯一一个仍然保留大乘佛教的国家，便是一例。接受并保留一件事物从来都不是被动，而是基于严格的主动选择。如果没有敏锐的触觉和充分理解该事物的理智能力，是不可能做到这一点的。

我们的思考方式绝非随便的模仿，而是与"无"相关的。假设我们对各式各样的想法能容忍且保持"开放"（即使不考虑那些每个我们作出谨慎选择的时间，一般而言，我们的心态往往仍然是开放到仿佛想要主动避免冲突似的一样），其原因就在于一种以"绝对无"为标志的心态。这种心态并不排斥对抗，它只是拒绝把对抗和批判视为思考的最高形式。它是一种非对立的对立，是一种绝对的对立。这也不是一个简单的折衷主义的问题：绝对无的思维对一切都开放，并且能够接受一切，正因为它本身没有固定的形式。因此，所接受的不一定是排他的，也不一定具有确定的意义。接受新事物的方式不是摒弃旧传统，而是与它们共存……这样的心态以西方批判性思考的角度来看，可能是很难理解的。绝对无的思维从来不限于古代的宗教观念或哲学臆测；它实际上活在日常生活的思想与感受中，其观念不外乎是我们当前生命活力的概念表述，因此也是我们思考与感受的基础。

来自西方的思想家会不会觉得这种绝对无的观念很无趣？他们可能会觉得很奇怪，但这对希腊哲学来说，也许不会比他们初次接触基督教思想时更奇怪。在他们看来，将这些观念合理化并塑造成哲学是完全不可能的。无论如何，绝对无是属于我们东方人的思想，而我们对"哲学"存在的认识以及对它的强烈兴趣，让我们不得不承认这就是属于我们的哲学任务，并必须为这个想法赋予哲学的形态。这意味着我们的思维要超越我们所谓的"东方"的地方视野，并将其提升到普遍的、世界性的地位。

尽管如此，我不认为绝对无的观念有可能会成为希腊思想或欧洲哲学中的一个范畴。它更像是一种超越理性的神秘主义。它属于一种思维方式，这种思维方式不以言语为其最终目标，而是摒弃言语以追求回归寂静。这样的思维（如果我们可以称之为思维的话）既无语，亦无形——但这不是会让我们根本地，甚至会自相矛盾地，无法赋予它一个独特的表述吗？这个问题就正是我谈论各种哲学思考的原因。

当19世纪欧洲的语言学学者开始以印欧语系为标准而建立一套通用的文法时，他们很快就发现这项任务是不可能完成的，于是他们放弃了这个任务，又从语言的多样性重新开始（威廉·冯·洪堡 Wilhelm von Humboldt 就是一例。）我在此指出这一点，是因为在哲学思考的领域中，类似的事情尚未发生。在西方哲学家看来，多样性的哲学一定是无稽的。东方的自然、精神、神明，甚至是存在的观念，都不符合西方的分类，就西方的逻辑而言，东方的思维显得不合理和自相矛盾。然而在东方，这样的想法却是实际的，亦是日常思考的基础，且已经渗透进所有的感觉与意志。它不仅仅停留在直觉的层次，更是代表了更高层次的思考方式，并已经成为某种逻辑的前提。西田几多郎、田边元，以及其他当代顶尖的哲学家毕生的工作，就放进了这个绝对无的概念中，并以此制定及梳理其哲学逻辑。

在西方已是广为人知的铃木大拙也属于这股思潮。然而，铃木对厘定其基本逻辑以说服西方哲学家这一件事并不感兴趣。他对于禅与绝对无的解释在语调上更偏向于心理学。毫无疑问，铃木的诠释，以及他为其学术带来的丰富的生活中禅的经验，提供了一个论及绝对无的时候独特且极有价值的方向。然而，他从不以比照西方思想来解释禅，相反，他坚持认为没有"共同的尺度"来这样做。这一点对于理解绝对无的思想至关重要。

如上所述，西方哲学在基督教思想的塑造下也出现了类似情况。在希腊哲学的引导下，调和基督教思想没法获得更大的成果。只有在认识到两者的本质差异之后，基督教哲学才得以运用其独立的逻辑，并取得积极的进展。

首先，我们可以考虑有限的逻辑与无限的逻辑之间的根本差异。无论有限有多大，它都不是无限；而无限，亦从来不是有限的延伸。或如黑格尔所言，*endlos* 并非 *unendlich*；*endlos* 可能是"无限"的，因为它没有界限，但这只是一种无尽的有限。唯一的"无限"（*aktuelle Unendlichkeit*）不是有限的无止境的扩大，而是对有限的否定。唯有否定有限，我们才能达到无限。此外，无限是无法直接被直觉所感知到的，而必须透过对有限的否定来间接地掌握。无限的逻辑只有在"否定神学"（negative theology）提出上帝是无名的、无限的、无法认识的之后，才在哲学史上成形，而"否定神学"则过渡到以正面的方式来思考这种消极的限制，使上帝的不可知性成为对上帝的正面认识。当谈到东方绝对无思想的逻辑形成时，这样的历史过程就显得极其重要。

如果基督教思想在希腊哲学家看来是完全不合理与"愚昧"的，那么东方思想在西方思维方式看来也同样不合理与自相矛盾。然而，如果不经过这样的悖论，就无法进入绝对无的思想。当它被称为非理性时，我们需要问什么才算是理性或合理。对希腊人来说，语言是自我理性表达的最高形态；语言与理性是密不可分的：世界上亦几乎亦不存在任何无法用语言来决定与定义的事物。然而对于基督教思想家而言，这就显然地构成了一个问题：因为对于无限的上帝而言，所有规定都是否定。尽管如此，基督教清楚地以"神的话语"来说明，并宣称"太初有道"。相反，对佛教而言，终极的教义是"无言"的，这并非只是拒绝言语的表达，而是对言语彻底的否定。禅宗的"公案"，就是废除语言和概念思维的一种方式。尽管这种说法看似十分讽刺，毕竟佛经的篇幅比新旧约加起来，还要长许多倍！然而它们都是由阐释否定语言表达的文字所构成，是关于超越语言的文字。这不是单纯否定文字，而是绝对否定文字的问题，不是纯粹的无字，而是绝对的无字。

对语言的不信任不也是今日西方哲学中可见的趋势吗？当代哲学有一股强大的潮流，强调语言分析的重要性。很明显，科学在此是一个驱动因素。由于语言缺乏精确性，现代科学因此采用数学符号作为其表达方式。正如希腊人可能会说，"科学理性"最能以符号来表达自己。这导致了语言的机械化，最终也导致了理性的机械化。然而，无论这样做的效用有多大，它同时设下了一种根本性的限制，就像机器的功能一样。科学知识不再将问题定位在事物的本质上，而只是定位在现象的规律性上。问题仅仅存在于普遍的、客观的知识；在这里，真理与客观性是同一性的。主体与客体的对立被假设存在，但主体性不是问题，也并不可能成为问题。

当康德讨论这种客观知识的可能性时，他是透过探究主观性作为这种可能性的基础。他把它看成是"一般的意识"，并且把客观性建立在意识的建构工作上。然而，为了解释道德行动的可能性，他必须假设一个能解释自由意志的"实践理性"，也就是以自身为最终原因的因果关系。只有在这样的实践理性的基础上，可理解的世界才可能化成现实。形而上学的存在于道德行动的主题中显现出来。至于审美判断的可能性，其本质是主观且个人化的，康德区分了决定性的判断与反思性的判断。决定性的判断是由特定的普遍性所决定，而反思性的判断则由所追求的普遍性所决定。以品味为基础的审美判断取决于后者。但所追求的普遍性并不存在；我们可以说，它是无的普遍性。主观的、个人的品味判断的主体不是别人，正是个体，而这个主体是以无为前提的。个体是自由的真正主体。即是说，真正的自由是"善与恶的能力"。[①] 这样一个自由的个体是不被任何事物所断定的，而且是完全非理性的，而被普遍性所决定的个体仍然仅仅是一个特殊的个体。因此，个体的正面规定在于它不被普遍性所决定。西田这样表述："个体只有对个体来说才是个体。"他说，决定个体的是"绝对的无"，他称之为"辩证的普遍性"，即一种不加决定的决定。归根结底，只要主体受到质疑，绝对的虚无就必须被承认。西田的哲学显示了西方哲学迄今为止只是将意识成为问题，却未有考虑到使意识成为意识的东西，也就是真正的主体性。

西方各国的哲学家都以存在为终极，并主要专注于存在的问题。只有在现代的存在主义中，我们才发现无被正面地对待。尽管如此，他们所承认的无是与存在中的有限性与偶然性有关的，而从未将无视为存在的基础。最近西谷启治在他的《宗教与无》（*Religion and Nothingness*）中指出基督教的上帝观念本身如何需要绝对无的观念。他坚持认为，无的观念不仅是东方特有的东西，而且需要被基督教所接受，甚至应该被普罗大众所接受……

由于西方思想家没有以绝对无的观念来看待上帝，因此他们很难对"创造者"这个概念做出合理的解释。有些人只好称之为神话。在东方的佛教中，既没有创造者的神话，也不需要创造者。在这个意义上，它比西方更理性！

在西方，生命的终点是死亡。生命基本上是指存在，而死亡作为生命的极限，是指不存在。而《圣经》亦只谈永生。然而在东方，生命总是与死亡联系在一起，生命并不是一个单独的概念。这里不是"生与死"，而是"生：

[①] F. W. J. 谢林，《人的自由本质》（莱比锡：F. Meiner, 1925），第 23 页。

死"。不是生命结束时才会死亡，而是死亡伴随着生命……生命与死亡是绝对对立的，却又是同一的。绝对的生命不是没有终结的生命，而是"生死合一"。同样的逻辑也支配着存在与无的关系。存在并非独立于无，而是与无同时存在。存在的基础是绝对的无，它超越了存在与无之间的对立。在西方，存在首先被预设，而无则被认为是它的否定。

[JWH]

（刘仕豪译）

高山岩男

高山岩男（1905—1993）

高山岩男对哲学的广泛兴趣——从历史、社会和政治到逻辑、教育和伦理——反映了他在京都大学接受的教育，他在那里师从西田几多郎、田边元、和辻哲郎、波多野精一等杰出人物。与京都学派传统中的许多人不同，岩男以清晰而优雅的散文写作，使那些不熟悉他同事的不常见的术语的人也能理解他的著作。像他那一代人中的许多人一样，他关注"近代的超克"的问题，从1935年他第一本关于西田的书到他最后的遗作《京都哲学的回忆》①，这种关注一直伴随着他超过60年。他自己在战前和战时进行的原创性思考，侧重于他所谓的"文化模式"。这些文化模式并不局限于不同的国家，还包括佛教和基督教文化。他主张保留文化的普遍性，但不允许以任何一种特定文化来定义普遍性而忽视其他文化作为代价。在战争年代，他试图将这些想法付诸实践，与海军中的自由派朋友合作，试图用知识界的力量来反对军队的过度行为。其结果是1941年和1942年命运多舛的"中央公论"之争，这引起了后人的批评。

他把于1976年（时年72岁）完成的《教育哲学》一书称为自己哲学思想的顶峰，该书中他倾注了比其他任何书都多的心血。以下段落摘自该书中论述他的"呼应逻辑"的部分，是针对他认为西田的地方逻辑具有抽象性而形成的。

[JWH]

---

① 高山岩田：《京都哲学の回想：旧師旧友の追憶とわガ思索の軌跡》，一灯園灯影舎，1995.4，（灯影撰書；24）。

呼应中的身份认同
高山岩男 1976，94-9

逻辑学的种类

我们在学校所学的推理逻辑基本上与发生在语言交流中的争论和证明有关。它抽象了通过语言和对话辩论所争论的内容，省略了主观（我和你，也就是第一人称和第二人称）和语言—对话的元素，这些元素都在这个括号的范围之外。推论是在括号内发生的事情，其最简单的形式是对立统一。

这样的逻辑占用了构成推理的结构单位的判断，以及作为判断的结构单位的概念。这导致了一个典型的课程，它按照概念—判断—推理的顺序进行。就像装饰在店面橱窗上的物品一样，这种排序隐藏了形成最终结果的建设性过程，因此，除非教师把他们的智慧用在这个更大的背景故事上，否则学生会在他们的余生中认为只有逻辑可以免于创造和成长的过程，认为它在一瞬间就完全成熟了。这样的逻辑，被称为形式逻辑，在东方和西方早已完善，并成为学校的科目，因为在证明、推测和作文中需要正确的推理……好像在过去的 2500 年中没有什么变化。

这是逻辑学作为一门学术学科的开始，但逻辑学本身并没有就此止步。形式逻辑指出了一套规则体系，如果我们要正确地思考（也就是推理），就需要千方百计地遵循这套规则；一如既往，证明是其中心任务。但搜索是学术的命脉和主要任务。我们可以说，证明是搜索结束的必要条件，宣布其结果，并得出一个正确和有说服力的结论。因此，如果有一个证明的逻辑，也可以有一个启发式的逻辑。在证明逻辑中，有适当和不适当的论证形式的标准，而在启发式逻辑中，则有真理和谬误的标准，这是搜索的理性能力所要求的。自然，推理和形式逻辑的需要在搜索过程中不会中止，但与形式逻辑不同的是，形式逻辑是预先知道的，因为它的任务是对已经发现的事物进行论证，而启发式逻辑的任务是学习未知或尚未发现的事物。这种发现的方法不能仅仅是检查和分类；它需要一种通过实验验证的新方法……

逻辑并不限于这两种形式。在更广泛的意义上，我们可以说有另一种逻辑，一种贯穿于各种生活经验的逻辑，一种渗透到"生活""创造"和"成为"的合理性。这种"合理性"——或逻辑——的想法很容易被理解为与感知、知识和学术方面有关，与创造、实践和行动形成对比。因此，参与生活、制造和成为的各种形式的生活经验也包括知识和学术的智力学科，即使我们通常首先想到的是创造和行动的实践学科。因此，第三种形式的逻辑包括生活经验的合理性，其中实践和逻辑学科被汇集在一起。这就是为什么我们可以把这种逻辑称为合理性。

这第三种逻辑就是我所说的哲学逻辑。我使用这个词是为了使大家注意东西方哲学史上阐述这种逻辑的哲学家们。在西方，柏拉图很早就把辩证法作为他的哲学原则，在近代，所谓的德国唯心主义者如康德、费希特、谢林和黑格尔进一步发展了辩证法，最终黑格尔构建了一个详细的辩证逻辑。在佛教哲学中，依靠般若经的学派根据我们可以称之为辩证法的原则运作。龙树（Nāgārjuna）① 所著《中论》提出了八种否定的"中道"逻辑，中国的三论宗将其进一步发扬光大，它是那些将其辩证法中特有的绝对否定推到极致的学派之一。天台传统主张对立面的相互包容，从而使真正的空性转化为奇妙的存在，而《华严经》中一与多的统一和相互渗透，都可以说是澄清了辩证逻辑的框架。它们中的每一个都是一个不同寻常的例子，说明通常流于"神秘主义"的东西可以被构建为一种哲学逻辑。……

我把这第三种形式的逻辑，或哲学逻辑，称为"场所逻辑"。这个词是我的老师西田几多郎在他的晚年首次使用的，用来指定他自己的逻辑，而我正是从他那里继承了这个想法。我们通常认为场所是指个人的位置……这是在这个词的一般意义上讲的。一个场所根据它所定位的个人类型而变化，在这个意义上，它可以被大致理解为相当于一个环境。最初，"环境"一词指的是生物存在和生活的自然栖息地，但……它也可以扩展到人类领域，包括其社会、文化和智力环境。场所逻辑看到了个人和他们的环境或场所之间的特殊关系，这种关系被认为是他们之间获得的合理性。但是，这到底是一种什么

---

① 龙树菩萨，旧称那伽曷树那、那伽阿周陀那，著名的大乘佛教论师，在印度佛教史上被誉为"第二代释迦"，他首先开创空性的中观学说，以《中论》及《大智度论》最为著称。

样的合理性呢？

辩证的逻辑

众所周知，形式逻辑是建立在同一性和非矛盾性原则的基础上的。同一性是"a 是 a"，非矛盾性是"a 不是非 a"。换句话说，一个包含矛盾的证明不是证明，因为证明需要一个非矛盾性的自我认同。启发式逻辑也是如此，但康德的超验逻辑在自我的自我同一性（我就是我）中寻找启发式逻辑的特殊性；也就是说，自我意识被看作逻辑中自我同一性原则的起源。由于我的自我意识在其内部包括了与"我"相对立的"非我"的意识，所以自我意识的自我同一性不能真正被说成是纯粹和简单的非矛盾的。德国唯心主义逐渐将这一思想塑造为辩证的思想……

在古代世界，芝诺因否认运动而闻名。他关于箭为什么不能飞或者为什么脚程快的阿喀琉斯永远追不上脚程慢的乌龟的证明是众所周知的，而且作为一个证明，没有任何错误……但运动确实发生的事实是不能否认的。芝诺的证明在形式上没有任何问题，但显然在某处出了问题。究竟是在哪里出了问题呢？错误不在于证明的过程，而在于过程开始前的潜在假设。具体来说，芝诺的证明，假设有可能无限地分割一个给定的距离，直到最后到达一个没有长度的点，当箭经过这个点时，箭就在这个点上。如果我们接受这些假设，箭就不能飞。因为"在某一点上"的想法就等于说箭在它经过的每一点上都是静止的。无论有多少个静止点，静止都不会成为运动。这与用高速胶片拍摄的箭的快照是一样的，它显示箭处于静止状态，无论它恰好在哪里。因此，只要人们同意芝诺的观点，即理解运动需要通过特定的点，就没有办法拒绝他的证明。

运动是一个在我们眼前发生的事实。即使是一个孩子也能挥动手脚，也能理解这个事实。正如禅宗所言："如人饮水，冷暖自知。"当我们把一个立即可见的事实变成知识的对象时，它就变得不可理解了。如果我们用物理学来解释颜色，用光束或波的长度来解释声音，这是否意味着色盲可以理解颜色，或者普通人可以理解什么是音色？然而，一旦我们把运动这一显而易见的事实变成知识的对象，并试图用完全不同的静止观念来解释它，芝诺关于不存在运动这一事物的说法就正确了。

……

经过一个点的箭不能说是在那个点上。如果是这样,芝诺就对了,飞行中的箭不会移动。这是否意味着它不在那个点上?如果箭不在任何一点上,那么也就不会有飞行。箭既不存在也不不在任何给定的点……在存在的时候它不在那里;在不存在的时候它在那里。没有在那里,它就没有不在那里;没有不在那里,它就没有在那里。显然,这违反了非矛盾性的原则。……

只要西田的场所逻辑采用了绝对矛盾的自我认同原则,它就可以被视为辩证逻辑的一种形式。西田指责黑格尔的辩证法消解矛盾,以便将其升华到更高的存在层次,而不正面面对矛盾的事实,其结果是连续性的因素在绝对精神中很强,矛盾逐渐消失。如果矛盾的真正形式被看作出现在矛盾本身不是矛盾的地方(在那里它是自在的),它的原则是绝对矛盾的自在……对于西田来说,这是在一个空虚的地方、一个虚无的地方出现的。可以肯定的是,这个地方包括几个层次,从高到低,而深藏在它们之下的统一元素是真正的个人,也就是自我意识的人类……

在继承西田的场所逻辑的遗产时,我做了些许调整。最关键的差异点与我认为的"绝对矛盾的自我同一"的过度形式化有关。我试图把我的失望引向这个想法缺乏实质内容的事实,就像非矛盾性[①]只是形式逻辑的原则一样。我想出了"呼应"的原则来恢复这种实质性。就其为辩证逻辑而言,场所逻辑也将绝对矛盾的自我同一性作为形式上的原则,但当涉及它作为场所逻辑的独特之处时,人们可以认为呼应是其实质性原则。

呼应[②]的原则

在其他地方,我认为唤醒人类活动并解释一般人类生活现象的基本模式是"问题与解决"。我进一步想请大家注意,在问题及其解决之间存在一种呼唤—回应的呼应。在这里,实践的(行动的)和理论的(智力的)的双重特征被联系起来。

---

① 日文原文为矛盾律(无矛盾性)。——译者注
② 英文在翻译时采用了"antiphony"一词,中文译文采用日文原著中的"呼应"一词。——译者注

……

当解决方案被问题预见到并唤起时，它才成为一个解决方案：它是一种对问题的呼应。虽然问题和决议是完全不同的东西，但当它们被分开时，每一个都是没有意义的。我们可以说，它们是一分为二的，二而合一的。呼应也是如此：呼唤预示着回应，而回应是为了呼唤而作出的。因此，我们可以说，问题和解决方案的基础在于呼应。没有呼应，就没有问题—回应的可能性。

现在，显然呼应与第一人称主体（我）和第二人称主体（你）之间的呼唤和回应关系有关。这两者是一体的，就像我们说某样东西"如果你敲击它，它就会响起来"。它们也是同时存在的，就像母鸡从外面啄食鸡蛋，以帮助里面的小鸡挣扎着破壳而出。呼唤和回应的呼应是人类存在的最基本关系，它是一种基础，没有它就不会有人类。那么，为什么一开始就会出现呼应呢？我们无法回答。解释本身就是一种呼应的活动，因此，呼应是解释其他一切的基础。呼应是一种我们只能承认的基本现象，是一种不言自明的条件，不允许被解释。

当我们把呼应说成是两个主体（我和你）之间的对话关系时，我们不应该从两个人像存在于空间中的两个物理物体一样嘀咕和打手势的角度去思考。这不是解释反调的方法，因为这里的两个人是两个"我"，而不是一个"我"和一个"你"。当两个"我"说话时，没有召唤，因此也没有回应。这不是对话，而是两段恰好重合的独白。无论两个这样的人之间如何努力，以赋予这种关系以对话和呼应的特征，都没有赋予它。事实上，这样做的努力不过是试图将呼应——这一无法用其他东西解释的基本现象——注入两个木制的提线木偶中。对于一个无法成为人类的肉体是如何产生的，只有一个可能的解释：通过篡改和消除所有的人的区别，所有的对话，以及两个主体——我和你——之间对话的所有呼应，主体被转化为第三人称的实体，或者说非个人的物体。

[JWH]

（薛雅婷译）

武内义范

武内义范（1913—2002）

武内义范1913年出生于三重县四日市市。他师从田边元学习哲学，专注于黑格尔的精神现象学，后将研究对象扩展到19世纪其他主要德国哲学家。读研究生期间，他担任田边后继者、曾任京都大学校长的西谷启治的助手。武内立足于西洋哲学对净土教思想进行考察，他注意到在宇井伯寿与和辻哲郎的文章中已经有这样的视角。起初他对田边的建议持抵触态度，他读研究生的时候关注亲鸾，然而当时并没有引起哲学界的注意。他的研究最终成就了极具影响力的经典著作，即1941年出版的《教行信证哲学》，该书还成为田边哲学的灵感来源。1946年，他在京都大学任教（当时西谷被占领军开除教职），直到30年后退休。

1960年，他作为客座教授前往德国马尔堡，在那里他与鲁道夫·布尔特曼和弗里德里希·希勒建立了友谊。他除了撰写一系列关于田边和西田思想的重要文章外，还协助布尔特曼和希勒将田边及西田著作翻译成英文。他是净土教高田宗的僧侣，退休后在日本中部净土宗寺庙任职，这一职业在其家族已经传承15代。同时他还在当地一所大学授课数年。他既是一个聪慧的学者，同时又是一个虔诚的净土宗信徒，下面摘译的内容即为此证。

[JWH]

佛陀的沉默

武内 1960, 309-10（3-4）

佛教的宗教哲学是指对佛教本质的哲学考察。必须注意的是，在佛教中，即使宗教的本质与哲学的思索并不相同，但前者总是与后者联系在一起。因此，在佛教哲学中，绝不会出现哲学思考仅仅从外部处理关于宗教的反思和反思性范畴，并将它们简单地还原为纯粹的理性思维体系，从而强加某种哲学性或形而上学性的观念的情况。

在佛教中，宗教和哲学有着相同的根基，就像分叉的两根树枝被相同的水渗透一样。的确，宗教是主干，哲学是主要分支，两者一直紧密相连。诚然，在佛教漫长的历史中，也有过剪掉哲学的枝条而使宗教主干结出丰硕果实的时期，也有过主干空虚而哲学枝条上花繁叶茂的时期。但长期以来，两者同盛同衰，经历了相同的命运，因此彼此间可以开展密切对话。宗教通过哲学反思自身，通过思索获得新生。正如涌出的泉水总是借助流出的水力带动自己一样，宗教生机勃勃的生命力也将哲学和哲学思想作为扬弃自己的契机，将其保持在自己内心。佛教中原本并不存在被使徒保罗称为"十字架的愚蠢"的现象，这既是佛教的弱点，也是佛教的优势。而且，哲学对宗教的批判并非来自外部。从根本上说，佛教哲学绝不是思辨或者形而上学式的冥想。佛教哲学是思索的转变，是对自身的反省思索从而转向原来的自己即走向觉醒。因此，佛教哲学是"忏悔道"意义上的哲学。这不是形而上学，而是超越形而上学的哲学。我想称之为佛教存在主义。也就是说，这是在存在性觉醒和觉悟、思索的过程中对佛教精神的习得。在此，我们无法展开详细论述。只打算论及其中几项。

我们清楚地认识到，宗教和哲学在这里处于动态的统一之中，而且这种统一建立在两者对立的基础上。两者是对立的，因此不能立即将之等同看待。佛陀经常亲自警告比丘，不要把宗教的探索即"求圣"与哲学的形而上学的追问混为一谈。在《中阿含经》的某部经典中，一个名叫摩罗鸠摩罗的弟子向佛陀提出几个问题：(a) 世界是不是永远的，(b) 世界是无限的还是有限的，(c) 生命（jiva）和身体相同还是不同，(d) 人类的灵魂（tathagata）死后是否存在。佛陀训斥他说：你走上了"私念小路"，并将他的形而上学的好奇做法比喻成被毒箭射中者的愚蠢行为。

历史与自然
武内 1974, 41-5 (139-43)

大约十三年以前，我在德国马普尔克逗留的时候，有机会多次与布尔特曼（Bultmann）先生见面。布尔特曼当时已经 77 岁了，但他的思维非常活跃。我曾特意和他讨论过以下问题。布尔特曼从他的书架上拿出辻村公一博士翻译的《十牛图》解释书，对我说起他的感想："这部《十牛图》是一本非常了不起的书，里面讲的和基督教所教导的完全一样。按照我的理解，书中的牛是指心（heart）。《十牛图》中的追牛实际上是追求自我。真正追求自我是忘记（vergessen）真正的自我，只有在忘记的时候，才能成为真正的自我。这一点在《十牛图》中阐述得非常清楚。其中的观点与基督教的真理（Wahrheit）几乎没有区别。不过，不同的是，这里面没有历史（Geschichte）。正如基督教的真理那样，真理是在历史中形成的。这一观点，在这本书中没有提到。"

那个时候，我受西谷启治老师的影响，形成了自己的一些想法。于是我反问道："这本书或许没有历史。如果那样的话，基督的教导，尤其是在新教教义中难道就有'自然'吗？"

布尔特曼又反问"自然"是什么意思？我回答道："自然是真的存在成为存在时，那里必须有的自然，而绝不是抽象的时间或者空中楼阁（'通俗的世界概念'和存在主义哲学家所说的意义上的）这种被空间化的自然，而是实存的自然。"于是，我又问他："所谓存在的自然在基督教中还不够明确吧？"布尔特曼想了一会儿，回答说"是的"，接着问实存的自然是什么。

因此，当时我认为，在布尔特曼看来，耶稣基督是以肉体复活的方式复活（保罗说，如果不考虑肉体的复活，复活就没有意义）。保罗说，如果耶稣基督的肉体不能复活，自己的信仰将是空虚的。布尔特曼在《新约圣经的神学》（*Theologie des Neuen Testaments*，1958）的保罗神学部分对此进行了说明，并将意为肉体、罪之体的萨尔克斯（σάρξ）一词与复活之体索玛（σῶμα）

一词进行了区分。在英语中分别译成 flesh 和 body。布尔特曼解释说，这里所说的"肉体复活"不是萨尔克斯，而是索玛。索玛是指真正的真理得以显现的场所。于是，我又问："作为自然的存在意义的一个例子，你说作为复活场所的索玛复活的耶稣的肉体这种想法，必须是实存意义上的自然的一种情形。"

布尔特曼思考了一会儿后说：这与海德格尔所说的四重整体（Geviert）的想法（如上所述，是指天和地、神和人四者融合为一体互相映照这样的想法，四方形、方形便是其象征）相似。

我在很大程度上受到海德格尔这一想法的影响，于是回答说自己的想法与之相似。对此，布尔特曼反对四重整体的观点，他批评海德格尔，说在真理显露的世界，不会与真正的"你"相遇。我当时就认为，这是典型的布尔特曼式批判，现在我依然坚持这种想法。

海德格尔并不满足于四重整体这种说法（后期海德格尔进一步深化了其认识，提出了世界的公共性〔Welteröffentlichkeit〕），认为有必要认真考虑与他者相遇的必要性，然后从相遇中思考真正的历史，布尔特曼当然只能得出这样的结论。

现在，如果对布尔特曼的观点加以解释的话，他的信仰决断是以世界为媒介，并以之作为转换的场所，将过去的历史启示（神的话语）的传承改变为未来出现的福音传教（Kerygma），以及现在的相遇。在这个意义上，以世界为媒介，历史可以从存在的个人史扩展到世界史，在世存在可以成为在历史世界中做出决断的宗教性存在。因此，更严格地说，只有通过作为历史世界存在的宗教存在的意义，历史才被赋予了完整的意义。另外，这种世界的世回性在宗教存在当中让过去的耶稣基督的存在进行了一次转换，作为现在出现的东西与我们相遇（begegnung）。也就是说，以这个世界为媒介，"过去→现在"变成"未来→现在"，在那里能听到神的话语。

佛的名号也有这样的问题。一方面在从净土带来的永远的名号中，以我在此刻此处与你相遇这种方式来面对名号所带来的现在；另一方面，在与这个名号相遇时，作为南无阿弥陀佛这种召唤和应答的呼应决断的宗教行为，在其脚下——名号所开创的诸佛咨嗟（诸佛称赞念诵阿弥陀佛的名字）、诸佛证成（诸佛保证其名的真理和名号所带来的往生）——找到象征性的世界，这两者可以同时成立。这个象征性的世界，更具体地说，就是作为与这些名号相遇的背景，开启了念佛的历史传承世界。因此，在此与海德格尔的上述四重整体一样，成就一切事物都能相互映照的诸佛咨嗟、诸佛证成的世界。而且准确地说，在这个世界上，就像布尔特曼所说的历史世界那样，与你的遭遇，与名号的相遇是成立的。在这个意义上，我们可以从这里看到两者的立场合二为一的具体性。

《教行信证》的"行卷"第十七愿的诸佛咨嗟之愿、诸佛称名之愿，是指诸佛赞美阿弥陀佛和佛的名号受到诸佛的赞美。也就是说，是诸佛称颂阿弥陀佛的名号。因此，那不是我们的称名，一般认为那是"法体名号"的世界，对人类来说是超越的佛的世界的事情，是佛相互赞美，是其他佛赞美阿弥陀佛。

但仅仅对诸佛进行称颂，那与念佛这一宗教行为并没有什么关系。《教行信证》的"行卷"开头清楚地记载着"有大行……大行者则称无碍光如来名"。在此，我想将"大行"解释为宗教行为或者象征性行为。在象征性的宗教行为中，我们"称无碍光如来名"的行为似乎是诸佛赞扬称颂其名号的行为。因此，我们意识到称名是赞叹，是颂扬。相反，我们的称名也投射在对诸佛的颂扬当中。由此可知，诸佛咨嗟之愿也是诸佛称名之愿。也就是说，净土与此土、诸佛与众生、名响十方的念佛在宇宙回响与地上念佛的历史，在这些象征性行为中形成了四方形的四重整体（Gevier）之场。在四重整体之场中，阿弥陀佛和我相遇。正如雅斯贝尔斯所说的那样，这种情况下的象征性行为可以说是绝对的行为，在那里主观和客观的矛盾等都消融了，具体的东西在行为的立场上典型地显现，但同时正是在那里你与我相遇以及呼应得以实现。西田几多郎博士将这种行为的立场视为行为的直观，另外田边元博士将这种行为作为行信来解释。关于这个问题，需要进一步考虑。我认为这与前面提到的海德格尔与布尔特曼在立场上的分歧有对应之处。总之，由于宗教行为的大行性，主体和客体的对立被超越，这里出现的南无阿弥陀佛念诵当中有非常深邃的东西。我认为在与当今的宗教哲学、神学问题对照并反省的时候，其现代意义会更加明确。

[JWH]

（彭曦译）

阿部正雄

阿部正雄（1915—2006）

沿着铃木大拙开辟的道路，阿部正雄花了三十多年时间与西方哲学家和神学家对话，他代表禅宗思想和京都学派思想的传统，因为他从田边元，尤其是西谷启治那里继承了这种思想。虽然出生于一个净土宗家庭，并且在大阪市立大学的年轻学生时期，他就被在《叹异抄》中发现的真如思想所感动，但阿部正雄曾一度失去信仰。1941年，他离开工作岗位，回到京都大学学习西方哲学，在那里他遇到了久松真一，他对净土宗的批评使阿部正雄转向禅宗。完成学业后，他在京都的一些大学短暂任教，直到1952年，他在奈良教育大学获得了一个长期职位。40岁时，他在纽约的联合神学院度过了一段短暂的时光，在那里他聆听了雷茵霍尔德·尼布尔（Reinhold Niebuhr）、保罗·蒂利希（Paul Tillich）和铃木大拙（D. T. Suzuki）的课。1980年退休后的14年里，阿部在美国的六所大学任教。2000年，他获得了佛教促进会颁发的荣誉奖。在一篇关于西谷的经典作品《宗教与虚无》的长文中，阿部正雄阐述了他多年来关于绝对虚无的研究方法的轮廓。特别是，他强调了空性或动态的、创造性的品质——这一思想在西谷和塔纳布那里出现了萌芽——是所有宗教的共同基础。与他的两位老师一样，他也对道元的思想产生了哲学上的兴趣，合作翻译了《正法眼藏》的英译本，并撰写了一系列关于该作品的论文。他广泛的兴趣，部分是由他与欧洲和美国的主要基督教神学家的接触而形成的，但总是把他带回他在京都学者那里发现的思想基石，在这个意义上，他在使他们的思想在西方更广泛地被了解方面起了作用。以下摘录的文章提供了他与他在西方哲学中发现的思想进行辩论的风格的一个缩影。

[JWH]

空作为无形之形
阿部 1987，139—48

根据柏拉图的观点，在我们感官可感知的、受时间和变化影响的现象领域之外，存在一个"形式"的领域，它是不可改变的、永恒的，而且只有纯粹的智力可以知道。这个领域独立存在，并超越了参与其中的形式。形式是现实和原型，它使个别事物成为它们是什么——作为前者的副本。

与柏拉图一样，大乘佛教坚持认为，这个世界上的一切事物都是易变的、短暂的，受时间和变化的影响。然而，与柏拉图不同的是，大乘佛教并没有阐述在这个世界之外存在一个不可改变的、永恒的和超越的领域。在这个短暂的世界背后或之外，没有什么永恒的、超越的、真实的东西。尽管人类的智力渴望并期望在这个易变的、暂时的和无意义的世界之外找到一个不可改变的、永恒的和超越的世界，但如果我们要觉醒到最终的现实，我们必须克服这种二元的思维方式。在大乘佛教中，真实的东西不是永恒的、自我存在的"形式"，而是 śūnyatā，它的字面意思是"空"，它没有任何形式……

对柏拉图来说，我们的感官所感知的这个实际世界是一个不断变化的表象的永久流动，对它不可能有真正的了解。它是世俗现象的世界，是一种易变的、不真实的影子游戏。柏拉图提出了形式理论，试图确定道德之善的真正性质，根据苏格拉底的说法，道德之善对所有人都是一样的。由于只有真正了解善才能成为真正的好人，因此，了解事物的真实和不可改变的现实成为一个严重的问题。在这方面，柏拉图采用了毕达哥拉斯的学说，即灵魂可以实现其神性，并思考超越我们感官认知的永恒的数字真理。[①]因此，柏拉图的形式理论可以说是由道德善的问题和认识现实的问题所推动的。他坚持认为："当然有一些自我存在的形式，是感官无法感知的，只有心灵才能领会。"

---

① A. H. 阿姆斯特朗：《古代哲学导论》（London：Methuen，1949），37。

(*Timaeus* 51)……

对佛教来说，这个实际的世界也是一个不断变化的世界，它是不真实的和虚幻的……到目前为止，柏拉图和佛教之间有很大的亲和力。然而，佛教徒并不认同形式学说，因为佛教徒不接受超越这个世界的超感官和不变的现实存在。从最早的时候，佛教徒就强调……依附性起源、关系性、关系性起源和共同产生。这意味着一切都毫无例外地依赖于其他事物，宇宙中没有任何东西是独立和自我存在的……因此，我们可以说，佛教的缘起概念中所强调的相互依存关系，在最严格的意义上是通过拒绝超越性和内在性而实现的。因此，不可能有任何东西，至少在任何实质性的东西（如灵魂）的意义上，是更真实的。

  1. 这种虚无不应被简单地视为有别于"有"。如果是这样，它就只是与"有"相对的"相对虚无"。它仍然是被称为"虚无"的"某物"，而不是真正的、绝对的虚无。因此，佛教的"依他起性"思想意味着，在这个现实世界的背后，不可能存在任何真实和永恒的东西。

  2. 这种"虚无"既不是概念智力所能直接把握的，也不是客观观察到的。只有通过存在的、非客观的觉醒，才能正确理解它。

我们现在看到，佛陀的依他起性学说得到了对"绝对虚无"的存在性领悟的支持，而且我们坚持认为，它今天仍然可以得到这种直接经验的支持……

因此，对"空性"（śūnyatā）的认识可以说是依他起性学说的根本基础。感性世界和非感性世界中的万事万物只有在觉悟到无边无际、无形无相的空性之后，才有可能完全相互依存。在大乘佛教中，这种无形的空性是对终极实相的最佳描述。

柏拉图式和大乘佛教的"空"

现在我们必须澄清柏拉图的"形式"概念和大乘的"空"概念之间的相似性和差异。形式是属于"一种"存在的所有事物所共有的单一品质。它永远是不变的、简单的、永恒的,并成为它所代表的特定现象群的标准、永恒的模式或范式。由于与现象不同,它不仅在知识方面,而且在道德实践方面都是一种知识性和规范性的理念。这就是为什么善的形式也是所有形式中最高和最普遍的形式,通过这种形式,心灵可以通过形式的层次结构上升,找到"一个持久的城市"作为它最后的休息之地。因此,柏拉图的形式,特别是以善的形式为顶点的形式层次,具有意识形态或范式的意义。善的形式是情欲所要达到的目的,是心灵的煽动性和不间断的渴望。然而,这里出现了一个问题。心灵能否真正达到善的存在形式?答案必须是否定的。为了解释其原因,我们必须处理柏拉图哲学中身体和灵魂、现象和形式的双重性。

首先,让我们考虑身体和灵魂的二元性。对柏拉图来说……身体可以灭亡,但灵魂不能。只要灵魂是有形的,属于这个实际的世界,它就不能达到善的形式,尽管它可能接近它,因为善的形式在本质上是超越这个实际世界的领域的。然而,灵魂在死后与身体分离后可以达到善的形式——这就是柏拉图关于身体和灵魂的二元性的想法。但身体和灵魂的二元性有合理的理由吗?它只是柏拉图理想化地提出的一个假设吗?当我们问及为什么灵魂必须要被体现出来时,身体—灵魂二元性概念的不真实性将变得更加清晰,而柏拉图从未清楚地解释过这一点。

如果身体和灵魂二元性的想法受到质疑,那么灵魂可以达到善的形式的想法也会受到质疑。灵魂必须被说成是一直在通往善的"路上"。灵魂和善的形式之间存在本质的差距。对于在善的形式中寻找最终安息之所的灵魂来说,必须一直在通往它的路上,这是一个矛盾和两难的选择。最终的安息永远不可能在通往最终安息之所的"路上"找到。一旦充分认识到柏拉图式的善的形式所隐含的这种困境,这种方法就会趋于崩溃。在这里,我们来研究一个比身体和灵魂的二元性更广泛、更基本的形式,即现象和形式的二元性。

在柏拉图看来,形式是现实的,而这个世界上的特定事物是不真实的,只是参与到前者之中。形式是属于普遍的、绝对的存在的共同品质,是特殊事物的范本。这里出现了一系列问题,至少包括以下三个难题,它们都揭示了现象和形式二元性的局限性。

1. 当将两个特定事物的相似性归因于一个理念时,我们必须把理念和两个特定事物之间的相似性归因于什么？这就是亚里士多德在其对形式理论的批评中称之为第三人的问题的困难。这就导致了无限的退步。①

2. 柏拉图的形式理论作为事物的普遍理念，在逻辑上似乎迫使我们承认甚至是与消极的普遍术语相对应的形式，并表示没有善——疾病、丑陋、邪恶等。但它们的存在很难与形式作为普遍标准的功能，与他关于所有形式都来自善的学说，与他关于恶完全属于低级世界而在现实存在领域中没有地位的信念相协调。

3. 从现象和形式的二元性衍生出的第三个困难是参与问题。如果形式在本质上是与特定事物分离的，那么后者又如何能同时参与到它们之中？只有在一能为多、多能为一的情况下，参与才有可能。但是，一个形式怎么可能在参与它的许多事物中？（《巴门尼德》142a）

至少这三个难题清楚地表明了柏拉图的现象与形式的二元性思想的局限性。它们尤其削弱了他关于善的形式是真实的主张。如果我们把形式看作事物的普遍观念，那么在逻辑上我们就必须承认恶的形式。考虑到形式的范式和目的论性质，恶的形式的想法是自相矛盾的，所以柏拉图的理论不可避免地陷入了两难境地……为了达到最终的现实，我们必须超越一切二元性，包括身体与灵魂、善与恶、形式与现象之间的二元性。

佛教徒强烈坚持必须超越二元论的思维方式，以唤醒最终的现实。因为二元论的思维方式总是通过将现实分析和区分为两个实体而将其概念化。佛教徒不接受身体和灵魂的二元性，也不接受柏拉图关于灵魂不朽的观点。在佛教中，并不说灵魂是不可改变的，是脱离易变的身体而自我存在的，而是说身体和灵魂同样是易变的，是可以灭亡的。换句话说，灵魂并没有被排除在有关一切事物无常的教导之外。当我们回顾佛教徒拒绝印度教的"阿特曼"（ātman）思想时，就会明白这一点，"阿特曼"是一个永恒不变的自我。佛教徒强调身体和灵魂的非二元一体性，坚持认为相信灵魂的预先存在是一种幻觉，或者至少是一种不真实的观念，从而在身体和灵魂之间提出一个非二元性模式。

---

① E. Zeller, *Philosophie der Griechen* (Leipzig: Reisland, 1920), 1: 149.

同样，佛教徒不接受现象和形式之间的二元对立。因此，在现象和善的形式之间也是如此。除了这个易变的世界之外，绝对没有任何东西是真实的和不可改变的，而这个易变的世界中的一切都与它的起源和消亡有关系。当然，和柏拉图一样，佛教徒也谈到了感性和超感性的境界。然而，对佛教徒来说，从根本上说，超感性领域并不比感性领域更有优势。在佛教的理解中，感性和超感性的境界是相互参与的。真实的不是超感性领域本身，而是感性领域和超感性领域之间相互参与的这种动态关系性。所谓的感性和超感性领域，由于彼此之间的严格区分，只是从这种相互参与的主要现实中衍生出来的概念性的规定。这种相互参与或相互依赖也是善与恶、生与死、存在与非存在等关系的真实情况。

理想地讲，我们应该寻求善。然而，从现实来看，我们越是追求善，就越是意识到我们离善有多远。对善的追求不可避免地揭示了我们的邪恶本质。不仅在概念上，而且在存在上，善与恶是不可分割地相互关联的。这种善与恶之间的动态冲突被佛教徒理解为无尽的业力。一旦佛教徒通过自己内心的善恶冲突充分认识到这种无尽的业力，他们就会被引导要超越业力，觉醒到既非善也非恶的现实，也就是"空"的现实。对佛教徒来说，解决办法不在于接近善的形式，而在于觉醒超越善恶二元的"空"。

从目的论到"空"

我们现在认识到，虽然柏拉图和佛教徒都意识到这个世界的易变性，但佛教徒比柏拉图更深刻地认识到这一点……随着对完全的短暂性和依他起性的认识，对善的形式的偶像逻辑方法被对"空"的根本觉醒所取代，在这个世界上，善和恶是相互参与的，它本身既不是善也不是恶。在这方面，柏拉图强烈地以知识性的道德为导向，而佛教徒则忠实于人和世界的行为性。因此，问题不在于佛教徒是悲观的还是乐观的，而在于他们是现实的还是非现实的。

对柏拉图来说，形式具有积极的意义，它表示一个普遍的定义和一个思想的明确的智力限制。但是对佛教徒来说，形式是消极的东西，而无形的无相（animitta，没有形式和颜色的自由）具有积极的意义。这是因为对柏拉图来说，现实必须是可知的，可以由人类的智力来定义；而对佛教徒来说，现实是不可定义的，人类智力是无限的。然而，佛教不是西方意义上的神秘主义，也不是不可知论。

虽然佛教徒强调"空"是真正的终极现实，它没有任何形式，如果它只是保持无形，它就涉及一种二元性，即形式和无形的二元性。为了达到作为终极现实的"空"，我们必须超越无形式，以及形式和无形式之间的二元性。无形与有形的二元区别，成为一种名为"无相"的形式。真正的"空"是无相的，不仅在它超越任何形式或任何定义（如善和恶）的意义上，而且在它从形式和无形式中解脱的意义上。这表明，由于本身是无形的，真正的"空"并不排斥形式，而是自由和无限制地采取任何形式作为它自己的表达。真正的"空"不是静态的无形式，而是有一个动态的结构，同时是自由的形式和无形式。

这不是一个概念性的游戏，也不是一个可以客观理解的状态。相反，它是佛教传统中最严肃的宗教问题，只有通过完全否定自我，进行主观和存在的觉醒，才能发生这种情况。大乘佛教徒经常强调"不要住在轮回或涅槃"。对佛教徒来说，超越轮回——生死轮回——并达到涅槃是至关重要的。然而，如果我们只是简单地住在涅槃中，而忘记仍在轮回中的众生，那就永远不可能是真正的涅槃。虽然我们应该超越轮回，但我们不应该停留在涅槃上，也不应该执着于涅槃，就像我们应该超越形式，但不应该执着于无形。为了达到真正的涅槃，我们甚至应该超越涅槃，进入轮回中去拯救他人。在真正的涅槃中，在大乘的意义上，一个人自由地从轮回到涅槃，从涅槃到轮回，不停留在任何一个地方以拯救他人和自己。在这个动态的意义上，"涅槃"只是作为无形形式的"空"的另一个术语。

柏拉图的方法，由于其二元论的假设，即形式超越了这个实际的世界……最后必然落入一个两难的境地，尽管有接近目标的理想主义意图，但它不能超越"在路上"。因此，柏拉图对善的形式的上升方法不可避免地崩溃了。随着柏拉图目的论方法的崩溃，它与善的形式（即"一"）紧密衔接，无边的"空"领域被打开了，这是一个没有任何形式的空虚领域。

一旦趋向于善的形式的目的论结构消失，上升的方法的每一个点都被实现为目的。目标或终点不是"那边"的东西。它就在我们脚下。这意味着最终的现实不是在远离这里的地方，在未来的某个时候，而是就在这里和现在实现。这不仅对过程中的任何一点是真实的，而且对其最开始和最低点也是如此。不是终极现实站在我们面前，而是我们正站在终极现实中。终极现实不是一个可以达到的对象，而是一个不可以客观化的基础。因此，它是没有形式的。

"空"恰恰表明了这种非客观的、终极的现实。柏拉图把善的形式视为终极现实，并把它作为要达到的目标。然而，当柏拉图认为善是形式的形式，也就是比形式更多的东西时，他似乎意识到最终的现实是不可控的。在这里，我们看到了无形式的暗示，从而也看到了柏拉图关于善的形式的想法中的非客观性。然而，在柏拉图看来，善的形式所隐含的无形式性在某种程度上是在各种形式的等级制度之外，或在其顶点。因此，这种无形的东西在这个程度上仍然是客观的。由于佛教徒坚持认为多元的现实是完全不能客观化的，所以它不是善的形式，而是无形式的"空"。

当柏拉图式的最高方法崩溃时，无形的"空"的无边领域被打开，我们就会知道以下两点。首先，我们的运动和活动过程中的每一个点都是一个结束，同时也是一个开始。这是可能的，因为这个过程现在是在一个无边的空性领域中进行的，因此这个过程本身是没有结束和开始的。换句话说，由于我们的活动过程是无始无终的，所以过程中的每一个点都会立即实现为开始和结束。在这里，亚里士多德对柏拉图形式理论的批评是通过对空性的实现来克服的，即在无穷无尽中的回归。其次，统一体中的每一个事物都是完全相互依赖的。当每一个事物都有其个体性和独特性时，这种完全的相互依存是可能的。这些明显矛盾的方面——相互依存的方面和普遍个性的方面——的结合，不是在目的论和等级结构中，而是在无边无际的空性领域中才有可能。关于柏拉图的形式理论的一个困难——即一个人如何能成为许多人，许多人如何能成为一个人，在空性领域得到了解决。正如佛教徒常说的，"花是花，柳是柳"，或"山是山，河是河"，正如我想说的那样，"你是你，我是我"。一切事物和每个人都存在于一起，共同生活而不失去个性——也就是说，在无形的虚空领域中，都有自己的特殊形式。

但是，一旦我们把这个无形的"空"当作一个要达到的目标，从而把它客观化，就像在大乘历史上经常发生的那样，它就失去了动态的性质，变成了对这个实际世界的肤浅肯定或不加批判的漠视。无形的"空"不应仅仅作为一个目标，而应作为我们赖以生存的根本基础，并作为我们可以适当开始自由生活和开始创造性活动的出发点。无形的"空"，作为基本的基础，不仅仅是无形的。它充满了形式，因为它是无边的领域或无底的地面，让万物存在并以其特定的形式在自身内运作。

在这个"空"的动态结构中，没有任何东西被排除在外。你和我以及其他一切都以特定的形式存在和生活在一起，在这个作为无形形式的"空"中没有失去个性。

［JWH］

（张政远译）

辻村公一

辻村公一（1922—2010）

辻村公一曾在京都大学师从田边元学习哲学，1948 年留校任教，1982 年退休。他曾与久松真一一起修禅，并在访问德国时结识了海德格尔，禅宗和海德格尔哲学对辻村的思想形成产生了较大影响。

辻村在翻译海德格尔著作时对其思想进行新的诠释，另外还经常撰文阐释禅宗文本。例如，他将海德格尔的术语 Gelassenheit 译为"泰然处之"，并以此术语为基础，用佛教术语对海德格尔思想进行了阐释。辻村翻译了《存在与时间》（有と時）等海德格尔的著作，以及相关研究著作，并撰写了专著《德国唯心论断想》（1993），还发表了数篇探讨禅宗思想与欧洲哲学之间关系的有影响的论文。他的研究工作已经转向许多德国哲学教授所关注的东亚佛教文献。特别值得一提的是《十牛图》，这本书是他与哈特穆特·布赫纳（Hartmut Buchner）共同翻译的。在《绝对无与存在问题》（1977）中，辻村揭示了海德格尔与京都学派的"无"概念之间的联系和差异。

在下面的选段中，辻村引用了海德格尔关于现代技术的观点，海德格尔认为现代技术是一种真实或不隐瞒的形式，没有任何东西是被隐藏的，而人类对此是无法控制和操纵的。然而辻村把这种观点置于一个长期存在的概念中，即西方和中国佛教哲学中普遍存在的"一即一切"的概念。这篇文章引用了禅宗三祖僧璨以及赫拉克利特的观点，不仅深化了海德格尔对技术的思考，并为其进行了积极定位。

[JCM]

关于西洋与东洋"一即一切"的区别

辻村 1982, 391-404

序

去年3月,我在巴特·霍姆堡的首届学会上曾经强调,在"一即一切"(hen panta einai. All-Einheit)方面,东西方的类似性多于差异性。这种说法或许有些片面,因此这次我想就东西方在"一即一切"方面的差异进行论述,这也是此研究报告的近期目标。但我的最终目标是探寻一种能够改变"制造的支配"(Machenschaft)的方法。构成现代技术的本质的"制造的支配"是指人类所从事的制作、制造这种行为能够对包含人类在内的所有东西进行支配。这种观点认为:"一切东西都是制造出来的,而且是可以制造的。"因此,我认为在技术占主导地位的现代社会,"制造的支配"是"一即一切"的内在形态。

为了探寻解决上述问题的方法,我们必须把东西方的"一即一切"的旧形态纳入考察范围,因为"一即一切"的某种新形态的萌芽或许就包含在其旧形态当中,"制造的支配"可能会向那样的方向转变,而其旧形态在今天正被人们所遗忘。

我们首先对与东西方的"一即一切"相关的各种研究成果进行梳理,接下来通过对尼古拉斯·库萨(Nicolaus Cusanus)以及中国华严宗三祖法藏大师(643—712)在这个问题上的不同观点进行对比,来对在前文中梳理出来的东西方"一即一切"问题上的差异进行详细论述,进而对二者的差异进行阐释。之所以以尼古拉斯和法藏大师为例,是因为他们所主张的"一即一切"形态彼此最为相近。最后对"制造的支配"(Machenschaft)可能发生的转变进行简单论述。

(一)"一即一切"意为"一等于一切,一切等于一"。在西方哲学中,它与一种原理,即一切有的东西在唯一原理下形成关联的原理是有联系的。也就是说,一者(to hen)在第一要义上占据原理的地位,无论那是"有本身",还是"一切对立的统一",或者"矛盾中的调和",抑或是"有与非有的合一"。这里所列举的四种特征是根据赫拉克利特语录中关于 hen panta einai 的解释提出的。在赫拉克利特的观点中,个别的有这种意义上的某种东西被纳入上述"一切"即"有"这种"一切"之中。他称之为"一切即一"。这里的 einai 即"有"是指一切事情都基于"一者"的这种关系。在此,"基于……"必须在最广义上来理解。换言之,"基于……"意味着根据每次的关联,来"收集""作为原因引起……""分有""流出""创造""可能的条件""绝对媒介""生动地创作和改编"等。在赫拉克利特看来,"一切即一"是指人类以时间的流动(horologein)这种方式来从属。

普狄诺斯曾经明确指出,"一者"在第一要义上代表一种原理。"一切存在的东西,无论是以某种方式主张它是第一性存在的东西,还是在第一性存在的东西中存在,那些都是因为一者才存在的东西。"一者既是"万物之本"(arche tan panton),同时也是"万物之因"(to panton aition)。普狄诺斯有时还将一者称为"其他东西"(toekein),或者"神"(theos),但包括"一者"这样的表述方式在内,所有这些都是不得已而为之。因为"一者"原本不适合使用任何"名称"(onoma)。相比之下,任何个别存在的东西都被表示为"作为部分的一种东西"(kata geroshen)。作为一切有的原理的"一者"只有通过人的冥想才能体验和接近。以上是西方的"一即一切"的根本形态。

(二)"一即一切"在东方并不是指与一切事物的唯一原理的关联,它在第一要义上是指各种个别存在的东西与一切,即与世界相关。

在巴特·霍姆堡,我曾就禅宗三祖僧璨(8世纪前半叶)的《信心铭》进行过论述。在该箴言诗的末尾有这样的内容:"一即一切,一切即一,但能如是,何虑不毕。"当时,我就这里所说的"一"的两种可能性提出了自己的见解:一种见解是将"一"视为"一种原理";另一种见解是将"一"理解为任意的个物。后来,我用古汉语解读土井虎贺教授所译的德文版《华严经》,才明白"一"在此是指任意的个物。例如,这里的一个杯子是"一切",也就是一个世界。不过,这个问题还没有完全得到解决。

关于一切存在的原理这种意义上的"一",《信心铭》在其他部分有这样的内容:"二由一有,一亦莫守。"尽管我们很容易采取固守一种原理这样的理解方式,但应该避免局限于唯一原理,更不可沉溺于其中。

在东亚佛教中,人同样被纳入"一即一切"的范畴。那么,称得上"一即一切，一切即一"的人究竟是什么人呢？他们是觉醒者，还是菩萨，即那些随时都能成佛，却选择先度化众生，自己不去成佛的人？

在佛教世界观中，被称为"缘起"的这种关系占据核心地位。我的同事三枝充德教授将其称为"关系性"（Relationalität），而我则倾向于用"相依相属的发生"（zusammengehöriges Geschehen）来表述这一完全相同的特征。按照三枝教授的观点，任何个别存在的东西它本身并不会生灭，而是与其他一切相依相属。因此，任何个别存在的东西其实都是空性的，它自始至终都与其他一切形成关联。上述内容构成进行以下考察时不可或缺的前提。

前文对东西方"一即一切"观念的差异进行了梳理，为了进一步明确这些差异，有必要列举乍看最为相似的两种形态。在此，通过对尼古拉斯的"一即一切"与中国华严宗三祖法藏的"一即一切"进行比较来明确东西方的差异。

尼古拉斯指出："无论在任何被造物中，宇宙都是这个被造物的全部。任何东西都接受一切，因为一切在其内部采取收缩的方式（contracte）。"例如，"尽管宇宙既不是太阳，也不是月亮。但宇宙对太阳是太阳，对月亮是月亮"。因此，尼古拉斯的"一即一切"观可以在任何个别存在之物都与这种存在的一切形成关联这样的意义上得到诠释，这种观点在我所知道的范围内确属罕见。

法藏用"十钱的比喻"来阐述一种近乎于此的关系。"十"这个数字意味着"一切"，按照法藏独到的算法，一钱加一钱不等于二钱，那只不过是两个一钱的相加。不过，要使一钱加一钱等于二钱，二钱的形象必须从一钱开始就包含在一钱当中。要使一钱加二钱等于三钱，三钱的形象必须包含在一钱当中。以同样的方式，一钱中必须包含四钱、五钱、六钱、七钱、八钱、九钱、十钱。这样一来，我们就可以把这种关系表述为一钱（一、二、三、四、五、六、七、八、九、十钱）。关于二钱，同样的关系即二钱（一、三、四、五、六、七、八、九、十钱）这种关系有效，最终是十钱（一、二、三、四、五、六、七、八、九）的关系有效。我们可以用这种方式说"一即十"即"一即一切""一切即一""十即一"。法藏将这种关系称为各种东西的"用"的"相入"。在此，这种关系理所当然会遭到反驳：两万日元的钢笔能用一日元买到吗？为了回应这种反驳，我们必须对上述关系进行更加准确的考察。

如果一钱被规定为一钱的话，那么它处于"主、有、显"的地位，而二、三、四、五、六、七、八、九、十钱则处于"伴、空、隐"的地位。因此，在这种情况下，用一日元买不到两万日元的钢笔。但是，一钱本身并不是孤立存在的，一钱还与其他一切一钱有关。法藏将这种对其他被规定的任何钱都有效的关系称为各种存在中的"相即"。无论是这种关系，还是法藏学说的内容，"主与伴""有与空""显与隐"等这些独特范畴都发挥着本质性的作用，不过在此不对这些范畴进行论述。

运用东亚思维的范畴来探讨这一问题，我们可以指出：亨里希先生在做研究报告时，他是站在"主、有、显"这样的位置上，而我们则停留在"伴、空、隐"的位置上。与此相同的关系，也适用于任何个物与其他一切的相依相属的生起之中。

"相即相入"的这种关系体现了"重重无尽"这种状态。法藏通过"因陀罗（帝释天）之网的比喻"来进一步阐释"重重无尽"这种状态。帝释天的宫殿里布满了网，每个网结上都镶着一颗宝珠。任何一颗宝珠都会映照其他宝珠，同时任何一颗宝珠也会被其他一切宝珠映照。以这种映照并同时被映照的方式，任何一种存在都对其他一切存在产生影响。"重重无尽"这一比喻比前文中关于钱的"一即一切，一切即一"的说法更加明确。它将"法界缘起"感性地形象化了。这样一来，"法界缘起"的根本结构可以总结为"一即一切，一切即一"这样的公式。

基于以上论述，在此我们必须阐明尼古拉斯和法藏在"一即一切"观念上的差异。

（一）关于个物。在二者的"一即一切"的形态中，"一"指个物，例如一钱、一颗宝珠、太阳、月亮等，而"一切"则指世界、宇宙。然而，尼古拉斯将个物视为被造物，而被造物是以造物主神为前提的。与此相反，在法藏看来，个物无论是客观的还是主观的，都"有赖于其他东西"，而"有赖于其他东西"是"无性"的"似有"。最终它以"真如"为前提，因为"真如"无相，因此是"不变"的，而且"随缘"。关于这一点，在后文中还将进行论述。

首先，在尼古拉斯的观点中，每个被造物被视为从宇宙收缩（contraction）过程中产生的结果。与此相反，法藏则将个物视为本身包含其他一切的

"空、隐、伴"的事物。因此，我们不妨指出：双方在理解"一即一切"时，看待个物的视角是相反的，这是两者间的第一个差异。

尼古拉斯认为，宇宙既不是太阳也不是月亮，即不是个物，这意味着对个物的否定，任何个物原本不是整个世界。而在法藏看来，如果在个物的相互关系中，某个物占据"主"的，而且是"有"（的东西）的"显"的地位，那么其他个物就处于"伴、空、隐"的地位，而且其地位每次以逆转的方式显现。这是两者间的第二个差异。

（二）关于世界。尼古拉斯认为，世界即宇宙是"缩小的最大的一者"（Contractum max imum atque unum），它与"神"有"相似之处"（similitdo）。"在缩小过程中，世界即宇宙与绝对者保持无限的距离而降临。"因此，尼古拉斯将世界理解为神的缩小版，他是从神的一方来思维的，这一点毋庸置疑。尼古拉斯将"一即一切，一切即一"的公式中的"一切"理解为世界或者宇宙，并依照传统从作为神的绝对者的唯一原理出发来思考。

反观法藏，他是将法界理解为怎样的状态呢？在此，我们有必要对他所说的"六相圆融"学说进行论述。六相是指总相、别相、同相、异相、成相、坏相。在此，法藏以"舍"即房屋的比喻来阐明这六相，因此"房屋"意指世界。总相是指作为整体的房屋；别相是指梁、柱、瓦、石等其他东西；同相是指梁、柱等其他东西不是相互对立的，那些东西一起构成一座作为整体的房屋；异相是指梁、柱等其他东西相互区分开来；成相是指房屋由梁、柱等其他东西建成；坏相是指梁为梁，柱为柱，瓦为瓦，其他东西作为其他东西各自具有独立地位，彼此不相混杂。总相和同相、成相构成一组，而别相与异相、坏相构成另外截然相反的一组。像这样，尽管六相被分成这样两个相反的小组，但彼此之间不会发生冲突，而是以下面的方式相互融合，即无论在任何一种相中，其他五相都作为"空、隐、伴"而被包含。通过这种"六相圆融"的方式，世界与物得以融合。在法藏那里，世界不是由于神的缩小，而是通过整体与部分的融合形成的。这是两者间的第三个差异。

（三）关于绝对者。在尼古拉斯看来，"神是存在于一切之内的绝对原理"。他将神比喻为一点，并且指出："一切都处于神的范围内，神包含一切。而且，神本身处于一切之内，因此神阐释一切。"通过"包含"（compli-catio）和"阐释"（explicatio）这样的方式，神成为"一即一切"的唯一且无与伦比的原理。在"包含"中,神超越了所有比较与关系,因此是"绝对"(absolutum)的。这是神超越所有被造物的又一体现。神内在于一切被造物的存在之中,如果这种神的"展开"是在这个或者那个个物上展开的话,"展开"就"缩小"(contractio)了,因为"缩小是指着某种东西说有这个或者那个东西",因此,"缩小"是绝对者以某种东西,也就是以这个东西或者那个东西这种方式进行自我"缩小"。"缩小"是尼古拉斯对"创造"的独特理解。

"包含"与"展开","绝对"与"缩小",这两组概念与神的两个侧面相对应。法藏也说"真如"具有二义性。在他看来,真如在第一义上意味着"不变",因为真如"空"且"无相"。真如在第二义上意味着"随缘"。如果真如中不包含这两种意思,那么真如就会变得片面,而不再是绝对且具体的了。

法藏还尝试用"明镜"这一比喻来阐明真如的这两种意义之间的关系。照在明镜中(即真如的不变当中)的状态既有"净",也有"秽",那是每次都会发生变化的现实。明镜在其自身当中映照出各种现实的东西,这意味着真如本身并不是单独存在的,而是接受各种现实存在的东西的缘起。尽管如此,或者说正因为如此,镜子才不会失去其光泽,这就是说,真如不会失去其不变的性质。明镜越是映照各种各样变化的东西,也就越能证明其光泽,也就是真如的不变性。像这样,真如在其本身当中将其二义完全合一。

真如的两个意思即"不变"和"随缘",这或许与尼古拉斯所说的神的"包含"和"阐释",或者"绝对"和"缩小"大致对应。但是,这只不过是"一即一切"的西方形态和东方形态在原理上极为形式化的对应。与此同时,双方在原理上的差异也十分明了。因为"展开"和"缩小"是尼古拉斯对"创造"的独特理解,而法藏那里没有"创造"这种思想。这一点不言自明,而且是达及深层的根本差异,这一差异也概括了上述三种差异。

我们不妨继续使用"明镜"的比喻,指出我们通常看到映照在镜中的各种个别存在的事物的影像。在这种情况下,我们能将看的人、明镜以及影像彼此区分开来,这些东西也能彼此被分离开来。如果明镜与映照在明镜中的各种影像融为一体,那么我们就不再是从外面看的人了。这时,我们也就是观者就成为明镜本身,明镜就不再是明镜,因为明镜与映照在明镜中的影像完全合为一体。这意味着明镜回归其元初的本质,即回归"空"的"无相"。

我们将个别存在的东西的缘起作为空且无相的真如的出发点,也就是作为"性起"来看待。

(四)关于差异的根据。上述差异,其根源可以归结为两个方面:一方面是基于绝对者及其性格,另一方面则是基于对现实世界起源的把握。

尼古拉斯将现实世界的起源理解为神的"缩小"过程,即神的创造行为。相反,法藏以及东亚佛教则将之理解为彼此有缘起的个物的集合,那些个物是无性的。

在西方,作为"一即一切,一切即一"关系中的唯一原理的绝对者是神,神在最广义上赋予一切以意义。而在东方,"一即一切,一切即一"原理的绝对者是真如,真如空而无相,因此每次都采取各自的形态和一切的形态。

我们不妨立足于法藏的立场认为:如果神处于"有、显、主"的地位,那么佛教中所说的真如就停留在"空、隐、伴"这样的地位,"从无创造"这种说法就是这种立场的具体体现。如果无相的真如处于"有、显、主"的地位,那么神就停留在"空、隐、伴"的地位,例如变成无相的人格化。这就是我最想表达的观点。

三

上述东西方的"一即一切",与作为其现代形态的"制造的支配"(Machenschaft)之间是否存在某种关联呢?

Machenschaft,即人类的制造行为的支配,是指"一切东西都被制造,并且能够被制造"。这个公式在首要意义上,应该被视为关于存在的有的命题,或者必须从某种本体论的角度来理解,因为现实中依然存在非人造物。例如,我们每天吃的鸡蛋、蔬菜、鱼肉这些食物都是生长出来的。然而,它们同时也是通过种植养殖技术制造出来的。这些食物确实属于培育物,但这些培育物是通过食品工业技术生产的。太阳、月亮和每天的天气确实不是制造出来的。但通过天文学和气象学的研究,它们被当作制造出来的东西,被纳入Machenschaft的支配范围。如今,世界上还有试管婴儿。像这样,Machenschaft不仅使培育物和有生命、无生命的自然现象得以存在,还愈发将这些纳入Machenschaft的支配范围,Machenschaft体现了其背后的威力,即本体论上的威力。因为面向Machenschaft进行反思,并不是简单从属于Machenschaft。

被制造出来的东西，从背后对培育物以及生命进行彻底支配。那么，在被制造物的背后究竟隐藏着什么呢？Machenschaft 对于将人类的制造行为置于支配地位这一点一直视而不见。Machenschaft 以连续制造这种行为进行支配，如果不是连续制造，Machenschaft 就不可能获得支配地位，总之不可能是 Machenschaft。然而，使连续制造成为可能的东西存在于任何个别存在的东西当中，与其他一切东西都形成关联，即存在于"一即一切"之中。连续制造这种连锁正是基于"一即一切"这一前提。在西方，Machenschaft 即在制造物的背后，在根本上存在创造以及连续创造（creatio continua），连续创造早已不是人类的创造行为。在东方，Machens-chaft 背后，在根本上存在一切个物形成重重无尽的关系这种法界缘起，这种缘起作为无相之相早已无法创造。

这样一来，根据我的推测，西方所面临的最关键问题，在于如何才能使 Machenschaft 转变为一个充满连续创造意义的状态。为此，连续创造也不得不采取某种新形态。而在东方的关键问题是，Machenschaft 究竟如何才能被改变，使之与一切事物重叠并无止境地形成关联，出现法界出现缘起。为此，大概要求在法藏的"一即一切"当中引入制造或者创造的元素。

总之，无论在何种情况下，我们都必须将 Machenschaft 置于以往"一即一切"所揭示的更深层次、更广范围的存在关联之中进行审视，并在此关联之中对其进行限定。最后，我想以歌德晚年的诗作《一而一切》中的句子来结束这篇研究报告：永恒的东西会在一切中持续下去，

> 永恒的东西会在一切中持续下去。
> 因为，如果一切都固执于有，
> 一切只会在"无"中瓦解。

[JWH]

（彭曦译）

上田闲照

上田闲照（1926—2019）

上田闲照是京都学派第三代的核心人物。作为西谷启治的学生和继承者，以及西田几多郎思想的重要诠释者，上田继承了他们将西方哲学和宗教与"大乘佛教"的实践和思想进行对话的传统。上田出身于"真言宗"僧侣家庭，他和西田及西谷一样，长期从事高强度的禅宗修行。他在京都相国寺参加了一个由非专业人士组成的团体，并坚持每月就禅宗传统的经典文本进行一次讲座，这一活动一直持续到今天。然而，在他的学术研究历程中，他先是深入研究西方哲学（最初关注康德和黑格尔，后来才研究海德格尔和其他存在主义者和现象学家）和基督教神秘主义〔主要是梅斯特·埃克哈特（Meister Eckhart）〕，之后才将研究重心转向禅宗。他曾在马尔堡大学深造三年（1959—1962），之后他完成了一篇关于埃克哈特思想的德语博士论文。上田的语言天赋以及他在德语、其他欧洲语言以及古语方面的深厚造诣，在他对语言的思考中得到了充分体现。

通过探索埃克哈特和禅宗之间的深刻共鸣以及某些差异，上田变得更加倾向于从禅宗的角度进行探讨。他始终关注的核心问题是禅宗的经验和哲学的理性思考之间的关系，这种研究视角在他对西田的解读中得到了体现。他尝试发展一种"纯粹经验"的哲学，这既是主客体分裂之前的哲学，也是产生并动态统一现实中所有分裂和表达的哲学。继西田之后，上田将语言定位在"场所"的哲学中，也就是说，定位在一种拓扑分层的现实概念中。他经常用三个层次的模型来解释经验与语言的关系：（a）纯粹经验的前语言层次和原语言层次；（b）基本短语在诗歌宗教中表达的层次；（c）哲学和世俗话语的层次。

上田认为，语言所无法触及的领域，并不是人们一旦理解就停滞不前的无法言说的领域，而是在极端时刻从语言的极限中体验的东西，因为它会撕裂和修补、超越和包容、超越和改变我们的语言世界的意义。他认同海德格尔的观点，即人并非自我封闭的存在，而是与世界共存。然而，他坚持认为，世界在本质上是双重的：一方面是我们的日常生活所处的、由语言中介和表达意义构成的世界；另一方面则是超越并包含这个世界的空洞的无限空间。就概念以语言世界及其对意义的决定为媒介而言，这一空洞的领域超出了概念的理解范畴。然而某些语言形式，如上田所言，在诗歌和禅宗格言中发现的"虚的语言"能够引领我们触及这个终极场所。只要我们不画地为牢，不僵化我们对世界的语言划分，我们就能让自己在这个无限开放的环境中保持沉默，而这种沉默反过来又使我们能在语言建构的现实世界中更加自由、更加负责任地说话和行动。

[BWD]

两个世界中的语言
上田 1990，290-8；1997，347-67

首先，语言是怎样一种事象呢？语言是被给予之物，这是我们探讨问题的大前提。接下来，我将围绕与此相关的几个要点进行论述。语言能够"表现"（"表"或"现"）事情，有时还能够"既表又现"，这正是语言的力量之所在。更为奇妙的是，当事情被语言表现出来之后，语言会随之消失。语言表现事情，然后消失，事情以事情的形式展现。例如，当我们说"昨天休息了"时，我们专注于表达的内容，而非语言本身，听者亦然。我们从这些显而易见的基本事态出发，对以下两点特别加以关注。

第一，在用语言表达事情时，事情的表现（如果将事情的总关联作为"世界"，就是世界的展现）具有语言的分节结构，因此从一开始就很有意义。我们存在于世界之内，我们"所处的世界"从一开始就总是作为意义空间的语言世界，并且事物从一开始就通过语言解释呈现出来。这就是语言被称为"对世界的看法"，被称为世界结构性先行阐释者的原因。这既表明语言是一种制约，这种制约使我们的"在世存在"（In-der-Welt-Sein）成为可能，同时也意味着它具有限制的一面。而且，语言的模棱两可性预示了我们人类存在的根本问题。

第二，事情通过语言表现出来后，语言会将自己隐藏起来，这使得语言与事情的界限变得模糊，甚至引发疑问：这种界限是否就存在于语言内部？古人有云："说火的时候，烧不了嘴。"这是指在用语言表达以前，事情并不会作为事情展现出来，但一旦通过语言进行表达，事情不再单单是语言的事情，或者是语言表达之前的事情，而是作为语言以外的事情出现了。即便是在某种事情通过语言体现出来的情况下，以及通过语言事情才被描述出来（例如幻想文学以及某些诗歌等）的情况下，（极端一点说，即便在只存在于语言中的"虚"的情况下），事情也作为非语言的存在被感知。例如，诗歌尽管只作为语言而存在，但即便是诗歌也不单单是在使用语言，而是用语言来表达什么。因此，在即便受到语言表达制约的条件下，也可以将语言与事情区分开来，其极致就是语言之外的事情，像"难以言表"就属于这类问题。

因此，实际上大问题会以各种形式出现。提及"语言之外"，这种说法本身就已蕴含了语言的运用。说"难以言表"，也是在借助语言进行表述。因此，所有情形都处于语言之内，这种极端立场也是可能的。这样看来，从原理上来说，对没有语言的先行事态进行追溯是不可能的，试图追求所谓"赤裸裸的现实"的纯粹经验，从根本上来说，这是一种空想式谬误。但正因为可以采取这样的视角，也才会出现另一种极端的观点，即认为语言掩盖了世界真相，成为阻碍我们探索真实存在之路上的障碍，这种观点认为语言是虚假的标志，也是无能的证据。

这里提及的两种极端的立场，虽然凸显了问题的所在和性质，但不得不说都失之偏颇。事情只有通过语言才能表述，而通过语言表述出来的事情（即便它无法与语言分离开来）也能与语言区分开来，尽管语言和事情之间存在某种偏差（因此，以语言为对象的不仅有语言学，还有阐释学）。因此，在极端情况下，我们可以预测到语言以外的情形。但这些情形即便看似超出语言的范畴，实则依然处于语言的框架内。在这种情况下，我们不禁要问：语言以外的语言，是不是用来表述语言之外事情的语言之内的痕迹（而且，语言以外是否只有作为这种痕迹向我们展现）。（即便那是痕迹），从语言之内通往语言之外的通道是否存在呢？总而言之，语言与事情（事情这样一种语言）在语言内的差异，它们作为语言，恰恰反映了语言与（不是语言的）事情在语言之外的差异。如前所述，作为在世存在的我们"所处的世界"同时也是语言世界。更准确更具体地说，我们的存在实际上跨越了语言和事情之间那道"错位"的鸿沟（在根本上，这与看不见场所的双重性相关）。立足于这种"错位"的状态缺乏稳定性，这也是不安的根源，它促使我们寻求一种根本性的运动来获得稳定性。

接下来的论述或许有些跳跃，我想将这种根本性的运动视为"始于语言，融入语言"的现象。由于这一运动，以及在这一运动当中，经验的可能性受到语言的制约，经验的事情在其极限状态下试图突破语言的界限，这两种情形被动地结合在一起。

正是对经验可能性的这种制约作用，语言才被剥夺而成为根本经验，而这种根本经验作为自我理解的产物，又试图以新的语言形式呈现出来。在这一过程中，语言被打破。但我并不认为"难以言表"的现象会以某种方式存在，这一点十分重要。这种"始于语言，融入语言"的现象并不是顺畅的自我运动，而是通过打破语言陷入沉默，再通过打破沉默而重新使用语言的双重突破运动。我认为这种运动作为原始经验，它让经验得以在死亡中获得重生。我曾经以"啊！"这种原始感动为原型对这种情形进行过考察。

"始于语言，融入语言"，实际上我们以某种规模、某种方式在某个领域进行各种各样的这类活动。例如：融入语言，探究事情的本质，再到具体的语言；融入语言，进行严密的思考，并力求以准确的语言表达这些思考；融入语言，触及精神（即在说到"文字扼杀精神"时的精神）层面，再到精神用语言来讲述自己。此外做翻译工作，以及基督教、佛教在进行对话时，都试图跨出各自的语言世界，采用共通的语言来增进"自我理解和相互理解"。但是，这些"始于语言，融入语言"的活动依然处于语言的范围内，这种活动的极限状态正是我们要探讨的问题（只要那是极限状态，在大多数情况下就不会发生，但在没有发生的情况下，没有发生这种事情本身就会引发问题，我们以这种方式来规定我们的状态）。

我们所处的状态，实际上是一种双重在世存在。为了深入理解这一动态过程，我们有必要对这个问题进行探讨。总之，世界是一个全面的空间，它"处于"无限开放的状态（也可以称之为"无"意义的"虚"空间）。当我们说"处于世界之内（那通常是指处于语言世界）之内"时，其实是说我们"处于"无限开放的世界之内。此时，世界与语言世界相重叠，因此往往是，或者说在大部分情况下，我们会不知不觉地被语言的有限性、语言的力量及其意义关联的框架所束缚。只将世界理解为在世存在的世界，而忽视了其无限超越并包含的开放性，这正是人类世界引发各种问题的根源所在。另外，单纯一点说，我们的世界的真相是"虚空/世界"，我将之称为世界的"看不见的双重性"。正是这种"看不见的双重性"，使得那些"看不见"的部分被隐匿，而只有看得见的东西（那由语言来决定）构成世界。像这样，在世存在的主体（个别的，或者集合各种形态和层面的主体）试图使剩下的世界成为"我的世界"，使被封闭的世界出现对立以及纠葛、斗争、畸形。这种在世存在必须由世界的真相来打破，以实现人类存在的真实状态。我们依次对这种事情的根本动因进行论述，并将之视为"始于语言，融入语言"的现象。

如上所述，如果将"始于语言，融入语言"这种动态中发生的人类存在本来的根本结构规定为双重在世存在的话，那么作为人类的存在就会走出世界，朝着无限的世界再次运动。这无非就是我们通常以"宗教"一词来称呼的事象的基础结构。在此基础结构上，作为历史的现实态的各种宗教，一般被大致分为信仰的立场（绝对者与人类断裂，通过超越断裂的绝对者的恩宠进行救济），以及神秘主义两大类。那么，在"走出世界，然后再次走向世界"这一运动的过程中，我们应该如何对这两者进行界定呢？

我们可以将这一点简化如下：在人类主体进行"走出世界，然后再次走向世界"这种运动时，具有神秘主义倾向（如果从这样的视角对禅进行特别规定的话，在前文中说过修禅这种活动是通过双重突破而实现的，当重点被置于突破的事情本身的情况下——正因为具有突破性，因而不能说那是神秘主义，毋宁说是非神秘主义）。另外，人类主体处于被称为"走出世界，然后再次走向世界"的世界之内。在此过程中，当主体接触到那个超越并包含了世界本身及其无限开放空间（具体来说，多数情况下这种表现为个体接触到自身运动中所蕴含的神性或者宗教性的人格），并以这种方式参这一根本运动之中，这便构成宗教信仰的立场。因为原来的"走出世界，然后再次走向世界"可以将运动性即"从……到"和"世界"在重要环节进行分节，所以它具备了被类型化的可能性。同时，"世界"也与运动不可分离，因而是上述意义上的无限开放的"在"，这是一个双重世界的概念。在立足于"世界"，从"世界"审视，这个无限开放的"在"时，它对于世界而言成为一种超越性世界（同时，对于人类主体而言，也表现为一种超越性的主体）。在这个"世界"内部，我们能够洞察到在这两种世界往返的神秘的或宗教的特性。

因此，"语言"分别以各具特色的独特形式与被视为神秘主义和信仰的立场形成很深的关系。在神秘主义的语境下，"始于语言，融入语言"的运动本身基本上构成可以被称为根源语的原语言的核心（就人类主体来说，就是直接说出的原语言）。可以说，A报告中所提及的咒语和真言便具有这种性质。而从信仰的立场来看，人类主体在世上接触并参与这种运动。因此，世上的人们说的话、听的话（这些原本是神的语言）成了基础。例如，耶稣的话、《福音书》、《圣经》等，这些以谈话或者文本形式呈现的语言构成了所谓的"神圣文本"。（B报告以这种形态的语言为线索，C报告所指的语言似乎也采取了这种形态，但其中包含了完全不同的观点。关于这一点，将在后文中进行论述）。当人们采用这种信仰的立场时，会将在人类语言的形态下听到的语言解释为其原来的运动（这常常被曲解为"秘密仪式"，例如《圣经》中的语言被人们听成"神的语言"），这种做法构成信仰的核心。同时，这种引导出"解释"的神学与立场的形成之间存在积极的关联。另外，神秘主义也催生了多种各样的，甚至是无数文本，从而形成了神学。但这都是自我理解的延伸，核心在于应该理解的东西实际存在于原语言本身（因此，神秘主义为了追溯到原语言，甚至还会破坏神学或者《圣经》的情况也不少见）。相比之下，信仰立场的核心是以人类语言（即便那被理解为神的语言）为要素的谈话或者文本这种形态的语言。因此，神学家（E. 霍克斯）才会撰写《信仰为何需要文本》这样的论文。

从宗教的观点来看，关于"始于语言，融入语言"运动的另一个要点是，上述论述方式所描述为在世存在的人类主体的运动，对于该运动的主体而言，同时（与之重叠）也是语言本身的运动，前者是在后者的引发和支撑下得以展开的，人们逐渐意识到这一点。这种运动可以视为人类主体运动这一方向上的"始于语言，融入语言"的运动，可以用于对表象的形象说明。例如始于语言（deus revelatus——显现的神），融入语言（deus abscondi-tus——隐藏的神），启示的神和神性的无之间的运动。如果借助佛教术语来表示的话，也可以说那是方便法身和法性法身之间的运动。在此运动中，始终立足于可触及的显现之神或者方便法身立场，这就是信仰的立场（在显现之神和隐藏之神间的神的运动作为秘密仪式深藏于神性奥秘之中）。相比之下，神秘主义则将显现之神和隐藏之神间的神性奥秘也视为"始于语言，融入语言"这种主体的运动的高维场域。因此，在这种情境下，"始于语言，融入语言"时的语言，就像埃克哈特所言，不仅包含了"神的语言"，还蕴含了"作为语言的神"这一深刻意涵。

语言——"虚"的力量

语言能够描绘那些不可能的事情，无论是实际上不会发生的，还是逻辑上自相矛盾的"事情"，语言不仅能够准确地，有时甚至还能积极地进行表述。而且，这些"事情"似乎是只能用语言表达。那么，这究竟是怎么回事呢？首先，我想引用一篇曾在某杂志上偶然读到的题为《晚霞》的诗作，它出自居住在长野县野尻湖畔的一个孩子之手。在拙著《场所——双重世界之内的存在》（弘文堂，1992年）的开头部分，我曾从与不可见的"场所"双重性相关的角度对此进行过论述。而今，我想从与"语言问题"的关联来重新考察这一现象。

> 太阳落在黑姬山和妙高山之间，
> 那时，橘黄色的云，
> 倏然从我眼前飘过，
> 云满载着一天发生的事情在飘动，
> 我在学校学习的场景，
> 不知你是否看到。

第四行"云满载着一天发生的事情在飘动"是这首诗之所以为诗的关键。前三行已经营造了某种气氛,这里发生的都是通常的世界经验之内的"事情"。从第三行过渡到第四行自然而然地"倏然",而且发生了质变:"云满载着一天发生的事情在飘动。"之所以说是"自然而然",是因为"那时,橘黄色的云/倏然在我眼前飘过/云满载着一天发生的事情在飘动",这些与云的变化相关。之所以说"发生了质变",是指"倏然从我眼前飘过"的云经历了从我所看到的云到载着我而飘动的云、看着我的云这样的转变。前三行是我所看到的在世界中发生的"事情",云的变化也是在我所处的世界之内。第四行"云满载着一天发生的事情在飘动",那里有我。云载着我飘动,我也处于云的变化当中。云发生这样的变化,却依然是那朵云。我在学校上课,一天里发生了各种各样的事情,傍晚我所看到的云,"倏然从我眼前飘过"的云"满载着一天发生的事情在飘动"。虽然依然是那朵云,但云的性质发生了变化,而且是巨大的实质性变化。这种实质性变化是在"我"看云的时候发生的。这是怎样的变化呢?从"语言问题"的角度来看,这一现象又该如何解读呢?

"云满载着一天发生的事情在飘动",第四行开辟并决定了诗的意境。正是有了这一行,连同前面的三行一起构成了共六行的诗的整体。作为一首诗,这六行形成浑然一体的关联。不过,开辟独特诗境的第四行与前三行具有不同的语言性质。也就是说,当我们阅读前三行时,能够想象出那些语言所描绘的"事情"。换言之,我们阅读这三行,可以通过语言,也就是越过语言来接触"太阳落在黑姬山和妙高山之间/那时,橘黄色的云/倏然从我眼前飘过"所描绘的"事情"。这正是语言基本的、通常的,同时也是最为根本的不可思议的作用。也就是说,在用语言表达事情的过程中,随着事情的出现,语言仿佛悄然隐藏到了事情的背后,让人几乎忘记了它的存在。说极端一点,会出现语言消失、事情作为事情存在这样的情形。语言用这样的方式来表达事情,这的确是语言不可思议的力量。如果遇到朋友,我对他说"昨天去了趟冈山,冈山下雨了",他绝不会仅仅将这句话当作一句空洞的言辞来对待,而是会从中感受到我所经历的"事情"。正因为语言具有这样的力量,所谓"虚言"才成为可能。

相比之下,在最关键的第四行"云满载着一天发生的事情在飘动"中,呈现出了不同的事态。"一天发生的事情"，以及云"在飘动"本可以像前三行那样，作为"事情"来描绘。然而，在"云满载着一天发生的事情在飘动"这行中，尽管有某种可以表达的"事情"，但不能像前三行那样用语言来表达。这里所说的"事情"既不是抽象的，也不是虚无缥缈的。尽管通过"一天发生的事情"以及云"在飘动"勾勒出某种近乎具象的意象，但"云满载着一天发生的事情在飘动"并不是超越语言描绘出的"事情"。这种用语言表达的"事情"，我们必须将之视为只存在于语言中的"事情"。在这里，语言在描绘"事情"时，并没有隐匿于所呈现的"事情"背后，而是作为语言留存下来，并在语言中保留了"事情"。而且"事情"本身并不是语言，而是用语言表达的"事情"。因此，这一行诗句所描绘的"事情"只能通过语言来表达，而且只能用这样的语言来表达。在此，存在只有通过语言，而且只有在语言中才能展现独特的"语言世界"。对于在世存在来说，世界是对世界的理解积累起来的"语言世界"，这两种语言世界在本质上是不同的。语言世界与世界重叠，但"云满载着一天发生的事情在飘动"却不是世上的事情。

我想重申一下要点：(A) 语言用于表达事情。在这种情况下，随着事情的出现，语言作为语言也会消失。或者在用语言表达事情时，事情会一边消除语言，一边以事情的形式呈现出来。此时，语言所表达的是世上"实的"事情。这不仅限于现实发生的事情，还可以是假设的、空想的，或者是在世上可能存在或发生的事情。从这样的观点来看，它们都是"现实"的事情。在这种情况下，语言"实际"发挥作用。仅就"太阳落在黑姬山和妙高山之间/那时，橘黄色的云/倏然从我眼前飘过"这几句诗而言，这里所表达的都是"实的"事情，即便这种"现实"带有诗趣，使用了修辞。(B) 当语言用来表达"事情"时，语言不会随着"事情"的出现而消失，相反是语言所表达的"事情"只存在于语言当中（仅在语言中得以保持），"事情"的出现反而使语言作为语言更加突出。在这种情况下，与（A）的"实际"相比，我们更愿意把语言表达的"事情"视为"虚的事情"，而不是"实的事情"。此时，语言呈现出一种"虚"的特质。以"云满载着一天发生的事情在飘动"为例，如果仅就这句来看，这里所表达的是"虚的事情"。"虚的事情"只能用语言来表达，也只存在于语言当中。此外，这不仅仅是语言层面的问题，更是"事情"本身特质的一种体现。虽说它是"事情"，但它与"实的语言"所表达的想看就能看到的事情不同。尽管这些事情要在准意象的引导下才能看到，但它们确实是只存在于语言要素之中的"事情"。另外，"虚—实"这样的术语是从日本传统文艺理论中借用来的。在本文中，我们比较自由地将其用作凸显问题事态的关键词。

如果上述观点成立的话，那么说到用语言表达"实的事情"与"虚的事情"这两种情形它们究竟呈现出怎样的事态呢？这种时候，说话人又处于怎样的状态呢？我们会面临这样的问题。特别是我们如何才能言说"虚的事情"，而即便可以做到这一点，又为何非得说"虚的事情"不可呢？为了寻找答案，让我们结合所引诗句做进一步的考察。

第四行"云满载着一天发生的事情在飘动"描绘了只在语言中才有的"虚的事情"，从而展现了一个"虚"的世界。这个"虚"的句子决定了六行诗句的整体意境。换言之，这种"虚"的世界不仅与"实"的世界性质不同，而且是超越且包含"实的"世界的"虚"的世界。从晚霞这种自然界的景象，到在学校学习这种人类界的事情，这些全都是"云满载着"的"一天发生的事情"。这"一天发生的事情"是"实"的世界的"事情"。如果没有与这种表达"实"的语言相联结，那么那些表达"虚"的事情的语言就会失去其依托。当"云满载着一天发生的事情在飘动"时，它实际上在保持"实"的事情的同时，虚化为超越并包含世界的开放状态（世界转化为虚空内的可以随心所欲的地方）。在这里，一天发生的事情不是单纯的梦想，而是作为世上"一天发生的事情"，与世上同时处于虚空般"开放"状态的"事情"一起来经历并被重新审视。这是在无限的开放状态下重新描绘世界。另外，如果不采取这种方式来说"虚"的世界，那么对于开放的描绘就会失去其意义。因为无限开放的东西本身无法描绘，一旦被描绘出来，就已经成为"世界"的一部分。在这种"虚"的世界中，"实"的世界同时也被描绘。那作为虚实兼顾的"事情"，被人们经历和意识到。诗的第五行、第六行聚焦于"我"，进行了虚实兼顾的描绘，诗到此完结，整个六行呈现浑然一体的状态。不过如果按照语言所描绘的事情的性质来区分，可以说前三行描绘的是"实的事情"，第四行描绘的是"虚的事情"，第五行、第六行则是虚实结合。如此看来，整首诗的语言建构，正是对"处于虚空/世界"的人类存在的全面且真实的写照。正如这首诗恰如其分地显示的那样，语言既表现"实的事情"，又通过将之"虚化"来表现"虚的事情"。正因为如此，语言才是"处于虚空/世界"的人类存在的实在、虚存的自觉标志。

这首诗的前三行描绘"实的事情"，第四行描绘"虚的事情"，两者具有不同的性质，而第五行、第六行则虚实结合。在上文中，我们进行了这样的论述。

而实际上，这种"虚—实"处于"看""云满载着一天发生的事情在飘动"这样的过程之中，对于这一点有必要重新加以关注。这里出现的"虚"化并不是用语言来表达的"虚的事情"，也不是所谓观念上的抽象化，而是当"我"沉醉于"看"这一行为时，所体验到的一种束缚的消散与感知边界的无限拓展。看着夕阳西下，云彩渐行渐远，感觉世界在无边无际地延伸。在此过程中，那些被感觉到的东西被称为"实的事情"，被感受到的东西则被称为"虚的事情"。西田几多郎所说的"纯粹经验"的自发自转大概就是指自然而然地被分节为"实/虚"这样一种情形。在看的时候处于忘我的状态，在"忘我"的状态下去"看"，这才是关键之所在。这不仅是在"看"的过程中的"我的无"，而且还是本来的"无"（虚空）的体现。感觉透过虚空成为"感觉"，并被人们看到。从"我看云"到"云看我"，方向发生了逆转，这种情形是由于忘"我"才发生的。这不单单是"我"与云之间的方向逆转，另外也不是这样的事情是否可能的问题。通过忘"我"，走向超越并包含"我和云"的广阔空间。在那里，"我"也成为被观看的对象。

以上对只能用语言表达的"事情"进行了论述，并且结合引用的诗句对表达这些"事情"的语言作用进行了考察。我认为这是一个与语言，甚至与人的存在的核心相关的问题，因此想对此进行更加深入的探讨。

有些"事情"只能用语言来表达，例如前引诗歌的第四行。关于这一点，还有比较自然且清晰易懂的事例。如果着眼于语言表达的多义性来看，其中既有不显眼的事例，也有十分明显的事例。让我们先来看一看不显眼的事例。

　　爱上雪天的红茶色
　　　　——日野草城

这句诗平易却意境深远。大冈信认为这句诗"语言朴素，能深深吸引读者，给人一种十分闲适的感觉。外面下着雪，呈现一个雪白的世界，眼前看到的红茶色，红茶盛在晶莹剔透的白茶杯里，这是这句诗的妙处之一"。诗中展现了色彩的世界，眼前看到的是红茶色，而且是与茶杯剔透的白色形成鲜明对照的"红茶色"。白茶杯与"雪白的世界"相连接。在这里，以红茶色为焦点，将单纯且鲜明的大反差配色，以及白雪映照出来的色彩世界凸显出来。这是一个"美丽"的色彩世界。但这一句描绘（或者试图描绘）的，真是这种景色本身所独具的美丽的色彩世界吗？尽管这一句让人感受到景色本身就构成美的"实"的色彩世界，但这一句并不依赖于色彩世界。相反，那是用语言将其"虚"化为"语言的世界"，从而获得的美。即便描绘了以雪光为背景的白色和红茶色，形成对比的"实的"颜色，也无法再现这种诗句的美。这种作为"虚"化场所的"心"（由"爱上"这个词表现的"心"）并不是所谓的内在的心，而是在"雪白"这样的场所中，作为向之敞开的场所的"心"。

红茶的颜色、雪的颜色，它们本身具有美感。这种"实的"色彩世界以某种方式，即以语言的方式得以展现，这便是这一句成为风景画面的契机。然而，这一句表达的始终是"语言世界"，它并非单纯为了再现"实的"色彩世界，而是在描绘"实的"世界的同时，已经成为将色彩世界"虚"化的语言存在。"事情"被表述出来，但语言并没有随之消失。用这些语言表述出来的"事情"在途中"虚"化，作为语言被保留下来，"事情"因此融入了语言之中。这一句所表述的"事情"只存在于这一句当中。像这样，"语言世界"通过语言得以建构。这一句中"红茶色"这一表述，就像在其他许多场合一样，不是通过表述作为"实的"红茶色来发挥其作为语言的作用，而是在表现红茶色的同时，反过来将其吸纳到语言当中。"红茶色"这个词作为语言元素出现，在此发挥着只有语言才能发挥的作用。

可以说，以上所论述的"虚"化，正是语言独特作用的体现。同时这也是生活在"虚"化世界中的人类特有的存在方式。人能够享受"虚"，沉浸于"虚"，如果说语言所表达的"实的"事情是"实存"的话，那么通过语言建构的就是"虚存"。人的存在作为实存、虚存（"实/虚"存）的结合成为全存在的现成。但是，语言的"虚"化的作用，在其性质上能够超越这句诗所展现的程度。在这一句当中，"虚"性还不是十分明显。即便使用了俳句的修辞手法，其表达依然平易自然，简直可以称得上"名句"。这里的"虚"化已经在起作用，这表明语言的"虚"性已经渗透到不易察觉的深处。"虚"化作用进一步加大。在本文开头举出的诗歌《晚霞》当中，"虚"化十分明显。在"有"的情况下，"虚"化的强度会更大。如"人在桥上过，桥流水不流"这样的禅语便是明证。

人在桥上经过，桥下河水潺潺流淌。过桥的禅师说"桥流水不流"。这也是在描述过桥这种"实的"事情时所说的话，因此在这里是以"桥流水不流"为默许的前提。正因为如此，其反语意义格外引人注目。如果我们将其作为一种反语来解读的话，解决不了任何问题。这句话究竟在表达什么呢？且不说世上"实的"事情，甚至连空想的事情都不是（因为这样的事情简直难以想象）。因此，不得不说那是"虚的"事情。在这个例子当中，语言所表达的"事情"只存在于语言当中，因此它超越了单纯语言的范畴，成为一种特定的"事情"。而且，其表达方式十分独特。尽管不能马上理解其含义，却足以让人感觉那是将人们引向某种"事情"的事态。我们甚至不妨称之为指向"非意义"的表述。这是具有某种性质的语言，在说这种语言的时候，说话人的存在当中又会发生怎样的事情呢？让我们再次回味那句"人在桥上过，桥流水不流。"

作为在世存在的我们"处于"世界之中，这意味着处于世界无限空间即"虚空"之中。我们实存于世上，同时又虚存于世界"无限空间"之中。像这样，对于这种双重"处于"状态的自觉认知正是通过语言这一媒介得以实现的。我们因为语言而实存，并虚存于语言之中。语言表达世界，映照虚空。语言原本"虚/实"兼备。

语言表达事情，再将世上的事情（不论那是实际发生的事情，还是假定的事情，或者想象中的事情）作为世上的事情来描述。与此同时，还将世上的事情投射到世界所处的虚空之中，以这种在虚空中映照出来的"事情"来进一步在虚空（超越并包含世界的"无限空间"）中来描述"事情"，并以这种方式来映照虚空。这种描述之所以可能，是因为世界作为世界原本处于虚空之中，与世界交织的语言世界既是"实的"世界的引导者，同时又处于虚空之中。在向虚空投映描述"事情"时，决定表述世界之语言脉络的惯用形式以及语法的，正是那些投映于虚空的语言。然而，在这一过程中，其逻辑很容易变得不规则、无秩序，甚至混沌。这是因为，"虚空世界"中的虚空和世界的非连续的质的差异（超出位相差的范畴）映照在表达世界之"实的"语言之中。

然而，为什么语言不仅能够表达世界的"实的"事情，而且还能够表达"虚的"事情呢？这是因为，本来"我非我，亦我"这种通过虚空世界而"实/虚"兼备的主体在大多情况下都处于"我即我"这种封闭的自我之中，而不会去审视虚空，因此不会将世界看成虚空世界，而是将其看成普通世界。我们将自己封闭在世界之中，将世界扭曲，而且使这样的世界变成"我的世界"。我们应该从这种状态中觉醒过来，回归本来的状态。"桥流水不流"这句话乍看或许毫无意义，但这种表达对于习惯了世上的状态，满足于语言世界，实际上将自己封闭起来的状态，进而言之，在封闭状态下进行意义繁殖并深陷其中的状态构成有力冲击。极端一点说，这种表达将这种状态撕裂开来，将新鲜空气灌入其中。或者说，正因为人们中毒太深，变得空虚，这种说法送来了新鲜空气，再次促使其意义发酵。总之，这在一定程度上类似于"依言而遗言"的意境。因此，这不单单是一种强烈的否定，更是表达了那句话之外难以言表的深意。对于局限于世上的世界而言，非意义是强有力的挑战。不过，在虚空世界中，它也只是一种游戏罢了。

符号、象征语与虚语

以上对表达映照世界的虚空的语言的作用进行了分析，我们可以将要点整理如下：

（1）语言以分节组织的方式将世上的事象及每个特定的事象与事象之间每次都出现的特定关联作为世上的"事情"来呈现。在此过程中，语言作为符号语，具有界定意义的功能。在此关联之中，语言属于符号体系。

（2）但问题并不停留于此，即便是作为符号体系，体系的系统性实际上无法透视，仅表现为一种整体性。符号与符号间的相互指涉性中同时映照着这种整体性。因此，语言将世上的事象作为映照整个世界的东西来表现，通过表现世上的事象来表现渗透在其中的世界的整体性，而且在无法透视整体性的情况下，表现了一种超越世界的、有意义的某种整体性。这种整体性植根于主体之中，在任何情况下都将无法限定的主体性映照在语言中，使语言成为象征语。在意义层面，包含了从个别、特殊性到整体性落差的深度（所谓"讲故事"本来就是讲述这个世界的"故事"）。

（3）语言不仅象征性地展现存在于无限空间（虚无）的世界整体性，还映照其超越这一世界的无限空间，即主体通过"无我"这种自觉来展现的无限空间。语言自我穿透与世界交织的语言世界，或者中断对世界的指示来映照无限的空间，而且它无法通过虚空本身来表现。但在虚空中，语言能够描述出一种虚拟世界，这种虚拟世界映照虚空。在这种场合，映照虚空的语言所建构的虚拟世界，既如彩虹一样是半透明的，又如镜子一样呈现相反的世界（例如"云满载着一天发生的事情在飘动""桥流水不流"等表述）。此类语言不同于前述象征语，我们可暂且称之为"虚语"（所谓"幻想"本质上就是在描述这种虚空世界）。

我们可以将以上论述更加精简如下：语言表达"事情"时，涉及三种事态：（1）语言是表现存在（各种存在及其彼此之间的特定关联）的符号，属于符号体系。（2）只要各种存在处于存在整体性之中，那么语言就是表现存在、映照整个存在即存在整体的象征。（3）语言是表现存在、映照整个存在，同时也映照处于整个存在之中的"虚空"或者"绝对无"的"虚"语。因此，语言是这三种事态的（也可以暂且称之为意义的三个层次，不过第三层次是非意义）的动态关联。这三种事态以若隐若现的方式形成动态关联，语言作为符号、象征、"虚"语发挥三种作用。人们常说语言无所不能，就是因为它在这三个层次之间自如穿梭，即便有自觉地在其中某个层次稍作停留的情况，但实际上任何层次的堵塞或者失误，都将导致人类存在形态的扭曲，因此矫正这种扭曲，成为我们面临的实存课题。

上文中提及了三个层次，这一点很重要，让我们参考西洋传统术语来对这三个层次进行比喻说明。在太阳和月亮的照耀下，（1）日月都是自然现象（属于世界之内），（2）正如圣弗兰西斯所言，太阳发光是体现神的荣光的神圣现象，（3）"神的荣光"是埃克哈特所说的处于"神性（神的本质）的无""绝对无中的彩虹"。我们可以将这三个层次设定为世界、神、神性的无三个层次，而且主体贯穿于这三个层次之中。(a) 作为在世存在的人类，(b) 作为神的事情，(c) 两者都不是（依照埃克哈特的说法，我既不是神，也不是被造物）；依照久松真一的说法，那是"无者"，这是与德语中的 der Nichts 对应的说法。作为语言问题，将从世界与神形成关联，这是比喻的逻辑，而从神朝神性的无突破，则是对神的否定。

让我们回到前面的诗歌。"太阳落在黑姬山和妙高山之间／那时，橘黄色的云／倏然从我眼前飘过／云满载着一天发生的事情在飘动。"如果仅从字面来看，这几句诗也是表现特定事象的符号语言。但在这首诗中，作者以这种事象来同时表现自然与处于自然之中的"我"的象征语言。仅仅三行就让我们感受到某种意境，正是因为这样的缘故。第四行表明了形成象征性意境，即自然与"我"处于无限空间（虚空）这一点。而第五行、第六行在重复虚空和"我"这样的主题。像这样，这首诗在整体上表现了一切能表现的事物，展现了表达者的真实情感。

"我"在学校学习，并因此与世上"实"的事情着实形成关联，但这些并不是"我"的生活的全部。太阳从黑姬山和妙高山之间落下，橘红色的云彩在飘动，"我"看得入迷。就在这个时候，"云满载着一天发生的事情在飘动"，这让读者感受到存在于虚空中的世界的真实。这样，处于世界之内，同时又超越世界且包含世界这种境界自然而然地显现出来。

语言本质的这三个不同方面不仅在诗歌中，也在散文中体现，因为散文也是语言的一种形式。在此，我想引用西谷启治的散文《奥能登的风光》中的一段话来说明这一点。

> 海滩的另一端是宁静的大海，可以看见远处的地平线。广阔的海滩非常干净……那里有许多小贝壳，我经常和别人一起去捡贝壳。贝壳薄得透明，呈粉红色，像红宝石一样美丽，却非常脆弱，没有宝石的硬度。即使它们躺在沙滩上，也散发出一种高贵的纯洁感，让人觉得它们无处不在，仿佛不属于这个世界。而海边的景色本身也澄澈纯净，给人一种不属于这个世界的感觉。海边的这一景象，连同我自己在那里拾贝的记忆，深深地印在我幼小的心灵深处。[NKC21：155-6]

这篇散文是西谷七十多岁时写的。这不仅仅是世界中美丽的"现实"。西谷用"无处不在"或"仿佛不属于这个世界"这样的表达方式来探寻和超越这种美。这些词语是对虚空世界的写照。文章还反复提及景色的"纯净"。无形的虚空世界化作光环，照耀并改变场景。他还谈到了海边的夜景，并因此联想到中国北宋苏轼的诗句"山色空蒙雨亦奇"。他解释道：

在中国的传说中，蓬莱山和桃源等仙境是隐士和仙人居住的地方。古希腊及其他地域的神话中，亦不乏类似的所在。置身于由山峦、海洋与天空共同勾勒出的这片海滨绮丽景致之中，我仿佛能真切地感受到，这样一个幻境竟悄然浮现，幻化为眼前的现实。[NKC21：157]

这不是一般的风景，而是足以被冠以"纯净"之名的风景。借助语言，即通过文字书写，人们能够明确地认识到这一点。一方面，我们面对的是风景本身——在自然景观的基础上，或许还融入了人造的"景"观；另一方面，则是"纯净"的风景，即那些未经人为雕琢的"景"观。如此一来，风景或光景便成为了一种表达双重世界的独特方式。

当世界文本的空白边缘与行距变得透明，进而显露出虚空的表象时，这种虚空的表象便有可能以多样化的方式映射到世界的各个维度之中，将原本潜藏于世界之中的不可见的双重性或虚空表象转化为世界内部可见的双重性，而这种转化并不局限于某一特定的事物。从原则上讲，任何事物都有可能与作为世界中存在主体的人类相结合，从而实现这一转化，因为每一个实体实际上都置身于这个双重世界之中。在孩子的诗中，它化身为云朵；在西谷的文章里，它又成为贝类。聆听七十多岁的西谷追忆往昔，我们可以清晰地看到，那些在年轻心灵深处刻下的深刻印记，是如何成为一种人生观与世界观的基底色彩，并且这种基底色彩又是如何在之后漫长的岁月里持续不断地产生共鸣与回响的。

禅的语言

青原惟信禅师的上堂说法阐释了禅的特质。

> 老僧三十年前，未参禅时，见山是山，见水是水。及至后来亲见知识，有个入处，见山不是山，见水不是水。而今得个休歇处，依前见山只是山，见水只是水。

（1）第一种情形"山是山"指的是，山是世上的事物，是作为世上存在者的"山"，这个存在者只存在于世界之中，"山"这个词只是一个符号。（2）然而，世界作为一个世界，位于虚空之中。为了揭示这个世界的真相，世上的存在必须向虚空敞开。在向虚空敞开的过程中，世界内部的事物被暂时否定。原本只存在于世上的山被否定成了虚空，这就是第二种情形"山不是山"。可以说，这句话起到了以"虚"语映照"虚空"的作用。（3）随着虚空逐步展现，隐匿于其中的世界的真相显露为现实。在这个真实且虚空的世界里，第三种情形"见山只是山"展现出来，这才是真实的实际存在的山。虽然同为"山是山"的表述，但在不同的语境下，其含义有所不同。在最初的符号性语言阶段，"山是山""水是水"，是指不同的事物（也就是说，在说"山是山"时，意味着"那不是水"）。然而，在"如实"语的层面上，它不仅描述了山的"事情"，而且当说出"山是山"时，这句话本身就在整体存在中展现了真实性，同时也揭示了说话主体的真实性。此外，第二种情形与第三种情形之间存在互动关系。在《禅林句集》中，我们看到许多"虚"语与"如实"语相互转换的例子。已经成为常用词语的"柳绿花红"原本是"如实"语，反转一下就成了"柳不绿""花不红"。

第三种情形"见山只是山"不同于第一种情形。那是涵盖整个虚实语境的山。山是山，继而山不是山，最终又回归于山是山。在这种否定和重复的过程中，山的本质被重新诠释：山在不被视为山时，才显出其本色，因此山是山。这就是铃木大拙所说的"即非"或肯定-否定的逻辑。在此，"山不是山"对人们初识"山是山"时的直观与偏见提出了强有力的挑战，对既有认知进行了反思。同时，最后的"见山只是山"以游戏化的方式，让虚空话语中的事物展现出来了。然而，正如许多禅语所揭示的那样，当被遮蔽的真相重新显现时，它并非仅仅通过逻辑上的肯定—否定—再肯定这种理性路径来呈现，而是隐匿于肯定与否定交织的诗意语言之中。这种语言开启了一扇通往异质空间的大门,引领我们进入一个不同的维度。展现了现实与虚空交织的游戏。下面再举一个例子说明这一点。

　　　　千尺丝纶直下垂,一波才动万波随。
　　　　夜静水寒鱼不食,满船空载月明归。

　　最后一句描写月夜垂钓一无所获,虽然空船而回,却有满舱皎洁的月光与我相伴随行,此景呈现了"空"灵的意境。相比之下,即便是满载而归,也有可能让人感到空虚。这首禅诗阐释了虚空与如实的关系的真谛。无论是否钓到鱼,在真正的虚空中却是满载而归。"空"与"月明"确实相互映照。在虚空中,世间万物的表象被剥离,同时又在虚空中折射出自己的影子,这便是"满船空载月明"所蕴含的深意,这句话充分体现了虚空与如实的结合。

　　如前所述,从"山是山"这种朴素的陈述到"满船空载月明归"这种诗意盎然的表述,语言的作用在于揭示事物的本质。但这一过程并非自然而然进行,而是人生中动态的、相互交织的存在过程。青原惟信禅师所讲述的经历,即从"未参禅时"(入门前)到经名师指点"有个入处"(入门后),再到"得个休歇处"(融会贯通),这就是一个典型的例子。在此虽然借用禅宗之语来阐明这一点,但其意义远不止于禅宗的范畴。

　　我之所以强调语言所具有的"虚"语的功能,是因为这一点在以往被人们忽略了。然而,鉴于人类主体身处有形与无形交织的双重世界,语言的真正作用恰恰在于其能够在虚空与如实之间切换,建构起"山是山"(实际事物)、"山不是山"(虚空事物)、"山只是山"(虚空而实际的事物)这种动态且相互关联的言说世界。

　　由于人的主观感受各不相同,虚语很难与实际事物等同起来。正如宫泽贤治所言,"这里没有真正的语言"。在一般情况下,语言的虚空性会给交流带来障碍。尽管整个存在的实在性正是通过这种虚空与实际事物的双重存在得以在世界上显现,但语言的虚空性及其被滥用的可能。将有损于人的存在的实在性。古人曾说"游于虚空,寓于如实"。换言之,人只有在现实生活中活动,同时在精神或者想象的虚空中游戏,才能显现其真正的存在方式。然而,由于人的主观性的差异,语言的虚空性容易脱离其应有的实在性基础。

这与其说是"游于虚空,寓于如实",还不如说是"游于如实,寓于虚空",这使得人们可以用词语随意表达任何事情。尤其在我们这个时代,媒体作为社会核心角色的地位日益凸显,语言被引向虚空化的危险日益增大。媒体对现实的解构和华丽的重构(在用"虚"语来美化这种意义上)正在加速进行。应该说,现实并非唯一的评价标准。试想,一个彻底遗忘了虚空,而仅有现实的世界将是何其苍白与不真实。在现实社会的所谓真实世界里,虚空的谎言四处蔓延。评判的标准始终应当是"虚空/如实"或"如实/虚空"的共存。因为,如果不将"实"与"虚"的均衡确立为标准,人类的生存将面临前所未有的困境和挑战。

总之,无论我们如何根据具体情境强调如实或虚空,事实上语言是以虚空与如实交织的方式被人们使用的。一旦这两者被割裂开来,语言只能以单一维度来被使用,就会面临危机。仅从现实出发,语言可能陷入僵化的泥沼;而如果仅从虚空出发,则可能让经验变得虚无缥缈。相比之下,那些能够体验"山是山—山不是山—山是山"这种哲理的语言,无论它们是孩童纯真的诗句,还是禅师含义深刻的禅语,都是真正触及现实本质的语言。它们向我们发出呼唤,而我们何时才能真正具备倾听这种声音的能力呢?

[BWD]

(彭曦译)

长谷正当

长谷正当（1937— ）

长谷正当1965年在京都大学修读完博士课程，随后在京都工业大学执教长达十年，其研究方向为18世纪以来的法国唯灵论，研究对象包括德比兰、费利克斯·拉瓦森·莫利安、朱尔斯·拉切利埃、亨利·伯格森、莫里斯·布隆德尔，以及加布里埃尔·马塞尔等人。自1975年起，任转任京都大学教职，直至2000年退休。此后，他的研究兴趣转向了法国哲学家保罗·利科、西蒙娜·威尔和伊曼纽尔·列维纳斯，他致力于探索这些思想家与他所研究的《真理经》以及京都学派哲学家西田几多郎、田边元、西谷启治、武内义范之间的思想联系。

这种广阔的思索逐渐汇聚成长谷正当所提出的"自我阐释学"理论，该理论在1987年出版的《符号与想象》一书中得到了详尽阐述。在利科、列维纳斯、西田等哲学家思想的影响下，他试图将对"自我"的思考从主观惯性转移到宾格（从"我"到"这样"的转变），并强调它作为语法谓词而非主语的作用。这反过来又促使他重新思考"欲望"在自我构成中的位置，并从这一基点出发讨论宗教超越性与欲望的联系。他的这些思想在其两部代表作，即《欲望的哲学》和《无限在心中的反映》当中得到了深入阐述。正如以下摘译所示，他以"欲望"和"意象"这两种思想作为中介，对有限与无限之间的关联，以及宗教人深刻而具体的体验与阿弥陀佛超然的活动之间的关联进行了阐释。

[JWH]

悲哀与信教之心

长谷正当 2003，146-52

苦与恶的神秘之处，就在于它们能唤醒我们内心深处对真实生命意义的憧憬。这种在否定中邂逅肯定的神秘体验，同样渗透于我们日常情感，特别是悲哀之中。实际上，我们能在"悲哀"中触及在自我存在深处展开的超越性维度。西田几多郎对这种悲哀的独特性进行过深入探究。

西田认为哲学的出发点不是惊讶，而是悲哀，而且他还指出那同时也是宗教的出发点。

西田指出：一个人一旦陷入深深的悲哀之中，他的心底必然会萌生信教之心。西田把宗教规定为"心灵上的事实"，这一点广为人知。所谓"心灵上的事实"是指信教之心并非源自逻辑或理论体系，而是在悲哀情绪的触动下，从人的内心深处自然流露出的真实体验，即无比深邃的生命通过悲哀从内心深处涌现这一事实。

那么西田是怎样把握悲哀的呢？西田的朋友曾出书纪念他早逝的儿子，西田为朋友的书作序。西田在序言中谈到他自己失去亲人时所经历的悲伤。该序作为西田心灵深处的流露广为人知，经常被人引用。

> 我也曾经因为丧子而深陷悲痛之中。……生老病死乃人生常态，逝去的不止我孩子一人，这么想的话，按理说也没有什么值得悲伤的。但即便如此，悲伤依旧是悲伤。正如饥渴是人类的自然需求，但饥渴本身是难以忍受的。有人可能会说：人一旦去世，就无法复生，我们应该想开点，应该努力忘却。然而，对父母而言，这种痛苦是难以忍受的。又有人说，时间能够治愈一切创伤，这是自然的恩赐。这一点或许很重要，但又有些不近人情。为了不忘却，留下一些纪念，至少在自己有生之年能够回忆起逝去的亲人，此乃为人父母的一份真情。昔日与君同窗共读华盛顿·欧文的传记，其中有这样一段话：想要忘却内心的其他烦恼和痛苦，将之转化为其他情感，但唯独死别这种悲伤不宜在别人面前表露，

只想在心中重温，沉浸于其中。现在，我想起了这句话。偶尔感物忆旧，至少这也是一种慰藉，是对逝者尽一份心意。这种悲伤的确令人痛苦，但父母不希望这种痛苦消失。（《西田几多郎全集》第一卷，第 47 页。）

西田在此对悲哀这种感情中所包含的矛盾要素进行了深刻论述，值得我们关注。悲伤是一种痛苦，但同时它也有治愈痛苦的力量。可以说这是悲哀中的超越性要素，也是痛苦中的治愈力。西田指出：尽管有人可能会说，人一旦去世，就无法复生，我们应该想开点，应该努力忘却。然而，对父母而言，这种痛苦是难以忍受的。从这句话里可以看出，在失去亲人的痛苦当中，同时也存在着孩子与父母间的纽带，以及父母对孩子的关爱。父母对孩子的关爱，通过他们对孩子的逝去感到悲哀体现出来，这既是父母的真挚情感，也是他们的悲哀。父母对孩子的纯真关爱在悲哀中得到了体现，由这种悲哀所带来的痛苦在悲哀中获得慰藉，这正是悲哀的治愈力。

悲哀中同时包含两个相反的要素：一方面是永远失去孩子的事实，另一方面是永远失去的孩子活在父母心中。在永别这一点上，存在着相互联系的矛盾事态。将丧子的苦恼与现在的慰藉，将伤痛与治愈伤痛的力量融合在同一种感情之中，这正是悲哀感情的独特之处。西田将信教之心视为包含这种矛盾事态的东西，并在晚年的宗教论中使用"反向对应"这一概念来指称。可以说，西田偏爱引用的大灯法师的话"亿劫相别，其实刹那不离"，其中也包含了悲哀情感的这种两面性。在撰写这篇序言时，西田还没有对悲哀中所包含的这种矛盾进行概念性的把握。但也可以认为，正因为没有进行概念性的把握，反而保持了这种感情内容的丰富性。因为逻辑性、概念性的语言往往难以深入把握事态，而容易停留在事情的表面。虽然我们将在这种事态中发挥作用的东西称为逻辑，但那是在不可视的、在心灵深处起作用的逻辑即"心情的逻辑"，而非可以进行概念操作的逻辑。在进行概念化思考之前，我们首先必须关注在心灵深处起作用的不可视的规律。

如前所述，悲哀与痛苦不可分割，而在这背后，有超越痛苦的力量在悄然起作用。因此，悲哀是一种包含矛盾要素的复杂情感。在此意义来说，悲哀是一种"复合情感"。但通常所说的"情感"是一种向内扭曲、束缚自己的封闭性情感，而悲哀则是化解这种封闭性情感，将心灵从束缚中解放出来的具有开放性的情感。这种具有开放特性的情感被称为宗教情感。

悲哀这种情感的独特性在于它蕴含着独特的治愈力。例如，在《涅槃经》所推崇的"月爱三昧"中，我们便能窥见这种悲哀的治愈力。金子大师在探讨"月爱三昧"与宗教情感之间的联系时曾经指出："月夜情绪化的特性伴随着夜间袭击和谋反等诱惑感，但月夜所产生的情感是最具宗教性的情感。这种情感能够平静地缓解人的烦恼，让人隐约遥想通往一如的彼岸之道。"（《金子大荣著作集》第七卷，813页）。阿阇世王杀害无辜的父亲，因此感到悔恨和苦恼，这种情绪不久便使他全身长疮，散发出令人无法接近的恶臭。直到身处月爱三昧境地的释迦牟尼发出月光，他的恶疮才得以治愈。《涅槃经》对此这样解释道："世尊大悲导师，为阿阇世王入月爱三昧，入三昧已放大光明。其光清凉，往照王身，身之疮即愈。"书中说："此光先治王之身，继而及王之心。"这句话值得我们深思。清凉之光在拯救心灵之前，首先要拯救身体。在金子大师看来，首先要通过身体来感受，拯救才来得真切。金子大师说："身有所感，心有所知。谁能不感受自己被拯救，就能对之进行认知呢？如果没有被拯救的感觉，就不可能对被拯救有所认知。只有认知才能明确并加深这种感受。"（同上书）阿阇世王之所以全身长疮，是因为他内心苦恼，心灵受到创伤。因为月光，他的创伤才得以治愈。信教之心就是治愈这种内心创伤的光芒。月光具有治愈力，因为它来自超越这个世界的彼岸。在得出这一结论的基础上，金子大师又说：

> 在月光的领域，情形完全不同。我们首先身处其中，遥想彼岸世界。月夜最适合我们遥想"阴间"。而且在遥想阴间的心中，能感受到一切沐浴在一如的光芒之中。在此，人们能朴素地感受到对于人类而言，虚无才是最大恩惠。善人会放下对善的骄傲，恶人会远离恶的诱惑，一心一意地融合在一起。……大千世界仿佛成为一双慈爱的大眼，注视着贫富贵贱的人们。这样的月夜恰好象征涅槃，昭示佛陀的证境。

人的身体遭受的伤痛会激发出比这种伤痛更大的生命力。这种生命力从生命的根源中被唤醒，伤痛会自然得到治愈。如果是内心受到的创伤，这一点就会更加真实。"纯粹""善""至高无上的东西"，总之会在内心深处产生这种朝向如来的心境，这并非因为自己内心纯粹，也不是因为内心清净，而是因为心灵受到创伤。这种创伤还会带来病痛，所以清净的东西、纯粹的东西从高处降临，治愈人们所遭受的创伤。清净的东西、纯粹的东西深不可测，广袤无垠，是一种"空"。那是如来的境界。信教之心是心中存在只有如来的清净心才能治愈的创伤这样一种状态。

让人在内心产生追求善的愿望，才有可能使外部创伤这种人们遭遇的恶自然得到治愈。但对于整个灵魂因为创伤而被撕裂的人来说，不能没有至高无上的善，以及完全清净的心灵。这种纯粹的东西进入悲哀之中，由此形成悲哀的治愈力。从内心深处产生这种清净之心来治愈心灵的创伤，这就是"信教之心"。当西田指出遭遇极度不幸和悲哀的人一定会从内心深处情不自禁地产生"信教之心"时，用"信教之心"来把握的，就是在悲哀的深处流淌、对心灵创伤具有治愈力的如来的清净心。这就是西田在说"悲哀令人寂寞，慰死者有余"时他所把握的东西。

作为展开宗教真理之场所的欲望
长谷正当 2003，208-19，229

有不少哲学家把人的本质归结为欲望，并以对人的把握为起点来探究哲学和宗教问题。柏拉图、斯宾诺莎、黑格尔和弗洛伊德就是这方面的典型代表。

……

这些哲学家认为人的本质在于有欲望，欲望被视为理解人类的起点。他们的目的并非将人的一切活动还原到感性的欲望并将其消除，而是将人类内在的超越性要求的现实基础作为欲望来把握，以实现这样的目标。从人类最直接、最内在的地方来把握超越的志向以及满足这种志向的超越性原理的基础，这是隐藏在他们学说背后的共同关注点。

……

人的欲望与感性自然紧密相连，但其根源却深植于一个超越了感性自然的自由世界，一个更为高远的境界。因此，说人有欲望，并不意味着主张人是被感性的、固执的、盲目的冲动所驱使的存在，以及被迷惘和苦恼所支配的存在。人的欲望在现实中几乎总是以这种固执己见的烦恼形式表现出来，这是难以否认的事实，但这只是欲望的表层。欲望的根源超越了单纯的感性的、固执己见的状态，而是指向善以及无限。人的欲望之所以会表现为无限的冲动和情感，是因为欲望的根源是对无止境的善的希求。要全面把握这种欲望，就必须从被掩盖的现实欲望出发。将欲望简单归结为被扭曲的颓落部分，这种理解方式未免过于狭窄。我们应当认识到，被掩盖的现实欲望在根源上是对善的追求，只是这种追求可能会被扭曲并走向颓落。因此，我们应从追求善的或本源的欲望的角度来对之进行把握。

欲望的真正对象，或者与欲望在根本上相连的超越性维度通常隐藏在我们身上。它在日常世界中被欲望所指向的各个对象所覆盖，沉入无意识的深处，我们不会意识到它的存在，但它不会一直被掩盖在无意识的深处。无论是缓慢地还是突发地，它总会在意识中涌现并被意识到。当把欲望和对象紧密联系起来的东西被切断，欲望失去对象，转而向内封闭时，它就会从无意识深处浮现，进入意识之中。欲望的超越性维度通过欲望与对象之间的断裂而在意识中出现，这种欲望与对象之间联系的断裂，是以某种否定的经验为契机产生的。

"不安"就属于这种情况。在不安之中，欲望与对象之间稳固而紧密的联系被切断，"无"便在我们存在的底层展现开来。但不安的意义远不止于一种否定性经验。在不安中，过去熟悉的世界相貌被打破。与此同时，从"无"的深处传来呼唤的声音。那是从隐藏在自己内心深处的欲望发出的呼唤。海德格尔说，那是一种良心的声音，它从"无"的不安深处呼唤我们成为真正的存在。在这里出现的，可以说是隐藏在欲望根源中的超越性维度。因此，所有不安都不应被消除和填补。我们应学会忍受不安，并在不安中凝视自己内心深处展现的"无"，当能够超越"无"的力量在自己内心深处出现时，不安就化作了通往更高境界的桥梁。

"希望"同样是这种欲望的超越性维度得以展现的一种特殊形态。希望与不安一样，也是以主体的生存受到威胁这种窘境为契机而生。但尤其要注意的是，尽管希望产生于窘境之中，但它具有突破窘境，开辟新天地的力量。希望具有超越这种窘境的力量，在这一点上，它不同于单纯的感性欲望和愿望。各种感性欲望往往在窘境中被扼杀，或者选择逃避现实，沉溺于幻想与梦境；而希望则直面窘境，勇于超越，开辟新维度。这表明当希望打破欲望的桎梏，在其深处展现超越欲望的维度，或是欲望的超越性维度在人的意识中浮现时，希望同样存在。因此，希望拥有一种无私和安乐，这是欲望所不具备的，它还伴随着谦虚和自由的感觉。

欲望与"这个我"的自我性结合在一起，当自我性被否定时，欲望会陷入恐惧和不如意的状态。而在希望当中，这种"狭隘的自我性"被超越，潜藏在欲望深处的超越性维度得以展现，引领我们进入一个自由世界。在欲望中，我往往执着于自己的有机生命；而在希望中，我被超越单纯自我生存本能的关怀所驱动。马塞尔指出：在希望中，我并不局限于"我"，我属于超越单纯生命的更高维度的精神目的或者秩序。在希望当中，我向"我们"敞开心扉。因此，在马塞尔看来，希望有一种"神秘的光"贯穿其中心。即使身处充满绝望的窘境之中，在这种光的照耀下，也能开辟出一条超越窘境的道路。

马塞尔进而指出：希望"对我抱有好感，让我感觉我所期望的事情，至少实际上是值得期望的。如果我全身心地期望，某种神秘原理也必然会同样期望。对这种原理存在于一切所与的彼方……加以肯定，就会出现希望"。所谓"信"，正是对同样希望并肯定自己的根本希望的"神秘原理"的肯定，它存在于一切所给予的彼方。通过肯定作用于自己欲望深处的超越性原理并使其自觉化，自己的欲望才能真正得到满足和实现。在欲望深处起作用的这种超越性原理，在净土教中被视为"法藏菩萨的本愿"或者"阿弥陀如来的愿心"。阿弥陀如来的愿望也是"对我们抱有好感，希望并肯定我们所期望的东西，存在于一切所给予的彼方的神秘原理"。净土教的信仰称，通过从自己欲望深处找到法藏菩萨的本愿，自己的欲望才能得到满足和实现。

有限的对象或事物无法满足我们的欲望。只有当我们渴望无限的事物——那种潜藏于万物背后的某种神秘原理时，我们的欲望才能得到真正的满足。渴望无限的事物，意味着要超越并舍弃有限的一切。但这里的舍弃一切，并非指放弃所有的欲望，而是指欲望找到了其真正且终极的归宿，并得以完全实现。"信仰"所表达的，正是这种欲望找到了其真正的对象，并通过不懈的渴望最终得以完全实现的状态。如果说，渴望有限事物却永远无法满足的状态代表了欲求的自我，那么信仰便是对这种欲求自我的颠覆，它站在了这种状态的对立面。

[JWH]

（彭曦译）

大桥良介

大桥良介（1944— ）

大桥良介在 1969 年于京都大学本科毕业后，便到德国的慕尼黑大学留学，于 1974 年以研究谢林与海德格尔的论文取得博士学位。此后，他回到日本的大学工作，开始主攻黑格尔逻辑，并以此研究成果在 1983 年取得了维尔茨堡大学的特许任教资格。受到留学与西田几多郎哲学的影响，他以探求东西方哲学的交汇点为研究宗旨。其中他更想将西田几多郎有关"场所"的逻辑联系到现代大陆哲学之中。1990 年，他利用自己在欧洲广泛的人脉，统筹了京都学派的一些重要著作的德语翻译工作，编制了第一本西方语言的京都学派文章选集。此外，除了把西方学者的著作翻译成日语外，他亦以德语和日语出版自己有关日本文化和美学的研究。

大桥以道元的哲学作为进一步的研究重点，而他的这个哲学兴趣反映于他的博士和特许任教资格论文以及他的一项《正眼法藏》选篇的德语翻译工作当中。近年来，他更专注发展他所提出的"现象学"佛教思想，以"悲"为日本与欧洲哲学世界的桥梁。由于他看到京都学派哲学未能如佛教智慧一样透彻地处理佛教的悲，于是他便尝试运用这个传统去处理一些欧洲现象学未能适当地处理的问题。以下的摘录显示了大桥带入研究中的广博学习成果以及他继承自京都学派前辈的创新思想风格。

[JWH]

悲的现象论

大桥良介 1998，7-12；2005，11-3；2009，19，44-9

我想谈及关于"悲的现象论"的概念。"悲"的概念是从大乘佛教借来的。所谓的借来，并不是原封不动地把大乘佛教的教义也借过来。我的看法是以西谷启治在"空"的概念上的论点作为设定。针对佛教的思想，他是这样说的："排除了传统的概念框架，佛教的基本概念是可以自由地被运用的，而且虽然并不是适用于所有的情况，它亦可与现代哲学概念互相对照。从传统概念的立场来看，这样使用佛教概念的方式较为粗疏，而且有时亦不能明确地表达出事物的多重意义性。"

在佛教术语中，"悲"是指佛陀和菩萨怜悯众生和解救苍生的精神。如果将其从佛教教义的框架中解放出来，就可以揭露出"悲"涉及了"他者"的问题。在佛教里，众生与"佛法"两者都必须是"空"。将面向"他者"的精神和心推向一个无底之处并不是出于一种由上而下或是基于道德理由的同情。他者在本质上必须是"空"。《教行信证》重申了以下一点："一直观察众生的菩萨认为众生无处可寻。"（IV，17）虽然这种体验可能只是灵光一闪，却引导我们思考在难以完成以自我意识为起点的传统现象学之际，要发展出一套关于他者的现象学应该是不可行的。

要是"他者"的开示性与"自我"的关联是密不可分，那么我们便可以多引申出一些关于自我开示性的意义。"自我"不可能以对知识的反思来理解。通过反思来物化的自我是一个"既知的我"，而不是"认知中的我"。自我在反思认知中被排除开来。这并不是说自我的本质是不可知的。我们可以用流动时才可以看得到的源头作比对。超越反思理解的自我之源头其实可以表现为一种有着打破知识反思的直觉性自我存在。正如"就算到达源头，水仍然是流动着的"，能够"到达"的源头并不是一个带有流动性的真正源头。

故此，这是有一种不能被视为对象或物质的自我，其中展现出真正的现实。这需要被非物化的自我的所有经验以及他者为他者的观点所支持的。于是，基本的自我和他者的开示性可以一同被冠以"悲"之名。明显地，这牵涉了无穷无尽不同形式的感性和心情、感受的表达。

现在，"他者"并不是指任何单独的个体，而是通过共存共生来形成世界的无数个个体。"他者"的世界永远都是一个真实的世界。"他者"的开示性就是"世界"的开示性。这是"悲"的第三层意义。在佛教里，这个世界也是"空"。"空"并不是从以上所得出的教条，反而这更像是一道投射在传统本体论上的光芒，引领我们对其作出反思。当物体、无限、创造等概念与"空"的经验正面交锋时，它们便需要回归到源头，在基础上冲破传统本体论的界限。

由以上可见"悲"开示了自我、他者和世界。如果我们深入探索这些开示性，我们便会陷入自我、他者和世界的"悲的现象论"。

在这里我选用"现象论"一词而不用"现象学"。这种处理是基于对现象学的根本特质的考虑。现象学，正如胡塞尔所强调，无论何时都应该是"严密的科学"。而与此同时，它应该以"科学"来对这个根源的生命和世界作出反复提问，把埋藏在"科学"中的内在超越根源的直观部分呈现出来。根源直观的"观"（neosis）先于其被客观化而成为"理"（logos）。现象学的内部深处有着"现象学"。"现象学"把这个 phenomen 理念化。虽然可能会联想到田边元的"忏悔道"（metanoetics），但是他的理论中带有 meta 超越 neosis 的意思。而我的焦点是以深层意义的"观"（neosis）——"直观"（aesthesis）去解构现象（phenomen）的根源直观。

这里用"现象论"一词而不是"现象学"的理由是基于导入了佛教理论这一原因。虽然"论"当然是"理"（logos），但是它是以大乘佛教的"论"，即释尊的"经"的方式开展出来的。这并不是客观的"学"，而是以"教"被传承所衍生出来的教义。此处，从"哲学"的立场看，大乘佛教的"论"虽有困在一个封闭的教义而不能发展成开放性哲学这一问题，但是，这样的"论"比起把事物客观化的"科学"更能包藏看到事物根源的"观"。它直观现象（"色"），也直观所映照出来的"空"。

"空"的直观不是知识或科学，而是对自身存在的觉醒。因此，大乘佛教的理论有着先于和建构现象学的现象论特征。而悲的现象论映照出对大乘佛教理论中的觉醒。

悲为共通感觉

"悲"可被视为"共通感觉"。首先注意到这种感觉的人是亚里士多德，他把它视为五感的共通感觉。要是把五感比作五指，亚里士多德所认为的共通感觉就是手掌。在这里所感受的感觉——正如日语中"掌"字含有"心"之意——是从与外界的直接接触后退一步的一种内向化。"共通性"的范围是超越个人而延伸至他人及社会。

相对于亚里士多德的用词，在古罗马时代，人们共有的感觉被称为 sense communis，即今日英语中的"常识"。这是集团、民族、国民、同性别等所共有的感觉，亦是意大利哲学家维科所开展的一个历史方向。共通感觉所有的社会性不止于常识的层面上，也涉及美的判断，这就是康德所说的"美的共通感觉"（sensus communis aestheticus），即超越个人的美的判断主观性的一种"共同体"（gemeinschaftlich）的美的感觉。

伽达默尔追溯共通感觉的学说史的踪迹，注意到"共同体"，最终冲破这个美与感性的次元，朝着艺术作品的存在论出发，提出"视域融合"之说。不过对于共通感觉，他没有再往其深层发掘下去，而是继续停留在传统的共通感觉的理解之上。但是，如果深入"共通感觉"的"心"（内部的精神）的领域而触及判断意识或美的意识的话，这里的感性并不单单是对事物的感觉，而更是内心深处的认识，且会触及自己内心的痛感（patior）。要展现这个感性，"情意"（passio）一词比"感觉"（sensus）更为适当。这个词通常被翻译成激情、苦情、苦难等。不过与此同时，这里还有"共通的"情意之意。在跨越过去、现在、未来世界，与他者一起构成的"共通的"痛感中蕴含着"悲"（compassion）。这里也有着在过去、现在、未来的世界中与他者共同感受的 Delete con-patior。

"Compassion"是大乘佛教的"悲"的英文译语。共通感觉的深层与大乘佛教所说的"悲"是重迭的。我在之前的拙著《悲的现象论·序说》中曾指出将"悲"分为"自己""他者""世界"等三层的"开示性"。现在我更愿意把这个"悲"与传统概念中的"共通感觉"的深层意义重迭起来，得出

"历史"的开示性这第四层开示性。这是在被感受、被告示的内容中加入时间轴或者历史轴。我们经常对过去的悲惨事件感到"痛心"、对现在的世界样相抱有"热心"、对未来"关心"。这里的"心"衍生于"我之中",而世界样相这一东西从"我之中"诱发出来,换句话说,"我之中"就是世界的根源。我们的心是有着扩展过去、现在和未来这三世世界的"世界心"以及一颗"我的心"。就这样,共通感觉在这个深层的"悲"之中埋藏着时间或是历史的感性等意义。

在这里我想作出多一点补充。英译译为"compassion"的大乘佛教概念"悲",以日语汉字表示的话带有"悲しい"(悲伤)之意。在佛教中,这被视为佛陀怜悯众生的慈悲之心。不过假如取出了自己与他者在历史共生时的根本感情,"悲"也有着"共"(co)"生"(vivo)的一种"共生"(conviviality)情意。而这一词语带有"豁达"的意思,而且如字面之意,是一种"共生"。"悲"与"豁达"可被视为同一事物的两面,就像很矛盾地,生命中良善和令人鼓舞的部分笼罩着最浓厚的死亡阴影。"无"的深渊伫立于"生存"(force de vivre)的顶端。当我们把这样的一个"悲"理解为共通感觉时,透过佛教经验的引导和把事物联结到多样化的现实情景,便会揭示出"历史的世界"。

非共通的共通感觉

"感性"支撑着精神发展的整个过程。黑格尔的《精神现象学》指出感性就像埋在土里的矿脉一样,其表面被掩盖着,因此揭开感性的道路是被阻挡着的。不过通过把其"破坏",我们仍是可以把它开采出来的。随着越掘越深,就越会发现"共通感觉"。

……

在"自我意识"一章提及的主人与奴隶关系中,黑格尔不经意地为经典的共感赋予了一个新方位的定义。主人手握绝对支配的权力来面对奴隶,奴隶的生死操控在主人的手中。奴隶因恐惧死亡威胁而服从掌握其全存在的主人。不只是奴隶劳动生产所得全归其主人,就连其存在的全部也是。主人与奴隶抱有的感情是对立的,而两者之间亦看不出有任何共同体所有的共通感觉的空间。譬如，对于奴隶所生产的东西，例如一个壶，主人和奴隶会抱有不同的观感。奴隶是排除在主人欣赏壶之美的满足感之外的。虽然这个壶是奴隶的作品，但是他脱离于壶的美学鉴赏。而对于这个壶，他所感受到的全都是疏离感。

就主人与奴隶关系的本身而言，是主人与奴隶双方共同构成的，而当中也有两者共通的地方。将主人和奴隶拉在一起的"场所"是尼古拉斯所说的"巧合"（conincidentia oppositorum）。这种关系不是基于同构型。就算是人与人之间原本的关系，虽然两者都是人类，每个个体都是"他者"，而关系中则包含异质性和破裂。

本来，从"共通感觉"中引申出来共同体的共有感知默示了共同体的同构型。这是由于当很多人的主观品味和判断是出于一个共同现象时，在共同体的个体当中就形成了判断的目的论，我们可以把它叫作美学的共感。不过，其实无论是哪一个共同体，当中的每个个体都存在彼此不同之处和因异质性而产生的裂痕。他们可能全部都觉得壶是美丽的，但是同时保持着各自的异质性。这些异质性源自每人对"他者"的感受以及自己和"他者"的关系。共同体的内部包含了种种的"异他性"。当非共通性最弱时，同构型的共通感觉便成立。虽然如此，就如当非欧氏几何到达临界点时，欧氏几何便成立一样，这也是一个例外。

主人与奴隶处于对立关系的两极。主人掌握绝对操控权和奴隶对死亡的恐惧这两种感觉，可被看成是形成的元素和"自我身份的绝对矛盾"的一种自我定位。这些相互的感觉不只是心理上的情感，它们更是一种集体"场所"的自我表达，是"世界的感觉"。因为这个世界是一个自相矛盾的世界，所以主人与奴隶的感觉代表了一种非共通的共通感觉。因此，奴隶对自己制造的壶所感到的疏离感以及主人从奴隶和壶身上所获得的绝对满足感代表了非共通的共通感觉的两面。这样的非共通的共通感觉支持了黑格尔所提出的主人与奴隶的辩证逻辑。

这种对共通感觉的阐释彻底脱离了我们一般将"共同"作为"同质"的理解方式。正常的理解方式倾向了使拥有多重对立矛盾的共感免于自相矛盾。不过当这一点被质疑时，正常看待事物的方式所潜藏的前提，例如个体是共感的持有者，就不再是不言而喻了。不同的视点转移了我们对个体所属的共同体的焦点。共同体是共通感觉的真正载体。从"非共通的共通感觉"的角度来看，这是核心的成分。

下一步是剖析非共通的共通感觉如何带出"他者"的开示性以及"世界"和"历史"的开示者。具体来说，"精神现象学"描述了理性、精神、宗教和绝对知识。依此，非共通的共通感觉已经将无限的内在性和精神分别定位为"认知"和"感性"，也可与"悲"互换。这已经在"理性""精神"与"宗教"等章节说明。在最后一章"绝对知识"中，"悲"流露于"绝对"之中。

我已尝试指出精神现象学的解构是一项源于悲的观点所产生的"感性现象学"。反过来说，这个解构点正是悲以现象学方式形成的地方。因此这也是东西哲学思想交汇之处。

[JWH]

（曾敏华译）

二十世纪哲学

综　　论

在日本，"二十世纪哲学"这一类别大体上是为欧洲和美国的哲学思想，以及日本人对它们的参与而保留的。在撰写他们自己的知识史时，日本学者倾向于遵循与日本一般历史相同的分法。这意味着，过去一百年的哲学家要么被定位在他们繁荣的帝国时代（明治、大正、昭和、平成）；要么被定位在他们与日本"现代性"的关系中（日本作为一个现代国家的建立可以追溯到1868年颁布的《五条御誓文》，即原宪法）；要么被定位在以太平洋战争为中心的时期（1937—1944年的军国主义时期和1945—1960年的战后和平时期）。从某种意义上说，我们决定避开这些类别，将20世纪作为一个独特的历史单位，只是用一套模糊的东西代替了另一套。同时，这也是为了暂停对分类的种类和特定作者在其中的位置的判断。它进一步反映了日本哲学在过去一百年中的稳步发展，它在一个文化多样化、多语言和世界性的论坛中达到了目前的自我批判地位。

20世纪的西方哲学，可能没有任何主要的思想潮流或主要的思想家既没有被传到日本来的，也没有被派往国外一流大学学习的年轻学者军团引进。绝大多数日本哲学家集中于在某些西方传统中获得足够的专业知识，以便能够在日本忠实地代表它，并作为学者获得世界性的认可。时至今日，大多数日本的哲学期刊在内容和论证风格上与西方的同类期刊差别不大。而日本的哲学课程，虽然逐渐被吸收到更大的跨学科项目中，但只在教学语言上与西方的同类课程有区别。只有在20世纪末的几十年里，这群日本哲学家才开始接触本卷中所代表的大量资源。

对西方哲学传统的模仿只是画面的一半，尽管对外部观察者来说可能是最引人注目的。另一半是更微妙的，在哲学著作的字面意义上并不经常被注意到。仔细观察这些文本，日本哲学的学生就会意识到那些受过西方思维训练的人试图在日本的本土土壤中培养其内容的多种方式。即使这种挪用过程被刻意掩饰在一种被扭曲以适应西方语言和思维模式需要的表述中，一种非常不同的知识遗产的阴影也在背景中徘徊，就像一种模糊的意识，即外国哲学家所借鉴的更广泛的文学和文化资源在日本环境中基本上是无法获得的。随着21世纪的到来，选择摒弃伪装并突出这种分歧的年轻日本学者的数量急剧增加。其中部分原因是为了应对专门研究非西方哲学的外国学者的压力。更重要的是，在20世纪的最后几年，日本学者对日本思想潮流的兴趣急剧上升，这些思想潮流通过借鉴本土思想史来参与西方哲学。藤田正胜的摘录很具有代表性，其中也谈到了这一点。

　　京都学派哲学家在这一转折中的重要性很难被高估，后面的选文中经常直接或间接地提到他们的工作，这证明了这一点。关于"自我意识""无我"和绝对虚无的思想，继续呼应着这个学派赋予它们的新解释。如高桥里美、户坂润、今西锦司、汤浅泰雄、木村敏和坂部惠这样的人物都承认西田几多郎的影响，这种影响与其说是对他思想的推进给他们的思想打上了独特的印记，不如说是他们对他探索日本和西方思想边界的勇气的模仿。同时，我们不应忽视这种先驱性努力的多样性，如在过去几个世纪里，在国学、儒家和神道思想家中可以找到许多先例。拉斐尔·冯·克贝尔（Raphael von Koeber, 1848—1923）的讲座挑战了大西克礼、阿部正雄、西田以及和辻，让他们这些年轻的学生将他们在西方哲学中接受的教育用于重新思考日本自己的"哲学"历史。在后来的岁月里，像丸山真男和源了圆这样的思想家，在与外来哲学体系的争论中，也同样展示了自信的气息，他们把儒家传统作为一种资源，进行创造性的回应。同时，波多野精一和泷泽克己是那些借鉴西方神学和宗教哲学，追求与西田及其弟子不同思想路线的思想家的典型。

　　总之，在寻求一个独特的20世纪日本哲学的过程中，读得越多，看得越仔细，重叠的影响使我们很难划分出明确的流派和传统。事实上，除了京都学派之外，很难确定任何独特的日本哲学"流派"。即使可以发现主导的思想形式，它们也不是那种可以编织成单一的织锦的形式，更不可以被看作日本过去这种或那种传统的直接延续。它们也不能被看作一种或另一种西方哲学思潮的简单镜像。我们在20世纪的日本所看到的，更像是一个东方和西方资源的万花筒，翻来覆去地反映着过去几个世纪以来在寻求智慧方面的问题，一会儿是一种方式，一会儿是另一种。

在整个20世纪的日本，西方哲学来了又走，走了又回来，或者在一段时间内成为课程的重点之后干脆离开，而没有其他明显的原因。例如，20世纪40年代，早期对从笛卡尔到黑格尔的欧洲思想的狭隘关注受到了质疑，并最终通过对中世纪和古典思想的研究得到了纠正。因此，哲学学派被引入日本。它们在20世纪的思想中只发挥了很小的作用，在本卷中没有代表，但值得在此提及的是岩下壮一（1889—1940）的开创性的历史研究，它试图纠正他和他的同学们在东京大学从冯·克贝尔那里继承的历史偏见。我们还可以注意到吉满义彦（1904—1945）和他将新哲学用于现代无神论问题的努力。然而，在这些情况中，从来没有任何明显的尝试将西方中世纪的思想与日本哲学的本土资源联系起来。

随着时间的推移，对外国哲学的研究被扩展到不仅包括俄罗斯、伊斯兰和犹太思想，还包括从密教到炼金术和诺斯替主义的神秘传统。但在日本的哲学研究中，最具决定性的还是西方的主流思潮。生命主义、新黑格尔主义、新康德主义、存在主义、虚无主义、个人主义、现象学、实用主义、逻辑实证主义、马克思主义、语言分析、结构主义、解构主义——仅举几例——都在整个故事中发挥了关键作用。其中一些人利用了本土资源，并以日本人的面貌出现；另一些人则与日本事物保持距离。无论是哪种情况，在接下来的篇章中都有足够的证据来驳斥日本哲学不过是一种时尚进口产业的说法。

如果说20世纪的日本哲学在西方思想的主导地位与试图使其适应日本本土的敏感度和思维模式之间显示出鲜明但不稳定的分野，那么这种分野在抽象的思想体系之间跨越了另一个同样重要的分野：思想的社会参与。后文中介绍的许多思想家显示出对沉思、超验和理想的亲和力，这些思想家结合了对存在经验的强烈强调，但对与当代社会的主导机构交锋有一定的抵制。在追求普遍性的过程中，他们似乎常常缺乏我们所期望的当代哲学家所具有的伦理优势和尖锐的社会评论。尽管这种理性和逻辑中心的客观性可能是令人不安的，甚至在对非理性的赞美中也是如此，但它还是呼应了欧洲激进的文化批评家在战争结束时哀叹的从理性的纯粹主观化和工具化中解脱出来的呼声。

在日本，社会或政治思想与哲学之间的对比，其历史和影响是一个自己的故事，而且在某种程度上阻挡了西方学术界对大局的看法。20世纪之交的特点是来自国外的宽松的西化压力。一方面，西方研究和翻译的繁忙步伐仍在继续，哲学也不例外。另一方面，一些知识分子运用马克思、普鲁东和傅立叶等思想家的社会思想，批评明治后期社会的腐败，至少在最初，他们支持结构改革，甚至看到了资产阶级的积极作用。这使政府中的反动势力有机会重新组织起来，加强对国家知识生活的控制。虽然儒家、佛教和神道思想没有受到影响，但政治思想因此得到加强。"大正民主"时期的社会运动被1928年的《维护和平法》所抵制，该法要求对试图改变国体制度的人判处死刑。主体自治和民族自治之间的密切联系，其根源可以追溯到明治时期，且被写入了法律。三年后，日本入侵满洲，为一系列的对外侵略埋下了伏笔，直到第二次世界大战中被打败。

尽管如此，在整个20世纪20年代和30年代，马克思列宁主义思想的翻译蓬勃发展，年轻学者出国留学也是如此，他们又将新黑格尔主义、新康德主义和现象学方法带入其中。三木清、川上肇（1879—1946）与福本和雄（1894—1983）等思想家试图通过将"自我意识"引入经典的马克思主义革命实践中来调和这些因素。其他人则抨击这种对个人的强调是资产阶级企图用抽象的文化理想来取代社会改革。1935年，户坂发表了他对西田与和辻的批判，表达了对将哲学简化为历史、文本和解释研究的反叛。在第二次世界大战后的几十年里，日本学界试图从对理想主义和唯物主义的过分重视中恢复"主观性"，这在丸山真男和梅本克己等思想家身上得到体现。具有讽刺意味的是，在带来新的言论自由的战后岁月里，马克思主义思想出现了明显的衰退，尽管它的标志是广松涉细致的文本批评工作和城塚登（1927—2003）对早期马克思异化思想的研究。特别是，广松批评了古典马克思主义的客观主义倾向，并与萨特及其日本追随者的存在主义马克思主义进行了斗争，以关注现代性和"物化"思想模式的持久遗产。同时，船山信一在战前对马克思主义采取了非正统的理解方法，具有列宁主义的倾向，与他后来对资本主义的批判保持了距离。相比之下，对家永三郎来说，马克思主义思想需要新康德主义思想的调和，以避免落入法西斯主义，他在他的哲学家伙伴中脱颖而出，利用法律制度来对付战后日本政府官僚的国策伦理。他与文部省展开了长达30

年的战争，以使日本的战时侵略行为在学校教科书中得到公正的表述。

西田去世后，京都学派的衰落以及对其战时同谋的指控，标志着日本哲学多样化的一个转折点。一方面，在井出隆（1892—1980）和田中美知太郎（1902—1985）等思想家身上，以及最近在吉本隆明（1924—2012）身上，我们看到了对早期希腊和苏格拉底理想的回归。20世纪70年代，类似的关于哲学破产和被狭隘的专家征用的抱怨再次出现，如生松敬三（1928—1984）等思想家。相反，泽田充茂（1916—2006）、市井三郎（1922—1989）和中村秀吉（1922—1986）等人则试图通过转向逻辑实证主义和语言分析来填补这一空白。大森庄藏也可以在此提及，他试图将哲学从其沉重的专业术语中解救出来，并将其带回更多的对话习惯，而坂部惠则是那些试图引出日语给批判性思维带来独特细微差别的例子。像中村雄二郎的后结构主义和今道友信的世界主义（见本书生命伦理学部分"综论"）这样的流行哲学是那些试图将世界各地的哲学成果带给更多读者的典型。

下面的许多选文只是装满辩论的罐子的盖子，其时间背景在这样的集合中被掩盖了。它们需要被逐一撬开，以便更具体地了解哲学讨论是如何在20世纪的日本出现的。例如，我们早在20世纪20年代就在阿部正雄身上发现的恢复身体重要性的尝试，在20世纪30年代得到了充分的发展。三宅刚一对海德格尔忽视"身体"的批判，和辻在其伦理学中对身体感知的关注，以及木村素卫（1895—1946）将身体视为思想的基本表达的论点，为一个将由很大数量的原创性思想家来处理的话题奠定了基础。在这里，我们可以单独提到市川浩（1931— ），在日本哲学与京都学派的关系完全被排除之后，他被认定为日本哲学的前沿。后来汤浅泰雄扭转了局面，证明了西田思想对身体理论的重要性。第二个例子是西田的生命哲学和田边的"物种"逻辑影响了今西锦司的哲学生态学和生物学，他拒绝对自然进行机械式的解释，并认为生命形式与它们各自的环境是互动的。

如果我们调查日本人在整个20世纪对西方哲学遗产的看法的话，那么传统之间的相似性，无论多么引人注目，都是骗人的。只有当这里收集的材料与前现代时期的更大的传统相比较时，画面才会变得生动起来。诸如通过否定的肯定、语言的象征性分层、自然泛神论、激进的内在主义、家庭关系、作为"我—你"关系基础的资历、身心合一、和谐中的矛盾逻辑、与死亡和死者的关系、个人被定义为群体意识的一个子集、经验高于理性主义、共同传统高于私人经验等等，会立即表明其与西方的相似之处。但在日本，这些类比往往只是表面上的真实。也就是说，它们可以成为历史研究的对象，甚至是比较研究的对象，而它们在文学、宗教和社会经验的本土土壤中的根基则继续存在，但往往没有被明确地表达，而是交织在日本读者对文本的假设中。

这也是如此多的哲学思想陷于一种西方思想家难以同情的专业化的部分原因。尽管像海德格尔、黑格尔、康德和亚里士多德这样的思想家在日本很有影响力，但他们的思想往往被封闭在彼此隔绝的房间里，每一个人都被推到一个拥挤的走廊里，很快就被主流的思想模式所吞噬。这也是为什么用日本的调子创作并刻意借鉴本土资源的哲学作品需要仔细聆听文本下流动的旋律，就像丸山真男所说的那样，是一种执拗的低音，它拒绝被还原为最低的共同文化标准。

延伸阅读

Alliouz, Ives-Marie, ed. *Cent ans de pensée au Japon* (Arles: Picquier, 1995), 2 vols. 807.

Blocker, H. Gene, and Christopher I. Starling. *Japanese Philosophy* (Albany: Suny Press, 2001), 155–84.

Calichman, Richard F. *Contemporary Japanese Thought* (New York: Columbia University Press, 2005), 1–42.

González Valles, Jesús. *Historia de la filosofía japonesa* (Madrid: Tecnos, 2000), 402–48。

Hamada Junko. *Japanische Philosophie nach 1868* (Leiden: E. J. Brill, 1994).

Jacinto Zavala, Agustín, ed。*Textos de la filosofía japonesa moderna. Antología*, 2 vols. (Zamora: El Colegio de Michoacán, 1996–1997).

Piovesana, Gino K., *Recent Japanese Philosophy Thought*, 1862–1962: *A Survey*. 3rd. (London: Routledge Curzon, 1997).

Pörtner, Peter, and Jens Heise. *Die Philosophie Japans. Von den Anfängen bis zur Gegenwart* (Stuttgart: Alfred Kröner Verlag, 1995).

Tremblay, Jacynthe, ed. *Philosophes japonais contemporains* (Montréal: Presses de l'Université de Montréal, 2010).

Wakabayashi, Bob Tadashi, ed. *Modern Japanese Thought* (Cambridge: Cambridge University Press, 1996).

[JWH]

（张政远译）

波多野精一

波多野精一（1877—1950）

1899年在东京帝国大学完成学业后，波多野开始在东京专门学校（今早稻田大学）教授哲学史。五年后，即1904年，在用德语发表了关于斯宾诺莎的博士论文后，他被派往柏林和海德堡学习了两年。他1901年出版的《西方哲学史纲要》作为参考书在整个大正时代被广泛阅读。他关于西方哲学的专著包括对古希腊思想、普罗提诺和康德的研究。波多野在1902年受洗为基督徒，在1908年的《基督教的起源》一书中开始关注基督教思想的哲学基础。1917年，应西田几多郎等人的邀请，他在京都大学担任宗教研究教授，他后来的书籍和讲座为日本的宗教哲学奠定了基础。

下面选择的这段文章出自波多野精一1943年的《永恒和时间》一书，论述了两个关键概念之间的差异和对立：有限的时间和永恒，以期了解神圣的爱如何将这两者联系起来并使之统一。如果有限性指的是原罪，或者说是被创造的人类存在结构中的虚无，那么原罪的宽恕就意味着人类放下自我，成为接受神性之爱的容器。在这个趋向"无"的过程中，时间与永恒结合了起来，永恒出现在时间的核心。

[MH]

（张政远译）

永恒和时间

永恒的内在性[①]

根据上面所述,永恒性在这一世间已经被体验到了。永恒具有与时间相反的性质,尽管相对于自然文化的生命,永恒的存在无论如何都具有超越性,但另一方面它也是内在的。使得自然文化的生命得以成立的同一主体已经立于与永恒世间的亲密关系中。

当然,这是基于圣者的爱的启示,而非主体自身的力量。一旦基于启示的立场,那么永恒性与时间性的亲密关系也就成了明白无误的事实。永恒与时间绝非无关,其内容虽然基于爱的观念,但形式上的界定,换言之,其定义以时间性为线索,必然从时间性的关联中获得。

我曾说"不灭的现在"。这是永恒性的首要本质特征。"现在"是主体存在的方式,不灭的现在也是如此。如同大家所清晰明了的,爱的群体正是这样的存在方式。不灭的现在与过去完全不相兼容。如同我们所特别强调的,过去在其根源意义上,是"有"向"无"的没入,是存在的坏灭。为此,彻底克服过去必然是永恒性的次要本质特征。

那么,将来是怎样的呢?它也保存在了永恒中。在根源性的时间中,将来指的是实际的他者。主体等待和迎接来自彼岸的他者,"将来"成立于这一态度中。既然从永恒的存在和爱中我们看到了一种态度,那就是等待实际存在的他者(或超越的他者,即彼岸)到来,不,因为正是这一态度构成了爱的本质特征,所以"将来"被保存在了永恒性中。

使得永恒得以成立的爱是主体与他者生命纯粹而完整的伙伴关系(团体),相应地,永恒是将来与现在的纯粹完整的合一。由此,现在与将来,皆面目一新。构成这一世界生命基础的自然生命中,所谓"迎接到来",一方

[①] 英文节选日文版《永恒和时间》一书的第四部分"永恒与时间、有限性和永恒性"和第五部分"罪、拯救、死",日文原文的节只有数字,即四十三节到四十五节。英文中分了段并列了小标题,这里的译文依据英文的选编格式。——译者注

面，只要指的是"现在"的成立，那么主体与他者的关系虽然微弱但也处于准备状态，另一方面意味着"现在"的坏灭，反而妨碍了所有的关系并使其变得不可能。反之，在永恒中，主体通过"迎接到来"克服了"无"，免除了所有的坏灭。"将来与现在的完整一致""将来的完整现在性"，这些正是永恒性。

如各民族神话中喜欢表述的那样，创造并非原初时一劳永逸的事件，而是永恒世界中不断发生的现象。在有创造的地方，一切总是新的，总是年轻的，总是生机勃勃的，总是活动着的。从无穷涌现的"将来"之泉中经常汲取新鲜的事物，同时总是沉浸于年轻的"现在"的无尽欢喜中——这就是永恒。在"将来"完全与"现在"一致、完全掌控"现在"的地方，不仅没有"过去"的空间，也没有"未来"的可居之所。

如上所述，"未来"发生于将来与现在不一致的地方，是一种派生现象。"将要来临"是"将来"的根源含义，未来即将到来但尚未到来，因为自然生命固有的缺陷，"将来"只能蒙受限制。在永恒的世界中，这一限制全都被解除了。这里，"将来"正是"必来"。当存在永恒性的体验乃至期待这一体验时，去谈论"未来"，那应该是极不慎重的行为了！

基本上来说，永恒性并非像无时间性那样是一种对时间的简单否定。其无疑是对时间的超越，从某种角度来看，还联结了一种内在关系。诸如可灭性、断片性、不安定性等时间的缺陷，这些缺陷应被理解为，源于试图将"现在"与"将来"予以合一的失败。主体本质上寻求与他者的伙伴关系。然而，在自然生命中，主体之间的直接交往（可称为一种伙伴关系的准备）最终变成了主体走向解体的道路。这就是时间性。生命本来的愿望如能达成，那么就是永恒性。为此，时间是对永恒的憧憬，反过来永恒是对时间的达成。

另外，正如神圣的神明启示与恩赐的创造是这个世界上一切存在物的根本，是自然实在性的本源，永恒也可以被理解为时间的根源！当然，时间是如何从永恒产生的，那是另外一个问题了，也是超越一切理论探究的问题。

超越空间性

永恒性也克服了空间性。这种语境的克服不同于时间性的情况，而等同于一种纯粹的否定。如前所述，原初的空间性是主体与现实的他者之间的排外性，是纯粹的外在性。从时间性的视角来看，空间性指的是现在与将来之间的离反与不一致。因为这在永恒性中被彻底排除了，所以应该说非空间性（nonspatiality）是其本质特征。

然而，这也并不是完全切断了永恒性与时间性的内在联系。通过超越过去，达成将来与现在的完全合一，与其说是永恒性在超越时间性，不如说已经实现了。在永恒性中，将来和现在、他者与主体的关系是彻底的伙伴关系，所以也具有内在性。彻底的内在性正是对空间性的彻底超越。现在回顾起来，我们发现空间性在观念层面也暂时被超越了。空间表象已经带有了比喻性。但是，他者继续与自己对立，同时作为难以超越的外在性而被保留下来。但是，在永恒性中，连他者与自己之间的这种对立都无影无踪了。在自然生命作为基体继续具有压倒性地位的情况下，空间性的余威仍然残存着。反之，自然的生命被完全超越，自己完全化为他者的象征，在这一永恒性中，连空间性残留的余香都完全消失了。这里，我们看到了时间性和空间性的根本差异，但是也看到了前者的优越性。

有限性

时间和永恒的问题自然会让人们想到"有限性"和永恒性的关系吧！如同人们所认为的，所谓的有限性和时间性基本上是同一事物的两面。但是，这并不对。当一种存在被标记为具有某些限制、界限和不足时，即一般而言，其本质上与乌有（nonexistent，非存在）相连接，这被称为有限。斯宾诺莎将其定义为部分的否定（ex parte negatio），这应该说是一种典型。时间性的存在当然相当于这一定义。存在于时间中的主体与实际的他者或其他的主体相互不相容，在限制他者的同时也限制了自身，又通过自身更新自己，便不再是他者。另外，如此交往的结果是主体不断陷入"无"之中、"非存在"之中。

在有限性与时间性极为亲密的关联中难有竞争。然而，有限性是否在任何情况下，都与永恒保持着疏离乃至无法相容呢？关于这一点，我们需要对流行的思想予以根本的修正。我们关于永恒性的探究显示了如下的情况：人的主体通过神的创造之恩，不再将"无"置于自身之外或转向外在，而是将其置于自己的核心、内部本质的中心，将其视为一个被超越的契机。然后，开始超越时间性，成就永恒性。

如此一来，那么主体仅仅因为是有限的，是否就不可能是永恒呢？永恒是主体真正的存在方式，暂时性的存在应该憧憬之，并必须努力向其发展，如果是这样的话，那么这种有限性正是真正的有限性，应该说，本质上有限的事物有着原本纯真的样子。这一有限性等同于时间性的有限性，它不是"部分否定"即半有半无的妥协式存在，而是一面在本质上是"无"，另一面则是"有"即不灭的存在。这两方面都是彻底的。现在我们如果将其称为真正的有限性，那么应该给有限性（与时间性存在表里关系）以"恶的有限性"之名吧！

在真正的有限性中，主体安住于绝对他者的爱，而不是远离绝对他者去追求自己的独立。这一主体的中心工作极力主张作为他者纯粹象征的自我。顺从和信赖是其态度。然而，自然生命的主体在本质上是有限的，一边立于"无"之上，以"无"为自己的中心，一边仿佛视其为纯粹的"有"，专注发展自我的主张。生命的直接性和自然性就是如此。但是，这意味着对原本有限性的否定，以及对永恒性的否定。

主体寻求摆脱"无"反而失去了不灭的存在。这就是时间性。在时间性中，主体在我之外追求"无"，一味地主张我们的"有"，结果反而被赶入了外在的"无"之中，日益走向不断毁灭的命运。这里，形成了"恶的有限性"。也就是说，主体凭借自己的力量，抛弃了我的本来面目即真的有限性。换言之，一方面是神造之物，如没有神的恩典则等同于"无"；另一方面则出现僭越逆反的行为，即反过来利用恩赐之物，使自己成为神。从这一"恶的有限性"产生"恶之永远性"这一"无终点的时间"，这一点经由上述已经清楚了吧！在超越时间性上，主体恢复自己的本来面目，仅仅存在于下面这一过程中——朝向神之爱从而回归真正有限性的故乡。

时间性与原罪

由此，我们被导向了时间性与"罪恶"之间的紧密关联。时间性是主体的状态，而且是强行遵从的命定状态，与罪恶并不是一回事。如果我们将罪恶置于时间性中，去寻求一种"无时间性"，这种"无时间性"不过是对永恒与时间性的简单否定，将时间交付于我们不知道的纯粹存在、纯粹真理的思考，那么这能成为超越时间性的途径吧！对于在爱中发现永恒性的我们而言，单纯的时间性不是罪恶，这已然明了。但是，其在某种意义上必然是罪恶的结果。不再顺从爱的神明，对圣者的不顺从、悖逆，这些正是罪恶。这种罪恶存在于时间性的根源，导致人们从永恒堕落以及时间的产生。也就是说，罪的报应是时间性及其彻底化即死。

罪存在于时间性以及死的根源之处，这一点已经清楚地显示出这一错误，即将罪行归结于人类主体的每个动作。我们必须从来自永恒的、促使时间产生的根源性行为中去寻求。但是，人类的现实生命总是具有时间特征，所以其行为必须是形成于时间之前，出生之前。

这种说法已经由时间界定了，当然只能是比喻的说法。自古以来宗教的以及哲学的想象，例如希伯来的亚当传说，柏拉图的《斐德罗》（Phaedrus）篇中灵魂堕落的传说，具体的内容经过这个世界的润色而有利于理解，但是超越时间的堕落之罪超越了我们所有的表象和概念，当然其在理论上是完全难以接近的事物。在所有的时间性行为和所有的时间性存在的根源处，作为一种先行限定，作为一种对其本质特征的规定与界定，某些活动关联着永恒与时间，如果我们以此为前提，那么就足够了。

由于这一存在于各个时间动作中的根源，神学乃至哲学思想将其称为"原罪"（peccatum originale）、"根本恶"（das radicals bose）。既然这一原罪超越了动作的时间性，控制过去的动作，换言之，如同主体对过去的责任这一事实清晰地展现出来，既然离开现在回归到"无"并不意味着主体从原罪的控制中解放出来，那么这里也清晰地映照出了超越过去的永恒之光。

现在，原罪将人类主体的动作变为了单纯的、直接的自我宣称。每个时间动作的罪恶性，基于这一自我宣称的直接性，拒绝成为实现爱（超越自我）的基体，对神之爱采取不顺从的态度，所以对于有限的主体而言，超越时间性必然是根源性的罪恶。

拯　救

战胜罪恶在宗教用语里被称为"拯救"，也叫"救度"。那是对真正的有限性、对主体本来面目的复归，只有经由圣者的恩典才能获得。所谓本来面目，并非主体凭借自身的固有之力来实现的存在方式，而是将自己完全归于

"无",通过彼岸赋予的力量而获得充实的空虚之器。也就是说,拯救只有在作为创造时才会实现。自己抛弃作为被创造者的本来面目,宛如自己是创造者,一味地耽于自我宣称;反过来,为此进入毁灭之道的主体通过彻底地归向"无",给予新的主体性和真正的有限性,与此同时作为爱的主体进行创造——这就是拯救。只要这一自然的、文化的主体蒙受恩典之光的照耀,发出爱的光芒,那么可以说拯救已经在这个世界发生了吧!

但是,同时,只要这一世界延续下去,那么主体的态度也是一种自我宣称,其生命特质也难以脱离时间性。只要现实的生命在延续,那么罪和时间性也都难以被战胜。这样的生命如何能显示爱的光芒呢?不如说,显示出来的是迷惑意识的虚无之物呢?拯救全凭神之恩典,不是人类通过自我省察了解自己的状态与成就,然后就可以以此为基础去议论的。为此,在罪和时间性都无法被战胜的这一世界,拯救将会以何种姿态出现?关于这一点,我们不得不仰赖神明恩典的特殊赐予与启示了。这就是"罪之赦免"。

宽　　恕

我们可以认为,"罪之赦免"是罪恶事实这一前提基础上的神圣之爱的最基本行动。没有罪恶的世界是永恒的世界,于彼当然不存在赦免罪行之事,有限的主体沉浸于神圣之爱的喜悦中,就像活在永恒的当下!此外,执着于生命的自然而温和,努力抑制对伙伴关系的渴望,从而试图努力满足于虚假的有限性,沉溺于绝望的努力,对于这样的人类主体,当然不存在罪,宽恕也不过是一种空想吧!但是,罪的事实一旦进入视野,那么罪之赦免的基本重要性就显而易见了。在深不见底的"无"之深渊的恩典下,对勉强免于堕落的有限主体而言,罪恶——对恩典的背叛——无非意味着毁灭。即便转向"恶之有限性",主体保持其存在也已经是一种恩赐,后者不承认叛逆是叛逆。

这个世界上的生命已经建立在罪之赦免的基础上。这不是一种单纯的表象,其最初的发动来自个体的行为。由此我们知道,神的创造不仅存在于永恒性的根本之处,暂时性存在也是经由创造的恩典而形成,这可以逃离一切厌世的世界观了吧!尽管存在一切不可靠与丑陋、一切烦恼与痛苦、一切虚伪不道德不光明、一切争斗与破坏,但人的生命在文化上、人伦上,也都因神圣而全能的爱之力量而得以维持。自然的、文化的生命在深深埋下恶的同时，也成为神之恩典的容器。由信仰朝着爱，朝着真正的人伦伙伴关系，在此过程中其成为茎干，托起出现于时间中心的永生的花蕾，这也只有通过罪行的赦免才能实现。

在所给定的岗位上，发挥自己力所能及的职责，去私虚己、为人奉公，在朴实地接受赦免罪恶的同时，这也成为一种报恩之道。贫者的一灯、寡妇的一钱在这里闪耀着无尽的尊贵。尽人事待天命是生者保持永恒生命的正确之道吧！能够尽人事本身已经是听天命了。这样的罪过赦免是其自身在时间中心的永恒显露，也是永恒的一切内在化之基础。

[JSO]

（朱坤容译）

阿部次郎

阿部次郎（1883—1959）

　　1883年，阿部次郎出生于山形县。1904年，他考入东京帝国大学，在克贝尔（Raphael von Koeber）的指导下学习哲学。1912年，他获得文部省的奖学金，前往欧洲留学。第二年回到日本后，他被任命为东北帝国大学的首任美学教授。受李普斯（Theodor Lipps）的"移情"（Einfülling）理论的影响，他成为日本美学研究的先驱之一。他的著作包括《伦理学的基本问题》（1916）、《美学》（1917）、《艺术的社会地位》（1925）、《德川时代的艺术与社会》（1931）和《世界文化与日本文化》（1934）。1945年退休后，他继续对日本文化进行比较研究，并于1954年成立了"阿部日本文化研究中心"。除了哲学作品外，阿部亦因畅销书《三太郎日记》（1914）而闻名。

　　以下内容选译自1921年阿部论人格主义立场的文章。他在文中强调，所有价值中最高的不是国家，而是每个个体的人。沿着康德主义者的思路，他强调人不是某种物，而是产生价值和意义的精神。从这个立场出发，阿部提出了自己的论点，即人格主义是对唯物主义的一种抗衡。他对近代日本社会盛行的唯物主义生活方式持批判态度，认为人格主义是区别于激进资本主义或共产主义之外的第三种选择。

[CCY]

人生批评之原理：人格主义的立场
阿部 1921，113-16

像每个人一样，我也有自己的立场，并据此观察和批评人生、社会与自己。简而言之，我的观点可以称为"人格主义的立场"。在这里，我想就这一立场做一个概括性的说明。当然，这篇短文并不是要给这个观点确立深刻的哲学基础，也不是要把它精确地应用于现实生活中的具体问题。对于现阶段的我而言，以上两个目标还只是难以企及的奢望。朝着这两个方向深化和推广人格主义的理念，是我未来的一项重要任务。不过目前，只要我还把这一信念作为生活的基础，像阐明信条那样宣示我的根本性态度，并尝试让这种信条的结构尽可能的清晰化，这一努力，不管是对社会还是对我自身而言就都是值得的。当我以这一立场观察现代社会时，我的思想有时被现代世界的主流认可，有时与其并行，有时则与之背道而驰。但只要我持有的立场是我希望保卫的，那么并行并不足喜，逆行亦不足悲，自然是无须说明的事了。面对世界的大势以及思想的产物，即使我写这篇论文仅仅只是摆明自己的态度，也不会是徒劳无功的。究竟是我的思想错了，还是与我的思想逆行的思想错了，只有置于永恒的真理法庭之上，等待最终的审判了。除此之外，别无他法。

那么，什么是人格主义呢？只要它在某种程度上与人类生活有关，它就把人格的成长和发展作为一种终极价值。所有其他价值的意义和等级都取决于它们与这个终极价值的关系。没有任何东西可以取代人格的价值；同时，所有其他事物的价值都是因为"它们能服务于人格价值"而分有的。然而，"人格"究竟是什么？我们的一切考察都必须首先从这个问题出发。

为了说明"人格"的概念，我想举出四项标志。首先，"人格"的意义在于它与"物"的区别。第二，"人格"不是一个个意识性的经验的总和，而是其底部的潜流，支持并统一这些经验的自我。第三，"人格"是"个体"（取 Individuum 的字面之意，即"不可分割者"），是不可分割的生命。第四，人格的内容是先验性的元素，在这一点上与任何后天的东西都不同。用康德的话说，人格的特质并不在于单纯的经验性的性格之中，而在于"智性的性格"（intelligibler Charakter）的层面。

精神和物质是两种不同的存在吗，还是仅仅只是同一存在的两个方面，抑或它们中的某一个是根本性的存在，而另一个只是其衍生物？但无论我们如何解释存在相关的问题，只要我们可以将精神和物质区分开来进行思考，那么它们的意思就必须是不同的。其不同在于，精神是思考、感觉和意愿的主体，而物质是被思考、被感觉和被意愿的对象。一切事物，只要是作为思考、感觉和意愿的主体而存在时，就是精神；仅仅只是作为其他的精神的思考、感觉和意愿的对象而存在的，就是物质。我们若是想要在某种意义上区分精神和物质，这种区分当然也就不得不体现为二者之间的这种对立。因此，至少在价值问题上，区别精神和物质，就意味着将精神视为主体，将物质视为客体，也就是说，使物质从属于精神。任何事物的价值都是由精神给定的。评估任何事物的价值而不考虑精神的要求是毫无意义的。因此，人格指的是这种精神，是价值和意义的主体；而与之对立的"物"不过是价值和意义的对象。既然人格是精神，那么只要我们是有人格的存在，我们就是能够思考、感觉和意愿的人。但我们并不能成为金钱、钟表或肉体。这些事物——即使是我们的肉体——仅仅是我们所持有的物。

人格和物之间，说到底是"存在"（to be）的主体和"拥有"（to have）的对象之间的区别。我们作为存在者，拥有一些事物。我们的所有物和我们的精神属性之间的这种区别，就构成了人格概念的第一个标志。〔顺带一提，伯特兰·罗素（Bertrand Russell）所说的"做"（to do）和"拥有"（to have）之间的区别，最终也可以归入"存在"和"拥有"的对立之中。做事是存在的展开，因此也是存在的一种。他所做的这种区分至少和基督教的传统区分一样古老，甚至可以追溯到苏格拉底和柏拉图的年代。罗素所做的区分是重要的，不是因为它是新的，而是因为它试图在当代重新唤醒永恒真理的生命力。〕

然而在此处，我认为有必要从自己的立场出发，对于一个看似与我上述所说相矛盾的思想进行解释。这个想法在尼采《查拉图斯特拉如是说》的"论肉体的鄙视者"一章中可以找到，根据他的说法，精神（Geist）仅仅是微小的理性，像"我"（Ich）这种东西只是被某种更高存在的意志玩弄的玩具。在背后操纵和驱使的，是更伟大的理性、更权威的施令者、不为人知的智者。查拉图斯特拉称之为"自我"（Selbst）。既然自身在终极意义上就是肉体，那么从根本上支配人的就不是精神或"我"，而必须是肉体。"在你的身体里有比你更好的智慧，更多的理性"，"它不言说'我'，而实践'我'"，"创造的身体为自己创造了精神，作为它意志的手"。

对于这种对身体的赞美和对精神的侮辱，我们应该持什么样的立场？面对这种试图全面颠覆我们立场的想法，我们应该如何回答？若是仔细一想，答案其实非常简单。如果年轻的查拉图斯特拉是想强调肉体作为"精神性生活之自然性条件"的意义，那么它就是对"健全的精神寄身于健全的肉体之中（Mens sana in corpore sano）"这句古老谚语的同义反复。但这一观点只是声称，如果以精神的健全为目的，就必须使作为其自然性条件的肉体保持健康；从价值或目的的角度来看，精神依然保持其首要地位。因此，不管这句古老的谚语中包含了多少一般性质的真理的成分，却还不足以颠覆我们一直以来的立场。但是，如果查拉图斯特拉真正想说的——如上述的引用所明确揭示的那样——不仅是要强调肉体作为自然条件的意义，而且要主张肉体的价值优越性，那么这种主张的根据究竟在哪里呢？这就要求肉体必须成为比精神更伟大的理性存在、施令者、智者、沉默的实践家以及创造者。用日常的语言来说，他指的是某种肉体之上的东西——而用我们的话来说，它就必定是精神。

查拉图斯特拉使用了肉体和自我这种煽动性的词语，但实际上他是想让人们注意到精神世界中的两个区别。用这种方式解读他的话，我们就能从中读到指示出人格的第二个标志的深刻真理。我们的人格不是每时每刻思维、感觉和意欲内容的总和或是连续。人格是使这些内容不断生发、消亡，并且就好像自己都无法充分把握自己那样的内面性活动的主体。人格是统一的原则，是生命。人格与外部世界的关系不仅是意识与其被给予的内容的关系，而且是创造者与其材料的关系。因此，在处理人格的概念这一问题时，我们需要特别注意人格概念与意志或生命的观念之间的关系。

因此，人是不能被分割的东西，它必须是以单一的生命为本质的个体（Individuum）。若不是由单一生命一以贯之，便称不上人格。当缺少作为单一生命的连续性时，虽然看起来前后的状态相似，但毕竟缺乏作为同一人格的根据。在这个意义上，人格就是个体。因此，人格之所以为个体，并不在于它与其他人格的对立或是相互限制，而在于它拥有一贯的生命。对立和相互限制只是在我们的特殊人格中发现的经验性事实。如果我们假设存在一个超越一切限制并拥有生命的上帝或宇宙，只要这个生命是精神性的存在，我们就把它称为个体，称为人格，而不必感到任何矛盾。成为人并不是要强调与另一个人的对抗；而是要回归自己的本质。在这一点上，我们确立了关于人格的第三条标志，同时也确定了将人格主义与普通的个人主义区分开来的主要着眼点。

最后，人格的生活中包含了一个普遍性的、先验性的原则，不论自己的性格多么难以处理，也能对此做出批判和问责。无论境遇、性格或是命运如何，不遵从断言律令是不被允许的，即使违反也绝对无法让自己心安理得。除了拥有作为单个生命的自然统一性之外，人还必须被一种"应然的规定性"先验地统一起来。在这里，我们看到了人格和经验性特征之间的区别。在人格中的先验性要素的影响下，经验性特征受到鼓舞、激励、折磨、烦恼、洗练、净化，作为人格而经受切磋琢磨。将人格主义与主观主义区别开来，人格的第四个标志就由此而确立了。

反对唯物主义

如前所述，个人主义将人格的成长和发展视作终极价值。因此，它就自然要采取与唯物主义截然相反的立场。虽然从人格主义的立场来看，物质在某种程度上也是有价值的。当然，就"对于人格之生活而言，拥有和使用物质有多大的意义？"这一问题的不同回答，正体现了人们在重视物质的程度上有种种差异。但无论如何，只要承认"对于人格之生活而言，拥有和使用物质是必不可缺的"，物质就一定是有价值的。然而，尽管人格主义承认物质在某种意义上是有价值的，但这仅仅是因为"物质是增进人格之价值的条件"，或者说是因为"物质有价值是因为其对人格而言有价值"，而再无其他的理由。

只有在某些条件下，拥有或使用物质才会增进人格的价值；若是情况相反，则反而会成为人格的烦累。拥有的物质过剩所导致的人格堕落，是我们在富豪（特别是被称为膏粱子弟的那些人）身上屡见不鲜的现象。因此可以说物质本身并没有价值，其价值完全是其拥有者的人格的反映。正是一直以来使用物质的人的人格之光，让无告的物质成佛。人格主义对于物质之意义的根本态度正在于此。无论物质的生产和分配问题在当代社会中占有怎样的地位，多么的重要，其重要性仅仅只是作为条件而非目的。把条件问题和目的问题混为一谈，会引起严重的混淆。对于这种混淆，人格主义始终坚持明确的反对态度。我并不是说凡是条件问题，人们就都应该嗤之以鼻。如果是对于人格价值的实现而言必不可缺的物质条件，那条件问题也确实可以成为值得赌上性命的问题。只把条件置换为目的，这一行为的危险在于，由于物质的增长被视作无条件的理想，人们忘记了以下这种可能性：限制物质的拥有和使用，有时反而可能促成目的的实现。只要拥有的增长还被视作无条件的目的，那么即使在获取所有物的过程中存在妥协的问题，以其他原则为基础并以此限制所有物的问题会变得没有讨论的余地。然而，就物质而言，讨论限制的问题非常有必要。这种精神教导我们要限制那些对人格的发展有害、无用的物质的堆积（或是拥有欲），而这正是人格主义加之于当代社会的重大使命。

然而，那种在概念上与人格主义相对立的唯物主义，毕竟只是一种妄想。无论是何种唯物主义者，没有人实际上给予物质以独立价值。尽管如此，他们却依然主张唯物主义，这是因为他们对自己的剖析不足，对于自己真正的意图缺乏自觉。即使是守财奴，其目的也是拥有金钱而带来的喜悦，而不是金钱这一物质本身。金钱对于这种喜悦而言是必不可缺的条件，所以才具有价值。而拥有金钱的喜悦，在最根本的意义上还是要归结于使用金钱而带来的享乐、方便，以及这种享乐和方便有所保障的安心的喜悦。因为拥有物质，感官享受的喜悦得到了保障。这种享乐与拥有物质的程度成正比，物质越丰富就越有保障。因此，唯物主义者其实就是感官享乐主义者。他们把物质视作感官享受的条件，认为这就是物质的价值。他们将感官享受这种精神状态视作目的。为了维持这种精神状态，拥有丰富的物质是不可或缺的条件；而为了达成这一目的，物质的拥有自然是越多越好。因此，对这些唯物主义者而言，拥有物质在事实上就变成了他们唯一关心的事。在这个意义上，一个享乐主义者也必然是一个唯物主义者。

一切物质的价值都取决于其对于人而言有何价值。对人有价值的东西，就是有助于提高作为人的价值的东西。所有物质享乐主义者其实和我们一样，在事实上也是根据这一原理评价物质的价值的。但人的价值究竟是什么呢？唯物主义者或多或少将感官享受视作标准，认为享乐越多的生活就是越有价值的生活。因此他们抛弃一切，为了能攫取享乐的机会与便利而狂奔。他们在认识人格的价值方面的极度迷惘就源自此。然而这种想法的谬误，不正是在追求这种生活的后果（consequence）中明确得以证明的吗？在这种状况下，享乐这种身心的快乐舒适，来自对人格的消极态度，受从外界涌入的印象左右。

因此这种生活的结果，在被动方面体现为神经过敏，以及人格像奴隶一样服从于外物。人贪恋漂亮衣服时，衣服就成了他的主人，而他只是衣服的奴隶。不是他们穿衣服，而是衣服在穿他们。又如，有人沉醉于美食，则美食成了他的君主，而他成了美食的臣仆。不是他们在吃美食，而是美食在吞噬他们的人格。至于人格的能动方面（这也正是人格之所以为人格的原因），也在这种生活中日渐消磨。人格特有的生活——比如创造的乐趣、劳动的喜悦以及克服困难的勇气——所面临的腐蚀危险，再没有比物质享乐主义更甚的了。

这种生活态度如何使得现代社会面临堕落的危机这一问题，对于身受物质主义余毒的我们而言已经达到了不容易理解的地步。举例来说，我非常担心，经济生活的不安这一当代社会的大问题，在其最血腥的方面，似乎冥冥之中奠基于物质享乐主义这个根本假定之上。我当然知道现在经济生活的问题植根于当代社会的深刻缺陷，并与人格生活的根本问题纠缠在一起。但我们在思考问题时，必须将上述的人格的权利问题，与人格和物质享乐欲望的正面冲突的问题严密区分开来。因为两者在实践时总是有混淆的危险，所以我们就更有必要明确把握这两者间的区别。我不了解俄国和英国的情况，但至少如今的日本，这方面的争论体现为两个阶级——践踏他人的生存权的同时沉溺于自己的奢侈的人，以及羡慕他人的奢侈并主张自己也有被赋予奢侈之权利的人——之间的攻守战，或者至少有时时刻刻堕落为这种斗争的危险。我们必须不断反思这个问题，决不能松懈。当涉及经济问题时，赋予其应有的意义的同时防止其越过界限，这正是人格主义在当代的重大使命之一。沦为衣食住行的奴隶而争夺谁有权奢侈，我们的社会问题不应该是这种饿鬼道的问题。

[CCY]

（钱立斌译）

高桥里美

高桥里美（1886—1964）

  高桥里美于东京帝国大学攻读哲学，1921 年在仙台东北大学的理学部就职。他曾留学德国两年，与李凯尔特和胡塞尔为同窗。高桥以评论西田几多郎而为人熟知（1912 年，已是研究生的高桥发表了一篇批判西田《善的研究》之论文），更是日本现象学的早期提倡者之一。他主张人类对认知局限及绝对的彻底超然抱有持续执着，成就了其主要学说"全体之立场"及"包辩证法"之引证方法，也支持了他对"绝对和相对""全体和部分"之矛盾的辩论。因此，宗教的宗旨不应是"即身成佛"，而是"在此身躯不成佛"。全体不应被看作事实，而是辩证过程完成后所显露的极致。尽管主张上述明确的分野，高桥仍然确信哲学思想必须是开放的，并集合无数的观点。原则上，他反对所有教条主义及基要主义。跟田边元的"绝对批判"论调相若，高桥认为哲学需要不断的精炼。

  高桥的思想虽深受黑格尔辩证法及胡塞尔现象学的影响，然而从他的用词也能发现卡尔·雅斯贝尔斯的概念，以及"空假中""圆融三谛"的"天台"概念、既定存在、中庸之道，以及一般佛学教义中阐释现实全体之超然性的"如"及"律"。高桥的哲学不但具有深刻的哲学洞悉，更促成了广泛的哲学视野，标志着日本由现代到后现代的演变。

[GK]

全体之立场

高桥里美 1929, 84-7, 89-93, 95

在开始研究一个命题前，我们自觉有必要理清自己的立场。我们对主题的研究会被自己的立场限制于事实的某一部分。因此，用多角度理解主题所得的，也多数是被曲解了的，而不是最佳的视察。在最坏的情况下，哲学命题会制造很严重的误导，甚至演变成对研究对象的讽刺。现象学家经常批评其他哲学为观点哲学，主张开始研究时应以现象学还原法考虑所有立场。于此，我们可以理解现象学家提倡"回归事物本身"的真正原因——包含所有教义思想的建造。

当主张一个全新的哲学立场时，我们都习惯地回头参考哲学概念本身。我发现人们都对此笼统讨论感到纳闷……众所周知，哲学是由广泛的立场所构建而成的。从系统利益来看待哲学家，这事实上是对他们"求真之勇气"的致命一击。唯有通过包容哲学家命运的人的强大力量，经历很多困惑及希望方能冲破障碍。在哲学的领域中，只读哲学历史和接受哲学教育是不够的。有谁年少时没有对哲学真理精髓的渴望？说到底，哲学是哪一门课？或许哲学只能是文字通识的一门专科？……哲学是对知识无尽的、不懈的追求。正因如此，人们不断探索哲学的本质，寻求新的名目及定义。哲学知识的本质是有知识的无知，其名目并非真名，其定义也并非真正的定义。

然而，当实际开始哲学研讨时，我们不会因为缺少这些守则而停下。当没有一个定义时，我们则为所研究的命题找出有提示作用的定义。但因哲学从根本上来说是无法定义的，故每一定义都有一定的预设。假设完成后，"什么是哲学"的临时观点就逐渐成形。我尝试为哲学提出一个既有假设又有决定性的定义：哲学是一个系统，关于我们拥有或能够拥有的全体经验的知识系统。

我们遵从此定义去研究哲学时，第一个会遇到的问题就是"无限的疑问"。作为当代及历史性的过程，我们的经验并不构成绝对完美的系统，而是在持续地演变及扩展；说到底，变化才是永恒的。因此在任何一个时间点，全体经验只是相对的全体，哲学命题也是相对的全体。我们对哲学的阐释是永无尽头的，也逃不过其无限疑问的本质。不过，这跟经验无限发展的绝对典型中的高效能停滞并不矛盾。当问及发展可以有多无限时，我们必须预设发展全体的停滞为有限之地。

全体经验意指所有经验没有遗留的整个领域。理论上的经验，即全体的其中一部分，不只是指"实质"经验，也包括"抽象"的经验。此定义不止于实际及现实，也包含了想象及虚拟。不只是内在，也包括超然。不只是可能，也包括不可能，价值及非价值，有意义及无意义；甚至矛盾及虚无也归纳为经验。理论经验的全体包含全世界的形式、情境，及可以感受、象征、思考、记忆、想象、幻想和幻觉的事物，还有相对应可能运作的多元性。又，它能延至情绪及意愿的其他领域。故此，我们所研究的命题是由经验的整个领域，附带可能的伸展及内在的局限所构成……

我们该从哪个角度去发展我们的观点？这是不言而喻的：一个人观看物事的立场应超越肉眼能看见的物质。事实上，从相对的角度而言，我们必须同意这个说法。但从绝对的角度看，设想一个不存在，甚至超越实际看得见的经验范畴是不可能的吧？一个立场必须是全体经验本身的构成部分。没有新想法，或起码的新意识的导入，是不可能做到的。

无论如何，要全面观察全体经验的立场，就是要超越所有其他被限制的立场，从而找出一个"最小定位"。以此，我不怕拣选立场。更确切地说，我们更需要包容一个人拥有的全部其他个别的观点，不排除任何一个。在这个意义上，我们要以"最大定位"为目标。实证论及心理学理论、演绎推论及批判理论，甚至是现象学或黑格尔派的立场，也不足以构成我心目中终极通用及坚固的全体经验立场。如果我的直觉没错，任何一个立场都能被理解为该立场的抽象概念，同时又能在该立场中成立。

采纳一个全体立场时，我们的研究方法也必须是全面的，也不能被任何方法所局限。哲学的学术独立性的独特事物，甚至更重要的独特方法经常被探索出来，但事实上并没有任何独特的事物，更枉言方法。我质疑如开发、批判、现象学及辩证法等方法，其实只是单一具体及全面方法的不同抽象演绎。再者，我们不难发现最大及最小的关系也能如此理解。故此我们必须注意，不论其绝对定义，一个立场必然存在于经验上。研究方法也不是存在于经验之外，其本身就是经验构成的一部分……

立场、方法及目标是全体的一部分。要分开它们的联结，来窥探全体经验是不可能的。

我们现在讨论的全体经验的立场是指，首先，要观察的目标并不单是经验的一部分，而是全部，或者是相对整体的一部分。那么，全体经验的立场到底是怎样的立场？

我所指的全体经验的立场是考虑研究命题跟经验的整体关系的立场。由于立场本身就是全体经验的一部分，又因哲学本来就不是一个完整科目而是爱的教育，我们要从一些特定要点或其他经验开始，向全体经验迈进。

包辩证法
高桥里美 1940，310-14

纵使辩证法以往经常被很多聪明的诡辩推翻，现在除了在恢复声誉，其影响力也在扩大。这正是日本的情况：一方面深受大乘佛教及新儒学影响，另一方面又被历史唯物主义的跟随者及其主要代表，如卡尔·马克思，所左右……在某种程度上，辩证法成为被追捧及忠诚的对象，而非批判的对象。然而就算一套思想变得如何不言而明、合乎潮流及武断，学者也必须保持严谨态度，对其作理性批评……

可以肯定的是，冠以"辩证法"之名的哲学理论在内容和形式上是有差别的……我会分辨为过程辩证法、地位辩证法、反对辩证法、纯否定或纯运动辩证法、"圆融三谛"辩证法、无限性或无限分解辩证法和全体及部分辩证法……甚至到一个疑问点，最终情况是所有辩证法在形式上，都必须有前设洞察：包辩证法的全体性是其构成基础。在这里我称作"包辩证法的全体性"并不是混合部分的相反的、简单的全体构思……

我相信全体及其部分的关系包括一些不止于原创、正规辩证法的东西。如果我是正确的，这些"东西"本身是真正构成全体及部分的关系的核心，而二者的辩证关系只不过是抽象概念。

全体看似包含了其部分，但此包含不仅是一种超然：这是通过包容的超然。它不只是一个由外包括内的行为，而是从内渗透的包容，即同时也是内在的。这里的意思不是超然的内在和内在的超然性构成辩证的内在及超然的统一。相反，它们构成了包辩证法的全体性。我的意思是不只是多过一种的辩证法，而是一个辩证法可以包括及包容其他否定模式的辩证法，从而摒除所有辩证法。也就是说，这是非辩证法。故此，它不只囊括辩证法的所有形式，更构成一个由辩证法外包括包容所有事物的全体。由于从起点就已启动辩证过程，我们称之为"包辩证法"。

这包含的全体（我们称之作"包辩证法"）看来好像存在和不存在的相互决定之全体，构成辩证法的立论点及反驳点。然而，从以下可见它们其实有根本的歧异：

1. 存在和不存在的辩证对抗，普遍被认为是一种断裂。与之相反，包辩证法的全体性同时包括了其本身由不存在到存在及由存在到不存在的连续过程。

2. 前者反对存在及不存在的一统性，后者则并置了之前讨论过存在及不存在的前设。

3. 对前者而言，异议能通过相互决定而提升至最高阶段，但对后者而言，异议在对立阶段已经达至统一性。这个统一性就是包辩证法的统一性。

4. 包辩证法运动不能从结尾摒弃最初，因为运动有其限制；相对地，包辩证法的立场完全地从本身摒除起初、过程及结尾达至最高的平息点。

5. 全体包辩证法摒除及包括这种形成及对抗，但使形成可行，同时构成其基础直接促成全面的情况，纵使矛盾但相同。

6. 全体包辩证法可以从不确定及中立的事物开始，就厘清其辩证对抗的立论点及反驳点（身份法则的立场）。以相同的推理，直接否定不能达至辩证否定（矛盾法则的立场），也需包括最初来考虑。虚无的整体能促成以上言及的所有，我称之为"系统性虚无"。在此意义上，正统知识逻辑的立场及辩证逻辑的立场也是从包辩证法的立场衍生出来的。

简而言之，我主张的包辩证法及包容的全体性同时含括了形成及退化过程，而其全体性发挥包含所有事物的作用。同时，也包括了整个反对的突显形成过程——须理解为单一存在的全体性。在包括范围最外端，一个存在的全体是包含及辩识了我认知的绝对虚无。万法归一，一归为无。

我怕我还是忽视了一些基本因素。尤其在把握正统及抽象的阐释模式上，有些东西要再具体一点来说明。如果包含全体的构成包括时间及历史的全体，其本身既不是时间也不是历史。如果在包含多种现实形态的某事物根本上把握时间和历史确实可行，我们称这事物为包含无知的"真如"或包括所有现象的"定律"。在任何一种情况下，不论我们谈的是"真实""真如"或"本体"，都不能达至所谓"知量"的根本意义。

包含的全体，在内容及经验两个层面上，均被视为一种爱。这是一种包容意志、行动和知识的统一。故此，绝对的爱经实证为绝对虚无，从而构成终极。于是，所有事物在根本上都能融合为绝对的爱。在这爱中，万物为一，一为虚无。

[GK]

（钟绮雯译）

九鬼周造

九鬼周造（1888—1941）

九鬼周造是一位真正博学多识的哲学家，他将存在主义哲学和诠释学引入日本学术界，并对时间性、偶然性、审美情感和文学理论进行了创新性的阐述。九鬼的父亲是贵族（日本第一位驻美国大使），母亲是艺术家，他自幼受到日本艺术界最重要的倡导者冈仓天心的指导，继承了"男爵"的头衔，对诗学和绘画有深厚感情。1921年至1929年，他在德国师从里克特、胡塞尔和海德格尔，在巴黎师从让-保罗·萨特，作为他的语言导师和法国哲学的顾问。后来，他在京都帝国大学任教，成为当时占统治地位的京都学派的边缘人物。在巴黎和京都，他都沉溺于享乐和美食，但这似乎丝毫没有削弱他对艰苦知识工作的热忱。他研究古希腊文、拉丁文、德文和法文原著，对疑难哲学问题进行详细分析，并向日本学术界介绍法国哲学潮流。

九鬼对欧洲世界普遍存在的人为割裂肉体与精神的现象深表遗憾，他在诗歌、诗学和许多哲学论著中力图重现肉体与精神的统一。然而，他的主要哲学著作也颂扬不可还原的差异和个性。1928年，他在法国蓬蒂尼的演讲《关于时间的建议》中提出了一系列对比：现象学时间与客观时间、东方的循环时间与西方的线性时间，以及武士道愿意接受时间与印度佛教希望摆脱时间，预示了他后来对方法的关注。他更详细的研究继续从生活经验出发，利用对比和张力来阐明哲学问题。他在1930年出版的著作《"粹"的结构》中利用了分析与经验之间的差距，以及诱惑、反抗和顺从之间的紧张关系，这些关系决定了具体的人际关系，尤其是两性之间的关系。许多关于偶然性的研究都在努力解决这样一个问题，即如何用一种赋予其结构并对其进行分类的一般理论来表现一种没有规则或安排的现实。偶然性所蕴含的诱惑力和偶遇都取决于二元性或"保持二元性关系，即保持可能性的开放"。在关于偶然性的著作中，他强调，偶然相遇至少需要两个人或两件东西，这指向一种形而上学的可能性，即一个人或一件东西根本不存在，他认为这种可能性"从根本上说是对齐一性的反叛"。

九鬼关于偶然性的研究有几个特点，有别于他的欧洲渊源和日本导师的研究。他的论述可能是哲学史上最系统的论述。虽然他的分类术语是以康德的判断类型学为蓝本的，但他将这些术语应用于可能性和持续性而非必然性的类型。形而上学的或不相干的偶然性是虚无遭遇的地方。这不是西田和田边的绝对虚无，而是否定存在的可能性。与存在主义哲学不同，九鬼将偶然性与未来和过去联系在一起，并赋予它比超越性更重要的意义。为了解释自由，要承认偶然性是现实和人类生活的一个特征，人们必须接受它，而不是试图克服它。与强调集体生活的和辻不同，九鬼抓住了个体性和二元性。后文摘录的内容侧重于个人存在的偶然性。二元性的典范是自我与他人、我与你之间的差异。九鬼提出，我"内化"了作为我的条件的"汝"，我们共同内化了偶然性本身。

最后，九鬼暗示了一种偶然性伦理学的可能性，这种伦理学将康德的绝对命令转化为一种命令，这种命令不仅仅是假设性的，与康德伦理学相抵触，用九鬼的话说，它还是形而上学的———一种接受偶然性的命令，即接受在世界上显现虚无的不存在的可能性。

[JCM]

偶然性
九周鬼造 1932

偶然性原本是对必然性的否定，而必然性是指事物必然如此。事物的存在意味着它有其自身的基础。因此，"偶然成为其存在方式"意义上的偶然性是指某一事物本身没有充分的根据，它有可能不存在。换句话说，当某种存在与不存在有着内在的、不可分割的联系时，偶然性就产生了。偶然性指的是存在根源于虚无的状况，即虚无侵蚀存在的情况。

在偶然性中，存在直面虚无。因此，形而上学的核心意义在于超越存在，走向虚无，超越物理，走向形而上学。当然，形而上学涉及真正存在（即 ὄντως ὄν）的问题，但真正的存在原本只是相对于不存在（μὴ ὄν）而言才成为问题的。构成形而上学问题的存在是被非存在、被虚无所笼罩的存在。这正是形而上学或哲学主要区别于其他学科的地方。其他学科只是零碎地处理存在或存在者，它们的问题涉及的正是存在或存在者的给定片段；它们对虚无或存在与虚无之间的关系一无所知。

只要偶然性问题不能与虚无问题分开，它就是一个严格意义上的形而上学问题。形而上学哲学之外的学科并不把偶然性作为一个问题。或者说，它们宁愿不把它当作问题。也许有人会认为数学中的概率论把偶然性当作一个问题，可以肯定的是，概率论确实处理偶然性问题。但它并没有把偶然作为偶然来处理。它没有试图澄清偶然性的含义。概率论只限于量化某件事情发生或不发生的所有可能情况与它发生或不发生的偶然情况之间的关系。此外，从理论上讲，可量化的关系只有在观察次数增加到无穷大时才能在经验上获得有效性，因此概率论并没有超越试图确定偶然现象发生的总情况数的相对恒定性。它丝毫不涉及偶然变化的细节，而正是细节的变化构成了作为偶然现象的偶然性。总之，概率论并不研究偶然性本身。偶然本身是无法计算的。可以计算的是某种意义上的必然性。概率论的主题不是"计算""偶然"，而是确定"可能""必然"发生的"百分比"。除了作为形而上学的哲学之外，并不存在偶然性本身的问题。

然而，正因为所有学科都试图研究事物之间的必然关系，它们原则上都无法回避偶然性问题。必然性的观念通常是与偶然性的观念联系在一起的。正如我们不能脱离必然性去思考偶然性一样，我们也不能脱离偶然性去思考必然性。我们所说的必然性是指不可能不存在的东西。不可能不存在的东西只有相对于有可能不存在的东西，即相对于偶然物，才是可以想象的。因此，所有彻底探究事物必然性的学科，至少在开始反思其工作原理时，都必然会遇到偶然性问题。从这个意义上说，所有学科的根源都与形而上学有关。

简而言之，偶然性问题，就其与虚无的关系而言——也就是说，就其在虚无层面上的最佳把握而言——严格地说，是一个形而上学问题。这个问题能否完美解决，本身就是一个完全不同的问题。无论如何，我们必须尝试把偶然性作为一个哲学问题来研究，即使我们得出的结论是我们无法找到一个积极的解决方案。

那么，既然偶然性是对必然性的否定，要把握偶然性的意义，我们就必须先厘清必然性的意义。我们已经把必然性定义为事物必然如此，即事物不可能不是这样。事物不可能不是这样，意味着它本身就有存在的理由，一个给定的事物本身恰恰就像它被给定的那样保持着自身。自我保存或自我同一性是一个自我不惜一切代价保存自身的问题。换句话说，必然性概念包含同一性。必然性的最严格表述就是同一性法则的公式，即"A 是 A"。说到底，必然性表达的不过是从模态的角度对同一性的本质决定。

同一性的决定性，也就是必然性的决定性，在逻辑学的概念、经验世界的因果性和形而上学的绝对性中最为明显。因此，就偶然性意味着必然性的反面而言，有三种偶然性模式与三种必然性模式相对应。因此，我们必须分三个部分来探讨偶然性问题：逻辑的偶然性、经验的偶然性和形而上学的偶然性。

逻辑的偶然性

从逻辑上讲，概念的结构基于我们对个别现象所具有的某种普遍属性的观察。概念的构成内容是被抽象为相同的本质属性的总体，而可能的内容则是通过抽象过程，在同一性的范围之外为非本质属性留出位置而构建的。本质属性的特点是，如果否定了它们，概念本身也就被否定了。因为概念的构成内容和本质属性的整体构成了一种同一性。本质属性与概念之间的关系，只要是由同一性决定的，就是必然的。与此相反，概念与非本质属性之间的关系是偶然的，因为作为一种取决于是否存在这些属性的东西，这种关系本身缺乏同一性。如果我们称本质属性为必然属性，那么我们就可以称非本质属性为偶然属性。那么，逻辑的偶然性就是偶然属性的偶然性。

例如，我们有一个三叶草的概念，这个概念包括本质属性和非本质属性。我们可以问，有三片叶子属于哪种属性？换句话说，有三片叶子的属性属于三叶草概念的构成内容还是可能内容？从严格意义上讲，我们不能说三片叶子的属性作为三叶草的基本属性之一属于概念的构成内容。因为当我们发现一株四叶植物具有其他相同的属性时，我们不会说它不是三叶草，而是称它为四叶的三叶草。也就是说，三叶草的概念并不一定意味着三片叶子是其本质属性；三叶草的概念本身也并不一定意味着三片叶子。因此，严格来说，三叶草与三片叶子之间的关系是一种偶然关系。尽管如此，三叶草的属性即使不是永远存在，也几乎是存在的。虽然它被约翰·斯图亚特·密尔称为"可分割的偶然属性"，但也接近于"不可分割的偶然属性"。米尔认为，不可分割的偶然与本质属性无关，因此它有可能不存在，即使事实上我们不知道它不存在的实例。它是普遍的，但不是必然的。可分离的偶然性是指事实上经常不存在的偶然性。也就是说，它不仅不是必然的，也不是普遍的。[1] 虽然三片叶子的特性并不是一个不可分割的意外，却非常接近。我们之所以认为四叶的三叶草特别偶然，就是因为有三片叶子这一特性非常接近于不可分割的偶然，或者说，我们把它当作准本质的来把握。

逻辑上的偶然性与非本质属性有关，它不能起到将某一事物归入普遍同一性的功能。这种归纳功能是通过"总是"或"几乎总是"的模式来实现的。从这一功能中抽象出来的逻辑偶然性具有作为"总是"或"几乎总是"的否定的"很少"的结构。这就是偶然性具有一般规律的例外意义的原因，也是基于这个"很少"是表达偶然性的词这一事实的实例的原因……

九鬼援引康德的《纯粹理性批判》B. 10, 12，进而将概念与偶然属性的区分与康德的分析判断与综合判断的区分联系起来，指出前者是基于主词与谓词的同一性，因此产生必然性，而后者不是，因此是偶然性。

当然，在一个特定的知觉判断中，知觉主体对知觉的具体内容进行分析并形成判断。例如，我们形成了"这株三叶草是四叶的"这一判断，这应该算作一个分析判断，在这个判断中，"这株三叶草"与"四叶"之间的联系是必要的。但我们在此所要说明的只是，康德假定命题的主体是一个一般概念，在他区分指涉必然性的分析判断与经验性的综合判断时，对偶然性作了

---

[1] J. S. Mill, *System of Logic I*, ch. VII, §8.

规定。也就是说，在"有些三叶草是四叶的"这一经验性综合判断中，"三叶草"这一概念与"四叶"这一谓词的结合完全是偶然的。全称判断和特称判断之间的区别同样与必然性和偶然性之间的区别有关。

……

此外，在直接推理中，我们会遇到所谓的偶然换位（conversio per accidens）。从"所有 A 都是 B"的情况中，我们可以推断出"有些 B 是 A"。例如，我们可以说"所有黄种人都是人"，但不能说"所有的人都是黄种人"。我们只能把这种情况下的全称判断变成"有些人属于黄种人"的判断。区分种族的肤色只是"人"这一概念的偶然属性。因此，在逻辑中，偶然性存在于特称判断中，而不是全称判断中……

九鬼继续将概念与属性的区别与实质与偶然的区别联系起来。他引用柏拉图的观点作为本质概念的典范。

偶然性指的是原型与模仿之间的差距，指的是个别空间事物参与理念的内在不完善性，因为这些事物的根源是不存在的。亚里士多德称这种偶然性为 συμβεβηκός，即"属于某种事物，并真正被预言为某种事物，但并非必然（ἐξ ἀνάγκης），而且在许多情况下（ἐπὶ τὸ πολύ）根本不是这样"。亚里士多德由此澄清了"本身"（καθ᾽ αὑτό）与"偶然地"或"偶然"（κατὰ συμβεβηκός）之间的区别，这种区别后来成为"本身"（per se）与"偶然"（per accidens）之间的区别。"本身"指"本质"或"属于本质的一切"，或"直接进入自身或自身一部分的东西"。例如，"人之所以活着，是因为灵魂是自身的一个特殊方面"。因此，"人类是白色的是一种偶然（因为并非总是如此或大部分情况下都是如此）；但人类并非偶然是一种动物"。总之，"一般陈述（τὰ καθόλου）适用于主体的本质，而偶然属性不是事物本身的特性，而是个别情况的个别属性（τὰ καθ᾽ ἕκαστα）"。"物质（ὕλη）是偶然性的原因。"因此，"偶然性和不存在是密切相关的"（ἐγγύς τι τοῦ μὴ ὄντος）。①

---

① *Metaphysics* Δ30, 1025A；Δ18, 1022A；E 2, 1026B；Δ9, 1017B；E2, 1027A, 1026B。

柏拉图和亚里士多德的论述非常清楚地表明，逻辑偶然性与个体有关。如果偶然性与个体事物有关，那么经常称偶然属性为"个体属性"的原因就显而易见了，施莱尔马赫希望将真正的综合判断的适用范围限制在个体事实上的原因也是如此。因此，逻辑层面上的偶然性是个体而非一般概念所享有的规格。我是黄种人是偶然的，因为黄种人的特征只存在于某些特定的人身上。同样，三叶草是四叶的也是偶然的，因为这种特性只存在于特定的三叶草个体中。在佛经《弥兰陀王问经》中，弥兰陀王（King Milinda）向僧人那迦舍那（Nagasena）提出了这样一个问题："为什么所有的人都不一样，有的短命，有的长寿；有的多病，有的健康；有的丑陋，有的美丽；有的没有势力，有的有权势；有的贫穷，有的富有；有的出身低贱，有的出身高贵；有的愚笨，有的聪明？"弥兰陀的问题不仅关乎人类的快乐与痛苦，还是一个哲学问题，属于哲学范畴。那迦舍那提出了他自己的问题："为什么所有的植物都不一样，有的酸，有的咸，有的辛，有的苦，有的涩，有的甜呢？"国王回答说："因为它们来自不同的种子。""伟大的国王，你所说的人与人之间的差异也是如此……众生各有各的业力……正是业力把他们分成了低等和高等以及类似的划分。"[1]如果这个答案不能让提问者满意，就必须在新的层面上进一步提出疑问。

我们前面说过，在"这株三叶草是四叶的"这一特殊的感性判断中，"这株三叶草"和"四叶"的结合具有一种必然性。只有当我们从普遍概念的角度来思考时，"三叶草"和"四叶"的连接才是偶然的。当定语"这"修饰"三叶草"时，特定的三叶草与有四片叶子这一特征之间的关系就不再是偶然的了。这株三叶草"是"四叶的，这一事实必须有一定的原因，比如它以前的营养、气候的影响，或者可能是受伤或受到刺激。同样，我们认为一个人外表的英俊或丑陋是偶然的，因为我们观察到了与"人"这一普遍概念之间关系的特殊性。这个人"英俊"，那个人"丑陋"，肯定是有原因的，比如精子和卵子特殊的结合方式，或者怀孕期间母亲的健康状况。这样，我们就可以从概念问题转向原因问题，从逻辑学的抽象领域转向自然哲学或精神哲学

---

[1] *The Questions of King Milinda* iii. 4, T. W. Phys Davids, *The Sacred Books of the East* 35（Delhi：Motilal Banarsidass，1890），100-101；译文有调整。——英译者注

的经验领域。

九鬼接下来探究了因果关系的结构。他将莱布尼茨的充足理由律与因果律联系起来，然后指出因果律植根于同一律。

我们所说的一种现象的原因就是我们在另一种现象中发现的相同事物。如果我们说水是由氢气和氧气结合而成的，我们就意味着在这个化合物中，我们所说的氢元素和氧元素各自保持着自己的特性。因此，因果关系可以理想化，并用等式来表示。这就是"原因与结果相等"（causa adequat effectum）一词的含义。我们之前说过，概念是以同一性为基础的，这里我们看到，因果关系也有可能以同一性为基础。如果因果关系只是一种同一性关系，那么因果律也应该具有同一律所具有的必然性。我们认为，氢和氧的结合必然产生水。水和这两种元素的化合物之间存在着必然的关系，正是因为每种元素在水里都保持着自己的特性。这就是不变的东西必然产生必然性的例子。

从广义上讲，手段与目的之间的关系也可以看作一种因果关系。在这里，我们有了最终原因的概念，而不是有效原因。

……

借用奥塔夫·哈梅林的一句话，我们可以说终极性是"未来的决定"。[1] 本应缺乏现实性的未来之所以能够承担现实性并作为原因发挥作用，是由于意识的时间优先性。严格说来，终末、目的性和终局性这些概念只在意识领域有效。如果我们要承认它们是自然世界中超越意识领域的构成原则，我们可能必须通过无意识的概念来实现。这是基于这样一个事实，即成为习惯的有意识动作会转化为无意识的反射动作。在《论习惯》一书中，费利克斯·拉瓦松·莫利安将这种无意识的界限视为自然世界。[2] 康德在《判断力批判》中提出，天才是"第二自然"或半无意识地创造艺术作品的（第46节），他的天才理论无疑将他的美学与自然哲学联系在一起。虽然他只允许将目的论

---

[1] Octave Hamelin, *Essai sur les éléments principaux de la représentation*（1907）（Paris：Alcan，2nd ed. 1925），332.

[2] Jean Gaspard Felix Ravaisson-Mollien, *De l'habitude*（1838）（Paris：Presses Universitaires de France，1999）.

作为一种规范性思想应用于自然世界，但为了承认目的论是一种构成性思想，他暗示了一种必然性概念，即一种假定了目的论的无意识概念。例如，"为了 B 必须做 A"这句话中的手段与目的之间的关系意味着一种必然关系，而这种必然性最终来自因果关系。"为了 B 必须做 A"这种手段与目的的关系预示着一种因果关系，即"如果我们做 A，那么必然会产生 B"，这就是必然性的来源。

接下来，九鬼承认因果关系的"必须"与目的论的"应该"之间存在区别，但在二者中都发现了必然性。

既然偶然性是对必然性的否定，我们就会想到有两种偶然性，即因果偶然性和目的论偶然性，每种偶然性都否定了相应的必然性。因果偶然性产生于因果性的缺失，目的论偶然性产生于终极性的缺失。我们可以把这些偶然性称为经验偶然性，与逻辑偶然性相对。在众多表达偶然性的词语中，有一些词语意味着对因果性或终结性的否定，如"巧合""偶然""意外""侥幸"和"无心"。古希腊语"αὐτὸμάτην"（偶然）一词来源于 αὐτὸ（自身）和 μάτην（无缘无故），同样是基于否定。

机械论最一致的形式只能从因果必然性的角度来设想，因此没有因果偶然性存在的余地。另外，通过否定目的论必然性，它允许目的论偶然性的存在。自然科学的世界观就代表了这样一种趋势。与此相反，目的论最一致的形式是只从目的的必然性来解释万事万物，因此根本不存在目的论偶然性。另外，通过否认因果必然性，它允许因果偶然性的存在。当基督教神学把万事万物解释为上帝意志的结果时，它对奇迹的承认就意味着因果偶然性，而这种承认正是基于这种关系。在这个意义上，因果必然性很容易与目的论偶然性联系起来，而目的论必然性也很容易与因果偶然性联系起来。"偶然性的必然性"的悖论之所以产生，是因为我们可以进行这种关联……

九鬼继续分析了混淆必然性与偶然性的两种方式：（1）混淆因果必然性与目的论偶然性，或因果偶然性与最终必然性；以及（2）混淆因果必然性与最终必然性，或因果偶然性与目的论偶然性。他引用西方哲学史中的一些片段，从苏格拉底之前的片段开始，举例说明了这两种方法以及对这两种方法的一些批评，其中包括亚里士多德关于"运气"（τύχη）和"偶然"（αὐτόματον）的对比思想、基督教的"天意"概念、康德的"命运"概念，以及最近的"偶然性"概念——奥塔夫·哈梅林和埃米尔·布特鲁斯的"因果论的偶然"（contingence）和"目的论的偶然"（hasard），以及弗里德里希·阿尔伯特·朗格的"偶然"（Zufall）。

总之，目的论偶然性源于对目的论的否定，源于对某一事物没有目的的观察，或源于对某一事物出现但它并不算目的的观察。这两种观察，分别是否定性的和肯定性的，在对目的论的否定上是一致的。消极观察的一个例子是被视为目的论偶然性的白痴。如果思维能力的实现是人类的目的之一，那么作为缺乏这种能力的白痴就可以被视为偶然的、没有目的的。另一个例子是某种重瓣花。如果花的功能是确保植物的繁衍，而雄蕊变成了花瓣，那么我们所看到的就是对目的论的否定，因此从植物学的角度来看，这种重瓣花是一种畸变，即一种偶然现象。亚里士多德称这种目的论偶然性为"反自然的"①，黑格尔则将其归因于"自然的无能"②。称其为"反自然的"背后的思想是目的论的观点，即"自然不会无缘无故地（μάτην）制造事物"③。同样，要得出自然在某种情况下无能的结论，就必须已经为自然指定了某种进展作为其目的。现在来看正面的例子，假设有人在咀嚼鲍鱼时发现了一颗珍珠。如果吃鲍鱼的目的是品尝它的美味，那么发现珍珠就与这个目的不符，因此属于偶然或意外。另一个例子是，炼金术士试图找到一种物质，通过蒸发尿液将银转化为金。他意外地发现了磷，这是他的目的之外的偶然结果。

这些案例说明了对目的论偶然性的两种理解方式。白痴和重瓣花的例子可以简单地从消极方面理解为自然预期的目的未能实现。发现珍珠和磷的例子可以从正面理解为目的确实存在，但其结果并不能算作实现了这一目的。亚里士多德对"偶然"（αὐτόματον）和"运气"（τύχη）的区分大致对应于这两种理解偶然性的方式之间的差异。也就是说，仅仅以否定的方式表示缺

---

① παρὰ φύσιν, *Physics* II. 6, 197B.
② "Ohmacht der Natur," *Encyklopädie*, G. J. P. J. Bolland, ed., (Leiden: A. H. Adriani, 1906), §250.
③ *De caelo* 1. 4

乏目的，因此是一个适用于没有目的行动的事物的概念。与此相反，τύχη从正面表示某种可被视为目的或目标的东西的实现；它只适用于有目的行动能力的人。简而言之，这里的消极偶然性和积极偶然性的共同之处在于，它们都否定了目的论必然性。当然，它们反映的只是目的论偶然性的部分观点。还有一种世界观完全否定目的论，希腊原子论、德·霍尔巴赫的《自然体系》和拉梅特里的《人是机器》就是典型的例子。这种机械决定论宣称，整个宇宙在目的论上都是偶然的。换句话说，这里的目的论偶然性是通过与因果必然性相混淆的方式产生的。

正如逻辑层面的偶然性只发生在普遍概念上，目的论偶然性只发生在设想或可设想的目的和目标上。因此，这两种偶然性在本质上有着千丝万缕的联系。如果目的或宗旨符合普遍概念，而且有必要实现这一目的，逻辑上的偶然性就会产生目的论上的偶然性……目的论偶然性与因果必然性至少在狭义上可以归结为因果关系问题。

剩下的就是因果偶然性问题，也就是因果必然性不存在的问题。

……

布特鲁斯也承认因果偶然性的存在。在他看来，因果律作为一个抽象的原则，可以作为科学的实践格言，但严格来说，它并不适用于具体的现实世界。所有的计算都只是近似的，原则上不可能达到绝对的精确。实验验证最终归结为在近似极限之间尽可能缩小可测量因素的值。可以说，我们看到的只是容器，而不是事物本身。只要我们超越了我们粗略的评价方法的有效范围，现象中仍然存在着微小的不确定性。而这正是布特鲁斯的偶然性，它表示偶然必然性的不存在。布特鲁斯以"偶然性哲学"的形式大力提倡缅因·德·比兰和拉瓦松等人提出的那种"自由哲学"。但与伊壁鸠鲁的非决定论学说将因果偶然性与目的论偶然性混为一谈不同，在布特鲁斯那里，我们发现的是因果偶然性与目的论必然性的混为一谈……他在《自然法则的偶然性》一书中的论点最终取决于宇宙的目的论必然性。他谈到了"义务形式的必然性"，即"可以被认为是必然的目的"，并说尽管上帝的"自由是无限的"，但存在着"实践必然性"[1]……原初原因的缺失完全包含了这种因果偶然性，

---

[1] *De la contingence des lois de la nature* (Paris: Félix Alcan, 1895), 155-7.

并允许人们谈论绝对的因果偶然性。而一旦人们宣称某个部分具有绝对的因果偶然性，最终就会导致对因果性的全盘否定。然而，绝对因果偶然性的观点不能不说是一种极为特殊的观点……而且无论如何，这种观点仍然是很成问题的。

然而，就因果关系而言，真的不存在任何意义上的偶然性吗？因为我们也有一种相对因果偶然性的观念。例如，当瓦片从屋顶掉落，砸伤了走在屋檐下的路人，或者当火山爆发时发生日食，我们都认为这是偶然的。瓦片必须是由于某种原因，如屋顶腐朽或风力等，掉落在特定的位置上。而路人一定是出于某种原因走到屋檐下的，比如为了躲避太阳的热量或交通拥堵。但是，我们把两种不同原因造成的两种现象的相遇称为偶然。同样，火山爆发是因为地下蒸汽的力量到达了某一点，而太阳变黑则是因为受到了月亮的遮挡。这两种现象产生于两个完全独立、互不相关的原因系列。这两个因果系列之间没有任何必然联系。这些情况下的偶然性是一个因果系列与另一个因果系列之间的非必然、相对关系。这就是相对因果偶然性概念的由来，而这一概念实际上构成了偶然性含义的核心……

……

在日语中，"偶然"的"偶"的意思是"一对""对立"，或"对比""排成一行"，或"连在一起"。（稍稍改动一下汉字，它还可以用作动词，表示"相遇"的意思。）偶然性的核心含义是 A 和 B 的偶然相遇否定了"A 是 A"所表达的同一性法则的必然性。换句话说，它涉及二元性，或两个不同事物之间的接触。συμ-βεβηκός、con-tingens、ac-cidens 和 Zu-fall 等词的前缀都明确表示两个事物之间的接触。Chance 来自 cadentia，hazard 来自 caus，最初来自 cadere。此外，"cadere"意为"落下"，在"……cadere"或"落在"的表达中也有体现，如"瓦片落在路人的头上"，这种对立的联系让我们产生了"偶然"的感觉（德语中的"Zu-fall"也与之呼应）。

九鬼接着引用了黑格尔、亚里士多德、莱布尼茨和波恩卡莱的观点，以支持这种偶然性涉及各种因素的交叉，而这些因素的数量可以是无限的。他还提到斯宾诺莎的主张，即这种偶然性与缺乏对原因的完美认识有关。

尽管如此，我们还是必须把无误的解释和完美的知识的交汇看作一种理想。虽然我们可以在经验领域中追寻必然性的轨迹，但我们作为理想所追求的"x"却像一个无限的渐进过程一样让我们难以捉摸。不仅如此，即使我们在"无限"之外抓住了理想，我们也不得不承认，这个理想就是谢林的"原始偶然性"（Urzufall），我们对它只能说"它是，而不是它必然是"。原始偶然性是"事物的最高真理"、"历史的起源"、"原始事件"（Urereignis）、"不可预见的厄运"（unvordenkliches Verhängnis）[1]。当弥兰陀王询问僧侣那迦舍那为什么一排树的树形不同时，僧侣回答说这是因为它们种植的方式不同。树木的偶然性转移到了树苗的偶然性上，事情也就到此为止了。同样，当《成实论》说"万物从业因生"时，就好像对偶然性给出了因果解释，但事实上，这种说法不过是将未解决的偶然性无限延长，延长到原始偶然性的地步。

形而上学的偶然性

形而上学的绝对性是"原始偶然性"的基础。绝对由于是绝对，所以被认为是绝对的一。由于是绝对的一，它被认为是绝对必然的。当诺瓦利斯说"必然者即偶然者"[2]时，他指的不是别的，正是作为绝对必然性的原始偶然性。

亚里士多德的《形而上学》已经包含了绝对必然性的概念，即形而上学的必然性。"不动的推动者"，正因为它是不动的，所以"永远不能以不同的方式行事"。因此，"它是必然存在的东西"（ἐξ ἀνάγκης）。[3] 除了"不动者"之外，其他万物都被其他事物所移动，因此它们的行为也会有所不同。也就是说，它在形而上学上是偶然的，是对形而上学必然性的否定。中世纪亚里士多德的崇拜者迈蒙尼德采用了形而上学必然性和形而上学偶然性的概念，并将它们作为其宇宙论证明的重要组成部分加以复兴。

托马斯·阿奎那追随迈蒙尼德，从世界的偶然性推理到"自身必然存在的东西"[4]。这样，形而上学必然性与形而上学偶然性之间的关系就以"自因

---

[1] Schelling, *Sämtliche Werke* (Stuttgart：1856-1861), ii.1, 464; ii.2, 153.
[2] *Notwendige = das Zufällige*. Cf. Novalis, Fragmente.
[3] οὐκ ἐνδέχεται ἄλλως ἔχειν οὐδαμῶς. *Metaphysics* Λ 7. 1072B.
[4] "Aliquid quod est per se necessarium," *Summa theologica*, i, q. 2.

性"（aseitas）与"他因性"（abalietas）对立的形式出现了。斯宾诺莎的"自身原因"也不过是形而上学的绝对必然性。"上帝必然存在（Deus necessario existit）。"与此相反，"如果事物的存在没有被必然地规定或必然地排除，我就把这种个别事物称为偶然的（contingens）"①。

莱布尼茨在《神正论》和《单子论》中把上帝说成是必然的存在，把整个世界说成是偶然的存在。② 同样，康德也写道："在存在中受到限制的东西，我一般称之为偶然性，而不受限制的东西，我称之为必然性。"康德还进一步指出："我们之所以知道偶然性，是因为有些现象只能作为某种原因的结果而存在。因此，如果假定某物是偶然的，那么它就有某种原因，这是一个分析命题。"③在这里，康德也同样关注这种必然性和偶然性。

我们一直注意到，无论是在经验层面还是在形而上学层面，必然性和偶然性都是完全对立的。经验层面"自下而上"，无限追溯一系列因果必然性，直至原始偶然性。形而上学层面从上而下，作为对绝对必然性的否定，得出了一个与因果性相联系的偶然性概念。换句话说，受因果关系支配的事物在经验层面上可能是必然的，但在形而上学层面上却是偶然的。当把一个因果系列的开端作为一个理想来把握时，在经验的层面上，它被称为原始偶然性，而在形而上学的层面上，它被称为绝对必然性。也就是说，在必然性中存在着"绝对必然"和"假设必然"的区别。克里斯蒂安·沃尔夫写道："当某种存在是绝对必然的时候，我们谈论必然的存在。当某个存在物的存在理由在其自身之外时，我们就谈论偶然性存在。"因此，"偶然存在的存在仅仅是假设必然的"。④ 因此，正如亚里士多德已经指出的，形而上学的偶然性仅仅是假设必然的，它指的是这样一种存在：它之所以存在，仅仅是因为它在自身之外有某种原始的原因；它存在着不存在的可能性。因此，阿奎那称偶然性为"有可能不存在的东西"（possibilia non esse）。形而上学的偶然性归根结底不过是经验必然性，而即使是经验必然性的东西，在相对于绝对的形而上学必然性进行观察时，也具有偶然性的特征。

---

① *Ethica* I, def. 1; I. 11; IV, def. 3.
② *Opera philosophica*, J. E. Erdmann, ed.（Berlin: 1940），506，708.
③ *Critique of Pure Reason* B，447，291.
④ *Ontologia*，§ 309-10，§ 316.

因此，一般来说，偶然性问题与必然性问题有着深刻的联系。当我们思考非存在或非实在性时，它是相对于存在或实在性而言的。存在或实在涉及"是"；不存在或不实在涉及"非"。那么，关于"存在"，我们也可以区分"不可能不存在的东西"和"可能不存在的东西"。也就是说，在"存在"中存在着"必然"和"偶然"。同样，关于"非存在"，我们也可以区分"可能存在的东西"和"不可能存在的东西"。那么，关于"不存在"，就有"可能"和"不可能"之分。由于偶然性指的是否定存在必然性的事物，因此必然性和偶然性在逻辑上形成了矛盾。既然不可能指的是否定存在的可能性，那么"可能"和"不可能"就形成了矛盾。同样，由于不可能性指的是不存在的必然性，因此它可以被视为必然性的一种。必然性和不可能性的共同特征被称为"论证性"。偶然性指的是肯定不存在的可能性，因此它可以被视为一种可能性。这种可能性和偶然性的共同特征在拉丁语中被称为"问题性"（problematica），但我们也把它称为"可能"。此外，在存在与不存在的层面上，我们所说的"断言性"（assertoria）是相对于"论证性"（apodictica）和问题性而言的。如果说必然性被视为完美的存在，那么偶然性和可能性则被视为不完美的存在。这是因为，偶然性事物即使处于存在之中，但由于偶然性意味着不存在的可能性，它仍然根植于不存在之中。而可能的事物即使处于不存在之中，但由于可能性意味着可能的存在，因此仍然渴望存在。因此，偶然性和可能性经常被视为密切相关的问题。例如，阿奎那在其关于上帝存在的宇宙论证明中使用了"来自可能"一词，而不是"来自偶然"。阿伯拉尔说："可能的和偶然的指的是同一事物（possible et contingens idem prorsus sonant）。"① 斯宾诺莎写道，"偶然的或可能的"②，黑格尔说，"偶然的指的是现实性与简单的可能同时被规定"③。这种关系可在下图中表达：

以这种方式把偶然性与可能性联系起来，意味着在形而上学的背景下看待特定的现实性或存在。换句话说，就是从逻辑析取的角度来看待实在性或存在。问 A 是不是 B 或 C 或 D，就是就现实性形成一种析取句的可能性。当我们完

---

① *Ouvrages inédits*, V. Cousin, ed. (Paris：1836), Dialect., 265.

② *Ethica*, I. 33, schol. I.

③ *Wissenschaft der Logik*, G. Lasson, ed. (Leipzig：1911), II：173.

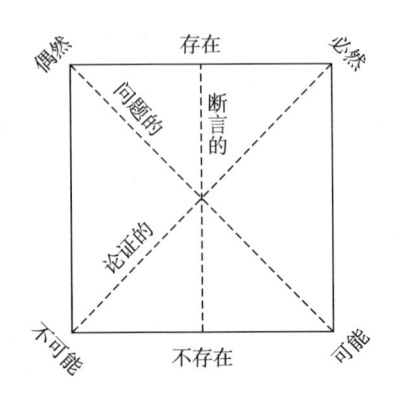

```
        存在
偶然 ─────── 必然
 \  问    断  /
  \  题    言 /
   \  的    的/
    \       /
     \  论  /
      \ 证 /
       \的/
        X
       /|\
      / | \
不可能 ─────── 可能
       不存在
```

全意识到一个问题与可能性或不连续性选择有关时，从这个角度看偶然性的意义就显而易见了。例如，当我们在掷骰子、赛马或代表"剪刀—石头—布"的举手表决中评估各种可能性，并玩一场偶然性游戏时，我们就会完全认识到可能性的情况。因此，我们可以从吠檀多哲学中发现深刻的意义，吠檀多哲学认为世界的创造是梵的游戏。通常我们说，骰子的哪一面会出现是一个偶然或偶然的问题，因为我们记住了六种可能性，而且我们知道还有其他五种可能性会出现。事实上，骰子会出现哪一面，必然是由骰台和骰子的物理特性以及我们掷骰子的方式决定的。另外，只要我们考虑到其他必然性的因果系列，或认为实际发生的因果系列并非绝对必然，或想到可能性与实际发生的情况之间的差异，偶然性就会占上风。

庞加莱关于轮盘赌的评论……提供了另一个偶然性的例子。[1] 我们意识到，当针停在红色刻度上时，也可能停在黑色刻度上，而当针停在黑色刻度上时，也可能停在红色刻度。然而，正如庞加莱所说，这种考虑并不取决于这样一个事实，即即使是非常灵敏的仪器也无法测量出推动轮子的初始力的微小差异，从而无法预测指针将如何移动。相反，它们涉及这样一个事实，即演奏者的心脏跳动带来的偶然性会影响初始推动力本身，而且给定力量的特定强度没有绝对的必然性。也就是说，它们的基础是无法预见力的其他参数。

从这个意义上说，某株三叶草有四片叶子而不是三片叶子是一个偶然性问题，浅间山是一座火山而不是一座普通的山也是一个偶然性问题。同样，丰臣秀吉不是出生在京都、大阪或其他地方，而是出生在曾经是尾张国的中

---

[1] *Science et Méthode* (Paris: Ernest Flammarion, 1916), 70–1.

村，这也是一个偶然事件。我不是美国人或印度人，而是日本人，我是人类而不是昆虫或鸟类，这纯属偶然。《杂阿含经》第 15 卷巧妙地说明了生而为人的偶然性：一只拥有无限寿命的盲龟潜伏在大海里，每隔一百年就会把头伸进一根随风飘来飘去的浮木上唯一的洞里。生而为人就像盲龟的头恰好碰到了那个洞。

偶然性会引起一种惊奇和惊讶的感觉。"奇怪的巧合"和"偶遇"等与"奇怪"谐音的合成词就证明了这种感觉的普遍性。与之形成鲜明对比的是伴随必要性而来的满足感。同样，希望或担忧伴随着可能性，而绝望或心安则伴随着不可能性。当某种现象有可能发生时，就其本质而言，它会让人产生希望或担忧的紧张感。当不可能发生时，希望就会变成绝望，担忧就会变成心安；也就是说，它会产生一种释放感。当一个问题可以通过分析和澄清来解决时，一种平静的满足感就会伴随着必然性。与此相反，当我们面对一个悬而未决的问题时，偶然性会激起我们的兴奋感。总之，不可能性和必然性由于其固定性和可证实性，只能引起一种微弱的、静态的释放感和宁静感，而可能性和偶然性由于其处理的是可能性，会引起强烈的、动态的紧张感和兴奋感。可能性带来的希望或担忧的紧张感，与偶然性带来的惊奇的兴奋感之间的主要区别在于，前者关乎未来，而后者关乎现在。就可能性而言，我们期待不存在的东西将来会存在。在偶然性的情况下，我们看到的是，虽然某些东西在当下存在，但它面临着不存在。当析取句的一个可能面被提出的瞬间，伴随着偶然性而来的惊奇是一种形而上学的感觉，它附着于提出析取句的绝对理由之上。柏拉图在《会饮篇》（192B）中给出了一个关于惊奇（θαυμάζειν）的典型例子。他写道，当一个人偶然（ἐντύχῃ）遇到另一个人时，"这两个人因惊奇而颤抖"（θαυμαστὰ ἐκπλήττονται）。

我们可能会认为，在提出任何形式的析取句时，都会伴随着这种惊奇，但当我们认为这种析取句是有目的的，也就是说，当它看起来是为了某个目的或目标时。因此，亚里士多德将 αὐτόματον 和 τύχη 理解为与为了某种事物（ἕνεκά του）而发生的现象领域有关，而不是某种实际事物的结果。[①] 也就是说，他认为偶然性本身与目的性有关……在这些例子和其他例子中，我们可

---

① *Physics* II. 6. 197.

以发现目的性在偶然性中的显现……在许多例子中，陌生感只不过是对偶然性似乎具有目的性的惊奇之感。

我们在文学作品中看到的对偶然性的热爱，也是基于对某一明显目的的惊奇或惊讶之情。广义的文学或诗歌使偶然性成为其内容和形式的重要组成部分。偶然性是《朝颜日记》等作品内容的重要组成部分。① 然而，我们在这里看到的并不仅仅是一种偶然性。它不过是旋律中一个主题的变奏。诺瓦利斯在《片断》中说："一切诗意的东西都必须是神话般的；诗人崇拜偶然。"在形式上，我们可以发现巧合韵的使用，这些词恰好读音相同，但含义却大相径庭。例如，"sheer"和"shear"这两个词的意思毫无关系，但发音相同。诗歌经常使用同音异义词来赋予这类突发事件以生命……这类诗歌的奇特魅力在于，我们能感受到一个发音和两个不同含义的偶然巧合……保罗·瓦莱里将诗歌定义为"语言中的巧合系统"，并谈到"韵律所具有的哲学美"②。

……

我们在文学作品的内容和形式中发现的偶然性的意义在于形而上学的惊奇感和与之相伴的哲学美。总之，从形而上学的角度看，伴随着偶然性的惊奇感是一种情感，它促使我们去寻找从不存在到存在、从存在到不存在的原因。偶然性意味着不存在的可能性。正如莎士比亚所说："它没有底。"③ 对黑格尔来说，偶然性唤起"绝对苦恼"（absolute Unruhe）也是出于同样的原因：它没有理由（Es hat keinen Grund）。④在偶然性中，非存在僭越了存在。在这个意义上，偶然性意味着脆弱的存在。它只是将极其脆弱的存在与"此地"或"此刻"联系起来。而绝对必然性不过是所有偶然性的堕落……或者如康德所说，是"真正的深渊"。⑤

每一种偶然性从根本上都蕴含着解体或毁灭的命运。《涅槃经》第二卷说："众生皆归于死，分离随相聚，生被死所吞，万物皆归于灭。"⑥ 存在面

---

① 19世纪早期的故事集，被改编成木偶剧和歌舞伎表演。
② *Variété*（Paris：Gallimard，1924），67，159.
③ *Midsummer Night's Dream*，IV，1.
④ *Wissenschaft der Logik*，II：174.
⑤ *The Critique of Pure Reason*，B 641.
⑥ 九鬼将中文的南本中一段话中的四个不连贯的短句合并在一起。T12，612C．22-8

临着不存在，当不存在威胁到存在时，我们会和国王弥兰陀一样困惑地问："为什么？"作为回答，我们只能重复黑格尔的话："个人作为普遍之物的不足，是其最初的病态和与生俱来的死亡种子。"①

结　　论

我们从逻辑、经验和形而上学三个层面探讨了对偶然性的澄清。我们也可以称它们为绝对的、假设的和不相干的。当谓词以非必要的方式修饰主语或概念时，逻辑偶然性就会出现在分类判断中。也就是说，由于主语和谓语没有形成同一性，在断言缺乏可证实性从而缺乏必然性的情况下，就会出现逻辑偶然性。经验偶然性，用逻辑术语来说，是指在假设判断中，当一个术语不属于理由和结论之间的联系时产生的。也就是说，它是在理由和结论的同一性所提供的论证性和必然性领域之外产生的。可以说，当我们把一个给定的谓词判断或给定的假设判断看作一个不相干判断中的一种情况时，就会产生形而上学的偶然性，而在这种情况下，任何数量的其他情况都是可以想象的。换句话说，当我们把一个断言的或论证的命题置于不相干关系的语境中，并把它视为一种可能的情况，同时强调这种不同情况的差异性与同一性，从而把断言性（存在）或论证性（必然性）变成一个概率问题时，就产生了形而上学的偶然性。

逻辑偶然性的核心含义与个人有关。经验偶然性的核心含义涉及一系列事件与另一系列事件的偶然相遇。而形而上学的偶然性的核心含义则是指事物不存在的可能性。由于个体性这一事实，适用于个体的不是一般概念，而是偶然性的特征。因为一个独立的系列可以偶然遇到另一个独立的系列，所以它不属于理性与结论之间的任何必然关系。因为有可能不存在，所以我们发现偏离了绝对的必然性。

偶然性的三个核心含义绝不是相互分离的，而是密不可分的。"个别和个别现象"的核心意义在于"一个系列和另一个系列之间的偶然相遇"，而偶然相遇的核心意义在于相遇不发生的可能性，换句话说，就是某物不存在的可能性。这三种偶然性的基本原型含义是，二元性与一元必然性相对立。必然

---

① *Encyclopädie*, § 375.

性只是表示一种统一的模式，而偶然性只有在某种二元性的情况下才会出现。在追溯个体的起源时，我们假定二元性与一元性相对。偶然相遇需要两个人或两个事物。不存在的可能性从根本上说是对统一性的反叛。巴门尼德哲学根据同一性法则确定存在的意义，并认为虚无与这一法则背道而驰。它源于对偶然性的惊奇或困惑，并以对二元性危险的认识而告终。我们并不是说巴门尼德的哲学中没有真理，因为在他的哲学中，我们也发现了一个沉浸在做人的喜悦和苦恼中的人。

到目前为止，我们已经说过，偶然性问题既然包含虚无性问题，严格来说就是一个形而上学问题。我们还声称，形而上学之外的其他学科，只要忽略了虚无性问题，就没有真正把偶然性问题化。偶然性，作为"此时此刻"发生的偶然相遇，在面对无边无际的虚无时，会引发强烈的危险感。对于那些以一般性思维、追求规律和规则的必然性的学科来说，偶然性可能是一种完全不合理、毫无价值的东西。就连亚里士多德也谈到了偶然性的准逻辑性或不可捉摸性（παράλογος）。① 黑格尔指出，试图用概念来理解偶然性是非常不恰当的。② 换言之，偶然性对概念知识构成了限制。对一个隐蔽问题的审视和思想对概念知识极限的穿透所产生的惊奇，构成了哲学所享有的自由和特权。

在哲学之外的学科中，偶然性是毫无意义的东西，同样，在任何以科学为模型的伦理学理论中，偶然性也没有立足之地。如果说康德的伦理理论试图制定一种类似于不允许例外的普遍自然法则的道德法则，那么雅各比对"无意志的意志"的义愤未必没有道理。雅各比是在反抗这种"无意志的意志"，他说康德是在自欺欺人，就像苔丝狄蒙娜自欺欺人一样……③

如果道德不是一个空洞的概念，如果我们要实现它并赋予它某种力量，那么我们就必须将偶然性视为我们的跳板。对偶然性事物的好奇，并不是我们必须仅仅立足于现在。与一般的推理相反，我们还可以把它建立在未来之上。在为未来设定目标的过程中，我们可以在偶遇的瞬间激发惊奇。对于我

---

① *Physics* II. 5. 197A.

② *Encyklopädie*, §250.

③ F. H. Jacobi, *Werke*, F. Köppen, ed. (Leipzig: Fleischer, 1812–25), III: 37.

们这些有限的人来说,通过唤起未来来加强对偶然性的惊奇,也就是真正接受偶然性本身,必须成为我们的一项任务。瓦苏班杜在《净土经论》中如是说:"我观察到,一旦佛陀誓愿救度的力量与我相遇,这种相遇就不会徒劳无功。"① 为了赋予蕴藏着虚无、只有灭亡命运的偶然性以永恒的意义,我们必须通过呼唤未来来赋予当下以生命。在理论领域,没有人能对弥兰陀的"为什么?"给出一个完全恰当的答案。但如果我们把问题转移到实践领域,我们就能给自己下达这样的命令:"不要让你的遭遇徒劳无功。"

[JCM]

(杨杰译)

---

① T26,231a. 24,232a. 28-29.——英译者注

和辻哲郎

和辻哲郎（1890—1961）

和辻不仅是20世纪上半叶日本最重要的伦理理论家和伦理史学家，而且还是一位敏锐的文化哲学家与宗教传统和习俗的解释者。他出生在内海附近的一个村庄，是一个乡村医生的儿子，16岁时，他冒险来到东京这个大都市，在第一高等学校和帝国大学学习，于1912年毕业，论文是关于叔本华的悲观主义。40年后，他发表了一篇关于当时的哲学教授克贝尔（R. Koeber）的回忆。在他的学生时代，他就开始研究尼采。

1913年，他首次出版了关于尼采的书，两年后又出版了日本第一本关于克尔凯郭尔的书。1918年，他以《偶像的复兴》为题，对大正时代民主热潮进行了批判，并对古代自然崇拜进行了呼吁，随后开始撰写《荷马批判》，近二十年后出版。他撰写的宗教、文化和历史研究专著包括《原始基督教的文化历史意义》（1926）和《原始佛教的实践哲学》（1927）。

虽然他不是第一个在道元与亲鸾中发现哲学思想的人，但下面引用的文章首次为非宗派哲学探究打开了道元的著作。和辻的作品受到他从克贝尔那里学到的哲学方法的启发，后来又从他1927年至1928年在欧洲度过的一年中获得的解释学方法得到启发，当时他在柏林学习，沉浸在海德格尔刚刚出版的《存在与时间》中，并到意大利的文化中心进行了考察。这次旅行被证明是和辻职业生涯和兴趣的一个转折点。回到日本后不久，他被任命为京都帝国大学的哲学教授，并于1934年被任命为东京帝国大学的伦理学讲座教授。在发展他在德国学习的解释学现象学和进一步阐明文化差异的启发下，他出版了《风土——人间学的考察》，展示了人类的空间性如何塑造了我们的感知和行动的意向性，以及气候区——草原、沙漠和季风如何塑造了人类之间关系的特征并产生了不同的文化。这部作品的以下节选可能代表了世界上第一个关于天气的现象学描述。

和辻后来放弃了这些相当印象派的文化类型的理想化分类，但继续专注于人类之间以及人类与环境之间的相互关系。他的三卷本《伦理学》于1949年完成，并跟随海德格尔的步伐，术语的细微差别使他的分析深入人心。翻译为"人"的术语就是一个例子。普通的现代日语单词人间（ningen）指的是人，但它的汉字字面意思表示的是人与人之间的关系，所有的人都生活在一个共同的文化空间或"之间"。同时，他认为海德格尔的存在（Dasein）是个人主义的，过分强调了人类存在的时间性，而忽视了最重要的关系性——空间、时间、文化和风土。下面引用的关于人类存在的消极的、辩证结构的段落也揭示了西田哲学和佛教思想的影响，但该作品总体上意味着对传统儒家和佛教思想的批判，这些思想缺乏意向性的概念，因此缺乏哲学分析的充分基础。

对和辻来说，伦理学构成了哲学的核心，在1952年出版的两卷本《日本伦理思想史》中，他试图在日本价值体系的特定历史阶层中阐述人类普遍关系的表现，包括与封建的武士道相对的天皇崇拜。然而，他对武士伦理的批判并没有阻止他对自我否定的好处、日本的人类观的优越性以及民族国家作为人类社会的最高形式的美德的赞扬——所有这些都为亚洲太平洋战争期间的军事派别提供了理由。虽然他的观点的政治地位仍有争议，但他的分析的清晰性令人震惊。

[JCM]

（张政远译）

亲鸾与道元

亲鸾在教义上尤其突出的一点是阐述无限的"慈悲"。对亲鸾来说，慈悲是绝对者的姿态。……而且他不说你要爱邻人、爱人类、人与人之间的爱正是人生最高的意义。之所以这样，是因为他知道人类的爱的力量是多么的微弱，无我的爱在人类中是多么的困难。他用慈悲在人与佛之间做了清晰的区分。……所谓圣道的慈悲，是对物的感动、哀伤和培育。但是人只要活在这个世界上，即便是心存怜爱、哀怜，也无法如愿地尽情帮助别人。——这正是他对强烈的人类之爱的叹息，它无法不深深打动我们的心。我们真的感受到在我们周围有很多痛苦的心灵。于是，为了解救那些痛苦，不，倒不如说因为无法解救而令自己多么的苦恼啊！我们不是不知道除去这一痛苦的方法。但是由于我们的爱之力量薄弱，抑或人的能力无法超越某种限度，这种方法尚无法为我们所拥有。……这里，亲鸾述说的是佛的慈悲。——净土的慈悲就是只是念佛，迅速成佛，以大慈悲心如愿救度众生。比起烦恼并非总是不变的慈悲之心，通过念佛达到无碍的慈悲，这样的方法不得不说是"成功"的慈悲心。——也就是说，自己得到救度的同时也救度了他人。为了能救度他人，首先必须自度。如果想要彻底实现"爱你的邻人"，那么首先只有呼唤弥陀。在弥陀中我们彻底地被爱，同时也能够彻底地去爱。

亲鸾所说的慈悲是上述的"非人类"大爱。他极力阐述的是这种爱与人之间的关系，而不是人与人之间的关系。而且，在这一爱与人之间的关系中，"一切皆可"的信仰特质显现了出来。他说，连善人都能往生净土（天国），何况恶人乎。

……如果根据这一思想，那么所谓人行为的善与恶，在弥陀的慈悲面前就没有什么差别了。不，倒不如说看起来恶比善更有积极的意义。

……这里，支配人的"业"与被"业"支配的"人"有着明确的区别。业把人们引向各种各样的行为，人在受业支配的同时也能将心置于业的彼岸。也就是说，可以念佛。而且，只要他的心置于业的彼岸，换言之只要他念佛，那么即便他因为业而造作恶行，他也不是这一行为的真正责任者。所以，他并不会因这一恶行受惩罚，而是被救度。但是，如果人不将一切委任于佛，即支配他的业与心成为一体，自行承担行为责任的话，那么他的命运必然与业在一起。也就是说，无法被救度。得到救度与否只关系于"人"对"业"采取的态度。

经由上述，我理清了两件事。亲鸾所说的是弥陀对人的慈悲，而不是人对人的爱。一切皆可，在他的这一思想根本之处，必须要有畏惧恶的羞耻心。对亲鸾的这一特征，笔者试着考察提倡"为了真理本身而探求真理"的道元，他在怎样的意义上主张慈悲的？他在怎样的意义上宽恕恶或惧怕恶的？

道元说，为了佛法放下身心吧！这一身心的放下对"汝之邻人之爱"来说，极具重大意义。爱的最大阻力无外乎道元所谓的根植于"身心"的一切利己之心、我执。舍弃一切想要卫护自己身心的欲望，空掉自己投身于与他者融和的喜悦中，此时爱以整个人格的力量，自由地流动。亲鸾不抱希望的人类慈悲对放下身心的人来说，是可能的吧！之所以如此，是因为前者必须将业力缘起中的我执视为宿业，而在后者那里这是可以被抛下的。救度其他痛苦的力量是否完全在自己，不是这里要讨论的问题。只不过，能否舍弃阻碍自身内在的对邻人之爱的一切动机呢？是否只能成为一种爱的动机呢？仅仅由此，我讨论的慈悲心问题得到了解决。

……

这样的心"轻视身命，对众生有大慈悲，委身于佛制"。这是对佛祖的模仿，是为了佛法，不是为了救人。但是，即便是为了佛法，在将身命布施给众生的瞬间，也可以处处领略到贯穿于他这一世生命的慈悲心。也就是说，他化身为了慈悲。而且，道元认为这一慈悲——空掉自己，爱你的邻人——是佛教徒不可欠缺的修行。

当然，这是亲鸾所说的"圣道的慈悲"吧！这一慈悲无论多高，都无法"实现救助"众生。……如果要问这一慈悲的效果，那是极为脆弱的。不过，道元并不是出于这一效果主张慈悲，而是出于慈悲是佛祖的行履。他常常反复告诫，"佛舍身肉手足布施众生"。贪食佛身的饿虎，仅仅是为了充饥而已。为了拯救一头猛兽一时的饥饿而舍身，从效果而言是微弱的。但是抛下身命以充野兽之饥的佛祖的心情，是无比珍贵的。……对他来说，比起在何种程度上"实现救助"众生的烦恼，问题更多地在于众生救度的佛意多大程度上能够在"自身内部"体现。

这里，亲鸾的慈悲和道元的慈悲——两者的对照很清楚。将慈悲作为目的是亲鸾的教义，为了达成目的，要暂时回避人类之爱，强调只专注于念佛；以真理为目的是道元的教义，为了达成目的，他强调人类的无我之爱。前者阐说佛的慈悲，后者阐说人的慈悲。前者将重心放在慈悲的力量上，后者将重心放在慈悲的心情上。前者是无限崇高的慈母之爱，后者是经由锻炼而获得的求道者之爱。

这样的话，在道元的慈悲面前，恶是被如何处理的呢？在亲鸾的慈悲面前，既然有惧恶之心，那么不管怎样的恶都能得到宽恕。但是，道元的人类慈悲能宽恕一切吗？

首先，如说到恶人成佛这一问题，道元主张的慈悲在性质上并非拯救人的灵魂。人以身命为代价给饿人食物，依据道元的教义，这是理想的慈悲。但是在这种情况下，获得食物的恶人是否达到佛法的觉悟，这不是要讨论的问题吧！慈悲是为了佛法，也是行者自身的修行，并非为了救度。其次，如说到对"恶人"的态度，那么这种慈悲无关乎对象是恶人还是善人。"继承如来的家风，当悯众生如子"，对佛子来说，恶人也不过是"当悯"的众生而已。

这里，出现了与亲鸾同样的问题。"恶难道不是应该被谴责的吗？"——其回答既然无关弥陀的态度而是关乎我们的态度，那么其意义就没有像亲鸾教义里所言的那么重大。根据道元的教义，人的"本心"不是恶，只是因为缘而有善有恶。所以人必须谋求善缘。……他舍弃明辨区分善恶是非的"小乘根性"，善也罢恶也罢，只要依从佛祖的言辞行履就好。所以，只要他是佛祖忠实的仿效者，那么他自然而然就排斥了佛祖所排斥的恶。而对于他人的行为，只要他以慈悲面对，那么就没有必要去问善恶。之所以如此，是因为他在仿效佛祖践行慈悲，而不是在审判恶。换言之，因为对他而言践行慈悲是重要的，审判恶并不重要。

……

绝对者的慈悲宽恕一切，那么自然不会受伤害了吧！但是，人的慈悲不会由于宽恕恶而陷入蹂躏正义的错误吗？例如慈母的偏爱，结果不会反而助长恶吗？

如果慈悲只是意味着人的自然之爱，那么就可能无法摆脱这一危险。但是，道元所说的慈悲是放下身心的慈悲，是舍弃我执名利的慈悲。其践行是为了佛的真理——充满正义与善的世界，不是为了现世的效果。所以即使宽恕无论怎样的恶，也不要忘了这不是恕恶，而是悯人。

……关于这一点，道元引用了一些日常事例。……有人为了诉讼来委托写信。……如果能对委托人有一分的利益，那么就算舍弃自己的声名也都愿意接受委托。……面对道元的说法，怀奘请问——真的是如此吗？但是，在遇到有夺取人家业的恶意，或者在伤害人的情况下，那么是否要提供帮助呢？道元答到——双方谁是对的，这不是自己要知道的事情，事情只是有人来委托书写一封状纸。那时当然应该写并希望予以正确的解决，而不是自己来审判吧！另外，即便知道委托方是不对的，那时也要姑且听取其愿望，在信中将希望正确解决的心情表述出来，这样做就可以了。……就像这样，当你遇到一个人，而又在你能力的极限内，那么你应该深入地多方考虑，最终你会有所觉悟，应该抛下名闻我执。

……

亲鸾在"信"上盲从历代佛祖。"对亲鸾而言，唯有念佛方能得到弥陀救度。善人要让阿弥陀佛听到他们的愿望，除了信之外，无需其他特别之物。念佛真的是为了往生净土吗？还是造业下狱呢？我完全一无所知。即使我被法然上人欺骗，因为念佛而堕入地狱，我也不会后悔。"——对此，道元是在"行"上模仿历代祖师。善也好恶也好，他只是遵从。放下我见"遵从"，二人在这点上具有一致性；"信"与"行"的焦点不同，二人又有着显著的差异。……

可以看到，这种一致和差异经常在二人的内容中反复出现。一致指的是色调虽常相异，却仍有一致性；差异指的是，根本处虽然同一却各有不同。……在亲鸾的思想中，慈悲属于弥陀。所以，人的道德在其面前失去意义。在道元的思想中，慈悲属于人类。所以，人类的道德通过慈悲进一步加深了其意义。亲鸾只是阐述了人的善恶与弥陀的慈悲之间的关系，而道元深入了人与人之间的关系。

……

不过，这种一致性出现的情况为数不多。之所以如此，是因为亲鸾关于德性的言论极少。所以，我们无法知道弥陀慈悲所支撑的道德。相反，我们在主张人类慈悲的道元那里，可以发现关于道德的热情言论。亲身接触民众，直接影响他们生活的亲鸾，因为"信"而很少论说人之道；隐于山林致力于真理的道元，则因为"行"而对人之道保持着热情。这一对照意味深长。

[SB]

冷的现象

我们全都居住于一片土地上。所以这一片土地的自然环境，不管我们喜欢与否，都已经把我们"裹挟"在其中了。这一事实是常识性的，是极为明显的。由此，人们惯常把这一自然环境视为各种不同的自然现象来考察，进而连带"我们"的影响也被视为了问题。或者将我们视为生物学、生理学的对象，或者将我们视为进行诸如形成国家这类实践的活动者。这里内含复杂的关系，其程度复杂到有必要进行各自的专门研究。但是，对我们来说成为问题的是，作为日常直接事实的风土真的就能这样原封不动地被视为自然现象吗？自然科学将这些问题视为自然现象来处理，在其立场上来看是当然的，但是现象本身在根源上是否属于自然科学的对象，那就是另外一个问题了。

为此，我们先试着选取常识上清楚明白的气候现象，且不过是其一种内在契机的寒冷现象来理解吧！我们感到寒冷，这是谁都确定无疑的事实。不过什么是寒冷呢？一定温度的空气，即作为物理客观存在的寒气，刺激到我们身体的感觉器官，于是作为心理主观存在的我们就经验到了一定的心理状态。是这样吧？如果是这样的话，那么这一"寒气"也好，"我们"也好，各自单独存立于其自身，通过寒气从外部向我们迫近，"我们感到寒冷"这一意向关系就产生了。所以，这当然可以认为寒气对我们有影响。

但是，真的是这样吗？在我们感到寒冷前，我们如何知道寒气这样的独立存在呢？那是不可能的。我们是在感到寒冷时发现寒气。而且，认为这一寒气存在于外部、向我们迫近的想法恰是对意向关系的误解。原本意向关系就并非由客观从外部迫近我们而开始产生的。仅就个人意识的考察而言，主观自身内部就具有意向结构，其已经具有"某种朝向"。"感到寒冷"的"感到"并非朝向寒气而产生关系的一个点，而是"感到……"本身就已经是意向关系。在这一关系中，寒冷被发现。所以，作为这一关系结构的意向性，正是与寒冷相关的一种主观结构。在"我们感到寒冷"这一点上，首先是这样的"意向体验"。

但是如此一来，寒冷就只不过是一种主观体验的契机了？在那里发现的寒气是"我"感受范围内的寒气。但是我们所称为寒气的东西，是存在于我们外部的某种超越性的客观,并不仅仅是我们的感觉。主观体验如何与这一超越性的客观产生关系呢?也就是说,诸如寒冷的感觉是如何与户外空气的冷发生关系的?——这一疑问在意向关系中包含了对被意向到的事物的误解。意向对象并非像心理内容的东西。所以,也并不是说,寒冷——作为与客观寒气相互独立存在的体验——就是意向对象。当我们感到寒冷时,我们不是感受到寒冷的"感觉",而是直接感受到"户外空气的冷",或者说感受到的是"寒气"。也就是说,在意向体验中作为"被感受到"的寒冷,不是"主观性的东西",而是"客观性的东西"。所以,可以说感到寒冷这一意向的"关联"本身,已经与户外空气的寒冷相连。作为超越性存在的寒气,在这一意向性中初次形成。所以,寒冷的感受如何与户外空气的寒冷发生关系,这样的问题原本就是不存在的。

这样来看的话,主观和客观的区别,以及各自单独存在的"我们"和"寒气"之间的区别是一种误解。感到寒冷时,我们自身已经身处于户外空气的寒冷下。我们自身与寒冷相关联,无非我们自身投身寒冷中。在这一意义上,我们自身存在方式的特征,如海德格尔所极力主张的那样,是"显现在外"(ex-sistere)以及意向性。

于是,就形成了这样的情况。我们自身显现在外,面对着自己。不是通过回顾自身这一方式朝向自身,即未及反省,自己就已是我们自身的显露。反省不过是把握自己的一种形态。不过,作为自我开显的方式,其并非原初的东西。(原本将反映〔Reflektieren〕表示为视觉意味,即当光碰到物时,由此反射回去,或在物的反射中显示出自身。如果作这样的解释,那么其可以表述为自己在我们自身中显露自我的方式吧!)我们感到寒冷,即我们进入寒冷。所以在感到寒冷的过程中,我们在寒冷自身中发现自己。但是,这并非我们将自己移入寒冷中,而后从中发现被移入的自身。当寒冷一开始被发现的时候,我们自身已经在寒冷中了。所以,最具根源性的"在外"之存在,不是寒气这样的"物""对象",而是我们自身。"显现在外"是我们自身结构的根本性界定,意向性也正是基于此。感到寒冷的是一种意向体验,不过在其中的我们已经在外,即在寒冷中,观察显现在外的自己。

以上是从体验寒冷这一个体意识的视角所做的考察,但是这里,即便表述为"我们感到寒冷"也不妨碍理解,体验寒冷的是我们而并不仅仅是单个的我。我们共同感到同样的寒冷。正是因为如此,我们可以将用语言表述寒冷的语汇用于日常的问候。在我们之间，体验寒冷的感受方式各有不同，这一点也只有在共同感受寒冷这一基础上才能成为可能。如缺少了这一基础，那么就完全不可能认识到你我之间的寒冷体验了！如此来看，则进入寒冷中的不只是我，而是我们。不，既是我们中的我，也是我之上的我们。将"显现于外"视为根本界定的是我们而不是单个的我。所以，"显现于外"这一结构在进入寒气这一"物"之前，已经存在于进入其他自我之中了。这不是意向性，而是"关系"（間柄，aidagara）①。所以，在寒冷中发现自身的，从根源上看是作为"关系"的我们。

什么是寒冷现象？笔者认为以上基本说清楚了这一问题。但是，我们并不只是孤立地体验像寒冷这样的气象现象。我们是在与暖和、炎热的关联中，进而在与风、雨、雪、日光等的关联中体验它。也就是说，寒冷只不过是"气候"——各种气象现象的整个系列——的一环而已。我们从寒风中进入暖和的室内时，或者在寒冬之后，被柔和的春风吹拂时，或者日中酷暑遭遇淋漓骤雨时，我们总在气象——不是我们自身——中了解自己，进而我们也在气候的变换中首先了解我们自身的变化。不过，这一"气候"也不是被孤立体验的。其只能在与一方土地的地力、地形、景观等的关联中才被体验得到。寒风是"山风"，或是"干风"；春风是散花之风，或是拂波之风；夏暑是使郁郁丛林为之枯萎的暑，或是让孩子逐海嬉戏的暑。如同在花瓣散落的风中发现欢欣或伤感的我们自身，日晒时我们也在直射树木的日光中了解无精打采的我们自身。也就是说，我们在"风土"中发现我们自身，发现作为"关系"的我们自身。

[GB]

伦理学

人之学②

笔者试图将伦理学规定为"人"之学的首要意义是，想要从一种近世谬

---

① 間柄：关系。和辻伦理学中的一个关键概念。日文中有两种含义，一表与血缘相关的关系；二表人际交往中产生的人与人之间的关系。——译者注

② 此处日文标题为"人間の学としての倫理学の意義"；英文标题为：The Study of Human Being，译文选用了英文版。——译者注

误——将伦理只视为个人意识问题——中摆脱出来。这一谬误基于近世的个人主义人类观。对个人的把握成为近代精神的功绩，并具有我们不可忘却的重大意义。但是，个人主义选取了个人——不过是人之存在的一个契机——来代表整个人类。这一抽象性成为一切谬误的源头。作为近世哲学的出发点，孤立的自我立场无非正是其一个例子。对具有客体性的自然的观照问题而言，自我的立场限定了自己，只要是这种情况，那么谬误就没有那么明显。之所以如此，是因为自然观照的立场已经初步游离了具体性的人，而且是一种可以通用的语境，即每一个人典型地作为"对象的观看者"即主观。然而，上述孤立的主观从一开始就与人的存在问题、实践行为的关系（a practical, active network of human relations，実践的行為的な連関）无关。这种孤立的主观立场——剔除人与人之间的行为关联——在这里也非常适用于伦理问题。由此，伦理问题的语境也被限定在主观与自然之间的关系。其中，自身领域被设定为与认识问题相对立的意志问题。所以，诸如相对于自然的自己的独立、自己对自身的掌控、对自我欲望的满足，这些议题被置于伦理问题的中心。但是，无论从何种方向发展理论，仅凭这一语境的话，我们是无法解决问题的。终究来说，不提出超个人的自我或者社会的幸福、人类的福祉，在原理上是无法成立的。所以，这正显示出伦理问题并不只是个人意识的问题。

　　伦理问题的语境不是孤立的个人意识，而正是人与人的关系。所以，伦理学是人之学[1]。如果我们不将其作为人与人关系的问题，那么行为的善恶、义务、责任和德性也无法得到真正的解决。而且我们能够在离我们最近、这

---

　　[1]　原文为"人間の学"。关于汉语的对应译词，结合学界研究，在此有几种考量。(1)"人类学"。因为日语的"人間"为多义词，有人、人类、世间的意思，按照语言翻译的习惯，似可以直接挪用"人类"一词，但因为和辻在文中专门对二者做了区分，故而无法就此翻译。(2)"人学"。极易造成忽视"間"（包括"間柄"）这一和辻伦理学的核心观念，其强调的是人与人之间的关系。故而，一方面对其伦理学特征将有所严重疏漏，另一方面也易与西方思想史语境中的"人学"相混淆。(3)"人之学"。和辻在文中将 Anthologie 译为"人之学"，以区别于其强调的"社会之学"，即人的社会性。(4)"人间学"。虽然在汉语阅读上增加同词异义的视觉障碍，但在保留和辻伦理学的基本特征上是一便捷尝试。基于上述考虑，译文关于"人間学"或"人間の学"，在需要突出"間"（关系、非个人、社会）这一特性时，权译为"人间学"；其他情况下根据语脉，译为"人之学"。在此特作说明。对这两个译词，应该选择何种对应汉语译词，国内学界已有论文讨论，有兴趣者可参看相关研究，在此不赘述。——译者注

里视为问题的"伦理"概念自身中理清这一点。

伦理概念的词汇①表达是"伦理"二字。而语言是人类创造中最不可思议的东西之一。没有人能说自己创造了语言，而且这一语言对任何人来说都是自己的话。语言的这一特征起因于语言是一个熔炉，其将人的主体关系转化为意向对象的含义。换言之，这是前意识（the existence that is prior to consciousness，意識以前の存在）的意识化。而这一存在归根到底是"非客体化"的主体性现实，同时也已经是实践行为的关系。所以，在被意识化的时候，具有下面这样的结构：尽管是个人意识的内容，但并不只将个人存在作为根源。在这一意义上，语言也是人主体存在的表现，所以我们提供了通往主体存在的途径。在理清伦理的概念时首先从语言着手，就是基于上述的理由。

伦理这一词汇由"伦""理"两个汉字构成。"伦"意味着"同类/伙伴"（なかま，nagama）。所谓"同类/伙伴"在指团体——特定的群体关系体系——的同时，也指受这一团体规定的各个个体。中国古代父子、君臣、夫妇、长幼、朋友等是"人之大伦"，也就是说，是最重要的"同类/伙伴"。父子关系是"伦"，是一种"同类/伙伴"。但这不是说父与子各自先存在，然后建立关系。在这一关系中，只有当父与子分别获得作为父、作为子的资格，即通过"一人的同类/伙伴"时，才形成父与子。但是，为何甲的"同类/伙伴"将同类中的个人规定为父与子，而乙的"同类/伙伴"则规定为友人呢？这是因为"同类/伙伴"无非特定关系内的模式。因此，"伦"意味着"同类/伙伴"，同时也意味着人类存在的特定的行为关系的方式（a mode of engaging an active interconnected relationship，行為の連関の仕方）。由此，"伦"也意味着人类存在的"规则""定例"，即"秩序"。这被认为是人之道。

上述行为关系的方式处于行为关系之外，也不存在于其自身。归根结底，人的行为方式只在与行为关系切合时才存在。但是，在动态的人不断反复表现为特定的方式时，对这一恒常出现的方式，人能从动态的活动范围中提取出来进行把握。诸如化为意向对象含义的"伦"，或者"五伦五常"。与"伦"相结合的"理"这一汉字，意指"道理""事理"，主要是为了强化上

---

① 日文是"言葉"，具有多种含义，包括语言、词汇、单字、理性等。——译者注

述的行为方式、秩序的表达而附加上的。所以，"伦理"无非让人的共同式存在得以形成的秩序、道。换言之，所谓伦理是社会存在的理法。

这样的话，那么伦理属于已经实现了的东西，是否不具有"当为"的含义呢？既是，也不是。如同说"朋友有信"，只要一个朋友团体形成，那么作为行为关系的方式，"信"已经存在于其根源处了。如没有信，朋友则不成立。但是，团体并不是静态的存在，而是存在于动态式的行为关系中。之前通过特定的方式展开行动，之后脱离这一方式，这并不是不可能的。所以，在一切瞬间，"共同式存在"都潜藏着破灭的危险。但是，人类存在在于其自身，所以永远地朝向共同式存在。由此来看，尽管行为关系的方式已经被决定了，但依然可作为"当为"发挥作用。所以，伦理不单是"当为"，也不单是存在的法则，而是应该可以去无限形成的东西。

我们从上述伦理这一词汇的含义可以理清伦理概念。当然，这一词汇承载着中国古代思想史，而且在这一思想史内，如果从宗教社会学的角度考察中国古代的社会形态，那么越考察就越能发挥其意味深长的内涵。但是，对于建立在中国古代社会形态基础上的人伦思想体系，我们不是要就此原封不动地再生。这里，因为我们主张伦理归根结底是人与人的"关系"问题，为此笔者只是试图唤醒伦理——人类关系中的道——的意义。

不过，伴随着伦理概念的理清，我们也明白了使之得以清晰的无非人与人之间的"关系"、人的存在、行为关系这些概念。上面我们说了，所谓"伦"是"同类/伙伴"，进而是行为关系的模式。但是，到底什么是"同类/伙伴"，到底什么是人类？这不是不言自明的问题。归根结底，探问"伦理"无非探问人类存在的方式及人类。也就是说，伦理学是人之学。

据此，我们必须要理清目前为止散漫使用的"人"这一概念。尤其有必要与近期流行的哲学人类学（Anthologie）做一区别。例如舍勒（Max Scheler, *Die Stellung des Menschen im Kosmos*. S. 30）的思想里，哲学人类学将人把握为生命本能与精神的统一。从身心统一的视角来观察"人"，舍勒的想法不过是这一问题框架中的一种新见解罢了。他选取的各种自古以来的人类学类型（*Philosophische Weltanschauung, Mensch und Geschichte*, 1929）都属于这一问题框架。（一）基督教信仰中的人的观念。即最初由人格神创造，因堕落而有原罪，通过基督得到拯救。其成为以灵肉问题为中心的人类学的出发点。

（二）有理性的人或智人（homo sapiens）：（1）人拥有精神即理性。（2）这一精神使世界得以形成。（3）精神即理性无需感性而自己活动。（4）不因历史、民族而变化。（只有最后一点被黑格尔克服了。）这种人类学不过是希腊人的发明，看穿这点的是狄尔泰和尼采。（三）作为劳动的、技术者的人（homo faber）。这是前者的反题①。人与兽之间没有本质的差别。只因创造语言和工具，脑髓尤其发达，而被区别于其他兽类。这就是自然主义和实证主义的人类学。（四）由于拥有精神而衰老的人。这是对智人（homo sapiens）的新的回击。（五）超人。这一人类学推崇伟大人格，高扬人的自我意识。上述五种类型都是将人从社会团体中抽象出来，视其自主成立。而人的问题一直是或精神，或肉体，或自我。所以，虽然舍勒的"哲学人类学"（Anthologie）作为身体论拒绝发展为"人类学"，为了区别而提倡哲学人类学，但是即便如此，其根本态度也没有改变，即只想在个人中观察人的本质。

在笔者看来，这一倾向基于下面这些词汇，anthropos, homo, man, and Mensch,② 它们在含义上只能表达个体的人。如站在这样的立场，那么诸如人与人之间的关系、共同式存在、社会等词汇，不得不通过用于区别某些人的词汇而出现。但是，人如果原本是社会动物，那么关系、社会就不会使人脱离社会。这必然是下面这种情况，人在可以是个体的同时，还具有社会性。所以，最能表达这一二重特征的是"人间"（人間，ningen）这一词汇。所以，如果采取"人间"的语境，那么"人之学"（Anthologie）和"社会之学"建立在某些不同的原则上，这无外乎是从人的具体经验里抽象地提取契机，使之独自成立。如果应该在具体性中考察人，那么这必然是一种"人间学"。但同时，"人间学"并不是"人之学"与"社会之学"的散漫组合，在根本上二者必然是不同的。之所以如此，是因为我们完全无法在明确区分人与社会为前提的语境中提出下面这样的课题：从人的二重特征来把握人与社会，从中发现人最深的本质。

……

---

① 原文为"反立"，日语"反定立"的简称，是一个哲学概念。德语为 antithese，是黑格尔辩证法中，作为出发点而确定的命题在发展过程中被否定，后作为一个全新阶段出现的状态。也指否定正题的命题。——译者注

② 这些词均有人、人类的意思。——译者注

就这样，我们掌握了"人间"这个意味深长的词汇，在其语义上，我们形成了人的概念。所谓人间，既指是"世间"，也指在世间的"人"。所以，其不单是"人"，也不单是"社会"。

这里，我们可以看到人的二重特征的辩证统一。只要"人类"的含义指的是"人"，那么就是指个别的人，从根本上来说与社会不同。因为非社会，所以是个人。因此，单个的人不会与其他的个人完全地融合。自他之间是绝对的"他者"。然而，只要人存在于世间，那么人就是社会——人与人的共同体——的人，而不是孤立的人。人之所以为人，正是因为他们不是孤立的人。尽管自他之间绝对是"他者"，但二者在共同式存在中是一体的。在根本上有别于社会的个人，消融于社会中。人类就是这样，虽是对立的，也是统一的。忽视这一辩证法结构，我们就无法理解人的本质。

……

"人间"的概念不同于"Anthologie"的概念，因为在人的二重特征中还界定了"世间"。然而，此时我们在理解上是将"世上""世间"直接代替了群体存在或社会。这真的是正确的吗？通过这个问题，我们得以接近现代哲学的一个中心问题，即对"世间"意义的考察。

当海德格尔把人的存在定义为"存在于世间"时，他是从现代现象学中的意向性观念起步的。他将意向性结构进一步深入存在领域，将其理解为类似于我们与工具的交往。所以，开显"世间"的主体意义，事实上具有典范性。但是，在海德格尔看来，人与人之间的交往隐藏于人与工具的交往的背面。尽管他坚称自己没有忽略这个问题，但事实上很明显，这个问题被忽略了。

……

这里，"世间""世上"意味着作为主体的社会或者群体存在，这一点应该清楚的吧！只认识两三个朋友不等于认识"世间"。只有一两个人的骚动并不等于世间骚乱。认知主体、骚乱主体构成的世间，既是人与人之间行为关系，同时也是超越这一关系中个别主体的群体主体，即无外乎主体的协同式存在。

……

与"世界"（Welt）概念相比，这种"世间""世上"概念的优势在于，它同时把握到了主体式群体存在（subjective communal existence，主体的共同存在）的时间性和空间性。正如前面指出的，在"世界"的语境中，"世代"以及人指的是某种场所的"人的集团"或"人的集合"。然而，随着时间的推移，这种时间性、场所性的含义消去了，世界的含义最终偏向为客体性的自然物的集合。然而。在"世间""世上"的语境里，其含义在不断演变的同时，也有力地保存了一些广义的主体元素。因此，在世间概念里，已经包含了人的历史的、风土的、社会的结构。换言之，所谓的"世间""世上"就是历史的、风土的、社会的人之存在。

人类存在的否定性结构

我们看到的是，我们想要探明形成"关系"的每一个人，但其最终消失于共同体中。单个的人不存在于其自身，然而现在想要探明群体性、全体性，却发现这无非对个人独立性的否定。整体也不存在于其自身。而且当整体在对个人独立性的否定中成立时，被否定和限制的个人独立性得到承认。所以，单个的人在与全体性的关联中存立。同样，个人的独立性成立于对共同性的否定中，此时被否定和背反的全体性得到了承认。所以，我们必须看到整体也是在与个人独立性的关联中存在的。这样的话，那么个人和整体都不存在于自身，而只存在于与他者的关联中。

这种与他者的关系均是否定式关系。个人的独立性存在于背离整体之处，整体的全体性存在于否定个人独立之中。所以，为了整体的成立其个别性应被否定，所谓的个人无非这样；所谓的整体应是基础，为了个人经由背离它而成立。存在于与他者的关系中，这无非指在否定他者的同时也被他者所否定。

所谓人的"关系"式存在，指的是在这种相互否定中，个人与社会得以成立。所以，在人类社会中，既不能说先形成个人，其间社会关系成立，也不能说先形成社会，从中生成个人。二者都不可能是"先"。呈现出来的是，一旦一方否定他者，其也会受到他者的否定。所以可以说，先行的只是这一否定。但是，我们总是在个人和社会的形成中见到这种否定，后者不离个人与社会。换言之，这种否定本身将自己展现为个人和社会的形式。在个人和社会成立的前提下，社会是个人之间的关系，个人是社会中的个人。所以，将社会看成相互作用或人类关系，或超越个人的主体性团体，可以说分别把握到了人类关系式存在的一面。只要这些观点在各自语境中，不主张从根源性上把握关系式存在，那么全都可以认可。在根源性上，这些两面全都成立于否定中。所以，相互作用和主体性团体也只能在否定中呈露其真相。

人类存在的根本理法

如上所述，人类存在的否定式结构是使得人类存在不断形成的根本理法。如果离开了这一理法，那么人类存在也就无法成立了。所以，这一理法也是人类存在的依据。然而，我们最初将人类共同态的存在根据，即人类存在的理法，界定为伦理。如此一来，我们不得不说上述根本理法正是根本伦理。对伦理学而言，根本伦理是根本原理。由此，我们可以将伦理学的根本原理界定为最普遍的运动——"绝对的否定性通过否定回归自身。"

信赖与真实

我认为，当我们从人类存在的空间性和时间性来理解人的行为时，就能接近信赖及真实在人类中所具有的重大意义。

首先，何谓信赖呢？信赖的根据是什么呢？

……

如上所述，对信赖的根据，我们已经在究极的道德原理和人的社会这两方面做了一番探求。用我们的话来说，信赖的根据要在人类存在的理法中寻求。也就是说，主体（通过否定之道形成）的分化与合一的运动是信赖的根据。但是，只要信赖现象被视为一个特别的问题，那么仅此则并不能认为充分。之所以如此，是因为信赖并不仅是将对立的自他导向合一。我们必须确定未来的合一预先已经出现。主体的分化与合一的运动具有空间和时间的结构，所以我们只能说，信赖的根据是在运动所具有的这一结构中才初次得到充分的显明。

对着眼于信赖现象的时间契机的人而言，例如哈特曼（N. Hartmann, Ethik, S. 422 ff.），他考察后，将信赖分为两种，"值得信赖的能力"（Zuverlassigkeit）和"对他者的信赖"（Vertrauen），前者还被称为"约束的能力"。这是一种保证的能力，保证约定（one's given word，与えられた一定の言葉）与尚未实现的事态应该一致。所以，"值得信赖的能力"的价值存在于未来行为的确定性中。拥有值得信赖这一能力的人，即足以信赖的人，在按照约定的事态实现之前，不能改变其意志，通过约定来约束自己。只有这样的"值得信赖的人"能够立于社会生活的约束和秩序之中，也就是说，能够生存于社会。所以，所谓"值得信赖的能力"，在根本上是一种人格的道德力量，这种力量能够预先规定其在未来的态度。人格不仅是现前的意志，而且自觉在未来的意志中保持自己。这种意志的同一、其背后人格的同一，是值得信赖的根据。哈特曼考察信赖时只结合了个人的人格，随后他在此基础上论说"对他者的信赖"。人们以人拥有值得信赖的能力为前提，一下子相信另一个人。这就是对他人的信赖。这并不是在检查其人是否果真值得信赖，然后才去相信。所以，信赖是冒险，是赌博。人类关系全都建立在这样的信之上。"信是针对群体社会的能力。"

根据以上哈特曼的观念，只有人和人之间建立相互信赖，社会才会形成；反过来，人的社会不是信赖的根据。所以，抛却前述的第二个方面，信赖的根据再度回到了个人人格的同一性或者人格的道德价值。不过，这不是我们所关注的，即便回归到人格的同一性，导出这种同一性的必要性也在于能够预先规定未来的意志、未来的态度和未来的行为。所以，这一点比哈特曼的观念要远为重大。他认为，可以单单通过人格同一性来解决这种自我预定。"约定是将现在的自己和以后的自己进行同一化。"但是，这在破坏约定的人身上，这一自我同一性会消失吧！不，打破约定的正是这一自我同一。不论信赖与不信赖、忠诚与背叛，对自我同一性来说不存在变化。他想要在人格的同一性上承认道德毅力（sittliche Beharrung），不得不说这是错误的。能够预先规定未来行为，这其中已经有更深的理法在发挥作用。想要知道这一点，我们只有将这一时间契机放在人类存在的理法中来理解。

信赖的现象并非仅仅是单纯地相信他人。对于自他关系中的不确定未来，我们采取预先决定的态度。由于这样做是可能的，所以在人类存在中，无非我们承载的过去同时也是我们朝向的未来。我们在过去与未来的同一中展开现在的行为。也就是说，我们在行动中归来。即便这一行为承载的过去归根结底只是昨天的"关系",但那也是成立于"关系"的"做"或"不做"中。而且,其"做"或"不做"同样无非归来运动。所以,过去是无限的归来运动。同样,即便作为行为目标的未来归根来说也是明日的"关系",其理应也是成立于"关系"的"做"或"不做"中。所以,这也是无限持续的归来运动。眼下的行为承载着这一运动,同时持续运动下去。贯穿于这一整个系列行为的"动",正是通过否定朝着本来性回归的运动。眼下的行为是这一运动的一环,具有归来这一动态结构。所以,即便是多么有限的人类,都不能失去出自本来性回到本来性的这一根源性方向。我们的起点也是我们的终点,即本末究竟等。这里存在最深的根据,即面对不确定的未来,我们采取预先决定的态度。

信赖的根据存在于上述人类的空间性与时间性的结构中。换言之,人类存在(以空间性与时间性展开)的理法使得信赖得以形成。那样的话,"人的关系建立在信赖之上"这一貌似合理的命题,实际上变得与事态相反。人类关系成立的基础是人类存在(具有空间性、时间性二重特征)的理法,所以是信赖的依据。在这一依据的基础之上,随着人类关系的成立,信赖也得以成立。所以,人类关系同时是信赖关系,有人类关系的地方同时也形成信赖。不过,我们并非主张由此就不存在不信赖和背叛。这些属于信赖的缺失,所以作为对人类存在理法的背反,我们从其最深处予以否定了。自古以来"背叛"被视为最不可宽恕的罪恶而被摒弃,就是基于此。不过,信赖是如何缺失的?我认为,这个问题能将我们的目光投向"人之真实"。

[JCM]

(朱坤容译)

三宅刚一

三宅刚一（1895—1982）

  三宅刚一在中学时代就读过西田几多郎的《善的研究》，这使他第一次注意到了哲学。在京都大学读本科的时候，三宅就被认为是西田门下最聪明的学生之一。在毕业后的十年里，他沉浸在新康德主义和现象学方法的研究中，最后在弗莱堡呆了一年，在那里他参加了胡塞尔家的研讨会，并听了海德格尔关于黑格尔现象学的讲座。在德国期间，他与弗莱堡的另一位日本学生合作，为西田新出版的《一般者的自觉体系》（《一般者の自覚的体系》）一书准备了一份德文摘要，他将其提交给海德格尔，却被后者轻描淡写地驳回。回到日本后，三宅发表了一篇关于海德格尔思想的重要文章，引起了西田的严厉批评，他认为"诠释学"不过是另一种理想主义。在接下来的几年里，他致力于认真研究西方哲学史，但这只是他对历史内在结构更深入追求的前奏。在研究西田后期思想中的历史观念时，三宅的哲学立场逐渐成形。1954年，他应邀在京都大学担任哲学史教席，并在那里一直工作到退休。尽管三宅本人很少与京都学派联系在一起，但他始终对西田给予高度评价。他的哲学是现实主义和悲观主义的奇特融合，在某种程度上适合他的禁欲主义和孤僻的性格。他最出名的作品是《人之存在论》（《人間存在論》），在他71岁时完成。下面摘录的段落都来自该书，包括其开头和结尾的句子。在接下来的十年里，他又发表了关于伦理学、美学和时间的作品。

[JWH]

（张政远译）

人之存在论

三宅 1966，1-6，141-5，154-6，193-5，233-8

很久之前，我就想以人的存在论这一形式来整理自己的哲学思想。起初，我试着思考和撰写历史和社会中的人的现实及其认识，接着考察的主轴与全景出现了。

整体性地弄清包括人之现实及其可能性，我认为这些问题是哲学中的根本。……我将自己的方法视为现象学方法，不过我认为现象学方法是开放的、行为式的方法。所以，现象学即便有其根本的方向，但我认为并不受缚于特定哲学者的方法类型。

存在论在西方哲学史中被设想成种种形态。对此，人之存在的存在论与之有着怎样的关系？为了弄清这一点，我认为有必要进行哲学史的考察。我也在本书中的几处有所论及，但这并非我的研究主题，很多地方言不尽意。

我曾论述过我国的绝对论哲学，试图理清自己在这方面的想法。这一想法近来开始有了些前景，本书中选取西田哲学来讨论，部分缘由也是出自那样的反省。关于西田哲学，我的理解也许是不足的吧！就此，我期待严正的批判与驳论。只不过，我认为对西田哲学，要做的不是表面的批评和辩护式的、有依据的解说，而是必须自身本着哲学学者思考的责任，做触及核心的讨论。在这一意义上，我高度评价田边（元）、高桥（里美）二人的西田哲学批判。但是，并不是就此结束了。

对人之存在的提问

何谓思考人之存在？为何存在尤其成为问题？

成为知识对象的事物多种多样。选取作为多样对象之一的人类，经由考察的方法，形成人类之学，这是有关人类的各种经验科学的前景。

那些经验科学确实提供了关于人类现实的种种抽象面的认识。不过，我们由此根本性地、整体性地理清人之存在本身——我们一般理解为人生——

了吗？所谓人生，意味着人的现实，包含了死亡的人的整个现实。关于人生的探究，不能只限于科学。人类探求的情况也存在于文学中，其在个性的接近上要优于哲学，所以我们必须予以考虑。

人类的探求不是将人只看作探求者之外的存在物，而是必须将探求者自身包含在内来思考。但是，即便认为那只是相对于客观的主观、相对于被意识到的对象的意识，仅此我们还是无法清楚作为主体的、意识活动的人的具体存在方式。

我们没有经验的话就无法知道现实，不过人类的自身经验是什么呢？其与他人及外界事物的经验有着怎样的关系呢？我们必须首先考虑这些事项。被问的对象的应有状态、被赋予的状态、其理解与认识的方法是怎样的？我们必须预先明确、弄清这些问题。在那里，有着某种哲学的人类研究的特性，这种哲学不同于人类科学的认识，也不同于直观的、实感的人生论。

当问到何谓人类的时候，如果期待"所谓人类是如此云云"的话，那么是因为这个问题寻求的是作为存在的人类的限定。所谓人类，是具有逻各斯（言语、理性）的生物，是会制造工具的动物，当我们被给予这些解答时，这种对人类的本质限定在逻辑上具有怎样的特征呢？这意味着，在预先所知的存在物的整个体系中，这些限定将人类置于了第一义的位置。

在哲学史上，作为存在（原文为希腊文 τὸ ὄν，即 being）的基本学问，普遍存在论被构想出来并得以形成。但是，透过那样的存在论，人类的存在能得到充分的解决吗？

所谓人类如此云云，这样的限定在广义上（包含了体系式的限定）是对象式的限定。而人类的现实、人类存在本身，果真可以是对象式的限定吗？作为无法对象式限定的事物，人类的生命或实存能够被人们所思考，这是众人的智慧。但是，我们应从存在论（对人类的现实存在赋予特征）的适合与否、具体分析的适合与否进行推敲，而不应以完成了的生命哲学与实存主义这种形式展开议论。

物的存在有种种的方式。石啊木啊存在，鸟啊兽啊存在，家啊道路啊也存在。我们也可以说世界本身存在。这当中，何谓人类存在呢？在存在的事物上，我们看到种种领域，例如无生物、生物以及人类，或者自然与历史的各种领域，就这些存在领域而言，我们构成了可以称为领域存在论的哲学。

人类的存在，是这些存在领域之一吗？还是我们不能那样思考呢？为了回答这一问题，我们必须清楚各种存在领域的全部关联。弄清这个问题，最终不是会变为无非就是普遍存在论吗？

我认为，对人类存在的哲学化阐明无法在普遍存在论的系统中进行，这是现代哲学的认识情况。既然是现代状况，那么就必须试着思考目前为止的哲学史，包括最近的日本哲学情况。

历史的相互作用

这里，让我们回到对历史行为的本质特征的考察上吧！历史是以产生社会结果的行为为中心的相互作用。具体的行为必然是在某些状况下，因其状况的必要、要求、必须解决的问题而具有动机后发起的。这样的话，那么所谓的状况具体而言是怎么一回事呢？

历史状况是在现在的过去与未来、主观事物与社会客观事物的相互纠缠中形成的。状况所提供的方式是广义上的经验，但这一经验并非只是被动的。现在的感性欲求和对所与事态的知觉一起，已经包含了参与共同生命——文化和制度上被设定了理路——的做法。作为行为者的人的状况经验，伴随着对现状的满足与不满、解放感和压迫感，以及与之相应的对未来的意愿。行为在对现状的随顺或者改变的心理下展开。这一情况、状况是如何出现的？已做好应对未来的心理准备，现在具体的理想状态依存于对未来可能性的态度，这些可以通过现象学式的反省来确认。

人类的生命现实包含了对状况的领会方式，及其主体态度的采纳方式。行为产生于这一生命之中，其能够具有社会作用是因为，在某些方式下与基于共同经验的要求、必须解决的问题相应。就这样，通过具有社会作用的行为关联，历史过程被赋予了理路。

在特定的状况内，行为还会回应其本身。对不同的社会阶层、世代还有成员而言，状况是以不同的方式来被理解的。"同等状况"一方面带来了力量的伸张，有利于满足；另一方面，当作为有着不满不当性质、压迫性质，或者这些的混合物被意识到时，会由此诱发种种心理和意图。因为状况离不开人类活动的动向，所以它包含了流传下来的习惯、价值意识和正在着手的劳作。与这些整体相结合，形成特定的要求和课题，这种多面性的事物就是状况。历史的决断和行为回应这一状况，通过所提供的必要性，进而积极地为解决就此成立的课题而展开。因为对所有的人来说，状况并非以同一样貌出现，所以基于状况的要求和课题也是多种多样的。因此，在所提供的状况下要求的是什么，要解决什么样的课题，这些都受到社会各种因素的制约。这些因素在现实社会中，通过既存的制度呈现出系列性的分歧形式。这种分歧的制度构成了制约（规定行为）。也就是说，行为产生于制度化了的经济、法律、政治、教育、道德、宗教等所提供的关联中，并参与了保存以及变革这些制度。当人们认为，在这种制度性的系列历史过程中，存在法则式的制约关系时，特定的史观就成立了。但是，现在我不打算论述这样的史观。要讨论的是更为眼前的问题。特定的史观是关于整个历史过程的判定，我们的历史经验和历史认识没有显示出根源性结构关系的动态法则，使我们可以做出那样的判定。一般来说，历史事实的结构契机中的一种总是单方面地规定着其他的契机，我认为这是没有实证性的。

历史行为在状况之中，由其赋予动机而成立。状况所提供的准备方式、经验过和把握到的做法，受到主体对未来的心理准备的制约。这一对未来的心理准备并不限于个体意识，也有不少是集体的无意识。在对状况的具体化、行为的诱导做法中，过去与未来，社会上的流传与个人的主体性混杂在一起。如果想将其表现为逻辑的形式，那么必定会变成一种循环。这种循环不妨碍具体的分析，但正是这一循环性的、逻辑上的纠结显示了现在复杂的具体性。我们的历史认识、一般的经验认识，将过去和过去出现的规则视为线索。只要现象的范围稍受限定，制约事件的条件能稍受周围的孤立，那么某种程度上对未来的预测就是成立的。例如经济现象就是如此。其范围随着对现实特定面的正确分析的进步，一起被扩大了吧！但是，人类历史的过程是现实种种领域、面向的缠缚。在那里不得不承认，难以预测人类的知性能力和情意的发动——即便大多数预测可以进行，但各个活着的人的现在也是难以预测的。

当我们把历史当作行为的社会作用之间的关系来思考的时候，作用的关系当然不意味着一般法则的关联。在人的生命现实领域，有很多没有进入历史，面对作为整个人类现实的生命，历史是受限定的领域。但是，即便仅仅思考历史领域,现在的历史也要直面多样可能性的流动。行为的目前动作的结果是什么,只有未来才能向我们展示。当然,要做大致的预想是可能的。如果没有这一预想,那么不用说对未来的计划,连对行为的下决心也是不可能的。事实上,我们不断制定未来的计划,生活于对未来有着某种程度的预测之下。但是,始终止于准确的预测。现在的隐微动作会带来预想不到的大的社会结果,我们的预想和计划被事实违背的现象也不断地发生。

在普通意义上,被称为历史的东西限于构成事实情节的作用之间的关系。所以,历史关乎过去。但是也可以说,现在只要情节的变更是理所当然的,那么历史就会被不断地创造出来。然而,那是在狭小的限制内,无论如何都并非自由的。人的希望与欲求也成为行为的动机,这一行为能产生何种程度的结果,要依据其能在多大程度上对现实的可能性产生有效的作用。如果我们能试着反省和分析过去的历史,将社会行为的意图和谋划与其结果进行比对,那么就能体察到历史中的实验意味了吧!但是,因为状况总是特殊的,所以无法进行简单的归纳。

西田哲学:传统与哲学

关于西田哲学,加上"传统与哲学"这一副标题,是因为我们可以看到在西田哲学中,存在试图统合东方传统(特别是佛教)与西方哲学的认真尝试。就综合东西方来说,从前人们曾以笼统的形式思考过,作为业余的(dilettante)或粗杂的哲学思想,以前也有过;但是,西田哲学将其作为真正的自我课题,通过敏锐的直观力和孜孜不倦的思索,以哲学的方式埋头于这一课题,我认为这一哲学作为赋予日本哲学传统意义的尝试,是值得被充分研究的。

我自己不能就此原封不动地跟着西田哲学,想要弄清根本的问题点在哪里。

在明治以后的哲学家中,没有人像西田这样具备以佛教为主的东方日本传统修养,并将其活用于自己的哲学中。

我们可以看到,西田也一度认为在佛教立场上,承认历史的积极意义是行不通的。

我认为,这一佛教的立场不是历史世界的立场。即使是就大乘佛教、中国佛教而言，我的这一观点也不会改变。只不过，如果是自性觉悟，那么强调的是众生即佛、烦恼即菩提。

在一个思想家的心中，相异系统的思想以独特的方法结合起来，这一主观真实性和这种结合的思想体系在某方面是否使其丧失了本来性，那是另外的问题了。

西田关于历史世界的思考方式的特质是：

（1）人类现实的整体包含了道德的、宗教的向内性，这被看作历史性的。

（2）在基督教、实存哲学的立场上，作为被区别开的本来可能的历史性，与世俗的历史被视为一体。

（3）创造性的或真正的人格，是人类的一种极限可能性吗？（如果是个体事物，那么某种程度上可以这么理解。）人在日常的现实中常常已经是那样了吗？这些并不清楚。

（4）尽管要考虑人的身体性，但由于专从表象这一面向来观察，社会的经济和政治面就被理解得过于理想主义（idealistisch）了。

（5）如何将日常性、平常底这一思考方式与创造性的世界调和起来？论述历史这一行为，终极而言难道不是以"观历史"的心的自觉作为问题吗？

（6）历史的世界是表象。

我以前曾将西田哲学理解为"心的哲学"。

"从心出发"和"从世界出发"是否不同呢？

将日常性或平常底作为行为直观或绝对矛盾的自我统一之境地，在那里观察形成历史世界的根源场所，这显示了西田试图结合东方传统与历史理论的苦心。

引入形成作用的直观（通过制造来观察）这一理念，是西田的独创性。但是，想要以此来理解现实的历史世界，始终是行不通的。西田也承认在历史中有堕落的方向，但其因何而起，堕落的形态是怎样的，他没有论述。关于宗教和道德，我后面再说。我认为，哲学的工作是在该区别的地方做清晰的区别，观察在人的现实中它们是如何结合起来的。对于"心的哲学"，我尤其想要思考人之存在论，就在于这样一种思考方式。

[JWH]

（朱坤容译）

户坂润

户坂润（1900—1945）

户坂润和西谷启治都在1921年进入京都大学学习哲学。他们两个作为同学经常在西田家中讨论哲学问题，或是一起在三木清的指导下阅读亚里士多德的著作。三木清对西田出于政治策略考虑的某些观点的批判对户坂润产生了一定影响。不久他服了一年兵役，因此被迫中断学业。1926年他开始了教师生涯，但他又选择重新回到军队并成为一名军官。1931年他接替三木清在法政大学的教职，但由于他在学校传授马克思主义而遭到政府的不满，1934年便因思想不稳定，迫于政府的压力辞去此职。1932年到1938年间，他曾是"唯物论研究会"的核心人物之一。1936年以后，由于遭到政府当局的种种限制，他不得不秘密地从事写作。1938年遭到被捕后一度释放，之后又被捕两次，最后一次是1943年，这一次被捕后他死于监牢。他死的当天正好是日本正式向联军投降的前一天。

他在短短11年时间里写下了大量的文章，他的文章展现出了他对日本意识形态各方面批判的最初尝试，以及对西田核心思想的强烈批判。遗憾的是，由于他的早逝，这些理论都未能得到进一步完善。本书选录了他最主要的三个思想框架，即历史意识、时间与道德。我们从字里行间不难看出，无论是对京都学派（他是第一个使用这个称呼的人）的理想主义，还是对自由民主运动，以及法西斯主义和日本军国主义的判断，他与他的对立面之间往往相互呼应着。

[NT]

时间、历史和道德

户坂润 1933，97，101；1930，8，12-5；1936A，300，305-7；
1936B，248，298；1937，3，59-60

日常的原理

自然科学界夸大了以时刻定义的时间概念，这导致自然科学中的时间反而成为与时间相反的概念这一结果。时间单位变成了一种外部偶然性的事物，这种事物与时间内容毫无关联，而这就是我所说的时间之所以成为可量化和可空间化的内情。

我们处在历史性时间中的现在这个时间点，所谓现在是一个叫作现在的时代，也就是当代。我们生活在现代，这是理所当然而全无新意的。但我想强调的是"当代"是一个通过历史性时间的刻画而凸显出来的时代。现代具有有限的长度（这个长度既不是无限小，也不是无限大），它是一个特殊的时代，这个时代的长度不是一个常数，而是具有历史时间特点的一个函数。

为什么只有这个时代是一个特殊的时代呢？这是因为历史性时间整体的重音正落在此处。这是由于历史性时间在这里有一个汇集点和聚焦点。历史性时间的整体框架是以这里为中心的。

读者们会发现，我们赋予历史时间的诸多规定至此终于暴露出了核心的结晶。我们是否有必要毫无新意地这样说，历史行为和历史记录都应该将现代视为坐标的起点。

不过最重要的是——当代是一个可以根据需要收放自如的概念。现代在某种情况下，可以被不断缩减，就像到今天为止、到目前为止这样。尽管如此，现在仍具有与当代同样的性质，具有现在性（现实性）。现代所具备的原理与今天所具备的原理意义相当。这就是今日的原理（日常的原理）。

历史时间就是由这样的"日常的原理"所主导的。虽然日子本身的原理和每一日的原理，以及只是每天不断重复，但每一日都有自己独特的原理，日常中却存在不可避免的每日生活的原理，这样的历史核心的结晶以及历史的秘密就隐藏于其中。这种与历史时间同价的特点表现为这样的日常的原理。

性格和历史性感觉

性格是指人们在与他人交往的过程中直至最后也不会消失的特色。人的性格总会带有独特的标识。作为本质概念的目标（即理念）即使在脱离了人与人的关系的情况下，仍然能够秉持性格概念的目标而直到最后，这就是性格的本来面目。性格是仅在人与人之间的关系中才能成立的概念。性格成为概念的独特标识（即个性的赋予）正是使我们得以发现这一概念的东西。

只有那些伴随着历史车轮移动的人或是对历史作出贡献的人才具有性格，反之阻碍历史车轮前进或与之相悖的人的性格将会消失。后者的性格也可以看作一种错误的顺从，是无法体现性格的一种性格吧。

性格可以看作位于整个历史所描绘的历史运动的曲线点上的切线。若立足于某一特定点而追求其他点的固有切线方向的话，那么这种对性格的误解则是一种时代的错误。因为只有时代才是有代表性的整体。换句话说，只有沿着时代的切线方向使力，才能让历史运动的车轮正确、有效并高效地前行。具体事务和事件的特性使得它们的转变具有了实用功能，相反，特定时期内特定切线的方向也决定着事务和事件的特性。这些时代的切线代表着一定时期内的时代特性。

历史性感觉既不是学术范畴上作为"历史"统一体的执着追求，也不是来自某种神学宇宙观对世界末日结局的信仰，而是这样一种感觉：它是一种能正确把握事物历史运动的能力，并且只有抱着对实践性的社会问题的关心才能把握其功能。时代的性格根据这样的历史性感觉（也就是基于正常实践和社会关心）才能够把握。能够看出并看透一个时代的历史运动的动力和方向的必然性（那是社会上的社会现象）才是历史性感觉。

道德、自我和力量

道德（作为文学类别的道德）与自我（自己、自我以及自觉这个自我意识角度上的觉醒）是密不可分的。当某一对象在道德上（指文学性的意思）出现问题时，由于该对象成为作者以及跟随作者立场的读者所观察的对象，这时作者的观点越大众化、越普遍，这个作者也就越容易成为独特的"自己"

和"我"。正如所有人都知道的那样,这种"我、自己"没有任何科学性可言。相反,观点越是被大声地表达出来,则主观性越强,认知的客观性越小,这个观点无论在深度或独特性方面都不理想。然后,既能够展示自己的观点又不让自己的观点沦为主观,便成为道德的特点。道德既是私人的事情,同时也不仅仅是私人的事情。

然而,道德的"自我"私密特质又与自我中心主义和主观主义没有关系。这是因为道德并不因为它是"个人的"就意味着它仅仅是个人道德或身边道德。"我"的道德虽然是一种道德,但同时以自己为中心这件事又绝不是什么道德。

就文学理解而言,道德(也适用"我"的类别)是一个必要的角度或立足点,是认识的媒介。文学认识上的种种并不是道德本身,而是媒介,它们将那些果实以道德的形式表达了出来,从而显示出道德这样一个类别。如果假设这些立足点或者媒介是抽象存在的话,那么这就符合自古以来被称为"理想"的特点,可以把它归为善也好,科学真理也好这样的范畴里。这样考虑道德的话,道德正好相当于一个与科学真理相并列的理想。古代所说的善其实就是这样的理想。因为,如同科学将真理视为理想一样,文学应当将道德视为理想。

尽管日本在构建伪满洲国时使用了武力这一点确实没错,但日本能够实施强硬外交手段的原因不在于它拥有强势的外交力量,而在于当时伪满洲国存在的事实。而这一事实是由多大的武力引发的,或者那力是否并非武力而是满洲这个民族的共识这一点则是一个过程问题,而事实与过程脱离了关系,现在的事实就是一切的根据。

在这里要讨论的不是力量哲学而是事实哲学。武力概念与过程无关这种根据"事实"的思想结论是一种可以让一切言论都自由发声的哲学。日本的法西斯哲学也绝不会拿力量这样抽象的范畴作为原理,而是将"亚洲的现实"这样具体的事实认识作为其原理的出发点。因此日本法西斯的动向可以用力量哲学和力量的理论作出解释,如果这种理解正确的话,就难怪别人对他们的批评了。

我们国家现在的自由主义者们并不是真正意义上的政治上的自由主义者,而是我们俗称的文学自由主义者(我认为这是非常重要的定义)。他们过去属于一个被叫作学艺自由同盟的组织（当然，我需要声明，我也是该组织的成员），尤为重要的一点是，这个组织里面的大部分成员都是文学学者、作家和艺术家。

从广义上来讲，我们国家的文学自由主义者似乎往往是被人道主义激发起来的。他们没有诸如客观道德的"理论"，而是以为自己具备道德家的资质。这是自由主义者的一个特色。但最终，所有这些道德家都只不过是一群怀疑论者。这也是他们当中有的人还能够成为偏向虚无主义的自由主义者。

文学自由主义者似乎能够较好地意识到他们自身的怀疑本质。这件事的证明是，当涉及关系到他们自身利益的现实行为时，他们（有意或无意地）变身为机会主义者和现实主义者。持怀疑态度的人遇到现实行为时，外在价值和评价都不存在了，最终只剩下承认那最为庸俗的"现实"。

思想和文化

所有真正的思想和文化都应当能够互通并能够在世界上广泛传播。没有一种真正的思想和文化不能跨越国家或民族的界限。那些号称真正的哲学或理论，却只能被一部分人和国家所掌握的，无一例外都是虚假的。任何不为其自己国家或人民所知的思想和文化都不应被看作思想或文化，而应被看作一种简单粗暴的行径。

现如今，要想把一种逻辑理论从一种语言翻译到另外一种语言并不是难事。世界范围内的生产能力已提升到这样一种水平，即全世界范围内大部分的生产技术和机制都具有很多共同之处。由于某一生产所涉及的几个国家之间具有共同特性，这使得这些国家站在了世界的前沿，因此这种前沿本身也就演变成一种国际现实。这些理论机制向各个国家提供了需要实施当前最前沿生产方法的理由，它们自身也是前沿的产物。因此，在这种机制中人员和物资的运输对跨越式发展的需求已经形成了日常生活中的一种逻辑。将某些事物进行精确复制，这一过程并不是消化后转化理解，而是一种简单的替换或合并。那些认为日本没有能力完全消化欧洲文明的人，那些认为外国人很难理解日本人精神的人，他们身上都有无视翻译逻辑之重要性而散布不实言论之罪。同样，我们也不能忘记那些毫不犹豫地接受古印度或中国思想的人们。

我认为日本必须能够被从世界的角度来看待，前提是我们必须坚持站在民众的角度看待事物的信念。在民众的问题上，我指的民众不是统治者口中的"国民"，而是那些可以独立保护自身日常生活的民主大众。如果将民众理解为受政治力量强制的无脑者，那么我们只能认为这是蛊惑人心的最高境界，是其对民众的嘲弄。就像统治者在向日本那些缺乏自主性的人们呼喊："快停下吧！你们如此美好呀！"这就是日本的"现实"，人们是如何在"国民"的标语下被吹捧的。

在日本，民众缺乏政治独立既是事实，也是日本国民的条件和现状。这种天然的环境条件限制了自身的可能，但这并不意味着人们没有可能改变当前的环境条件的限制。即使是不关心政治的日本人民也可能在压力逐渐增大的钢瓶中随时引爆。现状只可能维持在正常的温度和压力之下。

[NT]

（刘争译）

市川白弦

市川白弦（1902—1986）

市川白弦是一位临济宗的禅师、花园大学的教授和政治活动家，他作为"皇道禅"的最重要的学者而受到关注。在他的著作中，他记录了禅宗在20世纪上半叶对日本帝国主义的支持，并推动了禅宗的战争责任问题。他分析了禅宗对宗教解放和社会的态度，佛教形而上学和逻辑构造的政治影响，佛教伦理的局限性，佛教和日本政府之间的传统关系，以及西田几多郎的哲学体系。

在评估战时禅宗和像西田这样受禅宗影响的思想家的伦理问题时，市川着重强调了禅宗获得"心灵安宁"的救世目标，它在摆脱二元歧视后"理事圆融"的认识论，它的内在形而上学取向（部分基于华严宗），诸如忠诚、亏欠和感恩等价值观，以及禅宗对社会安排的保守、因果的解读。他认为，禅宗的这些方面有助于破坏与现状的批判性距离，并支持对实际情况的普遍默许。他的整体批判，以及试图将其定位在西田对佛教思想的使用上，在下面选择的段落中很明显，他将西田的一些作品中的语句拼接在一起。他采用了典型的佛教经典论证风格，甚至是通过引用文本来论证或拒绝哲学观点，西田本人在所引用的几个段落中也采用了这种做法。

[CAI]

（张政远译）

西田几多郎论：绝对无的挫败

代表近代日本哲学的人物是西田几多郎（1870—1945）。他以深切的直观和坚韧的思索，通过提出构成日本文化乃至东洋文化根基的新逻辑，确立了其在世界哲学界中的地位。近代日本的哲学、宗教在西田思想中具有最深最高的逻辑性表现，日本的新思想、文化、宗教如果确定不了这一哲学的位置，那么它们也难以在这一国家扎下根来。太平洋战争对我们来说是空前的考验，不过连深远博大的西田哲学也在这一考验面前挫败了，这是一惊人之事。要说使得这一哲学挫败的东西，那就是现实主义。其逻辑是日本民族的现实主义，例如日本神道以及国学的现实主义，尤其与日本化大乘佛教的现实主义关联很深，这一精神风土现今仍然扎根于我们之中，存活于我们的生活中。为了革新这一顺应现实的国民性，我们必须理清西田所代表的近代日本思想挫败的过程与结构。

西田在给铃木大拙的信中（1945年3月）写道："我想从即非的般若立场提出人这一存在，即人格这一存在；然后想将它与现实的历史世界结合起来。"拙文打算探究的是，在西田哲学语境内具有禅、华严风格的人存活于现实世界的情况下，如何以及因何挫败，在克服这一挫败上有着怎样的方向以及可能性？

参究·绝对无·平常

西田在明治三十四年（1901，31岁）的日记中，这样写道，"哲学也应当离功名等卑心，以自己安心为本，静心研究，统一自己的思想，与自家的安心一致"，另写有"行至学问之末，勿忘安心之本"。不过，在十年后的处女作《善的研究》中，他把"考究的出发点"规定为，"在我们讨论应何为、应于何处安心的问题之前……必须首先弄清何谓真正的实在"。在西田的思想中，安心问题被视为根本，实在的真相以一种与之不可分的形式被质疑，从这里行为原则被提了出来。在这一构想中，实在问题是首先被选取出来的。

关于自己的方法，他陈述为"从彼处向彼处"，即从直接具体的事物出发回归到直接具体的事物，不过对这一场合下的"彼处"① 予以证明的是行为的直观，换言之是般若体验，而对形成"从……向……"的展开的这一机能（仍是行为的直观），他以西欧逻辑为媒介并加以锤炼。他也有将哲学使命视为融和东西方文化的一面，但是在另外一些方面，在西洋的逻辑里佛教思想无法作为基础，于是他自己寻求赋予基础的逻辑，如同所述，那就是辩证法的普遍者（一般者）以及场所的逻辑，其体系的基调是佛教式的。

在高中时代，西田行走在金泽的街头，沐浴着夕阳的街道上，到处流动着交织的行人、晚间的声响，一日他直感到"那是如实的实在"，想到"实在必须是现实的如实存在"，这一考虑成为《善的研究》的开首，"所谓经验就是照实认知的意思。全然放弃自己的加工，依照事实来认知"。在里日本②的城下町，中学生西田"现实的如实存在"这一思索变成了高中教师西田的"依照事实"，最终变为京都帝国大学名誉教授西田的"历史现实"。"从彼处向彼处"的方法是这样贯彻始终的。

《善的研究》中朴素、统括性的事实的思想，在作为事事无碍思想（历史性、社会性事实限定事实自身）的具体化的转折点上，存在《场所》这篇论文的逻辑学，我们可以看到作为最根源场所的"绝对无"的场所。

"真正透彻绝对无的意识时，那里既没有我也没有神。而且因为是绝对无，所以山是山、水是水、存在物如实是存在物。万仞崖头撒手时，锄头出火烧宇宙。身成灰烬再苏生，阡陌依然禾穗秀。"

如果根据西田哲学，那么现实世界是通过单个事物与单个事物、主体和环境相互作用，从被造者到能造者的运动着的历史世界，"活动是观看"的行为直观的世界。独立着的单个事物之间发生关系，其媒介者作为非连续的连续，在绝对否定单个事物的同时又予以绝对地肯定，也就是说必然是辩证法式的普遍者（一般者），这个世界的逻辑结构是绝对矛盾的自我同一。现实世界最根源的矛盾的自我同一，是神的影像。也就是说，"我们欲向之却背之的

---

① 此处重点符号为市川所加，下同。——译者注
② 里日本，指的是本州面向日本海的地区；相对应的概念是表日本，指的是本州临太平洋的地区，即太平洋沿岸地区。——译者注

绝对矛盾的自我同一，在宗教上应该是真的神"。但是现实世界并非假象。作为"绝对矛盾的自我同一"的方式下所形成之物，现实是绝对的，现实即实在。"绝对矛盾的自我同一"是绝对者的自我表现形式。逻辑不是我们思维的主观形式，而是世界自己形成的形式。我们不是从自己出发来思考世界，而是必须从世界出发来思考自己。这是"绝对客观主义"，"万法进前修证自己"①。曾经从"照实"出发的哲学，如今回到了"现实即绝对"的历史世界。这"并非出现了不一样的东西，到得归来无别事"，"无限根本之物是无限平常之物。"

我们的自我彻底深入自己自身的根底，归至绝对者……这彻底深入历史现实的根底。作为绝对现在的自我限定，变为了无限的历史性个体。故而说，透得法身无一物，元来真壁平四郎。南泉说"平常心是道"，临济说："佛法无用功处，只是平常无事，屙屎送尿，着衣吃饭，困来即卧。"

场所：作为绝对现在的皇室②

作为绝对现在的自我限定的历史性个体，我们生存于历史现实，在这一情况下，其生存的场所是国家。历史世界是"全体的一"与"个别的多"的矛盾自我同一，国家是具体的自觉了的存在，是最具体的历史现实。日本国家以皇室为中心发展而来。皇室作为"主体的一"与"个别的多"的矛盾自我同一，居于限定自己自身的世界位置，主体"将万世不易的皇室视为时间的、空间的场所，被囊括其中"，"皇室作为包含过去未来的绝对现在，我们生于斯、行于斯、死于斯"。如此形成的日本文化基调，存在于事实限定事实自身的事事无碍中。这里有着"朝向物之真实"的惟神之道。在我国国民道德的根本上，存在建国的事实，我们以此为轴形成了历史世界。日本形成的原理今日必须成为世界形成的原理。拯救皇道（想要扩大单个种的特殊性）霸道化的是世界形成的原理，皇道必须成为世界性的。这里有着八纮一宇的

---

① 译文参考道元《正法眼藏》，何燕生译，宗教文化出版社 2017 年版，第 18 页。——译者注

② 此处将日本皇室与国家发展以及世界形成置于必然性的历史逻辑中，体现了日本在战争时期的一种皇国观，其保守性给日本以及周边国家带来了深重的灾难。战后的新宪法（《日本国宪法》）中，战时皇室的地位遭到废除。——译者注

真意。作为绝对现在的自我限定，在历史形成的日本史中，作为"国家即道德"的国体开始被自觉，这里"天地开辟即肇国，历史世界的形成有其意义。故而，万世一系、天壤无穷。……这是神国这一信念产生的缘故。我们能够听到诏敕中作为现人神的神之声"。我们的道德信赖这一事实，归于作为绝对现在之中心的天皇——"作为我国最高道德的忠在于，纯情发动时，向海则成水溺之尸，行山则成生草之尸，为了忠于天皇足下，义不忍顾。"——在于"一切都是从皇室到皇室……国体相关的行动"，这是"平常心是道"的生活。"皇运扶翼并非只是这种非常时的情况，平常心是道，我们的行住坐卧，整个无一不与国家有关。"（文部省教育局《臣民之道》，重点符号为笔者标注，以下同）日本精神的极致是"现实即绝对"，在这一立场上"物是皇室之物，事是皇室之事"。"我等的生命既属于我等，又不属于我等。……即便是一碗食物、一件衣服，也并非一己之物……这样，我们在私生活的场合下，也不可忘记归于天皇、服务国家的念头。"（前引书）在宗教性的历史形成下，"全"和"个"是一体的，"阶级斗争也不得不被消解掉。……一家工厂也是创造历史世界的生产场所"。就这样，产业报国的哲学被确立起来了。"在宗教上自觉了的人作为绝对现在的自我限定，能够随处作主。这样的人具有无限的能动性。……各自立处皆真。……从真的宗教自觉，能够做到顺应国家。"

西田的立场和方法是从直接自证的体验到体验，"正念相续，造次必于是，颠沛必于是"。生存是活动，活动"不是仅仅意识上的欲求或决心，而是我们必须成为这个世界的事件。我们真正地自己实存于此"。如同作家在作品中认知自己，西田在他的行动中看见了自己。换句话来说，我们看到了经过参禅受到锤炼磨砺了的西田的真正自己、绝对无——"我们真正的自己是绝对无"——是怎样一种面目？

西田的弟子高山岩男陈述道："事是我们由彼出发回到彼处的明确现实，理通常是以否定的姿态对事发挥中介作用的宝贵手段。"（《文化类型学研究》）向以天皇之名的战争奉献宝贵手段的西田，在日本劳动总同盟解散、大政翼赞会组建之年、正值太平洋战争爆发的前一年即皇纪两千六百年纪念典礼上，接受文化勋章是极为当然的了。《善的研究》第十章"完整的善行"以如下的话作为结束："有这样一个故事，以前罗马教皇本尼迪克特十一世让乔托（Giotto di Bondone）画一张可以显示其画家才能的作品，而乔托只给他画了一个圆。我们在道德上也必须获得这一个圆。"承诏必谨、灭私奉公的纯一无杂的行为直观，这里有着寸心居士西田的"一个圆"。

但是，在日本国民那里有一个框框，即便是深远博大的绝对无哲学，也无法逾越。那就是天皇道。……在这位指出笛卡尔的怀疑与否定具有不彻底性的彻底批评主义者那里，天皇道也没有成为怀疑的对象。"一旦直视天子，双目则瞑"这一信仰，存在于明治的民众之中。如同"欲向之即背之"，皇室存在于西田对象逻辑的背后，掐住了他的纯粹经验的脖颈。

属于哲学方法的怀疑、否定，通过一味地能够朝向自己自身，失去了可以成为近代批判精神主体的自我的生长契机。这样，理应成为怀疑和批判天皇制绝对主义的近代自我在未成形前就已经被铲除了，结果就是天皇道的中心理念直接被固定在个我之前的纯粹经验（比如说，先天）这一位置上，从一开始就制约了纯粹经验本身。

作为"天皇陛下的赤子"，西田的自我、历史身体，西田的天皇信仰和权威主义的道德意识，丝毫没有走入绝境成为灰烬。倒不如说相反，天皇道经由近代知性之死，被内向化、绝对化，以宗教的权威支配起个人的私生活。

这里，寻求普遍的哲学家和信仰天皇的臣民之间出现了裂痕。历史要成为行为的规范，必须是皆为普世的（all gemeingültig），从这一自觉产生了皇道必须成为世界形成之原理的假定，但这根本就是无理的提案。皇道的本质基体是，特殊单民族中唯一特定的血统这种偶然的、非合理的东西。皇位的继承与真理的体认相反，在本质上是排他的。只要基于皇位、主权的万世一系原则，那么皇道就无法具有世界性；为了具有世界性，万世一系的原则就必须抛弃。具有世界性的皇道和圆的三角形一样，是自相矛盾的。

如果西田活到战败后的日本，那么就现今的世界史现实，在"击也罢、拉也罢、不动的精神事实"对现实世界发挥作用的情况下，他会告诉我们从主观主义（毕竟是精神事实）的固执出发，并非自由吧！既然"依照事实""依照现实"并非畜类的纯粹经验，而是人类的纯粹经验。那么，从一开始就应该预先知道，基于过去的教育、大众传播、社会状况的变化等，包括了有意识的、无意识的虚伪。从世界来思考自身，这一世界自身已经是这样一种存在，我们应当立身于这一谦虚的自觉。

如果没有绝对主义天皇制的教育和压力，或者对之批判的近代自我在西田及其周边得以确立，那么，将"绝对现在"和皇室视为一体的混乱就不会发生，"绝对无"也不会成为"圣战"的根据了吧！从帝国主义日本的现实这一行为直观的反复中，西田的"私哲学"孕育而成——"存在经验、存在个人"的现实意义是这个吧！换言之，就是如下的情况吧！半近代性的个体西田展开半近代性的"纯粹经验"说，在当时的半近代性知识阶层中得到了广泛的认可。战争与国家权力给思想、宗教带来了波及广泛的、不可估量的灾难，所谓战前派的我们，在近代日本最早的、独立的"绝对无"之哲学·宗教的挫败上，面对我们的历史身体，痛定思痛，慨叹不已。

[CAI]

（朱坤容译）

今西锦司

今西锦司（1902—1992）

1941年，在完成他在京都帝国大学昆虫学和生态学专业的博士学位后的一年内，今西锦司以自然哲学的形式发表了也许是他最著名和持久的贡献——《生物的世界》。他在书中认为，由于所有的事物都是共同产生的，有机物和无机物的"生命"应该被视为一个单一的活动世界的一部分。生命主体和环境是彼此的一部分，彼此流动，并创造了一个特殊的世界，每个有机体都有一些控制权，他称之为"独立"。

虽然今西与京都学派没有正式关系，但西田几多郎的思想，特别是《善的研究》中的思想散见于其书中。特别是西田的观点，即作为一个统一的整体，现实必然包括相互对立，特定的实体从来都不是完全独立的，而必须被看作单一现实的差异化发展，使今西在进化论上有了与达尔文主义不同的倾向性。事实上，他在著作中一次又一次地回到这样的想法：所有的生命，有机的和无机的，都是同一个现实的变化，每个都被隔离在自己的栖息地。因此，他认为自然界本质上是和谐的，所以，他对竞争和冲突的重视程度远远低于自然选择理论家。

在今西的术语中，生物世界由三个基本层次组成：个体、种和整体。关键是种（specia），或一个物种的社会，它们结合起来构成了一个整体。这里摘录的段落来自他关于社会和历史的章节，在这些章节中，他将社会性的概念发展成为一个空间结构的概念。

[PJA]

（张政远译）

生命与社会环境

今西锦司 1941，67-9，74-8，82-3，92-3，120-1

如果不考虑各方面的因素，我们就无法充分地揭示生物和环境的关系。尽管如此，我认为最终通过对环境概念的了解，我们姑且能够清楚生物所具有的独立性和主体性。环境指的是生物生活的世界、生活的场所。但是，环境并不仅仅是指生活空间这类物理意义上的存在。从生物的角度来看，环境是受生物支配的，是生物自身的延伸。当然，话虽如此，但环境也并非生物能够随意创造、随意改变的东西。环境从来就不是生物能够随意操控的，在此意义上，如果将环境视作生物自身的对立物，那么，环境不仅仅融入我们的身体里，并且实际上，就连我们的身体都不能够随意创造、随意改变它，从这一点来看，我们也可以认为生物是环境的延伸吧。生物中存在环境因素，环境中也存在生物因素，这就意味着生物和环境并非分别存在，而本就是从某个东西分化发展而来的，同属于一个体系中。而这个体系，从广义上来看，我们的整个世界可以视作一个体系，但如果从每个生物都是各自世界的中心这一点来看，每个生物与其所处的环境又共同构成了一个体系。

另外，在这个生物与环境相互作用形成的体系中，我们姑且可以把环境看作一种物质，又或者是一种代表物质的东西吧。因此，在这个意义上，就连我们的身体也可以被视作环境的延伸。与此相对，从生物的角度来看，由于生物具有反映生命与精神的方面，将环境视作生物的延伸，也就必然意味着环境的生命化、精神化。然而，迄今为止，研究人员在面临生物与环境这类问题的时候，基本上都不会从生物的角度，而是从环境的角度，即通过环境的物质属性来解释生物，这是他们多数情况下采取的态度。当然，作为生物学的研究方法，采取这种态度并不是错误的。采用生物角度的研究方法，并非可以同等程度地适用于所有生物，因此，对于我们无法类推的低等动植物的生活，通过环境的物质属性来测算，从而了解它们，这的确可以认为是一种客观而科学的态度。但是，这么一来，我们可以认为被环境所翻译、所定义的生物，真的表现出它具体的、真实的姿态了吗？环境的确不是生物能够随意创造、随意改变的东西，但也绝不能说生物是被环境支配、被环境规定、没有任何自由的东西。倒不如说从生物的角度来看，它不断地对环境产生影响，并且致力于将环境置于自身的支配之下。如果生物是任凭环境推动的，我们就没有必要承认其自律性和主体性了。这种情况下的生物只不过是一种机器罢了。

正如前文所述，构成这个世界的诸多东西，从相异点来看它们始终是不同的，但若从相同点来看，这个世界到处都是相似而非孤立的存在。那么，究竟为什么世界上存在相似的东西呢？虽然从一开始，人类就不会生出猴子或者变形虫，但是人类生下的小孩不仅仅同样是个人，他们还会跟自己的父母有相似之处，人们把这种现象称作遗传。然而，为什么遗传现象会被认可呢？从父母的个体维持本能来看，孩子越像自己就越能达到这个目的。这样一来也有利于进一步维持世界的现状。从生物学的角度来说明的话，产生这些相似之处的原因可能就是遗传吧。但是，这个世界存在相似的东西，也就是说，不论是构成这个世界的哪个东西，都有着与自身相似的东西，我想，这已经成为一种仅从生物学的范畴无法解释清楚其意义的世界性现象了吧。如此一来，解释就超出了我力所能及的范围了。如今的我只是笼统地想，像这种存在相似之物的地方，应该包含一些类似于世界结构的原理性的东西吧。

因此，我想重提环境的概念。环境指的是生物表现生活内容的生活场所。环境是生物的延伸，是生物主体化且被生物支配的地方。因此，当两个生物的生命力处于均衡状态时，从环境的角度来思考的话，就可以认为这两个生物处于一种对彼此的环境互不侵扰的状态当中，在这种状态下，环境可以视为主体的延伸，生物个体的独立性也可以得到认可。当然，如果以人类和蚂蚁为例的话就会发生以下情况，比如人类的双脚侵犯了蚂蚁生活的环境，并且用鞋底将蚂蚁踩死，但是，即使是两个生活内容相同的同物种个体原则上也不能共享一个环境。当自身的生活受到威胁时，比如不得不争夺食物的时候，也一定会一决雌雄。

虽然像这样同物种的个体因为生活内容相同而原则上无法相容，那么为什么同物种个体并非分散存在，而是在一定的距离内共生呢？从合目的这一观点来看，这是为了达到繁殖的目的，但这也并不能完全地说明这种现象。这个世界上的相似之物并非相互孤立存在，而是在一定的范围内共生，这一现象大概可以说明，这些相似之物并非毫无关联、被分别创造出来的，而本就是从一个东西孕育发展而来的，是这个世界性质的反映。因此，可以认为两者间的距离必定反映了两者关系的亲疏，也就是血缘的远近。因此，同物种个体之所以能够在一定的范围内共生，原因之一必定是血缘关系。然而实际上，这种血缘关系使得它们的生活内容相同，所以，最终能够使得原则上不相容的个体在一定的距离内共生，一定存在血缘关系以外的因素吧。并且，我认为该结论也是从它们有相同的生活内容这一点推导出来的。

因此，如果我们承认生物生来就具备保存个体维持现状的倾向，那么，生物避免恶作剧式的摩擦，讨厌冲突，追求一种没有摩擦与冲突的平衡状态，其结果必然使得同物种个体间形成群落。因此，即使不特地去假设双方互相吸引的情况，同物种个体聚集在一起也是因为在共同生活的过程中，可以形成一种最安定的、有保障的生活。这也正是它们的世界形成的原因。如此一来，这个世界就是物种的世界，在那里经营的生活也就是物种的生活吧。从结构上来说，它可以被视作个体生活场所的连续，是个体在这里出生、生活、死亡的世界，因而它当然不是一个结构简单的世界，而必然是一个体系，这个体系构成了这个持续孕育发展的，具有空间性和时间性、结构性和功能性的世界的一部分。现在，如果要将社会或者社会生活等术语适用于生物世界的话，无论如何，我认为首先应该适用于这样的物种的世界，或者是同物种个体的共同生活中。共同生活未必是一种有意识的、积极的合作，但是，同物种个体相互作用、相互影响，其结果就是在那里产生了一种持续的平衡状态，并且，如果不处于这种状态中，每一个个体的生存都难以保证，在这种情况下，同物种个体的聚集就不仅仅是聚集了，而是一种共同生活。

因此，如果概括地讲"生物的社会"，并且用过于抽象的术语来解释这个社会，常常会引起误解。个体间相互作用、相互影响，又或者因为领地不同，不少情况下是由于生活内容的不同，而相互限制，我们未必能够对此形成清楚的认识。但是，从原则上来说，如果同物种个体聚集在一起，那么，在那里就一定会产生某种只有在同物种个体间才会产生的状态，这种关系持续发展下去的话，这个群落就会形成家族或者群体之类的结构。但是，即便我们承认了这一点，也没有哪个物种可以与非同物种个体形成聚集，或者哪种聚集不是在同物种个体间形成的。就连植物和寄生虫这样的生物，毕竟也存在既定的分布区域，这意味着物种要在这里进行个体繁殖、汲取养分，这是一个共同生活的场所。并且，我认为正是从这一点来看，物种中必然根源性地蕴含着具有社会意义的东西。在此意义上，社会性是指，在这个本就是从一个事物孕育发展而来的、始终相异的世界中存在相似之物，它是这个世界的一种结构原理。它是结构原理的原因在于，相似之物始终是相互对立的，相互对立的东西终究会将这种对立空间化，作为一种必须在空间上不断拓展的存在，社会性反映了空间、结构的一面，可能它就是一种根本特性，存在于世界的一切组成要素中。虽然生物的社会说到底是个体进行繁殖、汲取养分的地方，但我认为，总的来说，社会的空间结构特性基于养分显示出了更深厚的关联。

构成这个世界的许多事物并不是相互间毫无关联的、乱七八糟的存在，它们全部都是世界这个庞大的、整体的体系的组成要素。世界是一个拥有由这些要素构成的结构的世界，为了明确这个观点，我在之前的章节中非常详细地论述了生物的社会。现在让我们再次回顾一下那些要点，生物的个体是物种社会的组成要素，它们在那里出生，在那里生活，然后在那里死亡，与同物种的其他个体相对立。而物种社会也是同位社会的组成要素，是与其他物种社会相对立的东西。不论是物种社会还是同位社会，它们原本就是在血缘关系下形成了各自的地盘。作为这种血缘共同体的结构，本来应该是时间性的东西却变成了空间性的东西，既可以认为这是（生物）发展的契机，同时，这也成为生物的一种发展模式。与此相对，在复合同位社会中，时间性的东西本应该变成空间性的东西，然而相反，本来应该是空间性的东西变成了时间性的东西。我们认为这是生物的另外一种发展模式。因此，复合同位社会形成的基础，是不能仅从血缘关系来说明的，也就是说，我们必须考虑到其中已经包含了地缘关系。这个复合同位社会进一步发展，分化成若干个复合同位社会时，虽说这是一种由于断绝而形成的关系，但这种断绝不如说是血缘关系上的断绝，而社会形成的地缘性基盘并不会因此而消失。反而我们可以发现的是，血缘性基盘削弱了，而地缘性基盘变得更为显著了。我们对于生物共同体的具体情况通过分析所能掌握的是，即便生物共同体能够分为几个复合同位社会和同位社会，作为这种生物的地缘性共同体，我们仍然会将其认定为一个整体的社会。同时，也正是基于这个理由，我们将对生物共同体进行地理及景观上的分类，作为生态学的初步操作。

  作为这样的地缘性共同体，生物的全体社会是指映入我们眼帘的真实的自然。另外，将个体、物种社会、同位社会、复合同位社会综合起来后，在某种意义上就是唯一的生物全体社会。但是，我们要如何解释这个全体社会呢？这种全体性与我们迄今为止所论述的物种社会或者同位社会所具有的全体性意义一样吗？生物个体原本就是一个复杂的有机统一体。没有部分就构不成整体，没有整体的话部分也无法存在，生物的生命和成长，就在于不断维持、发展整体与部分的关系。由于生物的整体及其各部分是不可分离的，每一部分都包含整体，因此生物个体的整体总是表现为自主性。因此，整体性的发展就是自主性的发展。

[PIA]

（赵晓靓、张夕靖译）

船山信一

船山信一（1907—1994）

　　船山信一，也许是战时和战后日本哲学唯物论领域最重要的人物，他对黑格尔和费尔巴哈的研究以及他对现代日本哲学史的研究都广受推崇。1930年从京都大学毕业后，他专注于研究黑格尔和西田几多郎的哲学，同时也受到三木清的影响，并在户坂润的劝说下加入唯物论研究会。在共产党的影响下，这个研究会越来越政治化，导致包括船山在内的一些重要成员被调查和逮捕。在他的案件还未宣判时，他写了一篇关于资本主义危机的文章，这导致他被监禁了一小段时间，直到1936年他发表转向声明。这标志着船山人生的转向。尽管他继续参加三木的昭和研究会，但他在渔业行业找到了一份工作。1955年他以立命馆大学教授的身份重返学术界，并出版了三卷关于明治时代（1868—1912）和大正时代（1912—1926）日本哲学史的研究著作。除了马克思、黑格尔和费尔巴哈的著作之外，西田和田边元的思想也在船山的思想中留下了印记，这些都可以在接下来的选文中看到。这三卷的每一卷都处理了基本相同的材料，但他在"转向"前后立场的变化是显而易见的。首先，我们看到他研究的第一步旨在对日本意识进行批判。其次，明显受到他在狱中经历的孤立感和绝望感的影响，他转而对天皇制给予更积极的评价；这在他的作品全集当中一度被省略了。在他的最后阶段，他回归到了他的纯粹的人类学唯物论的工作当中。

[NT]

转向之前

船山信一 1933，370-2；1935A，370-1；1935B，388-9

人类学和唯物论

将马克思主义构建在人类学基础上的尝试，就是仅仅将马克思主义作为唯物史观——而且是多种史观当中的一种（现代史观）去理解，其前提是人类相对于历史处于优位，而历史相对于自然处于优位。人类学——至少人类学主义在其自己的本性上是观念论的，大概是因为人类学多少有点否认自然较人类更优越的意味。并且，即使不将人作为人类自身，而是作为历史的、社会的人，也依然如此。费尔巴哈的哲学也是，只要在唯物论范畴内那就是唯物论，而只要在人类学范畴内就不是唯物论。然而他的人类学即便在人类当中也寻求自然，于是就认可了自然相较于人类处于优位。因此它正是唯物论的人类学；因此它是唯物论，仅仅是人类学的唯物论；也因此它不是纯粹的人类学。他在历史的语境下是观念论者，在自然的语境下则是彻底的唯物论者——尽管不是辩证法的唯物论者……

依我之见，人类学只有与神学相对时其进步性才会显现，人类学自身并不存在这种进步性。如今的人类学反而走向了宗教的道路。即使是费尔巴哈的唯物论，只要它在人类学的唯物论范畴内，它就不仅做不到马克思主义式的对宗教的否定，甚至做不到法国唯物论式的对宗教的否定。实际上它会规劝"人类的宗教""爱的宗教""新宗教"之类的宗教。费尔巴哈无神论理论的界限实际上就存在于他的人类学中。在这一层面上，我们可以说费尔巴哈走在了神学家斯宾诺莎的前面，同时又处于哲学家斯宾诺莎的后面。

两种全体主义

日本人的生活是精神性的——比如，西方资本家和劳动者之间、地主和小农户之间关系的基础都是权利观念，而日本则与此相反，日本是类似于义务、牺牲、温情、报恩、尽责之类的观念；可以说西洋是利益社会，而日本则是协同社会；西洋是个人主义的，而日本则是家族主义或全体主义的。但这些都不是西洋与日本之间的区别，而是资本主义与封建主义之间的区别，它们不过是尽可能地呈现了日本的资本主义以及反映这一观念的（半）封建制而已。所谓日本人生活的"精神性"，就日本的情况举例来说并不意味着日本的资本家和劳动者之间的关系是"精神的"，而是无法仅仅用物质的关系来表现，转而用精神性来解释。只不过这个问题被蒙上了一层面纱，难以从现实层面解决，于是人们——尤其是被统治者就把恶的物质关系在意识层面转换成了善的关系……

个人主义，即"原子论的体系"在日本评价甚恶。对于日本主义者来说，那是彻头彻尾的西洋产物，是基于町人[1]本性的应该被唾弃的东西。最近田边博士被认为在"我与汝"的范畴内是无能的，但即便对于他来说，"原子论的体系"也远比"我与汝"的范畴更"抽象"。我们当然也知道"原子论的体系"是彻头彻尾的资产阶级式原理，而且是诸多社会矛盾的根源所在。也许它确实是"抽象的"。但是，在推翻封建社会，构建资本主义社会的现实中，它承担了世界史的任务。从历史的眼光来看，和有机体论——资产阶级对封建势力屈服、妥协的产物，也是为防止无产阶级抬头而设置的堡垒——相比，它依然有着不可比拟的价值。而纯粹的中世的、小市民的"我与汝"之类的理论，和"原子论的体系"相比就更是望尘莫及了。有机体论可能确实是"具体的"，也是"现代的"，但它完全是反动的。与之相反，"原子论的体系"可能是一种"过去的产物"，但它在过去承担了进步的、反革命的任务。我们遭受了诸多痛苦固然是由于"原子论的体系"的存在，但同时也是由于它尚未成熟——就是说我们之所以遭受痛苦也是因为有机体论和"我与汝"的理论依然存在。

我们的全体主义当然是对"原子论的体系"的否定。但是在此之前，它必须同有机体论交战。我们的全体主义与有机体论全然不同。只有在"原子论的体系"得到贯彻的时候，我们的全体主义才会更容易实现，远比在残存着有机体论和"我与汝"理论的情况下容易得多。他们的全体主义与我们的

---

[1] 英文版将"町人"译成"petty bourgeoisie"，意为"小资产阶级"。译者认为不太合适，在此保留了这一日语词。——译者注

全体主义在表面上有相似之处，实际上二者之间有着属于不同历史阶段的本质差别，这一点不能忽略。所谓"过去的产物"或"现代的产物"，这种差异绝不是用来区分是"反动的"还是"进步的"的标准。法西斯主义完全是"现代的产物"，民本主义则是"过去的产物"。但它们哪一个是进步的哪一个是反动的，这是不言自明的。对此，人们可能会说民本主义在过去是进步的，现今则不是了。但是现今，特别是在这个国家，如果有人热烈呼唤民本主义的话，那他毫无疑问是我们的友人。即便他一步也没有超越资产阶级的立场，这一点也丝毫不会改变。但不幸的是，现在我们绝无可能从资产阶级的哪怕一角听到呼唤彻底的民本主义的声音，如果他能发出这样的主张的话，那他必然已经超越了资产阶级的立场。

转向之后

船山信一 1938，430-6；1942，158-9，162，180-1

日本主义和民族主义

日本主义正如今天呈现的这样，它一方面强调在地理上被称为日本的那一方小天地的特殊性和优越性，另一方面在历史上更强调过去的日本而非现代的日本。它的做法是将日本过去的时代——上古、王朝时代及封建时代当中的某一时代，或是这些时代共通的普遍特点，单纯地集结在一起去强调，这样显然不能将日本作为现代的东洋去理解。因此，一方面日本主义的近代化备受期待，另一方面日本主义的东洋主义化也备受推崇。

本来所谓的日本主义，就其字面含义来说，它一定是近代的产物。日本主义，不仅仅意味着各个日本人所秉持的主观精神上的倾向——比如说物哀，而且是只要它反映统一的日本，并且属于指导原理当中的客观思想体系，那它就应该形成于近代——或者至少是近代的黎明期。不太严格地说，日本本身就是近代的产物。这样想来也就明白了，明治维新对于日本主义来说有着决定性的意义。而被我们视为问题的日本主义就是这种近代的政治的日本主义，即作为民族主义的日本主义。

……

于是日本主义被要求进行东洋主义化。但是需要注意的是，现在需要的东洋主义是日本主义——并且是近代民族主义的日本主义进一步发展的产物。然而我们已经拥有这样的东洋主义了吗？我的回答是并没有。超越近代民族主义的东洋主义并不是既有之物，而是今后需要创造之物。

……

关于日本不能单单止步于民族主义这件事，我已经叙述过了。假如日本要从中国撤手或者反过来今后将中国殖民地化，那么凭借民族主义的日本主义大概是足够的。但是要树立东亚协同体——这当然不单单是日本、"伪满洲国"和中国并存，而是以日本为盟主，那么仅靠民族主义是无用的，必须确立新的东亚思想。既然日本的目的不仅仅是拯救中国，也要谋求日本自身的存立和发展，那就必须超克单纯的民族主义。日本要超克民族主义，这不是为了让步，而是发展所需。对此，如果有人声称只将东亚思想给予"伪满洲国"和中国即可，而日本只依靠现今的日本主义就好，那么此人其实是对日本、东洋之思想以及将来都一无所知。①

帝国权威的超越

将指导者的问题限定在"国家统治的全体的问题"上时，纳粹的指导者原理并不能原封不动地适用于日本。在日本，总理大臣是不可以被视为这种指导者的，只有上御一人才是唯一的"指导者"。然而即使是这么想想就令人不胜惶恐了。"指导者"尚且是内在的、民主的，与此相对，上御一人则是更加超越性的……

本来权威在某种意义上一定是自然的。纯粹的文化的事物称不上权威。日本式权威和德意志式权威的差异之一就在于此。因为日本的皇道主义是永久的，② 而德意志全体主义并不是永久的。但这并不意味着权威就纯粹是生物学上的，而是说它是超越性的。我认为如今权威不要求是物理层面的，而要

---

① 以上内容为船山信一"转向"后的言论，所谓"东亚协同""拯救中国"实质上都是为日本帝国主义侵略作辩护，当批判看待。——译者注

② 此处为船山信一"转向"后鼓吹所谓"日本民族优越性"的言论，当批判看待。——译者注

求是形而上的。

……

有人说全体主义是非合理主义的。就全体主义的"全体"本身来说，确实是非合理的。但是在指导者原理下的指导者自身，乃至全体与指导者之间的关系都是极其合理的，在这个意义上全体主义是偶然的。纳粹的血的原理，也是指民族的血，而非指导者的血。对纳粹来说，如果连指导者的血都可以纳入民族之血的话，那么谁的血都可以纳入民族之血了。但是在日本，至少在作为国家原理的指导者原理下，可以说只有"指导者"的血才关乎一切。纳粹的指导者，只要有实力谁都可以担任。这就意味着指导者位于大众之中，或至少是从大众当中走出来的。然而在日本，"指导者"取决于单义性的原则。试想一下，即便是将指导者降级，也不是依据他的实力，而是依照天皇御命。由于纳粹体制下指导者的产生是合理的，是民主主义的，因此也是偶然的，是一时的。但在日本这种指导者的产生则是非合理的，它取决于单义性的、永久的原则。在纳粹体制下所谓的指导者论并不具备这般含义。其虽有民族的神话，却没有指导者的神话。然而在日本，"指导者的神话"关乎一切。不，应该说日本的民族神话和指导者神话是一体的，这是日本的特色。

战　　后
船山信一 1956，240-2；1971，34，60-1，223

再论人类学唯物论

值得注意的是，日本的观念论不是单纯的道德主义或国权主义，其产生的是即之逻辑、无之逻辑这些独特的逻辑。它虽然源于佛教，但又不仅如此，通过与德国哲学相结合，它还被精致地组织过。如果反过来，日本的哲学仅仅与德国哲学相结合的话，它就会彻底地成为观念论。是即之逻辑、无之逻辑——这些佛教与德国哲学相结合的产物，确立了日本观念论的本质。日本的观念论，虽然确是观念论，但由于即之逻辑、无之逻辑的介入，又与现实主义相联系。于是，日本的观念论通过现实主义、实证主义，进而走向了道德主义、国权主义，带有一般的护教性格。日本的观念论可以很容易地接纳辩证法，不，或者应该说，由于即之逻辑、无之逻辑的介入，它本来就是辩证法的。

……

但是日本观念论的护教性格不仅仅是源自逻辑本身的抽象性格，相反由于逻辑作为一种抽象之物不能贯穿到所有地方，因此它更多地存在于对现实的妥协——即现实主义当中。如果将理想贯彻到所有现实当中、把主观贯彻到所有客观当中、把抽象的逻辑贯彻到所有具体事物当中的话，那么哪怕陷入了空想主义，也绝不会进入护教学。即便在当代，比如法国的存在主义有着政治性，并且是批判的政治性，与此相对的是日本的存在主义没有政治性和批判的政治性。就像德国的存在主义不具备内在性和宗教性，日本的存在主义不贯彻主观性，而存在于现实的地方。日本的观念论的护教主义不存在于抽象的逻辑主义、主观主义、理想主义当中，而存在于现实主义当中。

但日本的近代哲学不是批判的而是护教的，这一现象不仅仅局限于观念论，在加藤弘之的唯物论和鸟尾小弥太的无神论当中都可以看到这种现象。[①]本来应该是批判的现代唯物论也继承了这一传统，最后也同样陷入了护教学的倾向，——只是对象不同。

世界和现实究竟是有限的呢，还是无限的呢？虽然黑格尔说哲学本质上是观念论，但这仅仅是因为他是站在绝对者、无限者——即神的立场上。我想如果绝对者和无限者真的存在，那么相对者和有限者就不会是实在的而是观念的，是不必要的，是"无"。黑格尔说斯宾诺莎的泛神论不是无神论而是无宇宙论，而这一论断也是符合黑格尔哲学的。

另外，无的立场和虚无主义也将一切的有限者、相对者都观念化、否定化，是一种观念论。观念论最后是绝对者（神）的哲学，或是无的哲学。观念论虽然也是主观主义，但此时也要思考所谓"主观"是绝对还是无。

---

① 加藤弘之（1836—1916）是一位学者，也是一位明治政府的护教论者。他曾支持引进西方民主和启蒙思想，但在晚年又转向了社会达尔文主义，并尖锐批判基督教和西方的国家观念。鸟尾小弥太（1847—1905），一位军事领袖和政治家，是早期支持修订日本宪法的人之一。晚年他远离公共生活，投身到禅宗的修行当中，并出任了大日本茶道学会第一任会长。

与此相反的是实在论，实在论只认可有限者的存在，在这个意义上是将有限者作为绝对者去考虑，将有限者作为其自身以及独立者去考察，而在无限者、神当中，甚至在"无"当中都看不到有限者。所谓唯物论，其实就是这一"实在论"的别名。费尔巴哈和年轻时的马克思都说过自己的立场是人类主义或自然主义（等同人类主义），这大概就表明了唯物论的真正含义吧。自然当中的历史的人类——这才是存在的一切。

……

我认为不论是在主体上还是在客体上超越了意识的，都是超越性的。因此对我来说，所谓内在的，就是意识的观念的；而所谓超越的，就是现实的。也因此我认为，在面对现实的关系时，所谓超越不是指超越了现实然后可能走向神或是"无"，而是指超越了意识走到了现实当中。

……

站在人类学唯物论的立场，"对于我们来说"，人类学是最初出现的，其次由它抽象而来的逻辑学出现，最终作为逻辑学及人类学根源的现实学得到反省。然而，站在"自身的立场"，现实学是根源的，在它当中作为其中一环的人类学得以诞生，最后从人类学当中抽象而来的，以及从现实学——以人类学为媒介——当中抽象而来的逻辑学得以成立。之后的关系如果以一种稍稍不同的形态说明的话，那就是历史（世界）孕育了人类学，逻辑学作为两者当中的抽象事物存在，人类学——特别是在此之上的认识论——反映着历史（世界），直接地说，人类学自身以及以人类学作为媒介的历史（世界）被作为逻辑学抽象化了。

[JWH]

（石璞译）

泷泽克己

泷泽克己（1909—1984）

在九州大学完成哲学本科学习的三年后，泷泽克己前往欧洲，在那里他在卡尔·巴特（Karl Barth）的指导下进行了短暂的学习，直到后者在1934年被纳粹驱逐。他回到自己的母校任职，在那里度过了他的学术生涯。49岁时，他受洗成为基督徒。1984年他去世后三个月，海德堡大学追授他为荣誉博士。

作为一个27岁的年轻人，他发表了对西田几多郎哲学的批评，引起了西田和他的圈子的注意。他的论点的核心是有限和易变的现象不可逆转地依赖于无限和无误的绝对无，泷泽将其称为"上帝"，这将决定他后来的工作。对泷泽来说，西田对绝对性的最初定性——无论是肯定统一性的"纯粹经验"，还是肯定单纯数字差异的"矛盾的自我同一"——都没有抓住绝对性和偶然现象之间的重要的本质差异，即后者不可逆转地依赖于前者的存在、道德方向和神学转变。至少在某种程度上，西田提出的在绝对和相对之间保持各自独特身份的反向关联，虽然只是在他的最后一篇文章中简要地提到，但可以被看作对这一批评的积极回应。正如下面的摘录所示，泷泽认为人类与绝对的关系的这一不可逆转的维度是对京都学派中一些人屈服于各种社会政治错误的保护，也是对道德行动和宗教觉醒的一种刺激。泷泽并不局限于与京都学派对话，他还追求与文学和文化理论家以及佛教和基督教学者对话，甚至发展了他自己独创的"纯神学人类学"立场。

[CAR]

（张政远译）

不可逆的逻辑

泷泽克己 1936，9-24，35-9；1954，431-4；1973，103-4

众所周知，在西田哲学中，有一系列的基本概念，它们彼此密切相关，并且可以用"即"这一单字联系起来：一般即个别、个别即一般，一即多、多即一，绝对无即有，绝对死即生，实在即现象、现象即实在，主语即谓语、谓语即主语，意识活动（noesis）即意识对象（noema），主观即客观，个体本身的自我限定即个体与个体之间的相互限定，个体与个体之间的相互限定即世界本身的自我限定，行为限定即表达限定，时间即空间、空间即时间，直线限定即圆环限定。此外，无论是非连续之连续，还是把握无法把握的事物，甚至是绝对相互独立的事物的组合、无媒介的媒介、绝对矛盾的自我同一、共存于现在的过去与未来等，都可以被认为是对同一情况下的无可奈何的表达。这当中有一种被西田博士称为直观辩证法的东西，它超越过程辩证法，又包含并给予过程辩证法以基础，因此，西田哲学的立场得以区别于其他哲学，被称作"行为的直观"的立场。这一立场包含了西田哲学令人费解的特征，从而产生了对西田哲学的盲目追随和简单批判。除此之外，还有一种批判具有深刻的体验和清晰的理论，但是，它对西田哲学之抽象性、神秘性的批评虽然貌似正确，实际上却是掩盖了它隐藏自身对西田哲学的一知半解，并以此夸耀自身独创性的企图。西田博士难道听不见那些批判吗？为何他还能不断激励自己，坚持思考并发声呢？那是多年生活积攒下来的惰性之中的一种微不足道的消遣吗？还是说，不论西田博士是否喜欢，他都必须在当下，在这个国家发出声音呢？但在继续我的猜测之前，首先我必须通过西田博士的著作，详细地了解如前文所述的西田哲学到底想要表达什么、说明什么。

我刚才写道，上述的一系列概念都可以被认为是同一情况下的各种表达。但是，所有的语词在任何情况下都表达着同一个意思吗？如果是这样的话，为什么需要这么多种不同的表达方式呢？如果不是这样的话，前文提到的这些用语中，哪一个是最根本的，与其他用语之间又有什么样的关系呢？再者，如果仅用一个语词就足以表达各种意思，那么，哪一个词语才是最基本的，与其他的语词又有着什么样的关系呢？为了弄清楚这个问题，我首先要深入思考西田博士所说的"以瞬间触及永恒"和"我们迈出的每一步中，都直接触及绝对"的含义。至于为何会以此作为这篇论文的出发点，我会在接下来的叙述中进行说明。

即便是我创造的事物，也不能简单地说是"我创造的事物"（《"行为的直观"的立场》四）。正如圣经中所教导的，我是上帝用地上的尘土制造，并将生命的气息吹进鼻孔之物（《创世纪》2∶7）。那么，给事物命名、支配物品的特权，以及我的思想、我的自由，都建立于承认我原本只是一缕尘土之上，也就是说，这些特权的使用，只为服从创造了我的上帝的命令。或者说，正因为上帝的命令，我才能使用这些特权。即使有一丝一毫脱离了上帝的控制，我们马上就会坠入死亡的深渊。不，正因为我们是被逐出乐园的亚当之子，所以正如我们其后看到的那样，我们无论如何都逃脱不了死亡的命运。

于是，我现在在这里，就意味着我触及永恒，即永恒的当下的自我限定。上帝是绝对的，他创造了我，但与我完全不同，他可以完全支配我、命令我。因此，我只有接受并服从，才能真正地活着。上帝是造物主，我是被造之物，这种关系是不可以颠倒的。上帝由始至终都是上帝，是支配者；我由始至终都是人类，理应仰慕上帝、服从上帝。当我想逆转这层关系的时候，不，当我想成为自己的支配者的瞬间，上帝的权威就已经以死之刑罚降临于我了。这一定是西田博士所谓的"我与他物绝对合一""现象即实在、实在即现象""现实存在的事物均为绝对的非连续之连续"的最原始含义。

我今天在这里，就相当于触及永恒。当我承认这件事时，那么我必然要承认明天的我也会经历同样的事情。我思考各种各样的事，睡觉，数小时后睁眼醒来。于是，这个早晨醒来、起身下床的我，可以认为是"今天的我"的延续。诚然，明天的我，作为拥有身体的我，也将进行相同的物质组合的变化，持续能量守恒。而且，我确实亲历思考、进食、睡眠而成为明天的我。那是通过我的思想和我的意志达成的。但在现实中，我不单是一个能够思考、表达自我意志的孤立的物体，而且是一个能够思考并表达自我意志的身体。因此，我所处的环境会影响我的活动。例如，我的生活会左右我的思维，限制我的意志。甚至，我的梦想也无法摆脱我所处的环境。于是，我行动的每一步，不论我是否意识到，都不仅受到我的血亲以及我的朋友的影响，也受到社会经济结构、制度、法律、国家的制约。甚至我见所未见、闻所未闻、无限复杂的世界，也在制约着我的行动。我们越是深入探究"我在思考，我遵循自身意志"这种现象的根源，就越是不得不承认这一事实：这并非仅仅是我在简单地思考与我遵循自身意志。我的行动，说到底是受这个世界，以及他人的影响的。"明天的我"并不仅仅诞生于"今天的我"，而是诞生于社会之中。而"今天的我"，也只能诞生于与我不同的父母，以及超越我的社会。

但是，我在第二节中提到，我存在于此意味着触及永恒，现实中的我是由绝对不同于我的上帝所创造、所保存、所支配的。这不能简单地等同于我是某一社会、某个时代之子。当然，我也并不是对这种说法进行否定。只不过，无论是这个孕育我的历史性社会，还是肩负历史进步的新兴阶级、为维持人类和平不可或缺的最强国家，说到底都是被创造出来的事物，在上帝是我的创造者这一意义上来说，那些被创造出来的事物并非孕育我的事物。因此，社会与我的关系常常是相对的。一方面，我受到社会的支配，与此同时，我也支配着社会。可以说，革命家、独裁者等则是支配社会的人当中较为突出的人物。在我们被塑造为社会性生物的同时，社会也通过与我们的相互限定而变得更加具有历史性。这种关系就是世人所谓"具有辩证法的特征"，它十分复杂，并且绝不可以片面地理解。与此相反，上帝是我的创造者、支配者，这个关系是绝对的。我无论如何也不可能成为上帝的支配者。况且，我也不可能创造出上帝。如果我要"造神"，那必然是制造神的雕像，而并非真正的神。我若是不了解上帝的权威，并认为自己能够支配世界的时候，等待我的就只有无尽的死亡了。我们只需要承认上帝的存在，感谢上帝的创造，服从上帝的支配。"明天的我"并非简单地由物理法则或者由"今天的我"而生，更不是简单地诞生于所谓的历史性和社会性，而是像"今天的我"一样，由绝对超越"我"的存在所创造的。我通过与绝对的他者合一，并且相隔无法跨越的深渊而直面上帝才得以存在。接下来我将会逐个说明，我与他者之间无限复杂的各种关系，实际上也已经包含在有形的我对永恒之物的触及之中。

我在这里便意味着触及永恒，当我们承认这一事实时，我们也必须承认明天的我、我的孩子、我的父母、我的妻子、所有的人，甚至所有存在的事物都遵循这一事实。在某个时刻、某一空间，存在的某个事物，都是上帝所创造的事物。造物主与被造之物之间有着不可逾越的边界，有着黑暗的无底深渊，有着丝毫不可侵犯的秩序，并且，被造物由上帝维持，它们必须敬仰上帝，赞美上帝。因此，这个拥有现实肉体的我触及永恒，与简单地沉浸于自己的世界里完全相反，反而是彻底地走出自己的世界。其他所有的事物，在任何意义上都不与我构成直接的联系，换言之，这些事物既不是我的简单延伸，反过来说，我也并非这些事物之中的一部分。这些事物首先是上帝的作品。也就是说那位绝对无法把握的上帝，经常在所到之处创造新的事物。就像西田博士经常引用的帕斯卡的比喻一样，上帝仿佛一个无限的球体，没有边界，所到之处皆为中心。

因此，西田哲学中提到，我触及永恒，现实中的我现在间隔着绝对否定，与上帝合为一体。在这个意义上讨论绝对个体时，当然并不意味着我掌握了绝对个体，而正因为有绝对独立的个体，才存在个体的运动，但这也不意味着对自身的限定。此外，首先在无的层面上讨论两个或无数个个体的话，它们甚至不是通过相互影响、相互限制而发挥作用的。不，在这个意义上，存在一个绝对的个体，意味着存在无数个绝对的个体，也就意味着存在绝对的一般，它由绝对独立的事物直接结合而成。因此，一是绝对的一，多是绝对的多。西田博士说这必然包含我和你在所有事物的根基之处相遇，它意味着个体即一般、一般即个体，一即多、多即一，主语即谓语，无媒介的媒介，非连续之连续，绝对矛盾的自我同一等概念的最根本含义。这就是西田博士所说的"博爱"（agape），它区别于"情爱"（eros），是上帝心中永不缺少的绝对的爱。所谓永恒的当下，作为无数个现在同时存在的对立面的结合，在根本上也有这种含义。（参照第二部）

实际上，如果我们要用逻辑性的方式描述上帝的话，首先是"本就在此之物"和"场所"的统一，并且只能是绝对的一即多、绝对的多即一。除去我们的罪过，所有合乎逻辑的事物和现实存在的事物都有其根基，合乎逻辑的事物是现实存在的，现实存在的事物是合乎逻辑的。但就像西田博士反复劝诫的那样（《哲学论文集》179、335页），这并不意味着我们能立即从这些事物中启程。那些事物只是作为原始结构，我们需要借助我们的身体，经过严密的思考和真挚的行动，才能逐渐看清它们的全貌（《"行为的直观"的立场》四）。不，无论经过怎样的思考和行动，我们都绝对无法掌握那些事物。

因此，西田博士称之为绝对无的场所限定。如果我们直接在这个绝对无的场所限定下追寻思考的出发点，那么无论这个系统有多么壮丽，归根到底也只是无生命的逻辑运转罢了。无数次重复"一即多、多即一"，也不过是一次微不足道的科学实验。我们总是看到事物，并不得不以事物出现的当下为中心进行思考。但是这样说来，就如同许多现代哲学所探讨的那样，不，某种意义上来说，是如同从古至今所有哲学所探讨的那样，这并不意味着我们简单地从所谓现实的事物中出发。无论那是多么广阔深远、具有辩证法性质之物，都无法简单地从这个世界的内部出发。如果西田博士只是简单地从这些事物出发，从两个极端探讨主观与客观、我与物、生与死，并将其作为绝对矛盾的自我同一来进行辩证法上的结合的话，那就仅仅是矛盾而非矛盾的统一了。无论是矛盾的统一，还是绝对否定的肯定，都只不过是一种诡辩。从这个立场来说，就如同我们后面将在高桥博士的哲学中看到的那样，绝对的个体只是抽象的理想，绝对的一般与这个世界没有任何联系，只是一位被置于无限的彼岸的神（第三部第一节）。西田博士提出"绝对的多即一、绝对的一即多"这一理论，并非像所有哲学，乃至于所有人类在不知不觉中所犯过的错误那样，为了夸耀自身的独创性。西田博士提出的绝对无，并非简单的什么都没有，也不是一个含糊不清、捉摸不透的概念。它虽然是绝对无法把握的，却是确定存在、不容忽视的东西，甚至不得不将其称为绝对个体般的存在。我们仅从所谓个别事物出发进行的类推是达不到这种程度的。这也常常被人们误解，以为有个性的事物从根本上说便存在于这样的推论当中。这一点如同人们常常责骂的那样，它并不是某种怪鱼的口腔，能够满不在乎地接收无限复杂的现实问题。不，恰恰相反，无限多样的问题正是起源于此，并以此而得以窥见其根基。它绝不单是一种假设（postulat），而是如我亲眼所见、亲手所触的类似直接的东西。不，它是创造我的双眼、我的双手、创造所有直观事物的根源。不是我捕捉它，而是它捕捉我。

而且当我们在这个意义上承认上帝的创造之时，我们还必须承认这位上帝常常在所到之处创造新的事物，同时可以既不创造也不被创造，就像一个没有边界、所到之处即为中心的球体，这一点不是通过推论得出的，而是来源于直觉。也就是说，我们必须承认那是作为绝对的一即多、绝对的多即一的永恒的现在，是集爱与智慧于一身的绝对的上帝。上帝用他的语言描述，意味着上帝直接创造事物，并且关注着、支配着他所创造的事物。绝对的个体的相互限定即绝对无的场所的限定，首先意味着上帝拥有自己的语言，不，是必须存在一位拥有这种语言的上帝。上帝用其语言创造万物，意味着造物系上帝之自由，丝毫不受被造之物的制约。造物的上帝同时也是不造物的上帝，表达的正是上述含义。创造了天地的上帝也是第七天休息的上帝（《创世纪》2：1-12）。我认为这位上帝的存在，包含了西田博士所说的非连续之连续的最根本含义。

我拥有身体，和其他事物一样都是被上帝创造出来的，并与上帝之间间隔了一座无之深渊。我是由地上的一片尘土制造而成的。但是拥有身体的我并不是一个简单的物体。我是被上帝吹进生命的气息，并根据上帝自己的样子而创造出来的（《创世纪》1：27）。这样的我，虽然本身是一种事物，但是又能够给事物命名，支配事物，并且根据自己的意愿制造事物。人是智人（homo sapiens），亦是工人（homo faber）（《创世纪》1：28、2：19）。甚至我承认我和其他事物都并非来自我本身，相反，我本身是由上帝用地上的尘土创造出来的，这一事实使我必然要承认，创造了我的上帝是能够从一块石头中兴起亚伯拉罕后裔的上帝，他在创造亚当的同时创造了夏娃，并且创造了各种各样的种族（《创世纪》1：28）。人不仅是理性动物，还是社会性动物。

我们作为有形之物被创造出来，因此我们与上帝间隔着一座无之深渊，但我们拥有上帝的样貌、理性、自由的意志，拥有这些与上帝相同的特征。单从理论上是无法解释这一事实的，而必须称之为绝对的非连续之连续。但是，正如"上帝视之为善"（《创世纪》1）所说的那样，这并不是可悲的事情。所有的问题都可以概括为：我们的语言是否留有上帝的语言的影子，我们的自由是否遵循上帝的自由，我们的民族团体是否在被造之物的立场上反映了"一即多、多即一"的上帝的爱？当我们的理性偏离于上帝的语言而独立之时，我们给事物所起的名字必然是虚假的，错误的。这是因为当上帝说有，所有事物才会存在于现实中。当我们的意志脱离上帝的支配，想要自己支配一切之时，我们的自由必然变得迷茫，变得令人焦躁。因为我们和其他事物一样，都是由上帝创造出来的。因此，由这种（脱离上帝的）理性和意志所形成的人与人之间，民族与民族之间，只有无意义的悲惨斗争和死亡。而且我们的现实自由常常因违背上帝而陷入迷茫，我们的现实理性常常是错误的，是违背上帝、偷食禁果而睁开的双眼。我们已经不像在伊甸园时那样能看见上帝了。因为无法看见上帝，正如我们与伊甸园的蛇所约定的那样，我们似乎消除了与上帝之间相隔的深渊，同上帝一般智慧、自由，世界似乎成为我们的所有物。但是，实际上，我们完全不可能因此对上帝的权威造成任何损伤。我们只是对自己造成了伤害。创造者与被造物之间的秩序并没有被逆转，上帝与我们之间相隔的深渊也并未被填平。只不过，我们变得无法抵抗深渊的吸引力，不可避免地沉溺于深渊之中，并成为深渊的一部分罢了。而且，我们并非变得如上帝般自由，反而像快要淹死的人抓住救命的稻草那样，我们只是成为雕像的奴隶，并借此自我安慰罢了。于是，无论在什么情况下，我们都不能逃过死亡的结局。那是上帝的审判（《创世纪》3）。当然，这件事的发生并不是遵循我们的意志。当我们在现实中思考某个事物，并且想要按自己的意愿支配某个事物的时候，就已经陷入了错误与迷茫之中。我们生来如此，因为我们是亚当的后裔，而这并不是我们的过错。而且，因为我违背了上帝，所以必须受到死亡的威胁。我的迷茫和过错与他人无关，无论如何都是自己的迷茫和过错，我们只能对这些进行忏悔，只能承认上帝审判的正确性，并乞求上帝的宽恕。

西田哲学的辩证法作为具体实在的直观辩证法，真正区别于世间其他辩证法的原因不是别的，正是基于前文所论绝对的非连续之连续的不可动摇的直觉。但是，在任何意义上都绝不能只用一元化的思维方式来看待绝对的非连续之连续。其原因有三。第一，横亘于其根基的运动又不动的主体，已经因为其本身成为上帝，拥有"绝对的一即多、绝对的多即一"这一明确的结构（Gliederung），所以不能认为它只是类似普洛丁所说的太一。因此，第二，绝对的非连续之连续与其他被创造出来的事物之间有着不可跨越的虚无深渊。接下来是第三，也是最重要的一个理由，人类被上帝创造出来，却违背了上帝的意愿，无的深渊对于人类来说是不可避免的死亡山谷，在这个意义上，绝对的非连续之连续必然不能用一元化的思维来探讨。这是西田博士所说的直观辩证法的根本构成。在这里，与前面的问题相关联，我又遇到了一个重大的疑问：用"辩证法的一般者的自我限定"这种一元化的说法来表示字面意思的"辩证法的实在运动"，到底是否合适？而且，通过由于偷食禁果而睁开的双眼来观察事物，这种观察方式是否始终都难以避免严重的误解呢？如果"辩证法的一般者",也就是绝对的非连续之连续,如果其媒介者是既创造又不创造的作为绝对主体的上帝的话,由其产生了物以及以物为身体的人类,其消极条件便仅仅是虚无吧。但是,仅从这一点来看,人类无论如何都不能一直逃离上帝,藏于树荫之下,而虚无无论如何都不会成为绝对的死亡,并将人逼迫至空虚、焦躁、自负的境地。两者之间无论如何都经过了亚当的堕落。无论身处何处,罪孽都是我们自身的责任。现实的我是被创造出来的,同时背负着罪过,生来就处于永恒的生与永恒的死之间。因此,在我看来,上帝意味着绝对的生,虚无意味着绝对的死,这两者各自经常以不可估测的力量来限制我的行动。不,只要我不依据上帝的光辉承认自己的罪过,绝对的死亡就仍然对我的结局拥有决定性的力量。甚至,当我在创造我的永恒生命中睁开双眼的同时,必然会在包围我的永恒的死之深渊中苏醒。这样一来,可以认为绝对的死也就是生。但是,它并不完全是一个从我的背后限制我,而我生于其中并死于其中的东西。我们不能简单地认为绝对的死和生仅仅是完全同等的东西。绝对的死之深渊只是在人类违背上帝时,被人类自己召唤出来的上帝的刑罚罢了。上帝既是人类和所有事物的主人,也是绝对的死的主人。对于人来说,死亡是无法避开的绝对的力量,但是对于上帝来说,那与虚无是相同的。上帝复活了被钉在十字架上并堕入地狱的人类之子,并让他升天(源自《使徒信经》)。死就是死,生就是生。但是永恒之生比永恒之死强大得多。存在于死之深渊,并因此接受上帝的智慧的指引,这份强大只不过是上帝本身的力量的一种映射罢了。因此,我认为,这种情况绝不能作为绝对的死的方面即生的方面,并简单地作为辩证法的一般者的自我限定的契机来探讨。如果将它当作绝对的否定即肯定,以及辩证法的一般者的简单契机来探讨的话,必定会出现这样的误解:西田哲学的所谓辩证法说到底也不过是一种糊弄。尽管如此,西田博士还是称之为辩证法一般者之自我限定的契机,是因为西田博士担心在前文所表达的意思下讨论拥有绝对的义、绝对的力量、永恒的生命的上帝,会再次陷入思考外在超越的古代形而上学。我也不是不清楚有这个危险。但是,西田博士所说的并非在期待复活中复活,而是从绝对的死之中复活,他排斥绝对的否定及肯定,因其只是矛盾的、虚假的,并且他抨击错误的一元论。如果我一直遵循西田博士的真正意图(参照《世界的自我同一和连续》),那我不就无论如何都要像上述那样思考了吗？那么，西田博士曾经提到过的意识活动（noesis）包含意识对象（noema）的真实含义也在于此。在这个意义上，承认代表绝对的生的上帝，绝不是将上帝放在超越世外的绝对者的位置上，也不是要陷入绝对的光明和绝对的黑暗这一错误的二元论之中。绝对的非连续之连续所蕴含的三种意义中明显的区别与关联，应该足够避免这种误解带来的危险。相比起混淆代表绝对的生的上帝与黑暗的死之深渊，以及混淆上帝与其在创造之时所处的纯粹虚无，甚至混淆无之深渊与绝对的死的山谷等说法而招致误会，至少西田哲学提出了作为辩证法的一般者之契机的绝对的死即生，这难道不比那些误解要好一些吗？但是，我想要更进一步，并稍微深入地了解这一问题：所有被称为具体的、被认为拥有辩证法特征的事物，如何能够全部囊括于绝对的非连续之连续这一概念之中呢？这样，我们也会更加明显地看到由此引出的这些问题背后的最根本的问题吧。

只不过，问题在于，西田博士在使用那些术语时，是否明确知道前文所说的限制，并尽可能地注意避免那些模糊不清的说法。如果不是的话，后期的西田哲学即使受到了亚里士多德的启发，严格遵循客观性与逻辑性，最终也无法摆脱《善的研究》的弱点：书中试图用"纯粹经验"这个词来说明"一切皆是由事物到事物"这一实在性的、根本性的基础。这绝不只是语言层面的问题，而是一个关于该哲学的核心，即这位哲学家，对于"人类原本是一个物体，与其说是主体不如说是客体，与其说是绝对的主人不如说只是迷茫犯错的自己"这一事实的理解是否足够清晰准确的问题。

想来，西田哲学本来的丰富程度，以及在其文章和书籍中高格调的新鲜感，原本就离不开对严肃的事实进行仔细的推敲。正因如此，西田博士称西田哲学是抽象、神秘、形而上学的，并且不顾包括自己最亲近的弟子在内的所有人对西田哲学的批判，一直坚持"总是对同一问题反复论述"。西田博士提出，如果非要回到其成立的根基，从内部探讨人类的自觉的话，它本身就是绝对无的自觉。他断言，不仅是人类的生命或者人类的历史，凡是存在于这个世界的事物的运动，都是通过绝对的死表现出来的绝对的生的自我表现。于是，为了防止对浪漫主义和泛神论等的误解，西田博士并没有一味地强调绝对的生与死以及相对的生的各种形态之间的联系总是"非连续之连续""瞬间即永恒""个体的限定即一般的限定"等所谓的"即，就是逆限定的意思"，而且没有放弃使用"创造者与被造物""上帝与恶魔""最后的审判"等，对于学术来说非常危险的基督教神学术语。即使说我的自觉就是绝对者的自觉，这中间也有着绝对不可跨越的断绝。无论如何，我就是我，绝对者就是绝对者，不仅如此，事实上，我的意识、生活，都只能作为绝对者的自觉（不可脱离绝对主体的自我表现）而成立。正因为如此，这种运动是历史的、必然的。

如果像前文那样彻底遵循西田博士提出"非连续之连续""逆限定"的原本的意图的话，他可能是想要阐明一个事实：用"即"和"矛盾的自我同一"这样的说法来表达的积极的事物——以往基督教对于"悲哀的面孔"的决定性批判——是完全没有害处的，再进一步讲，这个世界的彼岸（宫泽贤治所说的第四次元）和此岸，来自彼岸的事物和此岸的事物，实际上是有着绝对不可逆转的顺序之别的。

有限的个体即绝对无限的实体、个体的运动即绝对者的活动、实际存在的个人的自觉即上帝的自我表现（《绝对无的自觉》）——以及与之相反的——这些概念，确实是不可动摇的事实。但是，个体及人类的活动无论在什么情况下都无法脱离上帝。那些积极的、实际存在的内容全部都是从上帝那里获得的，即使是"绝对矛盾地""逆限定地""直观辩证法地"，这个顺序也不可能颠倒过来。当现实存在的人类的自觉与上帝自身的自我表现同时作为一个人的自我表现吻合之时，那个人的自觉就是真实的。在这种情况下，如果仅看吻合的结果，那就单纯是一个事物，无论从人还是从上帝的角度来说明都没有关系。但是即使在这种情况下，前者只能以后者为基础才可能成为现实，两者绝不是简单的"互相限定"。后者无论如何都是前者的前提，前者要无条件地追寻后者，而且只是一个影像，要通过追随后者才能主动地成为真实的东西。这个世界上存在的事物乃至人类，通过完全正确的自觉成为真实，这只是通过那个人的意识所表现出来的上帝的观念，而不是上帝本身。反过来，因为人的生命，是不可能脱离真正的上帝而存在并成立的，所以，在无论多么不明事理的人都接受这个事实之前，现实存在的人类绝对不可能真正安定下来。因此，我们会发现，从最开始就有某些东西，是就算有"多与一""个体与一般"的"矛盾的自我同一"，"逆限定"之类的辩证法用语也无法明确表达的。如果不详细地说明这一点的话，就算如何强调与黑格尔的不同之处，也无法避免再次陷入与黑格尔相同的观念论的危险之中。

是禅宗传统的影响，还是经济性、社会性境遇的桎梏，抑或是辩证法唯物论中对经济学的研究不够深入，无论是什么原因，西田哲学直到最后都在离结论一步之遥的地方残留了最初的主观主义倾向。只要有这个倾向，唯物论者的批评就并非毫无理由。他们指出，西田哲学只不过是"资产阶级唯心论"的其中一种形态，离不开科学出现以前的宗教的、形而上学的思考方式。的确，西田哲学的这个弱点，在对历史形态，尤其是对国家问题的处理上，最容易直接暴露出来。但是，如果人们因此断定，西田博士穷尽所学而提出并进行研究的问题只是一名回避历史性、社会性现实的哲学家所虚构的产物的话，那么对于其后的学术研究来说，没有比这更严重的灾难了吧。这是因为，到那时人们会很难避免陷入一种空想：将所谓的历史性、社会性现实从支撑其成立的现实基础中抽离出来，并以抽象、片面的方式加以看待的同时，理解、评判以此为基础的同一现实中所包含的其他方面的规定。当我们走出这种偏见之时，我们甚至能够发现西田博士称赞我国传统之美的主张之中，包含了当下时代绝不能无视的积极的真实。

当我们的目光坚定地停留在前文所说的隐藏于自身（作为主体的人类）成立基础之中的事实——包含于上帝与人类之间的、直接的、无条件的统一中的绝对不可逆的区别——的时候，我们自然就会明了上述（a）意义的（只要与人类存在的两个极端相关的）"个体的限定即一般的限定""行为即表现"绝不只是作为人类主体的活动或者人类形态的两个极端（两个侧面）而产生、存在的。也就是说，人类的生存与活动原本也不过是对于上述（b）所说的重大决定，即绝对不可逆转的上帝与人之间的关系（点）所做的逼人的、新鲜的反应。换言之，人之为人，原本就是在这个世界中以人而不是上帝的形态表现出的上帝的决定本身，拥有决定权的是上帝而不是人。无论是有意识还是"无意识"，在人类的自我决定的背后——这是绝不可能放到自己的前面（vorstellen）的背后——上帝的决定，即能够决定一切的上帝本身，就站在那里。在这个意义上，除非上帝的隐藏视线能够通过某一重大决定支配存在于世间的人类思考及表达的最幽暗的角落，任何人的生活都绝不会有事实上哪怕瞬间的开始，也绝不可能开始。绝对无条件的上帝之自我决定，即绝对不可逆的、逆对应的人自身的自我决定。通过人所展示的上帝的表现，本身就是绝对不可逆的、逆对应的上帝在人类层面的自我表现。前者可以正确地执行，意味着它是因与后者吻合而产生的。因此，当前者能够完全正确地执行时，意味着前者与后者合而为一（成为现象层面的同一事项）了。只要这中间不出现任何极微小的偏差，那么通过人所展现的上帝的表现、人自身的生命，也就一定是上帝作为人的自我表现。但是，即使到了这种地步，我们也绝对不可以忽视，前者和后者之间，就好比映像与原像的关系，前者生于后者、面向后者，通过后者来加速审判与变革。它们之间是绝对不可逆转的，有着先后顺序、主从之别。

[CAR]

（赵晓靓、陈伶俐译）

家永三郎

家永三郎（1913—2002）

  作为一位历史学家和哲学评论家，家永三郎是那些无法分类的现代思想家之一，他尤其以公开批评日本对第二次世界大战的叙述而闻名。1953年，他编写了一本日本历史教科书，由于"事实错误"而被文部省审查，家永在一个广为人知的案件中对文部省提起了诉讼。下面的选文侧重于家永的另一面，并提供了他雄心勃勃的第一本书《日本思想中的否定逻辑的发展》的第二章的翻译节选，该书于1940年出版。该书的整体和选段追溯了否定思想在日本的出现，他认为日本的否定思想遵循的是一条与西方相似的轨迹。在家永看来，在西方，古希腊的宇宙观中没有否定的思想，它随着基督教的影响而产生。同样，他认为，在日本，古代没有否定的概念，在佛教传入之前，人们在人与神的领域之间构想了一种流动的关系。他认为，否定的概念与激进的批判预设和乌托邦理想的投射有关。反过来，乌托邦式的理想使末世论的历史愿景成为可能，人们可以在一些现代的宗教解释以及社会和政治哲学（如马克思主义）中看到这种愿景。因此，虽然家永深入研究了古代和中世纪时期，但在该作品中，他旨在理解现代的思维方式是如何通过早期思想模式的转变而成为可能的。战后，他重新解释了他的早期作品，并声称日本文化弥漫着善与恶之间巨大张力的缺失，他把这种缺失与对战争的冷漠反应联系了起来。

[VM]

（张政远译）

彼岸世界的否定

家永三郎 1940, 11-6

上述便是西洋哲学史上否定逻辑的发生经过，接下来回到本论的目的即日本思想史的问题上来思考，此时我们也可以发现与西洋的情况完全相同的发展经过。日本人也一样，其古代思想欠缺否定的逻辑。作为思想的否定逻辑由佛教传来，这与西洋思想中的否定逻辑来自基督教这一点如出一辙，加之，佛教和基督教对于日本和西洋都是分别来自异乡的外来思想，在因这种外来思想而被初次赋予了否定逻辑这一方面，双方也别无二致。正如对于西洋来说，中世纪是在基督教的支配之下成立的一般，日本的中世也与佛教有着不可分割的关系。中世是古代的否定者，其否定的力量主要源自佛教所具有的否定逻辑之中，这两方面都可以说是与基督教所发挥的作用处于平行关系中的。然而现在我们的关注点并不在于细致地比较二者的异同。如上所述，无视日本思想与西洋思想、佛教思想与基督教思想之间根本性的逻辑上的性格差异，而在它们轮廓性的相似点之外再进行细部类比的工作的话，是几乎毫无意义的，因此关于西洋哲学史的考察，我想暂且先满足于前文所获的重要启发，下面将通过对日本思想史的内面性考察来推进本论的研究。

然而，日本的否定逻辑，虽说最初是由外部所赋予的，但是想要其真正获得生命力，还必须具备足以理解这一观念的充足的生活经验；在具备这些经验之后获得的否定逻辑，已经不再是外部所赋予的知识，而是作为一种在实践中掌握的、在生活中理解的内部体验，成为构成国民思想的要素——这将是本论特别着力说明之处。

那么，在佛教传入之前，日本的古代思想具有怎样的逻辑性结构呢？为了弄清该问题，我将以《古事记》为主，并加入《风土记》等其他文献的部分资料，通过分析其中被人熟知的古代说话文学来寻找答案。之所以选择《古事记》，是因为其原形的成立时期至少可以追溯至推古天皇以前，彼时，佛教自不待言，即使儒教的影响也非常有限，如果对此忽略不计的话，《古事记》便是管窥在儒佛的影响尚不显著的时代里的国民思想的好材料。通过这些材料所知的上古之人的世界观，究竟具有怎样的构造，对此已有国学者（主要代表人物是本居宣长）的各位学术前辈发表过诸多出色的见解。问题可以从各种角度进行说明，但如果基于逻辑性的视角来表述的话，我想可以归结为两点，即肯定的人生观和连续的世界观。

首先，对于上古之人的思想而言，所有的世界都呈现为现实世界以及在空间上和性质上均连续的世界。也就是说，一切的世界都只被其作为自己居住的这片国土的延长线来加以看待。当然，除了诸如大八洲国或韩、吴等地理上的世界之外，上古之人也思考着各种各样的别样天地，但是这些也都并非超越现实的形而上的世界。第一，以高天原为例，在古代人的观念中高天原正是所谓天上的世界，而将其视作天孙民族的祖国、大和奠都以前的皇室居住地的想法，则完全是出于对古代说话文学不正确的理解方式而产生的谬误。正如本居宣长已经道破的，认为"高天原即天"的想法才是真正忠于上古意趣的态度。纵然如此，高天原是否真的被描写为天上世界所应有的庄严之貌了呢？答案是否定的，其不过是原模原样地映现出苇原中国①的光景罢了。作为示例，可参看须佐之男命暴行的一段文本：

> 于是建速须佐之男命……说"自然是我胜了"，然后便乘胜胡闹起来，毁坏天照大御神所造的田塍，填塞沟渠，并且在尝新的殿堂上拉屎。……当天照大神在净殿内织衣的时候，他毁坏机室的屋顶，把天之斑马倒剥了皮从屋上抛了进来。天衣织女见了吃惊，梭冲了阴部，就死去了。

由此可见，在高天原进行着水田耕作，也有纺织业和畜牧业。
再看下面一段文本：

> 于是八百万众神聚集于天安之河原……召来常世长鸣鸟（公鸡）使之啼鸣，取天安河河上的天坚石，采天金山的铁，召冶工天津麻罗，使伊斯许理度卖命造镜，使玉祖命作美丽的八尺勾玉的串饰……

---

① 日本的古称。——译者注

此处有山有川，饲养着家禽，而且还经营着矿业、工业。

再看下面的内容：

> 拔取天香山连根的神木，……天宇受卖命以天香山的日影蔓束袖，以葛藤为发鬘，手持天香山的竹叶的束……

由此可知高天原的草木也在自然地生长繁殖。这完全与苇原中国的，再加以限定的话是与夜麻登之国的光景相仿佛，正如宣长所言一般："山川草木、宫殿及其他万事万物，以愚之见全如本国土之样。"

第二，高天原与中国[①]之间是可以自由往来的。翻阅神代说话文学，会发现许多人物在两界之间频繁往返。

这一点以黄泉国为例来看亦是如此。黄泉国里住着预母都志许卖（黄泉丑女）和八雷神等，因此多少都具有一些另一个世界的色彩，但是当读到伊邪那岐命出现并只身往返于黄泉国的内容时，不得不说其作为死后世界的纯粹性是完全欠缺的。而且从记载伊邪那岐命访问黄泉国一事的说话文本可知，黄泉国是步行即可到达的场所，间隔一块名叫黄泉比良坡的坡地与出云相连。如此而言，黄泉国最终还是一个与这块国土相接的地理上的场所，正因如此，出云郡脑石楚西方的洞穴才被视作其入口。后世，在佛教思想传入后，赴地狱之人的体验谈被人们屡屡传说，这些体验在形式上都是由已经死去一次的人又起死回生之后讲述的，但没有一个内容是写徒步至地狱后又折返人间的。由此对比可知，黄泉国与地狱、冥土的观念是完全不同的。

第三，作为另一个世界的例子，可举常世国为例。常世国受到后世中国思想的影响，多少产生出了作为理想国的色彩，这一点从《日本书纪》中所记的浦岛子到达"蓬莱山"看到"仙众"之事，以及《万叶集》中"海神内宫至，携手入殿堂。从此二人住，不老亦不亡。世世代代过，永久相依傍"的歌词内容便可清楚知晓；然而，这些终归不过是把隔海而居的远国理想化之后产生的描写，不管是田道间守前往常世国的故事还是浦岛子的传说，都不妨解释为仅仅是去远海某处的旅行。这些记叙就算在性质上附加了理想性，

[①] 指日本。——译者注

但是在空间上仍旧免不了停留在与这片国土相连的地方。

除了以上三点，其他方面也还存在若干可认为是超人间世界的地方。比如说近江国伊香小江的传说中出现的天上世界可算一例，虽然同是天上世界却与高天原相异，带有一种乌托邦的色彩。恐怕这是中国神仙传说的翻译，并不是我国产生的思想，纵然如此，这些所谓的天上之国却是只要有翅膀就能够飞抵之地，其住民也会下凡来与人类通婚成为"当地人"，由此来看，空间上和性质上的连续性依然难以动摇。更何况这些天仙的子孙还被视为现实中人伊香连的祖先，所以可以说在血缘上也是有连续性的。

不过最后还剩下一点，在《日本书纪》一书中，大己贵神在让出国土统治权时说："吾所知显露事者，皇孙当治。吾将退治幽事。"

此处所谓的幽显之区别，容易令人以为类似于现实世界与形而上世界的区别，然而本居宣长指出二者不过是指这块国土与黄泉国的区别，就连对这一见解进行驳斥并极力主张"幽"之意义的橘守部也认为，"幽"之世界最终"没有越出此世间之外"，如此可见，通过对现世的否定而追求彼岸世界的努力，在古代说话文学中并未能找出一例。

与连续的世界观一起，形成上古思想重要特质的另一个因素是肯定的人生观。据《常陆风土记》记载，倭武尊看到"流泉净澄"，赞赏其"清澈完美"，可见上古人并不仅仅是独自欣赏"净澄"，而是借此看到世界的本质。正如《大祓词》所记，即使有"肮脏的"污秽，祓除之力也可以将其轻易地一扫而净，使天下四方之国成为无罪状态。如果借用宣长的话来说，即罪如污秽一般，"虽有凶恶"，但不过是"最终不能战胜吉善"的消极的存在罢了。这种肯定的心情体现在神代说话文学中，便是在"高天原皆暗，苇原中国悉黑"的非常时刻，仍然有"天宇受卖命舞蹈，八百万众神欢笑"的余裕。

翻阅《风土记》的记载可知，在常陆国筑波山上，春秋之际有男女携带饮食登临游乐；在香岛社的祭典上，男女集会，日夜饮酒作乐，载歌载舞；在久慈河的岸边，炎热的夏夜月下，近乡的村民聚集，唱着筑波的雅曲，喝着好酒，忘却了烦恼；在密筑里的大井泉边，夏暑之时远近的男女集会于此，休憩游玩，饮酒作乐；在出云国前原崎的岸边，也有男女不时聚集游乐，快乐地举行宴会，甚至忘了回家；还有肥前国杵岛山，每年春秋也有男女携手登山望远，欢饮歌舞。即使到了奈良时代，这些风习也仍然在各地多有留存。

还有关于贺茂建角身命在其外孙的成人之日，造八寻屋竖八户扉酿八醢酒而召集众神，神集而游乐七日七夜的故事，以及在住吉社的祭典上乡里的男女老少集聚郊游的古老传说，从这些记述可推测，在上古时期，这样的游乐之风是非常盛行的。本来这一风气是源自宗教上的咒术，也许可以说是由上古极东地区的诸民族形成的一种民俗学式的风习而已，总之不妨将其视为上古民众充满"无穷的""希望"讴歌现实的感情的发现。我们今日可在刻于狩猎文镜背文上的朴素绘画里，确实看到上古之人"伸展手臂"载歌载舞的样子。

总之，对于古代人来说，恶是容易被超克的东西，能从根底上动摇现世快乐的存在并不在他们的思虑之中。对如实地肯定现实的上古人而言，理所当然的结论就是无法通过否定现实世界而设想一个超越性的世界。因此，肯定的人生观正是前述的连续性世界观的基础，二者相互融合，以不可分割的关系形成上古思想的基调。而贯穿于二者之间的共通的立场，正是否定逻辑的缺席。正因为欠缺否定逻辑，现实才被原样肯定，而无法产生出否定现实去展望彼岸理想世界的态度。可以说上古思想的本质性性格正存在于此。

[VM]

（朱奇莹译）

井筒俊彦

井筒俊彦（1914—1993）

虽然在禅宗传统中长大，但井筒俊彦研究了广泛的哲学和神秘主义传统。当然，他是所有现代日本哲学家中最有语言天赋的，据说他掌握了二十几种语言，包括阿拉伯语、波斯语、梵语、巴利语、汉语、俄语、英语和希腊语。从东京京王大学毕业后，他在那里教了14年书。随后，他在加拿大的麦吉尔大学和德黑兰的伊朗帝国哲学学院任教，课题包括《易经》和伊本·阿拉比的哲学。作为第一个出生于日本的世界知名的伊斯兰教学者，井筒俊彦将《古兰经》翻译成日文，并撰写了主要的评论，此外还有关于伊斯兰思想和神秘主义的一般作品，包括苏非主义和道教的比较。他还对《老子》进行了新的日文翻译和评论，撰写了《奥义书》评论，并与从德里达到荣格的当代思想家进行对话。

以下摘录自他的《走向禅宗哲学》，他在德黑兰讲学期间以英文出版了这本书。虽然他的主要参考对象是临济和道元，但他借鉴了许多中国和日本的禅宗著作，对禅宗哲学进行了概述，包括其认识论、本体论、语言学理论和美学。他还与他的妻子井筒丰子合作写了几篇文章和一本关于日本美学的书。也许在他1982年出版的《意识与本质》一书中可以找到他自己成熟的哲学立场的最清晰的陈述，其中澄清意识思想范围的简短段落也被包括在内。这两篇选文都证明了他将西方式的论证与对东方和近东哲学的深刻理解相融合。

[JWH]

（张政远译）

禅与自我

井筒俊彦 1977，18-25

从佛教禅宗的观点来看，不仅因为经验自我持续地、无处不在地搁置作为实体性存在物的"客体"，特别是它还将自身，也就是经验自我作为自我实体加以搁置，因此，经验自我的"本质主义"倾向是不被认可的。经验自我不仅仅固着、固执于作为无法单纯化的大量实体的外部"客体"，而且也执着于作为无法单纯化的自我实在性实体的自身。其作为一种"固着的心"（pratisthitam cittam）被人们知晓。"固着的心"即"主体"，其在与"客体"明显对立之上，树立了整体的世界观。区分主体与客体、人与外界的真实感这种二分法是我们经验性体验的全部基础。当然，常识上也承认，包含外在事物与个人自我双方的现象世界是处于一种持续的流动状态中的。但是，常识这种东西具有一种倾向，即永久地、不变地、实体性地止于所有事物的这种无常性的内部抑或者说背后。如此被创造出来的是，作为自己同一性客体领域的"存在"世界的印象。严格来说，甚至连所谓的"主体"也只是一个"客体"。佛教禅宗试图以起源于不同种类认识论的其他存在论来加以替换，并毅然决定彻底破坏的正是上述存在论之见解。

为了更好地、超意识地理解这一独特的世界观，首先我们提出最符合人类内心、最自然普通类型的世界观，并从哲学层面分析其内在结构。

这种世界观的领域，可以姑且分成两个阶段或者两种形态吧。第一种的典型例子就是笛卡尔的二元论，它建立在对思维（res cogitans）和广延（res extensa）做根本性的二分化的基础上。作为哲学，它可以被描绘为一种存在论体系，基于不可能相互还原的两个"实体"间的二元论的紧张。作为世界观，人类也就是自我从外界眺望事物，这种世界观可以被粗略描绘为人类将自身置于目击者立场的世界观。人类对于自己眼前的各种事物间发生的事件，并没有主体性地参与其中。这里的人类是与外部客观世界相分离、相对峙的旁观者。存在论的风景在他的眼前展开，之后，他作为一个独立的个人的"主体"，仅仅只是享受着世界舞台中多彩的景观。这是一种与出现在超意识之眼中的事物的真实感相距最远的看法。

第二阶段，特别是在存在论式的颓废（Verfallenhei）状态中，通过海德格尔"世界＝内＝存在"的想法可以方便地表现出来。与二元论的世界观的第一阶段不同，在这个阶段，人主体地、生动地参与到自身周边事物的命运中。人不再止于作为一个独立的从外部眺望世界的客观的旁观者，而是在世界中发现自身，直接地对事物产生影响，并且直接受到事物的影响。这时的人已经不是一个局外人，自我满足地享受着在剧场的舞台上发展的事物了。这时的人自己就存在于舞台之中，实存于世界之中，积极地参演这部剧，作为这种立场的自然结果，也蒙受着模糊的实存性不安。

这种第二阶段的常识性世界观远比最初阶段更接近禅宗。但是，经验性世界观中，无论是最初阶段还是第二阶段，严格来说，其基础结构都与禅宗的世界观存在全面的差异。这是因为，经验性世界观中只存在自我（ego）和他者（alter）之间产生的区别，是一种能够被正确行使机能的知性所发现的世界观。这个机制整体，无论是明示性的或是暗示性的，都建立在确信自我实体的实在性独立于外部客体的实在性的基础之上。不论主体是被表象为客体世界外部的事物，还是被表象为内部的事物，从禅宗的观点来看，这种基本的笛卡尔式对立，在人类看见自身与所谓外部客体的实在之前就应该被粉碎。

但实际上，就连在这种事物的经验性看法中，也隐藏着虽然不可见，但在任何瞬间都通过人类的内心持续地起作用，使对世界的寻常看法转变成十分不同的东西而实现的形而上学原理。这种实在的形而上学的、认识论的转变中隐藏的原理，在佛教中被称为"如来藏"（tathāgatagarbha）、"绝对的'实在性'的'子宫'"。但是，为了从这种独特的观点来看整体结构，我们必须对它进行更加详细、更具有理论性的分析。

寻常的经验性世界观中对于客体的自我的认识论关系，可以用 s→o 这个公式来表象。它可以读作 i see this。

因此，文法上的主语 s 表象着经验性体验层面上人的自我意识。其作为存在于客体世界之前或者当中的主体，相当于作为此在（Dasein）的自我意识，此在与"存在于那里"所表示的意义相同。i 在这里指的是独立的实在的自我实体。只要经验自我停留在经验性的维度，那么，这个自我就只能是对作为自身的知觉、思考以及身体性动作的独立中心而存在的自身的意识。除此之外再也不可能具有关于存在的更高层次的自觉。

但是，无论何处，无论何物，从直观如来藏这一"绝对的'实在性'的'子宫'"之作用的禅宗的观点来看，每个个人的 i 的背后，都存在可以认知的"某物"，这个活动可以用公式（S→）或者公式（I SEE）来表现。这种情况下，括号表示在自我意识的经验层面上，这个活动还是隐藏着的。这样一来，归根到底从禅宗的视角来看的话，经验自我 s 的结构，实际上，必然可以用以下这个公式来准确表象。

（S→）s

或者

（I SEE）myself

如之后更加详细的讨论所示，经验自我 s 能够作为所有活动的真实的中心，只是因为，隐藏着的"原理"（S→）正通过 s 不断地发挥作用。经验自我能够自我成立，只是因为，经验自我的主体性活动实际上是作为真实的"自己"的那个"某物"的自然呈现。（I SEE）活动的性质得到最好的理解，是将其与神秘主义哲学所提出的伊斯兰的类似性思考相提并论的时候。在《古兰经》的真主启示中，能够发现这种神秘主义哲学针对同样的情况有明确的提及。"即使杀人的是你（穆罕默德），实际上你也没有杀人。杀人的是真主安拉。"但是，重要的一点是，这件事是处于，在这种层面上依然被经验自我隐藏着的、没有被察觉到的状态中。经验自我认为自身是单独的。经验自我完全没有察觉到括号内的部分，即（S→）这个公式括号内的部分。

同样的事情也适用于认识论关系中"客体性"的一面（在上文的公式中表象为小 o）。即使在这里，经验自我仍然只注意到"事物"的目前情况。对于自我，这个事物是作为自身独立存在的自我实在性存在者出现的。事物作为被各种各样的特性赋予资格的实体而出现，然后，作为这样一种东西，与从外部看它的知觉主体相对而立。但是，从上述般若"超越性认知"的立场来看，事物以各种形态产生于经验自我的眼前，只因其是基于前文所见的使自我得以确立的那个相同的"某物"、（S→）的活动。事物 o 表示，作为那个"某物"的具体性生成的某物自身，作为 o 得以确立。正确的做法是，应该永久持续地将其作为通过所有事物的现象性形态来进行活动的相同的如来藏、

"绝对的'实在性'的'子宫'"的自我显现形态加以理解。

因此，表象 o 的内部结构的公式必须呈现出更具有分析性的形式。

（S→）o

或者

（I SEE）this

这里，o 仍然只是外在地出现的东西，但是，因为这种现象性形态的背后隐藏着（S→）的活动，且指示了经验自我还没有察觉到它，因此，创造了这个新的公式。

在这种方法中，我们最初是用 s→o 这个公式来表象，如果所谓的主客关系，或者说某个（外观上的）自我实在性的自我实体认识到（外观上的）自我实在性的客体性实体的认识论过程将提供充分发展的形式，那么，必然可以演变为下述事物。

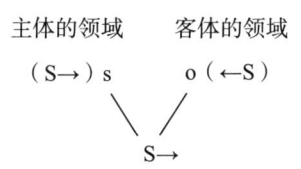

$$\begin{matrix} \text{主体的领域} & \text{客体的领域} \\ (S\rightarrow)\,s & o\,(\leftarrow S) \\ \diagdown & \diagup \\ & S\rightarrow \end{matrix}$$

这个最终形成的公式中，s 或者经验自我——虽然这只是（S→）的限定性生成——处于与"客体"或者 o——这也同样只是（S→）的限定性生成——的独特的能动—被动关系中。我们应该将整个过程作为没有括号的 I SEE 或者 S 的具体性生成来加以理解。但是，在那个 I SEE 中，自我意识微弱的、没有消失的痕迹，也能够一看便知。禅宗强烈要求的是，就连这种程度的自我意识也必须从心里消失，整体最终必须被还原成纯粹的、单纯的、仅是 SEE 的行为。迄今为止所提及的"无心"，其表示的正是一种处于无媒介的、直接的生成状态中的 SEE 的纯粹行为，归根结底就是没有括号的永远的〈动词 SEE〉。

在此，用 i see this 这个公式加以表现的事物的实在性，至少从经验自我的观点来进行分析性描写的时候，我们开始注意到它是一个非常复杂的结构。通过公式 s→o 而被隐藏、被暗示的真实的形而上学的、认识论的状况，与文章的外观性文法结构这种我们通常能够了解到的是完全不一样的东西。如此一来，对于被存在论式的二分化魔法之轮所束缚、无法看到被体系性结构（"主体"→"行为"→"客体"）所暗示的 s→o 或者说 i see this 的表面性意义另一面的人，佛教禅宗的第一或者最初步的目标就是，破除二元论的魔力，将它从内心卸下，直接无媒介地与<动词 SEE>所象征性地指示的事物进行对峙。

在这一点上，我们完全可以想到佛教在哲学上通常是立足于"缘起"（pratītya-samutpāda）这一观念的。这种想法就是，每一个事物都是基于与其他事物之间保持的无数的关系才得以存在的，其作为自身而实在，而每一个"其他事物"也是，将相对于其他事物的外观上的自我实在负于其他事物之上。在这一点上，佛教是一个存在论的、基于关系（relatio）范畴的体系，也就是说，它与基于实体（substantia）范畴的柏拉图—亚里士多德体系是正相反的。

基于实体的范畴，将最基本的存在论要素放在实体中加以理解的哲学体系，几乎都不可避免地带有本质主义形态的倾向。

前文中，我们对本质主义做了粗略的概观。因为目的是阐明，因此，如果以与佛教禅宗相反立场的性质来重新回顾本质主义的要点的话，可以说，本质主义的立场可以看成是基于 s→o 类型下的"主体""客体"两面，确立并固化由自我实在性实体及其"本质"所决定的边界。此时，o，以苹果为例的话，它是一个自我实在性实体，或多或少有着被严格规定边界的存在论范围。这种边界规定是由于其自身的"本质"，即苹果的性质而被赋予的。同样，作为主体察觉到那颗苹果的自我，也同样是具有"本质"的自我实在性实体，在这种情况下，其本质也就是"我"性。佛教禅宗通过简洁的语言，概括了本质主义的观点，即"山是山，水是水"。

"缘起"的立场与上述观点正好相反。佛教主张，上述观点只不过是反映实体性现象的表面。如果遵从佛教的观点，那么，被称作"苹果"且具备一些特性的实体就未必存在外界。"某物"现象性地作为"苹果"出现在主体面前，这就是真相。作为"苹果"的"苹果"，其现象性显现是依据主体一方的积极态度。但是，反过来说，"苹果"作为察觉人的自我，作为认知的主体，使其现象性地作为其自身而出现在主体的眼前一事得以确立。禅宗将这个主体与客体相互间的关联以及规定描述为以下句子："人看山，山看人。"

因此，真实语义下的真实感存在于主体与客体的背后，然后，"某物"将它们一方作为主体，另一方作为客体，并使其通过特定的形态分别显现出来。

支配着整体结构的最终原理就是，贯穿着主客体的关系性，并使这种关系性能够显现的"某物"。通过公式 S→，或者其最终形式的<动词 SEE>，我们想要表示的是这个全渗透的、能动的原理。

但是，我们不能再次误解"某物"和"最终原理"，认为现象面纱的背后存在某种形而上学的、超感觉的"实体"在支配着现象世界的机制。这是因为，根据禅宗，实际上并不存在超越现象世界的事物或者现象世界以外的事物。禅宗不承认脱离感觉世界而存在的事物的超越性、超感觉性秩序的实在。关于这个问题，禅宗唯一指出的是，现象世界并非针对普通的经验自我而出现的单纯的事物的感觉性秩序。不如说，在禅宗的意识下使自己开显的现象世界被委托给了，被<动词 SEE>方便地表示出来的、某种能动的力量。

如此一来，SEE 所意味的事物，并不是那种停留在完全远离了超越现象性事物的地方的、绝对的、超越的"存在者"。不如说，在禅宗中，SEE 所真实意味着的事物，是全面的、全体力量的能动的磁场，这个磁场不全是主体性的，也不全是客体性的，而是处于一种被这两个术语二分化之前的特殊状态中，包含主体客体双方的全面的磁场。虽说 SEE 这个语言形式本身是个"绝对性的"事物，也是个"超越性的"实体，但是，其至少笼统地暗示着这个拥有着生气勃勃的能量、填满了整个磁场的现实态（actus）吧。用前文导入的基本公式来说，i see this 的整个过程就是 SEE 的<行为>的场。但是，为了搞清这种断言的真正意义，我们必须更加详细地分析这个能动的磁场的基本的内在结构。这将是我们接下来的课题。

意识与本质

井筒俊彦 1982，9-17

为了正确运用人类的智力，展开严密的思考，对事物有正确的认识，苏格拉底大力强调"定义"的绝对必要性。从那时起，认清思维对象或者认识对象的"本质"就成为西方哲学传统主流的一部分，直至今日。暂且不谈是否把它作为"本质"论的主题提出来，在整个西方哲学历史中，思想家们总是以各种各样的名义、各种各样的形式来思考"本质"问题。但是，这不仅仅存在于西方哲学中，也存在于东方哲学中。如今，假设将跨越了远东、中东、近东三个区域，通常被称作庞大的亚洲文化圈中从古至今开展的哲学思维中的各种传统命名为东方哲学，并加以通览后，我们可以发现，"本质"或者类似"本质"的概念与言语的意义功能、人类意识的层次结构有关，并且发挥着十分重要的作用。

当前我的目标是，把上下文提到的"本质"问题作为核心，讨论各种"本质"涉及的哲学问题，同时，将整个东方哲学从各传统中包含的复杂的历史联系中抽离出来，转移到共时思考的维度，并尝试在这个维度上将东方哲学重新结构化。但是，即便如此，就算只从资料入手，必须处理的东西也非常多，因此，直到最后我充其量也只完成了共时东方哲学的初步结构绪论而已。如此一来，现在开始我准备写的小论就是这个绪论的绪论。正如书名"意识和本质"所示，在此，我特地以"本质"的实在性和非实在性问题为核心，探讨人类意识中的各种不同存在形式是将"本质"作为何物加以把握的。

把握存在于经验界的一切事物、一切现象的"本质"，这几乎可以说是一种本能般的内在性格倾向，存在于全体人类中。如果把这种行为称作追求本质或者探索本质，多少有点夸张了，虽然会引起一种特殊的共鸣，但思考一下，我们的日常意识发挥作用基本上都是为了认识各种事物、现象的本质。日常意识也就是由感觉、知觉、意志、欲望、思维等组成，存在于我们的表层意识结构中，作为它的一个最基本的部分。

意识本就是指"……的意识"，意识本来的指示性是指，意识如果不朝着脱离自身的方向，以某种形式把握"……"（X）的"本质"，就无法存在。即使对"本质"的把握非常笼统、抓不住要点，或者说仅仅是一些情绪性的理解，作为使意识成为"……的意识"的基础的、原初的存在分节的意义论结构就是这么产生的。

将 X 称作"花"，或者说将"花"这个字适用于 X，为此，无论如何，我们都必须知道 X 是什么，也就是必须把握 X 的"本质"。用花这个字来指代 X，用石头这个词来指代 Y，要使 X 和 Y 从言语上，也就是作为一种意识现象得以区分，在最开始的时候，至少也必须以简单的形式分别了解花和石头的"本质"。如果不这么做，花始终是花，石头始终是石头，我们就无法像这样以同一律去确定 X 与 Y。

僧人所说的（第一次的）"山是山，水是水"就是指像这样由"本质"构成的世界。万物由于无数的"本质"而被区分成各式各样，且彼此复杂地联系在一起形成"本质"的网络，通过这一"本质"的网络我们可以分节地眺望世界。这也就是我们的日常世界。同时，主体性是指以这种形式来认识现实的我们的日常意识、表层意识的本源性存在状态。如果仅仅从表层意识的方面来考虑意识，那么，意识必然是指在言语意义功能的指示下，把握事物现象"本质"时产生的一种内在状态。意识的指示性规定了表层意识的根本性结构，对此，"本质"的无反思或者前反思的——几乎可以说是一种本能的——把握通常是先行的。没有这种先行，作为"……的意识"的意识就无法存在。

省略或者忽视这个第一次的、原始的"本质"认知过程，我们的日常世界是一个意义分节的存在地，由被视作从一开始就已经出现的存在物构成。世界在这种存在地平上呈现出来，而我们作为世界的主体而存在，并将围绕在我们身边的事物视作客体加以认识。当然，那个时候，意识的形式是"……的意识"，而我们几乎没有注意到"……"中潜在的"本质"认知。因此，当在某个契机下发生了语言脱落、本质脱落现象时，我们没有丝毫线索，总之就像是被抛进了完全没有标记牌的无记号、无分节的"存在"中，十分愕然。然后，我们才领悟到了"本质"的重要性。于是，我们再次慌张地逃跑，回到那个存在物都带有"本质"标记牌且被完全分节了的世界。

与此相对，东方的精神传统是，至少从原则上来说，人们在这种情况下也不会"呕吐"。因为从一开始就做好了一些有方法、有组织的准备，至少在直面绝对无分节的"存在"时也不会狼狈。所谓的东方哲学家，就是开拓了深层意识，并且专注于此的人。他们能够将表层意识这个维度出现的事物、发生的各种事态都置于深层意识的地平面中，并且从这个立场看待事物。他们意识中形而上、形而下的地平面里包含了表层、深层两个领域，绝对无分节这个维度的"存在"与许多被分节的"存在"以原始的状态被同时展现出来。

老子曾说："故常无欲，以观其妙；常用欲，以观其徼。"（《老子》）它的上一句是"无名，天地之始；有名，万物之母"。"常无欲"是深层意识的本源性存在状态。总是无欲也就是没有绝对执着的时候，换言之，就是对任何以名称来判定的对象都不执着的、一种"廓然无圣""本来无一物"的意识状态。这里的意识不再是"……的意识"，而是没有对象、非指示性的意识，归根结底就是无意识。在东方思想中，普遍把这种非意识的意识，也可以称作元意识的东西，当作一种经验性的事实加以认可。这就是东方哲学一般的、根本的特征之一。

[JWH]

（赵晓靓、张夕靖译）

丸山真男

丸山真男（1914—1996）

在日本，很少有知识分子能像丸山真男那样在战后的知识论述中留下如此明显的痕迹。他因在战后的积极政治立场和学术成就而闻名。在他学术生涯的第一阶段，他受到马克思、曼海姆和韦伯的方法启发，专注于对早期现代和现代日本思想的分析。后来，他把更多的精力投入对整个日本思想史特点的阐释上。在他的一生中，他一直是自由主义左派的意见领袖。

他最初在东京帝国大学主修西方政治思想，博士研究致力于早期现代日本思想，在方法和内容上为一个受传统约束的领域带来了一股新鲜空气。1944年，他被征召入伍，正好躲过了广岛的浩劫。他的战时经历使他在战后采取了积极的改革姿态。他是最早对军事政权下的天皇制提出尖锐的"结构主义"批评的人之一。他后来参与了和平运动，尽管他的主要重点是学术。即使在今天，他关于日本现代思想史各个方面的著作也是必读的。

1960年后，丸山转攻日本思想史，质疑其未能在精神意义上实现现代化的原因。尽管他在这方面的观点为他招来了来自多个角度的批评，但这些观点为现代性问题提供了一个有趣的历史视角。下面的节选是一个例子，丸山在文中认为，尽管日本在政治和历史价值方面依赖外国的灵感，但所引进的东西总是被修改，以适应其对超越性、投机理论和超越现有社会秩序的绝对道德原则的厌恶。

[JJ]

（张政远译）

寻找古层

丸山真男 1984，144–56

闲言少叙，言归正传，接下来谈一谈古层的问题，那就是通过以上方法论，我开始思考一个问题：从古至今，日本不断变容并修改外来的普遍主义世界观，其契机是什么？从这点来看，在理解日本思想时，我们容易犯两种错误。第一种错误，极端地来说就是把日本思想史当作歪曲的外来思想史。例如，儒教和佛教传入日本时，遭到了曲解。认为"真正的"中国儒学不是这样的。或是认为将明治时代的自由民权运动与 18 世纪的思想家卢梭、19 世纪中后期的穆勒和斯宾塞混为一谈，将其推崇为思想起源，这种做法很荒谬。从这个角度来看，日本的思想史就是歪曲的外来思想史——偏离正统思想的思想史。在我看来，这是毫无建设性的看法。第二种错误，则是试图从"外来"思想中独立出来，努力寻求一种"内生"的日本式的思维方式。这些努力通过各种形式表现出来，如国学、近代的日本主义，以及最近流行的探求"土著"的思想。但作为日本思想史的方法论来说，注定会以失败告终。（诚然，正如我之前所提到的，这种外来与内生相互对立的思维方式反复出现本身是非常重要的。在今天的欧洲，没有人会认为基督教是从东方传来的"外来"宗教。）

也就是说，从古代开始，日本就深受大陆文化的影响。只要看过日本最古老的文献，如《古事记》《日本书纪》《风土记》《古语拾遗》等就能立刻明白这一点。儒教、佛教等从大陆传来的各种观念已经基本上渗透到了这些文献之中。因此，试图排除外来文化的影响以寻求日本式的东西，这种做法就像剥洋葱皮一样。国学运动始于江户时代中期，其悲喜剧在于，它的做法要么像剥洋葱皮一样；要么将外来的意识形态与日本式的东西"折衷调和"，从而形成一种泛日本主义。其中，甚至连基督教也被视为日本神道的衍生物。最终得出一个结论：世界上所有的文化都源于日本。战争期间，许多军人信奉天津教——平田神道的一个分支。天津教主张耶稣和释迦牟尼都出生于日本，神代文字也是一种独立于汉字而存在的文字。尽管后者并非像前者那般极端，这种日本主义依然是一种对外来思想抱有自卑感的曲折反映，并以各种各样的形式出现在历史上。它也可以理解为日本知识分子为寻求日本思想的同一性所作出的一种无望的努力。我认为平田笃胤派、战争时期的皇道主义者以及日本主义者的做法就是一场悲剧或者说是喜剧，他们试图将日本式的精神变成一种可以与儒教、佛教、基督教、马克思主义等普遍主义世界观并驾齐驱的世界观。但是，我不认同日本思想史就只是进口的外来思想史，日本思想史里完全没有"日本式的东西"。问题的关键在于"思想"。从内容上来看，从古至今，日本成体系的思想和教义或多或少都源于外来思想，但这些外来思想传入日本后都会发生一定的变容，甚至进行大幅度的"修正"，并不是一种思想吞并另一种的"吞并式"的。因此，如果试图以一种完整的意识形态将"日本式的东西"提取出来，那么注定是会失败的。但是，如果从外国思想的"修正"模式来看，就会发现日本思想的变容模式与外来思想的"修正"模式存在惊人的相似特征。尽管这不是"高级"的思想层面的问题，但作为一般的精神态度，即我们不断窥探外面的世界，从中寻找新鲜事物，而我们自身却从未改变过。正是这种"修正主义"作为一种模式执拗地反复出现。我在 1963 年（昭和 38 年）的课程中曾经明确提及这一点。

在当时的课程中，我使用了"原型"一词来指代这种模式。在课程开头，我就论述了日本思想的"原型"。当时，在我脑海里浮现出的外语是"prototype"（原型），但我并不是从荣格的"archetype"（原型）中受到的启发，因为那时我还没读过太多荣格的著作。只是正如刚才那样，我逐渐提炼出了在我内心发酵的问题："开国"、文化接触的方式、日本文化与日本社会的变容性和持续性之间的悖论式结合，这些问题都取决于日本政治思想史这门课开头所论述的"原型"。于是，我将从江户时代开始的课程调整为从古代开始，因为一学年肯定讲不完所有的内容，所以我每年都会调整讲述的时代。例如，从古代开始讲起的话，大概讲到镰仓佛教一个学年就结束了。然后，第二学年从中世纪末开始讲到天主教传入日本，第三学年从幕藩体制的开端讲到明治维新。但是，每个学年我都会把"日本思想的原型"放在第一讲，从以下观点进行阐述：佛教作为世界性宗教传入日本时，是如何被"原型"所修改的？儒教传入日本时，中国儒教是如何发生变容的？因此，这是一门非常不友好的课程，因为学生必须连续听三年的课才能学完从古代到明治维新的日本政治思想史。这一点得益于日本的大学传统——教授自由，课程内容由授课老师决定，不受教学大纲的限制，对此我十分感激。但是，对于习惯了教科书式概论的学生来说是一门不太友好的课。

虽然我使用了"archetype"（原型）一词，但由于时间关系，我就不详细论述外来思想的内容如何被"原型"所修改这一问题，在此仅阐述方法论的问题。例如，画一个三角形来说明的话，那么最底下的就是原型。原型的上面堆积着儒教、佛教、马克思主义等"外来"的教义或"体系"。同时，随着历史的发展形成层。然后，最底下的"原型"与上面堆积的外来思想之间产生相互联系。因此，它们并不只是空间上的堆积。由于"原型"不是一种教条，因此只有通过排除法才能提取出原型。只有排除掉明显表现着外来教义或世界观的范畴，如儒教、佛教、民主主义、基督教等，才能接近"原型"。通过观察"神道"的历史，就能理解到这一点。神道起初与佛教调和，产生了两部神道等教义。后来，神道与儒教调和，产生了吉田神道和吉川神道等。如果神道不借助其他世界观，就不会拥有作为"教义"的体系。虽然这就是神道思想史的宿命，但神道史对提取"原型"具有重要的作用。其中，日本神话就是最直接的材料。

从战前开始，就存在一种观点，认为《古事记》与《日本书纪》的神话是统治阶级的意识形态，未必反映日本民众的思想。这一观点有它的道理，但要深入探讨这个问题就必须具体分析神话的内容，在此不再赘述。不过，作为一个方法论的问题，不论是日本还是其他国家，在研究思想史时，都符合马克思的一句名言："每一个时代占统治地位的思想都是统治阶级的思想"，特别是研究古代思想史时更是如此。除了统治者及知识分子阶层所撰写的文献以外，我们得不到其他具体的思想史史料。而且，进入"近代"，"民众思想"才开始有意识地对抗"统治阶级"的思想。因此，我认为将这种意象投射到过去，反而是非历史性的。要从《古事记》与《日本书纪》的神话中看出其作者的政治意图并不难，但我认为，除了意识形态特性，《古事记》与《日本书纪》的神话中还包含了探寻日本思想史"个体性"的宝贵资料。

正如上述所说，在六七世纪，日本神话成型时，各种大陆文化就已经渗入其中。因此，日本神话不能体现原型本身，这一点十分重要。这也再次证实了排除法是接近原型的唯一方法。首先，我们必须排除日本神话中明显的中国式观念——儒教，还有道教、诸子百家等基于古代中国观念的思维方式及范畴。其次，我们必须排除世界性宗教的佛教，也就是排除从中国传来的大乘佛教观念。对于《万叶集》和《灵异记》等其他重要的思想文献也采用相同的方式进行排除。你或许会认为这样一来就什么都不剩了，但其实还剩下一些东西，这些东西就是原型的碎片。原型本身不可能成为一种教义，要想成为系统的教义就必须借助外来世界观的力量。但是，这些碎片化的想法拥有令人吃惊的顽固的持续力，它可以使系统的外来思想改变面貌，换言之，它是使外来思想"日本化"的契机。虽然这种排除法是一种循环论法，但除此之外别无他法。

我讲课的顺序大致是这样的。首先要说明一点，按时代顺序划分的话，实际上没有纯粹的"原型"的时代，但在开头作为一种假设先阐述原型的问题。然后在"普遍者的觉醒"这一章，讲述日本历史上与普遍性遭遇的重大事件——佛教传入日本，探索佛教作为世界性宗教传入日本后，在平安时代和镰仓时代所发生的变容。接下来讲解神道，神道原本不是一种教义，但为了与儒教及佛教抗衡，神道思想逐渐成为一种意识形态。然后，讲解中世纪之后产生的"神国"思想。最后，分析江户时代儒教是如何与"原型"相结合并产生变容的。

那么，为什么我后来不用"原型"一词了呢？1972年，我发表了论文《历史意识的"古层"》。在这篇文章中，我首次使用"古层"一词代替了课程中所使用的"原型"一词。其实也没有什么重大的原因，我的想法没有发生实质性的变化。那么，为什么我要改用"古层"一词呢？

毋庸置疑，"古层"一词是地质学隐喻。虽然在"古层"之上堆积着许多外来思想，如佛教、儒教、基督教、自由民主主义等，但底部的"古层"一直持续不变。提到"原型"，就会想到马克思主义关于亚洲生产方式的辩论，认为它是"最古老"的阶段，容易被纳入历史发展进程。我使用"古层"一词的原因有两个。第一，提到"古层"，就能更明显地感受到成层性，"古层"超越时代一直发挥着作用。第二，"古层"没有"原型"那么强的宿命论的感觉。"原型"给人的感觉是，在古代被宿命所决定，然后原封不动地固定下来。而"古层"的话，因为它在最底层，所以非常结实。但如果发生大地震，古层就会隆起，甚至改变岩层的构造。例如，前面提到的日本儒学史中出现的古学派和国学运动，在我看来，它们就是在"锁国"等各种条件下，"古层"隆起的一个过程。这个过程与日本思想"近代化"是同时进行的。至于为何要从古层的隆起这个侧面来看儒学史上的古学派和国学运动，实质性的内容在此不再赘述，简单来说就是在与外来意识形态对抗的过程中，古层就会隆起。因为古学派和国学运动的思想都是以"对抗"为动机产生的，所以这些思想不是"古层"本身。虽然国学等自称具有"古层"的思想自觉，但实际上如果没有宣长和徂徕学的刺激，就不会产生国学，因此国学不是纯粹的"古层"。但不可否认的是，国学对于考察"古层"具有重要的参考价值。

然而，后来我又换掉了"古层"这一词。虽然这只是措辞问题，无关紧要。但在用词方面，我还是想尽可能地减少误解。经过深思熟虑后，我想到的是一个音乐术语"basso ostinato"（执拗低音）。1975年，在访问美国的普林斯顿高等研究院时，我对这个术语进行了深入说明。但是，其实在1972年发表的《历史意识的"古层"》中我已经使用过这个术语。或许有人会觉得我使用这样的音乐术语矫揉造作、令人讨厌，但我实在想不到更合适的词语。执拗低音的英文是"ground bass"，意思是执拗地重复的低音组。之所以将"古层"改为"执拗低音"，是因为当时日本受到马克思主义的强烈影响，有许多阅读过《历史意识的"古层"》的读者把"古层"误认为是马克思主义中的"经济基础"。众所周知，马克思主义认为，上层建筑是建立在一定经济基础之上的意识形态。（顺便提一下，"下层建筑"〔Unterbau〕一词是后来出现的，马克思本人使用的是"经济基础"〔basis〕一词。）当然，我承认"上层建筑"反作用于"经济基础"，但马克思主义的基本公式是"经济基础"（生产方式）根本制约着国家、法律、政治制度以及各种观念形态。由于图式相似，因此有人会把"古层"看作"经济基础"，也就是生产方式，广义上的生产关系的总和。然而，我所说的"古层"并没有这些含义。如上所述，具体的"古层"只能以碎片的形式提取出来，它必须与外来的成体系的世界观相结合才能出现在历史上。显然，它与"经济基础"完全不同。然而，读者误以为在《历史意识的"古层"》一文中，我想表达的是作为"经济基础"的"古层"，它"基本"或"根本"制约着各种意识形态。为了避免这种误解，我就把"古层"改为了"执拗低音"。正如音乐家们所熟知的那样，

"basso ostinato"（执拗低音）与"basso continuo"（通奏低音）不同。通奏低音是巴洛克音乐的重要特征之一，它由高音部的旋律及低音部的和声伴奏构成。看乐谱就会发现，低音部上标有数字和♯（升号）、♭（降号）等记号，并没有构成一种特殊音型。另外，作为参考，我翻阅了音乐词典，但音乐词典里似乎没有"执拗低音"这一术语的日语固定译法。"执拗低音"是指低音部中不断重复的一个旋律，与高音部和中音部产生共鸣。它虽然是一个音型，但不一定是主旋律。主旋律可以用小提琴或长笛等木管乐器在高音部进行演奏。但是，如果低音部有执拗低音，与仅仅在主旋律加和声的情况相比，音乐的整体进展完全不同。假如把这个比喻运用到日本思想史中，那么主旋律就是从大陆传来的外来思想以及明治时代以后从欧洲传来的外来思想，然后这些外来思想被低音部中执拗地重复的音型所修改，两者相互交融并产生共鸣。并且，这种低音音型就像执拗低音一样，执拗地重复出现。而不像"通奏低音"，仅仅是一段持续的低音和弦。有时，执拗低音像国学一样浮现在表面，能清晰地听到它的旋律。有时，它又被性质不同的主旋律压制，潜藏在"底部"，其轮廓模糊不清。我终于得出了结论，"日本式的东西"就是一种执拗地重复的思维模式、感受模式。然而，很遗憾我只能用特殊的音乐术语来形容。如果有更贴切的词语，请务必告诉我。如果大家认为我使用"古层""执拗低音"这些比喻很不像话，那我也无话可说。但是，像马克思这样伟大的思想家也会使用建筑上的比喻来阐述核心命题，如"经济基础""上层建筑"，所以希望大家多多谅解。

六

我谈到了关于强调日本文化"特殊性"的误解，并且说明了我想把日本文化的"特殊性"改为日本文化的"个体性"或"个性"的原因。上述提到的"古层"也好，"执拗低音"也罢，还有一个方法论的问题我必须阐明，那就是连续性与非连续性，或是恒常性与变化性的问题。如果仔细分析我上述的发言，就不必再论述这一问题。但为了谨慎起见，我还是说明一下。我上述的思考方式并不是——虽然是非连续的，但是其中还存在连续性，或者，虽然发生了大幅变化，但是其中依然存在不变的恒常因素——以这两者相互对立或相互矛盾为前提论述的。如果能用"虽然……但是……"的形式论述，也就是把恒常性和变化性看作二元对立，那我就没必要特意强调"执拗低音"的含义了。我想说的并不是，既有变化的因素，又有恒常的因素，以及虽然有断裂的一面，同时也有连续的一面，而是发生变化的方式或者说变化模式本身存在一种不断反复出现的音型。换言之，日本思想史并不是虽然发生了各种各样的变化，但是还存在一些不变的东西。相反，正因为存在某种思考模式、构想模式，所以才发生了令人眼花缭乱的变化。或者说，并不是虽然受到正统思想的统治，反而出现了异端；而是正因为这种思想本身不具备成为"正统"的条件，所以"喜欢异端"的这种倾向才会不断出现。用前面提到的例子来说，就是应对"外部"世界而产生快速变化的这种变化速度本身已经成为"传统"的一部分。

"外"和"内"不仅可以用于表示外国与日本，还适用于各种层面，如企业集团、村落等。最后，在个人层面，可以用于表示他人与自己。换言之，这就形成了一种相似的结构。实际上，战争时期曾出现过这样一种看法：虽说事物是不变的，但实际上发生了如此之大的变化。而早在明治时代的国民道德论的看法是：虽然发生了各种各样的历史变化，但是从古至今都存在一种始终不变的"日本精神"，日本的历史发展只不过是"日本精神"这种"本质"的不同体现。上述两个时期的看法不过是一个硬币的两面。尽管具有某些不变的因素，但我们仍然在变化当中，其原因在于有一种不变的模式（当然这并非"天壤无穷"这一绝对意义上的，而是指一定程度的不变）在起作用，如果我们从这个角度考察日本思想史的话，就能更好地把握日本思想史的"个性"。

因此，我把"执拗低音"简单分为三个方面进行思考：

（1）历史意识（宇宙意识）

（2）伦理意识

（3）政治意识

使用"意识"一词是因为提到"思想"容易联想到某种具体的世界观，无法表现出"执拗低音"碎片化的特点。上述的三个方面中，历史意识大致对应了《历史意识的"古层"》这篇论文。因为在日本率先刊登了这篇论文，所以可能有人会以为那是日本思想古层论的全部内容，但实际上这篇论文只体现了一小部分内容。关于伦理意识方面的内容只有英文原稿。而关于政治意识，我将 1975 年在牛津大学开研讨会时的发表 "The Structure of Mat-surigoto"（《政治结构》）一文稍作修改，在日本国际基督教大学的研讨会上做了发表。今天我的演讲并非讨论上述三个方面的内容，而主要是围绕日本思想史的方法论进行讲解。或许我的演讲就像鳗鱼，虽然珍贵，却只让大家闻到了鱼腥味。冗长的演讲，已经超时了。今天就到此结束，谢谢大家。

[JJ]

（赵晓靓、程倩婷译）

源了圆

源了圆（1920—2020）

1948 年从京都大学哲学系毕业后，源了圆加入了《哲学季刊》编辑部，并与京都的教授团队合作编辑《哲学词典》。1960 年，他整理了一份西谷启治讲座的演讲稿，这份稿件后来成为西谷启治的《宗教与虚无》。随后，他开始了持续三十七年的漫长教学生涯，其中包括在纽约哥伦比亚大学担任客座教授。1991 年退休后，他在牛津大学担任客座教授，2001 年他被任命为著名的日本学院成员。虽然他对日本思想史的兴趣很广泛，但他对德川时期、儒家哲学和日本文化的兴趣在他的著作中表现得最为突出。他对京都学派哲学的长期兴趣也反映在他的著作中。

也许他最有趣的哲学贡献在于他对"型"（kata）概念的研究，它是日本思想和文化中一个反复出现的主题。在 1989 年出版的一本专门讨论这个问题的书中，他试图了解欣赏"型"背后的思想和感觉模式，这个概念在西方古典哲学中避开了形式和物质的区分。笛卡尔专注于身体和心灵之间的区别，而源认为其主要区别是心灵和非心灵识之间的区别，它们需要与身体建立一种独特的、不可分割的关系。艺术技巧的锻炼，特别是在表演艺术中，在隐性意识和显性意识之间进行调解。但心灵的这种成就要到心变成型，型变成心时才能实现——也就是说，在无心的情况下，事物不再是外在的对象，主客体的区别也就打破了。

在三年后发表的以下简短节选中，源将他的"型"思想应用于社会历史的发展，它超越了政治和制度的范畴，包括个人共享的思想和行动模式。在这样做的过程中，他根据对传统儒家价值观的批判性挪用来审视当代社会风尚和教育，并试图将这些问题置于日本美学的更广泛的背景中。

[JWH]

（张政远译）

作为风格的型
源了圆 1992, 20-8

很久以前，风格（英文为 style，德文为 stil），主要用于论述美术史领域的"表现形式"问题。但除此之外，风格还包括"文体"、发型（hair styles）、生活方式。与作为形式的型和作为模式的型相比，作为风格的型更加广泛、灵活。与形式相比，风格更具概括性。与模式相比，模式是整体的、总体的概念，它从整体上把握文化；而风格则局限于文化的某些方面、某些因素。以茶道为例，作为形式的型是可视的，如迎接客人、沏茶等行为；作为风格的型则是从迎宾到送客整个茶道流程中的礼仪，涵盖的时间更长。可以说，作为风格的型把作为形式的型包含在时光流逝之中。而且，作为风格的型具有意外性、突发性、应变性，具有作为形式的型所没有的流动性。除了茶道，在任何表演、武术方面也是如此。作为形式的型更容易学、更容易理解，简单来说就是更容易着手。新手更容易将注意力集中在作为形式的型，但如果去掉包含其前后的作为风格的型，就不存在作为形式的型。此外，虽然两者都具有规范性、约束性，但两者之间有所不同。作为形式的型中的规范性和约束性具有两重性，它既包括外在规范，也包括内在规范；而作为风格的型中的规范性只包含外在的特征。

正如我们所看到的，与模式、形式相比，风格缺乏明确的意象，难以把握。此外，形式是普遍的、一般的，我们甚至会忘记其创作者的名字。而风格具有其个性化的一面，如茶具的"个人喜好"、文章的"文体"等。从持续性这一社会维度来看，作为风格的型比作为形式的型更容易消失。而且，"风格"这个概念的范围非常广泛，既包含不以时间为契机的要素，如文体；

又包含以时间这一契机为中心的要素，如礼仪。正因为上述的原因，所以在探讨型的问题时，很少有人会从风格的角度研究。但是，在思考文化、社会乃至历史问题时，我意识到风格这一概念比我当初设想的更为重要。起初，我研究的问题是"型的崩溃"，即关于社会现象、文化现象的危机。虽然，我现在的问题意识与当初不同，但我意识到了研究作为风格的型的意义和重要性，因此我想从风格这个角度研究型的问题。

下面我想举一个例子，来说明在社会、历史维度导入风格的型这一概念能得到哪些观点。首先，从探讨历史学作为一门学科的存在方式入手。

自明治时代以来，受到德国"国制史"的影响，日本历史的研究主要是以制度史为核心的政治史。（可以说，"二战"后，社会经济史研究逐渐壮大，两者相互抗衡。）诚然，制度是社会的支柱，以制度史为核心的政治史是十分必要的。但是，这样的历史研究未能描述在历史进程中的人类及其具体的生活，可能成为人类缺席的历史。当然，也有人对此进行批判，并开始关注个人的日常生活、谋生手段。首次尝试这种历史研究并取得成功的是史料学派，在史料学派的主导下，形成了社会史。战后，日本也受到了史料学派的影响。（日本除了受史料学派影响，柳田国男建立的民俗学这种非历史的学科与历史学相结合的尝试，也成为促进社会史形成的另一大动力。）

社会史是一种研究历史学的新形式。如果把它当作历史学的全部，必定使人产生怀疑。但是，它阐明了以往的历史学所无法解释的部分，无疑是历史学的一个重要分支。社会史的优点是将历史与基层文化相结合，从而使以往的历史学中缺少的日常生活的细节成为历史叙述的对象。然而，如果它所描述的社会生活内容仅局限于日常生活的细节，那么作为历史研究是远远不够的。历史学是以"变化"为原理而成立的学科。将时间契机缩小到个人日常生活的叙述，这对于社会史研究十分重要，但只能作为社会史研究的一部分。

在制度史的叙述和社会现象的叙述之间，社会生活方式充当着二者的媒介。我认为，历史学遗留的课题之一是社会生活方式的阐明与叙述。但重点不是明确其中的制度，而是要明确不成文的社会现象。从这一点来看，可以说它是属于社会史范畴的研究。但是，这里所研究的历史事件比社会史研究的一般事件规模更大。例如，荻生徂徕的《政谈》中有一个令我感到惊讶的例子。在该书中，荻生徂徕介绍了定府政策，即幕府让大名及其家属和家臣定居江户的政策。并且，介绍了定府政策对大名实际生活造成的影响，以及这种影响如何反作用于政治。对此，他提出了一个引人注目的观点，那就是"格"的问题。

松尾芭蕉在《祖翁口诀》中也曾提到过"格"。"格に入りて、格を出でざる時は狭く、又格に入らざる時は邪路にはしる。格に入り、格を出でてはじめて自在を得べし。"其大意是：只有掌握基础，才能在基础之上发挥自己的个性。此处的"格"意味着"作为形式的型"。与此不同，徂徕所说的"格"意味着"作为风格的型"。徂徕的《政谈》成书于享保年间，当时大名们的经济状况不佳。由于慢性通货膨胀以及大名间交往时的攀比心理，居住在江户的大名们生活日益奢侈化。藩当局虽然向町人借钱以维持生活，但由于大名们无法偿还借款，甚至拖欠利息，町人便不再借钱给他们了。加之，享保三年（1718）颁布了"新金银通用令"，货币无法在市场流通，导致经济萧条。在这种情况下，大名们甚至拖欠家臣的俸禄。我们原本以为大名们会勤俭节约，减少经费开支，以应对这种状况。然而，徂徕则认为大名们无法节俭，其原因如下：

> 具体分析大名们无法节俭的原因，所谓的"格"是一大障碍。受其制约，大名们无从节俭。"格"就是从日常行为举止、服饰、饮食、器皿、住宅、用人方式、妻子的礼仪、信件往来及礼品互赠、对使者的安排、大名城下随从的安排、旅途期间的安排，到冠婚丧祭的礼仪等，人们必须遵守的行为规矩。"格"既不是从古代传下来的制度，也不是幕府制定的法律。在当时的社会习俗中，自然而然地形成了追求奢华的风气。人们都会观察周围人的做法，根据当时的习俗办事，久而久之就成为"格"。大名本人及其家臣随从都十分注重"格"，甚至有人认为如果不符合这些"格"，就算不上大名。这其中的许多规矩根本没有考虑到将来的情况，只不过是在当时社会追求奢侈的风气中形成的，毫无益处。但是，由于人们已经把这些规矩认定为"格"了，就不能对其进行修改，所以大名们无法节俭。（《政谈》卷之二）

上述引文中，徂徕提到的"格"是"习俗"的格，即作为生活方式的型。此处的"格"既不是"制度"也不是"法律",而是在"当时的习俗"中自然而然地形成的规矩。当时,大名及其家臣都十分注重"格",如果不符合"格"就配不上大名的身份。"格"对他们具有约束力、规范力。必须事先说明的一点是,徂徕并不是要揭发"格"这种大名生活方式。徂徕的政策目标是建立完善的制度,对"格"进行监督管理,最终消除"格"。徂徕已经明确地认识到社会生活方式的型对人们的生活具有极强的规范作用。

然而,徂徕提到的"格"等作为社会生活方式的型,并不像制度和法律一样经常在记录和文件中出现。如果不仔细深入阅读史料,便会忽视这一点。但是,从生活方式的型这个视点切入,必定能丰富社会史的研究。或许有人会产生疑惑并进行反驳,与政治史研究的事件相比,研究这些生活方式是否有些微不足道?对此,我的回答如下:

> 在这个案例中,大名及辅助他们的家臣都认为节约交际费用不符合大名的身份。于是,他们首先降低了一般家臣的俸禄。然后,作为终极手段,他们加重了农民的赋税。这些措施一方面引起了下级武士对所属体制的怀疑;另一方面,作为主要的受害者,农民在全国各地发动了"农民起义",幕藩体制从内部开始动摇。当人们认为不可动摇的社会秩序也已经崩溃时,又出现了来自外部的压力。这使人们意识到幕府政治已经无法维持国家的独立,所以幕藩体制最终被推翻了。在思考这个历史进程时,徂徕提到的"格",即大名们社会生活方式的型,正是导致幕府灭亡的一个重要原因。

我不知道我的解答是否具有说服力,但我认为徂徕在《政谈》中提出的"格"这种作为社会生活方式的型,是连接社会史和政治史的关键因素。

虽然,并非所有的作为生活方式的型都像上述的案例一样,在政治史上发挥了重要的作用,但不可否认的是,它们在不同的方面发挥着重要的作用。当我读到徂徕关于"格"的论述时,我首先想到的是战后日本的补习班和升学辅导的问题。特别是,大多数日本人都会报补习班。当然,补习班和升学辅导机构并没有进入教育制度,但由于它们弥补了学校教育的不足,许多家庭会选择报班。可是,补习班的学费占据了家庭支出的一大部分。此外,孩子们放学后还要上补习班，户外活动时间、和朋友玩耍的时间都大幅减少。从整体上来看，课外补习不利于孩子的成长。但是，家长依然坚持让孩子去上补习班。其实，冷静下来想想，提高学校教育的教学质量，就没必要课后上补习班。名牌大学毕业不能决定人的一生，我们应该改善社会制度，让每个人都能实现自己的价值。虽然家长们都知道这些道理，但他们不希望自己的孩子在生存竞争中处于不利地位，而且他们认为补习班里肯定有学校教育中所没有的东西。因此，尽管承受着巨大的经济负担，家长们也要让自己的孩子上补习班。

这样的生活方式究竟会造成怎样的结果，我无法准确预测。但是，对现代日本而言，无疑是一种非常重要的作为社会生活方式的型。除了这类作为风格的型的问题以外，在进入大众社会时代以来，"舆论""舆论形成"等问题已经成为日本社会中一种全新的作为风格的型的问题。在文学方面，从文章的风格的型来看，文体正面临重大的转折时期。

我在前作《型》中，将"序破急"的演奏方式视为"复杂的型""广义的型"。但换个角度来看，能乐中"序破急"的演奏方式也属于"作为风格的型"。茶道礼仪、弓道礼仪、相扑比赛时力士先摆出准备架势，以及日本传统艺能的表演都属于"作为风格的型"。每一个表演动作都包含作为形式的型，我们的注意力往往容易停留在这种瞬间的形式中。但是，如果不把前后长时间涉及的步骤包含在内，如果不进行磨练、演出，就不存在作为形式的型。如果把重点放在瞬间的表演动作，即作为形式的型上，那么作为风格的型就是为了完成作为形式的型，在开始前调整呼吸的准备以及表演结束后谢幕的行为。但是，如果将焦点放在整个表演过程中，那么作为风格的型就包含单个或多个作为形式的型，属于表演过程中的形式美。作为风格的型也就是礼仪、仪式。

更进一步，从社会的角度来看，除了多种多样、变化多端的可视化风格外，或许还存在一种时代特有的风格。在美学中，美术史家所说的风格就是某个时代特有的风格。又或者，在各种各样的风格中取其精华，从而被凝练成"作为形式的型"。在这种情况下，风格易变、短暂，而形式则恒常、永恒、稳定。

[JWH]

（赵晓靓、程倩婷译）

大森庄藏

大森庄藏（1921—1997）

大森庄藏于1944年毕业于东京帝国大学物理专业，为了理解与科学相关的理论问题，他逐渐对哲学产生了兴趣。在战后的1949年，他获得了东京大学的哲学学士学位。起初，他学习现象学，但他对此并不满意，于是赴美国学习维特根斯坦和英美语言分析哲学。1966年，大森成为东京大学的哲学教授。在其整个哲学生涯中，他一直致力于质疑关于科学和形而上学的传统观点，他认为这些观点过于关注客观事实，而忽视了主观框架对对象构造方式的影响。

在以下选段的第一部分中，大森发展了迈克尔·达米特（Michael Dummett）在《实现过去》（"Bringing about the Past"）一文中提出的著名论点。大森沿袭了达米特的观点，提醒我们不要将过去具物化，并强调了叙事对于表述过去的重要性，以此来强化达米特的立场。大森从我们在生活上与过去的联系出发，关注我们对待过去的行为方式，然后对我们实践中所预设的关于过去的本性进行哲学思考。第二个选段对经典概念"言灵"或"语词的灵"进行了现代诠释。大森同往常一样拒绝了将语言神秘化的诱惑，将"言灵"的讨论定位于日常语言的多义性、意涵的层次以及语词无意涵性范围内。

[VM]

为"已过去的事"祈祷——过去就是叙事
大森庄藏 1995, 45-9

在英美哲学界，有一个由迈克尔·达米特解开的著名谜题"酋长之舞"。

在某个部落，年轻人在成人礼时必须捕猎狮子以证明其力量。为此，青年需花费两天时间前往猎场，捕猎之后再用两天时间返回，而部落其他人则一直跳舞，为他们的成功祈祷。问题在于，即使狩猎结束，年轻人踏上归途，人们仍然继续跳舞。那时，狩猎已经结束，事情的成败已定，人们为什么还要为他们的好运祈祷呢？这是达米特的疑问。或许，我们现代人也没有资格嘲笑这位酋长。在听到列车或飞机失事的消息后，我们会祈求搭乘的家人平安无事；明知入学考试合格与否已定，我们却仍然抱着一线希望去祈祷。

然而，没有人试图在现在改变已经被决定的过去。我的意思是，很显然，不论是那个酋长，还是居住在东京的现代日本人，他们内心都有这种想法：由于过去尚未决定，（我们）仍然有祈祷过去朝着自己所希望的方向发展的空间，也存在对不幸的过去表示恐惧的空间。

这难道不是我们所坚持的"已决定的过去的实在"这一信念中出现的一道裂缝吗？我认为，在这种信念的深处，存在着现在无法触及的"过去自体"这一人类根深蒂固的想法。而"过去自体"这一想法，正是康德彻底批判过的那个"物自体"（Ding an sich），或者至少是与之相似的想法。现代人同意康德的批判，自然也应该批判"过去自体"这一想法。但迄今为止，人们却疏忽了这一点。捕猎狮子的谜题犹如一场突如其来的地震，震裂了这座虚有其表的观念大厦。那么，在拆除这种大厦之后，我们能够建起怎样的简易板房呢？

我们能做的，就是让我们人类在实际生活中坚持自旧石器时代以来一直兢兢业业践行的做法。在这条道路的最终阶段，我们被"过去自体"和"物自体"的幻想所迷惑。因此，在消除这一幻想后，我们重新确认并复兴那真正属于我们的道路，这便是我提出的解决方案。

那么，过去究竟是什么呢？回想经验就是将过去的意义以体验的方式告诉我们的基干，这一点是毋庸置疑的。回忆是关于过去的唯一基础信息源，这一点从古至今未曾改变。所谓过去，正是由这些被回忆起的片段交织而成的关于过去的叙事。但这些信息的来源因人而异，未必可靠，人类在这方面应该有过惨痛的教训。因此，自然形成了一套公认的程序，用以过滤每个人过去的信息。这种公认程序在长年的生活中通过实际运用而得到修正和改善，最终成为现今的法庭以及历史研究、媒体报道等领域得以付诸实施的社会共识的真值条件，这一点广为人知。多人回忆的一致（证言的一致，有事实依据）以及与现在世界的融贯式连接（物证和自然法则），这是这种公认程序的基本原则。我们可以在法院、审讯室，以及宇宙论和进化论的学术会议与教室等场合观察到这些原则的具体应用。

然而，这一真值条件不仅适用于冰河时代末期围绕猎物和异性之间的争斗，也适用于关于去年的播种及收获情况的争论，且以一种连续的方式继承下来。也就是说，过去的真值条件和数学、自然科学的真值条件一样，都是历史性与社会性制度。"真理"并非先验地从天而降，而是由人类社会创造的。任何关于过去的叙事，包括家庭纠纷、犯罪调查这类细小的事件，如果不通过这个真值条件的检验，小则得不到当事者的承认，大则得不到社会普遍的公认，不会被视为关于过去的正式记录。所谓过去，是制度化、正式化的关于过去的叙事，这一点从《古事记》《日本书纪》的时代以来从未改变。而且人们经常会产生这样一种错觉，认为这种制度性的东西仿佛与人类毫无关系，是先天存在的，只是偶尔让我们窥察到它的身影。这就是对物自体或过去自体的幻想。

正如康德所强调的，过去自体与物自体一样，在经验上是无法思考的，因此也无法想象，而只能进行幻想。

确切地说，所谓的过去，无非就是依据真值条件建构出来的关于过去的叙事。

文章开篇提到的酋长在现在祈祷着已经成为过去的狩猎狮子的行动能够成功。在过去自体这一错觉之下，这确实是一个悖论。然而，狩猎狮子的行动在那个时刻还没有成为公认的关于过去的叙事。也就是说，那还不是过去。因此，好心的酋长所祈祷的，实则是狩猎狮子的行动成功满足真值条件，成为公认的过去，并被部族全员所接受。祈祷中包含了酋长的好心和善意，但不存在悖论。

同理，我们得知坠机事故后，祈祷家人没有搭乘过这架飞机（过去时），并不是事到如今才祈祷"已经过去的事情"，而是祈祷家人没有搭乘该航班这一过去的叙事能被公认、被建构成关于过去的叙事。所有考生都会在提交答卷后，捏着一把汗等待考试合格的叙事被正式建构，其性质也是相同的。

所有这些人的行为和心理所指涉的，并不是对过去自体这种形而上学的幻想，而是对过去的叙事的建构，这一点是有目共睹的。即使我们表面上说的是过去自体，其实内心实际想的还是过去的建构。现实生活中的行为与心情指涉的并不是摇手椅式的形而上学空谈，而是对过去的建构。

比如，回想起昨天接过电话，接电话的实在性不容置疑，这或许是许多人的共同感受。然而，其实这是一种错觉。根本上，我们之所以有这种感受，是因为我们坚信"那通电话必将满足特定的真值条件，从而被纳入关于过去的叙事之中"。这种确信被"过去的电话自体"这种意义不明的幻想置换掉了。

在康德之后经历数百年的今天，人们仍然普遍认为，大部分自然科学家信奉的是朴素实在论——物自体的一种变体，这一观点大致上是站得住脚的。在此需要指出的一点是，不论是当下的实在论，还是历史上的实在论，其稳固性往往并不如我们想象中那般坚实，相比之下，人类所构建的世界叙事更为可靠。

[VM]

言灵论——语言与事物

以日本为代表的很多民族，曾经相信语言中具备灵力，认为语言能够借助这种力量来唤起事物。他们不仅相信上帝所说的"要有光"，使世界充满光明的这句话具有这种力量，也相信人类的语言同样具备灵力，即能够唤起事物。这种力量被称为潜藏在语言中的"言灵"。

这种古代的观念在现代被视为原始信仰，不再被严肃对待。但当我们审视语言的作用时，不得不重新思考这种"言灵"的力量。当然，这并不是说语言具有不可思议的神秘力量。实际上，语言本身并无神秘之处。相反，我认为"言灵"是一种平凡的事实。

在下文中，我将探讨这一平凡的事实。然而，这一平凡的事实可能会促使我们重新审视和修正我们对于真理和实在的认知。

"无一意涵"论
大森庄藏 1973，115-19

语言的作用——其多样性

语言是由发语者言说和写出的。既可以是对着发语者自身言说的（独白)、对着发语者自身写出的（札记），也可以是对着听者或读者言说或写出的。为了看清语言的作用，首先我们将目光集中于后者，且只考虑对一个听者言说的情况。

很明显，即使仅限于这种情况，语言也是以千差万别的方式发挥着作用。发语者可以对着听者发出命令、请求、约定、告密、说明、说教、奉承、讽刺、发牢骚、寒暄。可以对听者进行辱骂、争吵、叱责、发怒、取悦他人、令他人悲伤。可以唱歌给他人听，也可以对着他人大喊大叫，可以安慰、欺哄、鼓励、威胁他人。有时，也可以什么也不说，陷入无言的沉默。

这种语言功能的多样性，其实就是人与人之间关系的多样性。准确来说，语言的功能不止可以分为上面举出的类别，任意两次发语的功能不可能是相同的。语言的作用随着发语者和听者的改变而改变，且即使是同一个人，在不同的心情、意图、场所、时间，其语言情境发生改变时，语言的作用也随之改变。因为这与人和人的交往中每次相处的关系都会不同这一点是同质的。正如历史不会回头，只会发生一次，人也不会两次踏入同一条河流那样（赫拉克利特），语言也不会两次发挥同样的功能。

"请给我水。"很明显随着发语者的不同，听者的不同，场所的不同（起居室、厨房、庭院、办公室、餐厅、泳池、战场、火灾现场等），时间（例如说是白天还是深夜）与天气（炎热的天气、寒冷的天气、暴风雨的日子）的不同，水的所在地不同（别人家、井中、河里、水壶中），这个请求也发挥着不同的功能。或许会有人提出这样的反对意见：这难道不是仅仅意味着，同一不变的"请给我水"这个"意涵"在各种不同的情况下有不同的使用方式，起到不同的作用吗？当然，我们可以说用同一不变的一把小刀，将纸、指甲、果物或肉用不同的方式切开或戳断。但是，相当于这同一不变的小刀的同一不变的"意涵"究竟是何种"意涵"呢？小刀的话，就算它不被使用，没有发生作用的时候，它也是保持着明确的形体，有着明确的重量，这一放在桌子上。但是不被使用、不发生作用的"请给我水"的"意涵"究竟是以什么形态存在呢？难道是以"潜藏于"辞书中的方式存在吗？

让我们考察一下其他的情况。比如《人生苦短》这"一首"歌曲可以以多种方式演唱出来。我们可以以高低不同的声调、不同的音量、不同的音色、不同的节奏来演唱这首歌曲，不存在完全相同的两种歌唱方式。此时若有人认为，存在某种同一不变的《人生苦短》这首歌曲的旋律，只是我们以不同的歌唱方式将其演唱出来罢了，那么我就要请这个人唱一下这首同一不变的《人生苦短》了。如果他进而辩驳，同一不变的不是歌曲而是乐谱，那么我们就要提醒他注意，乐谱仅仅是演绎方法的说明书，而并不是歌曲本身。

乐谱可以被撕掉烧毁，也可以被删删改改，但是歌曲却不能。出于同样的理由，配合着"一个"舞蹈动作指南，我们可以演绎出无数的舞蹈。其中，舞蹈动作指南自身只不过是舞蹈方法的指示，而不是舞蹈。

如果存在某种"请给我水"的同一不变的"意涵"，那么这并不是"语言"或"起作用的语言"，而是语言的舞蹈动作指南、语言的说明书。乐谱本身并不会弹钢琴或拉小提琴，而只是某人"依照乐谱"演奏；同样，并非是"请给我水"本身有什么"意涵"或是起着什么作用，而是"依照着"这个句子，我们的某种声音或某种文字发生了作用。当我们想要水的时候，我们会有应该发出什么声音，写下什么文字的指令，而习得这一指令，也就等于知道"qing gei wo shui"的"意涵"，即知道"请给我水"的"意涵"。我们可以拿"步行"来做类比理解：并不存在像小刀那样的同一不变的"步行"，即能够随着情况的改变而将其应用为不同的"步行方式"，我们有的只是快走、慢走、直走、踉跄而行等各种不同的步行方式而已。同样，我们也只有千差万别的"请给我水"的功能，而不存在某种起着千差万别的作用却同一不变的"请给我水"的"意涵"这种东西。

可是有人会问：暂且承认会说某一句国语，就是理解其中表达的"意涵"，可是同一句国语表达的"意涵"就算有无限变化的应用情境，"意涵"本身难道不是只有一种吗？

其实并非如此。会说某一句国语，其实是习得在无限变化的语言情境中，想令这句语言起到无限变化的作用时，我们应该进行什么样的发音行为。这就与学会用各式各样的绳带打出形态各异的蝴蝶结是同样道理。我们会用长的绳带、短的绳带、粗而硬的绳带、细而软的绳带等所有一切的绳带，打出所有一切大小和形状的蝴蝶结。此时，并无同一不变的"打结法"或"手指的移动方法"，正如不存在同一不变的演绎《人生苦短》的"歌唱方法"，不存在同一不变的演绎《天鹅》的"舞蹈方法"。与此同理，也不存在同一不变的"请给我水"的"意涵"这种东西。在每一种语言情境下，"qing gei wo shui"的发音行为都会发生无限的变化。有强硬的命令口气，有比较客气的、有哀求的、开朗的、阴沉的、严厉的、啰哩啰唆的、明晰的、小声嘟哝的、坚决的、软弱的口气这些具体的情境。这些与声音上的千变万化，还有根据同一个乐谱进行的演奏却千变万化是相同的道理。与此相应，其发音行为的作用、其作用的结果，并且其结果（得到水或被拒绝等）的产生方式也是千变万化的。

维特根斯坦强调，习得一种语言就是习得这种表达的"使用方法"，我认为其中"使用方法"的习得具体就应该是上述的发音行为的习得（口语的情况）。另外，通过文字样式写下的"请给我水"就是这个发音行为的乐谱。这与乐谱被读者通过无数的方式，高声的、无声的（静默），演奏或默读出来是别无二致的。正如一个乐谱不会指定同一不变的演奏，一个文字样式也不可能具有同一不变的"意涵"。乔姆斯基指出了我们应该区分字面上的表层结构与发语者所预想的深层结构，但是我认为他所谓的"深层"仅仅是几厘米的深度而已。这既不是"深层"，也不具备"深度"。语言的作用并不在"深层"而是在"底层"，也就是在具体的、个别语言情境的作用中。因此，"意涵"这种东西只是较浅的"深层"或"表层"梦幻的浮游物，只要我们把水晒干，将"底层"置于阳光之下，它就会云消雾散了。

因此，并不存在国语这样一种"语言"，国语，即索绪尔所谓的 langue 并不是"语言"也就是"起作用的语言"。此处的语词对应了蝌蚪符或休止符等符号，语法则对应了包含了转调或踏板等的记谱规则。我们并不是"使用"国语，而是"依据"这些规则来进行发音行为，我们有时也会记谱（即写文章）。正如棒球规则并不是棒球比赛，象棋规则也不是一场竞技，作为这种规则或表记法的国语也并不是"语言使用"。

"符号本身并没有生命。是什么给予符号生命的呢？是在使用的过程中它有了生命。是在使用的时候给它注入了生命吗？还是说，使用本身就是它的生命？"

[MFM]

（彭曦译，杨杰修订）

汤浅泰雄

汤浅泰雄（1925—2005）

1949年从东京大学伦理学系毕业后，汤浅泰雄继续完成伦理学和经济学研究生课程，并获得学位。在大学的最后几年，他师从和辻哲郎，和辻的思想和为人在他的思想中留下了不可磨灭的印记。汤浅在山梨大学任教数年后，于1974年转到大阪大学，在日本研究的新领域中授课。1981年，他被邀请到筑波大学，追求他所感兴趣的哲学思想。汤浅是一个博学的学者，在日本学术界很少见到。他在伦理学、宗教、神秘主义、心理学和相关领域都有大量的文章。虽然他的工作是从现代日本哲学史开始的，但正如下面摘录的最后一段话所显示的那样，他的关注点始终是存在主义。

汤浅也是在日本学术界最早评价荣格分析心理学重要性的学者之一，他主张魂而上学（metapsychika）而不是形而上学（metaphysika）。如果后者试图超越外部"自然"（*Physis*），那么前者则试图深入人类"灵魂"（*Psyche*）的基础。正是在这里，汤浅在荣格心理学和东方的传统之间建立了联系。受到荣格心理学的启发，汤浅进一步认为，身体是有形的无意识，通过它我们能够整合意识和无意识，他把这一观点与东方自我修行的理论和实践联系了起来。

[WM]

修行的历史与理论

汤浅泰雄 1977，143-6（25-8）

东方思想的哲学独特性表现在哪里呢？其重要的特质之一就是东方理论

的哲学基础中存在关于"修行"的思考。简单来说，哲学的真知并不是依靠单纯的理论思考而来，而只能是通过"体验"或"体认"才能获得。这就是所谓的"用身体来思考"，而不是通过知性来获得。所谓修行，是投入全部身心才能到达真知的实践过程。

东方有诸多的哲学。重视修行的思考，在源自印度的佛教、印度教或源自中国的道教中均可见到。此外，宋、元、明时代的儒教中也在某种程度上对这一点有所反映。佛教和印度教的修行方法以瑜伽为基础，而瑜伽的起源则可以追溯到雅利安民族入侵之前的印度河文明。当时，瑜伽流行于印度全境，并且超越了宗教与宗派的差别，以各种形式发展起来。作为佛教的修行方式之一，禅的冥想被人所周知，佛教各个宗派分别有各自特有的修行方式，禅只不过是其中之一而已。只不过印度与中国的文化传统有着很大的差别，因此，这一从印度传来的修行方法亦开始渐渐向中国式演化。

瑜伽是训练身心的实操性技术，也是健身之法。其训练或冥想方法极为具体，有各种复杂的体系。如果只是从哲学角度来看的话，印度哲学非常形而上，非常理论化。因此，我们往往会认为印度式的冥想与现实相隔甚远，但其实不然。印度冥想的基础是与身心训练相关的具有实操性的技术方法。因此，其中蕴藏着关于人性的极为真实的见解。

与此相对，中国的认知传统中缺少印度的那种形而上的思索与理论分析的倾向。中国的传统精神则是以儒教为代表的强烈的道德意志与单纯而直接地对事物本质进行把握的态度。而禅则是由上述中国传统精神所改造后的佛教的典型形态。禅的修行虽然带有身心训练的实践性意义，但其目标并不是技术性的问题，而是对人的真正的生存之道进行的探讨，即由强烈的道德意志带来的作为人的自我完成之路。道教的大部分修行方法是受到唐代佛教的影响而形成的。虽然本人对于古代道教的具体情况并不清楚，但据说中国自古以来就有其独特的修行方法，《老子》或《庄子》中也常常有讲述冥想的情形。

那么，修行究竟是什么？从佛教的立场来看，那是对"悟"的追求。然而，开悟的体验却并不是由知性的思辨和理性的思考而得来的。因此，需要对身心进行修炼的修行。换句话说，所谓修行，是获得开悟知识的方法与道路。我们需要从中找到东方形而上学所具有的独特的方法论问题。

例如，大乘佛教中的"空"的哲学，是关于敞开意识的体验方面的理论。从哲学理论的观点出发，可谓是一种意义上的形而上学。空的哲学亦是通过各种存在来探究我们所眼见的各种"存在"自身的真相（Dharma）的学问。在这个意义上，它可谓某种意义上的存在论。如果从上述理论观点来看的话，这些哲学堪与西方形而上学或存在论相比较，但如将其直接看作与西方形而上学（metaphysics）相类似的东西的话，则可谓是在方法论上欠缺反省的做法。西方的传统中基本不会认为修行能够打开对形而上问题的思考途径。例如，亚里士多德的形而上学亦是基于对宇宙的物理方面的观察而得来的纯粹的理论方面的思考之产物。然而，"空"的哲学却并非如此。

在佛教的传统中，修行可谓是为达到"悟"这一形而上（超越有形）之洞察的必经途径。而修行则意味着对身心的训练。那么，如果我们想探究作为哲学的东方思想之特质的话，就必须从理论上、历史上对于与修行相关的问题进行深入探讨。因此，需要对身体论的实践及其理念在印度、中国、日本所发生的历史变化进行追溯，并对其进行分析探讨。第二章将会涉及这一问题。

我们的另一个课题是探寻日本的身体论的轨迹。修行的习惯原本从宗教世界中产生，而日本的文化史则在宗教以外的诸多领域中产生了广泛的影响。作为其例证之一，可以举出艺术领域的例子。例如，在歌论、能乐论以及茶道论之中，均有将艺能之"训练"作为修行的思考，暂且将其称为"艺道论"。其中不仅存在从身体论的角度来看意味深长的问题，亦存在与理论上的探讨相比较，更加直观易懂的宗教问题。因此，在历史性考察之后，首先要考察艺道论的问题。

艺道中关于修行的思考来源于佛教。在日本佛教中，空海和道元将修行的问题作为中心问题，并将此作为其理论体系的基础，从而展开其哲学思考。从他们的理论中，能够找到关于日本思想史哲学课题中身体问题的最好例证。此二者均为拥有日本特质的哲学，道元从中国的禅中接受了巨大的精神上的影响，与此相对，空海的哲学体质中富含印度的元素。第二章的后半部分将具体分析此二人的哲学。

[TPK，NS]

形而上学与魂而上学
汤浅泰雄 1978，268-72

自从正统信仰的理念确立之后，西方思想史就一分为二，即显现在表层的主流与隐藏于底层的异端。一直以来，关于西方思想史，我们所受的教育就是以正统信仰谱系为中心的显现在表层的主流。与此相对，荣格所关心的则是隐藏在底层里的异端。他所重视的诺斯替教与炼金术之流，在以往的思想史研究中一直被视为异端思想而被人们所忽视。通过对于上述隐藏在底层的思想史的发掘，荣格认为有必要重新建构西方思想史的全貌。

我将显现在表层的主流与隐藏于底层的异端分别命名为"形而上学"与"魂而上学"。"形而上学"指的正是西方形而上学的传统，这一点自不必说。"魂而上学"一词是我自己造的词。如果说"形而上学"一词表达的是指向外在"自然"的形而上之学的话，那么"魂而上学"表达的则是通过对人的内在精神（Psyche）之本质的探索来指向其彼岸的形而上之学。如此的定义可谓简单粗暴，但这只不过是目前能够将情况简要表明的关键词而已。

荣格将东方思想与西方思想相比较，并做了如下表述。东方的形而上学虽然很难理解为西方意义上的"形而上学"，但如果将其作为心理学来重新审视的话，则有着重大意义。那是因为"形而上的存在"进入了人类经验的可能范围中去的缘故。在东方，"心"（"seele"或"mind"）这一概念原本就是具有形而上含义的概念；然而，在西方，从中世纪以来则再无此种思考。总之，东方思想在传统上常常将形而上学与心理学混为一谈，因此，这就不是西方通常所认为的"形而上学"之观念。以上是荣格的观点。荣格在此所指的东方思想，其实是佛教或道教那种以冥想修行等方法为基础的哲学思想。我认为，与其将荣格所说的东方思想看作"形而上学"，不如说将其称为"魂而上学"更为妥当。因此，"形而上学"与"魂而上学"用词的对比，可以看作西方思想与东方思想在某一方面的对比。如果使用这一概念的话，可以看到，在中世纪以前，西方思想史中亦在某种形式上存在形而上学与深层心理学融为一体的"魂而上学"的思考。

西方形而上学的历史可以追溯到亚里士多德的《形而上学》，这虽是今天的常识性看法，然而，这种看法的确立却在中世纪之后。《形而上学》这一著作名称并不是由亚里士多德本人所命名，而是在公元1世纪罗德岛的安德罗尼柯编辑整理亚里士多德的著作时，将其排在《物理学》（Physica）一书之后而命名的。从此，形而上学这门学问被赋予了这样的特点，即通过对外在现象或存在的探索来探寻世界的本质。然而，在古代思想史的世界，亚里士多德并没有受到重视。从古代到中世纪，占据宇宙论中心的是之前提到的柏拉图的《蒂迈欧篇》。在西方思想史中亚里士多德取代柏拉图的权威地位是13世纪托马斯·阿奎那之后的事了。

如上一章所述，柏拉图的宇宙论与人性论是不可分割的整体。柏拉图哲学中的"型相"与"材料"是构成外在大宇宙的两大原理，与此同时，作为小宇宙的人则有"灵魂"与"肉体"来与之对应。Physic（自然）既是外在自然界，亦是内在的自然，即人的本性（human nature）。教父哲学形成了关于宇宙"从无到有"的教义，由此产生了作为造物主的神与作为被造物的人之间的分裂。对于通过材料来创造世界的柏拉图的神而言，首先必须有材料，而赋予材料以形式的"型相"亦不可缺少，因此，神并不是超越"型相"与"材料"的存在。从哲学上来讲，这意味着形而上学（神学）与自然学（宇宙学）处于逻辑上的相同层面，并无分裂。对于亚里士多德来说，"形而上学"的理论与"自然学"的理论之间没有明显的层次上的差别。希腊神话中的神并不像基督教中的神灵那样是超越自然的存在。与此相对，"从无到有的创造"这一教父哲学的宇宙论则意味着形而上学与自然学在理论层面上的差异。从原理上来说，这种通过对自然进行经验上的研究进而达到对形而上之神存在方式的理解基本是不可能的。所谓的"魂而上学"的理念正是从这里开始的。

上述教父哲学的神灵观念与宇宙观，在古代世界中并没有确立起其绝对的权威。关于柏拉图的宇宙论，由新柏拉图主义所代表的泛神论给其带来了强有力的解释。从其观点来看，由基本材料所构成的宇宙万物之中，遍存着最高本体"太一"所流溢出来的神圣之光。这种宇宙观与认为逻各斯（圣灵）的力量遍布万物之中的约翰或诺斯替的看法有着微妙的相似之处。因此，新柏拉图主义对人的认识就是，我们从这一肉体（物质）之中发现灵魂（灵性的种子），并通过培育其成长则可以渐次接近神性。总之，如果说通过自然（physic）达到彼岸是"形而上学"的内在含义的话，那么，柏拉图的"魂而上学"指向的则既是通向外在自然之路，亦是通向内在自然的两种路径。前者是狭义意义上的"形而上学"之路，后者则是我们所说的"魂而上学"之路。教父哲学的发展与正统信仰理念的确立，成为其后西方思想史中"形而上学"思想占据主流的分水岭。与此同时，"魂而上学"则成为西方思想史的底流。

[JWK]

近代日本的哲学与实存思想
汤浅泰雄 1970，136-46

序论　视点与问题的提出

（1）

对于今天的我们来说，近代日本哲学带给了我们什么呢？迄今为止，诸多学者从诸多角度进行了解读。从大的方面来说，迄今为止的研究可以分为以下两种倾向。其一，试图从内在理解哲学家们的思想。从事此种研究的人基本上是该哲学家的弟子或思想共鸣者，他们所作的研究是对其思想的深入理解，或用通俗易懂的方式进行解释或者解说。这种研究的方向可以称为内在的理解。其二，各种各样的评价态度，概括来说，基本是从该哲学家所处的时代或环境以及社会条件等方面的考察，进而分析其哲学在思想史上的意义。因此，该方向的研究，大多数是从社会思想的视角来进行的。这种研究的方向可以称为外在的评价。笔者从上述两种方向的研究中均受益匪浅，然而，从我自身来讲，与上述两种方向有所不同，笔者想从不同于上述二者的角度——自身的角度来对此进行探讨。虽然这种探讨有可能会被评价为不够专业。

对于近代日本哲学，简要地来说，笔者所关心的问题是，对于现代的我们来说，近代日本哲学教给了我们什么？"现代的我们"这一说法，多少有些不严谨，换个更严谨的说法的话，就是"生活在现代并对哲学或思想问题有所关心的人们"。然而，仅这些还不够，笔者在这里所说的"我们"只限于居住在日本这一东亚一隅的"我们"。之所以作如此限定，是基于下述理由。

近代日本的文化，包括哲学在内，至少从其外观上显示出来的特点来说，可谓是西方文明的一个支流。从哲学的角度来看，对于近代以前的日本人来说，"philosophy"（哲学）这一概念就很难理解。也就是说，对日本来说，近代化与欧化是同义词。这种情况不限于日本，放眼世界，这是近代以后所有非西欧世界的共通命运。印度首相尼赫鲁曾称自己是"东西方奇异的混合物"。在所谓的近代化飞速发展的日本则更是如此，不仅是知识阶层，日本社会文化全部可称为"混血"或"杂交"之后的产物。今天的日本人对于自身的这种"杂交"化的意识非常淡薄了，然而，客观地来看，吸收了西方文明的现代日本文化很难讲是独立的。也就是说，文化上缺乏统一性与个性才是我们今天所面临的实际状况。从思想史的角度看，日本之所以能够抢先一步成功实现近代化，其一部分理由很有可能存在于其文化传统之中。近代以前的日本，在很长一段时间以来，一直处于中国文明的支流地位，因此对于外来文化的排斥反应并没有那么强。至少可以说，我们没有中国人或印度人那种对于自身文化传统的骄傲与自豪。然而，我们在近代日本人身上却能看到近代国家所特有的国民意识与民族意识。近代国民、国家的形成以及由知识阶层所代表的近代自我意识的成长，这两种现象虽然并非存在直接因果关系，但在思想史上常常是互相伴随出现的。西方在脱离封建社会体制的过程中曾伴有这一现象。而在日本思想史上，广义的国民或国家意识的明确出现，是从近世即江户时代开始的。然而，这种情况出现的内因却在其渐次发展的过程中被打断，在西方列强的高压之下，日本在明治之后开始了单腿跳的近代化路程。在这一过程中，近代日本人的国民意识以及知识阶层的自我意识，在外来文化的压力之下出现了扭曲。从极端的意义上来说，一方面存在"文明开化"中所表现出来的对西方的崇拜，一方面存在与此相反的排外的国家主义倾向。这种呈现两种极端的情况之所以出现，反映了近代日本人心底深处的某种不安与焦躁。对于思想史学家来说，这是非常有趣的研究课题，然而，我当下所关心的则是这种扭曲是如何反映在哲学家们的思考之中的；并且，他们的态度对于今天的我们有何种启示。

西田几多郎曾作过如下阐述："以型相为有，以形成为善，在西方文化光芒万丈的发展之中，存在诸多值得崇尚与学习之处，这是毋庸讳言的事实。

然而几千年以来，吾等祖先所孕育之东方文化的根本之中，潜藏着于无形之处见形、于无声之处闻声之思想。吾等内心亦有如此探索要求，吾欲于此要求中寻求哲学之根据。"（着重号由引用者所添加）西田的上述言论可谓说出了近代诸多学者的心声。首先，我想说的是，如果西田并非亚洲人或非西方世界的人的话，那么他作为哲学家就不会发表上述言论。换句话说，在西方文化传统之下，至少从近代以后，人们缺乏对自身所属文化特殊性的自觉或反省作为契机来思索的态度。从根本上说，所谓哲学，只要其仍是人类理性的求索，那么就应该与科学一样，超越历史文化传统上的不同，以专门探索面向全人类的普遍性真理为目标。仅面向日本人或亚洲人的真理的说法，恐怕与真理这一概念本身相矛盾。如果了解这一点的话，就不能不说上述西田的说法存在问题。然而，在哲学或思想界，通常会存在如下情况——尽管人们以人类或人的普遍性为目标，但最终仍会被文化传统的历史性所制约和支配，这是不争的事实。哲学虽然是以永远为目标的思想之探索，但同时亦常常受当代的状况所制约，如巴别塔上石子般悲哀之循环。因此，在这种情况下，原则上两种态度成为可能。其一，对于自身所属的文化传统，无论是否定还是继承，都要有意识地对自身的思考加以反省；其二，认为这种反省是无用的，仅仅以人或哲学家的立场进行思考。只要哲学的思考是以普世真理为目标，我认为后者的立场是理想的，而前者的做法则仅是为其铺垫的阶梯，或准备阶段。然而，问题是，对于生活在现代这一时代的我们来说，不经由前者的自我反省的过程，就不能到达后者的普遍立场。我们所生活的时代，并没有达到能够超越地球上各种文明之长期传统所带来的差异的境界，而是各种文明呈现出错综复杂的冲突与交流的时代。而世界史的形成与近代的开端是从西欧开始的这一历史性制约，在很大意义上支配着我们所处的现代。只要现代的我们居住在非西欧世界，西田上述说法中所呈现出来的挫败感，无论我们用何种方式去克服，都依然存在于我们的内心深处。换句话说，只要我们没有想好用何种态度去面对西欧的近代，我们就会处于无法给自身定位、给存在定位的境况。

对于西方世界的人们来说，有可能会觉得上述心情的产生不可思议。他们被笼罩在世界的近代化乃至一体化从西欧开始这一历史性的偶然与幸运之中，因此，长期以来，对于自身作为西欧这一特殊文化圈居民这一特殊身份，他们无需深入思考。对于他们来说，东与西的相遇就是内与外的相遇，由此而产生的文化差异感会引起他们某些感慨，但往往会立刻忘却。

东方为东方，西方为西方，
两条平行线不可能相交……（R. 吉卜林）

然而，对于我们东方人来说，比起内与外的相遇，东与西的关系更是与我们自身的内在相遇。正因为是自身的内在，所以无法忘记，亦无法忽视。对于科技或政治、经济等领域来说，上述感慨有可能已经或即将成为过去，然而，对于宗教界或思想界来说，这一情况迄今没有太大的改变。因此，对于我来说，在站在现代人的立场进行思考之前，首先应该思考的是我们自身所处的这一奇妙的命运。换句话说，我希望将西欧哲学或思想传统与我们自身文化传统所碰撞出来的文化上的扭曲作为研究主题。总之，我首要的研究课题是，分析在近代日本哲学中，东与西的相遇是以何种方式进行的。

（2）

从东西方碰撞的角度来看近代日本哲学，迄今为止的研究并没有忽略这一视点。不仅如此，很有可能所有的研究者均在内心深处思考过这一问题。然而，我既不想从思想史的角度对此进行研究，亦没有从比较哲学或比较思想的观点加以探讨的打算。比起学院式的研究，我更倾向于从非学问的角度出发，思考一些自身所关切的主体性问题。从这一点来看，我认为需要从与此前的研究所不同的视角出发。

此前的思想史研究在提及近代日本哲学问题时，基本不太考虑与明治以前思想史传统之间的关系。究其原因，其一，有种观点认为，明治以前的日本并不存在"哲学"；其二，比较具体的原因是，现在日本学界认为"哲学"等于西方哲学，近代以前的日本乃至于东方思想研究属于与哲学所不同的其他学术领域。关于西方哲学或印度、中国等东方思想，我并不是这方面的专家，缺乏相应的研究能力，因此没有资格从专业的角度进行研究。不过，我准备打破上述的时代限定来对此进行思考。也就是说，打破以往将近代日本哲学与近代以前的日本乃至东方思想史传统相分裂的思考方式，将其放在历史性连续关系之中进行思考。最近，在思想史研究者之中，也出现了试图从明治以前思想传统相关联的角度去思考近代日本思想的倾向。诚然，在明治时代出现了某种断裂，但是我仍然认为，这其中存在日本思想的连续性。当然，正如前文所说，由于思想史的研究并非本文之目的，本文只是将思想史的立场作为前提，从与传统思想相关联的角度，对近代日本哲学的基本思考方式的特征进行探讨。

首先，关于选择谁作为日本近代的哲学家代表这一问题，这在某种程度上与研究者本人的喜好以及所关心的问题有关，并无明确的基准。然而，有一位无论站在何种立场上都不能忽视的人物，那就是西田几多郎。其次是与西田距离较近的一群哲学家，我选择了田边元、波多野精一、和辻哲郎以及三木清四人。我认为他们的思想是日本近代所产生的第一流的哲学思考。如果从纯粹的思想史研究的角度来看，此外还能举出诸多重要的名字，然而，对于我们的研究来说，上述五人足矣。

其次，在考虑与西欧思想之间的关联时，我想对思路方面进行一下限定。即将重点放在与广义的存在主义思想相关联的基础上，对近代日本哲学进行探讨。笔者之所以没有称其为"存在哲学"，而是大致地称为"存在主义思想"，是因为笔者想将诸如狄尔泰、柏格森等与存在哲学相近的生命哲学家也考虑在内。

之所以要在与存在主义思想相关联的意义上思考近代日本哲学，是因为事实上，上述哲学家的思考与存在主义思想之间有着某种微妙的关联性。例如西田几多郎就是在威廉·詹姆斯、柏格森等生命哲学的影响下开始的哲学思考。田边元与三木清则师从海德格尔，和辻哲郎亦从海德格尔那里接受了巨大的影响。威廉·詹姆斯与柏格森虽然算不上是存在主义思想家，但至少在对近代理性主义进行批判这一点上，与后来的存在主义思想有所关联。我所关注的是，经常被人们评价为日本唯心主义思想家的西田几多郎等人在面对上述反近代或反理性主义哲学时表现出了相对亲和的态度。诚然，他们在面对康德或黑格尔时亦表现出了不小的关注，但是他们思考的核心中呈现出与西方近代理性主义的相异性。而这正是引导他们接近生命哲学或存在主义哲学的契机。在上述这种与他们思想核心相接触的过程中，我们发现了其中隐藏着东方思想的传统。如果用类似图表关系的语言来表达的话，在其哲学中，可以说，反近代或反理性主义的思考成为使之与东方思想传统或存在主义思想相遇的基础。诚然，他们与存在主义哲学保持着距离，因此有必要对二者的不同及其原因进行思考。

我开始对近代日本哲学与存在主义思想之间关系进行关注的根本理由在于，至少对我来说，上述两种哲学思考均还没有成为过去。二者不仅是单纯意义上的学术研究对象，亦是能够给我们的思考带来启发的思想。我对于存在主义思想做如下说明。简单来说，从广义上来看，这是在西欧思想史中具有反近代或反理性主义倾向的思想；其哲学特质在于，其对于近代理性主义的批判不停留于对科学技术或社会制度等近代文明之产物所带来的恶劣影响，而是将目光放在人类存在本身，从根本上来说是"自我"本身。

在这种情况下，对于我们身处亚洲的人来说，值得关注的问题是，在存在主义哲学家之中存在如下倾向，即通过对西欧近代的批判来对西欧文化的历史传统进行反省。例如，在某种意义上来说，海德格尔的《存在与时间》可谓对西欧近代文明的批判与反省之作，而他在后期则通过对存在的探求而将其反省的目光投向西欧文明远方的故乡——古希腊。也即在他的思考之中，作为"philosophia"的"哲学"传统本身即存在问题。川原荣峰注意到这一点，他指出，海德格尔所说的"我们"并不是指"人类"，而意味着带有"形而上学"烙印的"欧洲人"。川原还指出："二千五百年前，欧洲人认为欧洲人就是人类，所谓人类指的就是欧洲人（其他人是否按照这一标准？），并不认为这种想法有问题。因此，他们想当然地认为'哲学'是各种学科的基础，是解释世界并改造世界的理论。然而，在他们的想法之中却没能包括不曾拥有'哲学'的东亚世界的'人'。欧洲人只能是欧洲人，欧洲人即便从他们的立场上对东亚世界的人进行表象层面的解释或理解，但那并不是真正的对话与问答，然而上述情况，却在二千五百年里没有被人们注意到。然而，海德格尔却在用一己之力为这场对话做着准备。在《从一次关于语言的对话而来》中，海德格尔称自己为'询问者'（ein Fragender），应该就是在这个意义上的称呼。"从实质上来讲，这里将东亚世界作为比较的对象并没有什么深层的含义。海德格尔并不是要对东亚世界或非西方世界提起注意并加以思索，而只是对西方文明的深层次的根源进行反省而已。而这种反省很有可能会打开与外在世界进行真正对话的途径。众所周知，雅斯贝尔斯通过与印度著名学者之间的友情，而对东方世界产生了些许的兴趣。关于这一点，由于雅斯贝尔斯的相关著作已经公开出版，应该没有深入探讨的必要。这里只是对他下面的说法进行引用，"我们是从欧洲哲学的晚霞出发，穿过我们这个时代的黎明而走向世界哲学的曙光"。总之，雅斯贝尔斯对人类的"自我"进行思考的存在主义思想态度与对于自身所从属的文化传统的特殊性所进行的有意识的反省的态度之间有着某种联系，这一点正是他所思考的问题。

从我们亚洲人的立场来看，近代日本的观念论哲学与西方的存在主义思想之间虽然没有直接的关联，但如上所述，其中存在某种微妙意义上的联系。如果将西方近代作为媒介来看的话，近代日本哲学可谓是在外来压力的推动下，苦恼于其与自身文化传统之间的差距而产生的反省之产物。与此相对，存在主义思想则是在西方近代压力之下，以自内而外的反省为契机产生的。对于20世纪经历了两次战败的德国来说，其经历可谓是引起上述反省的契机。从现代哲学的流派来看，除了存在主义思想，尚有分析哲学或马克思主义等思潮。其中分析哲学是以科学技术的普适性为基础的，因此可以将其看作能够超越不同文化传统的思想；而马克思主义所提倡的阶级联合，至少在理论上可谓是超越国家与民族之封闭性的主张。这些思想，因其是基于一定程度的历史事实而产生的思想，因此绝不能轻易地否定或忽视。然而，另一方面我们不能仅仅依靠科学技术或社会改革来解决人类所有的问题。我们的问题的出发点应该是基于以下疑问而来，即现代人对于"人"——我们"自身"究竟有多大程度的了解呢？从我们的日常经验来看，最了解我们自己的人就是自己。从历史或文化的角度来看，不言自明的是，日本人最了解日本人，西方人更了解西方人。然而，抛弃上述那种日常经验或不言自明的观点才是带有反省意义的认识自己的出发点。那么，西方人对于"自身"的反省与亚洲人的有何种意义上的不同，现在仍然是未知数。然而，不管怎样，这一问题与科学技术的客观性乃至政治经济的国际连带性均不属于同一层面的问题。将自身的哲学思考引入文化或宗教等问题的相关领域中，并对人的"自我"进行不断的探究，才是现代哲学思考者的一个重要课题。

存在主义思想与近代日本哲学之间的联系并不仅仅作为过去的事实摆在我们面前。与此同时，我们应该通过继承前人思索的遗产，对将来进行理性的求索。正因为两者均是对于人的"自我"进行的反省性的思考，并且正因为我们亚洲世界的人与西方人均是"人"，因此两者思考的结合点一定隐藏在某处。本书的后半部分，将从这一点出发，对现代存在主义思想的存在方式与我们东方人的思想传统之间的关联进行思考。关于这一点，近代日本的哲学家们已经发挥了先驱性的作用。在这里，笔者并不仅仅是从近代理性主义批判的意义上对存在主义进行思考，而主要是从与先于近代认识论的古代中世存在论的思考方式之间的关联来进行思考。之所以这样说，是因为对于西方近代的态度不应仅停留于与近代之间的对决，更取决于我们对于近代文明之前的人类文化传统整体的态度。

综上所述，笔者试图在本书中思考两个问题。一、近代日本哲学与存在主义思想之间有着密切的关系，其背后隐藏着什么，笔者试图通过溯源到上述思考者所处的历史传统背景中，对其进行探究并加以明确；二、通过继承思想家们的思想遗产，思考存在主义思想在现代的存在方式。

[JWK]

（孙彬译）

中村雄二郎

中村雄二郎（1925—2017）

在东京大学完成学业后，中村雄二郎曾担任过一段时间的广播文化节目总监，然后回到明治大学研究和教学，一直到退休。他将扎实的新闻传播意识与批判性的哲学思想相结合，在现代思想、文化和艺术的最前沿蓬勃发展。

对以身体和激情理论为载体的现代理性主义的批判贯穿于《感性时代》（1965）、《共通感觉论》（1979）、《恶的哲学笔记》（1994）以及对奥姆真理教的反思《日本文化中的恶与罪》（1988）等作品中。1987年，他重新发现了西田几多郎的哲学，并试图"解构"他的场所逻辑。此外，他还翻译了柏格森、巴赫拉德和明科夫斯基的作品。

以下第一篇选自他关于共通感研究的最后一章，显示中村回顾了他对以视觉为中心的人类理解的理性主义模式的批判性思考，并指出了一些仍有待考虑的问题。第二部分是关于"感性"的思想，发展了他对现代理性主义思想的基本问题的批判性思考。他从与巴厘岛文化的接触中得到了特别的启发，他关注的是旨在将人类的弱点和邪恶凸显出来的戏剧手段，而不是将它们推到一边或压制它们，以便将社会成员从它们中解放出来并加以保护，同时也为文化本身注入活力。

[KN]

共通感
中村雄二郎 1979, 249-62

在之前的四章内容中，围绕"共通感"的各种问题，我们尽可能地进行了多方位、概括性的思考。最后，作为总结，我们将针对上述考察所打开的视野、今后的课题以及新出现的问题等进行阐述，同时对表述不清的问题加以补充说明。

首先，上述考察打开了何种视野呢？在"共通感的重新发现"（第一章）中，我们所探究的是，通过挖掘作为所谓常识的"共通感"（common sense）之根源，探索其中隐藏着何种根本性与关乎我们的切实问题，此外，亦探讨在思考上述问题时统合五感的根源性感觉——共通感拥有何种重要意义并且如何发挥作用的。

作为常识的"common sense"，作为日常经验的知性，拥有朴素的考量和卓越的经验的双重性与两面性。不仅如此，它一方面拥有众所周知的、自明性的特点，一方面却因其自明性的特点而遮蔽了一些不为人知的、不合常理的东西。上述那种自明性绝不是永恒不变的，而是在时代、社会与文化的作用下形成的。然而，当其变化、分裂并呈现多样性的时候，我们就会处于失去准则的不安之中。其原因在于，在这种情况下，我们触碰到了原来所隐藏的那些不为人知的、不合常理的东西。

那么，其自明性的基准是如何形成的呢？可以说是由现象学中所说的"交互主观性"知觉而形成的。这里所说的"知觉"指的正是共通感的作用，因此，通过探寻其自明性的基准，使得作为常识的"common sense"与共通感之间在不同寻常的意义上有所连接。并且，从这一点出发，在自明性的基准发生变动的危机时代，由感觉层面而来的"知"的更替则成为必然。

现代艺术的划时代意义上的企划（杜尚、凯奇）与精神医学对"common sense"或共通感的关注（布兰肯伯格、木村敏）之间相互呼应，并在根源上相通，这些尝试正是对此自明性的基准进行的设问。现代艺术与精神医学之间有着密切的关系，这一点已被很多人所感受并加以讨论。然而，对于其中相当部分的考察与分析，我却不能苟同。其原因很有可能在于上述考察分析中缺乏对该自明性的基准进行充分思考。

诚然，形成自明性之基准的共通感与"常识"，尤其是前者，具有非常卓越的媒介作用。在这点上，引人注目的是，中井正一指出，作为上述具有媒介作用的存在，要将情感与共通感相结合，即《艺术中的媒介问题》（初稿，1931）。在该文中，中井指出，普遍来说，情感带有认识范畴上的媒介性质意味着艺术改变了其位置，而作为媒介的概念则由其卑下的地位一跃而上。

将上述说法与康德的思考相对照来看，则意味深长——康德将亚里士多德的共通感（sensus communis）作为特异情况来看，并将其作为情感原理。康德在其第三批判（《判断力批判》）的第四十节中，否定将"sensus communis"看作具有常识意义的做法，而将其看作具有共通感的理念，并认为其在认识的可传达性方面起着重要作用。正如在第二十一节中所示，这一共通感形成了"情感的普遍的可传达性的前提"。当情感与共通感结合之时，它就成为诸认识能力的共鸣和解者，承担其比例与平衡的存在，以及人与人、人与物之间的传达者。因此，根据思考情况，作为认识能力与诸能力的媒介，其为最高层次的存在，亦是主观与客观的媒介。

包含上述内容的《艺术中的媒介问题》与之前（第一章第2节）所引户坂润《"常识"的分析》均为20世纪30年代前半期的著作。对现在的我们来说，这些内容给我们提出了不小的课题。面对这样的课题，我想本书应该回答了大部分的内容。

共通感的问题是关系到五感（诸感觉）的统合方式的问题，然而，尤其是近代世界中的视觉优先，乃至于视觉的专制统治，以及与此相对的触觉的恢复或复权等则是关于五感切换的问题。这种包含了视觉、触觉乃至听觉、嗅觉与味觉的五感之间相互处于何种关系呢？关于这一点，有许多相关的片断式探讨，但基本没有系统的研究。因此，借这个机会，笔者试图表达自身的观点。尤其是关于所谓的视觉优先问题，究竟在何种程度上可以这样说，在何种程度上不能这样说。

在"超越视觉神话"（第二章）中，笔者试图探讨的正是这个问题。因此，关于视觉问题，首先探讨两位拥有尖锐的个人意识的画家（爱歇尔、玛格利特）的作品。通过上述探讨，来思考我们眼睛所感受到的实景是基于何种错觉或幻觉而来，换句话说，视觉中有着何种陷阱？而且，尽管存在视觉陷阱，我们有多么相信我们的视觉等方面的问题。虽然有"百闻不如一见"这样的谚语，但是将实际与错觉相互颠倒的情况不在少数。

而且，视觉优先这种情况已经被基于古生物学、动物学、大脑生理学等方面所做的人类学考察（安·勒儒瓦高汉）所证实。通过这些研究，在综合意义上可以明确的是，在生物进化过程中，人类的脑和手之间关联系统的进化。这些给我们带来重要的启发。其中对我们观点的重要启发是，人类的脑神经系统的完成意味着将统合诸感觉、分配印象或应答的统合装置加诸已有的脑神经系统之上。而且，手·工具以及面孔·语言活动的两种机能带来了具有表达意义的记号（符号）的出现，从而出现视觉支配眼睛进行读解、支配手用来书写这两种功能。

不仅如此，在知觉中视觉优先的情况，在现代心理学中亦有论说。普遍来说，现代知觉心理学认为，比起其他任何感觉来说，视觉与对象之间的关联更加密切，而且很少受到其他外在诸感觉的影响，亦很少被修正；并且在知觉之中能够观察到视觉优先的统合情况。而且，在"逆转视野的知觉"实验中，可以见到视觉的绝对性优先的决定意义上的根据。

然而，早在可称为现象学哲学家（贝克莱、孔狄亚克）关于五感的古典意义的考察中，就已经否定了上述视觉优先的说法，他们主张触觉给视觉指令并对其进行引导。那么，上述这种古典意义的考察是否值得我们重新回顾呢？如果值得回顾的话，那么我们是否必须面对视觉优先和触觉优先的两种完全对立的说法，并且必须选择其中一方呢？抑或至少对这两种说法进行某些调整呢？

面对上述这些极为重要并根本的问题，经过在不同角度进行考察的结果，笔者依据胜木保次关于诸感觉的新分类，将诸感觉的更为基础的统合作为"体性感觉"之统合来把握。所谓体性感觉，狭义上指的是不限于触觉，亦包含肌肉感觉或运动感觉等方面的感觉。并且，与这一体性感觉的统合是基础性的、谓语性的统合相对，成为主体性的、主语性的统合则可谓是诸感觉的视觉上的统合。如果上述想法成立的话，那么视觉上的统合原本就应该是基于体性感觉的统合之上成立的。因前者具有主语性，后者具有谓语性，后者在潜在意义上难以把握，所以后者的统合会轻易地被前者的统合所逆向理解。而且，不仅视觉上的统合，听觉上的统合亦是主语性、主体性之统合。

通过在上述意义上对"体性感觉"之统合的发现与把握，笔者认为这里存在巨大的展望。关于构成知觉中心的是视觉还是触觉这一自古以来的选择性疑问，我们可以从迄今为止的思考之中找到具有说服力的说法。比如柏格森所说的"运动图示"、梅洛-庞蒂所提出的"身体图示"，以及上溯到胡塞尔的"运动机能命题"等，均是从各自的观点出发对我们人类的运动状态下的身体的体性感觉统合进行阐释的可能性尝试。

第二章的末尾追加了"'逆转视野的知觉'问题"。之所以对这一问题进行深入探讨，是因为在仔细考察"逆转视野的知觉"实验报告之后，发现乍看上去仿佛是为视觉优先之统合而立论的该实验报告不仅没有否定"体性感觉"的统合这一说法，而是进一步肯定了这一观点。而且，该报告不仅肯定了这一观点，更进一步地说，该报告证实了体性感觉之统合与视觉上的统合分别作为基础性的、谓语性的统合与主体性的、主语性的统合而相互紧密结合。

通过体性感觉之统合的思考可以明确如下问题，即将照相或电影技术发达并且电视拥有巨大影响力的现代社会称为"视觉时代"究竟是否妥当？一方面人们动辄将现代称为"视觉时代"，另一方面却主张"电视是触觉的扩张"（麦克卢汉）。然而，关于其后的问题，却没有进一步深入地思考。关于现代，用我们的观点来看的话，可以将其明确称为"视觉—体性感觉时代"。

然而，针对视觉上的一枝独秀而提出恢复体性感觉，作为媒体的普遍问题而表现得尤其显著，然而问题不限于此。关于语言（自然语言），即便是理论性的语言，亦成为其中的问题。这里所谓的恢复语言的体性感觉，意味着重新审视意象所拥有的积极意义并重新恢复意象性。那是因为意象与世界密切相关的同时，并在此意义上具有想象性与身体性。并且，恢复语言的意向性意味着使语言从分析理性的逻各斯重新回到共通感的逻各斯。

由此，在"共通感与语言"（第三章）中，我们思考了如下问题：从共通感的角度来看，语言是什么？该如何来理解？在对其重新理解的时候，语言对于我们探究生活世界给予了何种理论或线索呢？这里"良知"（法 bon sens）就成为问题。其原因在于，围绕良知的两种考察（柏格森、小林秀雄）中存在将"良知"与"常识"相混淆的情况，而对此进行探讨则是将问题展开的很好的切入点。

关于"良知"（法 bon sens），柏格森的理解如下。良知是掌握人际关系，教会我们生活中有用的东西的感觉。该感觉位于科学与本能之间，是以不断更新的真理为指向的知性活动，亦是基于公正精神的社会判断力。在与"古典学习"相关联的意义上对"良知"的重新理解则会将视野延展到人文主义传统之上，在深远意义上为其赋予高级常识的性格。

然而，如果将"良知"直接看作高级的"常识"的话，尤其是笛卡尔所说的"良知"的话，那么就会产生意义不对等乃至相关问题。为什么呢？其原因在于笛卡尔所说的"良知"并非柏格森所说的"良知"，而是明确地等同于"理性"。而站在该理性立场的笛卡尔，其所持的语言观与"common sense"的语言观有所不同，与"共通感"的语言观则更加不同。关于这一点，小林秀雄的那种基本上仅仅依靠《方法论》来探讨"关于常识"的做法中出现了不可回避的杜撰成分。小林关于常识的思考方式在我国被广泛地接受。正因为如此，其具有相当威力的不完备的理论需要我们明确地指正。其原因在于由笛卡尔的"良知"或"理性"所开拓的数学理性所支配的近代世界可以说是"共通感退缩"（怀特海）之后的世界。

然而，起源于亚里士多德的"共通感"与"common sense"之间可谓是互为表里的。因此，将两者进行明确区分是非常困难的。但是，所谓的"common sense"的常识性的含义是何时、以何种方式从 sensus communis 这一词语中体现出来的呢？这一点需要尽可能加以明确。对其进行详尽的追踪需要相当的准备，目前笔者不具备这一实力。但是，为了推动第三章的考察，对其大体情况加以明确却是非常必要的，这亦是本书企划的部分内容。

幸运的是，关于所谓常识意义上的"common sense"概念的发展脉络，从古罗马尤其是西塞罗到文艺复兴人文主义之间的梳理已经完成。贯穿古罗马与文艺复兴人文主义之间的是对"修辞学、雄辩术"（rhetoric）的重视。上述"修辞学"是与逻辑学（或辩证法）相对立的理论。也就是说，逻辑学是普遍性的、体系化的；与此相对，"修辞学"是以特定的听众或读者作为假想的对象，以向他们演说常识来说服对方为目的，是与具体实践相关联的。

这一立足于从古罗马到文艺复兴人文主义的脉络，并对"修辞学"加以重视的"common sense"（常识）的想法，却在西方近代（除了培根之外）基本上没有得到继承。而培根虽曾受到笛卡尔主义的洗礼，却杀了个回马枪，采取了激进的反笛卡尔主义立场，这一点对于梳理"common sense"与"良知"（理性）之间的关系意味深长。除了培根之外，稍晚一些出现了以舍夫茨别利、托马斯·里德为代表的"常识学派"。该"常识学派"被看作对抗怀疑论的危机时代之思想，这一点具有新的意义。然而，他们对"common sense"（常识）的思考方式却逐渐远离"修辞学"，"common sense"（常识）作为判断的基准基本成为代替理性的类似直觉的东西。

从上述周边的状况来看，笛卡尔的良知（理性）的立场则开始清晰起来。在此基础上，本章试图达到的目的是对建立在共通感的语言观之上的分析理性的语言观的超越，具体来说是对乔姆斯基流派（笛卡尔派语言学）的超越。即一方面探究笛卡尔在其语言观形成中所摒弃的东西是什么；与此同时，另一方面，将其所摒弃的意象性、身体性（体性感觉上）的东西进行恢复，并用现代语言论的用语或理论对恢复之后的语言进行理解与把握。

通过上述考察，可知笛卡尔—乔姆斯基式的理性主义语言观所把握的是句子的结构关系（syntagm），而句子的范式关系（paradigm）则被忽视。语言活动中的上述两个关系轴由共通感的思考方式所决定，反向来说亦决定了共通感的思考方式。上述两个关系轴亦可分别称为邻接关系与类似关系，而在邻接关系意义上的差别与类似关系意义上的差别分别可以用换喻（metonymy）与隐喻（metaphor）等比喻来表示。

并且，上述两种比喻形式被模式化后，其适用范围有所扩大。这里以语言活动为中心，将各种人类活动与能够在类似关系中置换的和能够在邻接关系中置换的相呼应，分别将其看作<u>隐喻性关系</u>与<u>换喻性关系</u>。例如，艺术与科学、艺术之中的浪漫主义与写实主义、梦与欲望等。不仅如此，更深入地来看，能够更好地把握人类活动的存在形式的两个生活世界的理论分别为结构论与辩证法。辩证法是"换喻意义上的语言理论"，与此相对，结构论是"隐喻意义上的语言理论"，二者与其说是互相否定的，不如说是相辅相成的。

第三章中的第4节和第5节的问题，其实在《感性的觉醒》（1975）一书中已经被展望，并在很大程度上被探讨。然而，这一问题在当时并没有被充分展开，因此有必要对此进行重新思考。因此，本书将之前没有充分探讨或没有阐述清楚的问题进行追加，并重新加以展开。作为其结果，其论述将清晰而充分。

在第四章"记忆·时间·场所"之中，笔者在前一章考察的基础上，将"共通感"视角中具有最重要意义的三个问题作为主要问题，试图探明记忆、时间与场所（希腊语 topos）等相互关联的三个问题。

记忆问题是近现代人最容易轻视的问题之一。近代的"知"开始显现自我并出现在历史舞台之时，记忆力或记忆问题被人们轻视是有其理由的。其原因在于，个人欲从历史的束缚或重压的塌方之下独立出来，与过去进行彻底了断是有必要的。而欲断绝与过去之间的联系并从零出发，则需要笛卡尔式的"方法"。所谓"方法"，是不依赖记忆或习惯，能够将人们引领到某种目的尤其是真理上的东西。（巴什拉曾在《适应的理性主义》中说"方法是习惯的对立面"。）正因为如此，数学方面的演绎与技巧才能够结合在一起。因此，从这个意义上来说，所谓近代亦是"方法"的时代。

然而，当"方法"上的原理的统治地位得到加强并贯彻始终时，人们开始痛彻地感到其存在基础的丧失，因此今天的人们开始重新回顾记忆的问题。然而，现代社会随着电子工学的发展，人们开始将记忆方面的工作交给机器，并对此产生依赖。包括上述内容在内，我们需要重新思考记忆对于我们究竟意味着什么。

关于这一点，有一个重要的抓手，那就是柏格森在其《物质与记忆》中所阐述的记忆论。其自发记忆（纯粹记忆）与习惯记忆，即精神记忆与身体记忆的分类方法，可谓没有逃脱身心二元论的窠臼。然而，即便从方法与记忆对比这点上来说，柏格森能够一马当先地超越众人而直面记忆的问题，这是非常值得注意的。然而，若是在超越笛卡尔的身心二元论的意义上重新审视记忆问题的话，最引人注目的是亚里士多德从"共通感"角度对记忆进行把握的方法。原因在于其方法论认为形象记忆（自发性记忆）既是精神上的，亦是身体上的。

而且，正如可以通过"讲述"（让内）来把握一样，这种自发性记忆是过去的语言化，亦是由语言所带来的过去的意识化。由此可以理解古希腊、古罗马以来在西方修辞学中为什么或多或少地均将"记忆术"作为问题来看待的问题。将古代记忆术所具有的非同一般的意义与文艺复兴的宇宙论的发展相结合并赋予其新的生命力的是弗朗西斯·叶芝的《记忆术》。由叶芝所重新发掘的古代记忆术表明记忆与场所有着密切的关系，这一点可谓引人深思。此外，其记忆术发展的历史与共通感的发展历史基本重合，这一点更加引人深思。

关于古代与中世纪记忆术的历史沿革，以及亚里士多德所说的"sensus communis"（共通感）的历史沿革，本书用了两节的篇幅对于这段复杂的历史进行了整理与探讨。一方面是因为笔者希望对于这样两段相互平行的历史过程按照自己的方式进行梳理，另一方面是因为在此二者相互缠绕关联之中包含诸多带给生活在现代的我们以启示的问题。

在上述梳理中，我们能够发现如下问题：在历史上，人们对记忆的理解不限于其与时间的关系，还包括与场所或印象等方面的关系，认为记忆是具有上述关系的人类精神的本质性活动；与共通感的明确化相伴随，记忆随之被知性化，被当作通向实践真知的必经之路；共通感所发生的场所被认为是心脏或大脑，这种看法包含了现代的某些问题。

不仅如此，在记忆论的发展过程中，尚有如下的发展过程，即柏拉图—西塞罗—文艺复兴新柏拉图主义。这意味着在其发展过程中亦存在非"共通感"（sensus communis）即常识（"common sense"）方面的分支。尤其是西塞罗，在关于记忆方面他采取了柏拉图式的思考，这种做法与给现世的真理和认识的相对性以根据并采取能够带来开放性探讨的常识（"common sence"）之立场相关联。

与记忆问题相伴，时间问题亦与"sensus communis"相关联。在这种情况下，笛卡尔理论中作为共通感发生器的"松果腺"的功能，则作为掌管生物钟的器官，被现代生理学与现代生化学所重新发现与认识。也就是说，松果腺（松果体）作为人的内分泌腺之一，在与掌管生物钟的生物节律相关联的意义上被重新认识。通过上述考察我们能够明确的是，共通感是以概日节律为基础的感知基本时间的感觉，亦是在该基本时间之上产生的感知人类时间的感觉。

由此，人类时间以及生存时间均可从共通感的角度进行重新思考。这里会提及米切尔·恩德的童话《毛毛》。关于该童话，虽然曾在其他的地方涉及过，但是那时并没有充分地将问题引出来。此外，关于时间节律的问题，通过本章的考察，探讨了如下问题，即自然节律或在历史时间上所形成的某一国家或地区的社会、文化节律与时间，正是形成人们之间作为共通知觉或判断的"common sense"之基础。

然而，时间越是具体，越会与特定的空间尤其是古来所说的场所相结合。第四章的最后一节之所以会探讨"场所的诸问题"，是因为当我们在"共通感"的观点上看问题时，这一"场所"就会出现在各种角度和各种问题之中。其主要角度有如下四种，一、作为根据的场所；二、作为身体的场所；三、作为象征物的场所；四、与具体考察或探讨的问题相关的场所（论点、论据）。这些均为同等重要的角度，并且相互关联、相互作用。上述探讨虽然没有论证得非常充分，但在某种程度上对问题的所在作出了表述。

[RJJW]

感性智慧
中村雄二郎 1982，69-71

（综上所述，想必读者已经对于巴厘岛的"感性智慧"为何物，以及魔女兰达等是如何将"感性智慧"体现出来的等问题有所了解。然而，在进一步思考这些问题之前，有必要将我在这里所说的"感性智慧"做一下总结性的介绍。）

"感性智慧"中的"感性"指的不仅是"passion"即激情，亦表示被动、受苦、痛楚、病痛等与人类弱点相关的方面，因此，"感性智慧"指的是与主动意义上的知识、具有行动力的知识等现代科学相关的智慧完全相反的方面。那是以人类的强项为前提的近代科学知识体系所蔑视的东西。我们这些生活在近现代的人则是基于近代科学的分析性的知识体系与机械论的自然观，将客观事物与自然界进行对象化，以达到对客观事物与自然法则的了解，从而对其进行支配与改造。由此，人类对自然的支配圈不断扩大，与命运的必然不断抗争，从而建立自由的王国。诚然，遵循近代科学知识体系而建立的近代文明在全世界范围内给人类生活带来了巨大的变革。

近代科学的知识体系与近代文明给我们带来了非常大的影响，并且它被看作人类活动中唯一能够永久、无限发展的要素。而且，我们通常会认为现在没有解决的问题必定在不久的将来由科学所解决。近代生理学或近代医学正是这种具有能动性、乐天性的科学知识体系的产物，人们坚信它会摧毁一切痛苦与疾病。虽然还不至于认为它能避免死亡，但人们相信医疗技术能够治疗疾病并让人们远离死亡。

然而，现实情况却没有朝向人们期望的方向前进。我们反而会遭受现实或自然带给我们的强大的反作用。我们每个人均或多或少地遭受过"公害"带给我们的伤害，我们周围的环境充满了危险。我们遭受痛苦或伤害的情况增多，由死亡带来的恐惧亦会增大。因此，无论何人均毫无例外地被置于被动的、承受痛苦的境地。然而，我们现代人在面临上述处境之时，却毫无准备，缺乏相应的知识与智慧。

科学的知识体系，其操作方向是将外在事物作为对象，并基于因果律而成立。然而，这种做法会带来事物本身及其认识之间的冰冷的分裂与对立。如果说上述科学的知识体系是操作性的智慧的话，那么"感性智慧"则是在读取外界环境或世界对我们的开示并赋予其意义的方向上，基于象征体系与宇宙论而成立的。换句话来说，"感性智慧"一边在观察一切事物的征兆、前兆与外在特征及其潜藏的深意，对那些即将袭击我们的危险进行对应处理，一边创造出具有深刻意义的空间。从典型性形态上来说，其通常被看作神话或魔术方面的智慧，然而，实际上"经验"所带给我们的正是"感性智慧"。这里的"经验"等于生存经验，它使外界环境、事物与我们之间形成密切联系，由此我们在面对新的问题之时，能够从已知的问题中抽取出有用的东西，从而很好地应对事态的变化。

如果说科学的知识体系是在冷静的视角下视觉方面的智慧的话，那么"感性智慧"则是身体上的、体性感觉方面的智慧。在"感性智慧"中，即便视觉发挥作用的时候，其作用亦与体性感觉相结合，因此其作用可以看作"共通感"意义上的。而且，在这种情况下，身体是生存着的身体、活动着的身体，因此"感性智慧"在这里是与即兴发挥的"演出"相结合的。这一操纵着活动着的身体的共通感所感知到的、所读取到的必定是征兆、象征与宇宙。因此，从上述诸特征来看，"感性智慧"可谓是卓越的戏剧性的智慧。

（有可能正是由于我长期以来对上述意义上的"感性智慧"进行不断探索的缘故，巴厘岛的生活与文化，尤其是魔女兰达等给我带来了非同一般的冲击。然而，如果反过来的话，即以兰达等为中心的巴厘岛的生活或文化，亦会在深度和广度上对我所探索并思考的"感性智慧"提供相应的内容与依据。）①

［IML］

（孙彬译）

---

① 英文版中没有开头和结尾加括号的前后两部分。——译者注

木村敏

木村敏（1931—2021）

也许在20世纪的日本，没有哪位思想家比木村敏更能代表心理学和哲学之间的联系。在实践精神病学并广泛发表关于异常心理学的文章，特别是关于精神分裂症和人格解体的文章的同时，他的早期作品中也可以看出他对哲学的广泛兴趣。在对自我之谜的一次又一次探索中，它的构建和崩溃，它的意识和焦灼，使木村不单是一个坐着轮椅的哲学家，而是一个参与他的病人的经验的医生。如果有一个贯穿他对20世纪哲学家的阅读的不变主题，那就是坚信真正的自我现象学不能排除"他者"以及在自我和他者之间打开的共在（Mitsein）。在这方面，他记录了他在1970年代初阅读西田几多郎《我和你》时所经历的强烈震撼，几乎就像阅读他正在治疗的精神分裂症患者的诊断书一样。随着时间的推移，他开始将自己与他所看到的西方哲学家对自我的处理中的二元论倾向区分开来，以便更深入地探究日本和东方的哲学——放弃胡塞尔的自我现象学而选择西田几多郎的场所逻辑。为了回应海德格尔的"向死而生"的主观主义概念，他提出了一个"否定死亡的原则"，作为自我和他人统一的基础。

如以下章节说明的那样，木村认为有必要通过对物（mono）和事（koto）之间关系的分析，连接noetic（以主语为中心的）思维和noematic（以谓语为中心的）思维之间的认识论差距。

[JWH]

（张政远译）

《时间与自我》
木村 1982, 129-50

所谓真理,就是一种如果没有它,某种生物便不能存活的谬误。

——尼采《权力意志》

第一部 作为事的时间

第一章 由追问物到追问事

物的世界

我们生活在一个被物包围的世界。物充满了我们的世界空间。环顾这空间的任何地方,到处都为物所占。即便是思考理想的真空,那也有真空这一物。

我的面前有桌子这一物,有稿纸这一物,我在上面用圆珠笔这一物写字。不变的是,字也还是物。我想吸烟,就找打火机。打火机一下子没找到。但是,即便这样,也不会出现因打火机这一物没在跟前就不存在这一物的地方。没发现打火机的桌子,只是被非打火机的物所占据着。

所谓物将空间填满,不是只能用来谈论我们外部的世界。在被称为意识的我们内部空间,也还是被物所占据。

例如,我现在想将自己关于时间这一物的思考写在稿纸上。其实,虽然我是想写时间本身绝不是物这一趣旨的内容,但我一直盯着在自己的脑海中轮廓和思路等渐渐清晰起来的想法般的东西,在努力将其转为语言的这一过程中,时间,或曰关于时间的我的思考,就呈现为一种占据我的内部空间的物的形态。

与时间相关联,我也尝试思考速度这样的事情。所谓迅速,其本来的面目绝不是物。但是,将其用速度这一形式来加以描绘的话,它立刻就变成了物。

所谓外部空间的物,是构成看见这一动作的对象这样的东西。当然,眼所看不到的东西也有很多。但是，那是因为我们眼的能力是有限的，不是它本身在原理上看不见。与此相同，关于内部空间的物，也被允用"看见"这一说法。因为诸如我们在头脑中努力去形成看法的时刻，就是我们在一直凝视着自己的看法浮现的情形。

无论是用外部的眼在看，还是用内部的眼在看，因为看见这一动作是可能的，所以它和物之间一定有距离。所谓被看见的东西，就是隔着距离位于眼前的事物。这就是"对象"或"客观"这一单词的意义。凡物皆为客观，凡客观皆为物。看见景色、沉醉其美的瞬间，景色及其美皆不构成客观。因为与景色及其美之间没有任何距离，可以说我们与其景色已成为一体。主观与客观没有被区分开。在这样的瞬间，在我们的外部和内部都没有物。景色及其美都成了客观。于是，我们看见了美物。或者将美这一物作为余韵加以体味。

一直以来，西洋的科学是客观地看待物的，被视为金科玉律。"理论"（theory）一词的词源是希腊语的"观照"（theoria）。在西方，看见意味着就那么捕捉、理解。并且，这不仅是单纯地以客观的观察为本领的自然科学，也是包含哲学在内的一般学术的基本姿态。

例如，有一个称为"存在论"的哲学领域。在这一领域，"有为何种事物"原本就被当作问题。有这一事物从其原来的样态看，当然不是物。但是，将其如历来的存在论所论述的那般，以"存在是什么""存在为何物"这样的形式作为问题的话，"有这一事物"立刻就变成了物。我们就会从外部看待存在这一物，觉得它既不是这样的，也不是那样的。就成了"是什么呢""如何存在呢"这样的问题的对象，这往往是客观的物。它被指为这个物、那个物，借助被指名变成被固定的东西。有这一事物，从其被看作"是什么"这一问题的对象开始，就已经改变了其本身。有这一事物，就像这样的一种事实：我们借由是那样而加以接受、知晓其是怎么回事。既然说是事实，则又变成了物。也只能说：有就是这么一回事。

如此一来，只要让自己感觉到的意识发挥作用，我们就住在内部和外部皆为物或用物填满的空间中。在这个空间当中，我们每个人也是一个个的物。我们的肉体不只是物。我们所认为的自己、其同一性及宛如他者的心灵般的东西，只要我们看见它，它就作为物呈现在我们眼前。

事的世界

不过，如果我们放弃客观地看待世界，或者即便是去想象一下放弃客观地看待的话，就会明白这个世界并非仅靠物而存在的。就会明白它还有并非作为客观的、对象的物出现般的、与其完全不是同一个世界的呈现方式。并且，那种世界的呈现方式，在日语中称之为"事"。

就日语中"事"与"物"之间存在论上的差异，最先进行哲学考察的是和辻哲郎（《续日本精神史研究》，岩波书店，第417页以下）。最近，广松涉氏围绕此问题展开了高水平的讨论（《面向事的世界观的前哨》《物、事、语言》，皆为劲草书房出版）。本书虽没有对这些著作进行特意引用，但我的思考却受到两位先生观点的很大影响。

我在这儿这件事、在我的面前有桌子和稿纸等东西这件事、现在我在上面写字这件事、我已经就时间问题进行长期思考这件事，所有这些皆非物，而是事。我想抽烟，找不到打火机，这也是事。

在这些不同情况下呈现的事，皆具有极不安定的性质。事无论如何是无法像物那般，客观地加以固定的。它无色无形无大无小，最主要的是，它不能指定场所进行。我看到景色觉得美这件事，这件事既好像是在我一方发生的，又好像是在景色一方发生的。或者并非在其中的哪一方发生的，而是好像在一个围绕着我和景色双方的、更高次元的地方发生的事情一般。

我们的意识，似乎并不喜欢这种不安定性。我们用"自己""自身""我"等之类的名称所称呼的东西，其实并非物，而是叫作"是自己""是我"的事；或许来自这种情形：它本身是没有清晰的形状及所在的不安定的东西。原本不安定的自己，想要在世界的一处找到安定的场所。但是，事的世界别说成为自己的支撑了，只不过是将自己的不安定性逐渐暴露出来而已。因此，作为我们自己，一遇到事出现，立刻就想拉开距离，借助看见它而将其变为物。

软弱的我们自己，无法忍受自身的不安定性，不想承认在物与事之间存在绝对性的差异。想要如此认为：苹果从树上掉下来这件事，不过是表述从树上掉下来的苹果这一物的动作、情形及应有的状态，相对于物被指名为名词，不过是将其用命题的形式所展开的论述。总之，物与事不过是同一现象的看法及说法的不同。

然而，其实正是在这种看法的不同、说法的不同当中，才包含了决定性的重大差异。用"从树上掉下的苹果"这一名词的说法表述的时候，看到那个情形的人，是抹去了自己在现场这一事实。即便是自己之外的任何人看到了，"从树上掉下的苹果"就是"从树上掉下的苹果"，这与看到的人的主观无任何关系，只是定位于距那个人几米前方某处的可以定位的客观存在的<u>物</u>。在客观的物面前，自己可以隐去其存在。不暴露这种不安定性。

与此相对，"苹果从树上掉下"则明确包含了从树上掉下的苹果和看到这一现象并经验了"苹果从树上掉下"这一主观过程两方面的命题。亦即如果没有以某种形式去经验这一过程的主观的、自己的东西，那么即便有从树上掉下的<u>苹果</u>这一<u>物</u>，也不会被阐述为苹果从树上<u>掉下</u>这一<u>事</u>。<u>苹果</u>虽然是位于对面的、客观的一侧，但其<u>掉下</u>这一经验却位于所谓的这边、主观的一侧。或者，如果可以这么说的话，位于客观与主观<u>之间</u>。

可以想象，会有反论说：苹果从树上掉下来，是客观的物理现象，与观察这一过程的主观方无任何关系。但是，这种反论，是将"掉下"这一<u>事</u>悄悄地替换为"落下"这一<u>物</u>。落下虽有<u>这个</u>落下、<u>那个</u>落下——亦即落下虽然是客观的世界空间中可以推定的个别现象——但关于"掉下"一<u>事</u>，<u>这个</u>或<u>那个</u>的推定是不可能的。如果说"掉下"多少带有<u>些</u>个别性的话，那是仅凭"掉下"这一形式所经验的<u>物</u>（例如苹果）的个别性而言的，不是来自"掉下"这件事本身。

另外，这也与"掉下"是客观的、物理的落下，亦即超越从物体的上方向下方进行空间移动的意义，被用在众多的比喻意义上有关。名声落地、城池陷落、品质掉落、都城陷落、附体精灵退去等，列举不尽。这些"掉下"，有作为<u>事</u>的、作为主观的经验的共同性。只要作为<u>事</u>来看，那这些就都是"同样的<u>事</u>"，苹果从树上掉下，不过是其中的一个事例。"掉下"这个词，即便原本是指物体的落下，但在实际的使用当中——亦即作为"说的主观"所说的生动的语言——也不过是与其他众多的比喻用法相并列的一个比喻而已。

我们用眼<u>看</u><u>物</u>。从树上掉下的苹果及其<u>落下</u>，是眼睛可见的。但是，我们无法用眼睛看见"掉下"这件事。能看到的，终归是苹果，是其落下。"苹果从树上掉下"这件事本身，与"没通过考试""理解领会"这些眼睛看不见的事物相同，是不可见的。虽然不可见，但我们确实经验了这一过程。尽管这无法成为客观的知觉对象，但我们拥有确实经验这一过程的一种感性。这种感性，是将所有的语言的比喻用法变为可能的基本的感性，自古以来以"共通感觉"之名称之。不过，关于这种共通感觉，我想另找机会进行深入论述。

　　*关于共通感觉的精神病理学的意义，在拙著《异常的构造》（讲谈社现代新书）第40页以后页码中已有论述。另外，也请参照中村雄二郎氏的《共通感觉论》（岩波书店）和《感性的知》（筑摩书房）。

事的日本式特性

　　相对于物，事这一说法所拥有的虽微妙但表达决定性的"存在论的差异"这种习惯，未见于欧美语言，是日语独特的用法（关于在日语和欧美语言之外的各种语言中，这种区别是否还有，因孤陋寡闻，尚不知晓）。在 event/Geschehen/événement 等语言所表达的"事件""事情""事态"等，是已经被完全物化、被客观看待的"事"，离纯粹、直接的"……这种事"本身相当远。把用于实际说"……这种事"时的从属接续词 that 及 da 名词化，创造出 thatness/Dassheit 这一单词，在此，我们将其与表示"那是什么"的 whatness/Washeit 进行对比，借此，还进行了想要表现"事性"的尝试（在法语中，这也无法很好地表达）。不过，用这样的人造词，借由我们日常主观的共通感觉的情态性加以充分证实的"……这种事"的经验来看，"事性"作为被强行固定下来的概念，终不过是如陈旧的化石般的东西。

　　通过与世界及自然保持一定的距离，对其进行客观的观察，将其作为"物"去看的思考法，是非常优秀的西方的东西。同时，现代的精致的自然科学及位于其基础的合理的世界观，若寻其源头，是来自西方这种特殊的物的看法。关于以上两点，无需再说。我感觉，日本人的感性，自古以来就呈现出与此非常不同的表达方式。"毋庸置疑，以形相为有、形成为善的泰西文化的绚烂发展，产生了许多应该崇尚之物、值得学习之事。但是，在几千年来培育了我等祖先的东洋文化之根底，隐藏着所谓见无形之形、闻无声之声的东西。我们的心一直在不断地追寻这样的东西，我想给这样的要求赋予哲学的根据。"（西田几多郎《从体现到看》，全集第四卷，岩波书店，序）西田在此所写的"无形之物""无声之物"，其实并非"物"，而是"事"。恰恰是对于事的世界的安静的、共通感觉般的感受性，才是隐藏在"几千年来培育了我等祖先的东洋文化根底"的日本式心性之核心。

　　*西洋的"物的文化"和日本的"事的文化"之差异，来源于何处这一问题，虽然极为意味深长，但此处无法切入。一般认为，和辻哲郎的《风土论》就此给出了一个很大的启示。关于这个问题，请参照拙著《人与人之间》（弘文堂）第81页（第三卷）以下。

事与言

　　日语本来无<u>事</u>与<u>言</u>之区别。"在古代社会，人们相信，说出口的事（言），原封不动地就意味着事（事实、事情）。同时，事（发生的事、行为）原封不动地被表现为事（言）。"因此，言和事是未分化的，二者皆可以事这一单词加以理解（《岩波古语辞典》，"事"项）。不过，到了奈良、平安时代以后，二者渐渐产生了分化，"言"作为表现"并非事（言）的全部，仅为其一端而已"（同上，"言"项）。"言之叶""言"，开始独立于事。

　　这样一来，语言这种东西就被认为仅是表现本来的<u>事</u>的极为表面的一面。可是，即便到经历了漫长历史后的今天，仍不能说事与言的分化已全部完成。这花是红的一<u>事</u>，当然不是用"这花是红的"这一<u>言</u>就能充分表达其全部的内容。并且，在其限度内，这一语言不过仅仅表达了目前展现在我眼前的<u>事</u>的世界之一端。这些<u>事</u>是：这花是红的，红花在我眼前，我眺望红花，觉得好看，等等。可是，即便如此，如果不用"这花是红的"这一<u>言</u>的话，就不能表达或传达这花是红的这件<u>事</u>。<u>物</u>可以借助将其展示在眼前来加以确认。与此相反，<u>事</u>是不能如看见般呈现的。<u>事</u>只能借助言去说，借助听去理解。

　　<u>物</u>是可以展现在眼前的东西，是眼睛<u>可以看见</u>的，并非只能就占据外部空间位置的可视的物体而言。一个个的三角形，在其成为可视的东西之前，三角形的<u>形象</u>之类的东西，不是借助肉眼理解的。尽管如此，在某种意义上，

它是可以看见的，这是肯定的。在希腊以来的西方思想当中，事物的本质作为形式即形相，被视为体现"看"的对象。

与此几乎并行，事也可以这么说。事是可以借助言去说、去听的东西。但是，这未必是被限于作为在言语方面被分节、被构音的单词所进行的去说与去听。正如言的语源所教给我们的，借助语言所理解的，只不过是事的表层部分。毋宁说，事的本质隐藏在无法通过语言述说、不能从语言中听取的地方。可是，即便是在这种情况下，我们仍然创造了"听"这种说法。西田几多郎所写"听无声之物的声音"，体现的应该就是这种意思吧。

在物的层面被理解的"存在"，作为看的对象被客观地理论化。与此不同，不失事的性质的"有这件事"，说到底，作为一种沉默的声音，只能用听的方式得以了解。

看东西这一动作，只有隔着一定的距离才成立。与此相对，听这件事——无论是听其说话的声音，还是听其心声——都是在我们跟前产生的。对于能够听到的声音，我们是不会觉得太远的。声音在离我们自身无限近的地方可以被听到。刚才我们谈到，与物是位于客观的一侧相对，事是位于主观的一方，或曰位于主观与客观之间。事作为一种声音，既然能够被听到，这个"之间"一定是在其本身、无限接近自己的地方，作为与自己本身宛若没有区别的地方而存在。

事与时间

物占据着我们内在的、外在的空间。外部的物为了存在，需要一定的空间容积。所以，物与物在空间上是相互排斥的。两个物是不能同时占有相同的空间的。

关于内部的物也是如此。我想起某个形象的时候，同时我就不能想起别的形象。即便是表象为内部的物，因为占据了我的内部空间，也排斥其他的表象。边听音乐边思考时间的问题，琢磨为了表现这种思考的文章，即便是在进行如此复杂的意识活动的场合，意识是在不断地活动的，其中只有某一项处于意识活动范畴的中心。并且，其他的形象从意识中消失，至少被置于背景的边缘。同时有两个表象占据意识活动范畴的中心，是不可能的。

事则与此大相径庭。我存在、坐在桌前、在听音乐、在就时间问题进行思考、将其作为文章写到稿纸上，这些事在同时进行。并且，针对志向意识，作为事，只要不对象化，这些事就丝毫不会相互排斥，它们融合在我现在位于这里当中，同时成立。

当然，同一瞬间在我不知道的地方，有无数的事件在发生。某处或许有人死去，或许有人出生。即便是在我的身体内部，也在不断地产生各种各样的生理学的、生化学的变化。在这些无数的事件当中，如身体的变化及气象的变化般，应该有许多会给我的心情及意识活动带来直接影响。不过，这些事件及变化，只要不为我所注意、不在意识上影响到我的存在，即只要不参与到我现在位于这里当中，就不成为与我有关的事。如前所述，事要作为事成立，需要我从主观上在场。

但是，作为我的事而出现的这些众多的事，其存在方式是非常不安定的。我将意识投向它们的时候，它们就不是纯粹的事，而变成意识内部的物了。既然变成了物，它们在意识当中就占据了空间的场所。并且，只能变成相互排斥的形状。事为了作为纯粹的事存在，就必须在总是拥有作为物能够被意识化的可能性的同时，处于免于意识集中的未决状态。说来，事经常处于如一种生成器的元素般的不安定状态。即便说我在事的现场，也不意味着我意识的焦点在此。那意味着事不是被对象化，而是构成了我的现在。

事虽不像物那般占据内部及外部的空间，但在构成我的现在这一层面上，占据了我的时间。当然，物相应地也可以占有时间。我所使用的桌子，在被放到这个房间之后，已经过了几年的时间。东西之所以变旧了，就是因为相应地占有了许多的时间。音乐这种东西，不消耗一定的时间的话，既不能演奏也不能听。将我关于时间的思考写成一本书这项工作，所需要的时间远比预想的要长。

不过，在内部的或外部的被对象化的物占有时间的情况下，此时所考虑的"时间"，就是能被表及日历显示为数据那样的时间量，是所谓的长啦短啦之类的可以计量的时间，或者是在被空间化的眼中能看到的时间。这样的时间，其本身是被对象化为物的时间。被对象化为物的时间，也可以说它位于同样被对象化为物的时间当中。我们在谈论物的时间的时候，即便是把时间作为用表及日历等方式实际能看到的东西，或者是更内部的方法，也还是将其作为一种时间表象乃至时间形象，作为用内部之眼能看到的东西加以思考。

不仅思考，还对其加以计量。

所谓非物的时间，或者事的时间意味着什么呢？因为这是本书的基本追问，在此还不能给出答案。这里能说的是，在各种各样的事构成了我的现在的意味上，说"事占有了我的时间"的时候，在此用时间这一单词所说的事情，只是意味着与物的、对象的时间有本质的不同之意。我们好像是用同一个"时间"这一概念，表达两个完全不同的意思。作为物的时间与作为事的时间，在这两者之间，有绝不可相互比较之类的、本质上的差异。看清这种差异，是本书的基本态度。

物与事的共生关系

作为物的方式与作为事的方式之间，有根本性的、本质上的差异，并不意味着在现实世界当中，物与事作为两个完全不同的现象形式不互相混杂。亦即不是呈现物在整体上是物，不具有事的特征，事即时常是纯粹的事，不显示物的样子这种二者择一的表现方式。

如前所述，纯粹的事的状态，如生成器的元素般，是不安定的，具有很快就作为物的对象想要安定的倾向。"有"这件事，很快就想要成为"存在"这种物的形式；"快"这件事，作为称之为"速度"的物，想要在我们的意识中找到安定。本来，我们的意识是为了找到物，可以说，只要是借助意识去找，那么不管是什么样的事，都会具有物的形状。在这个意义上，事是超意识的。所有不具有物的粉饰的纯粹无垢的事的形态，在原理上是不能借助志向的意识去捕捉的。

事借助语言来表现。但是，严密地讲，语言所表达的事，已不是纯粹的事。"掉落"这个言，虽然说的是掉落这件事，但对听这个词的我们而言，不由这个词产生任何的形象联想的话，几乎就不能理解"掉落"的意思。用形象的形式加以理解，就已经不是纯粹的事了。

相反，我们来思考一下把事作为言的操作。外界的物有不同名字，只要知道就能简单地指名。与此相对，将无形的事用语言进行表达，经常不是那么容易的。尽管想要表达的事，自己明白得很，但困惑于将其表述为什么言好，谁都有这种感受。

类似将外语翻成日语的时候，遇到这种困难的机会尤其多。我们经常困惑于：外语单词及语句的意思、其所表达的事，越是明白就越是找不到与此匹配的日语。如果是用字典将单词及熟语进行机械地置换的电脑式翻译的话，则另当别论。要想将生动的外语变成生动的日语，则经常会遇到这种困难。无论选何种言，那种言本来所表示的事，与自己想要表达的事之间的差距，是很醒目的。反过来讲，在我们平时所使用的生动的言当中，事是相当浓重地附在的。当勉强要说迄今为止用那个国家的言不曾被讲到般的事之时，无论如何都必须要对言施加某种暴力。翻译这项工作，在这个意义上，往往是令言从事当中异化的不自然行为。

尽管语言本身是一种物，但其中居住着活生生的事。于是可以说，在物与事之间存在一种共生关系。把这种共生关系最大限度加以利用的，是被称作"诗"的语言艺术。诗与普通文章的本质区别是，虽然诗利用语言这一物，且多数情形是谈论各种各样的物，但不以传达有关物的情报为目的，而是想要鲜明地表现事的世界。

闲寂古池旁，青蛙跳进水中央，扑通一声响。

这首人尽皆知的芭蕉的俳句，在形式上，并没有关于几个物的很多描写。青蛙跳进古池后的水响，只有这些。在文章构造上，与"从树上掉落的苹果"几无区别。实际上，如果将这首俳句直译为外语的话，会变成毫无情感的物的世界的报告书。

但是，若是日本人的话，谁都不会把这首俳句当作物的世界的报告书。这里隐藏着一件事。这件事，可能是在青蛙跳进古池造成水响的时候产生的，也可能是在芭蕉的心中产生的。或者，也许最正确的，是在声音与芭蕉之间产生的事。不管怎么说，某些事萦绕在芭蕉的身边，并且，想要将这件事用言加以表达的时候，芭蕉就吟咏了"闲寂古池旁，青蛙跳进水中央，扑通一声响"。

因此，即便是想要将这首俳句所表达的事，用与此不同的语言加以说明，这恐怕也是不可能的。即使是将其原封不动地置换为外语，同样的事也不能再现。古池、青蛙、水响，这些物的形象，跳进这件事不可避免地被物化的形象，加之将这些语言排列时，语音及节奏等音声学的特征所形成的形象，这些物的形象的综合，令我们从其背后清晰地感知纯粹的事的世界。纯粹的事的世界，作为与俳句的音声重叠的沉默的声音，在我们的跟前，可清晰地听到。

物与事的共生关系被认可，不只是存在于像俳句及诗这样表现为语言艺术的情形中。无论是绘画还是音乐，大凡被称为艺术作品的东西，皆是通过物的表现素材，来开启事的世界。进而，不仅是艺术领域，只要是属于人的表现行为，不管它是什么样的东西，都具有根据物来感知事的构造。例如，所说的表情就是如此。我们可以通过他人的表情读懂他的心理。位于物的次元的脸部的表情，表现作为事的内心。并且，如某种表演论所说的那般，我们借助脸部的表情所演绎的东西，可以将内心向与这种表情一致的方向调整。演技表现哭泣的话，自然就变得悲伤。事呈现为物，物表现事，由物可理解事。

人格分裂症中事的缺失

有表情，不仅是如脸、动作或语言及艺术作品等那样的，一般被看作表现的媒体的东西。我面前所放的这张桌子、我所握着的这支笔、我写的这一个一个的字，这其中皆有其相应的表情。尽管这都是物，但也经常表现为某种形式的事的世界。这张桌子过窄是一件事，这张小桌子与在其上所写的几篇论文一起编入了我的历史，也是一件事。尤其是，这张桌子现存于我的眼前、我把两肘支在上面，这都属于事的世界。桌子这一物，将这些各种各样的事在某种意义上表现了出来。我们感知桌子的时候，不只是单纯地感知桌子作为物的属性，如大小、形状、颜色、温度等，时常我们也同时感知位于其背后的事的世界。

这一事实，在我们朴素的日常生活中，几乎是不被察觉般的自明之事。我们在看桌子的时候，在那种视觉的或触觉的知觉意识以外，没想去感知那张桌子的实在感及与桌子有关的情绪等问题。这种实在感及情绪般的东西，只要不特意加以注意，是不会被意识到的。

可是，这种自明的事的感觉，在某种神经症中消失得无影无踪。这种情形下，由于在患者的智能、行动及在物的程度上的知觉中，未发现任何障碍，见于分裂症般的妄想、幻觉亦都未出现，这种症状反而是一种非常不可思议的现象，自古以来引起了众多研究者的关注。在精神医学中，将这种特异的症状称之为 depersonnalisation，日语中称之为"人格分裂症""人格丧失体验"等。

关于人格分裂症，请参照拙著《自觉的精神病理》（纪伊国屋书店）（第一卷）的第一章、《自己·之间·时间》（弘文堂）的第四章（《人格分裂症的精神病理》，第五卷）等。

至于为何被称为人格分裂症，是因为在这种症状当中，不光是失去了有关外界的事物及自己身体的实在感及现实感、充实感、重量感、归属感等感觉，最重要的是患者诉说的切实体验是：失去了<u>自己</u>，或者是与以前完全不一样了，感情及性格丧失。

例如，无论患者看什么，都搞不懂那东西就<u>在</u>那里。虽然东西的大小及形状并未改变，但患者感觉不到那是切实存在的。就如看窗外的景色，虽然明白那是松树、那是屋顶、那是天空，却感觉不到那构成了一道风景。看温度计的话，虽然能说出多少度，却不明白热啦冷啦、季节感之类的事，已经感受不到喜怒哀乐了。患者诉说的体验有：自己变成了没有任何感情的机器人，搞不懂其他人是什么心情，看谁都像是同一人，感觉不到个性，自己也没有个性了，没有心理活动，不知道自己是怎么回事，不管做什么都没有自己在做的感觉，不知道自己在这儿，不明白"这里"和"那里"的意思，感受不到空间的开阔，没有远近的区别，感觉全都被摆在一个平面上。

这种症状多为某一天突然开始，绝大多数会持续数年或十几年。尚不知是何种神经系统的组织引起的这种不可思议的症状，但是从精神病理学层面来看，认为在再也无法忍耐痛苦的现实这种心情的长期持续，和继之突然开始的这种病态的现实丧失感之间，有深层意味的关系。

在人格分裂症中，欠缺的感觉是有关<u>事</u>的世界的感觉，这毋庸赘言。在健康时的生活中，从背后充分地支撑着对世界的<u>物</u>的知觉的<u>事</u>的感觉一下子消失了，世界失去了那种表情。虽然人格分裂症患者异口同声地表示"自己消失了""搞不懂自己"，但它清晰地说明，我们所唤的"自己"之类的东西，其实不是<u>物</u>，是借助叫作自己的事才成立的。

在人格分裂症患者不断诉说的体验中，对我们来讲，尤其值得注意的是其独特的时间体验。有患者说："时间的流逝也真可笑。时间变得很零碎，根本不向前走。零碎的、毫无关联的无数的现在，现在、现在、现在、现在，只是胡乱地出现，毫无规则与联系。"另有患者说："看表的话，知道现在是几点，但对时间的流逝没有实感。"还有患者将同一件事用"时刻与时刻间的间隔没有了"这样的说法来表达。

这种时间体验的差异，虽然只是从拥有相当的知识水平和表现能力的少数患者那里听来的，但对于准备就时间的本性进行考察的我们的课题而言，带来了极为重要的启发。

综合不同患者的表现来看，人格分裂症在下面这些能力方面毫无障碍：从钟表等读取时刻、了解时间的量的经过、判断一些运动及变化是快还是慢。这些患者毋庸置疑，保有过去、现在、未来的观念，在知识方面也充分了解时间是由未来流向过去。尽管如此，患者无法将现在的印象和接下来的印象用时间的观点加以衔接。即便两件事分别在不同的表针的位置发生，尽管能说出那是几分钟之后发生的事，却不能用时间过去了这种感觉来将两件事联系起来。"时刻与时刻间的间隔"没有了，患者说的这句话，一定是想要表达这样的情形。

人格分裂症患者对于周围的世界及属于自己内部的各种物的理解，是与健康的时候同样的。这就是每次都是现在时点的知觉印象。在这个意义上，患者失去了现在的知觉。不过，这样的现在，夹在未来和过去之间，位于没有时间接续的交界处，一刻也没在同一地方停留。一个现在，直接连着下一个现在。并且，如此无数出现的现在的相继发生，因为是由分别作为瞬间的点的现在而成立的，所以通常是非连续性的。

与此相对，在健康的日常生活中，我们绝不会将这种称作现在的"时间单位"，作为一刻不停的、令人眼花缭乱地跑下去的点一样的东西来加以体验。毋宁说，相反，现在对我们而言，一般是将其作为充满丰富内容的、安定的静止状态加以体验。现在的确是夹在未来与过去之间。但是，那个现在作为一种自由的延展，因为允许我们安居，所以我们可以将时间作为没有停顿的连续加以描绘。

我刚才所写的我们的现在是由事所构成时的"现在"，是一个作为拥有如此丰富空间的现在。作为事的现在，不在未来与过去之间制造停顿。不如说，如果结合我们的自然体验来说的话，在将这个现在的空间往"从现在开始"和"到现在为止"两方面展开的时候，才首次浮现出未来与过去的形象。现在是将未来与过去、从现在开始和到现在为止由其自身加以分泌般，处于未来与过去之间。不是先有未来与过去，现在被夹在它们之间。作为之间的现在，创造了未来与过去。作为事的现在，就这样成了全部流逝时间的源泉。在"时刻与时刻的间隔"中，时间产生了。

对失去了事的世界的人格分裂症患者来说，这种意义上的作为间隔的现在是不成立的。患者说"零碎的、毫无关联的无数的现在，现在、现在、现在、现在，只是胡乱地出现，毫无规则与联系"的真意，其实是在说现在并不成立。患者所说的"现在"，只不过是物的刹那点的非连续的相继发生。因此，才会"时间变得很零碎，根本不向前走"。刹那的现在之所以能一刻不停地消失，是因为时间在行走的看法是错觉。我们所谓时间从未来向过去连续地流逝的体验，毋宁说，是从这里产生的：现在的丰富空间，在拥有从现在开始和到现在为止的两个方向极性的作用下，停留在了我们身边。

道元说："切勿仅思时飞去，切勿只学飞去乃时之能。时若飞去一任去，当留有间隙。"（《正法眼藏》第二十《有时》）这里所说的"时"，可以认为是指现在。现在仅是从未来向过去飞去，不是能。如果仅了解现在是这般飞去的话，那么，在现在与现在之间是留有间隙的，如人格分裂症患者所说的非连续的时间就出现了。道元进而还说："尽界藏尽有，系系乃时时。依有时成吾有时。"（同上）宇宙中的万物，在存在这一事的状态下，作为各个现在是连续的。存在一事本身就是现在，因而，所谓自己也就是作为存在的现在。

人格分裂症患者失去了自我，失去了存在感，失去了时间。这些"症状"，如果我们将视线从物的世界转向事的世界的话，也不需要任何繁琐的说明，就可以理解这是一个基本的障碍表现。自己也是事，存在也是事，而且，时间也是事。以下，本书将考察这种作为事的时间。

不过，即便如此，我们日常所用的"时间"的概念，过于强大，已被物的构思所污染。

为了将时间的概念进行事的净化，我们首先必须就物的时间再进行稍微深入的思考。

[JWK]

（孙雪梅译）

广松涉

广松涉（1933—1994）

广松涉在东京大学获得哲学博士学位，曾在该校任教多年，专授哲学。他因对马克思"物化"概念的独到阐释而闻名。特别是，他认为格奥尔格·卢卡奇在处理这个概念时，假设了主体与客体之间的二元性对立，广松认为这构成了一种误导。因此，他在其哲学著作中不断尝试展示对象或现象是如何始终处于中介状态的。在下面的选段中，我们可以看到他不断展示所谓的客观现象由于主体的中介作用而呈现多样性。然而，如果每一种现象被拆解成若干主观视角，那么就无法进行连贯的沟通。为解决此问题，广松提出了一种理想主体的中介，这是一种匿名的社会中介主体，可能类似于海德格尔的"人"的概念，但它摒弃了其"他们"概念中的一些贬义内涵。相反，广松采取了一种广义主体类型来展示沟通和引用是如何变得可能的。他对主体性"二肢"结构的分析，后来与对客观历史世界的分析相结合，形成了一个更为全面的"四肢结构"的观点，他称之为"共同主观"。

除了哲学著作外，广松在1980年还出版了一本关于京都学派的书评，该书后来成了一部经典著作，即《超越近代》。在该书中，他强烈批判1942年著名的"超越近代"座谈会，并将日本对亚洲主义的看法与在中国东北的扩张性政治联系起来。后来，在1994年，他在《朝日新闻》上发表了一篇文章，称赞亚洲主义是未来左翼分子的理想选择，这让一些读者十分惊讶，毕竟广松一直被视为对日本战时意识形态展开批判的马克思主义批评家。

[VM]

现象的主体二重性

广松 1991，51-60

在上一节中，从现象世界的直接现象出发，暂且对现象其实是对象的二要素的二肢结构这一点进行了概观。在本节中，要再一次回到原点，来关注在前一节中没有展开论述的另一个侧面。

一

现象作为现象存在，首先涉及针对谁的问题。现在我手里握着的钢笔，是"针对我"而存在；孩子看到牛，说那是"汪汪"，那么该现象作为"汪汪"是针对孩子而存在。

此外，我们还可以举出以下事例。现在，隔壁房间里有小孩在哭泣，在"小孩伤心"的情况下，这时候现象作为"直接与件"（针对我）存在，同时也以小孩自己伤心"针对小孩自己存在"这种形式，呈现出二重归属的情况。另外，在孩子们抢球玩耍等场景中，"一种"现象（球）针对几个小孩和我，可以说呈现出多重归属。

此刻的这种状况针对我和针对孩子本人究竟是否相同，我们暂且不对这个问题进行反思，而目前只关注现象的"事实"。

就现象的"事实"而言，现象不仅必定针对谁，而且在许多情况下不仅能针对我，还能针对你，针对他，一般能针对任意的他者。关于这一点，有必要进行一些考察。

例如，当牛在某个孩子眼中是"汪汪"的时候，牛作为"汪汪"的存在是针对那个孩子，而不是针对我。尽管如此，如果我不以某种方式将牛理解为"汪汪"，我甚至无法意识到孩子"错误地"将牛误认为狗。我能认识到孩子的"错误"，正是因为我在某种程度上也将牛作为"汪汪"来理解了。仅就这一点而言，"作为汪汪的牛"确实呈现出二重归属。

然而，在这种情况下，"我"和"孩子"并不像孩子们抢球玩耍时那样，仅仅是并列的存在，在此，不妨称之为"自己分裂的自己统一"这种二重化现象。在我看来，牛就是牛，而不是狗，但我理解孩子想要表达的意思。换言之，当我设身处地地为孩子考虑时，牛便作为"汪汪"在场。简而言之，在此如果使用"作为我的我""作为孩子的我"这样的表述，这两种我在某种意义上既是不同的我，同时又是同一个我。

像这样，这种不妨称为"自己分裂的自己统一"的事态，在语言交流的场景中体现得最为明显。可以说，这绝不是例外的情形（通过"共情"能够理解"他人"的喜悦以及悲伤，这种基础性场景也体现了这一点），而是现象的意识普遍具有的可能结构。

现象"针对"某人存在，而"主体"方面具有"作为某人的谁"这样的二重化结构。因此，一些现象无法给予单个人，却能给予多人。一般来说，人们拥有的"知识"是通过"传授"获得的。人们实际拥有的作为现象世界的"世界"，正是依赖于这种"传授"而形成的。

这是一件十分明了的事情，但知识的传授究竟是什么呢？另外，像在所谓"成见"等情况下特别显著地体现出来那样，之前所具有的知识制约之后的意识活动，这又是基于怎样的机制呢？考虑到与后文的关联，在此想就这个问题进行思考。

知识的传授并不是像将一个人的"意识内容"从一个盒子转移到另一个盒子那样转移到别人的意识中。传授并不是将自己所拥有的相同心像、相同形象在对方的意识中唤醒。顺便指出：即使没有伴随任何心像，人们也能明确理解某些事物，因此心像这样的意识内容或表象并不是传授的本质性要素。另外，就之前的知识制约之后的意识活动而言，这并不像书写板（tabula rasa）没有擦干净或者蜡版带有划痕，也不是知识、观念在意识这样的盒子里面发生冲突或者进行结合。

知识的传授无非就是一个人将"所与"作为"某种东西"（etwas）来把握的方式，与别人将之作为某种东西来把握的方式相同这种情况。这里所说的作为某种东西来把握的方式，换言之，意识的作用方式的确立并固定化（在此不对其生理、心理学的机制进行深入探讨），使得针对新的所与也可以用相同的方式来把握。我们认为，现有的知识对意识活动的制约现象与这种意识结构融为一体，并以此为基础。

以上文中的事例来说，起初孩子把牛理解为"汪汪"，但有人告诉他那不是"汪汪"，而是"牛"。用法国社会学派的话来说，"通过被耻笑这种严厉的处罚"，迫使他将其理解为"牛"。起初，孩子自己的意识与大人那么来称呼的"知识"可能处于分裂状态，但不久后会进行同化，孩子们自己"自发地""自然而然地"将该所与作为"牛"来理解，孩子学习别人将之作为"某种东西"（etwas）来把握的方式，与别人同化。就这样，作为"某种东西"来把握的方式，也就是意识作用的发挥方式被共同主观化。

我们实际上将钟表声听成"滴答滴答"，将鸡鸣声听成"喔喔"，不懂英语的人不可能将它听成 ticktack。从这样的事例也可以看出，就连在声音感知这样的层面，将所与作为"某种东西"来意识的方式也被共同主观化。以这种被共同主观化的"某种东西"以外的形态来意识所与，这种事情实际上基本上是不可能的。

鉴于这样的事实，只有在我们处于"作为某人的谁"这样的结构中，"现与的"对象世界才是展现在我们面前的世界。也就是说，换个视角来说，对象世界"针对……"而展现，是指处于自己分裂的自己统一状态下的"主体"（作为单纯的我以上的我）针对"作为我们的我"而展现。

总而言之，现象世界"针对……"而展现的主体，存在于上述的"作为某人的谁"这种二肢的二重结构之中。

二

作为某人的"谁"是什么呢？也就是说，在现象世界，当现象"针对……"时的"主体"作为"他"登场，这时的"某人"（jemand）具有怎样的特性呢？

这个"人"首先像上述事例中的孩子一样，是作为特定的个人呈现。不过，在听从朋友的意见，在乎别人的想法这些情况下，某人成为所谓"不特定的多数人"。进而（在此，暂且不对作为父亲来行动、作为教师发言这种地位和角色〈status and role〉进行探讨）纠正别人的措辞，说"兔子要说一只、两只"，这样来意识普遍有效性，来做出"A 是 B"的判断时，以不妨称为"日语的一般语言主体""一般判断主观"这样的身份来说话。而且，在我说"你误解了他的意思"时，呈现所谓"套盒型"多重结构这种情形。因此，某人是"谁"（什么）不能一概而论。而且，实际上阐明这些位阶的各种形态的区别和功能，在论述"主体"的共同主观的自我形成时是必不可少的，因此在后文中我们将对这个问题进行专题探讨。在此，暂且尝试就其存在特性指出几点。

作为特定的个人，即便在我和你、我和他对现象进行分享、参与（participation）时，两人在其"实在的"规定性中，也并非我即你、你即我。这一点在某人作为"不特定多数人"显现的情况下会更加清晰，在那作为不妨称为"一般判断主观"来显现的情况下，可以明确看出其"理念"的存在特性。

在说起窗外有松树时，这不单单是我个人的想法，对任何人来说，那都是松树，我自在地拥有这种"普遍有效性的要求"。在说起针对"万人"是"普遍的"时，也就是说，在我自在地意识到所谓"万人"的观点时，这种某人并不是特定的个人。这与特定个人的生死无关，那是无关紧要的事情，它本身既不是男性也不是女性，既不是老人也不是孩子。同时，这个人必须是任何一个人。就这一点而言，这与在前一节（二）中论述过的"树"等一样，是"非特定的个人的、函数的、超时空的"理念的"某人"。

但是，这种理念的"某人"并不是作为"人"这种对象的、概念的"意义"上的"某种东西"，这种"人"能设定为你与我。说来，我、你、他等作为"对象"登场的情形也是可能的，不过在现在所探讨的文脉中，那始终是将所与作为别的东西（etwas Anderes）来意识的、作为"主体"时的理念的某人。

三

很显然，这种理念的某人并不会脱离实在的每个"个体"实存于某处的"形而上的世界"。正如在前文中指出过的那样，作为"主体"的人一般自在地，而且是自为地（für uns）作为这种理念的"主体"的一个范例（ein Exemplar）而存在。理念的某人只有在"具象化"时才具有现实的存在性。

但是，当"现实的主体"作为理念的某人的"具象化的一个范例"存在时，这种实在的规定性毋宁说是无关紧要的。

例如，对于学生而言，外语教师作为该外语的"语言体系"（gangue）主体通用、有效（gelten），他是一名"教师"，他的个性、人格规定性只具有次要意义。巫女最能体现这方面的情形。在此，巫女的所有个人特性都无关紧要，她只有作为神谕"具象化"的"场"才具有意义。当然，在其他文脉中，"主体"的实在的各种规定性具有中心意义，不能说因为作为理念的"某人"显现，实在的规定性就会完全脱落。但总而言之，主体作为某人在意识中显现时，承载核心意义的是理念的某人。

反思一下便可以发现，结合他人的显现方式所阐述的以上事态在自己身上也可以看到。我们屡屡会意识到"作为我的我"与"作为谁的我"之间的断层，但面对现象世界时，一般不是单纯的"作为我的我"（现在暂且不去追究那是作为应该称为常人<das Man>的水准，还是作为应该称为"一般表象主观""一般判断主观"的水准，以及那受到怎样的意识形态的制约），而是与在某种普遍的共同主观的视角中看待世界的东西一起自在地进行意指（meinen）。例如，在说起"这里有钢笔""现在三点钟""那边的树看上去小，但实际并不小"等时，我意指那不单单是针对"作为我的我"的与件，对于其他人也同样具有"普遍有效性"。只针对单纯的"作为我的我"的东西被贬为一般。在针对"我以上的我"时，现象才作为"某种东西"存在。像这样，比起单纯的我，那个作为某人的我处于优势。

我想已经无需对此作进一步阐述了。现象世界"针对……"而展开的"主体"不仅在最低限度具有二肢的"作为某人的谁"这样的结构，一般来说，在理念的契机侧面以有特色的形态，作为自己分裂的自己统一体而存在。

所谓"主体"侧面也处于理念的、实在的二重结构之中，主体侧面也作为"那以上的东西"（etwas Mehr）而存在，我们想确认这样的问题。

[VM]

（彭曦译）

坂部惠

坂部惠（1936—2009）

坂部惠在东京大学完成了他的学士和博士学位的哲学研究。先在国学院大学和东京都立大学讲学，然后他回到了母校任职，直到1997年退休。坂部在他的同时代人中脱颖而出，是因为他的博学多才，其中包括对西方哲学传统的深刻理解（包括被大多数当代哲学家忽视的几个重要人物），以及对日本传统艺术、美学和哲学有广博的鉴赏力。他对这些课题的关心反映在其关于个别思想家（康德、和辻哲郎、九鬼周造）和现代思想史的专著中，包括他对现代日本哲学的原创性和有影响力的研究专著《面具的诠释学》（1976）中。

在下面摘录的文章中，坂部把自己放在通过语言媒介共同构成自我和他人的背景中，以概述"主体"这一独特的西方概念在20世纪的日本哲学中是如何被处理的，而在日本的传统中，这一概念是不存在的，或者只是极少被提及。他比较了西田几多郎与和辻的思想，认为，在前者，在自我与他人分离之前，自我从"一个表达式世界"中出现；而后者以人类为中心，更加强调主体间的表达。然后他转向语言学，以及时枝诚记的"语言过程"理论，该理论设想"从句子的谓词式核心中出现语法上的主词"。坂部表明，如果不了解江户时期在本居宣长的领导下，语言学研究如何从诗歌的创作和解释实践中获得直接的启发，这些都是无法完全理解的。最后，他主张重新利用这种研究，通过恢复想象力的核心作用，在日本哲学家中激发更多的创造性思维。

[GP]

主体的问题
坂部惠 1987, 23-46

从明治时期到今天,如何吸收西方哲学的影响,即在古老的日本思想传统的基础上吸收它,然后将它应用于现代日本的现状,一直是日本"现代化"进程中的一个紧迫而不可避免的问题。

首先,许多困难出于现代日语中的西方哲学传统。借用语言学的技术词汇:在词法、句法,特别是语义理论的层面上,日语和西欧的语言被重大的、不可避免的差异所分隔,这是众所周知的。事实上,在翻译西方哲学的专业词汇时,人们大多借鉴佛教和儒家的术语,或为其目的而改编。但是人们没有意识到这一点,这种处理方式本身就会引起意义的滑移,这种滑移来自西方和东方知识传统的差异。此外,正如我将在后面谈到的,句法层面的差异反过来又会在语义层面上产生更广泛的滑移。由于这个原因,也由于思维实践中的这些不同的滑移,自明治时期以来,日本的哲学思想在新引进的西方思想模式的权威的意识形态光环下,一直有陷入语义真空的危险。

此外,作为一个自然的结果,这些类型的滑移,在日本哲学的技术词汇,实际上是在它的一般语言与日常生活的语言之间打开了一个重要的缺口。这种趋势显然加剧了上述哲学语言陷入语义真空的危险。时至今日,日本哲学的语言越是变得如此难以理解,以至于超出了普通人的理解力,就越不能说它已经摆脱了语义真空的困境,摆脱了在日常话语领域失去实用有效性的危险。

同时,不可否认的是,在现代日本哲学的传统中,也有像和辻哲郎和九鬼周造这样的人物,他们试图通过充分意识到上述纰漏和危险,来实现植根于真正活生生的日语中的哲学思维,从而弥补由此产生的漏洞。然而,遗憾的是,对我来说,这样的人物似乎是个例外,而不是常规。一般来说,从国外引进的西方思想的压力是如此之大,以至于要充分意识到这种滑移和危险,并确保用母语思考的自主性是非常困难的。

由于一个多世纪以来,日本哲学不得不在这种不可避免的情况下运作,"主体"的问题给日本思想家带来了特殊的困难。众所周知,这个概念——自笛卡尔以来西方哲学中的一个关键概念——已经牵涉到西方和日本思想之间最大和最突出的滑移之一。为了解释这一点，我们可以暂时给出以下原因。

第一，主体与客体的二元论，或者换句话说，思维主体与现代自然科学所理解的客体（笛卡尔的 res extensa）相对立的观念，与日本的传统思维模式大体上是格格不入的。这些思维模式有时因强烈的泛神论甚至万物有灵论倾向而与众不同。

第二，在西方现代公民社会中，在斯多葛主义和基督教的影响下形成的拥有各种基本和不可剥夺权利的自主的个别主体概念，同样与日本传统思想中的概念有根本的不同。这是因为，尽管有一个受道家和佛教影响而形成的古老思想传统，根据这一传统，人们通过退出世界来确保自主权，但自主的个人主体的想法从未在任何重要程度上被日本社会所吸收。这也是因为在日本，甚至自现代以来，主体间或人际的关系在某种程度上是以那种经常被说成是属于人类心灵深处（或原始）的"统一社会性"的模式来铸造的，而这些也倾向于模糊划分作为主体的自我和作为主体的他人的界限。

举出以上理由的同时，还经常听到这样的论调：日本人似乎无法充分理解笛卡尔哲学，甚至是以笛卡尔哲学为代表的现代西方哲学的一般内容。针对这一点，我想我可以提供一个反驳，并将整个讨论带回其起点，尽管我不能详细讨论这个问题。当所谓的"笛卡尔主体主义"被置于西方哲学传统发展的更广阔的图景中时，实际上在某些情况下它是作为一个例外出现的。毕竟，在现代传统中很容易找到一些例子，如马勒布兰奇和梅因·德·比兰，他们有强烈的"反笛卡尔主义"倾向，并倾向于广义上的新柏拉图式的"统一神秘主义"。

无论如何，回到日本思想的问题上：可以肯定的是，从明治时期到第二次世界大战期间，人们一直试图加深自己对主体间或人际世界的理解，同时经常批判性地对抗西方"主体主义"的哲学传统——在某些情况下是以禅宗传统的虚无思想为基础。作为著名的例子，我只需要提到西田几多郎与和辻哲郎的名字。

在这些人物的沉思活动中，我们可以看到日本传统思想的某个方面是如何明显地活着并发挥作用的，尽管西方哲学对他们有着决定性的影响。这个方面就是特别关注人与自然，或主体与客体之间的"相互渗透"和"交叉反转"关系的倾向。在对语言的思考中，这一方面指的是一种倾向，即在每个词所处的整个具体语境中，认真对待单个词总是朝着新的（隐喻的）意涵方向超越自身的方式。

在战后的日本，所谓关于主体性的辩论是在几个方面进行的。一些人考虑到存在主义，参与了对主体存在方式的讨论，特别是在政治改革的背景下。其他人则试图引入胡塞尔、梅洛-庞蒂等人的主体间性哲学。还有一些人采用了结构主义思想，及其强烈的反笛卡尔主义的基调（在许多情况下只是作为一种新的知识时尚）。然而，我相当怀疑，除了战前已经取得的成果之外，关于这个主题的思想是否有任何决定性的进展。最近有一些运动在重新审视战前日本哲学的主题，我个人希望这些运动在未来能有一些成果。

鉴于上述围绕现代日本的"主体性"问题的一系列情况，以及日本思维的独特性质，我想讨论以下问题。（a）在现代日本，主体性问题是如何被处理的？（b）这些处理方法有什么独特的特点？（c）还有什么未解决的问题？我将从以下方面考虑这些问题：（1）哲学，（2）语言学或语言学理论，以及（3）思想史。

和辻和西田

为了思考主体问题在现代日本思想中的位置，我将首先考察（1）和辻哲郎对康德的解释，然后是（2）西田几多郎关于主体形成或发现自身的"场所"或"面具"的想法。在此基础上，我将（3）简要总结和辻和西田思想的特点；最后，通过比较这些特点，我将（4）考虑日本所谓的"存在论"或"诗性"的主体地位，不仅仅是考察明治时期之后，而是进一步追溯到江户时期的中期。

（1）在解释康德关于空间和时间在超验知觉中的作用的论述时，和辻写道：

> 本来，时间和空间的形式的统一并不仅仅是指身心统一的情况。总之，外部现象是空间和时间中的表征，而客体自我则只是时间中的表征。在这个意义上，时间"是所有现象的先天的形式上的条件"（《纯粹理性批判》，b50）。物体，无论是内部还是外部，被表征的事实已经在时间的条件下。

在这个意义上，所有事物都是时间和空间的表征，并且有不可能仅在空间中存在这样的表征。因此，所有事物都有内部和外部的双重性质。自我意识在所有事物中都是可能的。因此，所有的事物都必须包含在人格之中。然而，正如我已经提到的，对康德来说，这样的人格观念不可能存在在时间和空间的表征中。康德特别关注的是，仅与时间中的表征紧密结合的东西，即与心灵相结合的身体，他强调时间和空间的表征在这个意义上是内在的，包含着内部和外部的双重方面。因此，当一个超验的人格在这样一个独特的表象中意识到自己时，它就会把身体包含在自己的内部。因此，成为人格内容的只是身体。（《和辻哲郎全集》第九卷，350）

很明显，和辻在这里已经超越了现代西方主体的概念，通过借鉴亚洲，或者更具体地说，佛教传统，达到了人与物宇宙式交融的思考。

（2）在对康德所理解的主体的这种解释中，和辻不仅受到亚洲或日本思想（尤其是禅宗）的影响，而且更具体地受到西田哲学的影响，尽管他没有提到这一点。在西田哲学中，我们发现了一个关于宇宙联系的清晰逻辑，主体的形成就发生在其中。

整个自我被表达的世界所包含。如果我们可以说这也是意识，那么我们也可以说我们真正的自我存在于表达的意识中。然而，并不是表达的功能把我们的自我从黑暗中带出来，进入光明，而是我们的自我从一开始就不在黑暗中。从一个绝对的立场来说，自我决定就是自我封闭。就像一个人能够通过阻挡光线而看到自己一样，一个人通过阻挡自我的光线而看到自己。（《西田几多郎全集》第四卷，79—80）

我们的人格本身必须是一个深刻的自相矛盾。我们只有在通过否定我们自己而听到现实世界底部的绝对者的声音时才会活着……在这个现实世界之外，没有任何东西是我们应该意愿的。柳树变绿，花朵变红，山是此山，水是这水。（《西田几多郎全集》第六卷，333）

人们通过使用世界上遇到的任何事物作为镜子来看到自己的形象。从语言学上讲,在主客体分离之前的事件,或者说作为 energeia 的"事物",通过"谓词"的方式显示出自己。人们通过把相同的、单一的、基本的和不可见的地方,或地点,作为起点,首先遇到可见事物的外观。之后,人们唤醒了自己的自我,它在这些事物中反映了自己。在"主词方面"下出现的一系列反映中,在包含许多层次和方面的可见的地方,人们看到自己的反复,从而达到自我的宇宙觉醒,这就是所谓的自我觉醒。

这就是"表达式世界",或者说表达不可表达的自我的"表达式世界",即绝对不可能直接表达的自我,也是自我和世界的根源,象征性地反映了作为自身不可见的"谓词方面"。

(3)西田将主词相对于谓词的派生性质作为基本思想,至少隐含地为思考主客体的融合或相互渗透留下了自由空间。因此,他确保了主体在事物中或在事件的镜子中(通过表达它们的词语或谓语)象征性地看到自己的可能性,以及思考主体向其客观(可见)世界隐性转向的可能性。

在这里,事物反复产生和创造(poiein)主体,从而与主体的"诗性"或"生产性"领域有关,这使它能够在"虚无"领域达到其宇宙本体论的根基。

这种主体的转化性出现的垂直维度不能被所谓的笛卡尔式主体的框架所容纳,因为笛卡尔式主体是与客体面对面的。这个维度涉及一个辩证的运动,即主体和客体相互交融,相互转化,以达到自我的觉醒。在这个意义上,它有点类似于亚里士多德的模仿维度,在这个维度中,主体通过被称为模仿性再现的镜像效应,反复改变和超越自己。

在他的晚年,西田认为主体的诗性维度是至关重要的。他最终达到了这样的境界:只要主体随着垂直方向的运动而超越自身,走向宇宙的基础,在那里,语言通过可见事物的方式被象征性地表达出来,它就可以通过主体以想象力的象征性力量的运作而展开和传播自身的方式,实现与世界的统一,或者说实现世界与宇宙的统一。在他思想的这一顶峰,他与中世纪以来盛行的想象力的象征性诗性力量传统紧密相连,这涉及主体利用被称为客观世界的镜子为媒介的自我觉醒,以及生产主体之间的隐性转变或相互交叉,正如在连歌的情况下所看到的。这就是西田如何在这种象征性或创造性的想象力的空间中垂直地定位主体的问题。

西田通过将主体的宇宙性和象征性根植于超验的谓词方面,并将其转化为语言的方式，使他的思维沉入了垂直维度，而和辻的思维则是在水平方向上向主体间性的地方延伸（人作为个人关系中的"之间"）。

通过分析诸如"人"和"存在"等术语的含义，和辻提出了一种隐含在日语思维中的理解，即主体间的领域先于个人主体，并作为其不可缺少的构成因素发挥作用。"人"这个词既指一般的人，也指其他的人，这可以理解为所谓的主体在自身中包含自我和他人的双重结构。（和辻在此呼吁我们注意，现代西方语言中表示人格的词来源于拉丁文 persona，意思是"面具"。）

有趣的是，和辻对主体间领域的语言化进行了详细调查。

> 口头陈述是人类存在的口头表达。当人类对事物进行陈述时，它在表达自己的存在。因此，一个陈述是由一个"（有）是"来告知的。例如，"有 s"意味着人在对 s 进行陈述时，是在口头上表达一个人与 s 一起存在的事实。做出陈述是通过扩展这个存在来口头表达这个存在的问题。这个扩展的领域被划分为各种词语，而这些词语也因此被连接起来。反过来说：在连接之前有分离，而在这种分离之前有要陈述的存在。（《和辻哲郎全集》第九卷，149）

4. 然而，如果我们在这里遵循和辻关于语言对主体间领域的表达的逻辑，就不可能像在西田那里那样，通过事物或语词的象征性镜像来确保主体的转换，或在其中自由转换的空间。这是因为在西田那里，主体从作为其基础的谓词方面直接出现，没有媒介，因此可以自由地与宇宙中的所有事物以及所有语词相交和联系；而在和辻那里，主体间性（或者说，人际关系）的领域与事物和语词的领域之间是封闭的，因此它被阻止通过超越自身走向事物和语词领域来获得自我觉醒的线索。

正如我们所看到的，和辻有时确实谈到了通过利用世界上的所有事物作为触发的机会来实现自我觉醒的可能性。然而，当一个人被"人"的逻辑（或者说，人类中心主义的逻辑）所吸引时，似乎几乎不可能将自己从这种逻辑中解脱出来，从而达到一种自由的符号转换或移位的逻辑。尽管和辻自青年时代起就对艺术和文化史产生了浓厚的兴趣，但这种情况似乎使和辻的思想在一定时期后出现了局限于伦理学领域的倾向，并使他在方法论上难以腾出手来进行象征性的主体转换。在第二次世界大战的超国家主义时期，他通过象征式的想象力扎根于宇宙的意识变得更加脆弱，这似乎自然而然地导致了和辻的狂热的极端民族主义的日益增强，让人联想起纪本居宣长的国学研究（远比西田的研究更为狂热）。

和辻没有走向主体的自由象征性转变或换位，而是通过他的倾向，通过"人类"思维所特有的逻辑来限制伦理学的领域，并使该群体的自我表达成为它自己的子对象，或由自我居住的主体间性的恋物，从而不由自主地将某个特定的民族群体作为偶像。

日本在第二次世界大战中战败后，和辻试图修改他的伦理体系的轨道，从借自黑格尔（可以说是主观主义的巅峰）以及本居宣长的单中心主义，转向赫尔德式的文化多中心主义。然而，即使有了这样的修改，也不能说和辻取得了突破，足以把他的伦理体系推向美学、诗学和象征的方向。正是在他生命的最后几年，在他发表了关于伦理学或日本伦理思想史的主要作品之后，和辻重新发现了他在青年时期甚至是童年时期失去的时间，并回到了"室町时代的创造力"的世界，例如在古老的民谣剧（文乐剧场）或同一时期的传奇故事中所看到的。

时枝诚记

在现代日本，有一种语言学或语法理论值得仔细关注，特别是在与现代主体相关的方面，即时枝诚记（1900—1967）的"语言过程理论"。从我们的角度来看，他的理论的重要性可以暂时概括为以下三点。

（1）这一理论通过借用西方语言学传入日本之前的所谓"旧日本语言研究"中的语法研究结构框架，证明了日语的结构独特性（至少是比较而言的）。鉴于谓词在日语句子中的主要地位和主词的次要地位，这里得到的结论和西田通过哲学研究得出的结论不约而同地表明了日语或日本的独特思维结构。

（2）时枝通过与西方语言学理论，尤其是索绪尔的语言学理论进行批判性对抗来发展自己的语言学理论，因此，它似乎值得与各种当代语言学理论（如语言行为理论、传播理论、案例语法理论等）进行比较考虑。

（3）时枝本人考察了自己理论的来源，并在详细叙述日本语言学理论发展的基础上，编写了一部日本语言研究史。这为我们提供了一条重要的线索，即如何评价日本在镰仓和室町时期之后语言意识的觉醒，或语言学和诠释学的运作。

通过注意到日语句子中的语法主词经常可以省略的事实，并借用江户时代中期的语法学家铃木朖（1764—1837）的结构模型，时枝提出了句子的"谓词中心结构"理论。据此，日语句子的基本结构由语词和连接元素组成，一般可以被分析为一个嵌套的盒子结构。

在这种嵌套模型中，意涵的焦点是主要的谓词，它通常出现在句子的末尾（或者更准确地说，是主要的谓词加上主要的连接元素，它可能是一个"零符号"）。与这个中心谓词部分相比，所谓的格律主词的位置是次要的。时枝把这两者之间的关系解释为语法主词从句子的谓词式核心中出现。

我假设没有必要正式解释这种对感性结构的分析，这有点让人想起当代的案例语法理论。它也类似于西田关于（思考和创造）自我从超越性的谓词方面出现的想法。可以说，时枝的谓词式核心在结构上对应于我们可以暂时称之为基本框架的动态图，而这与主体的转变有关。

在把描述日本语言结构的主要作用交给语法研究的同时，时枝发展了他自己的一般语言学理论，即"语言过程理论"。根据这一理论，语言不应该像索绪尔所坚持的那样（按照时枝的理解）被视为一个客观化的符号系统，而应该被视为主体之间的交流过程。

除了他对索绪尔的理论理解不够，这可能源于当时索绪尔的出版物只有《普通语言学教程》，我们可以列出以下几点作为时枝理论的可能缺陷。

（a）从今天的语言行为理论的角度来看，尽管他注意到了语言的"过程"方面，时枝的理论仍然保留着"来自描述主义的错误"的痕迹——换句话说，它仍然为说话主体和过程本身的重构提供了机会，因此不能成功地解释"表述行为的话语"的维度。它也不能充分说明诗歌语言的独特性质，它属于一个与正常语言活动不同的维度。

（b）作为上述（说话）主体的偶像化和过程的媚俗化的必然结果，时枝的理论并没有成功地整合主体本身的多层次结构，或者更重要的是，说话或创造主体的象征性转述。

顺便说一下，虽然时枝的书不是那么厚重，但他已经提出了日本语言研究的重要史书。作为对日本语法起源的一系列调查的结果,他概述了自镰仓时期以来的语言学理论的发展。因此,他展示了他的语言学在哪些方面归功于日本语法研究的传统,或更广泛地归功于诠释学,同时也展示了他在哪些方面与该传统相背离。这里值得注意的是,时枝强调,构成日本诠释学主要部分的语法研究,绝不是像现代自然科学那样的自成一体的研究领域,而是一直与诗歌实践和古代文本的解释相关。

时枝反复强调,在"旧日本语言研究"的传统中,特别是在本居宣长(他是著名的国学者,也是其发起人之一)的传统中,语法的研究与古诗的解释和诗歌创作的规范密切相关。

时枝注意到,"语词—连接元素"一词,即他的语言学理论的关键概念,可以追溯到据说是著名的和歌诗人藤原定家的作品《手尔叶大概抄》,同时也提请注意,通过对连歌中的"切音节"的研究,可以看出连接元素て、に和は在日语句子中的决定性作用。时枝很喜欢引用作品中的以下俳句。

  语词就像寺社,手尔叶就像(寺社的)庄严。

在这种情况下,连接元素有某种装饰性的感觉,或暗示一种动态图。沿着这样的思路思考,我们可以把连接元素看作西田关于超越的谓词方面的想法中的谓词的最浓缩形式。

因此,我们可以说,借用当今符号学的术语,我们可以确认日本思维传统中语法研究的特点是"短语性的"或"表述行为的"。这是因为语法研究总是被视为制作诗歌和解释古典文本的实际指导,因此语法和诠释学总是与诗学—诠释学的研究紧密相连。

时枝当然保留了传统语法研究中形成的日语句子结构模式。同时,他也打破了关于诗歌创作的实际指导或人文学科的作用的传统。在现代科学的客观主义的影响下,时枝的理论——实际上是明治时期以来的日本语言学——失去了与传统的诗学、诗歌创作和诠释学的密切联系。如果我们能找到一种方法来恢复语言学与诗学和诠释学之间失去的联系,这可能被证明是一种最有效的工具,可以将说话和思考的主体纳入当代日本的一般语言学实践中。

国学和混合文化

在前文中，我两次提到了本居宣长，一次是作为同时涉及文化民族中心主义和超国家主义的思想家的和辻哲郎的先驱，另一次是作为日本语法研究的开创者之一的时枝诚记的先驱。但与时枝相比，宣长有意识地保留了语法研究（或更广泛的诠释学）实践与诗歌创作和其他形式的语言活动之间原有的深刻联系。在宣长这个人身上可以看到，这两个方面似乎构成了近乎不相容的元素之间的对立。第一个方面与狂热的拜物教有关，而第二个方面则主张通过古代诗歌创作的镜子来自由转换想象力的力量。从这个角度来看，我们遇到的本居宣长似乎是一个有两个面具或面孔的神。

这表明，我们必须通过追溯我们的主题来进行调查，不仅要追溯到明治时期以来的思想家，而且至少要追溯到本居宣长。换句话说，主体所处环境的问题可以被设定为：文字，曾经是主体象征性转变的活生生的镜子，或者戏剧性的舞台，如何成为缺乏意义的空洞的恋物，最终导致对对象的自恋式的恋物，甚至暴力或死亡（如三岛由纪夫的例子）。

由于这里不是讨论这种对主题及其在现代日本的危机的"考古学"调查的细节，我将简单介绍一下重要论点。正如丸山真男在其著名的《日本政治思想史》一书中所展示的那样，我们不能否认，本居宣长的国学，与荻生徂徕的中国研究并行，在与德川体系的统治意识形态保持一定距离的同时，在某种程度上为旨在发展现代民族国家的社会改革主体指明方向。然而，我们也不能否认，这是以通过文字或不同文化的镜子对主体进行隐喻性改造或移位为代价的。本居宣长对日本古代文学的诠释学或语法研究无疑是非常富有成效的，但它还是涉及一种狂热的拜物教式的纯粹主义或民族中心主义，由于这是他的研究中所固有的，所以，至少在文化的分层方面无法取得进一步的成果。

对本居宣长来说，最重要的是把创作和歌作为加深对古代文学的理解和参与那个世界的一种方式，他自己几乎每天都要创作大量和歌。但说到这些和歌的质量，抛开其中固有的意识形态意义，大多数和歌只是二流或三流作品，尤其是与他的诠释学的丰富性相比。这些"和歌"没有能力成为主体自由地对自我进行转换和换位的镜子，而只能是一种无意义的恋物，通过这种方式，主体徒劳地、自恋地，甚至歇斯底里地试图掌握自己存在的证据。一般来说，自本居宣长以来，由国学派提出的和歌似乎同样受到这种缺陷或质量低下的困扰。特别是在江户时代末期的国学派，这种偶像化和贫乏化的倾向越来越明显（尽管这里不是讨论更晚时期的极右派和歌创作）。

无论如何，不可否认的是：日本的语言实践主体在本居宣长的时代（江户时代中期）已经变得容易受到某种僵化的影响。在这一时期，语言实践或交际行为的主体开始迷信自己，失去了通过词语（和不同文化）的镜子进行隐喻转换的自由。这在某种程度上可能是由于人们开始失去对生产性创造和神话想象力的定位，这在室町时代是非常重要的，这一点在连歌或能剧中得到了证明。

由于这种对主体或语词的偶像化，或对想象力和语词的力量的虚妄的闲置，本土研究学派的语言学实践永远无法摆脱一种贫乏化的状态。例如，富士谷御杖一方面能够提出一个极其详尽的理论；但另一方面，他所创作的和歌是相当贫乏的，他对古代"和歌"的解释是非常刻板的。也没有任何证据表明他精心设计的和歌理论与和歌创作主体的理论实际上给当代和歌作家提供了任何有成效的刺激。

从诗歌创作实践的角度来看，江户时代的国学研究似乎陷入了一个死胡同，而广义上的其他各种语言实践领域却能够通过文字的镜像，主要通过模仿的回路实现隐喻的自由转换。因此，正是通过对乡土研究的严肃精神的忽视，连歌诗变成了俳谐，和歌变成了"狂歌"，能剧变成了歌舞伎戏剧。

我们在这里应该注意的是，这种模仿的迂回是对不同文化的浓厚兴趣，它远离纯粹主义和民族中心主义，相反，积极地肯定了我们可以称之为文化的混合特征。例如，我们可以回顾一下，在江户时代后期，中文诗歌创作的全面成熟，或芜村的诗歌创作，都是以多层次的文学"代码"为前提的，它植根于国内和国外的各种传统，因此它们需要相应的解码。

这样一来，江户时代末期的语言创作和诗歌创作实践，乃至广义上的文化，一方面明显表现出僵化和贫乏的症状，另一方面又证明了充分的成熟，甚至是颓废的症状。我们还可以注意到，当日本人在明治时期突然开始吸收西方文化时，这正好是成熟和僵化的周期即将完成的时候。在过去既缺乏文化的独立性又缺乏修养的下层武士的统治下，死板严肃的精神意外地得到了暂缓执行的眷顾。然而，尽管如此，或者说正是因为这个原因，日本的语言实践，尤其是诗歌创作不得不经历一场痛苦的斗争，在这一时期之后开始盲目地寻找（诗歌）语言的新发展。

误入死胡同、将文字和语言实践主体偶像化的危险一直存在，江户时代以来完全成熟的文化实践很难在受（经典）现代科学精神影响的文化中找到自己的位置，而现代科学的本质是不熟悉想象力的自由转换等事物。（这可能就是为什么像九鬼周造和永井荷风这样的人物，他们在19世纪日本江户时期的颓废精神中找到了自己思想和感觉的基础，当我们在他们自己的背景下阅读看待这些作品时，会有一种讽刺的味道。）

哲学思考也不能脱离这种批判性的环境。例如，西田的思想是非常难以理解的，他的风格是致命的严肃到令人窒息的地步，这些都象征着为了回到日本生产性构造力或想象力传统的基础而需要跨越的巨大距离。

在什么样的语言或诗歌创作实践的基础上，在什么样的共同体有关的普遍实践中，当代日本才有可能发展出真正自由和富有成效的主体性或相互主体性呢？

［GP，AS］

（杨杰译）

藤田正胜

藤田正胜（1949— ）

  1978 年在京都大学完成本科和硕士课程后，藤田正胜前往德国波鸿大学，1982 年在那里获得博士学位，论文研究早期黑格尔的宗教哲学。回到日本后，藤田继续他关于德国观念论的工作，同时也越来越关注现代日本哲学，尤其是西田几多郎的哲学。除了两本关于西田思想的专著外，藤田还编辑和参与了许多著作，其中包括《京都学派哲学》和《世界上的日本哲学》。他也是"日本哲学史论坛"的创始成员之一，并担任该论坛 2000 年开始出版的《日本哲学》杂志的主编。

  藤田担任京都大学日本哲学史系的首任系主任，该系成立于 1996 年，是该国唯一专门研究日本哲学的学系。在他的领导下，该系的主要重点是明治以后哲学的形成和发展，在这一过程中，日本思想家遇到了西方哲学并与之深入接触。同时，他也认识到东亚的知识和文化传统在日本哲学的形成中发挥了重要作用，并将继续发挥这种作用。这种双重关注旨在维护西田几多郎和其他与京都学派相关的哲学家的遗产，同时将其推向新的视野。这些关注反映在以下选文中，其中藤田讨论了日本哲学的意义和重要性的问题。

[BWD]

"日本哲学之问"
藤田正胜 2000，3-19

  当我们试图对"日本哲学"进行讨论时，我们很快就遇到了几个令人困惑的问题。1969年，当一卷名为《日本哲学》的书被添加到岩波哲学讲座中时，主编古田光和池松敬三在他们的序言中指出，他们遇到了各种有争议的问题，首先是"日本哲学"这个词的意义。他们所看到的问题之一很可能出现在该卷的一个撰稿人桥本峰雄的陈述中。

> 如果说"日本哲学"和"日本形而上学"的表述有什么误导性或可疑之处，那就是"日本"这个词似乎不合时宜。众所周知，"哲学"是一门对日本来说新的学科，在明治时代从西方传来，在本质上必须是普遍的。如果"日本的"是指强调日本哲学的某些特殊性、排他性，甚至独特性，那么"日本哲学"的表述就是一个矛盾的说法。（桥本峰雄1969，53）

如果桥本的说法是为了提醒我们有一段民族主义宣传的历史，提倡某种"日本主义"或日本主义哲学，或者有一种重复这段历史的趋势，那么它就有足够的说服力。毕竟，我们不能对这种语言被用来为战争铺路的事实无动于衷。

然而，还有一个问题，与民族主义问题根本不同，那就是认为用"日本"这个形容词来修饰"哲学"是一个矛盾的说法。当然，哲学从一开始就拒绝神话般的观点和思维方式，以追求"真正的知识"和"普遍的知识"。的确，哲学是对普遍原则的探索。然而，哲学对普遍原则的探索并不意味着它可以摆脱它所使用的语言的限制。我们的思维是在我们的文化和传统的框架内形成的。词语意义上的失误以及理解其累积意义的文化差异无疑会影响到"真正的知识"问题的提出和回答方式。例如，我们对希腊哲学、德国哲学和英美哲学进行区分，或者对古代、中世纪和现代哲学进行区分，并不是没有道理的。仅仅使用"日本哲学"这一表述本身并不构成术语上的矛盾。

除了修改哲学是否合适的问题之外，还包括"日本"这个形容词，我们有可能质疑哲学在从西方引进之前是否真的在日本存在过。到目前为止，许多人的回答是否定的，而另一些人则持相反的观点，正如本卷的"综论"所说明的那样。这个问题一直存在，是关于"日本哲学"这一表述的一个一以贯之的问题。另一个问题涉及日本哲学思想的原创性问题。它是否像张伯伦

（Basil Hall Chamberlain）等学者所争论的那样，只是传播和阐释了外国思想？张伯伦在日本生活了35年之久，1890年，他基于他的经验写道：

> 日本人从来没有自己的哲学。以前他们在孔子或王阳明的神龛前俯首称臣，现在他们在赫伯特·斯宾塞或尼采的神龛前俯首称臣。他们的哲学家（所谓的）仅仅是外来思想的阐释者。

在后来的版本中，他增加了这样的评论：

> 现在的年轻教授们……创立了一个以"文化主义"为名的新学派，他们除了重复欧洲哲学家的思想外，几乎没有任何作为，就像他们的父辈重复中国思想一样。[①]

卡尔·洛维特也有同样的想法。1936年，为了躲避纳粹的迫害，他逃到日本，在仙台的东北大学任教，并在那里出版了《欧洲虚无主义》。在给日本读者的后记中，洛维特用了一个巧妙的比喻来阐述他的观点。他写到，日本哲学家就像住在两层楼的房子里的人，在二楼的书架上摆满了从希腊人到现在的哲学家的文卷，而在一楼，他们照样像日本人一样思考和感受。没有任何楼梯可以连接来自国外的东西（Karl Löwith 1948，29-30）。对洛维特来说，这些日本哲学家的思维框架显然与欧洲思想家的"批判精神"不同。他指出，日本哲学家缺乏这样一种精神，即把他所遇到的外来事物与本土事物区别开来，通过比较，能够分析已经存在的事物，并让它们进化。

毫无疑问，洛维特的观点确实有其优点，但声称日本哲学在明治时代之后所走的道路完全缺乏批判的传统，以及基于批判的创造性工作，是相当片面的。从西田几多郎、田边元、西谷启治等人开始，我们可以发现一种原创性思维的迹象，它立足于东方传统，与西方哲学进行批判性对抗。这种思想逐渐引起了日本国外的极大兴趣。

[①] Basil Hall Chamberlain, *Things Japanese: Being Notes on Various Subjects Connected with Japan* (Berkeley: Stone Bridge Classics, 2007), p. 399.

回归本源

　　对西田和西谷的思想表现出浓厚兴趣的哲学家之一是德国波鸿大学的名誉教授奥托·波格勒（Otto Pöggeler，1928—2014），他以研究黑格尔和海德格尔而闻名。当西谷的《宗教与虚无》德文译本于1982年出版时，波格勒在一次研讨会上毫不犹豫地接受了这本书。他曾两次来到日本，并在1994年的一次访问中，在西田的出生地——石川县的宇野气，发表了题为"从西方到西田和西谷的途径"的演讲。在那次演讲中，波格勒在西方哲学与西田和西谷的哲学之间需要进行的对话中充当了伙伴，并强调了这种对话的重要性。然而，与此同时，波格勒谈到日本哲学家的特点与欧洲哲学家相当不同。他说，欧洲哲学家最初得到了一个相当奇怪的印象，即日本哲学家的思维与宗教传统有着密切的联系。考虑到欧洲的情况，即哲学首先寻求将自己与宗教区分开来，有这种印象似乎很自然。但波格勒也说，我们不能认为日本和欧洲的"哲学"和"宗教"这两个词所理解的东西是完全一样的，尽管它们的含义是密切相关的。例如，西谷的思想不是一种容易陷入纯粹反思的哲学，也不是一种简单地发布为行为规范的伦理学。它可能是针对宗教的，但它所处理的问题从来没有要求恢复到某种传统形式的宗教。相反，波格勒认为，它意味着"对生命之源的整体回归"。这种意义上的宗教与西方所理解的"宗教"有很大的区别。然而，它也不是所谓的"哲学"。这是波格勒说他最初在阅读西田和西谷时的奇怪印象。①

　　如果像波格勒所说的那样，日本哲学家的思维在试图回到生命的源头时，不符合欧洲的"宗教"和"哲学"范畴，我们可以问，这是否意味着他们的思维有真正的局限性？它是否缺乏一种"批判精神"，把它所遇到的外来事物当作与本土事物不同的东西，并通过比较，能够分析自己，并从中发展？

　　例如，当西田几多郎谈到"纯粹经验"时，他的意图显然是要对抗西方

---

① "Westliche Wege zu Nishida und Nishitani", in Georg Stenger and Mar-garete Röhrig eds., *Philosophie der Struktur. "Fahrzeug" der Zukunft?* (Freiburg: Verlag Karl Alber, 1995), pp. 95–108.

哲学，因为它将在一个预设的主客体框架内把握所有事务。纯粹经验学说的基本见解是，一旦我们的直接经验（现实的直接存在）被分析或分解为各个部分，主客体模式不过是一种"关系形式"。很明显，西田的纯粹经验学说的意图是，在这个"相对形式"的建构之前，对一些东西进行考察。同样，当西田把看到颜色或听到声音的纯粹经验解释为"在加入任何关于这个颜色或这个声音是什么的判断之前"（NKZ 1：34，9），他是在参与对传统的语言哲学观点的批判，根据这种观点，是文字给我们混乱的思想带来了清晰的认识，是文字使真理具体化。通过使用"纯粹的经验"这个词，西田能够指出经验在被语言调节之前的情况，也就是说，经验在被语言减弱之前的原始振幅。在其试图将"纯粹经验"问题化的过程中，在西方哲学所彻底研究的那种认识的基础框架下，西田的思想激进到了极点。

东方思想中的"知道"与"不知道"

我想就到目前为止所讲的内容提出两点。首先，我们已经可以在传统的东方思想中发现，试图在以"知道"为前提的框架内把握事物的局限性。相反，我们发现试图回到这种认识的根基。例如，《老子》开篇说："无名，天地之始；有名，万物之母。"也就是说，有名是对事物进行命名、比较和区分，用一句话来说，就是认识本身，道是我们世界的基础，是把万物养育成自己孩子的母亲。但老子的话试图说，被命名的事物，或维持被命名事物世界的事物，或使这个世界成为可能的事物，原本是无名的。认识是从认识之前的东西的有利角度来看的，老子偶尔把它放在否定的位置，或称为神秘的"黑暗"或虚无。

在佛教中，我们也发现对通过认识或在其框架内掌握真理的努力的否定。例如，《无门关》中第 19 公案告诉我们，道（指佛性或我们的本心）是在知与不知之外。

南泉因赵州问："如何是道？"
泉云："平常心是道。"
州云："还可趣向否？"

泉云："拟向即乖。"

州云："不拟争知是道？"

泉云："道不属知，不属不知。知是妄觉，不知是无记。若真达不拟之道，犹如太虚廓然洞豁，岂可强是非也？"

州于言下顿悟。

试图通过了解它来掌握"道"，它就会溜走。已知的东西不过是一种幻想，然而仅仅是不知道也不能算是自我觉醒。在禅宗中，人们试图超越认识或辨别。

西田在他1934年的文章《从形而上学的角度看东西方古典文化的形式》中引用了老子，并在他的最后一篇文章《场所逻辑和宗教的世界观》中引用了《无门关》，很可能与他将认识的主客体框架问题化的方式以及我们在这里讨论的东方思想的传统不无关系。可以肯定的是，西田的意图并不仅仅是"重复"传统，正如张伯伦所说。虽然他确实在继承传统，但我们也可以说，他在坚持不懈地、批判性地对抗西方哲学。从一种观点来看，他在区分主体和客体之前就提出了一个经验问题。

我想说的第二点是，西田的冒险与许多当代思想家的目标有相同之处。当代哲学以各种方式将其注意力转向哲学以前由于其视线的固定方式而一直视而不见的事项。例如，雅克·德里达抵制欧洲哲学的"逻辑中心主义"和"存在的形而上学"，并试图将我们的注意力转向在那段历史中被贬低并被推入其背景的事项。这是一种将哲学的"外部"与它的"内部"所包含的内容紧张地问题化的努力。在与亨利·朗斯（Henri Ronse）的谈话中，德里达这样说道：

> 因此，"解构"哲学将是以最忠实、最内在的方式思考哲学概念的结构化谱系，但同时也要确定——从某种哲学无法限定或无法命名的外部来看——这段历史能够消解或禁止的东西，通过这种在某处动机的压制使自己成为一种历史。①

---

① Jacques Derrida, *Positions*, trans. by Alan Bass (Chicago: University of Chicago Press, 1981), p.6.

同样，物理化学家和科学哲学家迈克尔·波兰尼（Michael Polanyi）提请注意非语言性知识，或者如他所称，隐藏在用语言表达的知识背后的隐性知识。他举了几个例子：在一个实验中，舌尖上有一个词的实验对象受到电击，然后不自觉地避免说出这个词；当某人驾驶汽车时，经验知识在起作用；一个熟练的医生的知识，使她根据经验，能够当场给出准确的诊断。波兰尼所理解的隐性知识有很多这样的案例，所有这些案例都让人注意到在可以用语言表达的客观知识背景下的自由形式的、非语言的知识。①

西谷启治的批评还深切关注这一层面的知识在现代思想中被忽视的事实。例如，在《论实践》一文中，西谷指出，早期现代和现代时代"把对对象的调查和主体的自我调查形成一个不可分割的整体的知识层次拒之门外"。关于这样的知识，西谷谈到一种将外向和内向两个方向合二为一的知识，它与科学的客观知识只指向外向不同。在这种情况下，理解事物意味着不仅要掌握客观事物，同时还要认识自我，从而由内而外地改造自己。西谷指出，这种认识总是与身体，也就是与行动相联系，因此构成了"整个身体—心灵的自我认识"（NKC 20：54）。

沿着这些思路，很明显，西田和西谷的思想试图质疑知识，不是从它自己的框架内，而是从外部，从该知识的基础上。相对于从根本上意味着知识工作的哲学，换句话说，从它自己的立场建立知识，他们的思想是努力从基础上解决同样的问题，即对知识或知识的框架本身提出疑问。

作为与他人对话的哲学

让我们再一次回到波格勒的演讲中。正如我们所提到的，他并没有因为西田和西谷的思想最初看起来很奇怪和陌生的特点而回避或拒绝它，而是认识到正是这种特点使他们的思想与对话有关。正是因为他者是他者，参与对话才如此重要。波格勒强调了不断承认他人的他性的那种对话的重要性。

当我们提出"日本哲学"的问题时，重要的不是一些术语上的矛盾，而

---

① Michael Polanyi, *The Tacit Dimension* (New York：Doubleday, 1966), pp. 8, 20.

是从对这种异己性的承认中产生的对话。日本哲学的表述并不是为了将哲学本土化；相反，它可以，也应该被理解为向对话空间开放的哲学。换句话说，"日本"这个形容词的意思不是要遮蔽我们的观点，而是要把它打开到一个共同拥有的空间。这让我们看到了西田几多郎在提出"日本文化"的问题时的深刻见解。"只推崇日本的东西或日本在世界上的特殊性是不行的。真正的文化并不在于此。"西田写道（NKZ 13：12）。他所指出的是，日本文化正在进入一个全球性的舞台，它被定义了在整个世界空间中的位置。东方的文化和西方的文化，"通过发现比以前更深更强的基础，都被投以新的光芒"（NKZ 9：91）。彼此陌生的双方之间的创造性对话只有在这种光照下才有可能。

海德格尔是一个对东方思想深感兴趣的人。他经常对同伴说起他的思想与老子和庄子的思想的关系，战后当他重新开始工作时，他试图与一位中国朋友一起冒险将《老子》翻译成德文（不幸的是，这一努力被放弃了）。然而，在一个基本方面，海德格尔对东方思想的态度与波格勒的态度有很大不同。

在1966年与《镜报》杂志的一次谈话中，海德格尔回顾了他与纳粹合作的事情，特别是在他1933年至1934年担任弗莱堡大学校长时。（在他的要求下，采访的内容一直到他1976年去世后才被公布。）采访内容涉及广泛，从他对国家社会主义的支持问题到与国家社会主义有关的技术问题。海德格尔理解的技术的本质——在谈话过程中几乎没有触及这个问题——就是他所说的框架（Gestell）。在海德格尔使用这个词的特定意义上，框架标志着这样一种状况：所有的事物，包括人类，都被迫进入一种包罗万象的联系，在这种联系中，它们的位置被效用所界定。对海德格尔来说，涉及技术的问题不仅仅在于能给全人类带来毁灭的破坏力（例如，想想核弹）。相反，它主要包括这样一个事实，即各种事物都被卷入这个框架中，并被完全与它们的效用联系起来看待。换句话说，人类已经从"大地"和"故乡"这样的地方被连根拔起，他们在那里找到了自己的根，并成为无根的野草。

在《镜报》的采访中，海德格尔提到了早先与久松真一的谈话中所涉及的内容。在考虑如何克服技术问题时，他阐述说，他并不抱有任何来自仓促接受禅宗或其他"东方世界经验"的巨大希望。在他看来，只有从问题产生的地方出来，也就是说只有从欧洲出来，克服才是可能的。海德格尔说："思维只有通过具有相同起源和处置方式的思维才能被改造。"①

另一方面,波格勒反对技术是本地化的想法,并强调其普遍性。他试图在东方和西方的对话中思考它所涉及的问题。似乎波格勒,以及像海因里希·罗姆巴赫(Heinrich Rombach)这样对西田和西谷的思想表现出浓厚兴趣的哲学家,都属于海德格尔之后的一代。我们不正是在寻找波格勒和罗姆巴赫将在东西方之间进行的那种对话吗,即"与允许其他性的他者相遇"?重要的是,在宣称的普遍性中,对话不至于最终仅仅只是追逐外国的哲学。通过积极的对话,学会自我思考,自主地思考,这种对话不仅意识到日本文化和思想的特殊性和局限性,而且还确定了各种哲学问题在不同的文化和传统中是如何解决的——当然,这些文化和传统本身就是一种特殊性——这难道不是最终的关键吗?当我们用"日本"这个形容词来修饰"哲学"时,我们希望把它放在与他人对话的范围内,一个承认他人的他性的对话。

[JCM]

(张政远译)

---

① *Antwort*, *Martin Heidegger im Gespräch*, Günther Neske and Emil Kettering, eds. (Pfull-ingen: Neske, 1988), p. 107.

附加主题
文化与同一性

综　　论

显然，在西方文化令人眼花缭乱的发展中，有许多值得钦佩的地方，也有许多值得学习的地方。在这些文化中，形式属于存在，采取形式较被推崇。但是，在东方文化中，难道就没有一些孕育了我们的祖先几千年，使我们能够看见无形之形，听到无声之声，潜藏在平面之下，却又深根植种在我们文化中的元素吗？我想尝试从哲学的角度来阐述驱使我们的思想不断寻找这种元素的愿望。(西田几多郎 1927，255)

自从苏格拉底接受德尔菲神谕的挑战"认识你自己"以来，个人身份问题一直是西方哲学的一部分。这个问题通常被分解成两个基本问题。第一个是个人身份的问题：我是谁？第二个是普遍身份的问题：我们人类的特点是什么？只有在最近的历史中，西方才增加了文化、语言和种族认同的问题：例如，作为法裔加拿大人意味着什么？有三种情况支持了这项相当新的事业。首先是社会科学的崛起，尤其是文化人类学、社会学和语言学。其次是民族国家的诞生及其对界定和团结人民的意识形态理由的寻求。而第三是，最近我们在身份政治和有关种族、性别、民族、殖民主义、性取向和阶级的学术研究中所进行的哲学思考。在上述三者以外，我们还可以加入关于共同精神认同的问题，特别是作为各种社会、政治和文化机构的文化基础。全球化和多元化提高了我们对个人身份的兴趣，包括一个比个人身份的"我"更普遍，但比普遍身份的"人类"更为具体的"我们"。

在现代日本，我们发现对个人身份的文化或社会特征有类似的关注。当今对这一问题的兴趣，部分源起与刚才提到的西方的条件很相似。日本在19世纪后半叶开始建立其现代民族国家，大约在同一时期，它将包括社会科学在内的大多数西方学科引进到日本的大学里。从19世纪后期开始，日本知识分子开始环游世界，他们的异类感增强了他们对反思日本与欧洲和北美社会的不同之处的兴趣。这种对文化认同的关注后来变得更加强烈，因为它与19世纪末到20世纪中叶的军国主义和金戈铁马的议程交织在一起。在这些方面，我们很容易看到日本对文化认同的兴趣的原因，即使不是相同的，至少也是与西方最近的一些议程平行发展的。

然而，这并不是故事的全部，如果我们像对待平行的西方现象那样对待这些问题，我们就有可能错过这些问题的更深层意义。日本的情况至少在三个方面与西方不同。首先，对"对日本人的身份认同意味着什么"这个问题的兴趣比我们在大多数西方国家发现的更加持久和强烈。事实上，自20世纪80年代以来，围绕着"日本人论"（nihonjinron）或"日本性的理论化"（theorizing Japaneseness）这一术语，已经形成了一个知识分子运动或领域，这一现象吸引了来自不同背景的知识分子和学术界人士，并有多种议程。有些人持公然的政治化立场，希望复活自1945年以来在日本被淹没和压制的日本的独特性和优越性的信念。另一些人则主要是为了驳斥这种政治议程背后的假设。他们经常抨击日本独特性的想法，或者至少是批评日本文化比其他文化更独特的主张。因此，政治上的右派和左派都是这场争斗的一部分。还有一些人更多的是出于学术动机，认为日本需要一个类似于美国的美国研究的、属于日本的日本研究的学术领域。这些支持者主张对日本历史、文化、语言和社会进行政治上更加中立的跨学科研究。20世纪70年代，当欧洲和美国有几十个日本研究项目的时候，除了针对在日本学习的外国人的特别项目外，日本的主要大学却没有任何一个关于日本研究的项目。总而言之，日本今天对文化认同的兴趣是复杂的。它涉及不同的人物、议程和学术观点。

现代日本和西方对待文化认同的第二个明显区别是，在日本的情况下，它如何吸引了该国一些最知名的思想家的分析。为了理解他们的努力，我们需要理解文化认同的问题，因为它本身就是一个正当的哲学问题并需要加以关注，以独立于我们一直在讨论的社会和历史力量。对许多现代日本哲学家来说，西方传统中将个人身份还原为离散的个人和普遍身份的做法，不仅仅是西方思想史的一个有趣的事实；它还揭示了几乎所有传统西方哲学人类学的一个严重缺陷。这些日本哲学家认为，那就是西方的哲学在界定"我是谁"这一问题的方式上出了问题。这是一个惊人的主张，如果论证得当，这个主张值得各地有思想的哲学家们注意。

根据这些日本哲学家的说法，典型的西方哲学人类学到底缺少什么呢？各个哲学家的答案各不相同，但有一个普遍的主题反复出现：在我们的普遍人性和我们的个人人格之间有一个同样重要的第三层面——我们的文化身份，其中包括我们的历史、语言、社会、种族、政治、精神和道德等方面。社会科学涵盖了其中的一些内容，但探索更多人文问题的任务落在了哲学家身上。然而，西方哲学通常要么完全忽视这一层面，要么将其重要性降低为附加在我们个人身上的东西。当哲学家说个人逐渐适应社会时，我们会发现这种取向在起作用；个人通过社会契约形成一个国家；道德教育使人从自我的个人主义走向社会的相互关联性；个人受到他们外部社会、政治和历史条件的影响，等等。许多现代日本哲学家对西方这种将社会和文化从个人构成中剥离的倾向感到困惑。毕竟，我们不是作为个人来到这个世界的；我们生来就是属于家庭的——我们作为新生儿的生存依赖于他人。而这些家庭的性质在不同文化中有着重要的差异。我们是从国家之中出生的，而不是出生后集合起来创造国家。而且，同样地，国家的理想和政体在不同的国家也有所不同。即使人们从根本上改变或推翻了这个国家，这个行为也是在它内部开始的。也不存在一个教师可以将价值观念简单地口头传达给未成熟的学生。相反，孩子和老师，从一开始就处于一种文化互融的关系中。因此，许多日本哲学家认为，文化并没有被添加到预先存在的个人身上。相反，个人的出现是对文化嵌入经验的特殊提炼。在很大程度上，文化定义了个体性的含义。正如西田几多郎在他的《善的研究》中所提到的一个著名的观点一样：

> 不是先有个人才有经验，而是先有经验才有个人。个人的经验只是在经验之中被限定的经验内的一个特殊小范围而已。（NKZ 1：24）

在日本哲学家对西方哲学人类学的问题进行了深入研究之后，他们又提出了一个问题。他们想知道为什么这么多西方哲学家会错过这明显的一点。在这个问题上，他们的分析存在分歧。一些人，如田边元看到了逻辑上的缺陷：标准的西方逻辑只允许普遍性和个别性，但忽略了中间的维度——独特性。与此相反，西田几多郎则认为是视自我意识为自我的代理人，而非将自我视作自我意识的产物这种西方倾向的副作用。还有一些人，如和辻哲郎，更注重于哲学人类学忽略了"人与人之间"的伦理性对个人身份的必要性这一缺憾。尽管日本哲学家之间的分歧并不小，但他们的共同目标均是对西方对文化身份的理解进行纠正。

这些不同的日本思想家对身份问题本身有共同的直觉，这表明存在一种文化身份，一个共同的框架，他们的哲学就在这个框架内形成。这把我们带到了当代日本人与西方人对文化认同的关注之间的第三个相异之处。作为日本人意味着什么？这个问题并不像西方的平行问题那样，并不是历史上的最新思考。日本的思想家几乎从他们有记载的历史开始就定期提出这个问题。而当中一个可能的原因就是地理因素。一方面，日本作为一个孤立的群岛，离最近的东亚大陆有100英里之遥，直到1945年之前亦从未被成功入侵过。同时直到近代为止，日本也没有将边界大幅扩展到群岛以外。因此，由于它所处的位置，日本享有一段特别长的文化自治期。另一方面，日本也曾有过与外部世界密切互动的时期。从史前时代开始，日本就断断续续地与朝鲜半岛和中国有着外交往来。与西方的互动主要是在16世纪，然后又从19世纪中期开始。因此，尽管日本足够孤立以保护其主权，但绝不是与外界的文化影响隔绝。这使该国的知识分子既有机会反思这些外部影响，也有机会辩论和选择哪些元素应该成为日本文化的一部分，哪些应该被拒绝。

鉴于这些不寻常的地理和历史环境，日本人几个世纪以来对自己的文化身份如此自觉也就不奇怪了。当然，大多数对日本特性的意义的反思并不是哲学性的，但它经常框定或影响了哲学思考。因此，一个一般性的问题——例如，"语言是如何运作的？"——可能会导致一个具体的问题——"日语是如何运作的？"此外，鉴于其与外国文化的思想和价值观的接触，日本的思想家也许会不可避免地思考什么是中国的、韩国的、西方的，以及日本的。在这个历史过程中，这种分析文化特性的传统在现代日本哲学家开始他们的思考之前，就已经在日本建立起来了。因此，可以理解的是，这些日本的思想家会对西方的主要哲学家针对身份认同问题相对缺乏兴趣而感到震惊。因此，他们把自己训练有素的技能转向分析如何和为什么会发生这种情况，以及从西方和日本哲学的互动中可能出现什么新的哲学类型。

通过刚才解释的过程，日本思想家可以将各种关于人类身份的一般问题与关于具体的日本身份的问题联系起来。因此，对艺术性质的一般哲学探究，可以延伸出关于日本艺术中什么是日本的特殊问题。对政治理论的一般讨论，可以发展为对独特的日本政体形式的关注。对语言和现实之间关系的普遍讨论，通常会包括针对日语本身的特质的评论，例如日本的语言是如何与现实相联系以形成真理的？日本人与自然之间的关系是什么？等等。

西方读者可能会认为，日本对其自身文化背景的强调是令人沮丧的民族中心主义。然而，从日本人的角度来看，西方传统才是民族中心主义的。对关于文化环境的思想与反思视而不见，西方哲学家很容易把他们的艺术、政治或语言的真实性视为对所有艺术、政治和语言普遍有效。在这一编中，我们将一探构成日本人身份认同的一组元素，其中包括三个部分：语言、政治和宗教。当然，这些并不意味着它们是文化认同的全部内容。例如，性别问题也同样重要，在《资料集》中另有一编专门进行讨论。诚然，这个简短的章节也不可能对这三个领域的复杂性做出合理的评价。

然而，在日本的文化传统中，语言、政治和宗教的领域以有趣的方式互动。宗教和政治的互动是西方人所熟知的话题，但把语言加入其中也许就不那么常见了。相反在东亚地区，我们发现至少早在孔子时代就有这样的说法：如果我们正确地使用语言，国家就会和谐地自我管理。就宗教和语言而言，佛教密宗真言密法理论的显现以及现代意识形态中神道教价值观与古代日语词汇的认同，都证明了宗教和语言思想之间长期存在的联系。

尽管正如我们将看到的那样，语言、政治和宗教这三个领域在日本思想史上并不总是离散的，但至少最初我们会将它们分开处理。此外，这里讨论的每个著者或人物不一定都是哲学家，但哲学家很少在真空的状态下思考。思想和主题经常从各种历史和文化情境中来到他们身边。因此，我们想从这种更广泛的文化视角开始探讨这个议题。首先，让我们考察语言层面下的日本人身份认同问题。

语言学的身份认同

在任何国家的历史之中，思想家们通常会在某个时候把注意力转向哲学表达的媒介：语言。在日本，第一个严格做到这一点的哲学家可能是空海。世界各地的许多哲学传统都认为语言是连接说话者与听众、作者与读者、思考的人与外部世界的媒介。空海将这种语言指涉现实的观点与思考、认识和表达的外在方式联系起来。他宣称，更深奥的是内在的模式。在他的模式中，语言与其说是指涉现实，不如说是与现实交融。他把语言的基础看作声音，把声音看作振动，他的语言观——以咒语为基础——强调有声音的语言孰真孰假，取决于它与事物的音律或振动的共鸣程度。因此，咒语或"真言"是与现实相协调的声音。而这个理论绝不是空海自己的。他是在中国跟随他的密宗佛教师父学习时学到的，这一思想最终可追溯到印度的咒语传统。应该指出的是，对空海来说，这显然是一种语言的一般理论，与日语中的任何独特之处没有特别的关系。然而，当后来的日本思想家开始更具体地思考他们自己的母语时，他们借鉴了这一基本模式，即互相协议的模式而不是参照模式，声音化而不是文字化，以及厘清语言是参与者，而不只是特定且独立存在的现实的指向者。

如果说对空海来说，重要的区别是外在的语言和内在的语言，那么在整个日本文化中，中文和日文的区别开始变得越来越重要。为了理解这种区别及其带来的问题，让我们考虑一下这两种语言在日本历史上的一些基本运作方式。在与大陆接触之前，日本人没有书写系统。因此，当中国人进入日本时，大多数知识分子和社会精英成员学习中文作为写作和阅读的工具。因此，中文担当了文字化的角色，而日本人则继续使用无法书写的口语。8世纪初，人们才开始认真尝试为日语开发一个书写系统，直到下个世纪初，才出现了一个功能齐全、速度合理的系统。由于中文是日本人唯一知道的正字法，他们开发了一个使用中文字符或汉字来表示基本含义的书写系统，并对这些汉字的部分进行了高度的删减（假名），以发挥语音功能。后者是至关重要的，因为中文没有动词转折，而动词在日语中不仅表示时态，还表示情感以及说话人和听话人之间的相对社会地位。此外，日语采用了后置助词（所谓的"てにをは"、te-ni-o-ha），不仅具有类似于英语介词和大小写区别的功能，而且还能反映说话者的态度。

这种书写过程的结果是，即使在阅读一个现代日语句子时，人们亦可以直观地感受到，以汉字书写的通常代表是从中国借来的东西，而以假名书写的通常是日本本土的东西。这就好比在英语中，我们用一种字体书写来自盎格鲁—撒克逊（Anglo-Saxon）的单词，而用另一种字体书写来自拉丁语或希腊语的单词，即使是在同一个句子中，亦会出现这样的情况。这让一些日本人感到（尽管没有得到现代科学语言学的支持），他们的普通语言实际上是两种语言，一种来自汉语，另一种来自一种本土语言。后者有时被认为是古代日本大和民族的遗留物，历史上一些学者试图重建那种由大和词汇所组成的古代语言。在日本历史上的不同时期，哲学家对这种所谓的区别做了很多解释。重要的是，当他们把日语分成两种子语言——借来的和本土的——时，后者更直接地代表了空海所推崇的人类在精神表达上的几个深层方式，亦即声音、情感和语境中的反应。

一个早期针对据称是日本本土文字的力量和重要性的讨论，就源自传统诗歌之中。13个多世纪以来，日本的诗歌都是用中文或日文创作的。随着这种分离在正式的选集中成为典范，围绕着使用"古代日本"诗歌语言的独特之处，形成了一种特殊的美学。例如，藤原定家（1162—1241）在他的《咏歌大概》中给有抱负的诗人提出了以下建议（包括括号内的注脚）。

> 在情感的表达上，首先要考虑的是原创性。（也就是说，应该寻找别人没有唱过的情感，并把它们咏唱出来。）但是，使用的词应该是古老的。（词汇应限于《三代集》[①]中的大师们所使用的词汇[②]：同样的词汇对所有的诗人都是合适的，无论是古代的还是现代的。）……风格应模仿前代大师们的伟大诗篇……应不断研究古代诗歌的表达形式，让自己的思想浸润其中……日本的诗歌没有老师。但是，那些以古诗为师，将自己的思想浸泡在古风中，并从以前的大师那里学习文字的人——他们中谁会写不出诗来呢？〔藤原定家1222，493-4（203-4）〕

国学运动，始于18世纪初。他们用语言学的眼光看待这些问题，试图更

[①] 亦即《古今和歌集》（Kokin Wakashū）、《后撰和歌集》（Gosen Wakashū）和《拾遗和歌集》（Shūi Wakashū）。——译者注

[②] 这里指的是古代和中世纪的日本诗歌集。

清楚地阐明日语与他们所知道的其他语言的区别。这场运动的创始人，贺茂真渊（1697—1769），回应了一位批评家。

> 同一个人继续说："不过，这个国家没有自己的文字。相反，我们使用汉字，通过这些汉字能够了解一切。"我（译者按：贺茂真渊）的回答是，首先，不言而喻，中国是一个麻烦不断、治理不善的国家。举个具体的例子，图片形式的字符。当我们看一下只是日常生活中人们普遍使用的字符时，它们的数量就达到了约 38000 个。例如，为了描述一朵花，人们需要用不同的字符来描述开花、散花、雌蕊、植物、茎和其他十多个东西。此外，还有一些字符用于特定国家或地方的名称，或用于特定类型的植物，但在其他地方并没有被使用。即使人们努力尝试，他们能记住这么多字吗？有时人们在汉字的使用上会犯错，有时字符会随着时间的推移而改变，导致对其用法产生争议；这些都是累赘和无用的。在印度，他们用五十个字书写并流传了五千多卷佛经……在我们的国土似乎也有某种文字，但在引入汉字后，这种原始文字错误地沉入了黑暗之中，现在只剩下古老的文字。虽然这些字与印度的字母不同，但它们有着同样的原则，即五十音足以表达所有的东西……在荷兰有二十五个字，在这个国家有五十个字，而且，一般来说，所有国家的字都是这样的。只有中国编造了一个繁琐的系统，所以那里的东西都是无序的，一切都很麻烦……不承认本土日语被汉字入侵这种卑劣的发展，并且认为汉字是一种备受推崇的东西，均是愚蠢至极的。〔贺茂真渊1765，12-13（247-8）〕

基于这样的假设，真渊试图通过研究日本最古老的文字记录，特别是保存在 8 世纪汇编的《万叶集》中的诗歌，来重建有声的古代日语。他的学生本居宣长（1730—1801）甚至更热衷于试图恢复古代语言。他终生致力于这项事业，是因为他认为通过语言和古文，他能够以某种方式去重新接触中国元素进入日本文化之前就已经存在的日本"古道"。虽然他在这项事业中超越了他的老师，但他认为他的工作是真渊所教的一种合理延伸。

真渊说，如果你想学习古道，那么你应该首先学习古代的诗歌，用古代的风格来作诗。

那么你就应该研究古代的著作，用那种风格写散文，彻底学习古代的用语，然后仔细阅读《古事记》和《日本书纪》。如果你不了解古代的《日本书纪》，你就无法理解古代的思想；如果你不了解古代的思想，你就无法了解古代的道。这是他的原则，亦是他一直把它教给我的宗旨。〔本居宣长1798，17（475）〕

在19世纪和20世纪，国学对古代日语的特质的痴迷，与军国主义议程中的民族主义和种族化的言论日益交织在一起。它成为日本民族中心主义的一个意识形态前提，即"原始"日语是神灵的语言，文字包含自己的精神，即"言灵"，其声音又与古代日本人的精神产生共鸣。通过这种途径，日本语言本身，特别是其重建的古代形式，与日本人的身份密不可分，成为支持现代日本民族国家的意识形态。以下是文部省在1937年发布的一份名为《国体的本义》①的重要文件的简短摘录。该文件共印制了200多万份，被用作学校课程、社区讨论小组的重点参考书，并在各种公共事务中被引用。尽管被赋予了大和语言的解读，但许多术语——"真言"、"话语的精神"、"思想/话语/行为"之间的协调——都让人想起空海对密宗的语言的讨论。在这方面，对语言的分析已经绕了一圈，除了一个关键的区别：空海将他的理论应用于一般的语言，而《国体的本义》则特别推崇日语，并将其视为独特的语言。

我们国家关于"言灵"的意识形态是以这一事实为基础的：不可能付诸实践的话语要回避，不要说出来。这就是人心的真诚。言灵是指充满真诚的语言，这种语言拥有强大的推动力。换句话说，它拥有无限的力量，在任何地方都能无限制地被理解。这就是《万叶集》中所说的日本是"一个由言灵带来好运的土地……"的意思。因此，语言的真诚是行动的基本原则。"诚"之中没有自我的空间。在言语中必须抛开自己的

---

① 书名日文为《国体の本義》，英文为 Fundamentals of Our National Polity。——译者注

一切，因为只有在行动中才能找到"诚"，也只有在那里，"诚"才会闪现。（摘自罗伊·安德鲁·米勒1982，133-4）

日语和日本人身份之间的密切联系往往被认为是非常牢固的，以至于人们可能会想，除了日本人之外，是否有人能够或应该学习日语。如果外国人要学习日语，为什么要教他们，怎么教？为了解决这个问题，一个拥有日本政府文部省背景的崭新组织"日本语言教育学者协会"在1978年正式成立。在向外国人教授日本语言时，使用"日本语"（nihongo）一词，在向日本人教授日本语言时，则以"国语"（kokugo）一词为名，以兹区别。例如，在《日日词典》当中，以后者来表示"日语"。在新组织的成立典礼上，日本最著名的语言学家之一铃木孝夫（1926—2021）发表了"为什么要向外国人教授日本语言"的主题演讲。他试图解释为什么他认为日语的内在价值对非日本人很重要。

我真正想说的是，实际上，现在已经不再是日本保持被动，继续只教授有意求学日文的外国人的时候了。相反，我希望推动这样一个结论：对于人类的任何成员来说，在不懂日语的情况下进入坟墓其实是一种不幸——这就是我们希望在外国人中传播的概念……

日本这个国家……是一个宗教意识形态一直很薄弱的国家。我们日本人一直是一个温顺的种族。我们没有形成明确界定事物的意识形态或原则。我们缺失一种救世主的渴望，缺乏在其他国家积极传播我们思想的意识形态力量。对我们日本人来说，现在要建立一种新的宗教，一种我们可以在整个世界上传播的宗教，将是一项需要大量时间的任务；而其他扩大我们海外影响的可能性也不可行。因此，我们必须做的是把日本的语言变成一种宗教。我们必须将日语视为日本的信条，并将这种日本语言的新宗教传播到地球上的各个国家。（摘自罗伊·安德鲁·米勒1982，255，290）

当然，并不是所有推崇自己母语的日本人都像铃木那样热衷于传授"日本语言信条"。不过，许多具有西方语言知识的日本文学家还是表达了他们所认为的自己母语的特殊之处。一个典型的例子是杰出的散文家和小说家谷崎润一郎（1886—1965）对日语和英语的比较。

> 在英语的写作方式中，意义变得清晰，但同时也变得有限和浅薄……我们日本人不做这种无用的努力，而是使用那些允许有足够余地暗示各种事物的词语，并以合理的元素补充其余部分，如句子的音调、字母的外观、节奏等……西方人的句子试图将其意义限制得尽可能狭窄和详细。并不允许有最小的影子，所以根本没有给读者想象的空间。（转引自川岛武义1967，263）

正如语言学家经常指出的那样，日语的句子结构强调情感因素而不是认知因素。日语的表达方式更倾向于敏感和情感上的细微差别，而不是逻辑上的精确性。日语在表达各种存在方式时并不具有准确性，而是以充满模糊的、类型化的方式来表达。名词没有明确的单数和复数之分，也没有性别之分。没有使用冠词，动词也不区分人称或数量。在这些方面，日语与汉语很相似。

文学家们认为他们的语言是一种美德，但对哲学或科学感兴趣的日本人并不总是如此重视这一美德。考虑一下哲学家和佛教学者中村元（1911—1999）的情况。作为一个跨文化的思想比较史学家，中村很好奇为什么某些类型的逻辑思维在日本没有得到很好的发展，即使从外部引进也是如此。

但与古典汉语不同的是，赋予日语独特氛围的，是所谓的"てにをは"（te-ni-o-ha），即后置助词。与其他语言中的词形变格或介词相呼应，这些语助词不仅表达了认知、逻辑关系，而且在某种程度上还表达了情感的微妙变化。这些语助词出现在各种词语和句子中，只是因为其逻辑上的歧义性，这些扮演辅助角色的语助词强调了一些特定的意义，唤起我们对事物的某些主观方面的关注，区分出微妙的感觉，或表达丰富的意义。日语也有大量的助动词，其复杂的用法表明，日语在把握情感方面具有特殊的敏感性。

原本的日语，正如其古典文学中所清楚揭示的那样，有丰富的词汇以表现美学或情感的心态，但明显缺乏表示智力或推理思维过程的词汇。它的词汇，大部分是具体和直观的，不能轻易地建构出抽象的名词。当佛教和儒教传入日本，哲学思想得到发展时，哲学思想的词汇完全是汉文，书写方式相同，但发音不同……

> 现在，西方的哲学思想在日本很普遍，但这些哲学思想的流行以两个相连的汉字为词汇来表现，然后按照惯例，使其与传统的西方概念相对应。例如，"gainen"和"risei"是当今日语中"概念"（Begriff）和"理由"（Vernunft）的术语。有时这样的哲学词汇甚至是由三个或四个汉字构成的。本土的、古老的日语从来都不能作为表达哲学概念的媒介……与此相反，虽然中世纪的教士们用拉丁语进行哲学思考，时至现代，德国人却只用德语来建构他们的哲学体系。这种变化甚至可以追溯到中世纪的埃克哈特。然而，即使是现在，在日本也没有人用纯粹的原始日语来表达哲学。因此，我们不得不得出结论，日语不像梵语或希腊语那样适合于哲学思考，也不像德语那样似乎适合于哲学思考。（中村元1964，531-3）

然而，中村并不是语言决定论者。他认为，如果日本人为了更好地适应当代的技术和哲学环境，想要修改他们的语言，他们当然可以这样做。1967年，他写下了以下内容：

> 当然，我们不能否认这样一种可能性：日语可以像其他语言一样，清楚地表达一个人的所思所想。我知道有一种语言理论强调思想模式的文化条件，而不是语言决定论。当然，在这方面，日本人的精神不应该被忽视……如果日本人认真地以正确的方式努力发展逻辑学，他们是绝对可以发展的……重要的是，日本人作为一个民族，要发展一套严谨逻辑思维的技能和语言工具。
>
> 我们无法预测未来会发生什么，但工业化在今天的日本进展非常迅速。然而，这似乎并没有在很大程度上或很容易地改变语言的上述特点……日本人不想失去他们传统的美学和经验主义态度，这也许是很自然的。（中村元1967，191，195）

不仅是哲学家，还有科学家，也指出了在日本文化和语言背景下抽象思维的困难，以及日本人对从根本上改变这种状况的犹豫。正如汤川秀树（1907—1981）在获得诺贝尔物理学奖十年后的1959年所写的：

> 在大多数情况下，日本人的心态不适合抽象思维，只对有形的东西感兴趣。这就是日本人在技术艺术和美术方面的卓越成就的起源。对自身无意识地缺乏抽象性思维的认知，似乎促使日本人不加批判地崇拜和无条件地采纳从外部引入的宗教和哲学体系。对部分高知识分子的日本人来说，这样的课题虽然是相对容易的，但是，在这些体系中，只有日本气候所熟悉的元素被吸收，而不熟悉的元素则不被欣赏。亦因此，日本现有的环境原封不动、未被改变，传统元素的显著稳定性亦得以保持下来。抽象的思维模式对日本人来说将继续是陌生的。而对他们来说，任何理性的思想体系，一般来说，都不过只是用以满足他们求知欲的奇谭怪说罢了。（汤川秀树1959，56-7）

鉴于日本人对改变他们的语言和思维风格的抵制，那么，如果日本哲学家听从中村的建议，推动并改造他们的母语，使其更适合于理论和抽象思维，这种语言对大多数人来说是否仍然是"日本的"？这就是下面这个对谈中的关键问题。小林秀雄（1902—1983）是日本最著名的文学评论家之一，也是有影响力的杂志《文学界》的创始人。西谷启治（1900—1990）是西田的弟子，他本人也是著名的京都学派哲学家，就有过以下的对谈。

> 小林：比如说，你的论文和吉光①的论文是最难理解的。说得极端一点，它们没有日语的感性。我们感觉到，日本哲学家显然并不太在乎命运确实提供母语给他们用以写作这一个事实。一种表达无论是多么认真和有逻辑，在我看来，这种表达方式不应只停留在仅仅使用传统日语的层面上，而更加应该带有只有日本人所能赋予的味道。这是我们这些从事文学工作的人在工作中始终意识到的东西……但在这一点上，哲学家

---

① 吉光良彦（1904—1945）是一位著名的天主教哲学家，以其对天主教伦理学的概述以及对奥古斯丁和中世纪学术思想的传播而闻名。

是漫不经心的。如果不解决这个问题，我看不出有什么办法能让日本的哲学复兴为真正的日本哲学。你对此有何看法？……

　　西谷：对于那些从事哲学研究的人来说……踏入来自西方的潮流，只用我们给定的日语来表达自己，是异常困难的。我们不能把事情强加在语言上，但同时我们必须能够使自己被理解，这就意味着要通过锻造一种新的语言来尝试用日语自然地表达自己。真的，我们已经没有时间去费力地写出一般日本读者容易理解的东西。坦率地说，我们觉得自己好像是在为西方知识分子写作，但同时我们又想把我们的思想带到比西方人更远的地方。比起担心我们是否使自己被理解，更重要的是突破那边的人已经陷入的僵局。就目前而言，我看不出有什么其他的方法可以向前迈进。（OM，230，248）

另一位京都学派的哲学家，上田闲照（1926—2019），对这个语言和哲学的问题做了进一步说明。现代的第一代日本哲学家广泛地阅读哲学，且往往是多种语言的。然而，上田这一代人中，有一些人不仅阅读西方语言，而且更以西方语言来写作。在上田看来，这导致他思考哲学如何在不同的语言中呈现出不同的语言形式。

　　对我来说，用德语写作远不如用日语写作来得自然。它让我约束自己，对特定的议题进行表达之前都必须经过仔细的推敲并详尽地思索，直到我可以用我的德语水平来表达它为止。也就是说，我必须把它分析成它的组成部分，以便用不同于日语的方式来表达它，但这并不代表比使用日语差。对我来说，这与其说是训练自己的德语能力，不如说是训练自己如何看待事物。在后来的日子里，我有很多机会用德语写作，但在这样做的时候，我首先让手上的议题处于日语和德语之间的位置（作为一种事前工作〔Vor-sache〕……）。然后，无论我以德语还是以日语写作，它都可以清楚地表达出来。这并不是说在德语中变得清晰的东西总是与在日语中变得清晰的东西相吻合。它们有时会有所不同，但不是完全不同。尽管每一种语言都以自己的方式实现了清晰，但在 Vor-sache 的间隔空间中仍有剩余。正是在那里，德语的清晰性和日语的清晰性相互

回荡，相互交融。（上田闲照2001，386-7）

在我们对日本人身份的语言层面的讨论中，我们已经看到了与我们另外两个主要话题的广泛重叠：政治和宗教。现在让我们来谈谈前者。

政治上的身份认同

作为日本人，至少在某种程度上，意味着是日本国家的一员。在考虑日本人的政治身份是如何演变出来的时候，我们将重点关注这一发展中的几个关键时刻。我们不能在这里对整个日本政治思想史做详细的调查，但我们可以强调一些对日本政治哲学的发展起特别作用的代表性思想。

探讨日本政治身份认同的一个合理的起点是《十七条宪法》，其全文可见于本卷的序言，并与围绕着圣德太子（574—622）这一标志性人物的传说有关。虽然传统上将其成立时间定为604年，但许多学者对作者和日期都表示怀疑。然而，即使确实的日期存疑，日本人从8世纪初到最近为止也没有质疑它们的真实性。因此，日本人都认为宪法是日本的政治基础。这份文件本身并没有明显的哲学意味，但它确实借鉴了当时中国隋朝最重要的两种思想传统：儒家思想和佛教。它对后来日本政治思想的主要价值在于，它把儒家思想中理想的社会与政府形态与佛教的贡献——精神与心理学观点互相结合起来。由于借鉴了两种传统而不是一种传统，它成为证明国家政体合理性的混合主义模式。

圣德太子和他的姑姑推古天皇，通过一系列的战争和政治暗杀，在不同的亲属团体斗争中成功上台。由于这些团体都是移民出身，宪法敦促各派别之间实现"和谐"。而做到这一点的方法就是承认一个中央权威，培养受儒家思想启发的适当行为模式，并提倡佛教的内省，以控制情绪和安静自我。

宪法没有直接提到天帝或神灵作为皇室来源的传统。然而，这种联系很可能已经是神话遗产的一部分。无论如何，到了8世纪初，《古事记》和《日本书纪》这两部编年史将创世的神话叙述标准化。它们解释说，天神创造了日本，而太阳女神"天照"是皇室的祖先。我们可以见到这种解释得到了充分的发展和支持，而其中一个例子就在中世纪学者和政治人物北畠亲房（1283—1354）的《神皇正统记》（1339—1343）之中。他不仅声称皇室血统是来自天神的后裔，还声称太阳女神将确保皇室的继承，尽管有历史上的反常现象，但始终保持着其纯洁性。

从诸神时代开始，合法的皇室继承权就从没有中断过，而我想讨论一下这背后的一些原则。我们的国家是神圣的土地，因此，我们的继承是按照天照大神的意愿进行的。然而，当继承中的君主犯了错误时，他们的统治也很短暂。虽然继承总是回到它的原有的系谱上，但也有暂时性的偏差。然而，这些失常总是个别君主自己的错误，并不是因为神的援助失败而发生的。〔北畠亲房1343，124（173）〕

江户或德川时期（1600—1868）经历了儒家思想的复兴，从欧洲大陆引进了新的或更新的儒家治理理想。然而，新的理论从没有触及过神话般的皇室地位，其王朝的统治权威亦从未有改变。与中国不同的是，日本儒家认为皇权统治不受更高的存在约束，即天意的制约——如果没有这一规定，推翻皇室并建立新的王朝就不可能有哲学上的支持。然而，这种禁止废止君主的规定并没有赋予皇帝绝对的权力。事实上，至少从9世纪末开始，除了少数短暂的例外之外，日本天皇只在位，而不统治。当德川幕府在17世纪掌握政治控制权时，他们不遗余力地维护他们代表天皇执政的自负，宣称他们只是在处理与天皇陛下的尊严不相称的世俗事务。然而，无论谁在实际统治国家，明确的国家政治意识形态仍有其用途。问题不再是为皇权路线辩护，而是为如何更好地进行统治而制定一个理由。德川的儒家哲学家在这个时候站了出来。他们的一个关键概念是，国家应该遵循儒家传统中的经典美德所定义的道，而这些美德可以追溯到中国古代的圣人君王。正如荻生徂徕（1666—1728）所述：

道是一个综合性的名称。它指的是早期国王建立的一切，特别是仪式、音乐、刑法和管理机构。道包含并指定了上述的所有。除了他们的仪式、音乐、刑法和政府系统之外，没有任何东西被称为道。因此，道

可以被称为一个综合术语。〔荻生徂徕1737A，41-2（172-3）〕

本土研究的政治哲学家们同意儒家的观点，即国家的基础应该是古道。然而，对他们来说，这当然不可能是中国古代圣人君王的外来之道。日本是一个神圣的国家，它的道是神道的神灵和他们的后代即皇室的统治。在这个政治模式中，我们发现神道思想试图通过共同使用关键政治术语"道"来支配中国的哲学，重新定义"天"来指称天神的领域。对于本土研究的政治哲学家来说，"道"不是道家的自然主义，也不是儒家的圣贤之德，相反，它是日本人在创世之初的神灵时代的"古道"。本居宣长对这一点总结如下：

什么是"道"？它不是自然界中自发产生的道。道也不是人造的。它是高御产巢日神的精神产生的。道是由祖先的神——伊邪那岐和伊邪那美所开始的。道由太阳神继承和维护，然后由太阳神传播。这就是为什么它被称为众神之路。〔本居宣长1771，57（35-6）〕

18世纪末，水户学派晚期的一些哲学家并没有将这两种传统对立起来，而是形成了一种综合的观点。例如，会泽正志斋（1782—1863）认为，崇敬天皇首先能够确保天照大神对国家的保佑。这些感激之情，反过来又会自发地产生儒家中的美德——如忠诚和孝道——这些都是一个和谐国家所需要的。如果我们曾经迷失方向，会泽认为欣赏太阳即天照大神的神圣光辉，就足以使我们回到正确的道路上。

因此，我胆敢提出国家所应该依靠的东西。第一部分涉及我们的"国体"，在这方面，我呼吁必须重视我们的国家是由我们神圣的祖先的忠诚和孝道所建立起来的……

当天上的皇祖神——日神天照大神，传下神圣的王冠时，她拿着那面宝镜，在给予她的祝福时说："看着这当若看我。"铭记这一点，无数代人都把这面镜子尊为天照大神的神圣化身。她的圣子和神孙看着这面宝镜，在里面看到了一个倒影。他们所看到的是天照大神留给他们的身体。看着它就像看着她。因此，在虔诚地崇拜她的同时，他们不禁感到神与人之间的亲密共融。因此，他们怎么能不敬重自己的祖先，表达自己的孝心，尊重自己的人格（作为一种信念），并培养自己的德行呢？即便如此，随着父母与子女之间的爱的加深，感激之情的精髓就会完全显现出来……

但是，这些高尚的教义是怎样在没有文字传承的状况下保存下来，又是如何让人们每天都在不自觉地实践的呢？因为天上的祖先住在天上，威严地照耀着下面的大地，所以天上的后裔在下面最大限度地表现出他们的诚意和敬意，以报答他们对天上祖先的亏欠。宗教和政府是一体的，君主所承担的所有天国的职能和作为天国代表所做的所有工作都是为天国祖先服务的手段。通过对祖先的敬仰和对人民的统治，君主变得与天合一。因此，只要上天还在，他的血统就会一直延续下去，这是事物发展规律的自然结果。〔会泽正志斋1825，10，18，20（622-4）〕

像会泽这样的思想家所设想的神道和儒家思想的融合，有助于支持1868年推翻幕府和恢复天皇统治的运动。在会泽的这段话中，我们发现提到了"国体"——"国家的身体"或"国家的本质"——这个哲学术语在19世纪和20世纪将变得越来越重要。这个词可以指一种政体形式（有些人声称它是日本独有的，有些人则反对这个说法），也可以指天皇本人，或者指（日本）人民对于国民身份的认同。福泽谕吉（1835—1901）甚至一度说，这相当于日本的西方所谓"民族主义"。

我们将在下文中更详细地研究这一概念。首先，让我们来谈谈会泽分析中的另一个有争议的观点——"宗教和政府是一体的"这一理论。随着第一部现代日本宪法——1889年《明治宪法》的颁布，这个问题就变得至关重要。前三条肯定了"亘古不变"的天皇血统，并指出天皇是"神圣而不可侵犯的"。然而围绕第四、第五和第六条的解释就出现了争论。

第4条 天皇是帝国的元首，而根据本宪法的规定，天皇将集国家的主权于一身，并具有行使主权的权利。

第5条 天皇经帝国议会同意行使立法权。

第6条 皇帝批准法律，并下令颁布和执行这些法律。

在一些君主主义者看来，这听起来太过民主和西方。这似乎意味着天皇必须服从宪法和当选的官员，而不是自己成为宪法和所有法律产生的基础。然而，政治活动家北一辉（1883—1937）强烈反对这种解读，抨击将民主影射为神明统治。1919年，他写道：

> 民主国家认为，由选民投票选出的代表所治理的国家优于由特定的人治理的国家，然而这一点并没有任何科学依据。每个国家都有自己的民族精神和历史……美国人的"民主"源于当时非常不成熟的理论，即认为社会可以通过基于个人自由意志的自愿契约而产生；这些人个别地从每个欧洲国家移民过来，建立了社区，并建立了国家。但他们的选民神权理论是一种半吊子哲学，是与当时的君权神授理论相对立而产生的。
>
> 现在，日本当然不是以这种方式建国的，而且从来没有一个时期，日本被一种半吊子的哲学所支配。我只想说，国家元首必须通过冗长的自我宣传和像低级演员一样让自己受到嘲笑来争取选举，这种制度对日本人来说似乎是一种非常奇怪的习俗，他们从小就相信沉默是金，谦虚是一种美德。〔北一辉1919，294（963）〕

北认为天皇应该完全控制政府，解散国会（议会），并代表农民和贫困工人发起社会主义革命。简而言之，北既是帝国的忠臣，又是社会主义者。他是一个积极的行动派，并在1936年参加了一次未遂政变。这次政变的叛军冲进皇宫，杀死了几位政治领袖。尽管他和他的同伙声称是为了恢复天皇的真正权力，但天皇并不欣赏对他的顾问的暗杀，北亦因此被处决。

与北的希望相反，军国主义者借着这次政变，以国家安全为名加强了对国家的控制。"国体"的意义成为一个日益突出的意识形态问题，并成为民族主义者和种族中心主义者的口号。1937年，文部省发布了之前引用的《国体的本义》（Kokutai no hongi），并针对当前的问题指出：

> 我们的国家是以天皇为中心建立的，天皇是天照大神的后裔，因为我们的祖先以至我们自己都在天皇身上看到了她生命和活动的源泉。因

此，将为天皇服务并接受天皇伟大而庄严的旨意作为我们自己的使命，使我们的生命在历史上能有其意义，而这也是人民道德的基础。

忠诚意味着把天皇作为我们的中心来敬重，并暗中跟随他。隐性服从是指把个人需求抛诸脑后，专心致志地为天皇服务。走这条忠诚之路，是我们臣民可以"活着"的唯一途径，也是所有能量的源泉。因此，为天皇献出我们的生命并不意味着所谓的自我牺牲，而是抛开我们的小我，生活在他庄严的恩典之下，增强一个国家的人民的真正生活。〔文部省1937，34-5（80）〕。

在这一时期，大多数关于国家认同的讨论都是比较认真和不加掩饰地富有政治性，而不是哲学性。然而，考虑到这些概念的重要性和当时的压力，许多日本更知名的哲学家参与讨论这些问题并不奇怪，事实上，媒体和国家官方组织经常要求他们这样做。参与其中的两位最杰出的哲学家是井上哲次郎（1855—1944）和西田几多郎（1870—1945）。我们从前者开始。在20世纪之交，井上是日本最著名的哲学家。当1890年颁布《教育敕语》时，它确立了国家对儿童教育的官方意识形态。儿童应该崇尚皇室血统和日本民族的神圣起源。此外，教师不仅应向学生灌输尊重和感激之情，而且应灌输儒家的忠诚、孝道和勇气等美德。如果这样的话，一种和谐的感觉就会在这片土地上盛行。

井上在下文中写下了他对该文件的认可。其中，我们发现他试图为日本在他那个时代的世界舞台上的独特地位进行辩护。

在当今世界，欧洲和美国当然是大国，所有由欧洲人定居的国家也都繁荣起来。现在只有东方国家有能力与这些国家的进步相抗衡。然而，印度、埃及、缅甸和安南已经失去了它们的独立地位；暹罗、朝鲜极为虚弱，将难以建立它们的自治权。因此，在今天的东方，只有日本和中国拥有稳定的独立，并足以与西方大国争夺其权利。但中国固守经典，缺乏进步的精神。只有在日本，进步的理念得以蓬勃发展，亦只有日本有能力可以在未来预见一个辉煌的文明。

然而，日本是一个小国家。由于现在有一些人肆无忌惮地掠夺国家，我们必须将整个世界视为我们的敌人。尽管我们应始终努力与西方大国建立友好关系，但外国敌人正盯着我们的任何疏忽……我们只能依靠我们的四千万同胞。因此，任何一个真正的日本人都必须有一种公共责任感，通过这种责任感，我们会把自己的生命看得像灰尘一样轻，积极进取，并准备为国家的利益牺牲自己。我们必须在紧急情况发生时鼓励这种精神……《敕语》的目的是通过培养孝悌、忠诚和真诚的美德来加强国家的基础，并通过培养集体爱国主义精神来为任何紧急情况做好准备。如果所有的日本人都以这些原则来建立自己，我们就可以放心地把人民的心团结起来。〔井上哲次郎1890，2-3（781-2）〕

作为著名的京都哲学流派的创始人，西田几多郎是现代日本最著名的哲学家。作为当时的一个知识分子偶像，西田的晚年被卷入了政治哲学和关于"国体"意义的辩论。他希望通过哲学的洞察力来澄清它与道德、国家以及他所在的历史时期的全球发展的真正关系。他的国学理论可能是当时所有思想家中最具有哲学深度的。当一个不明智的短语可能会使人因大不敬的罪名而入狱时，西田透过使用军国主义分子所期望的术语来掩盖其论点的边缘，如"国家""世界历史使命""帝国""东亚共荣圈"，等等。因此，肤浅的阅读可能会让人相信西田已经彻底接受了右翼的意识形态。然而，任何熟悉哲学论述的精明读者都会发现其他的东西。如果我们跟随他的整个论证，我们会发现西田以一种否定该意识形势诸多基本原则的方式来定义和联结自己所提出的术语。他拒绝了日本是由神灵建立的这一历史事实的说法；他反对将"国体"理论适用到皇室以至整个日本；他反对日本人因血统或种族而成为一个国家的说法；他反对让个人屈服于国家，等等。

然而，西田的见解主要是建设性的，而不是消极的。他认为，任何与所有宗教根源切断的国家概念都会失去其道德指南针。如果发生这种情况，人民（无论是作为个人层面抑或是国家层面）将无法将自己视为世界历史的代理人。简而言之：他们将失去国家的使命感。为了实现全球和谐，每个国家必须从自己的历史中找到自己的角色。西田的模式显然不是诞生于自由民主的个人主义。然而，这并不意味着它只是与日本的官方国家意识形态相一致。西田将"国体"的想法设想为一种新的模式，一种可以从日本的经验中有机地发展出来，但也可以在其他国家以不同的方式发展的模式。

为了了解他是如何做到这一点的，让我们按照他在这个问题上最重要的论述，即1944年的文章《国体的理论化》中的论证步骤进行分析。他从他的哲学人类学的一般陈述开始：人类既是生物的，又是历史的，国家必须把这两者之间的创造性互动作为其发展的基础。

> 作为人类，我们出生在历史世界，我们在其中工作，并在其中死亡。我们也可以说，我们从生物世界出生，并在其中死去……生物世界不是历史世界之外的东西。即使我们把它称为物质世界，它仍然不是脱离历史世界的东西，而今天的量子力学似乎证实了这一点。我们的世界是一个创造性的世界，而自我是作为其创造性元素之一诞生的……当然，人类这一个种族并不是只有单纯的生物性。它是历史世界的一种形成性力量，是更广泛的历史世界中的特定事物。每个人种在历史世界的形成中都承担着自己的使命；如果不是这样，它就不能被称为人……作为个人与整体的联结，一个民族是永恒价值的创造者。这就是一个民族的社会成为一个国家的形式……而一个形成国家的民族成为道德的源泉。因为我们人类生来就是一个创造世界的元素……从抽象逻辑的角度来看，个人和整体将始终是互相纠缠、不断斗争的。否则，它们只会被相互利用。然而，从历史创造的角度来看，个人和整体形成了一个直接的统一体。这两个关联物越是成为一体，创造力就越大。（西田1944，192-3）

接下来，西田讨论了一个民族的历史发展与神话之间的联系。他明确指出，一个民族的神话往往是由他们的自觉意识所发展出来的人为产品，并以此达致"构成历史"的重要工具。

> 历史可以说是从神话开始的。社会学家如艾弥尔·涂尔干（Émile Durk-Heim）声称，原始社会是从宗教开始的。这并不是说，历史社会是神秘地出现的，或者是通过某种超验的机构出现的。一个历史社会，作为主体和环境的相互干涉的产物，其中主体塑造了环境，环境也塑造了主体，被创造者成为创造者，特定的形状将形成形态自身，世界往往是

这样形成的。这里的"历史主体"不是别的，恰恰就是民族。而"宗教"指的就是这种富有生命的历史性形成活动。（195）

有了这样的解释，西田便可以定义他所说的"国体"是什么意思。西田没有具体提到日本，而是将"国体"视作一种模式，在这种模式中，人们将自己视为形成自己的"世界"或世界观的代理人。

> 因此，当一个民族超越了单纯的生物种族而意识到自己属于一个单一的世界时，也就是当它成为历史上的形成者时，它就具有了个性。这种个性意味着它在历史上具有形成性，并承担着历史使命。民族的这种个体性是构成"国体"的原因。（197）

然后，西田解释了日本如何作为一个"国体"，以及它在历史上如何利用神话来形成民族以至国家。

> 只有在我国的历史兴起中，随着国家诞生的建国神话和作为超越中的内在和内在中的超越的绝对存在的自我确定，"国体"才实现了作为一个国家的自我意识，这需要一种道德……在我国的"国体"中，皇室就是世界的起点和终点……（201）

最后一个问题是世界其他地方，特别是西方世界，哪里会适合西田的模式。在思考一个有宗教基础的国家时，人们可能会想象西方在中世纪有一个"国体"模式。西田声称这并不存在，因为西方思想在超越性和内在性的基础上在教会和国家之间制造了一个缺口。然而，"国体"模式只是没有在西方发展，理论上却没有其不能发展的理由。对西田来说，"国体"是一种政体模式，就像自由民主或中世纪的神权理论是政体的模式一样。由于日本的历史环境，"国体"模式目前可能对日本来说是独一无二的。那么，日本的历史角色就是示范并在哲学上发展这种不同的政体模式。历史事件将日本置于世界局势中，使其非西方的国家模式突然被放上世界舞台之上。西田认为这有利于在世界历史上首次纳入东方和西方思想的新的世界秩序中重新思考国家身份。

　　在中世纪的某个时期，西方国家看起来像一个基督教帝国。超越性和内在性、一和多、属于某一特定种族的人和作为基督徒是对立的。必须引入一种抽象的道德来证明国家的合理性。他们不能像我们国家一般发展出一个神圣国度的想法，而在那里，我们看到一个自我超越的世界在一个民族的形成中形成，一种超越中的内在和内在的超越……严格来说，可以说"国体"只存在于我们国家。但是，这不仅仅是一个为拥有像"国体"这样的特殊事物而感到自豪的问题；我们还必须关注和澄清它的世界历史特征。这一点必须在实践和理论中向世界阐明。因为我们是一个具有世界意识的时代，"民族"的本质必须被明确为历史世界形成中人类活动的规范形式。这样一来，一个新的世界秩序就会被构建起来。（202）

我们可以看到，"国体"的概念是渗透到政治和宗教身份之间的界限。这使我们进入了关于日本身份的第三个哲学主题：宗教的层面。从我们到目前为止所看到的，宗教层面成为日本历史上一个争论和辩论的场所，也可以说是不足为奇的。

宗教上的身份认同

正如我们在之前的讨论中所看到的，在日本，宗教与语言和政治宗教上的身份认同有着密切的联系。7世纪，圣德太子的《十七条宪法》的第二条试图将佛教确立为国教和个人精神信仰的典范。8世纪，皇室神裔的叙述被正式化，并被记录下来作为皇室统治的基础。虽然在支持一种精神传统的部族之间存在着一些政治冲突，但在大多数情况下，各种传统之间的哲学争论相对较少。这要归功于圣德太子的一句话：树根是神道，树干是儒家，树果是佛教。虽然对这句话有不同的解释，但问题是在平安时代和中世纪的大部分时间里，某种程度上的融合是当时的常态。

这并不是说这一融合没有偶尔的中断。例如，真言宗的创始人亲鸾（1173—1263）有时会对神道教持宽容态度，但在其他时候，他认为民间宗教习俗的实践正是佛教的教诲处于衰退、不被重视的表现（即佛语中的末法）。例如，在其《正像末和赞》中，他写道：

> 作为五种污秽增加的标志，
> 这个时代的所有僧侣和普通人
> 外表上像佛教教义的追随者，
> 但在他们的内心想法中，却相信非佛教的道路。
>
> 僧人和俗人选择"幸运的时间"和"吉祥的日子"，
> 却同时向天地间的神灵致敬，
> 从事占卜和祭祀仪式的工作，
> 这是多么可悲的事情。〔亲鸾1258a，528（422）〕

此外，在镰仓时期，互相竞争的佛教团体通常对其他团体提出批评。例如，日莲（1222—1282）将各种灾难归咎于日本人失去了对《法华经》的敬畏而转向其他精神传统的事实。

> 近年来，天上出现了不寻常的骚动，地上出现了奇怪的现象，饥荒和瘟疫，都影响到帝国的每一个角落，并蔓延到整个土地。牛和马躺在街上，受难者的尸骨挤满了公路。一半以上的人口已经被死亡带走，几乎没有一个人不悲痛。
>
> 与此同时，有些人把他们的全部信仰寄托在阿弥陀佛的"利剑"之上，并念叨着这位西方大陆之主的名字……有的人追随真言宗的神秘教义，举行仪式，将水灌入五个罐子，还有的人全身心投入坐禅中，试图像月亮一样清晰地感知所有现象的空性……
>
> 但是，尽管有这些努力，他们只是徒劳地耗尽自己。饥荒和流行病比以往任何时候都更加猛烈地肆虐，乞丐随处可见，死亡的场景充斥着我们的眼睛。尸体堆积如观景台，死尸像桥上的木板一样并排躺在一

起……

　　我用我所拥有的有限资源仔细思考了这个问题，并略微看了一下圣典，希望得到答案。今天的人们都背弃了正确的东西；对一个人来说，他们把自己的忠诚献给了邪恶。这就是仁慈的神灵与圣人都一起抛弃了这个国家，不再回来的原因。取而代之的是魔鬼和恶魔的到来，灾害和灾难的发生。〔日莲1260，17（6-7）〕

在德川时期，正如我们前面提到的，儒家和神道思想家们争论道的意义，认为它是日本社会和政治的正确基础。随着精神体系之间竞争的加剧，言辞亦变得越来越尖锐，越来越多的人提出异议。许多论战都是围绕着纯洁性的理想展开的：确定哪种传统以及对该传统的哪种解释在与外部受污染的思想体系的互动中受到的玷污最小。当时具有影响力的儒家学者伊藤仁斋（1627—1705）的以下一段话特别能说明问题。在这段话中，他批评后来的中国儒家接纳并采用了印度佛教的错误的论证技巧，而使用佛教的论证手法去反对佛教的论证规则，结果反倒是增强了后者，并进一步歪曲了古代圣人的真正儒家之道。

　　释迦牟尼佛的佛教从国外进入中国，并很快传遍中国。它在隋唐时期蓬勃发展，到了宋朝还引起了轩然大波。下一波儒生愤怒地拒绝佛教，将佛陀的学说与他们自己的学说分庭抗礼。他们与佛教进行斗争，直到精力耗尽。但他们越是攻击它，它就越是伟大。他们越是拒绝它的信条，它就越是流行。儒家无法扑灭它的火焰，因为在打击它时，他们屈尊地使用了佛教徒所使用的空话，而不是尧、舜和孔子所教导的道德美德。

　　当"道"和"德"蓬勃发展时，辩论就会平息。当道路和美德衰落时，辩论和争论就会盛行。当它们蓬勃发展时，道路和美德就会变得更加遥远。因此，辩论、争论和修辞的兴起标志着一个堕落的时代的顶峰。在这种空洞的争论的高度，我们到达了禅宗的极点！没有什么比禅更远离道德，更远离日常生活，更缺乏对社会和国家的好处了。〔伊藤仁斋1705，111-12（253）〕

16世纪，基督教通过天主教传教士进入日本，使佛教徒、儒家和神道教有了共同的目标。经过一连串的论战，基督教在17世纪初被正式禁止进入日本，直到19世纪后半期政府解除禁令后才重新回到日本。这种证明反基督教论战盛行的绝佳例子，就是由武士转为禅宗的铃木正三（1579—1655）。

> 根据基督教教义，"名为神的大佛是天地之主，包拥万物，自成一格。他是天地和无数现象的创造者。这尊佛在一千六百年前入世……拯救所有的众生。他的名字是耶稣基督。其他国家不认识他，而是崇拜毫无价值的阿弥陀佛和释迦牟尼，这是愚蠢之极"。这就是我所听到的他们的论述。
>
> 为了反驳，我回答说："如果神是天地的主并创造了世事万物，为什么这位神仙直到现在还遗弃了无数的国家而不露面？自从天地开辟以来，三界的菩萨们交替出现，努力拯救所有的众生，多少万年，多少万年！……如果神真的是天地之主，那么从天地开辟到今天，他允许仅仅是随从的菩萨们接管他亲自创造的一个又一个国家，允许他们传播他们的教义，努力拯救所有的众生，这是非常不负责任的……"
>
> 还有一个故事是，耶稣基督一出场就被这个下层世界未开化的傻瓜们吊在十字架上。难道人们还要称他为天地之主吗？还有什么比这更缺乏理性的吗？这个基督教教派不承认有一尊原始开悟的佛陀存在，因此，他们错误地盗用了一尊佛，并在这个国家散布邪恶和污秽。他们将无法逃脱天堂对这一罪行的惩罚！但许多未开化的人没有看穿他们拙劣的主张，他们崇尚他们的教义，甚至为他们抛弃了自己的生命。这难道不是我们国家的耻辱吗？即使在外国也是臭名昭著，确实令人痛心。〔铃木正三1662，131-2（377-8）〕

并非所有德川思想家都参与了一种精神传统对另一种精神传统的意识形态战争。有些人明确地试图回到神道、儒家和佛教的古老三方和谐。在下面这段话中，我们可以看到二宫尊德（1787—1856）的实际观点，他是知识分子之一，代表了城镇居民，特别是新崛起的商人阶层的立场。

长期以来，我一直在思考如下问题：神道教的教义是什么，它的弱点是什么，它的优势又是什么？我也一直在思考关于儒家和佛教的这些问题。我得出的结论是，这些学说都有自己的优点和缺陷……

现在，要提到这些学说各自的主要目的，神道显示了建立国家的方式，儒家显示了治理国家的方式，而佛教显示了统治人的思想。我并没有过分看重高调的东西。我也不抛弃熟悉的和低级的东西。在构建我的教学时，我采用了这三种学说中每一种学说的精华。我所说的"本质"，是指对人类有用的东西。通过采用有用的东西，摒弃无用的东西，我建立了一个教学，我称之为以德报德的教学。它是这个世界上最好的。我开玩笑地说，我把我的教学称为包含神道、儒家和佛教精华的无上药丸。它的优点非常广泛，无法一一列举。用它来管理国家：将治愈所有导致衰败和堕落的疾病。用它来管理一个家庭：它将治愈所有导致贫穷和痛苦的疾病……服用它，其他使人不快乐的麻烦，如贫穷、奢侈、挥霍、遗弃和懒惰，将尽数消失。〔二宫尊德1893，196-7，（92-5）〕

随着19世纪中叶日本对西方的重新开放，基督教传教士回来了，其中有东正教、新教以及罗马天主教。起初，对基督徒的攻击受到了限制，可能是因为害怕欧洲和美国的报复。佛教则没有得到这样的保护。国家神道教的意识形态正在崛起。正如我们在讨论政治身份时看到的那样，水户学派创造了一种关于皇室继承的神圣基础和儒家美德的神道叙事的混合体。佛教被抛在一边：没有受到西方的保护，在新的国家意识形态中没有一席之地。正如一位普通的信奉佛教的僧侣樋口龙温（1800—1885）所感叹的：

这些四面八方围绕着我们的敌人到底是谁？首要的是意图诽谤佛法的大儒；其次是所谓的神道学者，他们试图利用古书来推进据称能解释古代方式和传统的理论；第三是天文学家，他们坚持认为地球是球形的，行星是旋转的；最后是基督教徒，他们已经逐渐从海上进入我们的港口。这些都是我们的敌人。（引自James E. Ketelaar1990，14）

随着事态的发展，对佛教的攻击不再仅仅是意识形态上的，而且是实际的。1868年以前，佛教寺庙的财产与神道教的神社交织在一起，但政府将这些建筑群分开，佛教的僧侣不允许进入新封锁的神道教区域。此外，国家停止了对佛教的所有官方财政支持。然后，反佛教的情绪开始上升。一群暴徒晚上在邻里间游荡，毁坏佛教图像。他们把国家神道的哲学思想作为他们暴力的理由。正如当时一名学生解释他自己的行为一样：

> 我们之所以拥护神武天皇（史前）时代的"礼治合一"，是为了消除佛教……自然主义学者是最热心的反佛者，平田学派经常引用平田的《出定笑语》中的《神之二敌论》，就是当中最积极的……我们的学生每天都会穿过城镇，砸碎路边的地藏菩萨或其他我们能找到的佛像。即使漏掉一个，对我们来说也是一种巨大的耻辱。火灾在城市中是一种危险，因此尽管我们并没有用火来焚毁佛塔和寺庙建筑，我们在焚烧佛教文物方面却尽了最大努力。（转引自James E. Ketelaar 1990, 33）

皈依基督教的日本人则面临着不同的挑战。对许多日本人来说，基督教与欧洲的思想和价值观有着内在的联系：个人主义、科学主义和帝国扩张主义。这使得日本社会的许多部门，特别是那些对发展基于国家神道意识形态的民族国家感兴趣的人，怀疑日本基督教皈依者的爱国度和忠诚度。而其中一个对此情况作出最大胆反应的日本基督徒就是内村鉴三（1861—1930）。根据他自己的说法，在美国学习时，他意识到日本不一定非要变成西方的基督教国家。与铃木正三关于日本历史上没有所谓的普遍的基督教上帝的论点相反，内村反驳说，普遍的上帝在日本伟大的文化成就中一直在无形地发挥作用。他设想了一个普遍的上帝，他允许神圣的存在在每个国家被不同地体验。他仿佛预见到了京都学派的坚持，即文化或民族认同的程度与普遍性或个体性一样是根本的。在用英语写的关于他的基督教信仰之路的长篇叙述中，内村说：

> 印象深刻的是，上帝的旨意一定在我的国家。如果所有好的礼物都来自他，那么我的同胞的一些值得称赞的品格也必须来自高处。我们必须努力用自己特有的礼物和恩惠来服务我们的上帝和世界。上帝不希望

我们经过二十个世纪的修炼而获得的民族性格完全被美国和欧洲的思想所取代。基督教的美妙之处在于，它可以使上帝赋予每个民族的所有特殊特征成为神圣。一个被祝福且令人鼓舞的想法是，（日本）也是上帝的国家。

从国外学习回到日本后，内村成为日本基督教"非教会"（无教会）运动的领导者。他的目标是发展一种独特的日本形式的基督教，以小型圣经研究小组为基础，没有形而上学的教条或类似西方教会的机构。他的动机之一是强调基督教生活的积极价值，而不是当时在日本常见的指责性道德说教。他把这种对道德评判主义的强调称为"道德洞穴"。内村认为，儒家道德实际运用的方式实际上并没有提高道德行为：

尤其是我们日本人是一个在道德洞穴里长大的民族。过去是这样，今天仍然是这样。社会上的道德空气是最浓厚的……因此道德法则是评判一切事物和人的主要尺度。忠、孝、仁、义——儒家的四大美德——是家庭和学校教育的主旨。这证明，尽管是表面的，但道德在我们的社会中占有最高的地位……道德对于将我们这些人定义为恶人是非常有力的，但在其他方面，它们完全是无能为力的……今天我们的社会站在道德破产的边缘。那么现在，这一切会不会是道德沦丧的结果？是的，它是。道德并不具备执行自身的力量。因此，仅靠道德修养并不能给人们带来避恶扬善的力量……道德教育的成果在于对自己和他人的错误行为的觉醒……换句话说，道德修养丝毫不能提高人们的道德水平；它只能使人们对自己和他人的道德判断更加敏锐。（内村1922，159-63）

作为一名杰出的基督徒，尽管面临着与新的国家意识形态保持一致的压力，他仍然坚定地坚持自己的信仰。内村经常被排斥，成为右翼政治批评的目标。他的回应是他著名的"两个J"的声明，强调他可以同时有日本人与基督教耶诞信徒的身份，两者并不冲突。他的声明是对民族身份和宗教身份如何能够独立存在而不削弱对其中任何一个身份的承诺的最明确表述之一。

我爱两个 J，没有第三个；一个是耶稣，另一个是日本。

我不知道我更爱哪个，耶稣还是日本。

为了耶稣，我被我的同胞憎恨，因为我是一个雅苏（ヤソ）①，

为了日本，我被外国传教士厌恶，因为我是民族的和狭隘的……

耶稣和日本；我的信仰不是一个中心的圆，而是一个有两个中心的椭圆。我的心和思想围绕着这两个亲爱的名字而转动。我知道，一个加强另一个；耶稣加强和净化我对日本的爱；而日本澄清和客观化我对耶稣的爱。如果没有这两者，我将成为一个纯粹的梦想家，一个狂热者，一个无定形的普遍的人。

耶稣使我成为世界的人，成为人类的朋友；日本使我成为我的国家的情人，并通过它将我牢牢地绑在地球上。我同时爱着这两者，既不会太狭窄，也不会太宽广。

耶稣啊，你是我灵魂的太阳，亲爱的救世主；我已经把我的一切都献给了你！（内村鉴三 1926，53-4）

铭刻在我的墓碑上

为日本。

日本为世界；

世界为基督；

一切为神。②

鉴于 20 世纪 30 年代和 40 年代的这些宗教和政治困难，一些著名的日本知识分子，特别是那些处理宗教哲学的人，试图中和日本宗教传统之间的一些摩擦。对于许多现代日本哲学家，特别是京都学派的哲学家而言，佛教思想是他们思想的核心。然而，正如我们所看到的，政治右翼的国家神道意识形态明确地试图将佛教排除在理想中的日本身份于外。

在下面这段话中，也许是继西田之后京都学派中最杰出的哲学家田边元（1885—1962），在 1939 年对京都大学学生的演讲中谈到了这个问题。他想把

---

① 耶稣的旧译名，在此也用来指代基督徒。

② 这些话以英文写在他的《圣经》上。

佛教思想带入关于日本人身份的讨论中，声称日本的佛教不是一种外来宗教。为了做到这一点，他认为他必须提出一个惊人的主张，即日本佛教本身在某种程度上来自"国体"。佛教进入日本并成为其文化的一部分之后，日本的"国体"就好像将印度和中国的佛教改造成了新的东西一般，将其变成日本独有的东西。田边声称，日本化佛教的思想将有助于打造一个以科学和日本精神为基础的新时代。

> 日本民族不仅仅是一个种族统一体。它包含一个原则，根据这个原则，每个人都会自发地将封闭的种族团结提升到包括全人类的开放立场。这一原则光荣地体现在天皇身上，并通过统治者和被统治者对天皇的支持和奉献得以实现。因此，这一真理甚至能够将其他国家的思想吸收到日本"国体"的精神中。事实上，佛教的独特思想在印度和中国都很重要，但在那里却缺乏它今天在日本所拥有的力量，因此，只有通过日本佛教的独特发展，它才能在今天生存下来。在中国发展起来的儒家实用思想也是如此。因此，佛教和儒家思想在他们的祖国已经失去了生命力，只是在日本才真正地得到了生命。同样的道理，日本也能够吸收西方的技术和科学文化，而印度和中国还没有在任何程度上接受这些文化。我想进一步指出，大乘佛教以其否定之否定的思维方式能够接受科学的反常现象，而基督教有神论的立场是无法接受的……
> 我既不是一个"佛教信徒"，也不是一个与佛教有任何联系的人，但在我看来，融合了日本"国体"思想的日本佛教，就包含着一种建构新时代的日本精神。我还认为，与科学相联系并使科学充满活力的宗教精神是建设新时代的基础……这将需要一种冒险的脾气。即使在物理学方面，据说它代表了当代知识的最高度精炼形式，也绝对没有完全确定的知识。行动之所以是行动，是因为它包含着偶然性和冒险性的因素。指导行动的知识只可以是不确定的；而知识也需要根据信念行事。在这个意义上，构建新时代的基本原则体现在日本化的大乘佛教精神中，这就是为什么日本所指导的东亚建设对世界历史如此重要。（田边元1940, 166-7）

当然，并非所有的佛教思想家都赞同田边对佛教与战争关系的理解。

1943 年，当战争的结果越来越明朗时，大半生都在向西方介绍佛教禅宗的铃木大拙，在一篇关于大乘佛教的世界使命的文章中，看到了佛教可以为战后局势带来的希望。

> 西方文化的一个方面所围绕的功利主义，并不总是以实际利益为目标。我们不应忽视其中包括更广泛的世界或显示宗教特征的元素。在许多情况下，以"日本人"为名、基于共同情感的原始思维方式，实际上正受到这种面向世界的功利主义以及科学思想和技术的挑战。表面上看，"日本人"的意识被装进了一整条看似合理的战线，但在幕后，一种否定中肯定的"般若"逻辑却在发挥作用。换句话说，我们今天的问题是如何否定 什么是"日本"的，以恢复作为日本人的真正形式。从地理的角度来看，我们今天的关注点在于这样一个事实：试图离开这个日本群岛，以便采取一种与世界更协调的大陆生活方式，但我们无法在知识和意识层面清楚地理解这种飞跃所带来的后果。在镰仓时期，我们经历了一个突然的智力飞跃，即否定或否定中肯定的逻辑。今天，我们又面临同样的事情。在镰仓时期，这种飞跃基本上是在无意识的情况下强加给人们的，但今天我们有意识地面对它，需要通过有意识的思考来克服危机。这就是我们作为日本人的成长所带来的意义。在某种意义上，那些敦促我们恢复原始民族的无意识的人是有道理的，即使是完全短视的。（铃木大拙1943, 422-3）

战后时期给日本宗教身份的许多问题带来了既矛盾亦不清晰的认识。以下是梅原猛（1925— ）的文章，他是一位公共知识分子和文化评论家，在京都大学接受过哲学培训。梅原在他的《地狱的思想》一书中，反思了佛祖的信息是否能与现代技术世界有任何关联。

> 面对佛陀这个宏大宁静的世界，有些人可能会以过度的羡慕来回应。我们都会承认，佛陀居住在一个放弃欲望的宁静环境之中，是十分快乐的。但这种幸福难道就不只是一种主观的感觉，一种幻觉而已吗？文明似乎走了一条与佛陀不同的道路，因为它强调对欲望的肯定和创造满足

欲望的手段。佛陀通过一个扭曲的镜头看待事物；他的洞察力颠倒了真理。他可能已经找到了通往宁静与和平的道路，但最终不就是逃离文明，甚至逃离人类吗？佛陀本人可能已经从痛苦中解脱出来，但大众呢？向饥饿的大众宣扬放弃欲望，就是肯定野蛮和纵容歧视。人们不应该劝说那些没有食物的人放弃对食物的欲望；人们必须给他们食物。佛陀的"智慧"不就是把真理抛诸脑后吗？

诚然，佛陀的见解与生活在科技社会的人们的常识性价值观直接背道而驰。然而，正如我们在上面看到的，我们的现代社会并不是第一个对佛陀完全放弃欲望的智慧产生怀疑的。大乘传统是建立在对放弃理论的批判性分析上的。大乘的创始人认为有必要重新确认欲望，重新认识现世和文明对人类生活的意义和重要性。这就是他们探究的动机。

怀疑论者可能会回答说，他们在大乘法中找不到能让我们改变我们所处世界的理解。事实上，我们也没有从培根、杜威和马克思那里找到实际应用。尽管如此，当世界因人类的野心和贪婪而遭受战争和叛乱时，人们不禁要问，对人类原始欲望的简单肯定和由此产生的冲突是否就能解决现代世界的混乱。现代世界是由西方不假思索的权力意志创造的。我们现在被卷入了由此产生的历史悲剧之中。现在就是一个我们必须仔细重新评估人类欲望本身的性质和程度的时候。如果没有这种深思熟虑的反思，就没有办法防止这个世界变成一个活地狱。〔梅原猛1967b，46-7（57-8）〕

我们在语言、政治和宗教三方面中概括地探讨过他们是如何在对日本文化和国家认同的理解上发挥作用，现在就让我们来看看一些较长的选题。在这些作品中，我们会发现许多刚刚调查过的观点的回响。然而，对于这些选文，我们并没有试图将它们归入这三个类别中的任何一个。虽然在某些情况下可以这样做，但在另一些情况下，其中的两三条线是如此紧密地交织在一起，这样的分类反而会适得其反。不管怎么分类，我们都觉得它们代表了对日本人身份问题的有趣看法，并与我们一直在研究的主题产生了共鸣。

延伸阅读

Como, Michael I. *Shōtoku: Ethnicity, Ritual, and Violence in the Japanese Buddhist Tradition* (New York: Oxford University Press, 2008).

Dilworth, David A., and Valdo H. Viglielmo, eds. *Sourcebook for Modern Japanese Philosophy: Selected Documents* (Westport: Greenwood Press, 1998).

Heisig, James W., and John C. Maraldo, eds. *Rude Awakenings: Zen, the Kyoto School, and the Question of Nationalism* (Honolulu: University of Hawai'i Press, 1994).

Kindaichi, Haruhiko. *The Japanese Language*. Umeyo Hirano, tr. (Rutland, VT: Charles E. Tuttle Co., 1978).

Maruyama, Masao. *Studies in the Intellectual History of Japan*. Mikiso Hane, tr. (Tokyo: University of Tokyo Press, 1974).

Miller, Roy Andrew. *Japan's Modern Myth: The Language and Beyond* (New York: JohnWeatherhill, Inc., 1982).

Nakamura, Hajime. *Ways of Thinking of Eastern Peoples: India, China, Tibet, Japan*. Philip P. Wiener, ed., Part iv. (Honolulu: University of Hawai'i Press, 1964).

Swanson, Paul L., and Clark Chilson, eds. *Nanzan Guide to Japanese Religions* (Honolulu: University of Hawai'i Press, 2006).

[TPK]

(刘仕豪译)

不干斋巴鼻庵

不干斋巴鼻庵（1565？—1621？）

不干斋巴鼻庵，生于京都地区，早年入禅寺接受东亚思想的系统学习。年近弱冠之时转信基督教，1586年入耶稣会修道。1592年于天草神学校教授日本文学，同年翻译出版《平家物语要约版》。该书以罗马字母撰写，作者署名为"Fucan Fabian"，西方读者多知此名。

巴鼻庵是杰出的修辞家，最初因1605年之著作《妙贞问答》闻名。该书为基督教申辩，其思想意义及文字水平皆达到极高境界。于《妙贞问答》第一卷，巴鼻庵指出佛教之空渺之处；第二卷驳斥儒学与神道；第三卷则盛赞基督教。该书使用二女对谈形式。基督教隐士幽贞和年轻寡妇妙秀失去了对此生的眷恋，探索来世的正道。在幽贞的指引下，妙秀终于摆脱纷繁的日本传统信仰，在新宗教基督教中找到了救赎之路。

1608年，巴鼻庵抛弃了基督教。他因社会歧视基督徒而感到厌恶，但更不满于修道会拒绝将其提升为教士。1620年，巴鼻庵加入了迫害基督教徒的行列，出版了著作《破提宇子》，批驳自己在《妙贞问答》中的观点。两著修辞相近，但结论截然相反。

[JE]

妙贞问答·护教

幽贞：今吾已述佛法神道之旨，汝聪慧伶俐，尽得其理，知二者皆为邪法，吾辈甚悦。然此事若传傲慢偏执之人之耳，知吾暴其珍视者若此，必厌吾恨吾。其厌奈何！吾惟欲示其真理，何悔之有！纵若害吾，亦有何妨！

真者为何？我宗基督之教也。其真之广，天地为纸，草木为笔，西海为砚，亦难尽书。吾辈释其一端，亦如以婴儿之贝壳取沧海之量也。然"一文乃无文之师"，故令吾言于汝少许，以为根基。第一，知现世安稳、后生善所之主。第二，知获救者为何。第三，知获救者及被弃者之使命。第四，获救之道及被弃之理。吾将释四者之理。

基督教之主外，再无真神。主为何物？造天地万象之主也。……

幽贞：人之境况，恰若傀儡人偶，系之于丝，行为接受其所控而不自知。昨日权势倾天者，今无立足之地。疲马追尘，不可展袖者，逢时而贵，极尽荣华，或登庙堂之高，或入天上仙席。

此般变化，非胜之以智，劣之以才可解。贤者衰，愚者胜，此乃主司命运之明证也。依基督教之言，主之名号为 Deus。

佛法妄言全知，称万物自然天然，非何人使之然，是为惑众之言。神道立曰神之物，祈之以命运，此与鱼目混珠无异，非知真主也。故基督教曰，弃此鱼目，奉真主 Deus 为无价宝珠。

……

幽贞：有形之物，无论大小，难为无限。无物大于天地。有形则有法。若有法通主之体，则非主。主本无形，此谓灵，真体无形，真体谓无空，无空之意如下。

体者，泉涌无尽之智，称其为 sapientissimo，无尽慈悲之泉也，主万物之法，诸善诸德兼备焉。真主万全无瑕，若秋兔之毛。故称之真体无空。人亦称其为万有之主，赖其力，可于虚空而造天地万象。

……

妙秀：天下万物，各有事理两面。事可谓，柳绿花红，松直棘曲。理谓内在之性，纵若断树，亦无见红绿。此故事相通也，理同性也。以此二物为喻，一桶水为理性，此水凝雪成冰，事相因冰雪而隔，若溶于谷川则复为水。万法如此，倘事相相隔，鸟非兽，草非木，事相灭则归于同一理性。此所谓一如实相，无隔也。

儒道亦立性气二物，性无异而气有正通偏塞四等，其和合之度，或为人，或为马，或为牛。虽同为人亦钝利不同，非性异，而气质殊也。……物岂各有其性乎？唯有一性，无论外相，天地同根，万物一体也。

幽贞：此论谬矣，世有造天地万象之主，苟知此理，汝自不生疑。

破提宇子

夫提宇子（Deus）门派，对初入之人言有七段法门。初段谓知造天地万象之主，四季转换之时，吾知其治。如见一宇之殿阁而知其巧匠，观其家内壁书则知主人之常习。本无天无地，无万物而空寂之时，此天地现，日月星宿放光于天，东涌西没而知时之异。千草万木飞花落叶盈于地，无造物主焉能至此，此造物主名曰Deus。

对曰：何奇也，诸家皆论此义。"有物先天地，无形本寂寥，能为万象主，逐四时不凋。"又有曰："天何言哉，四时行焉，百物生焉。"佛法亦有"成住坏空"之论，神道有天神七代，地神五代之分。就中天神七代为始，有国常立尊、国狭槌尊、丰斟淳尊三神，开天辟地。常治立国，故称国常立尊。基督之宗何言开天辟地惟一主乎？言多品低，莫若不言。

主言：Deus为无尽，无始无终者也。色形实体皆无，万物皆源于其力，智慧之源，大宪法之源，大慈大悲之源，诸善万德之源也。若佛神皆人，则应具德义，亦受生死，何可谓天地之作者耶？

对曰：神佛皆人，乃凡愚之邪见也，此邪见专益基督之宗。夫诸佛皆有法、报、应三身，应化之如来济度众生，虽为利益方便而成八相，然法身之如来，自无始旷劫而为本有常住之佛。法性法身本佛也。故经曰"如来常住，无有变易"之说。视佛为人者，愚痴之凡夫也。

又言神乃人者，同为无学之辈也。神谓本地垂迹，譬如天满大自在天神本为大地大慈大悲观世音也。光与尘交之时，显圣为菅相丞垂迹于北野，成百王镇护之神，何大社宗庙之神不认此理哉？加之，国常立尊存于天地未开之时，何曾有人，岂可言神为人焉？不可言，不可言。知之为知之，不知为不知。至圣孔子言诸神曰："使天下之人，斋明盛服以承祭祀，洋洋乎如在其上，如在其左右矣。"人曰："盲者不畏蛇也。"主Deus之口，尽言畏之惧之，实应断其舌也。

日本乃神国也，依东渐之理亦可曰佛国。若此，骂辱神佛之 Deus 自当蒙现世之佛罚神罚，插翅亦难逃。无名之辈不足挂齿，且看丰后之大友宗麟皈依神佛之时，威震九州，名扬四海。一入基督门下，武勇忽尽，嫡子义统等攻日向，战志摩津（岛津），惨败于耳川，一身幸免。其后，宗门日衰，以至今日，累代繁荣尽丧，子孙不再。又有小西摄津守为 Deus 张本而尽丧神佛之加护，随三成兴非道之谋反，大路枭首，从类殆绝，子孙无存。明石扫部亦入基督之宗，家破人亡。京洛中桔梗屋有名"Juan"者，泉南津日比屋亦有一党，虽为商家，却为基督之信者，此一族多不得善终，其子孙今何在焉？

是皆眼前诸人所知者也。然听此有人言神佛为人者，假令释尊净饭大王为父，摩耶夫人为母而诞生，进鹤林而入灭，又曰八幡大菩萨以仲哀天皇为父，神功皇后为母。然约瑟夫（Joseph）为父，圣母马利亚（Santa Maria）为母之耶稣基督何如？基督之本尊之诞生，恰为人之中，其可谓天地之主哉？

主言：若言耶稣基督本为神明垂迹人间，与神佛因位无异，则暂且不言。神之本地亦为佛，纵不需言，只需辨法性法身与基督之异。基督者，诸善万德之源也，法性无智亦无德。然若此，无智无德之处，何来此天地万象之造作也？况今日吾等之智虑分别之本源，非智德为何也？

对曰：基督之徒不识真理，闻法性无智无德，以为不可而弃之。闻 Deus 有智有德，以为可而受之。待吾言真理于汝，"无"之一字，不可思议之谓也。"无字铁关千万里，谁拔这字彻那边。""无"之一字，非基督之徒可悟者也。无智亦无德之语，如字面之意，无智无德方为真实。Deus 有智有德之说，本难明断。大抵有智慧者必有憎爱简择。憎爱简择人之气也。Deus 有憎爱，则不足为论。

"法性如大海，是以有德"，此为真实也。又因 Deus 有德而夸，此亦一毫未断凡夫之说也。

"上德不德，是以有德"，是谓人也。言 Deus 有此无此，自谓其不足千万。原文：无色（夷）无音（希）无形（微），此三者不可见也，不可闻也，不可得也，自非文字可传者也。

汝言 Deus 有智慧分别，超越法性，实属可笑，虚灵不昧之理，汝岂可知也？

基督之徒又曰：本源若无智德，人何以有虑智万象焉？德义自何而出哉？若依此理，则知本源有智德也。

对曰：柳绿花红，是惟自然之道理也。碎柳根而视之，则无绿，破花木而观之，则无红，自然天然现成之底也。"吉野山樱年年绽，破木且观花焉在。"根源不存之物常现于枝末。"道生一，一生二，二生三，三生万物。"虚灵不昧之本源而生阴阳，清浊动静之气具则天地人共万物生。古往今来，千圣万贤，无不述此理。基督之徒，岂能贤于孔子，智于老子？吾将斩其枝蔓，断其妄说。

[JE]

（丁诺舟译）

森有正

森有正（1911—1976）

森有正在两岁时接受了基督教洗礼，从六岁开始接受法语辅导，到了十几岁时，他还接触了英语、拉丁语和古典希腊语。1938年，他毕业于东京帝国大学哲学系，并发表了一篇关于帕斯卡的论文。在随后的几年中，他发表了许多译作和论文，主要是关于帕斯卡和笛卡尔的，并先后在东京女子基督教大学和东京大学担任教职。战争期间的留学禁令解除后，他去了巴黎，决定留在那里，并于1952年向东京大学提出辞呈。在法国，他讲授日本语言和文学，并在随后几年频繁返回日本担任客座讲师。在决定永久返回日本并在国际基督教大学任职后不久，他在巴黎去世。

下面的摘录节选自他1970年和1971年在该大学发表的一系列讲座，后来汇集在题为《经验与思考》的著作中。在这里，森有正阐述了他关于日语的独特性及其在日本社会结构和思维模式中反映人际关系的理论。他展示了句子中的结束动词是如何"屈折变化的"，而不是根据语法人称变化的。尽管在翻译过程中，他密集但有点重复的散文风格被收紧了，但正是他那同时具有挑衅性和可读性的哲学风格，使他受到了日本年轻一代的喜爱，他们努力适应国外生活的心态，努力克服语言障碍，在此过程中，加深对自己文化特点的感情。

[JWH]

经验、思想、语言
森有正 1972，84-106

在日语中，礼貌或敬语占有重要和特殊的地位。事实上，正是在这一特定方面，日本人的实际社会生活和他们的语言空间密切接触，并提供了一种情感品质，使本质上的日本社会结构直接流入（或微妙地"滑入"）敬语。这样，日本社会中的社区关系在语言中得以忠实再现。

敬语不仅仅是日语的一个方面，它植根于语言机制的最深处。不同程度的积极和消极表达赋予语言表达以具体的生命力，这种语言表达已深入社区的社会等级，并决定其使用。在这种情况下，"中性"表达形式是语言的一个例外。……

通常，日语语言表达在句子的主要元素之间添加后置词，并且（特别是在现代用法中）以动词屈折结束整个句子。由于这些变化增加了一个主观的决定，涉及整个声明所针对的当事人，因此它们是第一人称。例如，句子"这是一本书"中的"是"（is）一词在日语中是一种功能性屈折变化，出现在句子末尾，可以采用基本形式 desu、da 或更礼貌的 de ozaimasu。我已经指出，这个选择反映了第一人称的决定，但事情并没有那么简单。从语法上讲，没有第二人称或第三人称参与，但把这句话说成"非个人的"也不太正确。我们这里有一个主要的例子，我称之为"现实的滑落"。在说话者和听话者建立的"双极性"中，在我看来，我们可以看到社会等级的反映。这并不是说"这是一本书"这句话的主要内容在这一过程中变得不同，而是两个人之间的关系在选择词形变化的同时表现出来，同时就内容是否被肯定、否定或以其他方式断言进行了意义交流。在这里，听话的人不是一个独立的接受者，而是位于说话者的意识中，因此这两种意识的共存构成了意义的一部分。正是在此基础上，与概率、怀疑等有关的各种细微差别可以添加到上述基本形式的变化中。例如，在疑问形式的情况下，句子表达的疑问可能不如给听者留下判断的空间。这样，结语词形变化本身作为"功能后缀"或与主动词结合，说明了与说话的人的主观关系，同时使用了一个"你"与另一个的框架。

一般来说，对话被认为是在"我"和"你"之间进行的，但由于总是会发生角色交换，"我"成为"你"，"你"变成了"我"。但日语的词形变化同时包括两个动作，赋予它双极性：建立的关系本质上是"你"和"你"之间的关系。……这就是语言结构中的机制。……

在日语中，即使是在第三人称中临时设置主格的句子，陈述本身也被"你—你"结构所包围，这可以从伴随各种陈述的后置动词变化（不要与简单助动词混淆）中看出。因此，日语具有两极关系的本质封闭性，使其成为一种封闭的对话语言，与欧洲开放、超越的语言形成对比，在欧洲，即使在对话中，第二人称也总是转化为第一人称和第三人称。……

将日语关系称为"双相"形式可能过于简单化了，但我并不是说这仅仅是主观的、主观的或武断的，我只是坚持认为要从活的日语中提取出"客观性"。由于思维和经验，特别是思维被认为具有普世价值，因此"日本思维和经验"的说法可能显得毫无意义。幸运的是，我相信，通过对"语言"的欣赏可以证明，至少在某些阶段，这不一定如此。……

在命题陈述中，语法主语在第三人称中被对象化，说话主语对其作出判断。……在这里，词语本身就是在其内部承载意义的思想，绝对不能"脱离现实"。当这种情况发生时，智力不再有能力做它的工作，而是受到来自与现实接触的"情感"的影响，最终停滞不前。"智力"……是我们给以这种方式处理想法的主体起的名字。这种命题性质标志着欧式语法的基本特征。日语是语言的一部分，其中"现实的滑入"以及它所包含的经验，大体上对思想是致命的。……

判决是由特定主体做出的，从这个意义上讲，判决是在第一人称中做出的不再重要，因为判决是在第三人称中作出的。"我认为 a 是 b"可以用第一人称来表达，但对日本人来说，这个词的词尾变化所带来的"你—你"关系是无法逃避的……在这个公式中，第一人称和第三人称被辩证地超越和融合，这一事实需要作为"思想"的一个重要组成部分加以考虑。"没有它，就不会出现对思考如此不可或缺的真实性和普遍性或系统组织问题。否则，公共性或一般性争论、进步和发展的可能性也将丧失，而"你—你"之间的秘密沟通将成为代价。一切都将从一开始不断重复。可将我国历史上缺乏持续发展的思想归因于这样一个事实，即随着一个问题从一个时代过渡到下一个时代，它没有经历一个深化的过程。然而，在我看来，我们必须从这种经验的趋势中寻找其背后的原因。

……

我的出发点不是一个抽象构思的个人的"经验"，而是日本人的"体验"——一种更直接、更基本的方法。对日语的反思给我们提供了理解这个想法的一条具体的线索。……我的目标始终是主观地表明，作为一个个体，我如何将注意力集中在这个过程上，通过这个过程，这种"经验"被净化成"思想"；客观地说，它是如何在所有人身上触发一个导致拥有自己的"思想"，然后转身并受到它们的刺激的过程的。换言之，这是一个我们作为个人对自己的行为负责的能力问题，无论情况如何。归根结底，我们总是"人"。……我们谈论思想和经验，我们争论哲学，但这些东西总是植根于个人。所有的问题在其与一个群体、一个社会或其他国家的关系中，由于其性质和范围而拖累我们前进，这些问题总是超越个人及其能力。……

因此，我的出发点是"经验"，但我有必要在自己内心找到它的定义。从时间上讲，事情的发展顺序是相反的。在巴黎生活的过程中，我清楚地意识到自己内心的某些东西，其中包括给它起个名字的必要性。脑海中浮现出两个术语：经验和自我。但没有必要搜索其中任何一个。……要么它们二者都已出席，要么它们绝对缺席。……二者都深刻地隐藏了它们的形式。这与"上帝"很相似：一旦遇到，就没有必要继续寻找。……因此，试图向自己公开已经存在的东西可以称为自我批评。它的高水位线或深度可以称为"经验"或"思想"。最深刻的是，它是"智慧"，当根据某些惯例进行系统化时，它就是"哲学"。

然而，我发现我无法从"经验"开始。这是"我"的经验，不是抽象的"我"，而是我作为日本人的经验。这种对最直接的"我"的规定最终归结为我的经历发生在日语中。……

标志着日本经历具体化的是"你—你"的关系。这可能是一个经过思考的想法，但它不仅仅是经过思考的东西，因为它清楚地表达在日语的工作方式中。当然，"你"是"我"的"你"，但同样重要的是，这个"我"也是那个"你"的"您"。要说"我"已经是另一个"您"的"您好"，不仅仅是猫的摇篮游戏；这是所有"情绪"背后的根源和原因。

……

……

两极或第二人称关系形式是一种广泛存在于人际关系中的现象，其基础是人类倾向于侵犯第一人称和第三人称之间的关系，而这种关系潜伏在对我们来说基本不透明的情感中。但就日本而言，两极关系并不是工具性策略的问题；它是经验的结构，因此具有特殊的意义。语言的结构清楚地表明了这一点。通过词汇、屈折变化、动词等方式将两极性构建到语言的语法中，从而与语言直接相连。或者更确切地说，正如敬语语法所证明的那样，这是日语的正常状态，是欧洲语言规则的一个例外，在欧洲语言中，第一人称与第三人称的关系被认为是规范。……

从本质上来说，推动人际关系直接形式的"情感"是第一第三人称关系的形式，第二人称关系是包含在其中的一种特殊转变。日本"经历"的特殊之处在于，第二人称关系看起来很正常，而不是一种转变。……

当我们考虑第一人称和第二人称时，第二人称可以分为两种类型：一种是伙伴，即总是可以变成第三人称的第二人称；另一种是第一人称，总是第二人称到另一个第二人称，但总是可以回到第一人称。第一人称是有意识的主体，通常与第三人称处于紧张状态（即使第三人称是一个向外的隐蔽主体，因此属于同一意识状态）。这种紧张显然不是生理上或心理上的，而是意志上的问题。……

我认为两极关系是对焦虑元素的逃避，焦虑是第一第三人称关系的重要组成部分。……在两极形态中，一切都完全改变了。每一个伙伴都成为另一个的"你"，因为每个人都可以声称这是"我的"关系，于是就开始了无休止的"情感"或舒适与焦虑的交流。……事实上，一个人和另一个人总是第一个可以成为彼此的第三者的人，事实上，当内心的平静转变为忧虑，安慰转变为焦虑时，这种情况经常发生。更重要的是，第一人称"自我"在其自身存在中携带着与他人对抗时焦虑的根源。……

现在，就第一人称和第二人称的这个问题与如何交流思想和经验的问题有关而言，人们可能会质疑它是否与思想和体验的内容或实质有关。以把帕斯卡、笛卡尔或康德从法语或德语翻译成日语为例。在阐述这些哲学家的思想时，是否没有本质上的区别？很难用"是"或"否"来回答。实际上，在日语中也可以问同样的问题。在说"这是一本书"时，在选择日语后缀来屈折"是"这个简单单词时，显然在人类社会关系方面存在一些差异，但这肯定不会影响正在谈论的书的"现实"。我们站着、坐着或跪着说同一句话，内容似乎会保持不变。……

就抽象语法而言，"这是一本书"可以转换为"a 是 b"，但随着 a 和 b 内容的变化，情况并不总是如此。因此，我们不能将单词的内容与其形式割裂开来……在我面前有一件东西，我可以看一看，摸一摸，我称之为"书"。这个名字，这个可以感知和衡量的东西被称为书，本身就是一个惯例问题。……或者说"这本书有两百页"是一个长度问题……无论用什么语言，它都是固定的和不明确的。……它是一个感知对象，其测量可以确定，但其名称取决于所说的时间和地点，它是普通"科学"的对象。因此，它可以通过符号系统更准确地表达，但即便如此，这些符号显然是由词定义、分析和调节的命题，因此以第三人称的形式出现。……

就人文科学或社会科学而言，"科学"和"经验"这两个术语的原始含义变得复杂……在某种意义上，尽管一切都可能被视为"经验"的对象，但必须认识到，在整体中存在混合的元素，需要一种完全不同的方法和途径。从这个意义上说，科学及其对象包含在"经验"中，但在不同的意义上，它受到"非个人"方法的限制，需要用适当的符号来表达第三人称的语法形式。……

在这一点上，我们可以澄清"经验"和"生活经验"之间的区别。经验本身是对不同领域开放的，而生活经验则相反，对其他领域封闭；它仅限于个人经验的自我证明。更一般地说，生活经验总是建立一种"两极性"（这是自我证明的一种形式）。……

[JWH]

（李建华译）

八木诚一

八木诚一（1932— ）

八木诚一生于横滨一个知名的基督教家庭，属内村鉴三①的"无教会"（"no-church"）② 传统。八木在东京大学和哥廷根大学学习《新约圣经》，1967年在九州大学完成博士阶段的研究。他是东京工业大学的荣休教授，此前曾在日本各地的数所大学任职。此外，他也应邀在汉堡和伯尔尼担任客座讲师，2000年于伯尔尼获得荣誉博士学位。他受训成为圣经学者，并受到鲁道夫·布尔特曼③的"解神话"方法和泷泽克己④的影响。八木早年的作品关注新约研究，但自1975年发表《佛教与基督教的接触点》（*Points of Contact between Buddhism and Christianity*）⑤ 以后，他的学术兴趣更多集中在跨宗教思

---

① 内村鉴三（Kanzo Uchimura，1861—1930），日本明治及大正时代的作家、传教士，他提出"无教会主义"，反对宗派，主张脱离以仪式和讲道为中心的基督教，改以圣经研究和讨论为中心。——译者注

② 无教会主义的英文一般是"Non-Church Movement"，或译为无教会运动。此处"no-church"似为较为罕见的翻译。——译者注

③ 鲁道夫·布尔特曼（Rudolf Bultmann，1884—1976），德国新约学者，神学家，在解经学方面，提倡"解神话"方法，主张基督教信仰的核心是耶稣基督的"宣讲"（Kerygma）。——译者注

④ 泷泽克己（Katsumi Takizawa，1909—1984），日本哲学家，基督教神学家，同时是卡尔·巴特和西田几多郎的学生。他融合自己两位老师的理论，提出"以马内利神学"，在宗教对话领域颇有建树。——译者注

⑤ 日语版为：八木诚一：《仏教とキリスト教の接点》，京都：法藏馆，1975年。——译者注

想的哲学基础。他被认为是日本佛耶对话的主要代表,这既是由于他发表了一系列相关著作,也是由于他自1982年起,就为初创的日本佛耶对话研究会提供了积极支持。

近年来,八木受到西田几多郎"场所逻辑"的启发,提出了象征逻辑(Symbolic Logic),并且尝试运用它创作宗教哲学。下文的选集摘录自他的早期作品,展示了他熔佛教知识论与基督教"爱"的神学于一炉,以形成对于宗教的一种融贯说明。它克服了自我中心的存在,以实现更真实的、更深层次的大自性(Self)[①]。从这一观点出发,八木广泛考察从使徒保罗的神学到亲鸾[②]的净土教导,再到禅宗誓愿对自性开悟的关注,并在教义和实践两个层面寻得了三者的基本一致性。

[TPK]

跨宗教的哲学

八木诚一 1978,1-11;1988,115-7

自我主义

自我主义(Egoism)是一种生活模式。在这种模式中,自我(ego)无视它与超越者以及其他自性(selves)的原初关系,并且以他预期的方式投射自己。它努力认识此投射,并且不仅把它强加给他者,同时也强加给现实本身。这就是说,它不仅尝试统治他者,使他们知晓这一投射;同时也解释现实,以至于它所解释的现实也证明了大自性投射(Self-projection)的正当性。例如,如果一个自我主义者不能忍受任何在他之上的权柄,那么他会否认作为统治者的上帝。与此相反,如果一个自我主义者依靠一位全能者为其庇护,

---

[①] 八木在原文中以大小写区分了"Self"和"self",拟称后者为"自性",前者为"大自性"。——译者注

[②] 亲鸾(Shinran,1173—1263),日本镰仓初期僧侣,依据净土宗教义,创建净土真宗,主张不依靠自力而完全依靠他力拯救。代表作有《教行信证》等,对后世的日本佛教乃至京都学派哲学产生了重要影响。——译者注

以此获得安稳的保证，那么他会发明一位这样的上帝。如此，自我主义者不断生产幻觉。

为实现自我的预期状态，第一，自我主义者需要保全他自己的存在（existence），他为此寻求财富和财产。第二，他必然要知道他在现实结构中占据的位置。他寻求经验现实的有用知识，以使实现自性意象（self-image）成为可能。第三，他渴求权柄（Power），因他需要它以进行自性实现。第四，他想要实现的自我状态必然有预期的内容，这内容并不仅仅是对自我欲求的满足，它必须看似完美，无论对于他还是对于其他人来说，都值得赞赏。

使自己的生活更精彩、更有发展潜能，最终完成伟大事业——这样的人不一定是自我主义者。这些事情有可能是实现他们真实存在的产物，其结果并非自性（self）有意识寻得的。自我主义者在人们对这些结果的有意渴求之中存在，并且，他们在做这些事时，往往脱离与他人及与超越者的关系。更进一步，当达到他期望的自性实现（self-realization）时，自我主义者如纳西索斯①那般，与自己完美的形象相恋……在这种情况下，自我主义者使他自己客体化，并且凝望被客体化的形象，把一切兴致集中于此……他们的理解方式与分别心（discriminating intellect）掌握现实的思维方式基本一致。

分别心

分别心区分主体与客体，将现实分析为实体，且把客观现实的多样性解释为与本质实体的结合，从因果和目的论的视角来解释变化。那么，当我们用分别心理解自己时，会发生什么呢？我们使自身客体化，把我们自身与他人分开，把客观化的自性（self）理解为真实的大自性（true Self），它只凭借自己存在，能够利用个人关系为它自身的自我实现服务。当自性把因果思维应用在人际关系之中时，它利用人际关系来为自性实现（self-realization）服务。很明显，这一思维方式可以与自我主义及自我主义的自性实现联合起来。然而，虽然分别心自身绝非自我主义，但自我主义受到分别心

---

① 纳西索斯（Narcissus），希腊神话中最俊美的男子，在水边喝水时爱上自己的影子，最后投水而死，变成水仙花。"自恋"一词的英文 Narcissism 即来源于此。——译者注

的帮助才出现。

基督教的爱

爱克服了自我主义的自性实现模式，此模式描绘对自身而言的理想自我，努力实现它，并强迫别人知晓它。基督教的爱即圣爱（Agape）并非由人类自身创造出来，它是生命本身的事工和表达，由人类生存的基本结构决定。与此相反，在爱之中，人类生存的基本结构被启示出来。当我们在圣爱中与他人相爱，爱就得到彰显，在这种意义上，它无法彰显在客观认知之中。当我们去爱，我们便知道什么是爱，同时，我们把人类自性的本性（nature）作为爱的主体和客体应有的样式。我们称这种认知方式为"大自性觉知"（Self-awareness）。

"大自性觉知"并非由自性客体化并观照自己来进行的认知。在这种情况下，大自性的内容是无法客体化的主体，且不能对主体显现。真实的大自性觉知是在其中主体向自己"启示"的一种认知方式，当主体作为主体时，其内容被经验并启示出来，恰如我们通过充当自由的主体获知何为自由。然而，对爱的理解不仅是这种大自性的觉知，同时也是一种相信的知识。爱着的人意识到，爱并非从自我（ego）发出，反而来自超越自我的深处，来自一种大自性，它是神的活动与人类活动的统一（或称"基督"，如加 2:19-20 所言）。但是，我们无法从客观事实的角度观察到爱如何从超越者发出。因此，我们相信且知晓爱发源于超越者之中，它源于比人的存在之基本结构或其自我更深的深处。然而，爱在其事工之中受此基本结构的制约。

人的存在之本质在爱中显现出来：自性由自性和自我构成，且自我觉知自性（the self consists of the self and the ego that is aware of the self），但自性并非仅凭自身就能存在。我是与道有着关系的我（如马丁·布伯所言，Im Anfang ist Beziehung）①。在此意义上，自性并非那些凭借并且通过自身存在的本质实体，它更像是极点。一般来说，极点要与其他极点发生关系才能成

---

① 原文为德语，汉语可译为"太初有关系"。参德语约 1:1：Im anfang war das Wort.（太初有道。）但布伯此处没有用表示过去存在的 war，而用一般现在时 ist，类似英语的 is。——译者注

立。如同磁铁的两磁极，在本质上，一极与另一极不同甚至相斥，但若离开另一极，此一极便无法继续存在。在爱中愈发显明的是，人的自性是人际关系之中的极点……

爱着的人知晓并相信上帝的事工是爱的基础，又在爱的团契之形式中寻找上帝旨意的实现。他有上帝旨意实现的异象（vision），并参与（participate in）这实现。于是，爱的行为就成了这样的事件，它凭借超越者之事工并通过参与的自由抉择发生。如今，自由抉择的主体是此时此地的历史现实之中一个人的行为。所以，如此行为也是自我之分别心的主体。爱利用分别心，分别心被转化为爱的事工，且此秩序不可颠倒。当我们思考宗教的自性结构时，我们必须明白，正是此自性（自性—自我）才是上帝事工的表达，同时也是分别心的主体。既然它是分别心的主体，那么无论如何，分别心都有可能为自己发展出自我主义的（egoistic）关怀。自性最深刻的本性乃是上帝的事工在大自性"之中"的表达，如此关怀却能忽视此事实。

融　　合

我们称多极之间的关系为"融合"。作为融合的典型案例，可以举出圣徒相通功乃是"基督身体"的例子。一般来说，融合是包含多个个体的体系，每一个体都是独立的，不依靠其他个体，也不被其他个体单方面统治。另外，其中的任何一个个体都不能脱离其他个体成为他自己。用我们的话说，在融合之中个体是"极点"，这些极点联合为一个整体，成为一个体系。

想想音乐的例子，它是融合的一个类比。音乐由许多声音组成，每一种声音都有自己的个体性。然而，音乐中的每个声音与音乐整体也与其他声音相关，每一音调通过其关系被定位，众多声音共同组成一个体系。因为音乐之中的每个声音与其他声音和音乐整体有关，每一声音之中蕴含、反映了其他声音和音乐的整体。如果我们没有察觉这一事实，我们就不理解音乐。如同音乐在人的"心中"成形，融合也在上帝"之中"（约一 4:7 以后）产生。在此语境下，上帝被理解为"融合大能的场所"。

佛教的开悟

我们在日常生活中所理解、相信且熟知的现实，不可能是现实的本来面目。反而，这样的现实是分别心所孕育的，它是高度人为制造的，被框入分别心的框架之中，从而受到社会和历史制约，是次一等的现实。在此语境之下，"事实"（the facts）意味着对一切人适用的客观事实。事物的本质被理解为它们的自性同一（self-identity）。现实被分解为本质（Substances），本质是现实的诸多基础组成部分。多样性被解释为实体（entities）的结合，变化则被解释为因果律的作用。人类客体化自身，并且认客体化的自性为真实的大自性（true Self）：它属于本质，仅凭借并通过自身便能够成立。如此对现实和自性的理解容易与自我主义联合为一，当它们真正联合时，此联合体便持续在人对现实的理解之中制造妄念。

然而，按照佛教的说法，对现实的如此理解并不究竟。更加"初等的"现实会对我们显现，它消灭了分别心的框架。于是，我们对现实的领会免于客体化、概念化或本质化。以此，现实对我们展示出它在被框入分别心之前的一面。此时此刻，主体与客体既不相异也不相同。诚然，主体就是主体而不是客体，客体就是客体也不是主体，但没有脱离主体的客体，反之亦然。主体与客体不一不二。在被框入分别心的框架之前，在它被概念化（conceptualization）中介之前，现实直接地显现自己。

生命的誓愿
八木诚一 1988，115–7

在自我主义之中，自我直接的自性安顿（self-affirmation）与分别心捆绑在一起。与分别心相同，自我理解自己为纯粹自我。与此同时，纯粹自我为了安顿自己，描绘出它通过分别心来统摄的世界。纯粹自我的自性安顿在对拯救者的信仰之中溶解——它其实是死亡了。如此信仰同样引导我们克服区别心（differentiating intellect）。无论如何，在开悟（觉醒）之中，纯粹自我也会出现，后者也带来了纯粹自我之自我安顿的消解。因此，在这两种情况下，自我主义与分别心的纽带破裂，大自性（Self）于是启示自己作自我（self）的真正主体。

信仰基督宗教①与信仰净土宗佛教②的结果相同，都是要通过自我来放弃自我的自性安顿（self-affirmation）。放弃自性的人不能停留在这赐予之外，所以他也必须被放弃，放弃的人意识到自性是终极的主体。如此，整个人安顿下来，为超越所承载。这便是净土宗佛教所谓"他力"③（他者即阿弥陀佛的有力行动）的意义。"现在活着的不再是我，乃是基督在我里面活着"（加 2∶20），是对同一自我实现的另一种表达。以此，便可解除自性存在（self-existence）的偏私性（partiality）④："我存在"意味着我已经死去，基督（在净土宗是阿弥陀佛）在我里面活着。⑤ 现在，自我和分别心——那种始终带有偏私性语言的分别心——的专制，已经宣告终结。……开悟意味着在存在的圆环（circle）之中

---

① 在汉语语境中，"基督教"有广义和狭义之分，广义指"基督宗教"即 Christianity，狭义指与天主教相对的"新教"。八木的英语译文作 Christianity，德语原版为 Christentum，为广义的"基督宗教"之意，包含基督宗教各个宗派。为避免读者混淆，此处翻译为"基督宗教"而非"基督教"。参 Seiichi Yagi, *Die Front-Struktur als Brücke vom buddhistischen zum christlichen Denken*, Chr. Kaiser Verlag, 1988, 67。——译者注

② 净土宗是独立的佛教宗派，在日本的分支由法然（Honen）创立，他的弟子亲鸾（Shinran）创立了净土真宗。依据《净土经》（Sukhavati Sūtra, 其主要部分起源于 1 世纪印度西北部），法藏佛（Dharma garbha）发愿在建立净土之前不成佛，每个不能通过自己的努力获得开悟的人，如果信靠他并念诵他的名字，那么死后就会进入净土，会在那里得到开悟。他的誓愿在经过无限时间的冥想和修行后得以实现，他成了所谓"阿弥陀佛"的如来（无量寿：无限的生命，也叫阿弥陀即无碍的光明），因此，无论是多么十恶不赦的罪人，只要信靠阿弥陀佛就能得救。观想阿弥陀佛和他的净土或念诵他的名字的做法被大乘各派佛教徒实践，并从印度经中国带到日本，现已发展成为最纯粹的信仰学说。净土宗在日本拥有最多的信徒。Cf. Seiichi Yagi, *Die Front-Struktur als Brücke vom buddhistischen zum christlichen Denken*, 67, note 27. ——德文原注，译者据德语本补

③ 德语原文为日语"他力"之罗马音转写"Tariki"。——译者注

④ 德语原文为 Eindeutigkeit，意为"明确性""独一性"。——译者注

⑤ 此处应指出，我们必须区分"自我"（ego）和"自性"（selbst），"自性"（selbst）是指"基督在我里面活着"。"基督在我里面活着"是人类真正的、最终的主体，是神性和人性的统一（见下文）。纯粹"自我"和信徒的自我之间的区别是，"基督在我里面"在信徒的自我中显示自己，而纯粹自我并没有意识到基督。这种区别可能与荣格（C. G. Jung）在自我和自性之间做出的区别相对应，并在我们刚才提到的诗句时进行了解释。C. G. Jung, *Die Beziehung zwischen dem Ich und dem Unbewußten*, *Gesammelte Werke*, 7. vol., Walter Verlag: Olten und Freiburg im Breisgau, 1972, 243. Vijiiaptimātratā 也知道"mano-vijiiāna"和"ruaya vijiiāna"之间的类似区分。我在这里只提到了这种区别，尽管 Vijiiapti mätratā 做了更精细的区分，但我不会在这里进一步讨论这种区别。此外，原书在前文提到了禅诗。Cf. Seiichi Yagi, *Die Front-Struktur als Brücke vom buddhistischen zum christlichen Denken*, 67, note 28. ——德文原注，译者据德语本补

理解自身、领悟自身……因此人被理解为一个极点，他的另一极永远是"客体"，是人持续与之相遇的"你"……

无论如何，尽管听来稀奇，但它蕴含了自我（ego）连带它的身体与它自己身体性（Corporeality）的和解（reconciliation）。身体并不总是以一种友善的姿态面对纯粹自我（mere ego）①，甚至随分别心产生的"享受的"自我也是如此。自我通常会引发反抗。当自我尝试通过它的意志来利用身体并支配它时，身体就会反抗。当带有抽象意志的自我试图统治自身时，它便把身体贬低为纯粹肉体（mere flesh），它使用这种方法时便会招致更多的反抗。因此，对纯粹自我的克服，既发生在信仰之中，也发生在开悟之中，它导向与身体的和解。于是，人不把自己理解为抽象的精神（或理性、意志），而理解为生命（Life）。

实际上，"生命"是《新约圣经》和净土宗佛教的基础词语。对于保罗来说，身体是圣灵居住的（林前 3∶16）。② 在佛教之中，人类的拯救或真性（Authenticity）……从不被理解为身、心（它的本质由思维组成）的分离或解脱。佛教认为……生命在身体之中显现，乃是以"意愿"去塑造存在的圆环的形式。更进一步，它以如此方式行出这事，这就是说，个人——为发展其可能性，他的个体性——曾在圆环的一个极点，然而圆环融每一个体进入自己之中。

我们称此生命的"意愿"为"生命的誓愿"，它建基在其基础目标之上。毫无疑问，"誓愿"（Vow）是净土宗佛教的基础术语。就"誓愿"而言，阿弥陀佛发出誓愿，建起净土，每一位皈依的信士只要称诵佛号便可在死后来到此地，并通过阿弥陀佛获得开悟。在净土宗佛教中，阿弥陀佛的誓愿是满有权柄的，他以人类能够信靠他的方式实现自己。在词义层面，"誓愿"的观念与希伯来圣经之中"emeth"③ 的概念有紧密的关联，后者乃"在上帝旨意

---

① 德语原文作 Bloss Ego。——译者注
② 和合本作："岂不知你们是上帝的殿，上帝的灵住在你们里头吗？"——译者注
③ 参阅 G. Quell, Art. aletheia etc., *Theologisches Wörterbuch zum N. T.* (Quelle), Vol. 1, 233 ff; J. Pedersen, *Israel*, Oxford University Press, 1954 Reprint, 1—11, 336 ff。相对于希腊语的"存在"（Begriff des Verwirklichenden），"实现"（Begriff des Seienden）概念对理解圣经和净土宗佛教非常重要。这个词意味着通过人觉悟到并表达在他身上发挥作用的上帝的旨意，上帝的旨意在历史中被实现出来。（参阅腓 2∶13）神在人身上做的工构成了"自性"（Selbst）。（参看注释 2）Cf. Seiichi Yagi, *Die Front-Struktur als Brücke vom buddhistischen zum christlichen Denken*, 68, note 28.——德文原注，译者据德语本补

的基础上意识到自身"之意……

自性是生命的誓愿显现自身并启示出来的场所。当其显现时，生命的誓愿便成为特定人的誓愿……人类生命是一种意识自己、理解自己的生命……是在其中生命给它的本质带来光照的生命。生命与光同在。基督和阿弥陀佛都是永恒的生命和光，是个体自性开悟（self-enlightening）的生命之基础……光无生命则是抽象的光；生命无光则是邪恶的生命，如同暗夜行路。生命与光不能分离。在此，我们看到哲学与宗教如何相互背负。

更进一步，开悟或觉悟是绝对必要的。超越者每一刻都在人身上做工。无论如何，只要人没有意识到这一点，在生命的誓愿的意义上，就没有任何有意识的"意愿"能够在他之中产生……只有当人觉悟到超越者所引发的生命的誓愿①时，此誓愿才能成为他自己的誓愿。自性理解（Self-understanding）、自性觉醒，是真实生命的必要条件……

[LS]

（汤恺杰译）

---

① 在下文中，我们将看到，生命的誓愿是"自性"（die Sache des »Selbst«）之事态，（"基督在我里面活着"，）也就是神人合一之事态。这里应该事先指出，我们意义上的"生命的誓愿"超越了个人的自我，但也超越了个人的自我，开悟之人看到超越者在他之中做工，所以他可以说："因为爱是从上帝来的，凡有爱心的，都是由上帝而生，并且认识上帝。"（约一 4:7）Cf. Seiichi Yagi, *Die Front-Struktur als Brücke vom buddhistischen zum christlichen Denken*, 71, note 31.——德文原注，译者据德语本补

《中央公论》座谈会[①]

1941年11月至1942年11月期间，京都学派的四位第二代教授就"日本与世界历史的立场"这一主题进行了著名的讨论。他们讨论的内容在其后不久就刊发在《中央公论》杂志上，并在1943年作为一本受欢迎的学术书《世界历史的立场与日本》出版。高坂正显（1900—1969）是京都大学人文科学研究所的所长，高山岩男（1905—1993）和西谷启治（1900—1990）在哲学系任教，铃木成高（1907—1988）讲授西方历史。这四人最初是在日本海军的要求下会面的，他们希望建立一个知识基础，使公众舆论反对日本军队的扩张主义野心。不幸的是，当第一次讨论的内容刊发在印刷品上时，珍珠港袭击已经发生，编辑们决定删除其中对东条英机军国主义的所有负面论述。

第一次讨论认为，现代世界历史不再仅仅是欧洲对世界其他地区的行动，这一事实具有重要意义。在现代历史上，第一次出现了欧洲和美国之外的全球事务的主要国家机构。与会者探讨了这一新背景下产生的哲学问题。这些问题包括：相互冲突的政体模式，基于多个国家机构中心的世界秩序，每个东亚国家自决的需要，以及希望每个国家挖掘自己的"道德能量"来确定自己在新的全球环境中的作用。与会者一致认为，当下所需要的是一种世界历史哲学，它不是基于抽象的黑格尔思想，而是从实际的世界事务中产生，从他们所谓的"世界历史的角度"产生。

第二轮讨论时，太平洋战争正在顺利进行，日本军队仍在推进，特别是

[①] "《中央公论》座谈会"真实记录了1941—1942年日本知识精英如何在理论上粉饰那场法西斯主义的侵略战争以及所谓"大东亚"秩序等，并为其"正当性"进行辩护。我们对此是持明确的批判态度的。——译者注

在东亚。四位哲学家想知道如何使这种活动成为日本版的帝国主义扩张主义，而不是旧世界秩序的典型。如何在哲学上重新制定"东亚共荣圈"，使其能够遵循第一次讨论中概述的理想？矛盾的是，与会者认为，例如，日本必须征服中国以维护中国自身的自决潜力。他们一致认为，只有一个没有欧洲瓜分的统一的中国才能在日本的保护下找到自己的民族"道德能量"。这将是它在新的世界历史时刻找到自己的使命的最好机会。

到第三轮讨论的时候，日本的军事命运已经开始逆转。1942年6月在中途岛的毁灭性失败意味着日本将越来越多地发现自己处于防御态势，失去了在世界历史中的主动权。在绝望中，与会者意识到唯一的选择是"全面战争"。与将所有物质资源军事化的"全面战争"相比，此处的"全面战争"涉及人民和国家的所有方面，包括他们的精神和智力能力。讨论中提出的希望是，不仅仅是日本，而是整个东亚共荣圈，在日本"道德能量"的激励下，将起来要求全球政治的意识形态变革。这种变化最终将使每个国家都能挖掘自己的道德力量，并在一个新的多中心世界秩序中确定自己的世界使命。

这一系列的讨论开始于对世界历史的新哲学的理想主义愿景，一个直接产生于具体全球事件的哲学。与会者相信，一种新的哲学可以开启一种新的、更好的理解"世界"的方式。讽刺的是，在讨论结束时，恰恰是那些具体的全球事件超越了他们的哲学思考。参与者发现他们用自己的知识技能为日本人的行为进行合理化，而他们自己最初的哲学却打算否定这种行为。

[TPK]

《中央公论》座谈会（1941—1942）
CK 1943, 6-8, 11-12, 14, 18-20, 24-6, 30-4, 42-4,
82, 92-102, 106-9, 126

第一次座谈会 1941 年 11 月 26 日

西谷：……与其说哲学是单纯给予存在之基础的学问，倒不如进一步说是对历史性演变给予方向的学问。它是予以引导方向的学问。从东洋来看和从西洋来看，世界史的方向有大的差异吗？对世界的思考方式从一开始就存在差异吗？总的来说，我认为问题在于如何思考世界。如从欧洲来看，那么像铃木所说的欧洲危机就要被考虑进来，但是即便从我们的角度来看，世界危机也要被考虑进来吧！但我们的视角与西方人的视角稍有差别。我认为，这是因为在对世界的看法、思考方式上有着某些不同。我们必须好好地思考世界。

高山：我认为，欧洲人思考的世界史和我们思考的世界史有着很大的差异。

高坂：多少有这样的感觉，差异是……

高山：应该有的啊！我认为，我们日本人比欧洲人更能切身感受真正意义上的世界史，而且我认为是正当的。这是因为，这不是日本人的主观观念，而是在世界史自身中有其根据。我是这么想的。

高坂、铃木：同感。

高坂：将世界史哲学认真地视为问题的，我不太知道除了日本之外还有什么地方。稍早前斯宾格勒（O. Spengler, 1880—1936）曾提出西方的没落。

铃木：的确是一种日本的革新世界的意识……

高山：在德国，有一位名叫布兰登堡（Brandenburg）的历史学家，写了《欧洲与世界》一书。其思想可能是一种代表。根据他的观点，真正的世界史是从20世纪开始的。欧洲以外的世界进入20世纪后也逐步呈现出与欧洲对抗的态势，之前那种欧洲支配世界的做法不再那么容易进行了。欧洲以外的国家，例如日本、阿拉伯以及其他类似殖民地的区域也不再按欧洲所说去做了。国际联盟一旦形成，那么暂且不说形式上，它们还拥有同等的权利。他认为，所以欧洲也成为一个世界，终于在最近真正的世界史处于形成中。我们从这里回顾过去的历史，我记得不是很清楚，他分成了三种类型，即欧洲文化圈、东亚文化圈和西亚文化圈。

欧洲人的危机意识和日本人的世界史意识

西谷：对欧洲人而言，亚洲问题并非他们切身而痛切的问题。对我们而言，欧洲问题是一个痛切的问题。这里有其差异。在欧洲，亚洲只被视为活动的素材，但对我们来说，能动地回应欧洲的能动性，这就是一个问题。也就是说，在"我"和"汝"的关系上做比较的话，欧洲可以说是排他的"我"。所以，在欧洲是危机意识的问题，在日本则是世界新秩序的问题。因此，如果现今日本以新的内涵来思考世界史、世界史哲学，那么不是现在所说的差别吗？

……

铃木：……法国国粹主义也就是拉丁主义，即西欧主义，认为正确的欧洲传统在拉丁民族或西欧。从这一观点来看，德国也变成了东方主义（orientalism）。所以，欧洲有一些似是而非的东方主义，如德国的东方主义、俄国的东方主义，这是因为欧洲存在"伪东方主义"（pseudo-orientalism）。而另一方面，现在的亚洲自觉又如何呢？日本也好，中国也好，印度的民族运动也好，大体上由具有欧洲教养的亚洲人所发起，所以可以说，这不是古典亚洲的复活，的确也是一种似是而非的东方主义。所以，总体而言，面对有着似是而非的东方主义的欧洲，现在是对其进攻的时代……

……

高山：在欧洲，这意味着陷入了欧洲意识的危机。……但这不同于我们所说的世界史意识。

西谷：这并不奇怪。人们对东方有一种可怕的无知。学者不是这样，但大众觉得亚洲很遥远，而对我们来说，欧洲近在咫尺。

欧洲人的优越意识

西谷：这并不全都如此。单方面而言，除了自卫，欧洲人的内心深处是否有这样一种情绪，从善意的角度来说，即通过自己带给世界某种新的秩序；稍极端地来说，雅利安人种是文化创造型（kulturschaffend），日本人是低一层次的文化守成型（kulturtragend）。某种意义上我认为，优越感很好地表现了这种欧洲人之中普遍存在的心情。这是对日本人保持警惕戒备的情绪。说起来虽然有点滑稽，我认为其中掺杂着一种恐惧心理，那就是因为日本人比较敏捷，所以不知道他们会做什么。

铃木：……这的确是一种强烈的防范意识，担心非欧洲民族的抬头，这是一种模糊的忧虑。一半的原因难道不是在于欧洲人不愿动摇他们的观念吗？他们认为自己的文化是最好的。

高山：欧洲的中华意识。

西谷：由此可以看到东亚文化的确是低一层次的。当然，真正研究东亚文化的人都承认真正能与欧洲文化相抗衡的文化只有东亚文化。我常常见识到很多……但这只是在那些明白人中间。普通大众并非如此。在这一点上，文化创造型和文化守成型的分类法是相当普遍的观点，通行于普通民众之中。

欧洲文明的特质

高山：那样的话，那就变成了文明优劣这样一个难题。但是，为了人们意识到不同的文明也可以同时是优秀的，难道不需要文明之外的力量发挥作用吗？幕末之后，文明优劣的价值意识难道不是伴随着日本人被压倒性的经济军事力量所凌驾的观念而产生的吗？……

西谷：我觉得差不多也可以这样说。但是军事和经济方面，日本的确在相当努力地追赶。对此，我们试着想象一下明治维新前后人们的心态，就会发现，在广义上，西方文化给他们的感觉难道不就是我们今天所说的"科学"吗？……如天文学和医学等，它们虽大多来自中国，但欧洲的更适应实际情况。我想，实证主义式的、广义"科学"式的，就是这种感觉。文学艺术也是如此。为什么欧洲的文艺会被我们所接受？因为它有一些实证主义的东西——这必须从较为广泛的意义来说——换言之，它以切合事实的形式探寻人类的生活和心理。这是广义的实证主义的探寻。也就是说，这意味着在文艺中也存在对"真"的探求。它激发了人们的信念，相信事情确实如此，相信这是真的。我认为这是相当有力的原因。

日本的两种近代

铃木：我认为东方有理性精神，但没有实证主义精神。概言之，东方是形而上学的。

高山：有形而上学的理性，但没有实证的理性。我们常常不会将两者结合起来。

铃木：例如，我们测量天象和日食，但缺乏数理基础。由此，在医学上，我们有临床观察、临床经验，但基础是五运六气或阴阳五行这种形而上学，而不是生理学或解剖学。这不是学术发达与否的问题，而是文明性质不同的问题。

东洋史的观念

高坂：这令人感觉到，我们可以区分实证的和形而上学的，但这是东方和西方根本的逻辑差异。因为即使在中国，也并非没有中国式的实证性。

铃木：是啊，可能会是这个情况。

高坂：现在，看下欧洲人写的历史书和中国人写的历史书，我觉得有相当大的差别。看一下欧洲人写的历史，你可以读到各种主题陆续地展开。而中国人写的历史中，比较少有展开的主题，从一个时段到另一个时段之间，流程是中断的。叙述是从一个年代到下一个年代，从一个王朝到下一个王朝，而比较少做发展式的叙述。有一个根本或原理，然后根据这一原理对材料进行排列整理。多是这类情况，不太有原理自身的发展。例如，将木火土金水作为根本，对应东南中西北，春夏秋冬，乃至怒喜思忧恐等，还将黑白赤三色与三个王朝的变迁相对应。在这种情况下，我们尚可以理解木火土金水的相互关系，但其为何与东南中西北相对，只是说明有对应关系、有匹配的关系，怎么都觉得缺乏发展或演绎的关系。这是一种不连续，而没有体现连续的发展。中国人似乎是这样的，有兴趣去发现一种契合根本原理的协调关系，并认为这种应用能成立的话，理解也就成立了。我觉得这也是非常中国式的逻辑。

西谷：这是循环式的。

高坂：所以没有进步。没有深化，只是应用。所以，从时间上说，这难道不是一种循环吗？

高山：我认为，"发展""进步"的观念是欧洲近代所特有的东西。在日本，似乎也没有这种观念。从平安时代中期开始，末法观念盛行，人们认为日本堕落了。贵族持有的末法观念认为，尤其到了武家时代，日本变坏了。武士阶层的史观似乎也不认为，他们自己的世界是发展和进步的。"必须复古"这种观念大约出现在江户时代，这也不是近世要比中世发展进步的观念。

西谷：西方就是这样。如站在宗教的立场，则过去可以随时复兴。但是现在需要这样一种宗教立场：既能包括近世的进步观念、实用的理想主义（idealism），又能不陷入理想主义式的宗教。

铃木：我大体赞成高山的日本有两种近世的观点。……东方有古代，有非常出色的古代，但是无论怎样出色，程度如何高，那也不是近代的。所以，在东方有非常出色的古代，在程度上毫不劣于欧洲，不如说超出其上，但是没有给东方带来什么近代性的东西。而日本有近代，日本具有近代这一点在东亚唤起了一个新的时代，这是非常具有世界性的。高坂曾提过这些，我觉得就是这样。

高山：当说到古代，人们往往倾向于想到原始时代。但在日本，古代世界并非只有原始文化。

发展阶段说的批判

铃木：……现在的年轻人迷恋帕斯卡和蒙田，这并不仅是一种流行，其中也有同样的近代精神的苦闷。对于他们身上展示出的我们过去的祖先所基本不知的另一种内在深度，年轻人感受到其中的魅力。但是仅仅如此，并不能让人摆脱内心的分裂和窒息。那么如何是好呢？这是一个极为困难的问题。因为我们无法将个人灵魂的深度与民族历史灵魂的深度联结起来……

历史的确不是仅靠一个人的个体灵魂而成立的。它是物种性的，是民族性的。所以，如果将个人灵魂的问题放在一个民族的历史背景下，是否反而解决了呢？从历史主义的角度来看，这就是解决灵魂问题的方法。这是"东方式的无"在历史中的运用……

历史主义的问题

高坂：……是这样。之前说过中国人的历史叙述方式不同于西方人，我认为这是基于历史意识的差异。如果进而仔细观察，就会发现，西方和中国、中国和日本，历史发展的方式是不同的。动力学（dynamic）不同，这是根本。在日本，没有西方所见的那种激烈的对立冲突，而是革新式的、发展式的。这里是否存在与中国的区别呢？在东方和西方，历史的发展方式存在差异。

铃木：我也有同感。在我看来，即使在历史发展的方式上，东方也是没有西方式的"发展"概念，但存在全然不同的另外一种法则。

世界史的思考法

高坂：有人说"具有世界性"与国民性严重矛盾，但我认为绝非如此。世界性并非反国家，反而是国家的，没有必要认为是一种矛盾。以三韩为例，佛教最终成为镇护国家的佛教。日本和三韩都认为佛教是为了镇护国家，由此而发生对抗的。

……

西谷：我认为这里是不是有一个更大的议题，如果关系到日本、三韩、中国——或者实际上同时对日本而言是"世界"——也是日本史的一部分，原因在于他们是从日本的视角被认定的。但是对欧洲而言，除了德国史和英国史，其他也属于始于埃及与希腊的欧洲史。也就是说，这是一个欧洲人的世界史。所以，对东亚历史而言，至关重要的难道不是培育一种历史视野，其中日本、三韩和中国，以及其他国家地区都被视为"一体"？

哲学与现实

铃木：有人提出了当下哲学对现代的指导性，也就是说19世纪是科学专业化的时代，这种对事物的科学专业化思考的方式已经到达了极限。实业家思考经济、律师思考法律等这种在商定的范围内思考事物的方式已经到了极限。真正的革新成为议题，但在指导和推进革新上，缺乏足够强大的世界观力量。因此，革新只能自然生灭，或造成狭隘的主观视野。为了突破极限，无论如何必须要有哲学。昨晚我已经说过，哲人政治、哲人战争、哲人经济，乍一看是非常迂回的理念，但对我们时代而言是最具现实性的。

高山：一直以来，人们对"哲学"的看法，总觉得是某些特殊的、言过其实的、精彩的东西。例如，法律哲学或经济，似乎是实证法律或经济的夸大其词的方法论与认识论。如同一支棍子嫁接在了竹子上。如果这种状况得不到纠正，那么就不存在真正的法律哲学和经济哲学，也就是说哲学无法在法律与经济领域发挥指导意义。在我看来，哲学有必要通过抛弃这种类似"嫁接"的角色，而与专业科学的基础部门相结合。我们首先希望的是，交汇地带能逐渐增大。

……

高坂：事实上，人们认为哲学脱离了现实生活。他们忘记了自己的内心也蕴藏着哲学……现在一种新的哲学，一种具有指导性的哲学，一种革命性的哲学，反倒通过逼问历史主义而建立起来。即使从哲学的角度来说是指导或革新，那也是针对旧的世界图像，来确立一种新的世界图像吧！因此，逼问历史主义是可行的。如此一来，相对于古老的东西方，一个新的世界形成了。更重要的是，出现了新的力量。现在，世界被分为西方世界和东方世界，其自身已经割裂了，只要无限地逼问历史主义，那么反而在其根底处，我们可以发现绝对的根源，换言之，一种可称为"绝对无"的东西。这样反而超越了单纯的历史主义，哲学——对专业科学而言具有意义——也被具体化了。

我认为，必须将哲学视为历史现实的媒介。历史的现实……

铃木：在我看来，如果不极力强化世界史意识，那么历史主义的努力也就无法起步。现在，有人考虑到了世界史哲学，也考虑到了世界史学。这虽然是另一回事，但并非没有关系。世界史学需要一种哲学式的主题（motif），其能超越已有历史学所无法解决的局限。

……

铃木：……就像我刚才所说的，我们需要的是对现实最迫切但乍一看最迂远的哲学。这是因为其要求原理，因为现代要求原理（principle）。但是另一方面，我也担心有这样的倾向，也就是说，担心过度重视创造和转换，而不顾不言自明的东西，我担心会产生这样的弊端。这对学问来说是危险的。即便必须求新，也不能模糊过去已经明了的东西。一方面，学问将精益求精地追求明了视为其使命，这是不管哪个时代都不变的重要之处；另一方面，我认为思考并维护学问的精神是非常重要的。

……

高山：铃木所言实在合乎道理，我没有异议。一方面有这样的倾向之嫌——所有人都成为哲学家，这对哲学家来说有罪过；但另一方面有可能存在这样的情况，即专业科学家实际上是朴素的哲学家。

铃木：我所说的就是这样。其中包含了必须保有明了性。

西谷：我希望专业科学家更加深入地开展哲学，即使是从自己的立场也无妨，即从各自不同的专业学科内部。就算最初的阶段不顺利也不要停止，就这样发展下去，双方互相靠近的话，那么双方的关系之后会变好的。

高山：这是健全的倾向。

西谷：所以，有必要互相批判，否则就彼此有好感。

……

高山：我认为，世界史哲学也不同于黑格尔的时代了，我认为，必须将目前相当先进的世界史学作为某种程度的媒介。否则，世界史哲学就会变为形而上的思辨。

铃木：这种东西与世界史学的立场并无太大的关系。在不是形而上学的情况下，我认为最近大家所讨论的世界史哲学与我们关系很深。只不过方法论必然是不同的……

高山：哲学必须与专业科学相接触，这是确凿无疑的，但我认为必须慎重考虑接触的方式。我时而感到人们对哲学有一种无端的绝对信赖，这相当奇怪。这种绝对信赖在不知道哲学的人身上尤其突出。例如，我有时会受到压力，邀请我快点提出一种日本哲学。不管这个"日本哲学"是什么，人们认为会立即催生出"日本经济学""日本宪法学"，以及其他日本式的学问。我想这种思考方式是存在的，但极不哲学。即仿佛一旦圈定了"普遍"，一切的"特殊"就能自己飞出来。这种想法需要改变。如果一种事物的构成是来自日本哲学这一"高地"（大上段，noble heights）的某种原理，那么不懂哲学的人就会趋之若鹜。但并不存在这样的哲学。就像西谷刚才说的，必须始终从专业科学的内部探究原理，然后进入哲学领域。我希望那些从事专业科学研究的人能充分地认识到这一点。有些人将哲学视为类似把事物敲打成形的小锤子，对于这种肤浅的期待，我感到困惑。对这些人来说，自己的责任全都可以推给哲学家。我们必须不断追求科学的原理，这样，我们就能从科学的角度，来解决遇到的原理性的难题。在这些地方，我想就会出现真正的哲学。

世界史与道德伦理（moral）

高山[①]：……不限于今天，在任何时候，推动世界历史的都是道义的生命力。这种力量难道不是转折点上的政治原则吗？我希望今天的日本青年能够拥有更多的道德能量（moralische Energie）、健康的道义感和崭新的生命力……

高坂：……当然民族生命力的决定意义，不仅关涉文化问题（这是显而易见的），而且关系到世界史……

高山：一提到"战争"，人们立刻就会认为是反伦理的，就好像战争和道德永远互不关联似的。这完全是一种形式主义的伦理观念。但是，这只能说明真正的道义能量已经枯竭了。正如兰克（L. Ranke，1795—1886）等人所说，战争中存在道义的能量。

种族、民族、国民

高坂：在这一点上，在我看来，尽管格宾诺（J. Gobineau，1816—1882）

---

① 日文版为高山；英文版误为高坂，将高山和高坂的两段各自选译了部分，混合在了一起。参见英文版第1068页。中译按日文版将其分开处理。——译者注

的观点受到了很大的批判，但也有可参考之处。诚然，我并不赞同将纯正血统和"种族"作为根本，认为雅利安人种天生主宰世界。然而，将部落或民族视为世界史的一种基础，这种思考也有些趣味。格宾诺试图用民族血统的纯正性来说明其文化的兴衰，认为一旦不纯的血混入，那么民族的生命力就会削弱。主体性地思考血统的纯正性，不如代之以道德能量，这样的话，我认为这种思考也不能说完全没有价值。

高山：我认为道德能量的主体是国民。所谓的民族，是19世纪文化史的概念，而现在不管过去的历史如何，"民族"这一词中没有世界史的力量。在真正的意义上，"国民"成为解决一切问题的锁钥。道德能量既不是个人伦理，也不是人格伦理，也与血统的纯正无关。我认为，今日道德能量的中心集中在文化的、政治的"国民"上。

高坂：我同意。如果民族仅仅是作为民族，那就没有太多意义。当民族有了主体性，那它就必然具有国家的、民族的含义。一个不具主体性或自决权的民族，也就是说，一个不成为"国民"的民族是无力的。一个例证就是，美国印第安人最终未能保持独立民族的意味，而被吸收到了另外的国家民族中。犹太人最终不也是如此吗？从这个意义上说，我认为世界史的主体是国家式的民族。

铃木：这与生命力有关，但一个民族到底是否有年龄这样的东西呢？是否可以从生理或生物学意义上去判断一个民族是年轻的还是年老的呢？

西谷：我认为这是非学术的。这不是问题……但是血统纯正的问题，我们是否可以完全无视呢？（转身向着铃木）据说今天的意大利人身上混合了非洲人的血统。

铃木：这是著名的人类学家塞尔吉（Sergi）正在研究的问题。他说有相当多的混血现象，包括非洲血统。

西谷：你观察一个意大利人，就会有非常强烈的这种感觉……似乎与过去的古罗马人在性质上有很大的不同。这种混血现象到底产生了怎样的影响，是个很难回答的问题。一般来说，有新的血液混入的情况，也有不这样的情况，我觉得血统问题是非常复杂的。

高坂：有些人有这样的想法。例如，在西班牙或匈牙利有大量的混血现象，你会发现混血现象发生在文化交融的地方。而且，这种交融不是发生在不同文化的中心地带，而是发生在文化扩散的边缘地带。如果是这样的话，就根本谈不上文化的交融了。血缘的交融不会削弱文化。在文化圈的外围一开始就同时发生血缘的交融，因此当地的文化当然是外围的，是不纯粹的。同样，所谓的民族在年龄上的年轻，也不能仅仅谈论其血统，我认为反而应该从文化的创造力来衡量。正如我之前所说，将其理解为道德能量，这是另一回事，但我并不赞同格宾诺那样仅从血统纯正来看待这个问题。

高山：我也考虑过这个问题，但未能做出什么决定。我认为，血统无法决定优劣与力量的强弱。难道血统的生与死不是取决于其走向吗？也就是说，难道不是由血统之外的原理来决定的吗？在血缘关系相同的情况下，人们可能会认为这是和平的原因，但事实上并非如此。血缘之间存在冲突。有人认为，他者始于兄弟之间；也有人认为，远亲不如近邻。血缘难道不是一种可以任意转换的东西吗？关系发生作用的实际方式难道不比关系本身更重要吗？所以，我觉得决定性因素是在血缘之外。

高坂：在当今的动荡中，世界的中心在哪里？当然，经济和军事实力固然重要，但这些都需要一种基于新道德能量的原则。世界历史的方向取决于道德的发展。那些成功创造道德的人难道不是世界历史的领导者吗？从这个意义上说，日本正被世界要求去探索这样一种原则。我有一种感觉，日本被推动着去承担起历史必然性的重任。

第二次 1942 年 3 月 4 日

西谷：说到世界史民族，以今天的日本为例，它有历史的自觉意识，我认为这是其根本特色。从某种意义上说，迄今为止的希腊人和罗马人，其民族具有世界史意义是出于历史的必然，但不是自觉的，也就是说不是出于一种想要建立世界新秩序的实践性的、建设性的意识。而在以色列人中存在这种意识，但他们反而游离于历史现实之外。他们的意识不是来自历史世界的底部，而是有种从天而降的味道。但在当下，就所谓的世界史民族的立场而言，刚才提到的历史必然性这一自觉（自觉，self-awareness），与伦理或自觉（作为实践性、建设性的主体）相结合，成为一体。我认为，这就是现在的世界史民族的特征。

罗马人和日耳曼人确实是世界史民族，但他们欠缺作为世界史民族的自觉和建设世界的自觉。而日本目前立于建设性的位置，于此形成了世界史的自觉。在我看来，这是非常独特的。

高坂：我有同感。古代的世界史民族单单是将自我扩张到整个世界，却没有这样一种自觉，即承认其他主体的存在并且改革世界秩序。这就是差别所在。

西谷：我想回到道德能量的问题上来。首要的问题是，说到东亚的伦理性或道德性，关键是这种道德能量以怎样的具体形式展现出来。这是根本性的问题，我认为这也关系到对中军事行动的解决。我认为，最根本的问题是中国人的"中华意识"——自己是东亚的中心，日本是在自己文化的恩惠下发展起来的。在这种情况下，最根本的是要让他们接受并认识到一种历史的必然，即日本是当今大东亚建设的领导者，而且必须是领导者。……这与中国人的中华意识是冲突的，但根本之路是必须让中国人意识到，中国最终没有被殖民地国家瓜分，终究是因为日本的强大及其所做的努力。也就是说，唤醒中国人对世界历史的意识，让他们放下中华意识而与日本协力建设大东亚。我认为，由此才有可能在大东亚发展出道德能量，之所以如此，是因为日本现在的领导作用根本上是基于日本的道德能量。阻止中国殖民地化的也是日本的道德能量。站在世界史的视角，这样去深入历史意识，既意味着日本是从世界史的角度认识自身，也意味着要将这种认识贯彻到中国人的意识中。这样，大东亚地区新迸发的道德能量就能成为建设大东亚的基本力量。①

日本与中国

西谷：同时，我们也要想到这一点。也许在中国人的心里面，有人会认为，日本变强是因为从欧洲吸收了各种文化和技术，所以日本的实力强说到底是欧洲的实力强。不知谁说的，留学欧洲是镀金，留学日本是镀银。日本近代文化的源头是欧洲文化，因此，如果能够接触欧洲文化，就没有必要去日本。这就是对日本的一种根本性的蔑视。归根结底，这可能是一种感觉，即以前是中国文化使日本强大，而如今是欧洲文化使日本强大，因此日本变强始终是由于某种外力。我认为，这就是他们将欧洲的地位看得比日本高的

---

① 西谷这里以及他们在后文提到的观点完全是站在日本国家利益之上的主观臆想，非但不符合历史事实，毋宁说是一种歪曲。——译者注

原因。这里面的认识不足……

高山：这是中国人最基本的误解。

西谷：正如高山所说，日本之所以能够自主吸纳欧洲的文化和技术，是因为日本人的道德能量。我认为，这一点很重要。文化和技术本身很重要，但日本之所以能够在很短的时间内消化欧洲文化，是因为日本人有一种尽情吸纳它们的自信精神。这一点更加重要。中国人的日本观中缺少关于这一精神的认识。我认为，关键是让他们完全接受这一点……我想起了一次去往欧洲的海上航行。一位来自上海的菲律宾人告诉我，他非常羡慕日本，菲律宾也希望能成为日本这样，所以他们自己也必须充分吸收不同于自己的西方文明。我记得我当时想，事情并非如此简单。日本在漫长的历史进程中，有其精神陶冶。在欧洲文明到来前，日本本身就拥有非常高的精神文化，并且一种非常活泼的生命力仍然在发挥作用。由于菲律宾缺乏这种精神，即使他们接受了同样的欧洲文明，结果也会有相当大的差异。

高坂：我同意。模仿是一回事，主体性是另一回事。

民族的伦理与世界的伦理

西谷：正如铃木所说，日本在东亚的特殊地位非常重要。英美与中国的关系终究没有超出经济利益的关系，而对日本来说，则是经济关系的同时，还关系着生存的安危。国防的意义就直接体现在这里。英美不了解日本具有这种经济和国防等意义的特殊性，我认为这是一个世界史的问题。维持旧秩序的国家与形成世界新秩序的国家之间存在鸿沟，这种鸿沟关系着世界史意识和历史的"世界"意识，我认为这就是前者无法理解后者的原因。

总之，除了刚才提到的经济和国防因素，我想是否也可以加入民族这一要素来考察。之前我写过一篇文章，提到每个试图构建新秩序的国家，无论是德国、意大利还是日本，都自觉地立足于民族这一基础。那么，为何这些国家要立足于民族？我认为，答案就在于它们都是后进国家。这些国家认为要在这个世界上生存下去，就必须成为内部有着强韧纽带的国家。他们将"民族"视为这一纽带。因此，在意大利和德国，统一国家的形成是一场民族运动，形式是民族精神的自觉，也就是说立足于民族的统一。日本明治维新的意义归根来说，是重组一个以民族为基础的国家。这就是废除藩制和等级制，摧毁封建社会的意义所在吧！即使是"尊皇攘夷"运动，我认为终究来说也是一场意图自觉的运动，意识到日本在其内部是一个民族的统一。

现在所讲的几个国家的近代国家化中包括了这一情况，并一直延续至今。因为，一个民族要想在既有的世界秩序中重新崛起，并能积极提出其自身生存的要求，那就必须有道德能量。只有这样，这个民族才能成为立足于民族自身的国家。就这个民族来说，所谓的国家意味着民族道德能量的体现。因此，民族主义、国家主义的用词在民主派听来虽然不中听，但还是含有重要的伦理意义。但这一伦理学不是一种形式，而是一种能量。此外，只有当我们在历史中理解这些国家时，这种伦理性才会显现出来。所以，离开历史而仅仅将其作为纯粹的法律概念或其他"学术形式"来把握的话，那么道德能量就会被耗尽。总之，当立足于民族统一、内含道德能量的国家，在既有世界秩序中发展受阻时，必然会产生一种打破旧秩序的运动。如铃木所说，这一运动爆发于大英帝国经济板块形成之际，其试图建设世界和更广泛领域的新秩序。因此，在构建更广阔的新领域时，经济的自给与确保基本生存的国防合成一体，其根源就在于作为建设主动力的国家——上述那种立足于民族的国家——的道德能量。世界新秩序的诉求也由此而来。经济和国防要素的根源在于民族要素，而且这一民族要素作为道德能量，具有伦理意义。这就是我们现在所处的阶段。这就是我所说的"世界伦理"……当然，这种世界伦理真的再往前发展一步，那么就会构成"民族的自我否定即肯定"这样的情况……

……

高坂：西谷所说的"世界伦理"，将其具体化的话，作为大东亚共荣圈的伦理，那就是"世界史的当为"这一形式，不过，我不确定这个用词是否正确。

……

西谷：我想知道问题是不是出在这里。与旧有的欧美传统殖民政策有根本不同，比如英国在马来亚、荷兰在荷属东印度群岛、美国在菲律宾那样，一方面在某种程度上保障当地居民的舒适生活，另一方面藉其便利施行剥削政策。正如人们常说的，这是一种鸦片政策。就日本而言，虽然这一点并非完全不存在，但与美国和欧洲相比较，大东亚地区最为根本的问题终究是人的问题。例如，组成欧洲的各个民族和国家都已经达到了很高的生活水平。相对于此，在大东亚地区，达到同样水准的大体上只有日本，而其他民族大体上一直处于落后的状态。我们需要一种民族的自觉意识来教育他们，使他们摆脱这种状况。然后使得大东亚地区拥有能够自发地、主体性地承担的力量。我认为这是日本在大东亚地区的特殊使命。在这一点上，日本对待大东亚地区各民族的态度，理应具有与欧美态度截然不同的精神。一方面，要唤醒各民族的民族自觉，并将其转化为自主的能动力；另一方面，日本在这一情况下必须继续保持领导地位。虽然这两方面是相结合的，但从表面上看，它们包含矛盾。如何将这一关系没有矛盾地调和起来，我认为这是根本问题。

……

高坂：无论如何，回应世界史当前的要求就意味着要构建一种伦理……与以个人为中心的伦理相反，我们需要的是一种民族间的伦理。早期的种族或民族的伦理仅限于国家和民族的内部，并不包括对其他国家和民族的态度……

西谷：现在日本国内、大东亚的视野内，在现实上需要的是这样一种伦理，即不同于个人的伦理，也不同于全体主义的伦理，而是在某种意义上将二者升华之后的伦理。例如，在承认一个民族的独立时，这个民族独立的内涵必须与过去截然不同。也就是说，大东亚地区的独立必须具有连带独立的内涵，为了共存其中而具有共同责任。它一方面是主体的彻底独立性，另一方面是产生于彻底独立基础上的共同责任性。这就是伦理问题。

西方伦理与东方伦理

西谷：这是不是又回到了之前的道德能量问题？日本目前肩负着领导大东亚地区的责任。就这点来看，我始终觉得我们之前谈到的日本的道德能量是根本。这一道德能量之源是什么，可能来自多个方面，但从根本上来说，是高山所言的那种协同体（Genossenschaf），总之从本质意义上讲，是一种家的精神，这在具有特殊国体的整个日本国家中有力地发挥着作用，我认为这是道德能量之源。前面也曾提到，当一个民族自觉到要统一，并将统一作为国家的基石时，我们可以看到这个国家成为道德能量的体现。同时，在某种意义上，我们也可以说是一种家的精神在国家里面发挥着作用。例如，像明治维新的大政奉还这种日本独有的事件，就是这种家之精神的显著体现。在这场辉煌的改革中，可以说显现出了日本民族的道德能量。而这一道德能量也在由改革形成的维新日本中发挥作用，成为日本强国化的原动力。可以说，现在日本在大东亚地区具有领导地位，取决于同样的道德能量。

顺便提一下，"现在日本的领导地位"指的是什么？我认为始终是要将自己的道德能量传递给大东亚的各个民族，从他们的内部予以唤醒，并让他们产生民族的自觉或者说作为民族的主体性。将作为日本原动力的道德能量传递给其他的民族，使其在自身内部发挥作用，从而培育这些民族。这是日本的道德能量在将来的新的作用方式，是其新的飞跃发展。总之，这也是日本道德能量的自我培育。当然，在根本上这具有伦理意义，同时也具有政治意义，也就是说有着植根于现实的政治必要性。正如之前说过，大东亚的独特课题，在于人的开发这一根本问题。没有人的发展，大东亚就无法维持下去。从而日本自身的存在也就无法得到真正的维持。在这一意义上，通过宣传道德能量来进行人的开发，体现出了伦理因素和现实政治需要的结合。

因此，即便某个民族获得了独立，但也不能仅是独立。如果独立的民族在精神内涵上没有改变，就产生不了什么。如果他们在独立后突然变得傲慢自满、得意忘形，那么独立也变得有害。因此，在获得独立时，民族原有的精神必须发生转变。这种精神的变化，从根本上说是变得具有道德能量。如此一来，大东亚伦理的根本就在于，将日本的道德能量传递给各民族，将他们的精神提升到能够与日本协力的水平，并由此建立起道义的民族关系。维护大东亚就在此。根本上在于道德能量。这样来看的话，这两种伦理性——刚才高坂所说的国内伦理性和东亚新秩序、世界新秩序的广域伦理性——之间，难道不是一方面有一种飞跃，同时也有一种连续性吗？

新日本人的形成

高山：我们必须思考"新日本人"类型这个问题，但如何来看比较好？……
……

铃木：至少，不能仅是日本式的日本人，这种日本人曾在一段时期内备受重视。

……

西谷：我想说一点想法，虽然完全是另外一个问题，那就是在建设大东亚上日本的人口太少了。多少年后日本必须是一亿几千万人才行，这是一个问题，但换言之那时无法将大东亚圈内具有优秀素质的民族，化为半个日本人。中国人、泰国人拥有自身的历史和文化，所以他们在一种同胞关系上来说，始终无法做到半日本人化。像菲律宾人那样，没有自己的文化，而如今遭到美国文化任性妄为的民族，可能是最难处理的。对此，没有自己的历史文化，但具有优秀素质的民族，例如马来人之类，我不是很了解，但据说他们是相当优秀的……

铃木：印度尼西亚吧！

西谷：对，总之我听说具有非常优秀的素质。豪斯霍费尔（K. Haushofer, 1869—1946）曾说过马来族是贵族的民族（Adelvolk）。据说日本人中也混入了其血统。话虽如此，日本人是治理者的民族（Herrenvolk）。对这样的民族，如菲律宾的摩洛族（Moro）——现学现卖的知识，摩洛族也是如此——通过少年时代对这一具有优良素质的民族展开教育，我认为不是不可能将其变为半个日本人的。例如我听说台湾地区的高山族，通过教育而变得和日本人没什么区别了。是这样吗？半日本人化的意思是在精神上与日本人完全相同，这对日本人数比较少而言是一个对策，同时，唤醒他们的民族自觉，乃至他们的道德能量，这样一种对策，大家觉得怎样？这是完全外行的发散想法……

第三次 1942 年 11 月 24 日

共荣圈与民族的哲学

西谷：共荣圈总力战——之前座谈会已经提到过——是将大东亚共荣圈内的各个民族予以日本人化，通过教育进行彻底的日本人化，[①] 我认为这不是空想。高坂在《民族的哲学》中提到过，民族在创造历史的同时，历史也在创造民族。换言之，民族有着浮动的周边，在历史过程中融和、同化而成。例如朝鲜，也许不同于外国的情况，但是对目前为止其所认为的"朝鲜民族"，是以一种固定不变的观念去思考，这种做法现在已经是不充分了。固化

---

① 大东亚共荣圈是二战后期日美开战后，日本所提倡的标语。它强调以日本为中心的亚洲民族共存的殖民统治措施，实则意图是要对日本侵略军占领亚洲的行动予以正当化，属于日本帝国主义的侵略扩张计划。——译者注

地思考每个既成的"民族",从这样的立场产生了民族自决主义,但是现在在朝鲜发布了征兵制,换言之"朝鲜民族"已经以主体性的形式完全纳入了日本里面,也就是主体性上成为日本人,在这种情况下我们难道不可以说目前被认为是固定的小"民族"观念融入了大的观念中吗?换言之,难道不可以说,大和民族和朝鲜民族在某种意义上成了一个日本民族吗?而且,南方民族的某些成员,例如高山族——已经被教育成日本人而一并加入日本民族,事情不会这样发展下去吗?

总之,我认为现在我们——在日本也好,在朝鲜也好——需要从大的范围去思考"民族"……

共荣概念和道义概念

西谷:从这一角度来看,我觉得在说共荣圈时,有必要对"共荣"这一词进行界定。

高山:我将其解释为"共有道义的荣誉"。

西谷:所谓"eiyo"①?

高山:"eiyo"指的是荣誉,也就是自信,道义上的自豪,也可以说是光荣。

西谷:原来如此。但共荣的英译是"co-prosperity",如果将"荣"的意思往浅里说,那就不得不限制在了导向美国式价值观念这一思路。尤其是将经济面作为一个重要问题来考虑时,我认为有很严重的危险。经济在现在的战争中,发挥着非常重要的作用,我认为共荣圈的经济开发也很重要,尽管如此,我们也必须从超越美国式价值观来思考。即道义性……

[JWH]

(朱坤容译)

---

① 因为是会谈,原文的表记是假名发音,为了和下面的文意贯通,译文也用假名罗马字表示。——译者注

"近代的超克"座谈会①

  1942年,《文学界》杂志的文学评论家三人组——河上彻太郎、小林秀雄和龟井胜一郎组织了一次研讨会,讨论"超克近代性"。7月,他们召集了来自文学批评、历史、物理、音乐和哲学等各个领域的十三位顶尖知识分子,这些人没有明确的议程,无论是政治议程还是思想议程。他们主要是想探索"近代性"的含义:它在欧洲的根源,它对日本的影响,以及它对未来的意义。他们最终没有完成会议,也没有就日本应该如何"超克"或以其他方式战胜"近代性"达成任何共识。他们的论文发表在杂志的9月刊和10月刊上,一年后结集成书。

  下面的选段来自五位与会者。龟井胜一郎(1907—1966),研讨会的组织者和文学评论家,当时正在研究日本的浪漫主义;下村寅太郎(1902—1995)和西谷启治(1900—1990),与京都学派有关系的哲学家;诸井三郎(1903—1977),音乐理论家和作曲家;以及小林秀雄(1902—1983),研讨会的另一位组织者,也是一位文学评论家和《文学界》杂志的共同创始人。这些段落重点选取产生争议的开场白,只有一小部分是实际会议讨论的内容。显而易见,"超克近代性"这一主题提供了一个共同的基础,让那些公开同情战争的人、谨慎批评的人以及只是保持沉默的人都能达成共识:正如欧洲必须找到摆脱"近代性"问题的方法一样,日本也必须找到超克"近代性"问题的办法。由于"近代性"基本上是舶来品,没有从日本或其亚洲邻国的历史和文化中自然生长出来,这使日本的困难倍增。

[TPK]

---

  ① 注:为了贴近"近代的超克"这一题目,也为了更接近日语的语境而不引起误解,本译文将与日本相关的 Modernity 一律翻译为"近代性"。——译者注

文化解毒

OM 1943, 5–6, 15–7′

龟井胜一郎：在"思想斗争"的名义下，两个陈词滥调相互对立：一个是被称为"日本精神"的英雄，另一个是"外国思想"的恶棍。恶棍倒下了，英雄受到了热烈的掌声。这是一个木偶剧幻想，正被灌输到普通人的心理中……一个为勇敢的表现而入迷的软弱灵魂……

从我们接管最新的西方文化"近代性"的那一天起，在我看来，最大的敌人就是这种文明的生活方式。它缓慢而深入地渗透进了我们的思想，产生了各种幻想和争论，并向各个方向发散。

……

我们此刻正在进行的战争，表面上是为了摧毁英国和美国军队。从内部来说，它是一种旨在治疗"近代"文化带来的心理不适的基础疗法。这就是"圣战"的两个方面，两者缺一不可，否则进行战争的努力就会受到阻碍。即使是在这短短的一个世纪内，要想赢得对抗文化毒害的战斗也是不可能的事情。幸运的是，我们正在成为东亚的军事胜利者，但如果认为这便意味着我们拯救被毒害文化的胜利，那不是很危险吗？这就是我一直坚决反对的那种妄想……①

在当前战争的背景下，另一场战争正在发生。我们从一个文明的压力中看到了它，它通过一种看似自然的说服力无情地向前推进；我们从我们对机器的信任和它所带来的精神上的所有弊病和缺陷中看到了它；我们从已经失去节制感的人们的自我毁灭行为中看到了它。我们是在这场斗争中灭亡，还是被拯救，并不确定。但至少当我们计算在这场战争中取得的明显胜利时，我们不要自欺欺人，认为这场隐藏在眼前的更深层次的战争只是一种幻想

---

① 文中的"心理不适"指的是当时日本思想界对西方现代文化的抵触与焦虑，但这种抵触并非普遍共识，而是战争时期意识形态宣传的特殊产物。日本军国主义政权利用这种叙事，将侵略战争美化为一种文化斗争，试图掩盖战争的真实目的，即对东亚各国的殖民扩张。所谓"文化解毒"的说法，实际上是一种文化霸权的体现，忽视了被侵略国家的主体性。——译者注

而已。

胜利者经常随身携带的"和平"假象掩盖了这种深渊般的战争……在"和平"的面具背后,文明的毒害正在蔓延。比战争更可怕的是和平……目前的动乱是一场以深渊战争的名义进行的战争。在这些战场上,日本人民的兴衰,取决于他们能否清除一切妄想的明晰洞察力,取决于他们能否根除无畏的信仰。与其说是奴隶的和平,不如说是国王的战争!

精神的去机械化
OM 1943,114-6

下村寅太郎:另一个老生常谈的说法是,在现代的机械创造中,是人类成了机器的奴隶。就好像奴役是从那里开始的。甚至在机器发明之前,人们就已经在不同的意义上,在更多的方面成了奴隶。机器最初是将人们从工作的奴役中解放出来的一种方式。今天,我们仍然处于这一过程的早期阶段,几乎还没有结束。因此,人对机器的奴役基本上不是机器的责任,而是运行机器的制度体系的责任,因此,归根结底,也是人类精神的责任。机器是精神的造物,机器的制造本身首先代表着精神的胜利。真正的问题不就是如何将这种胜利进行到底吗?

如果自然是必然性,那么思想和精神本质上就是自由。心灵优先于自然是不言而喻的……但问题在于自由的性质……古人的智慧包括通过完善心灵来追求自然,这不是别的,而是主观自由。现代哲学产生了"客观唯心主义",但它转变为"客观自由主义",标志着塑造现代科学的现代精神的自我意识达到了真正的顶点。现代科学的实验方法是一种试图揭示自然界或自然界中不存在的事物的方法——它与魔法有着共同的思维模式。知识所指向的不是本质形式的直觉,而是对自然潜力的开发。现代机器就是一个结果。这不是简单的应用或利用自然的问题,而是对自然进行重组或改造。这种现代创造过程的结果,不是简单的主观的脱离自然的自由,而是真正客观的自由。客观理想第一次被赋予了成为具体现实的基础……

当然,这里的问题是"灵魂"的概念。基督教思想的一个标志是它认为灵魂基本上是内在的。相比之下，新的思想或精神是外在的。在古代，灵魂是与身体相对的"精神"的东西。但今天，纯粹的身体已经不存在了。今天，身体是一个通过器官利用机器的有机体。现代的悲剧在于，古老的灵魂不再能跟上这个"新身体"了。这个新的身体—心灵需要一个新的元物理学。今天的身体是巨大而脆弱的，它不能再以古代心理学谈论内在意识和个人修养的尺度来衡量。它需要一个政治的、社会的，甚至是国家的衡量标准——也许更好的是一种新的神学。

主观无物的伦理
OM 1943，22-9，32-3

西谷启治：什么样的宗教信仰才能赋予文化、历史和伦理等事物——所有这些都需要对人类的完全肯定——追求自己立场的自由，同时确保科学活动的平等自由？弄清楚谁的立场是对人类漠不关心的，然后进一步统一两种立场……答案在于重建一种基于宗教的伦理学……

当我们把身体作为一个物理单位，拿掉我们通常称为心灵的自我意识时，似乎什么都没有留下，至少看起来是这样。但事实上，在什么都没有留下的时候，确实有一些东西留下了。或者更确切地说，只有在这里，才会出现一个唯一不能被客观化因此也不可能潜入科学领域的东西：作为主体的我们内心真正的主观性的立场。我们可以把这称为主观虚无的立场……通常所说的"自我"是指某种实质性的"存在"，像一个东西。但真正的主体性在事物和心灵的另一面：它在他们的否定中表现为"身心的脱落"，表现为对有意识的自我的否定，表现为消除小我的"无我"或"无心"……当一个人超越自我并觉醒到真正的自我时，就无法将自己与身体及其自然世界，或与思想及其文化世界隔绝……这不是有意识的自我的运作，而是虚无主体的运作……

这样，对包括文化、科学在内的一切事物的绝对否定就直接转化为绝对肯定。创造文化或从事科学的主体尚未在主观虚无的立场上获得自我意识。这种立场，从其超越性的立场出发，必须成为创造文化或从事科学的主体真正的内在主体性……

显然,这是东方宗教的特色。我相信,只有这种东方的宗教信仰才能找到解决文化与科学之间关系紧张的困难的方法。只有东方自由主义……才是真正的自由主义。

从本质上讲,意识到主观虚无的立场是极其困难的。但在硬币的另一面,它的方式是一种非常非常真实的方式。也就是说,这是一种可以在日常生活的所有活动中都可以遵循的方式,或者更具体地说,是一种适用于在各种工作中付出努力的方式。今天,我们确实作为一个民族而生活,为此国家必须压制个人的任意自由。如果国家要生存下去,这是不可避免的必要条件。在这方面,深刻的问题困扰着现代西方的个人和国家之间的关系……为什么国家必须要求其人民在一个消除私人顾虑的工作场所服务?显然,是为了尽可能地加强国家的内部一体化,而这是必要的——如果国家要集中所有力量成为一个整体,并以新的能量前进……这种道德能量构成了国家存在的伦理本质……

现在,当道德能量必须通过全球宗教信仰和民族伦理的相互关联从一个国家的生活核心体现出来时,这样做的可能性就使国家生活中的传统精神变得非常重要。甚至在东方,除了日本之外,没有一个国家,东方的宗教信仰能够与民族伦理紧密地结合在一起,成为国家的基石并挖掘其原始能量。

……

毋庸置疑,我国当前面临的紧迫任务,是建立一个新的世界秩序和大东亚……但同样明显的是,大东亚并不意味着获得殖民地领土、建立新世界。新的世界秩序必须是公正的秩序。从某种意义上说,这是历史的必然,是日本的责任。历史的必然性在于,我们是唯一一个发展出欧洲国家实力,并被迫与盎格鲁-撒克逊人的统治摊牌的亚洲国家。

道德能量是作为人民共同体的国家的集中和加强……但如果仅此而已,它就与世界伦理没有任何联系,在某些情况下,它可能与不公正的行为有关,如把其他民族和国家作为殖民化的对象,或者为某个国家的个人恩怨服务。在我们国家的今天,推动国家伦理的道德能量必须同时激发世界伦理。它的特点是民族与世界和世界与民族的相互蕴含。

音乐去浪漫化
OM 1943, 38, 40-1, 50-1, 213

诸井三郎：一段时间以来，我一直关注如何克服现代音乐的问题，如何把音乐从感官刺激中拯救出来，以及如何将其恢复为一种精神艺术。直到今天，这种关注也没有丝毫改变。

从本质上讲，浪漫主义作为现代音乐的母体……通过提升主体性和激发个人主义，将个体确立为最高原则。整体是通过个体来认识的，艺术的高度在于表达的那一刻，个性被点燃，火花四射。这种对主体性的推崇，通过人类中心主义的深入表达，与对个性的尊重齐头并进，离过度也仅一步之遥。个性不受任何约束，在对完美自由的持续渴望中有尊严地表现出来——这是浪漫主义的最高理想。天才和大师在此处出现，作为这一理想的偶像脱颖而出……既然浪漫音乐渴望表达遐想和幻想，幻想就成了它的定义特征……目前，浪漫主义和现代主义在本质上没有什么不同：现代主义已被视为浪漫主义的最新阶段。

……

显然，超克"近代性"对我们的意义与对欧洲的意义不同。但由于我们的"近代性"是在西方文化的强烈影响下形成的，所以那里发生的事情对我们来说不可能是无所谓的。如果不这样想，那就错了。就像大东亚战争和欧洲战争之间的关联性一样。

……

在欧洲音乐中，"歌曲"的感觉是最基本的，也是观众最喜欢的……而东方的艺术，在我看来，是建立在"叙事"的基础上的。这就是为什么我喜欢听"叙事"音乐……通过叙述的内容感受创作者的思想沉淀。

西方文学的去神话化
OM 1943, 217-8

小林秀雄：据说，自明治时代以来，日本一直在吸收西方文明，这是一个思想开放和文明进步的过程。然而，从那时起，日本的文学家就没有参与到这个过程中。显然,日本文学人物在现代西方文学的背景下接受了如此彻底的教育,以至于他们绝对无法想象从远处看西方文学。问题是,直到最近我们才开始反思这种影响的形式……当我们终于在健康的反思和研究方向上迈出第一步时,一场政治危机出现了:必须确立某种"日本原则"。这使我们处于一个相当困难的境地。我们甚至可以说,这种困难导致了目前这些讨论会的召开。

在我看来,陀思妥耶夫斯基是现代文学人物中问题最多的一个。稍加研究,我就知道他作为一个作家是如何遭受一次又一次误解的。陀思妥耶夫斯基和托尔斯泰在日本受到热烈欢迎,但没有人停下来思考为什么日本人如此武断、异想天开地扭曲他们。通过耐心地考察他在探查社会革命以揭示俄罗斯人民和他们的上帝时所走的道路,我学到了很多东西……陀思妥耶夫斯基并没有表述现代俄罗斯社会或 19 世纪的俄罗斯社会。相反,他是一个与这些事物作斗争并取得胜利的人。他的作品是这场胜利的宣言……

人们抨击西方的个人主义和理性主义,但看看西方的文学杰作是如何与这些东西作斗争并战胜它们的,这难道不重要吗?所有的大惊小怪都源于一种肤浅的历史观,即个人主义的时代产生个人主义的文学。西方的现代性是一场悲剧,这就是为什么会有那么多出色的悲剧作家。日本的"近代性",在急于模仿的情况下,是一部喜剧,但唯一值得注意的是喜剧演员都在剧院里。无论人们如何深入地研究某一文学作品产生的社会历史环境,都只能看到伟大的文学家们克服或丢弃的渣滓和瓦砾;人们无法领会他们的胜利精神。我们在"近代性"中说要超克"近代性",但任何时代的杰出人物肯定都会试图克服他们的时代,从而发现生活的意义。

观察得越仔细,就越能看出,迄今为止对我们有如此大影响的历史观需要进行根本性的改变。粗略地说,现代史观关注的是历史变迁的理论。在我看来,对于历史上不变的东西,也可能有一个理论。例如,在力学中,如果说关于力的变化的理论是动态的,那么还有其他关于相互平衡力的理论,可以被认为是静态的。被历史力量的动态所席卷而忽视了历史的静态力量,这难道不是现代男女的弱点吗?当然,正是我对文学艺术的持久热爱使我产生了这种思考方式,这就是为什么我认为文学和艺术总是以和谐或秩序的形式存在——不是转化力量,而是使力量均衡。拥有那些与自己的年龄永远格格不入、在对立力量之间取得平衡的作家所达到的和谐与秩序，难道不是一种巨大的幸福吗？在这个意义上，我们可以说某些艺术家已经征服了他们的时代。杰作不会向时代卑躬屈膝，但也不会逃离时代。它们是一种静止的张力状态……

西谷启治：你认为历史包含变化，但又有一些不化的东西，这是我们目前对历史的思考方式。然而，这两个方面是彼此分离的还是总是结合在一起的？如果是后者，那么在文学界被称为永恒的东西始终是历史的产物。例如，伟大的作家可以摆脱他们的时代，但他们总是从历史中超越历史；在超越历史的过程中，他们更加深入地扎根于历史……我们可以谈论"永恒"，但绝对不会脱离历史。

[JWH]

（张政远、徐越译）

竹内好

竹内好（1910—1977）

竹内好是第二次世界大战后日本知识分子的领军人物之一，中国文学研究家，社会批评家。1931年进入东京帝国大学中文系，1932年访问中国，对中国文学有着持久和深厚的热情。1933年与冈崎俊夫、武田泰淳等人组织中国文学研究会，发行杂志《中国文学月报》。1937年大学毕业后，再次到北京留学两年。1941年珍珠港事件爆发，日本遭受袭击后，他宣布支持大东亚战争。1943年应征入伍，被派驻中国，直到二战结束。回到战败的日本后，竹内继续写作，并先后担任庆应大学文学部副教授，东京都立大学中国文学教授。尽管他拒绝了加入日本共产党的邀请，但在1953年，他加入了具有左翼倾向的思想科学研究会，其成员包括作为哲学家和社会评论家的鹤见俊辅以及政治学家丸山真男。1960年，竹内辞去了东京都立大学教授一职，抗议当局强制批准《日美安全保障条约》。接下来的两个段落揭示了在东西方关系的背景下，竹内"近代的超克"一词，已成为讨论"二战"中的日本知识分子的一个流行语，或者说是一个"咒语"。"近代的超克"和"大东亚战争""太平洋战争"结合在一起成为一个象征。所以在现在——"大东亚战争"已经被叫作"太平洋战争"的现在——"近代的超克"这个词已带上了不吉的记忆，凡是三十岁以上的知识分子，已经无法做到听到或者说起这个词时没有复杂的反应。

下面两个段落揭示了竹内对近代性问题的思考，特别是在东西方关系的背景下。第一个段落来自日本"二战"战败后第三年出版的一篇文章，解释了重新思考模式问题的必要性,展现出竹内好对东西方之间的历史动态丰富的理解。第二个段落摘录于"近代的超克"研讨会,而最后的部分表明了应该在未来如何处理这个问题。

[RFC]

近代的本质
竹内好 1948,129-33(53-6)

首先必须认识到,东方的近代性是欧洲胁迫的结果,或者是由这个胁迫的结果产生的东西。"近代"一词指的是一个历史时代,所以不在历史意义上使用这个词会令人困惑。在东方,民间社会早在欧洲入侵之前已经有市民社会,中国市民文学的系谱可以追溯到宋朝时期(甚至可能是唐朝时期)。尤其是在明朝时期,市民权在某些方面已经扩张到能够创造出一种实际上类似于文艺复兴时期的自由人(明朝的市民文学对日本江户时代的文学有着深远的影响)。然而,我们并不能说这种市民文学与今天的文学有直接的联系。虽然当今的文学不可否认地站在这一遗产上,但在某种意义上可以说,当今的文学是在拒绝了这一遗产之后,才有今天的文学。或者更确切地说,让市民文学的遗产作为遗产被认可,也就是说,使传统变成传统的,是某种自觉。产生这种自觉的直接契机是欧洲的入侵。

当欧洲将其生产方式、社会制度和随之而来的人类意识带给东方时,东方诞生了以前从未存在过的新东西。虽然欧洲并不是为了产生这些新东西而把这些带到东方(当然,今天的情况是不同的),但结果就是这样。我不知道欧洲人对东方的入侵是基于资本的意志、冒险的投机精神、清教徒的开拓精神,还是基于另一种自我扩张的本能,但无论如何,可以肯定的是,欧洲存在某种支持这种入侵的深层次的东西。也许这一点与所谓的"近代"的本质紧密地交织在一起。近代是欧洲在从封建社会中解放自身的过程中(生产方式上自由资本的出现,以及拥有独立、平等人格的个人),在历史上认为本身不同于封建时代的一个自我认知。

因此,可以说,欧洲首先只有在这个历史上才有可能(成为欧洲),而历史本身只有在这个欧洲才有可能（是历史）。历史并不是一种空虚的时间形式。为了使得自身成立，与无数的困难斗争，没有这些无限的瞬间，就会失去自身，失去历史。仅仅是欧洲，并不能使欧洲成为欧洲。历史的各种事实告诉我们，欧洲通过不断紧张的自我更新来勉强维持自身。近代性精神的根本命题之一的"怀疑的自我是不容怀疑的"，不可否认地根植于那些定位（自我置身于其中）处于这种情况下的人的心理。

我们可以承认，欧洲本质上的自我扩张（撇开自我扩张的真正本质的问题不说），一方面在入侵东方的运动中显露了出来（另一方面产生了它的魔鬼儿子——美国），这是欧洲自我保护运动的体现。资本寻求扩张，同时其传教士也致力于扩大上帝的王国，通过持续不断的紧张局势，来成为他们自身。这种持续地要成为自身的活动，使他们不可能简单地停止在自己身上，他们必须冒着失去自我的危险去扩张，才能让自我成为自己。人一旦被解放，就不能回到原来封闭的壳里面，他们只能在动态中保护自己。这正是所谓的"资本主义精神"。它在自我通过时间和空间的扩张过程中定义了自我。"进步"的观念，以及"历史主义"的思想，在近代的欧洲首次成立，直到19世纪末，这些问题才受到质疑。

为了使欧洲成为欧洲，它必须入侵东方。这是欧洲不可避免的命运，同时也伴随着它的自我解放。它的自我通过遇到异质的事物而被反向证实。虽然欧洲对东方的渴望早在很久以前就存在了（或者更确切地说，欧洲本身最初是一种混合物），但采取入侵形式的运动是在近代发生的。欧洲对东方的入侵导致了东方资本主义的现象，这标志着欧洲的自我保护＝自我扩张。因此，对欧洲来说，这被概念化为世界历史的进步和理性的胜利。入侵的形式首先是征服，随后是要求开放市场，并向保障人权和宗教信仰自由、贷款、经济援助以及支持教育和解放运动等方面进行转变。而这些转变正象征着理性主义精神的进步。从这场运动中诞生了近代性的独特特征：一种进步精神，追求无限走向更完美的进步精神；支持这种精神的实证主义、经验主义和理想主义；以及将一切都视为同质的定量科学。

自然，在欧洲的眼中，一切都是同质的，欧洲自我实现的运动被认为是等客观原则高文化涌入低文化，等低文化的同化，或自然调整历史阶段之间的差距。欧洲人对东方的入侵在那里产生了抵抗，这种抵抗当然也反映在欧洲本身。

然而，即使如此，也没能改变彻底的合理主义信念，即认为所有事物最终都可以被彻底地对象化和提取出来。抵抗是被计算，很明显，通过抵抗，东方注定要越来越欧洲化。东方的抵抗仅仅是使世界历史更加完整的一个要素。

这一欧洲自我实现运动，到 19 世纪后半叶，发生了质的变化。这种变化可能是与东方抵抗有关，因为它发生在欧洲入侵东方几乎全部完成的时候。此时，导致欧洲进行自我扩张的内部矛盾被意识到了，在世界历史随着把东方纳入进来而接近完成的同时，这段历史的矛盾通过东方所包含的异质性的媒介而显现到表面上来。人们认识到，导致进步的矛盾也是阻碍进步的矛盾，当这种自觉发生时，欧洲的统一就从内部消失了。欧洲解体的主要原因可以从各个方面看出。然而，这种解体的结果是，在欧洲内部出现了三个反对欧洲的世界，同时它们又相互对立。资本（即物质基础）的矛盾导致了对资本本身的否定，这表现为对俄罗斯的抵抗。（第二个是）以前作为欧洲殖民地的新大陆，由于获得独立，超越了欧洲式的法则。然后，它通过变成超级欧洲人来反对欧洲。第三是东方的抵抗：通过它的持续抵抗，以欧洲式的东西为媒介，东方似乎正在不断地产生出超越欧洲的非欧洲式的东西。

东方的抵抗也反射在欧洲。在近代化的框架内，没有什么能逃过欧洲的眼睛。在每一场欧洲意识到其内部矛盾的危机中，那些上升到其意识表面的东西总是对潜伏于其中的东方的回忆。欧洲对东方的怀旧是它的矛盾之一，它被迫认为这个东方的这些矛盾变得更加明显。东方主义者一直存在，但他们从来没有比在被称为世纪末的危机期间更明显。这是欧洲解体的危机，它一直持续到今天。尽管欧洲已经理解了东方，但它似乎觉得还有一些东西无法完全理解。这大概是欧洲人焦虑的根源。我有一种感觉，可能是东方的持续抵抗引起了这种焦虑。

近代的超克

竹内好 1959，3-4、24-5、33-4、64-7
（103-4、118、124-5、145-7）

"近代的超克"一词，已成为讨论"二战"中的日本知识分子的一个流行语,或者说是一个"咒语"。"近代的超克"和"大东亚战争""太平洋战争"结合在一起成为一个象征。所以在现在——"大东亚战争"已经被叫作"太平洋战争"的现在——"近代的超克"这个词已带上了黑暗的记忆,三十岁以上的知识分子,听到或者说起这个词时,就会有复杂的感情。

……

"近代的超克"原本固有的含义,是指《文学界》杂志1942年(昭和17年)10月号上刊登的研讨会。第二年,这部分内容被作为单行本发行。"近代的超克"一词,随着这场学术讨论作为一个象征被固定下来。但这并不意味着它是由这场研讨会的主办方、参加方倡导、推动的。也就是说无法断定那些当事者有把"近代的超克"作为一场思想运动来推动的想法,这是我基于事实的判断。出席会议者的思想倾向是多种多样的,有日本主义者也有合理主义者,围绕"近代的超克"大家各抒己见,最终何为"近代的超克"并不明确,只是相互认可了各方存在的差异。

根据具体情况,我们必须对之进行理解、抵抗和服从。即使"近代的超克"研讨会在今天听起来是如此不堪,但在我看来,似乎还有一些东西需要保存……抵抗有几个阶段,服从也一样。如果通过辨析它的传说,抛弃"近代的超克"的想法,那就是放弃那些我们今天仍然可能成功解决的问题,而这将反对传统的形成。我认为我们应该以最大的广度重新获得这些想法的遗产。

……

大东亚战争既是一场殖民入侵的战争,也是一场反对帝国主义的战争。虽然这两个方面实际上是统一的,但它们必须在逻辑上分开。大东亚战争显然包含了一个双重结构,它起源于近代日本从入侵朝鲜的计划开始的战争传统。这种双重结构一方面涉及对东亚地区的领导权的需求,另一方面也涉及通过驱逐西方国家来统治世界的目标。[①] 这两个方面既互补又矛盾。因为东亚的领导权在理论上是建立在欧洲先进国家和落后国家对立的原则基础上的,但这在原则上遭到了亚洲非殖民化的反对,后者认为日本帝国主义相当于西

---

① 这是日本学者竹内好对于大东亚战争的性质的理解。但是我们认为,大东亚战争是指第二次世界大战期间,日本帝国主义为了实现其在亚洲和太平洋地区的霸权,对中国、东南亚以及太平洋地区国家发动的一场大规模侵略战争,给被侵略国家带来了巨大的灾难和破坏。——译者注

方帝国主义。日本的"亚洲领导层"必须以后一个亚洲原则为基础，以获得西方的承认，但由于日本本身已经放弃了这一原则，它没有与亚洲团结一致的真正基础。日本既主张亚洲，也主张西方。这种不可能产生了一种恒定的张力，结果战争超出了所有范围，没有任何解决方案……

总而言之，"近代的超克"研讨会标志着思想层面的最后尝试，然而，这一尝试却失败了。这种思想的形成至少将成为改变全面战争逻辑的出发点。它的失败在于，它以思想的毁灭而告终。

在某种程度上，"近代的超克"研讨会代表了一个浓缩的日本近代历史的悖论版本。面对着在全面战争时期解释永恒战争理念的紧迫任务，这一研讨会标志着反动主义等一系列传统对立的爆发：恢复崇敬天皇和排斥外国人、孤立主义和国家开放、超国家主义和"文明与启蒙"，以及东方和西方。因此，在当时提出这些问题是正确的，它们引起了知识分子的广泛关注。研讨会产生了如此糟糕的结果，与这些问题的提出本身无关，归根结底是源于研讨会未能消除战争的双重性质，也就是说，它未能将日本近代历史的悖论客观化。因此，不可能产生一个强大的思考主体，能够将保因与重郎①的破坏力引向其他目的。这些重要的悖论就这样消失在微弱的空气中，这次研讨会变成了仅仅对官方战时思想的一场公开评论。再加上战后的萎缩，这些悖论的消失为日本殖民化奠定了知识基础。

……

日本近代历史的悖论随着战败而消失，让知识毁灭的状态冻结。思想的创造力现在几乎不可能了。如果我们要恢复思想的创造力，我们就必须解冻这种毁灭的状态，重新思考这些悖论。为了做到这一点，我们必须……解决"中国事件"这个无法解决的问题。如果投入在战争上的所有能量都浪费了，今天不能继承的话，那么通过任何传统形成知识也是不可能的。如今日本所面临的问题不是"神话"的主导地位，而是无法克服"神话"的准智慧已经恢复，不是"单枪匹马"。当然"近代主义者"和"日本主义者"今天聚在一起，让未来成为一个前所未有的乌托邦时代，我们将鼓掌欢呼："当今日本

---

① 保田与重郎（1910—1981），文学评论家，被邀请参加"近代的超克"的研讨会，但由于不明原因而拒绝了。

确实是一个文明和开明的日本"，这是一个"幸运和快乐的情况"（福泽谕吉，《自传》）。日本文化论坛编辑的题为《日本文化的传统与变革》一书就证明了这一点。在亚洲宣称领导地位和"超越"西方近代型的国家在原则上是相互对立的。把日本等同于西方，恢复了前者的责任，而放弃了后者。这代表了对传统的背离，并不是一个真正的解决方案。对于日本文化论坛来说，日本近代历史的悖论并不存在。"在我们的心中，我们拒绝亚洲和东方的坏伙伴。"（福泽谕吉，《逃离亚洲》）然而，根据这些"文明与启蒙"的新支持者，福泽所说的事实是错误的，因为日本从来都不是亚洲的一部分。他所努力追求的"民族独立"的概念毫无意义，这反过来意味着自明治维新以来就没有任何历史。具有讽刺意味的是，日本浪漫主义者摧毁思想的目标却在相反的方向实现了。

日本和亚洲
竹内好 1961，113-14（164-5）

日本近代化的主要特点是，它是从西方模式下引进的。相比之下，中国的近代化是建立在自己的民族特色的基础上的，这就是让中国更加纯粹的近代化。鉴于日本和中国在这里代表着不同的文化类型，那么人们能对不同的人类群体或个体类型说同样的话吗？这个问题接着集中在日本战后的教育问题上，这表明美国的教育体系实际上是以民主的名义走私进来的。就像整个日本的民主一样，在今天的教育中可见的许多不协调的因素也被视为这一举措失败的证据。在这里引入民主法律是明智的吗？因为民主是以西方的个人概念为前提的。日本不应该停止追求西方，以亚洲原则为基础吗？

这些都是很重要的问题，这些是我所有工作的主题。然而，我的想法却略有不同。我不根据人类群体或个人类型来区分，因为我愿意相信，男人在任何地方都是一样的。虽然诸如肤色和面部特征是不同的，但我认为男性在本质上是相同的，即使是在他们的历史上。因此，世界各地的现代社会都是一样的，我们必须认识到，这些社会产生了相同类型的人。同样，文化价值观在世界各地也都是一样的。但这些价值观并不飘浮在空中；相反，它们通过渗透到人们的生活和思想中而变得真实。诸如自由和平等等文化价值观是从西方传入的，然而，它们是由殖民入侵维持的，或者伴随着军事力量（泰戈尔）或帝国主义（马克思主义）。问题是，这些价值观本身也因此而被削弱了。例如，虽然欧洲可能存在平等，但一瞥欧洲在亚洲和非洲的殖民剥削历史就会发现，并不是所有人都能获得平等。很难想象欧洲是否有能力实现这种全球平等，没有哪个地方比亚洲更能理解这一点。东方诗人已经直观地抓住了这一点，如泰戈尔和鲁迅①。这些诗人认为，实现这种全球平等是他们的使命。阿诺德·汤因比的思想目前很流行，其中东方抵抗西方入侵据说导致了世界的同质化，但在这里人们也可以看出西方的局限性。今天的亚洲人不会同意这种观点。相反，东方必须重新拥抱西方，它必须改变西方本身，才能更大规模地实现西方突出的文化价值观。这种文化价值观的倒退将创造出普遍性。这是当今东西方关系面临的主要问题，同时也是一个政治和文化问题。日本人也必须掌握这个想法。

当这种倒退发生时，我们必须有自己的文化价值观。然而，也许这些价值观并没有以实质性的形式存在。相反，我怀疑它们可以作为方法，也就是说，作为主体自我形成的过程。我称之为"作为方法的亚洲"，但不可能明确地说明这可能意味着什么。

[RFC]

（李建华译）

---

① 鲁迅（1881—1936）是中国现代文学的先驱之一。

柄谷行人

柄谷行人（1941— ）

  正如当今许多文学评论家一样，柄谷行人的写作跨越了学科之间的界限，对哲学学科的预设进行挑战。尽管在东京大学接受了经济学和英文文学教育，柄谷行人的学术影响力却远远超过了日本和他最初的学术训练领域。20世纪70年代中期，他在耶鲁大学与保罗·德·曼（Paul de Man）和詹明信（Fredric Jameson）一起研究形式主义和结构主义。对于如齐泽克这样通过文化批判研究哲学的思想家来说，他的著作《跨越性批判：康德与马克思》具有重大的开创性意义。他自1990年起在哥伦比亚大学任教，并且偶尔也在康奈尔大学和加利福尼亚大学洛杉矶分校教课，并且巡回全欧洲进行学术讲座。他对资本主义提出辛辣的批判，对马克思进行全新的解读，以及对拉康进行全新的改造。这一切使得他在那些对日本的思想遗产保持沉默的日本知识界中独树一帜地凸显出来。他刻意小心地命题，力求减少与日本事物的对立。有些标题如1997年的《日本之趣在于其无趣之处》，以及他1979年与别人共著的《超越小林秀雄》，也隐约暗示了1942年那场"近代的超克"的公开讨论。在1995年的著作《作为隐喻的建筑》（Architecture as Metaphor）中，他结合了西方哲学对基本原理的探索和如建筑般严谨合理思考的愿望，而后者恰恰是日本所缺少的。在德里达对西方语音中心主义的思考的影响下，他主张应在日本进行同样的对民族现象的研究，并应记入那些对日本语言、人种和国家的研究之中。

[JCM]

民族主义与文字

柄谷行人 1992, 67-76 (17-25)

  18 世纪日本国学学者的语音中心主义是一场反对中国文化影响力的政治斗争,或者说,音声中心主义还具有针对以中国思想为基础的德川"幕府"的官方意识形态而对武士制度进行资产阶级批判的性质。国学者们为了找到在汉字出现之前的日文以及与这种文字相应的"古典之道",查阅了 7 世纪到 11 世纪之间的著作,比如《古事记》《万叶集》和《源氏物语》等。但是,这些学者完全忽略了这样一个事实:这类文字并不是为了记录人们的讲话而出现的,而是一种试图将汉文翻译成日语的尝试。

  但丁用俗语写诗时,并没有直接把同时代的口语转换为书面语言。他从整个意大利现有的各种 idiome(索绪尔,俗语)中挑选了一个。可是后来他所使用的语言成了标准语言,并不是因为他选择了标准的 idiome,而是因为他将俗语写作作为翻译拉丁语的一种方式。他的这些文字后来便形成了标准的语言。他的做法使得其他的 idioms 坐实了方言的地位。同样,法语和德语也存在类似的情况。方言的写法尽量与拉丁语和希腊语"相仿"。以法国为例,法兰西学院成立于 1635 年,目的是"给国家语言制定一套清晰的规则,让法语纯洁、动人,并且能够成为艺术和学术科目的载体"。然而,我们却不能把这看作法语的改良。正如我在上文说的那样,并不存在叫作"法语"的天然的口语,而是法语的书面语后来演化成了法语的口语。"法语"作为一种文字,它的存在就是为了翻译拉丁语,这正说明了为什么"法语"成为一种"能够记录艺术和学术科目"的语言。也是基于同样的原因,笛卡尔能够用法语和拉丁语这两种语言写作,并且他书写的法语能够成为法语的标准。然而,其实这也适用于拉丁语本身。拉丁语本来只是意大利的一种方言,由于作为翻译希腊书面文件的语言而得到发展,从而成为一种"能够记录艺术和学术科目"的语言,希腊人自己也参与了这一发展过程。

  古代日语也是这样。与广为传播而又错误愚蠢的想法相反,汉字不仅仅是表意符号,而且含有语音要素。所以,在受汉字文化影响的很多民族中,曾多次尝试用汉字来作声符（假名）。然而，到最后，日本是唯一一个把汉字纳入自己文字的国家。而其他邻国要么放弃使用汉字，要么像当今的朝鲜（包括朝鲜和韩国）一样，目前正在弃用汉字。以朝鲜为例，汉字是以口语的形式被采用的（虽然汉字的发音已被朝鲜化）。并且汉字曾是文字的主要形式——尽管到 15 世纪已经发明了朝鲜语音字母，但很少用。相比之下，在日本，汉字也有日语的意思和发音（kun，训读）。这种文字被称为"汉字假名混合体"，已见于 8 世纪的《古事记》。与国学者观点相反的是，《古事记》的语言没有把同时代的俗语转换为书面语，而是根据更早时候尝试完全用汉文书写的正史《日本书纪》的写作来翻译成俗语。这一时期在发音方面所借用的汉字迅速被简化成假名表，表中的汉字被称为假名。不言而喻，在当时以及随后的时期，汉字以"真正的字母"（ma-na 对于 ka-na，从字面上理解就是"临时性的文字"）而存在。鉴于此，假名表中的文字被称为"女文字"。事实上，在 10 世纪后利用这种文字诞生了大量的女性文学作品。不过，从根本上来说，日本文字是综合运用汉字和假名表中的假名而产生的。

国学者从那些仅用假名书写的女性文学中发现了真正的"大和民族精神"。的确，紫式部在《源氏物语》中有意识地避免使用汉字。可是在按照从中国引入的律令①、政治和法律体系运作，并深受佛教影响的宫廷里，日常中的每一天都不可避免地使用着汉字。并且汉文在当时不仅仅在京都的宫廷，也是更大范围内唯一的"标准普通话"。宣长认为紫式部拒绝使用汉文是由于她有意批判汉意所代表的中国思想。但是，让我们回到但丁的例子，但丁选择用俗语进行写作的一个理由，是他认为拉丁语"不适合描述爱"。从这个意义上来说，我们可以说诗歌和散文化小说（物语）的语言不使用汉字，是因为这些题材主要是以"爱情"为描写对象的。《源氏物语》在当时就被广为阅读的原因，并不仅仅是因为这部著作是用俗语来书写的。紫式部完全能够阅读和书写汉语，即便她有意在她的作品中不使用中国汉字，她也必须努力用贫乏的大和（日本）语言的词汇来表达丰富的意义。而这种文字成为将大和口语书面化的标准。但是这种文字本身可能与当时在京都讲的方言没有多

---

① 日语原文为 Ritsuryō：一种基于儒家礼法思想的世袭统治制度，于 7 世纪初引入日本。

大联系。然而，女性的宫廷文学所使用的文字在其他领域不被接受和使用，是因为这种文学的主题局限于爱情和两性关系。因此当时及之后的时代，"汉字假名混合体"仍然为日本书写文字的主流。

国学者对混合使用汉字和假名的批评里包含了将情绪感情置于知识道德之上的浪漫主义美学思想。这一现象与西方影响无关，但它与西方平行发展，这就是所谓的对"近代"的思考。这绝不是什么传统。然而，国学派的语言学（Philology）在明治时期以后便被抛弃了。日本近代语言学开始于19世纪引入的西方历史语言学，主要是把西方的语法机械地应用于属黏着语的日语。并且一方面具有自然科学的性质，另一方面还带有国家主义的色彩。随着20世纪20年代索绪尔语言学思想的介入，日语在术语方面出现了微妙的变化，但是从根本上并没有改变。比如，只是把称为日本（民族国家）语言的日语改称为语言概念中的日语。

时枝诚记正是基于这样的背景一直对索绪尔进行批判。不言而喻，他批判的只是当时日本人所理解的索绪尔。其实在某种意义上，他甚至与索绪尔是比较接近的。时枝诚记在自己的主要著作《国语学原论》（1941）中否认日语是国家或者民族语言的观点，而该书的题目仍然使用国语学的说法。他否认的理由之一就是他曾在日本殖民朝鲜时期任京城帝国大学教授。在日本殖民时期，曾把台湾地区、朝鲜、冲绳以及阿伊努的不同种族和语言归入大日本帝国，因此日语必须从民族和国家的范畴中分离出来。与此同时，还必须将与之有关的文化也分离出来。简而言之，时枝诚记对多语言并存现象的理解和接受使得他在日本成为一个例外。同时，他试图追溯国学派尤其是本居宣长的弟子铃木朗（Suzuki Akira）提出的语言理论。乍一看，这似乎是一种民族主义。然而，事实上，从事"国语学"研究的学者才是浪漫主义者和民族主义者。时枝诚记批判仅仅把西方语法应用到日语的这种做法（比如这种应用引发了日语中有关"主语"的毫无可比性的争论），并寻求一种同样可以解释日语的普遍理论。

时枝诚记批判了反对浪漫的主体的索绪尔，否认他所主张的自然科学式的、分析式的结构主义方法。时枝诚记还认为，索绪尔不仅仅代表19世纪的语言学，还包含"西方形而上学"的思想。然而，正如我在上面所述，这只是一种误解。时枝诚记批判索绪尔语言学时说："离开了主体，语言就成了无本之木。"这种批评可以适用于索绪尔之前的历史语言学或者涂尔干的社会学,但并不适于索绪尔本身。索绪尔强调,语言学总是源于"说话的主体"。在此前提下,语言是在事后所发现的,而不是客观地存在的。他仅仅指出这样一个事实:只要在两个或更多人之间存在对意义的理解,那么,语言就存在其中。物理的声音与辨别意义的音韵有所区别。更为重要的是辨别意义的声音的形式(差异)。因此,音声和文字这样的外在差异不是问题所在。语言就是价值本身(差异)。

不过,正如雅各布森指出的那样,我们不能否认由索绪尔的学生收集整理的《普通语言学教程》中混合着19世纪的"自然主义"。雅各布森导入胡塞尔的现象学,并通过"现象学还原"的方法确定其构造。这便是严格意义上的结构主义。并且,以德里达为例,后结构主义开始于对现象学的内部批判。关于这一点,我们应该注意到,时枝诚记在对索绪尔的批判中经常引用胡塞尔的言论。此外,尽管时枝诚记从未引用过西田几多郎的作品,但是他把西田几多郎的著作作为自己论辩的基础。比如,时枝诚记所说的"主体"并不是笛卡尔所说的思想主体,而是西田几多郎的"主体的无"或者"作为无的主体"。

时枝诚记正是在这种背景下接受了本居宣长和铃木朗的分析。铃木朗说明了指代意义内容的"词"(shi)和助词(joshi)、助动词(joddshi)等这类不含指代意义仅表达能动价值的辞(ji)之间的区别。国学者把这些辞比如"te ni o ha"比喻成串联珠玉(词)的丝线。换言之,它们对应于印欧语系中的系词(Copula)。针对这种区别,时枝诚记把"词"解释为客观,把"辞"解释为主观。因此,他认为,与西方语言中主语和谓语挂在由"to be"为支点的天平上的结构不同,日语则是由"词"(客观表达)总是被包裹在"辞"(主观表达)中而达到统一的。

然而,当我们认为时枝诚记不仅批判了西方语言学,而且试图批判隐藏在西方语言学背后的"西方思想"时,我们很清晰地感知到西田几多郎哲学的影响力。最近,中村雄二郎把西田几多郎的著作解读为对西方哲学的一种解构,下面援引时枝诚记的语言学理论:

值得注意的是,西田几多郎对"场所理论"的探究,意外地阐明了"日语的理论"。而西田几多郎自己并没有就日语做出过任何论证,这就更加值得关注。而正是时枝诚记有关日语语法的理论让我们注意到了这样一个事实，西田几多郎的"场所理论"体现了"日语的理论"。

把时枝诚记的"语言过程论"同西田几多郎的"场所理论"联系起来的是，作为语言功能基础的"场景"概念。根据时枝诚记的研究，"场景"不但与物理空间（空间）有关，而且还包含填充空间的内容。与此同时，还包含填充空间的事物和场景，以及能动主体的"立场、情绪和情感"。因此，"场景既不是一个纯粹的客观世界，也不是一种纯粹主观倾向性的功能，而是一个为主格所整合的世界。"我们的具体的语言经验必须放在这样的"场景"中去理解。

中村雄二郎
柄谷行人 1987，199–200

然而，这样的理解是相反的。时枝诚记从一开始就阅读西田的著作，而且他的《国语学原论》（1941）是在与题为"近代的超克"的讨论会（1942）同样的背景下写成的。中村雄二郎所研究的日语理论，是无视历史具有欺骗性的理论。时枝诚记研究了词和辞之间的区别，其词包含在辞中的观点不是仅仅从日语由句尾决定语义的特点得来的。倘若情况果真是这样，那么其他具有相同特点的阿尔泰语言为什么没有得出同样的理论呢？理由很简单。词和辞的区别根源于汉字与假名混合使用的日语之中。与概念相对应的部分用汉字书写，而与助词和助动词相对应的部分用假名书写。"日语的理论"就是建立在这样的书写区别源于文字的历史习惯之上的。

此外，这与一个历史问题有关，这个问题并非日语独有，而是在浪漫主义之后无处不在。在日语中，人们在假名表中象征"串联珠玉的丝线"的辞中发现了某种没有成为概念的情感/情绪。而在西方语言中这类元素体现在动词"to be"中。该动词是一个系词，并不是因为它表达对等性，而是因为它"连接"各种想法。海德格尔所说的"存在的丧失"是指仅仅把"存在（Be）"还原为简单的、合乎逻辑的系词。因此，他对"存在"的强调只不过是强调相对于概念的"情感/情绪"的根源性。但事实上，这是在浪漫主义出现以后才出现的思想，与日本国学者对"汉意"的批判有相通之处。换言之，这种批判源于对拉丁化倾向的批判和对古希腊的回归。

海德格尔的存在主义在以西方语法为基础的哲学史中得以阐明，其根源却来自极其近代的问题。在日语的语境中，这种争论并没有采取存在主义的形式。在某种意义上说，西田几多郎选用佛教哲学作为自己理论的基础，并且采用"无之有"（作为无的存在）这样的存在本体论术语。但事实上，这些术语与18世纪后期的国学思想相通。换句话说，这已经是近代的思想方式。当然，海德格尔和西田几多郎的看法是不同的，但不应将他们的差异看成是西方思想和东方思想之间的差异。正如海德格尔加入纳粹，西田几多郎也曾为实现"大东亚共荣圈"贡献过意识形态。

这里我们有必要重新思考时枝诚记主张把日语从种族和国家范畴中分离出来这个观点。他之所以如此主张是因为当时正处于日本帝国从台湾地区和朝鲜扩展到整个东亚的时期。

> 倘若国语的范围与日本国家以及日本民族的范围完全一致，在这样的时代之下，把国语定义为日本国家使用的语言，为日本民族使用的语言，不会有任何问题。可是放观当今国家民族与语言的关系就可以清楚地发现，这样简单地下定义难免有过于贪图便宜之嫌。（时枝诚记1940，3-4）

时枝诚记在把日语从种族和国家范畴中分离出来时，意识到这样一种局面：日语将作为具备主导优势的标准语言普及整个"大东亚共荣圈"。这件事本身体现了政治意识。当然，时枝诚记并非一个帝国主义者。事实上，他曾公开谴责在朝鲜的"国语政策"强制将日语作为朝鲜标准语言，甚至连姓名都强制推行使用日语。另外他拒绝从日语中寻找日本文化和哲学的做法。"二战"后，当京都学派的学者们必须公开或私下修改他们的著作言论时，时枝诚记却可以无需任何修改地出版他的著作《国语学原论》。的确，"二战"后他的著作未作修改便能够出版，那是因为不存在需要修改的内容。即使这样，他也没能幸免于"近代的超克"论者名单之外。因为后者也都批判过帝国主义，从形式上看，如同中村雄二郎所做的那样，他们的作品时至今日仍然是有阅读价值的。问题是我们不能撇开历史政治背景。时枝诚记主张将日语从民族和国家的范畴中分离出来，这就等于同时全面摒弃了语言的政治性。

[IL]

（刘争、徐越译）

武士道思想

综　　论

　　是否真正存在所谓武士道哲学，如果存在，武士道哲学又包括何种内容，此可谓日本精神史上最复杂的命题。这一命题之所以复杂，主要是由于在19世纪末20世纪初，武士的概念出现了较大变化。受当时的日本政治文化环境影响，自19世纪90年代起，武士的形象被大幅度美化，这一美化、理想化的过程对"武士道思想"造成了持久影响。"武士道思想"既包含独立的思想体系，又与定义武士哲学的思想传统一脉相承。武士道思想往往被视为指导武士行为的伦理标准，这一标准最初基于武士阶层独特的社会职责，但随着时势发展，该标准逐渐成为约束全体社会成员的道德准则。近代化进程使武士道哲学产生了巨大变化，今日尽人皆知的武士道思想正是在近代化进程中形成的。如果忽视将武士道思想"近代化"的思想家，就无法真正理解武士道思想。今日被广泛认知的"武士道"就是个极好的例子，这一概念形成于19世纪末20世纪初，到了20世纪才开始被广泛使用。

　　武士道思想具有极强的多样性，现有的大多数阐释很难涵盖其全部内容。然而，诸多作家在论及武士道思想时，往往以一些简单易懂的武士道相关书籍为依据，因而大多数人无法认清武士道思想的多样性。武士道思想无疑是一种独立的思想体系，其中众多要素与现有的一般性认知迥异。下文引用的原典旨在使读者感受到武士道思想的多样性，帮助读者分清真正的武士道思想与有关武士道思想的现代化、合理化解释。引用的原典还反映了武士道思想发展演化的轨迹，以及在其发展过程中儒家政治哲学的巨大影响。

　　在近代日本，对"武士道"理念的形成产生最大影响的思想家当数新渡户稻造（1862—1933）和井上哲次郎（1855—1944）。新渡户稻造是虔诚的基督徒，自幼接受全英语的美式教育，其最有影响力的著作也是用英语写成的。

新渡户稻造迫切希望向西方读者解释日本文化，这构成其宣传"武士道"的基本动机。对于日本读者，新渡户则坦承自己并非研究"武士道"的专家，对武士道并无过人的知识或理解。与此相对的，井上哲次郎是东京帝国大学哲学系教授，位居日本学术研究的中心。他的巨著《武士道》的主要写作目的是为当时的政治教育体系构筑国家主义的文化基础。虽然井上的众多著作因强烈的国粹主义倾向而在战后声名狼藉，但是在研究"武士道"领域，井上哲次郎依然是权威人物，直至1944年逝世。下文引用了新渡户稻造与井上哲次郎的著作，两部著作于19世纪与20世纪之交相继出版，展示了两人对"武士道"的最早期认识。新渡户稻造在《武士道：日本人的精神》的开篇写道：

> 武士道，如同它的象征樱花一样，是日本土地上固有的花朵。它并不是保存在我国历史的植物标本集里面的已经干枯了的古代美德标本，它现在仍然是我们中间的力量与美的活生生的对象。它虽然没有采取任何能够用于触摸的形态，但它使道德的氛围发出芬芳，使我们自觉到今天仍然处于它的强有力的支配之下。
>
> 我粗略地译作 chivalry 的这个日本词，在原义上要比骑士道含蓄得多。武士道在字义上意味着武士在其职业上和日常生活中所必须遵守之道。用一句话来说，即"武士的信条"，也就是随着武士阶层的身份而来的义务。
>
> 武士道，如上所说，乃是要求武士遵守的，或指示其遵守的道德原则的规章。它并不是成文法典。充其量它只是一些口传的，或通过若干著名的武士或学者之笔留传下来的格言。毋宁说，它更加是一部不说、不写的法典，是一部铭刻在内心深处的律法。唯其不言不文，通过实际行动，才能看到更加强有力的功效。（新渡户稻造1899，1，3-5）

井上哲次郎的解释则充斥着爱国主义情绪。

> 武士道为我邦武士长久以来践行之伦理标准。若言武士道有何内容，一言以蔽之，日本民族精神为武士道之根本。然武士道亦发展变化不息，

不断摄入儒家与佛教思想之精华，日益完善。是以武士道实乃神道、儒家和佛家思想之完美融合。

"武士道"兴起于何时，实难断言……若追溯至远古，日本之神话传说中亦可寻到武士道之渊源……日本民族自古尚武，此可谓武士道之起源。断言武士道源于太古之时，应无大谬。（井上哲次郎1901，2-4，7-8）

[OB]

（张政远译）

死亡与忠诚

虽然近现代思想家更多强调武士的"死"与"忠诚"思想，但是武士道思想是包含众多思想理念的整体，具有极强的多样性。除了"死"与"忠诚"思想之外，武士道思想还有许多重要的理念，在阐释武士伦理的著作中随处可见，我们不妨从中选取两个理念进行分析。在江户时代，武士是管理社会的精英阶层，其社会职责使武士阶层产生了独特的政治哲学，而本文挑选的两个理念正是基于武士的政治哲学。第一个是武士的阶层认同感，即武士清醒地认识到自己是特殊社会群体的一员。第二个是武士在"文道"与"武道"之间维持平衡的理念。有关这两种理念的阐释因著述者、年代、地区的不同而呈现出极强的多样性，但大部分涉及武士伦理与思想的著述者均会谈及这两种理念。

武士的阶层认同感

武士伦理普遍认为，武士阶层不同于且优于其他社会阶层。虽然众多学者从武士的责任与特权角度出发，着重强调这一认同感的特殊性，但是"从属于精英阶层"这一基础性认同是极为普遍的社会现象。然而，思想的统一性是由当时的政治结构所决定的。到了明治时代，政府开始废除身份等级体系，强调普遍意义上的社会平等，武士的特权思想自此被否定与排斥。

下文引用的《山鹿语类》以捍卫当时的政治秩序为主旨，极具说服力。

凡士之职责，先省其身。得主君则奉公尽忠，与朋辈交而有信，慎独而专于义。然士亦应与父子兄弟夫妇相交，天下万民皆如此，无此难谓人伦。农工商职业繁忙，无暇以精晓人伦，故难得其道。士者，弃农工商之业而专修此道，遇三民之乱人伦者应速施之以罚，以正天下之天伦。士必通晓文武之德知，外修剑戟弓马之术，内修君臣朋友父子兄弟夫妇之道，以文道御心，以武备调外，三民自当以士为师，尊之敬之，从其言而知世之本末。

故士之精髓，在知其职分。（山鹿素行1665B，32-3）

[OB]

（张政远译）

武士道思想的核心

武士除了要具备作战能力之外，还必须具有文化素养、读写能力和学术眼光，"文"与"武"之间需要保持平衡，这是除武士的阶级认同感之外，武士相关研究的另一个重心。"文"与"武"的平衡在日本历史上持续变化，现代研究者强调的"德行"在当时未必真正受到重视。对于17世纪的武士而言，"文"显得更加重要；而到了江户时代末期，众人皆哀叹武士阶层的"软化"之时，"武"又成为武士关注的焦点。然而，大部分武士阶层出身的思想家均认为需要在"文"与"武"之间保持一种良性平衡。这种思想广泛存在于江户时代的初期和末期。

中江藤树（1608—1648）借用儒家准则，明确定义了"文"与"武"的区别。

问曰：世人言文武为车之两轮，鸟之两翼，不双全则无以立足，果如是耶？文武各自为何？

师答曰：之于文武，世间之思大谬也。咏歌作诗缀文，心安而体弱者，世曰文。修习弓马剑兵之术，心坚性猛者，世曰武，此皆误也。文武为一德，而非二物。宇宙之本质为一色，却有阴阳之分，形相异而质相同。人之本性，皆源自一德，文武不过为形之差异。无武之文为虚，无文之武为赝。恰如阴阳调和之理，文为武之根本，武亦为文之根本，二者互相调和。尊天地之法而治天下国家，正五伦之道者为文。若有不尊天下之大法，行无道之事者，则或以刑罚，或以兵讨，一统天下者为武。

武道为行文道之器，文道为武道之根本，武道之力亦可扬文道，故武道亦为文道之根源。世间万事，文武二道密不可分。行孝悌忠信之德

为文道，扫清诸德之障碍者则为武道。(中江藤树1651，246-7)

一个半世纪后，横井小楠（1809—1869）亦持同种观点。

> 文武为士之职分，治道之要领，此理人尽皆知。然如今，称"文"者虽言通晓古今经史，却多只识空理，博而不深，更有甚者止于记诵词章。称"武"者，驰马舞剑，或故弄玄虚，或崇尚蛮勇，更有甚者，拘泥于胜负。故学者鄙武人之蛮野粗暴，武人嘲学者之傲慢懦弱，互不相容。律法反引争端矛盾，已成日本全国之通弊，盖因道之源头不明。
>
> 真文、真武究竟为何？之于古书可见，《书经·大禹谟》载，帝舜之德，为圣为神为文为武，是为真文武之本义。当时自无当读之典故，亦无当习之武艺，文武皆指其圣德、仁义、刚柔。文武原指德行，绝非术、艺之事。后世将文、武分为两途，二者归一方为古意。
>
> ……
>
> 欲穷其道，寻德性之根本，以求得道者为文之事。修其心而炼其胆，习技学业者为武之事。习技学业之形，今古无异。然欲以术修心者，与先修心后试术者，有本末之差。今日之文武，恰若浊其源而欲清其流，本源有谬，自于治乱无益。(横井小楠1860，458，463)

延伸阅读

Hurst, G. Cameron iii. "Death, Honor, and Loyalty: The Bushidō Ideal," *Philosophy East and West*, 40/4 (1990): 511-27.

Ikegami, Eiko. *The Taming of the Samurai: Honorific Individualism and the Making of Modern Japan* (Cambridge: Harvard University Press, 1995).

Tucker, John Allen. "Tokugawa Intellectual History and Prewar Ideology: The Case of Inoue Tetsujirō, Yamaga Sokō, and the Forty-Seven Rōnin," *Sino-Japanese Studies*, 14 (2002): 35-70.

[OB]

（张政远译）

女性哲学

综　　论

纵观日本历史，只有极少数女性能够在文学上名垂青史，并能将自己的思想公之于众。伴随着1868年明治维新的到来，即便教育机会的增加以及致力于讨论女性问题的专业杂志纷纷问世，仍旧无法与那种视女性为家庭"财产"的不适合理论探究的固有观念相抗衡。我们可以看到这种观念反映在以下福泽谕吉于1899年所写的告同胞书中。

> 在三十年前的帝国维新运动中，人们废除了德川幕府的封建政权……倘若当时人们担忧那会搅乱和平而稍有迟疑，今天我们日本人可能还浸溺于封建的身份等级制度。因此，允许女性主张她们的合法权利以及男女平等，就像是抛弃了旧封建政权，建立起明治政府的新宪法体制一样。人们是敢于进行政治变革的。我无法理解为何他们不能同样地开展社会变革。〔福泽谕吉1899，263-4（195）〕

许多女性为她们处于低微的社会地位而奋起抗争，作为"公共知识分子"，她们认为只要通过学习以及培养自己理性的思考能力和条理清晰的写作能力，就能改善她们的环境。由于西方势力的东侵，面临重重危机的日本打破了长达两个世纪的闭关锁国，西方思想的浪潮随之席卷而来，带来了许多西方女性在理论上、精神上以及社会斗争方面的经验。如玛丽·渥斯顿克雷福特（Mary Wollstonecraft）、奥利弗·施赖纳（Olive Schreiner）、艾伦·凯（Ellen Key）以及夏洛特·帕金斯·吉尔曼（Charlotte Perkins Gilman）等众多西方女权主义者迅速被日本女性知识分子所熟知，与此同时，约翰·斯图亚特·密尔（John Stuart Mill）、列夫·托尔斯泰（Leo Tolstoy）、奥古斯特·倍倍尔（August Bebel）、莱斯特·沃德（Lester Ward）等讨论女性问题的男性作家和学者也逐渐广为人知。但是，如平塚雷鸟与那些一起加入她于1911年创立的"青鞜"社的女性都清楚地知道，"文学"仍旧是她们公开发表自己观点的唯一途径。我们可以从她们所创办的杂志《青鞜》的历史中看到这种想法。平冢这样回忆道：

> 她们对于教育的渴望与期盼被封建家族制度所背叛和压制，许多女性发现唯一可行的道路只有文学。而且通过文字的自我表达，她们内心的真我开始被唤醒，并且开始思索她们所欠缺的自我意识和个性，以及过度依赖男性的问题。现在的年轻女性无法想象那个时代的女性是如何被文学所吸引的。《青鞜》给她们提供了一个新的场所，而且我相信，这个舞台的存在表明了它所具有的吸引力。〔平塚雷鸟1971，1：340（163-4）〕

这个有限的论坛促使这些女性努力地去寻找能够明确表达她们处境的方式。她们的奋斗是一个新的开端，这源于她们所处的具体境况，而并非一种与既定的哲学文本主体寻找关联的尝试。今天，日本女性思想家的作品都已收录在她们各自专业学术领域的选集中，如莱布尼茨研究和托马斯哲学思想。但是近代日本女性思想的起源和发展拒绝以人们所熟知的认识论、形而上学、逻辑学、美学以及伦理学来进行分类。她们的思想是一种"正在创作中的思想"，而且必须如此理解。如西田几多郎所言，她们正处于一个"从被创造到主动创造"的转变过程，并将那些留给她们的资源引入未来的哲学讨论中。与此同时，这些女性对传统的"理性思想"领域提出了一个根本的挑战，并且，她们的挑战不能因为被视为简单的"原初哲学"而遭到摒弃。

高桥文（1901—1945）是第一位从东北帝国大学哲学系专业毕业的女性。她曾留学德国，师从海德格尔等人，由于将其叔父西田几多郎的两篇文章翻译成德文而被人熟知。然而不幸的是，这位有着远大前程的年轻女性却由于结核病而英年早逝。只有少数例外，如高桥等一些女性能够幸运地去国外深造，或在国内三所接收女学生的帝国大学（东北大学、北海道大学、九州大学）接受高等教育。直到1947年，女性才开始真正地学习哲学。最早的一代女学生现在已经接近退休的年龄。从某种意义上来说，她们的职业成就是站在与谢野晶子、平塚雷鸟、山川菊荣等女性的肩膀上获得的。本书中所选录的她们的文章有时看起来与当代关于女性问题的思考有天壤之别，更不用说日本女性为整个东西方经典哲学所作出的贡献。如坂口文（1933— ）从慕尼黑大学获得博士学位后，曾在东北大学担任教职，她在中世纪研究方面作出了重要的贡献。以下她所讲述的她们那一代女性被迫工作的经历反映出她关于"歧视结构"方面的看法。

  那些歧视别人的人几乎意识不到歧视这个事实。而对那些被歧视的群体而言，他们却无法不强烈地意识到，歧视者的这种无意识就像一堵坚固的不可穿透的墙，抑或像一把被深深插入胸膛的匕首，是令人恐惧的现实。两者之间存在完全不对称的结构，这完全符合所有的歧视现象。

  而使之更糟糕的则是那些不停地回响在被歧视者脑海中的歧视的声音。为何如此？那是因为无论是歧视者还是被歧视者，他们成长并生活在同样的文化和社会中……只要有人对那些影响到人类的物质、社会和心理状况熟视无睹，大家就很容易将"无能"的帽子扣在女性头上，并且将此视作女性的"本质""本性"。对歧视者而言，这种结构使他们无论在怎样的环境里，都会持有一种"本质上劣于自己的人"近在咫尺的意识，这是一种可靠的便利工具。

  我们那个时代的女性听腻了这种"本质论"。这并不局限于女性问题，也不局限于日本。当我们评价女性的能力时，无论是发达国家还是欠发达国家，似乎并没有太大的区别。我的一位朋友安娜，在20世纪80年代末期的时候，曾在德国的一所大学做过一场客座演讲。她后来告诉我，演讲结束后有一位女学生找到她并且告诉她："直到今天我才知道，原来女性也可以从事亚洲研究。"我不得不苦笑。尽管在很多地方还存在个别的状况。但这种普遍的想法并非像以前一样那么坚如磐石。……不管是种族歧视，还是阶级歧视，抑或是身份等级歧视，其构造和状况同女性所遭受的歧视极其相似。

坂口继续强调，揭露性别歧视有助于女性更好地超越不同文化的界限。

事实上，已经有很多包括安娜在内的女性，找到了能使自己超越东西方文化障碍的途径。我想其中的一个原因应该是，东西方文化之间的差距与那种时时刻刻无情地逼近人的内心，并使其分裂的性别文化的壁垒相比，实在是不值一提。这种壁垒像魔镜一样，只能从女性这一侧看到。为什么呢？这是因为身处壁垒这一侧的人，从来没有机会说出她们自己真实的经历。女性往往通过男性所创作的文学作品和思想，透过男性的眼光来审视自己。这种状况正在慢慢地改变。但是像安娜这样的职业女性仍然深深地感受到这份痛楚。（坂口文1996，4-7）

宗教、意识形态与女性

日本宗教思想的历史中呈现出一种混杂着既尊敬女性又蔑视女性的矛盾特征。从积极的角度来看，作为日本最具影响力的本土宗教代表，神道直接肯定了女性所具有的精神力量。神话将太阳神——天照大神置于其中心位置，并且，在丰收仪式和结婚典礼中，一位待产母亲的角色是备受尊崇的。倘若神道没有这种保护女性的积极特性，那么将会很难解释为何古代中国那些认为女性卑贱的观念并未植根于日本，却影响了其他东亚的邻国。

佛教对女性的认识总是被人诟病，然而在日本，佛教却对女性知性的发展和精神的解放发挥了重要的作用，并且，在某种程度上它还提供给女性一种能清楚地表达她们对于世界看法的框架。紫式部（约973—1014）是那部令人称颂的《源氏物语》的作者，她诉诸佛教思想，并由此受到启发，这为她深刻地观察人性心理，坚持不懈地质疑并反抗宿命论、因果报应论奠定了基础。

在其中的一段章节中，她用语言表达出天台宗的"空"，一种暂时的中道，力图为故事的阅读和写作正名定分。小说艺术的创作是平安时代的女性对日本文化作出的最重要的贡献。在下文中，紫式部小说中的主人公皇子源氏最初以儒家的姿态自居，而对天台宗表现出一副不屑的态度。然而，当他想用天台宗的思想看待问题的时候，他认为当一切现象没有实体时，其中所谓质量的"好与坏"也是"空"的，不过这里的故事提供给他们一种合宜的暂时性表达，读者会被要求运用一种能平衡非实体性现象和暂时性逼真表达的解释原则。源氏在发现自己收养的女儿沉迷于写作一些故事后，他首先这样评论道：

不！这绝对不可以！女人很明显生来就是被愚弄的，不能有丝毫的反抗声音。这里面没有一句真话，而且你也很清楚这一点，然而你却依然沉迷于虚构的故事中，并对此深信不疑，在这样闷热的雨天里写毫无意义的东西。

接着，在这位女子对有些人"习惯性地说谎"提出自己的看法后，受到了源氏温柔的责备，他回应道：

我很抱歉由于那些故事而对你无礼地说出这些伤人的话语……那些故事包含了一些真实而有用的情节……不是因为那些故事准确地描述了某个特定的人，更多的是由于在开始讲述故事的时候，叙事者期望能够把故事传承给下一代——不论他们如何生存，生存得更好或是更糟，那是一个可以看见的情景，抑或是一段听来令人惊讶的奇事——这些东西充溢着叙事者的心。把一个人置于光明之下则只会带来积极的影响，这可以使那些喜爱奇异的危险事物的人变得愉悦起来。但这并不意味着，善或恶已经远离我们的生命了。那些故事在其他地方并非会用同样的方式进行讲述，甚至我们用自己新的或旧的方式所讲述的故事也都是不一样的，但是尽管一个人可以区分出故事的深与浅，但总是摒除自己在故事中发现的问题则是错误的。

佛祖以其无上的慈悲在教义中留给我们一种"方便法"，而且，经书中的很多段落章节都是不连贯的，这让很多不太了解佛经的人会产生疑惑。但到最后他们只会得到一条简单的信息，那就是开悟与热情之间的差距并不比故事中好与坏的差距大。说好听点，任何事物并不是其自身不存在价值。

他为故事作了一个非常好的解释。

日本最著名的佛教哲学家道元（1200—1253）以鼓励女性可以同男性一样修禅而为人所知。他这样说道：

> 男人有何值得夸耀？空间是空间，四谛是四谛，五蕴是五蕴。对一个女人来说，这些都是一样的。在学习佛法的过程中，所有学佛的人都是平等的。所有的人都应对习得佛法的人表示敬意和尊重。不管其是男性还是女性，都不应对此持有异议。这是最了不起的佛法戒律。

尽管道元的思想比很多同辈人更进步，但他有关女性的看法并未达到今天的标准。不过，这与纯粹无视女性的思想大相径庭，他把女性视作信徒，这一行为并不意味着他失去了已有的众多来自贵族家庭的信徒。在同一篇文章中，他就禁止女性进入寺庙修行作出评论，如他这样写道：

> 再者，在日本还有这样荒唐的事情，一些被称为"戒修院"或"大乘佛教修行地"的地方不允许女尼和女信徒进入，这种邪恶的习俗已经存在了很久，却从未有人质疑过。

宋朝末年，当中国的禅修大师纷纷移居到日本时，面向女性修行者的大门逐渐打开。尼僧无外如大（1223—1298）被认为是受到了其中一位著名的宋人禅师（译者按：无学祖元）的教导，她在京都建立了一间允许达官贵族和皇室女眷修行的尼姑庵。这一惯例一直持续到德川幕府时代，并培养了相当多的女信徒，包括俗家弟子和尼僧。没有人能准确地说出她到底属于学者还是思想家，她的一部分传记被收录在19世纪晚期出版的《新禅僧传记珍藏》中。由此来看，早期女权主义思想家雷鸟受到禅宗的深刻影响也是不足为奇的，她其实受到两位不同禅师的教导，后来更是青出于蓝而胜于蓝。

儒家思想则呈现出一种完全不同的情况。它的聚焦点在于女性有其固有的道德伦理，相较于男性而言，其智力是低下的。尽管这些观念缓慢地植根于古代的日本，但其最终在日本社会意识的形成过程中起着至关重要的作用。在江户时代，新儒家思想是社会的主流意识形态。当时的封建阶级制度的实际情况可以通过《女大学》得到印证，该书的作者贝原益轩所提倡的理想女性具有"谦恭和服从"的形象。甚至在明治维新之后，"女性温顺"的观念仍被社会上多数人视作像他们所呼吸的空气一样是理所当然的。在明治政府推行向军工业国家转变之路发展的背景下，福泽谕吉极力主张两性之间的绝对平等，并公然抨击儒家教育，"因为教化越多，女性所受的压制亦越大。这只不过是一种压制女性思想而又摧毁其身体的思想"〔福泽谕吉 1885，4（7）〕。14 年以后，他在自己的著作《女大学评论》中仍然告诫女性要防止那些潜在的道德训诫，并鼓励她们"培养自尊和维护自己的权益"。面对"文明社会的绅士和开明男士"的伪善，福泽批评他们"藏在腐朽的儒家思想的保护套里欺骗文明社会。他们的怯懦令人感到遗憾和可笑"〔福泽谕吉 1899，284，311（215，241）〕。尽管福泽的这些尝试逐渐在女性群体中得到呼应，但儒教对女性所抱持的偏见直到日本在"二战"战败后才走到了尽头。

而基督教之所以能够顺利地进入日本并取得发展，其实与当时日本社会对女性存在太多偏见有关。伴随着 1873 年明治政府对基督教传教禁令的解除，许多进入日本的传教士鼓励女性去寻找她们的改良之路。对遭受统一的道德规范约束的女性而言，基督教所宣扬的爱的美德是一种颇受欢迎的慰藉。例如，津田梅子（1864—1929）是 1871 年明治政府派遣至美国留学的五名女留学生之一，政府派遣的目的在于，在她们学成归国后能为日本女性教育水准的提高发挥作用。在国外的时候，津田的英语越来越流利，她在后来皈依了基督教。作为一名经常出席国际场合的发言人，津田主张西方基督教的伦理优于日本传统的伦理，同时她也鼓励女性"独立地工作和独立地思考"，这些理念成为她后来创建女子英学塾的基石。

在日本精英阶层道德取向混乱的时期——一方面强制继续维持传统方式，另一方面迫切要求接受新的路径——有一个异乎寻常的挑战：日本要作为近代国家与西方并肩屹立于世界。这对于改变女性观念的困境产生了极大的影响。

在从德川幕府政权向明治政府转变的过程中，日本迅速地维护了它的独立，并通过建立君主立宪制国家而维持了天皇的传统。面对此时西方在亚洲的殖民掠夺与军事势力的扩张，日本政府在加强自身实力的同时，势必也需要建立一个高度的中央集权型教育体制。主要的政治人物相继从自由主义思想的欣喜状态转变为加强政府对普通市民的控制，与此同时，女性解放的希望曙光也被迅速地扑灭。"忠君爱国"和"良妻贤母"等口号被口口相传。年轻女性的教育机会受到严格的限制,她们被鼓励尽可能地多生孩子以增加国民人数。在1930年代中期,那些有创见的声音和独特的思想全部遭到压制,女性运动也陷入了沉寂。

这种状况明显充满了矛盾。近代的平等思想和社会哲学被广泛地翻译和学习,并克服了传统社会结构和价值体系的弊病,为新的女性意识的萌芽提供了土壤,而此时政治上的政策也越来越难以贯彻实施。这导致一些人,如福田英子(1865—1927)转向了激进的马克思主义思想。1913年,在一篇投给《青鞜》的文章中,她大胆地宣称:

> 到底在什么样的情况下,我们才会真正地获得解放?不管别人如何辩解,我认为只有实行彻底的共产主义制度,才能获得完全的解放。这一点同时适用于男性和女性。共产主义制度实施之日,便是爱情与婚姻获得自由之时。〔引自平塚雷鸟1971,2:434(206)〕

尽管这个国家在1930年代后期处于危急关头,并公然走向了军国主义之路,但马克思主义思想的影响并未减弱。在众多面临这种最激烈转变的女性之中,山川菊荣通过社会议题走入公共领域,她的聪颖天资及批判性的理论训练为其提供了一个宽广而又客观的全球视野。比如,下面这篇写于1931年的文章《满洲国的枪声》就旨在鼓励广大女性站起来与国内的战争狂热分子做斗争。

> 那种欲从女性爱好和平的本能中寻求防止战争之力的高尚运动,归根结底不过是和平时代的游戏罢了。即便女性热爱和平,痛恨战争,但社会的集体性训练将一种观念根植于人的头脑中,那就是为了自己所属社会的共同利益,即为了所坚信的正义,不惜牺牲自己的个人利益、个人感情。无论何时,无论身处怎样的社会,无不会看到战时女性饱含牺牲和殉国的觉悟。她们为了正义,为了共同利益,带着与倾尽全力爱孩子一样的热情和感激,不惜将孩子奉献给战神的祭坛。单纯的、本能的母性之爱与对和平的家庭生活的贪恋,使她们在巨大集团的共同利益面

前，做好了随时牺牲的准备。(山川菊荣1931，12-3)

最终，山川担忧的问题开始显现，许许多多的日本女性后来都去支持国家主义政策和殖民主义野心，并沦为了"后方的母亲"。

特别值得一提的是与此相关的宫本（旧姓中条）百合子（1899—1951），她是一名多产的作家和社会评论家，同时也是后来担任日本共产党中央委员会书记长（译者按：宫本显治）的妻子，她由于反对天皇制，而被特高课警察视作危险分子，她不断遭到逮捕和监禁，直到1945年她才重返大众的视线，并成为日本最优秀的女性意见领袖。在战后早期被占领时期，军国主义思想、极端民族主义思想、国家曾支持的神道思想迅速土崩瓦解。作为同盟国占领军所提出的民主化政策的一部分，歧视女性被正式废除。仿佛一夜之间，女性在法律上的社会地位完全被改变。普选权开始实施，高等教育机构也开始接收女学生。

母性和女性的身体

空海将性视为人性的基本事实，并将其作为佛教徒入门修行的起点。但除空海以外的男性哲学家则趋向于认为人的身体是抽象的、无性征的，因此，他们主要从认识论和本体论的观点入手来探寻这个问题。西田几多郎、和辻哲郎、汤浅泰雄都是持这种思维方式的代表。而对女性思想家而言，身体的所有权和母性的重要性则是她们思想中不可或缺的重要部分，而且也是她们作为女性的身份认同的重要方面。雷鸟反对将传统的道德观置于女性贞操之上，这体现出一种担忧，但它几乎在男性哲学家和宗教思想家的著作中看不到。

在女性沦为男性的所有物以后的漫长岁月中，逐渐养成了那种观念。现在与其说它是一种道德，毋宁说这成为一种类似本能地、无条件地过于看重女性贞操的感情，尤其是在受到佛教、儒教、武士道等影响的日本女性头脑中所深深根植的这种盲目感情，仍旧具有非常强劲的影响力。(平塚雷鸟1916，164)

女性关于身体的意识对于一个人迅速地形成思考是极为重要的。但问题的关键是：我首先是一个人，然后才是一个女人，还是说我应该把自己看成一个女人就可以了？这场对女性自我认知的性别革新为20世纪第一个十年里发生的激烈的"母性保护"论争奠定了基础。一方以与谢野晶子为代表，她认同南非女权主义者奥利弗·施赖纳（1855—1920）的观点，认为捍卫一个人的平等首先应使其意识到她是作为一个"人"，并在此基础上主张女性在就业、接受高等教育、经济独立方面享有与男性同等的机会。

另一方的代表则是平塚雷鸟，她的思想受到了瑞士女权主义者艾伦·凯的影响，她主张作为具有性别身体的女性，其最高贵且最神圣的角色是母性，母亲应受到保护，应向其提供社会福利。关于与谢野的批评主要是她执着于个体的力量，而有关平冢的批评意见则认为她过于强调母性。山川菊荣在这场争论中也发出了自己的声音，她一再重申自己所坚持的主张，即将资本主义社会制度改革为社会主义社会制度，但她对性别身体所具有的意义和作用这一问题的讨论并未作出太多贡献。

与谢野从诗人和作家的角度出发，认为艺术创作的生命是最重要的。并且，作为一名创作者，她认为自己首先是一个人，其次才是一名女性。我们可以从她成为一名母亲的经历中，看到她关于母性特权的主要观点。

> 在我的生命中这并不是绝对的事件。我是一名母亲，但同时我也是一名妻子，我也是众多友人的一位朋友，也是全世界人类中的一名成员，一名日本国民。我也是一个从事思考、诗歌创作、写作、提供衣食、进行各种脑力和体力劳动的人。只要时间允许，无论何种工作，我都全心全意地专注于其中，并在限定的时间里完成它。
>
> 我并不是仅靠自己母性的本能活着。甚至当我可能要运用这些本能的时候，我会意识到我正在作出牺牲，它们不停地徘徊在我身边，就像数不清的星星围绕着一颗星星，那一刻我的目光凝视着它……这大概需要很多词汇去为所有占据我人生中心的事物命名：母性、朋友、妻子、工作、艺术、国家、世界……但是为它们全部命名的意义是什么呢？事实上，这些中心是相互关联的，并且也是非常多的，它们不停地来来去去。而我的人生是一条不断流淌的河流。（与谢野晶子1916，199-200）

十年后，当她听到艾伦·凯去世的消息时，与谢野再次重申了她的反对意见：

> 艾伦·凯将女性的使命集中于母性，我对其思想之偏见和迂阔之言感到遗憾。凯的思想在欧洲或许是新颖的。特别是对倾向于个人物质享乐而忽略孩子教育的欧洲中产阶级女性而言，她的思想绝对是一种恰当的警告。并且，对不得已为无产阶级女性设置很多育儿园和托儿所的欧洲诸国而言，她的想法也绝对是必要的立论。但是对于我们这些被幽闭于家中，终日围着丈夫和孩子、厨房来奉献自己，并被这种习惯所深深影响的日本及其他专制国家的女性而言，她的思想不过是以过去的旧思想为中心而添加新的理论包装后形成的……我的全部生活是基于自己的角度而形成的。并没有依靠任何方便的手段，而是切实从自己的角度出发去生活，这是我生活的目的。按照凯的思想，恋爱归根结底变成了一种做母亲的手段。母性成为至高无上的善。
>
> ……实际上，我是十多个孩子的母亲……在我国的新女性当中，可以看到一些人极为推崇凯的母性论，我之所以不赞成她的思想，那是因为如同男性并不能凭父性本位生活一样，女性也无法凭母性活下去。在今后的生活中，不应将全部的生活视作手段，而应将其视为目的，认真地生活下去，我认为只有这样才会获得自然的发展。一些女性将工作看作婚前临时栖身的职业，我并不赞成这种不认真的态度。（与谢野晶子 1926，389-92）

与之相对，雷鸟失去了一名有思想的作家的自我认知，而变成一名母亲，在经历了这种个人危机后，她逐渐形成了自己关于女性身体的看法。在怀孕期间，她痛苦地经历了两种矛盾的碰撞：一种是自我保护的本能，另一种则是利他主义和自我牺牲。她在1915年写的一封书信中，坦率地讲出自己内心的挣扎：

> 我曾因为自己过着作为一名女"性"的生活而受到歧视，并厌恶和

蔑视男性。这确实妨碍了我正确理解女性处境的道路，并阻碍了我用有效的方式去系统地阐述女性问题。

长久以来，"浪漫爱情"对我来说仅仅意味着是一种对异性的强烈好奇。后来我不得不问自己，我怎么能仅仅为了满足自己的好奇心就能做出这些荒唐的事呢！……我怎么知道这好奇心只不过是真爱的预兆呢？我对奥村博史的爱教给了我答案。当爱得越来越深时，我觉得应该开启和他共同生活的道路，所以最后我搬去和他同住。浪漫的爱情变成了一件严肃而又有意义的事情，我不得不用完全不同的态度来看待它。我冥思苦想了很久，作为一个女性活着究竟意味着什么，在一种充满爱的生活中活着对一个女性来说又有什么价值……在这个过程中，我逐渐意识到，解放女性不仅需要把她们看作人，更应将她们视作女性。这对我来说是一个全新的哲学问题。到底该如何进行下去？那时我的向导和精神支柱，以及我的想法和灵感皆来自一本由艾伦·凯所著的书。而在和奥村博史一起生活的两年时间里，我慢慢地意识到自己是一个成熟的、完整的女人。与此同时，我的爱情生活与内心世界发生了冲突，因为我内心渴望去工作，也迫切需要灵魂的独处。

现在，我发现自己怀孕了，然后不得不面对生子与育儿的问题。艾伦·凯已经论述过欧洲女性生活中所面临的这一意义最为深远的矛盾……在"精神生活"与"家庭生活"之间的取舍，这也是当下日本女性所面临的问题……

近来，我逐渐意识到，以前认为自己完全不存在那种想要孩子的欲望、想要做母亲的欲望，其实正潜藏于自己的爱中。只不过其他的欲望太大、太多，以至于这种欲望被遮蔽而没有表现出来，不，两个人的爱之憧憬中本身一开始就蕴藏着渴望孩子的想法吧……如今我正生活在爱中，为加深并提升这种爱而不断努力的自己，怎会否定作为爱的创造和答案的孩子呢？……就这样，无趣的想法逐渐从我的心中消逝。不安和恐惧，以及无尽的责任感正一步一步地逼近那个未知的世界，面对这一全新的人生，我甚至开始体验到一种贪婪、不可思议的希望、期待和欢乐。不仅如此，我似乎觉得，两个人的爱的结合也由此而进一步增加了深度、严肃性、可靠性。我正是从那个时候开始读艾伦·凯的《母性的

复兴》(*The Renaissance of Motherhood*)的。(平塚雷鸟1915C，49-51)

雷鸟也坚信女性必然会凭借女性身体而得到解放——就像男性凭借男性身体而获得解放一样。

> 我最初肯定我的恋爱，当然是因为那对我而言是自我的主张、自我的发展。但是，这种蕴含着自我主张、自我发展的恋爱，实际上是一扇通往爱上别人之路的大门，从而到达人生的另一面。由于自己的爱，对奥村氏以及孩子的他爱主义的天地，不久便在我面前自然地展开。而我在自己的生活中也不得不经历各种各样的矛盾。但是，现在我并不将其单单视作人生矛盾。这个矛盾还是将我引向更宽广、更伟大、更深刻的生活的一扇门。人生的这两方面看起来仿佛是互不相容的因素，我认为，在它们真正的调和统一中可以发现人间生活的妙趣。(平塚雷鸟1917，274-5)

[YM]

女性的意识哲学

性别作为一个哲学范畴

每当谈论起性别，亚洲文化通常在辨识上有很强的流动性。我们经常发现女性特质不同于生物学上的性别，被广泛地用作一种文化范畴。因而当我们在日本谈论性别的时候，需要时刻注意保持用法的差异性，以免我们一律地将近代的性别二元概念强加于并不真正属于她们的女性特质上。作为一个文化范畴，大体而言，性别的二元性是独立的，女性特质在日本文化的自我理解中占据重要的位置。

在开始讨论一些特别的女性思想家之前，我们不妨来简单回顾一下女性特质在日本文化中的大体位置。这极为重要，考虑到近代的性别观念被严格地、系统地一分为二，而这是日本的一项近代创造。如果我们想了解它在前近代的位置，就应当将女性特质的意义同生理上的问题与社会二元论分离开来。

作为日本文化的一个范畴，女性特质明显比男性特质具有更大的影响力。但如果将女性特质视作一种规范并与男性特质置于同等境地的话，则是远远不够的，它类似于阴和阳。市川匡麿在他的著作《末贺能比连》中明确地批评了本居宣长的观点，并且坚持认为二者并不是互相依存的，而是各具特色："男女就是男女，日月就是日月，水火就是水火，所见即所是。"（市川匡麿 1780）

在日本，女性特质首先及最重要的特点是其属于日本美学，就像典雅、幽玄、粹等概念中所体现出来的一样。我们丝毫不惊讶于可以在日本文学中发现一个女性创作诗歌的强有力的传统。在近代，折口信夫（1887—1953）在复兴女性诗歌创作的传统方面发挥了巨大的作用。马场明子（1928— ）则将女性诗歌创作的历史追溯至《古事记》中衣通公主的诗作，并以此来试图恢复已失去的前近代传统。她在谈到一个有关《古今和歌集》（ca. 905）的介绍时指出，在这本和歌集中，女性的诗风被比作一个纯真的女人，她"浑然质朴，丝毫不会展现那种会占据女性高贵品质的力量"。马场由此证实了女性诗歌的传统如何被赋予一种多音调规则的特征，而这一规律的形成则源于女性内心存在各种各样的声音。女性的诗歌是一种错综复杂的动态情感表达，她们所凭借的是间接性描述的创造方法。可以肯定的是，这是一种借鉴传统方式而形成的女性形象，它考虑到了女性的自然属性，但是作为一个文化范畴，这并没有被女性广泛地接受。身处日本的环境里，女性特质需要从根本上被视为一种多元现象。

然而，女性特质文化的传统并不局限于诗歌或文学，坂部惠考察了女性特质文化的哲学含义，并将其看作日本国民观念形成的基础。他以光源氏为例，将其视作一个"优雅的英雄典范"，进而强调男性特质与女性特质之间动态的交叉。性别的可逆性恰恰是日本文化中的基本特点之一，同时也表明女性特质的运用完全不同于性别的二分法。这也反过来表明，近代的"国民"概念有其独特的意味，它明显区别于性别概念，这在很大程度上与日本传统的思维模式是不同的。正是因为这个原因，坂部建议将日本"国民"作为一种多元现象去探讨。

性别与日本的近代化

这些性别关系的可逆性在日本的近代化进程中逐渐消失了。就像世界各地的近代化进程一样，日本近代化进程的方向也一直被男性所掌控。值得一提的是，统治阶级如何通过从诸种传统的性别形象中分离出近代性，从而创造出近代的性别二元论。这显然是借鉴了西方的思想，但为加速日本近代化的进程提供了便利条件。

近代的性别概念大体上有两种含义特征：一种是自然主义的，另一种则是二元式的。之所以称之为自然主义的性别，那是因为它是基于生物学上性存在的定位而形成的，它属于自然主义的范畴；而之所以称另一种为二元的性别概念，则是因为它创造了两种迥异的性别身份。由于得到二元思维的支撑，近代的性别观念因而能发挥其推动作用。这也恰好解释了为什么近代化进程势必会破坏传统的性别多元化，也解释了为什么近代性别的推行被视为近代化成功的一个标志。

这或许有助于解释为何"女性问题"在明治时期的知识分子和提倡"国民道德"方案的思想家之间是一个最流行的议题，而"国民道德"这一全国性的道德教育方案是基于充满争议的《教育敕语》（1890）而形成的。毫无疑问，这为战前日本军国主义的形成提供了意识形态的背景。

一大批启蒙思想家，如福泽谕吉和森有礼（1847—1889）纷纷就"女性问题"著书立言，并为其投入了相当多的精力。从表面来看，他们的文章给人一种出人意料的自由主义的印象。他们抨击日本社会中存在的各种歧视现象，并且强调男女之间的平等。福泽谕吉批判传统的一夫多妻制，如他主张：

> 男女同样地生而为人。并且，每一个人都在社会中发挥着不可或缺的作用，无论是男性还是女性，每一个人都不应该被忽视。无论何时何地，女性同男性一样重要。（福泽谕吉1876，151）

福泽谕吉将近代西方一夫一妻制的引入视作维持男女平等的一个途径。其他自由主义思想家也加入进来，同福泽谕吉一齐号召日本女性从传统的家制度以及构成其基础的儒家意识形态的束缚中解放出来。值得注意的是，这一颇具自由主义特征的性别论聚焦于家庭内的女性歧视现象，使所有的女性问题化为"家庭"范围内的问题。比较具有代表性的是，这些思想家完全没有注意到女性在政治和社会上存在的问题，她们完全没有政治上的平等。他们那种自由主义式的论述将女性问题限制在家庭方面，并为女性反抗传统的家族伦理结构贴上女性"解放"的标签。在这些启蒙知识分子的一篇批判性文章中，揭示了在近代化早期阶段，如何实现从传统性别观念向近代性别观念的有效转变，并且，这一转变对作为近代女性的日本女权主义者自我认知的形成具有非常重要的影响。在这外在的充满欺骗性的自由主义思维之下，一种政治制度开始实施，并将女性从政治决策和活动中排除了出去。

最近的性别研究已就日本近代化进程中这种充满矛盾的性别角色进行了分析，并指出在日本存在一种"东方主义"的背景（关口须美子 2007）。近代的性别观念总是将女性与儒家思想联系在一起来进行理解。"女性"被视作落后的社会群体，这是根据她们被束缚在传统的儒家家族伦理中而下的定义。也正因为如此，"女性"变成亚洲传统落后国家的一种象征，为符合"大东亚帝国"的发展，于是便产生了对这种女性特质的鼓吹。令人诧异的是，所有的日本主流知识分子都处于文化的觉醒状态，如植木枝盛（1857—1892）这样的政治活动家，曾将"女性问题"视作儒家家族价值观的一个问题。同样令人惊讶的是，当时日本资产阶级女性竟如此迅速地接受了他们的观点。

这只是一个极小的奇观，然后在 20 世纪 20 年代和 30 年代盛行的不同于以往的"国民道德"论中，女性通过两种方式又一次成为讨论的焦点。一方面，为了符合日本的优越性，作为日本神话中创世神的天照大神被召唤出来，以凸显神道超越儒教和佛教的优越性。另一方面，女性由于长期深受传统儒家伦理的压迫，总是被视作落后社会群体的代表。传统性别观念向近代性别观念的转变，很大程度上是由东方主义和性别歧视主义的结合所主导的。这是一个迅速而又有力的毁灭过程。

柳田国男（1875—1962）是少数近代知识分子中仍能意识到前近代日本社会中存在一种强大的女性之力的一名代表。他的著作《木棉以前的事》（1938）是一份重要的资料，可以帮助我们去了解女性通过退出正统的共同体组织，以及她们受到社会排斥而处于边缘化的境地，从而使她们获得女性之力。又一次，我们看到女性特质作为一种多元的规范在发挥作用，尽管其中的一部分在近代化和殖民地化的进程中已经逐渐消逝。

陈姃湲那令人印象深刻的关于"良妻贤母"道德的研究详细地阐述了"女性道德"实际上是日本于 1890 年代创造出来的，1905 年左右，中国和韩国皆受到日本"良妻贤母"观的影响，与此同时，传统的女性价值观从人们的视野中逐渐消失（陈姃湲2006）。女性价值观已经超越了纯粹的社会规范，并且拥有了一股强大的社会和文化力量，这使她们能够超越一般的社会差异。然而这一切都被近代的"女性道德"所代替，而那些要求女性做"良妻贤母"的观念只会将女性束缚在家庭和孩子的领域当中。"女性道德"的观念本身就是一个非同寻常的近代创造，它是基于独立自主的近代国民意识和模糊的传统女性形象而形成的。这种由传统的性别观向近代性别二元论的转变，不仅使日本的女性从此远离了公共政治领域，更使日本女权运动的发展产生了严重的后果。日本的女权主义从而失去了它与自身"女性特质"的历史之间所存在的富有意义的联系，倘若与之并行则会走向多元化思想风格的路径。

独创的、未曾借鉴过的思想

那么，比女性自身所说及所想更为宽广的"女性思想"是由什么所组成的呢？我们又该将其置于日本近代思想史上的何种位置呢？"女性思想"与两种思想存在非常明显的区别，一种是其与男性的哲学思想研究不同，另一种则是它有别于西方女权主义者的思想。近代日本的哲学，即使是西田几多郎与和辻哲郎，他们都扎根于西方哲学思想，力求实现东西方思想的融合。而女性思想家则并未融入这一潮流之中。毋宁说，她们尝试着探讨属于自己的经历和真实存在。女性思想家的出发点是反对借鉴的思想，并且洞察到一种"被给与的解放的矛盾"。

日本的近代化是借鉴而来的。与其说在其内部有一些东西是发展的，不如说它在很大程度上追随了西方的模式。近代日本哲学也是如此。它最主要的思想体系就采用了欧洲和美国的哲学思想。特别是，从1920年代开始，广泛流行于欧洲的新康德主义思想和现象学同样也开始盛行于日本。哲学并不是"思考自身"。它是西方文化的一部分，尤其是东京帝国大学和京都帝国大学的职业哲学家们都在学习西方最新的理论，而这大致上相当于掌握了"技术性知识"——它成为一种智力游戏。

女性思想家则对近代日本哲学中的"借鉴主义"持强烈的批判态度。如与谢野晶子劈头贬斥它为"冷淡的哲学问题研究"，指斥其不过是为了避免探究"紧迫的根本问题"。这并不是说日本女性思想家都排斥西方哲学。山川菊荣对于马克思主义思想的研究便是一个例子,它很好地说明了一个女性尽管身处于有限的理论资源的条件下,仍能投身于西方哲学的研究。与谢野和平塚雷鸟也阅读了很多卢梭和尼采的著作。其他的还有如高群逸枝(1894—1964),这位日本女性史研究的先驱也引用了柏拉图、康德和叔本华的思想理论。但是许多女性思想家并不像男性思想家那样过度地研究西方哲学。对她们而言,西方哲学更多的是一种理解她们自身问题的辅助工具。她们强烈地认识到自己思考的必要性,而不是依赖于借鉴他人的思想。正因为如此,那些具有代表性的女性思想家如雷鸟、与谢野、山川,尽管她们曾经被艾伦·凯的思想所吸引,并由于受到欧美女权主义作家和活动家的影响而成为女性思想家的领路人,但她们从来没有放弃用自己的方式去思考自身的问题。对她们而言,"思考自身"的失败将会使她们已经获得的自由和解放变成另一种形式的奴役。

关于女性解放的启蒙思想在近代化早期就已经出现了。有趣的是,尽管雷鸟和与谢野等人被卢梭和尼采的思想所吸引,她们却不承认福泽谕吉等人在这一方面所做出的开拓性努力。为何如此?众所周知,近代女性解放思想最初产生于明治初期,是伴随着对一系列社会传统习惯进行批判而逐渐产生的,那些被批判对象从儒家家族观念到男尊女卑的陈词滥调。尽管这些观念根植于社会制度,并支配着社会的转变过程,但是女性解放的理想在早期也被视作近代化和西化的一部分。

当我们俯瞰明治早期的女性解放思想时,会发现两个明显的特征:一是,那些公开提倡女性解放的实际上是男性。二是,他们的目标在于将女性从过去的儒家思想中解放出来。因此,那些所谓的"女性解放"思想并不能代表女性关于自身解放的想法。女性只是解放的客体,而男性才是主体。进一步来说,许多男性知识分子并不认为从更广意义上来说女性解放属于一个自主社会所存在的问题,而是将其投射到对"儒家旧思想"的反抗上。因此,它变成了一个从东方解放出来的问题,象征着日本走向"逃离东方拥抱西方"之路。

在明治早期,对于女性解放的关注是有特殊性的,无论是启蒙思想家还是保守的国家主义者都竭力主张"国民道德",如哲学家井上哲次郎就致力于解决这个问题。井上被公认为是《教育敕语》解释方面的一名权威,他仿效西方国家的近代路径，坚决主张结束对"女性的奴役"。因此，在明治中期这一女性反抗极为强烈的时期，女性解放由一个学术性问题转变为具体的社会问题。

"解放"越接近于现实，许多关于这一问题的进步言论也越会随之消失在人们的视野里。与之相对的是，女性逐渐发出了她们的声音，与社会盛行的"歧视"现象进行抗争。在这些关于男女平等的宣言中有一本小册子，即 1885 年左右后藤房①所著的《新说男女异权论》。在这段时期，早期的进步女性思想家极少再去抗争，而是将大部分精力投入借鉴欧美思想中，并以此来警告女性她们是多么的无力。从采纳解放论的思想作为西化进程的一部分开始，到在反抗受阻的时期争取男女平等，女权主义者的思想在大正时代开始变得成熟。如雷鸟、与谢野、山川等女性终于能够发表自己的思想。这三位女性属于同一时期，她们皆经历过借鉴解放论思想的危险阶段。当她们向西方学习的时候，她们分享了彼此的体会，那就是需要用自己的感知和语言来思考。只要解放的目标是实行西方女权主义以及"男女平等"，这将是一种被给与的自由，它在某些地方借鉴了男性思想。这个矛盾也成为近代日本女性思想的起点。

自我认知的思想

日本女性思想家对于解放的理解，是站在一个不同于西方和男性思想的立场上形成的。在寻求解放论思想的可能性时，她们的思想不同于西方女权主义者。她们开始了女性的思考。如雷鸟通过运用一种能区分"生活方式的自由"和"个人的自由"的方法论，用自己的方式阐明了何谓"解放"。她认为欧美的女权运动是一场为了争取男女之间权利平等的运动："迫切地要求法律、政治、经济、雇佣上的权利或自由"，是为了"获得跟男性一样享受同等生活的自由"（平塚雷鸟 1920，160）。

这在雷鸟看来不过是一场为了争取生活方式自由的社会运动。与之相反的是，她和其他女权主义者所追求的是一种个人的自由，这在她看来是一种双重的"自我拥有"。首先，它使得女性从阻碍她生活方式自由的社会压制中

---

① 目前尚无法判断后藤房是一名男性还是女性，也不清楚该书的出版时间和出版社。

解脱出来，使其成为一个个体。对雷鸟而言，第二种自我拥有比争取男女权利平等更为真实的自由，也就是说，这是一个女性可以实现更多可能的阶段。她大声疾呼要争取个人的自由，"女人，成为一名真正的女人！"

与谢野反对一窝蜂地去借鉴男性所主张的思想，"近代女性解放的问题并非女性自己提出的，而是由某些男性精英提出的，他们自认为解放了自己的妻子，事实上却极少充分地讨论这个问题"。对与谢野而言，日本的男性根本不懂何为真正的解放。他们对于女性解放的态度不过是迁就而已。"日本的男性难道不是在五条誓文①和宪法发布后方才解放为人的吗？"她呼吁大家能响应她的号召："身为一名女性应受到加倍对待。"她指出女性由于其身为女性，以及"被男性长期压迫而不知自由为何物"，因而遭受了双重的束缚。她认为，在日本对于女性的歧视是由于男性在屈从于西方时变得像女性屈从于男性一样，于是，他们只能反过来压迫女性。她的想法迅速被一些提倡男女平等的报社所刊登。

除社会活动活动家山川菊荣、雷鸟、与谢野和高群之外，几乎所有女性都认为"女性的觉醒"优先于社会改革。从这个意义上来说，女性的思想被划归为一种"自我认知的思想"。用雷鸟的话来说就是："女性只是要求外在生活中的自由、独立、权利，不，比起这些更为重要的是，首先女性必须回归自身，意识到自己的尊严，寻求内在的自我解放，拥有内在精神的自由独立。"她强调，在女权运动发展为一场社会运动之前，需要一种"内在自我"的女性思想。通过这种她所指的精神运动，旨在"首先使日本女性获得一种作为女性的自我意识，而当时日本女性大体上是缺乏这种意识的"（平塚雷鸟 1920，160）。

与谢野一方面继续主张女性获得经济独立的必要性，另一方面也强调思想的重要性。"我相信对于一个人来说最高贵的事情是，"她写道："思考及酝酿自己的想法。拥有自己的想法是最自由的、最享受的事……只有当一个人有了思想之后，在工作中才会产生意义和价值。"而且，不管她身处何方，她常这样讲："基于我自己的信心，我想鼓励广大的女性去思考。我们女性已经

---

① 1868 年，明治天皇颁布《五条誓文》，明确了日本近代化道路的方向。在誓文中，废除了封建日本的身份等级制度，规定在法律面前四民享有平等权利。

抛弃思考能力很久了，而成为无头脑，徒有手足和嘴的女性。"（与谢野晶子 1911，16）

被质疑的性别差异

在女性思想家关于"觉醒"讨论的背后，可以看见存在一种能够区别性别和性的哲学方式。雷鸟最初认为性别差异是一个固着于意识低级层面的范畴，它并不存在于真实自我的高级意识中，"在男性和女性之中，性别差异集中于精神的中部或底层，在那里它会形成暂时性的自我部分，然后需要慢慢地转变成意识，以便它能完全消逝。它不可能处于较高的精神意识层面，不可能存在于永恒的真实自我中"。

除非这种真实的自我被意识到，否则很难克服性别差异在内心的潜移默化。"人性的弱点！这就是女人为何会如此。男人亦是如此。"那些明确把自己划入性别差异限定范围内的人始终找不到真正通往自由的道路。

> 我所追求的自由和解放到底是什么呢？很明显它可以激发我潜藏的天赋，促进我更大的提升，并将我潜藏的才能展现出来……当我们发挥出来的时候，我们发现了潜藏的天赋……它意味着变成了一个"无我"。〔平塚雷鸟1911，16，25（158—9）〕

在关于女性贞操的论争中，与谢野也认为所谓的性别差异只是一个相对的范畴。只要对女性存在"生育"的性要求，就会通过将贞操视作一种"女性道德"，从而将道德性别化。同样，她阐释了人类道德的性质从根本上来说是一种"生活规则"。作为一名诗人，与谢野明白"规则"不仅包括规定和命令，也包括生命的"旋律"。因此，她批判贞操观本身就是"不道德"的。

> 人们的道德并不是如空中楼阁一般，而是存在于严肃的、实际的，并且富有生气的生活中的，在人生活的时候，人皆是道德性的。道德是人生的旋律，是实际存在的进行曲，绝非人生的乐谱和构图。（与谢野晶子1915，431）

从将道德观作为生命旋律的角度出发，她认为"普遍的道德"观是反道德的。那种力图向所有人推行普遍道德的行为，会忽视生命伦理本身的旋律。生命是不断变化的，她这样说道："生命在四季轮替的更换中不断地开花结果。层出不穷的新鲜事物才是生命真实的样貌……我们的道德观念也必须随之不断地转变。追求永久的真理如同将琴桥粘在古筝上一样愚蠢。"她还进一步这样说道：

> 我认为没有永久的真理，同时也不存在万人共通的真理。追求时间和空间变迁中已然固化的真理是与实际的人生相互矛盾的，由于没有注意到这种不合适，所以，过去的世界充满了烦闷、怀疑和沮丧，以至于传统的哲学和宗教、道德不是在近代失去了权威吗？（与谢野晶子1915，432）

对与谢野而言，性别差异不仅仅是由他律的道德所设计出的一系列规则中的一项，而且是已经失去了"生命的真实样貌"。它使人们陷入泥潭之中而无法自拔，跌入最危险的深渊而屈服于"生活意志的破灭"。自由必须伴随着明智的实际行动。

> 真实的生活只有付诸实践，而实践是自由的。与此同时，它也并非明智的行为，有可能会遭遇失败。这里所说的"失败"并非指社会上的成功与否，而是指个人生活意志的破灭。以至于在历经自省的个体之上，招致不充实和不满足的遗憾。（与谢野晶子1915，433）

这和受禅宗影响的雷鸟的思想极为相似，雷鸟很早就将性别差异的范畴降至"自我的底层"。同样，与谢野在平安文学的背景之下，从生命旋律的角度出发，断言将性别差异引入道德观念中实际上是对女性道德的一种滥用，从而在其中滋生了怨恨。毫无疑问，对她们而言，性别差异不仅仅是生物学上的问题，而且也属于社会和文化的范畴。

山川菊荣的情况则有些不同。1919年，她就这个问题发表了一篇题为《致工人阶级姐妹的一封信》的重要文章。她指出，在日本向资本主义转变的早期阶段，女工被置于可悲的境地，她将性别视作"一种剥削阶级引起的差异"。她指的并不是女性身为女儿或母亲这一生理事实，而是对"女性"产生的奇特困惑以及由此带来的厌恶感。

> 我在看到这些少女时，常常会感到一种类似于恐惧的惊骇。那种像瘦弱的流浪狗一样衣衫褴褛的身影，从身高来推测勉强也就十二三岁，好像胆怯的样子，也因此看起来似乎难以将她看作人，那副面孔怎么看也像是三十多岁女人的样子。（山川菊荣1919，248）

山川菊荣的观察道出了性别是如何作为一种剥削工具的，它既剥夺了女性的权利，也夺走了她们身为人该有的面孔。这些年轻的女孩子，她们的身躯被禁锢在本来的发展过程中，岁月夺去了她们的青春，似乎使她们成为"一种人类与机器、动物混杂在一起的群体"。而且抛开一切不论，她们给人一种虽不成熟，但相当于其年龄两倍的成年女性的感觉。

这些工厂女工由于她们的性别而被拖至这种悲惨的境地，陷入几乎绝望的困境，山川对她们这种不幸的处境表现出极度的愤怒。与此同时，雷鸟和与谢野等女性对其自身内在的力量也并没有失去信心。

> 我们只能甘于绝望吗？……不！不是的！作为一名日本女性，我不会对日本女性的力量失去信心。我相信终有光明的未来。（山川菊荣1919，253）

母性论争

这里还有另一种看似自然的意识，被日本女性思想家置于"自我认知的哲学"中。对上田闲照而言，"自我认知"不同于自我意识，即"自我"存在于一个特定的地方，通向"无我"之境，并且这种意识由于其领域的扩大而变得闪耀，从而开始逐渐了解自身。从这个意义上来说，性别差异可以被视作一种与自身开放的无我之境根本不同的构造。一个人的性总是展现出其他人的性。但是对日本女性思想家而言，"无我"是对她们的生活开放，而非对男性开放,更不是对西方的女权主义者开放。无论是日本男性还是西方的女权主义者,日本女性思想家与他们的立场完全不同,形成了"存在的不可能是自我解放的"。在这种背景之下,很容易让人回忆起"母性论争"的哲学意义（1918—1919）,这被认为是近代日本女权运动史上最著名的一次论争。这场论争始于雷鸟,她认为打开日本女性通往"无我"之路的是她们的身体,而身体是属于"母性"的。通过怀孕、分娩、育儿等累积起来的经验,雷鸟和与谢野等思想家们发现了母性的哲学意义。对雷鸟而言,母性是人类存在的一种最基本的也是最无力的经历。

> 虚弱与无力充斥着我,我什么也做不了,而且除我以外,这个世界上没有人能真正地帮助我,可怜而又无助的自己。(平塚雷鸟1917,268)

这一经历和其他体验为雷鸟提供了关于社会弱势群体的生活的认识。与之相反的是,与谢野则将分娩的经历视作一件最基本的关乎"生与死之事",是一种具有终极价值的经历。

> 男性与分娩这种豁命的事毫无关系,且对此也毫无用处。这是天下女性普遍都要担负的一个重要角色,即便说什么国家重要,学问如何,战争如何等,我认为,这些都不会超过女性在分娩这一事上所发挥的作用。(与谢野晶子1911,3)

对近代军国主义国家而言,一个人最高的价值莫过于将自己的生命奉献给国家。与之相对的则是价值的等级,与谢野关于分娩是母性经历的阐述反映了,分娩作为一件大事,在分娩过程中一个人生命所遭受的危险并不比那些将生命奉献给国家的人受到的伤害少,我们可以听到生之哲学的钟声比死之哲学更为洪亮和清晰。在雷鸟和与谢野之间所展开的激烈的"母性论争",对近代日本女性思想家突破新的境地进入"母性的哲学"起到了决定性的推动作用。这场论争不能简单地被视作一场关于援助母性的政治讨论。它更多地被看作彻底思考母性经历的一次尝试。而这次尝试,反过来打开了本体论的伦理范围,将女性的身体视为主要的伦理身体,每一个主体在结构上相互联系。

高群逸枝被雷鸟称作"我哲学上的女儿",她通过描述自然哺育的过程,进一步推进了一种女性身体伦理学的发展。女性的身体被看作孕育新生命的载体。女性在生活的过程中,不知不觉地将身体主要地开放于其他人。与此同时,高群也描述了女性的伦理身体和已确立的社会规范之间的悲惨分裂(高群逸枝 1930)。她的寓意深远且明确:并不是女性的身体需要被道德化,而是社会本身需要被道德化。

延伸阅读

Bernstein, Gail Lee, ed. *Recreating Japanese Women*, 1600-1945 (Berkeley, Los Angeles, London: University of California Press, 1991).

Craig, Teruko. *In the Beginning*, *Woman Was the Sun*: *The Autobiography of a Japanese Feminist* (New York: Columbia University Press, 2006).

Ehara Yumiko. "The Politics of Teasing," in Richard F. Calichman, ed., *Contemporary Japanese Thought* (New York: Columbia University Press, 2005), 44-55.

Mackie, Vera. *Creating Socialist Women in Japan*: *Gender*, *Labour and Activism*, 1900-1937 (Cambridge: Cambridge University Press, 1997).

Mackie, Vera. *Feminism in Modern Japan*: *Citizenship*, *Embodiment and Sexuality* (Cambridge: Cambridge University Press, 2003).

Tomita, Hiroko. *Hiratsuka Raicho and Early Japanese Feminism* (Leiden and Boston: Brill, 2004).

Ueno Chizuko. "In the Feminine Guise: A Trip of Reverse Orientalism" and "Collapse of 'Japanese Mothers'," in Calichman, *Contemporary Japanese Thought*, 225-62.

[KiS]

(周晓霞译)

与谢野晶子

与谢野晶子（1878—1942）

与谢野晶子，诗人、社会评论家、教育家，一生过着富裕且丰富的生活。是诗人与谢野铁干的妻子，同时也是十一名孩子的母亲。她发表了十五卷有关社会问题的评论集、二十一卷诗集、一部小说以及一部儿童故事集，此外，她还将一些日本古典名著翻译成现代日语。

尽管她以热情洋溢的诗歌为世人所熟知，但她后来逐渐成为一名公共知识分子和意见领袖。她鼓励女性去探寻超越母性之外的身份，去谋求经济上的独立，去锤炼她们的思想，并最终通过一些创造性的工作来实现属于她们自己的解放。这些观点都反映在下面所摘录的文章中。

她从平安京时代的众多女性作家身上汲取灵感，如小野小町、和泉式部、紫式部，并且尝试着将从她们那里所看到的自由、浪漫情感同现代一夫一妻制伦理结合起来。与此同时，她对中世贵族社会的热衷和对皇室的喜爱，限制了她关于明治时代后期帝国秩序和政治结构的批判，这也使她免于遭受来自极端民族主义者的攻击。

她对社会问题的觉醒源于她在1912年旅居欧洲五个月时的经历。那时，她作为日本诗人的领袖受到巴黎文学界的欢迎。在一次杂志的采访中，她坦率地说出自己所看到的法国女权主义正面临的挑战。后来她同人联合创办了一所学校——文化学院，由于不满政府的限制，她在这所学校使用自己编写的教材。

[YM]

女性与思想

与谢野晶子 1911，13-8

  所谓行动是机械性的，从属性的。其自身并不具有价值，仅靠低级神经中枢支配便已足够。我坚信，人最宝贵之处在于思、想。思考是最自由的事，是最快乐的事，亦是最聪慧的事。由于具有思考的能力，人不仅可以理解，亦可以设计、创造、批判、反省、统一。唯有思考后付诸行动，行动方才会产生意义和价值。人与动物及机器的不同之处就在于人具有这种思考的能力，且文明人和野蛮人的区别亦在于此能力的发达与不发达程度。

  为何我要写这些尽人皆知的事呢？这是因为日本人甚是缺乏思考能力。特别是这一缺点在日本女性身上感觉尤为显著。我想向她们提出忠告，并将此作为自我与他人反省的资料。譬如，现在的男性皆想要获得金钱，并为了谋求物质利益而奋斗。因此便兴起了众多营利事业，使许多资本家变得富有，而多数劳动者却要从事劳动。然而，却极少有人对为何想要金钱这一根本问题进行思考。他们不过是盲目地在金钱面前手舞足蹈罢了。因此，今天所谓的财富和经济，并非用于人生最有用的目的，却在肤浅的、粉饰性的、有害的方面进行积累并交换。而在积累以及交换的手段方法上，他们并不会对罪恶和不良行为感到羞愧，所谓经济学、社会学、商业道德，仅止于讲坛上的空文，在实际生活中毫无用处。

  又如在日俄战争中，我方与敌方一样损失了众多生命和财产，面对眼前的这一事实，日本的男性仅关注战争的胜利，而少有人徐徐渐进地对其进行认真的反省和批判，如这场战争有何意义，这场战争的牺牲会带来何种效果，不论战争之名如何美妙，实际上这不是远离世界文明中心思想的野蛮性的发挥吗？在专制时代、神权万能时代，我们屈从于少数的先觉者和权力者，如机器般地按照其命令行动即可，但是在允许思想言论自由的今天，个人若不能正当地使用自己的权利，则违背了作为文明人的用意。

  将思考视作比行动较为低级的事，认为它是难以协调的事，甚至认为其有害而欲予以排斥，这种风气通行于当今官场、教育者、父兄之间。拜读维新誓文中所谓"广开智识求于世界云云"之后的国民，本应最为重视思想，然而今天仍遗留着那样野蛮的风俗，实在令人困扰……

我认为，那些知道冥想与沉思乐趣的人，他们的一生是非常幸福的。且一旦养成即便是小事也会认真思考的习惯，行动便不会只流于感情用事，理智之眼打开后，反省、批判、理解之力就会变得敏锐，若将其扩充，则自己的思想、感情、行为会形成统一，破绽也会减少。若能理解自己，则亦能理解他人的思想，于是，双方抛弃各自的错误认识，从而最终达成正确的让步，即思考之事与保守主义者的恐惧正好相反，甚至会创造出伦理性的人格。

基于这样的信心，我想鼓励广大的女性去思考。我们女性已经抛弃思考能力很久了，而成为无头脑，徒有手足和嘴的女性。在劳动方面，除了都市一部分女性之外，今天女性的体力劳动亦超过了男性，她们承受着苦重的负担。无论是去山间，抑或是去海滨，环顾城镇各工厂，接受最低报酬却做最多苦工的就是女性。尽管如此，她们却要遭受男性的轻侮，被视作附属品而遭到冷遇，她们之所以受到如此对待，那是因为她们只靠手足机械性地工作，却不动用头脑。这些做苦工的下层女性暂时不谈，而接受明治教育的所谓中流女性，多数仍然是没有头脑的女性。没有任何的思想……

近年来出现了女性解放的问题。然而，这并非女性自己提出的，而是一部分好事的男性提出的问题，他们仅流于讨论，实际上并无要解放其妻女的表现。特别是，这个问题是带着慈悲心的男性半讨好地提出的，他们认为让女性稍有些为人的想法亦是不错的。因此，这个问题并未特别引起女性的注意。近来，与这个问题相反的是，多数男性提倡女性的实用问题，即女性不必接受高等教育，而手工艺的教育却是必要的，应教育女性要柔顺。而他们在谈到女性接受高等教育的弊端时，恰恰要引用在英国取得势力的女性参政运动这个例子。他们对此怒气冲天，认为女性应永远隶属于男性，解放之类的事是荒谬的。上述的保守思想有时狂妄跋扈，所以这些讨论丝毫不值得惊讶，但是，说这些话的男性却仍像以前一样享受着自由，这种态度是滑稽的。日本的男性难道不是在维新誓文和宪法发布后方才解放为人的吗？他们忘却自己被解放的喜悦，却来压制女性的解放，并且，用比古昔的五障三从和七出说的束缚更为苛刻的百种勿行主义来管束女性，实在令人嗤笑。但是，面对当前这些问题，我国的中流女性却毫不知情。

无论男性提出多少女性问题，若女性自身没有觉醒的话，这个问题并不能得到正确妥善的解决。假如女性不再甘于往日高等奴婢的地位，中流女性能率先自我觉醒，自我改造，必能确立女性问题解决者的新资格。因此，当务之急是要首先成为有想法的女性、思考的女性、有头脑的女性，兼能劳动的女性、行动的女性、有力量的女性。

自由地做一名完整的人
与谢野晶子 1915，438-41；1918，317-20

镜心灯语

在二十岁之前，我在旧式家庭极其阴郁和死板的空气中慢慢长大。我常常在画室看到一个人奔走于店面与里屋料理家事。那时，我会偷得晚上仅有的时间，避开父母的视线阅读，我所读的书，教给我许多空想世界的事，给我安慰，并给我鼓励。我渐渐地不再满足于书中空想的世界，而是希望自己成为自由的人。由于一个不可思议的偶然机会，我拿出几乎拼命的勇气赢得了恋爱的自由，同时我也脱离了长久以来禁锢我个性的旧式家庭的牢笼。而且，我还能奇迹般地用自己的语言表达自己的思想。我的这一举动使自己获得了恋爱、伦理和艺术的三重自由。

此后，我更是渐渐萌生了渴求各种自由的想法。而将女性的低微地位恢复到与男性对等的地位，便是我的第一愿望。

但当时我怀抱着各种幻想和错误的观念。我以古今罕见的天才女性，以及欧洲近代文学中出现的那些自由思想家所想象的优秀女主人公为标准，甚至想象出凭借自身努力而一举成功的所有女性——包括我自己能获得与男性对等的权利。我虽然在表面上没有表露出这种想法，却经历了反复的思考，心中充满了想要反抗男性暴虐的强烈愿望。

然而，在独自陷入长久的内省后，我知道了女性地位之所以如此低下的原因很难只归结于男性的粗暴。我看到了直到今天，女性的头脑依然徘徊在远古或进化的途中。我不认为女性在本质上比男性低劣卑弱。天才女性的屡次出现这一事实已经暗示了女性亦与男性一样具备了能够进化的资质。虽说如此，古今的普通女性，考虑到其直观力的浅薄、理性的迟钝、意志的薄弱，不用说，她们无论如何也不能成为与男性对等的伴侣，而是会成为他们的累赘，过着悲惨屈从的生活，这当然是女性自身应受的报应。我量小力微，为一举从男性的压抑下解脱出来而不得不勉强忍受这些状况。我清晰地看到了女性苍白羸弱的裸体。

为了提高女性的地位，我认为第一步应该是女性必须相互彻底意识到现在自己的愚昧卑弱。我写下了最近四五年的事情，不仅可供同性参考，也是首先为了尽可能地激励自己修炼自身。在我绵薄之力允许的范围内，我将尽力充实自己的知识欲和创作欲。

我也从平安朝才女们的生活中获得启示，并知道了女性自身经济上的独立是她们生活独立的一个重要原因。我同情世间的职业女性，对女性职业的增加感到欣喜，对那些受过教育的年轻女性主动就业的新风潮深表祝福。而且，我也会为靠自己的职业维持一家生计而煞费苦心。

我在近年去欧洲旅行之前，是一个居于日本一隅，对世界怀抱憧憬的流浪者。比起日本，我对世界更怀热爱之情。然而，在欧洲的旅行途中，我作为日本女性的一名代表，所到之处都受到了礼遇，从最谦虚的意义上来看，我深切并喜悦地感受到我是世界广场中的一名日本女性。我的心从世界回到了日本。我知道在世界所有的国家中，日本是自己最应热爱的国家。我也懂得既然我爱自己，那也应该爱同胞所居住的日本。我内心意识到爱日本之心与爱世界之心并不抵触。自欧洲旅行归来以后，我的注意力与兴趣更多地从艺术转向了与实际生活紧密关联的思想问题和具体问题……愚笨的我在历经几多的迂回迷路后，终于在今天成为一名热爱祖国的日本人。

三面一体的生活

我的目标是有意识地去实现三方面生活的融合，即作为个人、作为国民、作为世界一员的生活。我们常过着三方面统一的生活，但是我更想创建一种生活，也清楚地意识到这个事实。原因就在于我想追求生活中的快乐和幸福。这种追求是一种强有力的本能，同时也受理性所驱使……

我们之所以想要过幸福的生活，是因为当下的生活并不令我们满意。而这种不满是由于三方面的生活——个体、国民、世界之间存在矛盾、冲突、分裂。对个体生活有益的可能会有害于国民生活，而有益于国民生活的或许有害于世界人类的生活。这是我们所处的困境和所面临的矛盾。比如说，战争不仅仅是杀死个人或危害个人的生命安全，它还危害到了世界和平。这是很明显的事实。在世界文化取得进步的今天，这样狂暴的大战却持续了数年，这是因为其背后仍有陈旧的思想在作祟，即今天仍旧特别偏重国民生活，作为国民自治代表机关的国家，在关系国民生活的利害面前不惜牺牲其他两种生活。

我们的本能要求我们享受怎样的生活呢？我并不认为三种生活要缺少哪一种。实际上，我们在一天中亦有过个人本位的生活，并有藐视其他两种生活的某些瞬间或某些时刻。吃饭也好，睡眠也好，读书也好，劳动也好，皆是极好的个人本位的生活内容，这个时候我们未必意识到作为国民的生活和作为世界人的生活。并且，我们在纳税，在期待女性能获得政治上的选举权的时候，我们正过着国民本位的生活，这时即便以个人生活的意识为背景，但未必会意识到作为世界人的生活。而我们在研究并鉴赏学问艺术的时候，是处在超越人种、国境、国民历史的世界人类本位生活中的，那种眼前的某些瞬间或某些时刻，并不存在个人生活的利害和国民生活的利害。这是谁都会有的一目了然的共通感觉。这个时候，三种生活自然地融合流动，有时根据需要，或者以个人本位的方面为生活的中心，或是以国民本位的方面，抑或是以世界本位的方面为生活的中心而浓墨重彩地绘出生活，这种看起来仿佛是一种生活在藐视其他两种生活，或是没有意识到，抑或是超越它们，但我认为这绝不是三种生活的分离，反而是将三种生活的差异在映入眼帘前自然地涂抹掉、融化为一体。

以上这些情况，或是个人生活中自然地包含其他两种生活，或是国民生活中吸收了个人生活和世界生活，抑或是世界生活中同样内含其他两种生活，我们并不会看到其中存在任何冲突或凝滞，而是一种极为和平的状态。那是一种谁都会有的一目了然的共通感觉，我在这种感觉的状态中，想要体验那种无论怎样都会将三者融合为一体的生活。正因为这个要求是有意识的，因此必须要有意识地规划并努力实现这种融合。

例如在战争爆发的时候，由于国民与国民——其所代表的国家与国家——

在进行战争，所以即便在过去，个人及世界人类都极少会获得幸福。尤其是，今天的战争是武力延长的战争，今天所处的时代并非过去那种对作为野蛮时代旧习的战争不利于谋求国民生活这一事实毫无觉醒的时代。而且，此次大战中明显表明战争已不利于国民生活，并揭示出战争在摧毁个人生活，搅乱世界生活的和平，单独的国民生活不再能提升幸福感。只有将这三种生活协调发展、相互关联、互相融合，才会知道能够期待人的生活全面实现的时代已经到来。

应当如何有意识地规划此前容易分裂，并容易形成矛盾的三种生活的融合呢？我从自身需要出发时是这样认为的，除去相互排斥和矛盾，避免其分裂和冲突的方法是，将贯穿于三种生活并成为具有共通幸福性质的生活事实作为全部生活的价值标准，将与之背驰的生活事实全部排出，可以说除此以外别无他法。具体而言，成为共通的幸福之物以爱为第一位，经济、学问、艺术、科学等皆为超越国境的，具有使世界人类获得平等幸福的性质。这些不仅有利于个人发展，而且也有利于国民发展，当然，这并不允许某个人或某一国民为其利益而独自占用，也不允许其他个人和其他国民之间因其而发生冲突。想要实现这种方法，首先爱的世界性协同是必要的。所谓博爱的世界主义、人道的世界主义，无论何种称谓，人类必须将互爱互助付诸实行。

女性改造的基础性考察
与谢野晶子 1919，201-2，207-15

改造一词不仅包含最旧的意味，也具有最新的含义。在有史以前的悠久时代里，当人类开启文化生活之端后，人类的历史完全就是不断改造而又变迁的过程。男性巧妙地参与到这个过程中，伸展其个性，并在几千年间构筑起倾向于男性本位的文化生活。总之，在这个过程中，停滞并落伍的则是女性。当人类处于低级发展阶段时，在动物的本能尚发挥几许力量的时代——在暴力和其所延长的武力，以及其所变形的权力具有支配力的时代——所有的女性皆受到男性的压制，不得不处于从属的地位，这是无法改变的历史事实。然而也由此导致女性的人格发展变得非常迟缓，且越来越趋于缓慢发展。

就如同女王蜂侧重生殖能力的发展而致使其成为畸形的无能力者一样，女性仿佛也陷入了这样的状态……这不仅是女性的不幸，甚至是全人类的不幸。

如今，世界上的女性相继步入自觉的时代。现在，所谓的改造意味着全人类的改造，当然也是包含女性在内的改造。但问题应该是从如何改造这一点开始。

关于这一点，我首先以"自我发展主义"为改造的第一项基础条件。不能事先将人的个性往已定的方向进行压制，而应为其所欲，任其发展，随其坚持，使其向各个方面完全自由地发展即是自我发展主义。人的个性中所具有的能力是无限的……特别是，女性是尚未开发的宝库。

其次，我以"文化主义"作为人生活的理想，将其视作改造的第二项基础条件……我认为，待产生文化主义的自觉后方才可以说，自我发展主义中加入了"看法"或者"灵魂"。

接着，我以"男女平等主义"和"人类无阶级性的团结责任主义"作为改造的第三、四项基础条件。关于前者，此前我曾几度叙述自己的感想，现在我仅简单地概括为，男女的性别不能成为人格上有优劣之分的理由，也不能成为人在参与文化生活的权利和义务上遭受差别对待的理由。而后者则是由自我发展主义、文化主义和男女平等主义所促成的必然思想，为了创造文化生活，所有的人要承担起协作的责任。这也要求我们女性要公平地分担这份责任。

最后，我以"泛劳动主义"作为改造的第五项基础条件……自幼年起，我看到了许多男女辛勤地忙于耕作和纺织。我在尊敬这些人的劳动精神之余，看到人群中也有远离这种精神的人，并十分憎恶他们的这种懒惰。我相信，所有的人类一起劳动的日子必会到来……我从泛劳动主义的立场出发，要求女性从事各种劳动和职业，也要求她们接受高等教育以便为劳动做准备。此前我曾屡次陈述的有关女性学问和经济独立的意见，其实是为了想贯彻这个要求。

不将女性幽闭于闺房和厨房，而给与她们工作，这在我国很早就已实行，但完全不允许女性的职业范围随男女平等主义而相应扩充。

向女性开放所有的职业，并根据女性自身的实力任其选择职业。而且，既然有必要使今天的女性奋起向上，特别是若奖励职业上自由竞争的话，那么就应如山川菊荣女史所说的那样，日本妇女界不能停留在对一两名女性科学家的出现就感到欣喜的那种难看的状态。

以上是极为粗浅的说明，我认为只有基于这五项基本条件，日本女性的地位才能获得改善。她们也为改善日本男性处境发挥着不可或缺的作用。这与"良妻贤母"或"母性保护"等模糊不清的概念完全不同……这些条件意味着彻底的个人主义、人格主义、人道主义，所有人都能平等、和谐地享受生活，而没有偏见和不平等。

和歌创作的心得
与谢野晶子 1931，296-302，305-8

我被自己想要抒发感情的欲望所驱使，为了陶醉于欲望的自我满足，于是开始了和歌创作，只要能作出些许依随自己所思而写的和歌，那么就达到了自己创作和歌的目的，并不期望自己的和歌中存在其他东西。这种创作的动机直到今天也没有改变。我看到许多古代的诗人、俳人，特别是男性作者在意艺术所附带的名誉感、世间的评价等，他们有强烈的竞争心，欲战胜他人，欲夸耀于他人，这样的优越感看起来极为强烈，但我不会采取这种所谓专家式的心态和态度来进行创作，从我认真进入专心创作的经验来看，自己心中完全不存在名誉等物。我认为，伴随名誉欲望的创作态度是不纯粹的。

因此，我在创作和歌时，仿佛没有经验的歌人一样，今天我仍认为自己是一名外行歌人。这既非谦逊也非夸张。在吟咏和歌时，我常常会对该如何吟咏出一首和歌而感到不安，甚至还会怀疑自己是否不知和歌创作的方法呢。因此，在创作和歌时，我常常以初次吟咏和歌的心情——外行的心情来吟咏和歌。即总是以初次吟咏和歌的心情来体会人情味，凝望山水的景色、花和草木的景致，面对新的感动而努力打开心灵的眼睛，不在乎自己在重复与昨天同样的感情。

就平安时代的文学家而言，由于纪贯之、藤原公任①等文学大家多持有专

---

① 纪贯之（872—945）和藤原公任（966—1041）是平安时代出身于贵族家庭的著名和歌作者。

家式的意识，因此我对他们的作品并不十分喜欢。我之所以这样说，是因为他们抱持着"自己是和歌大家、大师"这样狭隘的自负，不能赤裸裸地展露出人性，不能自由地、无所拘泥地创作……然而，一些女性作家却并非如此，她们想写便写，想吟便吟，在拥有这样态度的"自由艺术家"——紫式部和清少纳言的散文文学，以及和泉式部①的和歌中，似乎能够拥抱所有的读者，具有丰富的包容力，并能使人感受到人间的情感。

以上所述是我关于和歌创作的态度，接下来我将谈一下创作和歌时的实际感受，若不完全立足于"实感"，那将无法创作和歌。所谓"实感"，平素座谈中所表达的，或是散文中所展露的那些程度的感情——平常的感情中，并不能感受到想要用诗与和歌进行表达的那种充满创作欲的兴奋……我所说的"实感"属于诗意般的特殊感情，因此，作者自己要跳出一般的常识，触碰以前所未曾感受过的新喜悦、新悲伤，面对与平素不同的兴奋，应使我们的生命为之跃动。

如同画家在思考构图一般，首先要用心去思考应以怎样的"措辞"来吟咏和歌。不过，当灵感旺盛地迸发时，和歌表达所需要的语言似期待已久，仿佛鱼跃般从口中自动涌出。此时便能一气呵成。但是，若没有这种灵感出现，一首和歌总要涂涂改改，弄得满纸漆黑，真是为用恰当的"语言音乐"完成作曲而绞尽脑汁。这种绞尽脑汁即所谓"诗人创作时的阵痛"，苦中有不为人知的创作乐趣。

我这里说到了"语言音乐的作曲"。和歌就是一种音乐。它既非论文，也非记叙文。用少许词语如音乐般地表达多种感情的就是和歌。要求和歌中有思想、哲学乃至流行的意识形态，这如同要求音乐中亦有此类东西一样，都是错误的认识。并且，和歌中所流露出的诗意感情，并非赤裸裸地叙述，而是作为一种音乐使我们能直接地感受到人的感性。因此，为了贴切地表达诗意的感情而使其音乐化，就必须选择适合它的和歌语言，将这些语言作为旋律来进行谱曲。并且，一种新的感情中必须要用一种新的语言进行谱曲。

因此，必须体会语言中单词的一个个音调和意味，还必须知道通过不同

---

① 清少纳言（966—1017），平安中期的女随笔作家、歌人，著有《枕草子》。和泉式部（生卒年不详），日本平安中期最有才华的女歌人。

的单词组合可以产生不同的音乐效果。画家会害怕画具被玷污，在意画面的浓淡，顾虑作品完成后品质的优劣，而和歌创作也同样需要如此费心。决非像散文那样只要领会意思就可以了。

特别是，我国的和歌是举世无双的诗歌体裁。一首和歌中不仅不允许浪费一词一音，还要尽可能地省略说明，在简洁而巧妙的措辞表达中，创作出宛如花中香气扑面、朝霞浸染山间一般的作品，尽管难以捕捉，但应创作出那种漂浮着切实而又缥缈的情感的作品。

虽然是一些浅近的话，但从我的经验来看，一旦开始吟咏和歌，自己的"爱"会变得宽广而又纤细，同时，自己对"美"的趣味也会变得高雅而丰富。譬如，在平素看来极为平常的粗杂草丛中的花、秋日的落叶、石头以及枯树中，能够发现以前未曾留意过的有趣的线条、角度、色彩、厚重、淡薄以及其他各种各样新的"美"。如此一来，与以往那种模模糊糊没看清所不同，我从中能深深感受到一种留恋，感受到它们与自己的亲近，或能与自己一同喜怒哀乐，抑或能进而与自己融为一体。若用冷静的眼光去分析、思考的话，那或许是一种愚蠢的感情，然而人生的大部分是超越理性的，是活在这种感情中的，这种感情作为"心理上的实际存在"确实有力地支配着人。

通过吟咏和歌，我加深了那种爱和同情的感情，不论是面对无情无心的草木自然，还是面对人，我能客观地看待其长处和短处、美和丑，热爱并尊敬这些长处和美，与此同时，我的心灵也有成长，能够宽容地看待那些缺点。我认为，自古以来我们所说的艺术、宗教、伦理能与自然达到极度的一致，其原因就在于此。若能脱离死板的理智，在艺术性的情感中感受我国的神祇吟咏和歌，以及希腊等国神话中的美丽之神、艺术之神等，我认为那是非常有意义的事。

主要诉诸理性的学问也会使人高尚，但艺术透过感性，会更加直接地洗净人的生命。即使是观赏他人的艺术作品，也会使人从功利的、令人感到逼仄而又痛苦的世界中解放出来，更何况自己能体验到创作的乐趣和苦心。

[YM]

（周晓霞译）

平塚雷鸟

平塚雷鸟（1886—1971）

平塚雷鸟（原名平塚明）是现代日本最有成就的女性主义者。她的公开活动始于1911年《青鞜》（意为蓝袜子）的创刊，这也宣告了日本女性自由文学运动的开始。在整个成年时代，强烈的个人主义和谦卑的禅学思想的实践共同支撑了她对女性问题的思考。在20世纪的第一个十年里，她为追求真爱拾起女性的权利。她爱上了比自己小5岁，名叫奥村博史的画家。她拒绝接受日本战前的结婚制度对女性自身市民权利的剥夺，而是选择与奥村保持合法同居关系。她一反传统，还成功地将自己的两个孩子登记在了自己为户主的户籍上。在她与其他女性主义者以及与谢野晶子对母性保护进行论争之后，她开始转向关心1920年代的社会问题，设立了妇人协会旨在获取妇女参政权和维护妇女权益的立法。1930年代，她转为协作运动，以通过草根大众进行社会改革。在"二战"中，她选择保持沉默，甘作一名普通耕作的农妇，但在战后她继续工作，坚持自己一贯的主张。她主张反战，宣扬世界和平，1953年组织设立了日本女性联盟，并在1962年协助设立了新妇人协会。我们从这位美丽而智慧的女性身上看到她关注问题的广度和献身参与的深度。我们可以通过她那火一般的精神了解到20世纪的日本社会和思想意识。

[YM]

两大宣言

平塚雷鸟 1911，14-8（157-9），22-6；1920，159，164-5，169

《青鞜》（*Seito*）——蓝袜社的创办

原始之初，女人原本是太阳，是真正的人。

而现在女人是月亮，是依靠别人而生存，依靠别人的光芒才能发出光辉，像病人一样面容苍白的月亮。

《青鞜》（*Seito*）——在这里发出她诞生的第一声。

由现代日本女性靠头脑和双手创造的《青鞜》（*Seito*）发出了标志它诞生的第一声。

热诚是祷告之力，是意志力，是禅定力，是神道之力，也可以说是精神集中力。

我们女人每一个都是潜在的天才，都具有天才的潜力。但潜力就意味着这还不是真正的现实。假如仅仅由于精神集中力的缺乏，而使如此巨大的潜能永远默默地处于潜而不显的状态，过完一生也不被激发，那就太可惜了！

自由、解放！这些对于女性自由和解放的恳求已经在我耳边呜咽了很多年。但这些呼声都是些什么呢？仔细一想无论自由还是解放，难道不是一直都被曲解和误读着吗？单是"女性解放"这个词就包含了许多问题。女性的自由解放难道就仅仅指女性从外部压力和约束中解放出来，仅仅指女性被赋予了接受所谓高等教育的权利，仅仅指女性被允许在更为广泛的职业范围中任职，仅仅指女性被赋予投票权，仅仅指女性从家庭的琐碎事务中得到解脱、摆脱了父母和丈夫的监护并被允许去过一种所谓的独立生活吗？当然这一切确实能够成为她们获得自由和解放的条件和机会。然而如果只这样看待自由解放的问题，那未免过于简单了。因为这一切都只是手段，这一切本身并不是真正的目的，并不是我们的理想。

为了潜藏在我们自身内部的天才，我们必须牺牲自我。也就是说必须做到无我。（无我，是自我扩展的极致状态。）

我们的救世主就是我们自身内部的天才。救世主不是我们去寺院、教会向神佛所求的东西。

我们不需要等待神的启示。我们通过自身的努力，释放我们内在天性自然的秘密，我们将成为我们自己的天启者。我们不需要再到某个偏远的地区去寻找奇迹或我们向往的境界。通过自身的努力，释放我们内在天性自然的秘密，我们将成为我们自己的奇迹。

让我们热忱地祈祷，不要中断自己精神的专注。让我们继续努力下去，直至我们潜在的天才诞生，直至隐藏着的太阳得以光芒万丈。

女人将不再是月亮。终有一天，女人将重新成为原本的那个太阳。她们是真正的人。

[TC]

参加妇人战线

就在我准备给《女性联盟》写前言的时候，我情不自禁地想起我年轻时写的文章，这篇文章是这样开头的：“原始之初，女人原本是太阳”，这篇文章在 10 年前曾发表在《青鞜》（Seito）杂志上。

我那时的思想和个人生活，以及当时对女性世界和女性问题的观点与现在有很大的不同。女权运动现在已向前迈进了一大步，并在过去的十年时间里发生了巨大的变化。不仅仅是要求法律、政治和经济上的自由，随着女权运动的继续发展，我们开始着力于呼唤女性的精神自由和精神独立。在这个意义上，我们可以将其称为一种精神（或宗教）运动，而不仅仅是一项社会运动。

我们现在正在从作为人类的自我意识朝向作为女性的自我意识前进。那些狭窄的、从个人角度而言的、以自身为中心的女权主义立场观点早已经过时了，女权主义思想的核心已经从男女平等、权利平等和机会平等这些议题转移为和男女（也就是指爱情和婚姻）、母亲以及孩子相关的议题。换句话说，女权主义已经从个人转移到集体，从个人利益转移到利他主义。

子女的繁衍和养育，也就是指，女性在一个家庭中作为母亲所担任的职责，曾一度被男人和女人自身所摒弃。而现在，这种职责在女性的心中再一次被赋予神圣和宝贵的社会和道德意义。上天赋予女人的角色便是母亲。这种母亲的职责不仅仅是繁衍和养育子女，更多的是繁衍更为优质的子女并让他们聪明地成长。

出于人性，她们除了繁衍后代，还必须让自己的后代更为优质地成长。这其中就蕴含着女性和母亲的社会含义。最先进的女性运动的最终目标就是要求获得女性爱和生育子女的权利，以便她能够改善人类，通过爱和婚姻、通过繁衍和教育子女，从根本上重塑这个社会。

在过去，我们呼吁停止性别歧视并要求作为人类的平等权利。现在，作为女性，我们呼吁这样一种权利，它能够让我们作为母亲来履行自己的权利和义务。在女性运动成立之初，我们倾向于将女性参政权视为一种自身的目的，并认为这种参政权能够给我们带来政治上的平等。现在，我们把它视为一种权利，通过有效地执行这种权利可以让我们获得某种特定目的，也就是，改革这个社会，从而使得女性能够作为女人履行她爱的职责。

[YM]

我国明治末期至大正初期的妇女问题
平塚雷鸟 1915A，106-16

在卢梭哲学思想和法国大革命精神的影响下，欧洲女性开始慢慢地觉醒，她们开始在各种战线上以各种方式探讨女性问题。截止到 18 世纪末，已经出现了多部由激进派男性或女性作者出版的正式的言论，如奥兰普·德古热（Olympe de Gouges）的《女权与女公民权宣言》、托马斯·图里尔德（Thomas Thorild）的《女性的原始伟大》及玛丽·渥斯顿克雷福特（Mary Woll stonecraft）的《女权辩护》等。在 18 世纪末期到 19 世纪上半叶，也出现了像斯塔尔夫人（Madame de Staël）和乔治·桑（Georges Sand）这样的知识女性开始倡导浪漫爱情权利，她们反对在教堂里举行的没有爱情的婚姻以及国家明令禁止离异的婚姻。在德国，一位名叫拉结瓦恩·哈根（Rahal Vernhagen）的新女性十分活跃。我相信大约是在 1850 年左右，米尔（Mill）的一部著作《妇女的屈从地位》出版①。从 19 世纪下半叶到 20 世纪，北美的夏

---

① 实际上，它出版于 1869 年。

洛特·吉尔曼（Charlotte Gilman）、南非的奥利弗·施赖纳（Olive Schreiner）以及瑞典的艾伦·凯（Ellen Key）也都开始纷纷发表自己独特的观点。同时，在文学界，大作家易卜生（Ibsen）也将女性问题带入公众视野中，他点燃了女性心目中对另一种生活方式的渴望。女性问题不仅仅是在理论和抽象概念上被讨论，它们也衍生成一些运动。通过她们内在本能及外在必然性的激发，女性们开始了艰苦的斗争与挣扎。最终的结果是她们的社会和经济地位得到了很大的改善，而且她们的法律和政治权利也得到了某些扩展。

  19 世纪被正确地称为欧洲和北美女性的世纪，正是因为女性的问题定义了这一时期。有人会说"女性的世纪"已经是过去式了，现在已经进入"儿童的世纪"了。而同一时期的日本，女性的情况又如何呢？

  日本的明治维新属于男人的革新，而且是属于那些年轻有为的青年。这些新兴开明的领导人尝试将西方文明引入日本文化和组织的各个方面，他们的这些勇敢尝试仅仅是一种肤浅的、不协调的局部模仿。然而，他们却成功地创建了一个快速而现成的文明。在那个时候，女性——这个国家的半边天——也在某种程度上受到了当时社会思潮的刺激。有些人受到自由和广泛权利运动的鼓舞，尝试着进入政治界。另一些人，则加入板垣退助对男性平等权利的追求大军中，但当时还没意识到作为女性的觉醒，只是轻率地一味去模仿男性行为。在 1894 年或 1895 年，文学界开始出现了一批以樋口一叶为代表的年轻女性知识分子，但此时她们也大多只是在模仿男性，而不是去展现自己，她们开始写一些关于她们自己的小说。诚然，有些女性作家写她们自己的经历和感想只是为了发泄她们生活中的痛苦和绝望。但是，这些写作中缺少了一种力图通过新思路去对抗这种生活现状的斗争精神。她们仍然陷于传统道德、风俗、教育和其他社会结构的禁锢之中，她们无法从这种沉睡状态中醒来，并冲破作为弱势群体的这种消极和附属的地位。

  日本的第一批女性活动家是今井歌子（Imai Utako）和远藤清子（Endo Kiyoko）。我们可能还会提到福田英子（Fukuda Eiko），她出版了世界女性的期刊，并介绍了女性的社会主义观。几年后，与谢野晶子（Yoshano Akiko）开始发表一些有关女性的温和的常识性观点，并倡导男女的平等对待。西方思想学者们开始将目光投入有关女性问题的著作上。但是，这些努力没有能够创造出一种社会运动来让男性意识并注意到女性问题或他们自身对女性问题的反省。日本社会在很大程度上一直都奉行着女性是"贤妻良母"的观念，并将这种思想视为女孩教育的唯一核心却一点也不感觉到奇怪。

当然，日本女性也不会沉睡太久。表面上，日本社会看起来风平浪静、平稳祥和，但是新时代的精神——由现代化文明衍生出来的新观念——正逐步渗透到中产阶级的年轻女性的思想中，这一切都在悄悄地进行中，当然这些思想最终在她们的灵魂深处也会生根发芽。

一些年轻女性深受当时主导日本文学界的自然主义运动的影响，另一些则深受个人主义思潮趋势的影响。有些人受到现代文学中描述的新型女性的鼓舞，而另一些人，作为女儿、妻子、学生、老师和专业人员，因为受到传统思想的禁锢，则仍然被束缚在这些社会和家庭角色中，她们深受冷落、轻视，被当作奴隶来对待，在面对不断的侮辱、谎言、矛盾和冲突中开始质疑这一切。她们开始反思自身，并慢慢开始面对"自我身份"这一问题。她们意识到自己的青春活力和个人尊严正在被她们周围的事物无情地践踏和粉碎。她们非常渴望能够作为一个独立、真实的个体，自由地去过她们自己的生活。她们的父母、丈夫、老师、朋友以及那些宗教家、道德家和教育家所说的一切开始在她们心中播下歧视和不满的种子。她们无法抑制住反对旧权威的冲动。

唯一阻挡年轻女性表达她们真实思想和情感的东西便是顺从教育，这种教育借"女性气质"和"谨小慎微"的名义，迫使她们拥有耐心。

在明治维新后期，我和一些志同道合的朋友们大胆地出版了《青鞜》(*Seito*)杂志，作为我们公开表达自己热情、真诚的象征。无疑，我们所要说的内容都相当幼稚，而且我们的思想也没能以一种连贯的方式向读者展开。我甚至可以说，在哲学内容的开头部分，我们就被不经意间爆发出来的模糊愿景所笼罩。

我们（至少是我个人）的信条和主张用最简单最抽象的话来说，就是女性应该就像男人是人一样，是跟男人平等的有灵魂的人。因此，女人也应得到高等教育的机会，女性在思想和情感上也应该得到自由和独立，由此女性能从她们自身内部彻底地完全地觉醒或获得解放。不能只用经济上的独立，社会上、政治上和法律上拥有某些权利这种外在指标来进行衡量，这些应该是一种伴随而来的结果而得到必然的实现，或者只是作为第一目标，而非整体，只是其中一部分而已。我们对过去和现在女性所处的可怜地位痛心疾首，力图提高我们的思想意识，并热切憧憬女人解放以后的新生活。

那我们所追寻的这种"新生活"到底是什么呢？这种新生活到底需要什么样的宗教、道德、教育、政治和法律系统来支撑呢？两性关系又将如何呢？什么样的经济结构才适用于这种新生活？关于如何让这种"新生活"更加具体实在，我们还没有任何线索，我们也没有任何实际步骤来实现它。事实上，我们甚至都没有一个清晰的概念来引导我们，更不用说我们有任何精神上的沉着和冷静来静静地思考和研究这一切了。总而言之，在我们周围悬浮的这种"新生活"像幻影一般。理性地说，现在的我们还只是个小孩，而且还只是个在做梦的诗人。

我们现在还很幼稚，还有很多无知与偏见、矛盾与暧昧，尽管如此，我主张今天我们女人的真正的解放必须从我们的内部生活开始，把这作为妇女新生活的第一步，打破妇女以往作为必要条件的历史因袭，在现代妇女自身的需要和个性权威之上建立这种真正的解放，我相信，我这么说的着眼点和出发点并不存在错误。同时我认为也可以说这是真正意义上的在日本讨论妇女问题的第一份意见。

那么日本社会对这些微小但十分重要的措施作何反应呢？他们的态度绝不宽容。有的人从一开始就对我们产生怀疑，感到好奇，笑话我们或冷眼旁观我们，随着他们的侮辱、嘲笑、攻击和诽谤、辱骂，最终把我们视为扰乱风纪、传播危险思想的人，对我们进行官方的压迫。

但是这种时代的趋势是无法制止的。尽管男性知识分子认为那是女人的虚荣心，认为那违背了日本固有的女德，女性抗争者却越来越多，几乎随处可见。她们是憧憬婚姻以外的知识和艺术、梦想独立、叛逆父母来到城市发展的女性，或是对没有爱的感情基础的包办婚姻、为物质利益而结合的丑态婚姻感到反感的女性。

1913年和1914年大量的新闻和杂志开始谈论"妇女问题"的话题，来自社会各个领域的人们都参与了"新女性"这一话题的讨论。这对于这一名词在日本的传播或许起到了一定作用，但同时，我们认真的工作态度被玷污、被中伤、被误解。我们不得不花费很多时间和精力防守和澄清。

这整个过程让我们更加坚定了我们的决心，同时也让我们想要远离公众视线，转为对自身的反思并进一步培养我们的思想。我们努力将自己的想法注入自身的写作中，这意味着首先我们要远离那些不适合我们的大环境。例如，我们中的某些人搬离了自己的家，和父母分开，自己开始独立的生活。她们认为自己原本的家就是一种陈旧思想和社会结构的象征。有些经历过浪漫爱情的人们，宣称这种爱是我们的权利，她们自由进入一段婚姻或选择住在一起。我们中的有些人也生了孩子——这些孩子是爱情的结晶。由此，我们认为我们的思想开始融入了物质，我们开始处理日常生活中的具体问题，由此，自然而然，我们就谈到性的问题，这一问题一直以来都遭受轻视和忽略，甚至被否认。（早期的女性运动倾向于否认女性特质，倾向于把女性变得像个男性。这对长期以来人们过度重视性本身，而轻视了作为女性生活整体的反抗。西方女性运动史上也出现过这样的反抗，我认为这很值得思考。）

我们开始逐渐意识到：我们的自由不是来自"女性性别"的解放，而是来自真实"女性"的解放。我们推崇女性权利不单单是为了作为一个人要获得权利，而是作为一个女性要同样需要获得权利。于我而言，这种信念在我某次偶然接触到艾伦·凯的哲学思想后找到了很多共鸣之处，在艾伦·凯的哲学思想中，爱被视为女性运动的中心问题。

在过去的四年时间里，《青鞜》一直都担当着我们国家第一阶段女性问题的代表，这第一运动阶段可以称为怀疑而消极地打破旧时代的阶段。但是现在我们面临着如何为女性构建新生活的问题，这就意味着需要为女性识别新的精神、道德、伦理和法律现实。这是运动的第二阶段，一个积极的建设研究阶段。这一阶段将会给我们带来更多更为复杂、更具挑战性的问题，例如：女性"精神生活"和"家庭生活"之间的实际冲突，也就是如何去解决作为人的权利和作为女人的权利之间的矛盾和冲突。在第一个反对传统、打破旧俗的阶段，我们只需要激情、勇气和牺牲精神。但今天我们还要修炼我们的聪明才智。除了提出问题，我们还需要实实在在地解决这些问题。这就需要我们掌握各类领域（诸如生物学、人类学、社会学和经济学）内与当前和过去整个人类生活图谱相关的某些科学知识。

如果能够去学习其他国家女性运动领导人所做的斗争并研究指导她们的哲学原则，对我们将会十分有益。这并不是说我们要单纯地模仿西方女性运动,而是我相信她们能为我们解决我国的妇女问题、发现我们的新路提供许多灵感、暗示和参考。

[YM]

不要资本主义也不要马克思主义
平塚雷鸟 1930,173-80

《妇人战线》是第二个《青鞜》。它意味着从个人觉醒到社会觉醒的变化。二十年前,正值日本资本主义发展的中期阶段。我出生于一个富裕的中产阶级家庭,靠着父母的财力支撑,接受了当时最好的学校教育。那时二十来岁的我受到资产阶级个人主义思想的影响,无法浑浑噩噩地生活,在时代力量的推动之下,我邀请四五位朋友一起创办了《青鞜》杂志,并在杂志中高歌自我的尊严、妇女的自我革命等,我们公然反对封建制度以往对女性的禁锢,反对男性专制主义,表达对妇女独立与自由的向往。

我们的运动与其他刚开始萌芽的所有运动一样,一开始并没有走出文艺运动的范畴,内容十分抽象,但仍然引发了超乎想象的来自强大封建势力的批评和嘲笑,有段时间我们的运动几乎在误解中消失。尽管如此,《青鞜》播下的种子很快地在日本年轻女性心中生根发芽,在无言中带给她们璀璨的希望,成为促使她们自身勇敢的行动,逐渐发芽开花。

《青鞜》出版后的十年时间里,得益于欧洲的第一次世界大战,日本资本主义开始有了长足的发展。今天,日本女性可以参加工作,并成为社会劳动力的重要组成部分。1919 年夏天,我走访了一些制丝工厂和纺织厂,去查看女性劳工们的实际工作条件。我当时看到的情形、听到的故事是多么的凄惨。我被深深地触动了,我开始觉得自己有必要离开自我感觉良好的文学运动而去为团结和行动努力。1920 年,我们成立了新女性协会。自那时开始,我不再是一个被父母财富保护的女儿了。我是一个有着两个孩子的贫困母亲,正努力地去求得生存,而且还总是会担心入不敷出。我也深受母亲问题的折磨,需要把自己变成一个职业女性。

自新女性协会成立以来,又一个十年过去了。这十年时间里的变化是多么巨大！随着日本资本主义在战后以惊人的速度发展和日渐成熟，它残酷、恶毒的本质开始暴露出来。很多日本工人失业后无法再找到新的工作，中小型企业倒闭、知识分子也面临僵局。在城市文化欢乐的背后逐渐攀升起一个阴影。我开始思考，作为女性、作为工人阶级中的一员，我们应该从根本上重组经济体系，在当前的经济体系中，大量的资本家垄断了社会财富、剥削广大劳动者，使劳动者陷入了无尽的痛苦。

我发现马克思社会主义运动与资本主义无论是在方法还是在社会结构理念上都是完全不同的，我开始慢慢地被合作社运动吸引了，这种合作社运动逐步扩展到了全世界各个角落——不仅仅是因为它更加脚踏实地，还因为它试图削弱现代资本主义。尽管合作社运动已经认识到了阶级差别，却并没有采取激发男性好斗的本能使之参与到阶级斗争中去，或是那种通过权力斗争从资本主义手中夺取权力的方法。它的目标更接近于女性，接近于那些待在厨房里的平凡卑微的生命，这来自它的互助精神。通过这些和平且切实可行的方法，在建立一个合作自治的新社会过程中，这一运动能明显而有效地削弱资本主义组织。同样，它似乎也是最适合女性生活和气质的。

[YM]

战后思想

平塚雷鸟 1948，42-4

当前的革命发生在战争之后，是战争失败的产物，它是一场伟大而美妙的革命，而这种革命是日本人民过去所不知道的。它像一把斧头切断了长期以来女性遭受奴役的根源。女性同胞们正在从各种限制和约束中获得解放。这一切令人无比欣喜。

我认为：对于解放了的日本女性而言，现在正是她们恢复女性运动最初愿景的时候，现在正是女性意识到自己作为人的重要尊严的时候。我们不是玩偶，不是机器人，也不是雌性的动物。我们真正的身份是高贵而神圣的。它是无穷无尽的生命的港湾，它的容量没有边界。我们每一位女性都需要通过内省来了解到这一真相。追求自身内在的神性，这听起来似乎十分困难，但实际上远非如此。我们只是没有发现我们所具备的原始神性，我们只需要再次发现它即可。你也许会觉得自己软弱无知，但如果你认真地探索自身的所需和所求，你应该能看到一位自身之内的神（神的事实就是宇宙本身的起源），这就是它所指代的自我意识。

这种自我意识可以让我们深入了解到人类尊严和每一个日本公民互相平等原则的深远意义，民主便是建立在这些原则上的。它可以帮助恢复当今女性似乎极为缺乏的自信、勇气和激情。那些真正不可撼动的自信、不懈的勇气以及持续的激情都根植于这无限的神力之中。日本女性自我意识解放的那一天最终会到来，它会一步步地克服当前的不利条件并收获解放的辉煌成果。1911年，当时我26岁，我曾感叹道："原始之初，女人原本是太阳，是真正的人。而现在女人是月亮，是依靠别人而生存，依靠别人的光芒才能发出光辉，像病人一样面容苍白的月亮。"今天，在37年后，我可以满心欢喜地呼喊："在每一个获得解放的日本女人的内心深处，都有一轮伟大的太阳在升起。看哪，这一天终于来了！"

[YM]

处女的真价
平塚雷鸟 1915B，53—60

尽管贞操的价值问题隶属于更大的童贞话题，它也有它自己的独特之处。传统观点认为：贞操应该值得珍惜，纯洁和清白是十分珍贵的，女孩子们千万不能随意地糟蹋自己的贞操。由此，贞操从古代开始就变成了女性道德的基石。到目前为止，没有人对为什么会如此提出疑问。唯一的争论也都围绕在贞操是否该贬值，因为表面上它的确是无价的。然而它内在的价值却尚未经过仔细思考。

问题是：为什么传统道德总是毫无保留地对那些在婚姻以外丧失了贞操的女性们横加指责？我们所要做的不是去参与贞操是否重要这一泛泛而论的话题，而是应该以另一种方式发出提问：对于一个未婚女子来说，她的贞操需要维持多长时间才有意义？因为贞操是女性性生活不可缺少的一个部分，是她生命站点和成熟程度不可或缺的一个部分，在很大程度上是她的个人问题。在被追问这一问题的答案时，我只能说："一个未婚女子应该保护她的童贞，而这个童贞是她自己的，她可以按照自己的意愿去保留，直至合适的时机到来。在错误的时间里失掉童贞是一种浪费，但是在正确的时间里失掉它就并不是。"就内在生活而言，失去童贞最适当的时间是当一个人的感官欲望是出自对爱人的浪漫爱情时（这种浪漫爱情是建立在为所爱的人的精神所吸引的基础上），是当两个人的结合可以被亲密、深刻地感受到的时候。从一个更为宽泛的角度而言，一个女人贞操的丧失应该意味着：相比之前的处女状态，她能获得更为圆满、更为健康的性生活，这种状态能让她的生活更加丰富，让她的活力倍增。

女性贞操由两部分构成，一方面是在必要时尽可能长地保留贞操，另一方面是在适当的时间里失去它。通过这种方式，贞操可以呈现很大的价值。对于女性而言，她们最根本的问题是：她们是否能够去追求浪漫爱情（这一点对女性存在十分重要），她们是否能够拥有一种健康自然的性生活（这是女性存在的核心）及她们是否能够在生活中获得喜悦。就这个意义而言，只有当女性的贞操受到暴力危险时，去保卫贞操才是一件十分自然的事。贞操是一种属于个人的东西，而个人必须表达出她们在个人生活中的权利并尊重对于健康个性的需求。除了贞操的这一重要方面和性方面，我看不出它还有什么其他价值，或还有什么根本原因应该将其视为一种珍贵的东西。

女性们是如何丧失掉她们的贞操的？她们中有多少人是在最适当的时间失掉贞操的？在大多数情况下，女性的贞操被视为一种和风俗、外在环境绑定在一起的"东西"。尽管从法律上而言，贞操是一种个人的东西，大多数女人却无法选择，只能遵从社会习俗，并在社会大众认为适当的时间里放弃贞操。通常，贞操的丧失都发生在包办婚姻中，于我而言，不管是今天的社会认可，还是传统的道德观念，这些都是丑陋的，甚至是犯罪的。对于一个女性，如果丧失贞操就是为了临时逃脱，以获得生命中的安全感，或是出于简单的虚荣心，或是为了父母或家庭的利益，那么她就是在犯罪。即使在一场浪漫爱情中，如果一个女人只是为了获得被爱而把自己给了爱人，然而自己并没有性的渴望，则她也是在犯罪，尽管这是一种浪漫的犯罪。当然，我们不能盲目地去看待这样的现实：有些女性因为贫困而不得不交换她们的贞操。但到底凭什么让她们的行为比那些在无爱婚姻中丧失贞操的行为更加有罪？

我期待着"包办婚姻的封建体制瓦解，女性的失贞能在真正的婚姻中发生"的那一天到来。

[YM]

（刘争译）

山川菊荣

山川菊荣（1890—1980）

山川菊荣（旧姓森田）是一名坚定的社会主义者，是 20 世纪最有影响力的意见领袖和社会活动家之一。她从当时女工的处境中受到直接的触动，不仅通过自己的作品，而且还通过积极投身于社会运动，为提高女性的社会地位而奋起反抗，以此来促使她们形成关于社会不公的认识。山川被世人所熟知的是，她曾写过一部关于德川幕府晚期下层武家女性的口述史（《武家的女性》）。在一场与青鞜社成员伊藤野枝展开的公开论争中，有关废娼运动的讨论使她走入公共领域。伊藤认为卖淫是一种必要的罪恶，山川对此则持不同意见，她批评那是旧封建制度遗留下的可耻的糟粕。在随后与谢野晶子和平塚雷鸟关于"母性"的论争中，山川扮演着仲裁人的角色，并主张更为重要的是必须实现从资本主义到社会主义经济制度的转变。

1921 年，山川与其他众多志同道合的女性共同创立了第一个社会主义女性团体"赤澜会"。正如下面选文所示，通过这个组织以及其他山川所参与的团体，她将自己视作知识分子和劳动妇女之间的桥梁。通过这个途径，她向社会主义政党提议废除家父长制，建议给怀孕的女工假期，并在工作场所建立护士站。山川是一位积极主张改变亲子关系的提倡者，她始终坚持女性有权利决定自己什么时候怀孕。她曾经有两次不得已改变自己姓氏的经历，一次是为了确保她的女系家族继承权，另一次则是在婚后变更了自己的姓氏，她是一名很早就主张女性有权在婚后继续沿用自己婚前姓氏的倡议者。"二战"后，山川被任命为首任劳动省妇女少年局局长。

[YM]

女性主义的检讨
山川 1928，167-74

所谓"女性文化"的意义

近来常常听到有人说起"女性文化""妇女文化"。我们认为，所谓文化乃是人类社会历史发展的结果。纵使我们都知道那些以奴隶经济为基础的古代文化，以农奴经济为基础的封建社会文化，以薪金雇佣制度为基础的现代资本主义文化，以及以社会主义经济为基础的未来文化，但是我们并不能理解男性所作的男性文化、女性所创的女性文化。无论怎样的社会，无不由男女两性所组成，从这个意义上来说，某种文化本身常具有代表一个时代或者一个社会的性质，但绝不会存在代表一种性别，并且只由这种性别所引导的性别文化。只不过人类社会自从有了私有财产，同时有了阶级分裂之后，文化也好，教养也好，是以掌握着政治、经济权力的少数统治阶级为中心发展起来的，为了他们，为了他们继续维持的方便，原则上被剥夺了政治、社会权利的女性，与其他的一切被压迫者一样，不许自主地、积极地参与文化创造和享受。虽然在统治阶级之间，不消说女性亦曾被给予一定程度的教养，但那始终是为博得做主人的男性的欢心而给的，绝非为了女性个人自身的发展，亦非为了有助于其参与社会生活。但这与一般被压迫阶级的男性一样，学问、知识，凡是指导社会及统治社会所必需的教养和训练，皆被统治阶级的男性所独占，被压迫阶级的男性和女性一样，只被给予一些能更有利于维护统治阶级利益基础的有限的道德和教育。所以，向来所谓高级社会的文化，虽然也可称作男性中心的文化，但掌握着支配权力的并非全部男性，而只是一部分的男性，与其称之为男性中心的文化，倒不如称其为统治阶级的文化更为贴切和妥当。

进入资本主义时代，女性成为独立的生产要素，其思想也随之一变。此时，女性为获得法律上所承认的作为独立经济要素的新社会地位而要求参政权，并要求获得教育和职业的平等。所谓"女性文化"的呼声，是指根据这种经济地位的变化而产生的进步女性要求自主活动的主张，也就是说女性站在自主独立的立场上，自己进行有益于其自身发展的文化建设。

女性不应从属、隶属于他人，而是要站在和男性对等独立的立场上，自主地致力于文化建设，这种要求当然是正当的。这是女性作为人，以及作为社会一份子所持有的理所当然的要求，这既是她们的义务，同时也是她们的权利。

虽然这个要求在原则上是正当的，但在现在的社会中，是否可以单凭法律上的平等就能实现则是另一回事。现在，男性之间有关政治、教育、职业等方面的权利，在法律上并未被设置任何差别和限制。尽管如此，由于经济地位的不同，那些形式上普遍的权利，实际上却变成了社会上一小部分人的特权，民众被禁止行使这些权利。大多数民众由于无知和穷困，都只忙于眼前的生活问题，当丧失了思考及理解事物能力的时候，当言论和集会结社的自由因政府的权力而被肆意限制的时候，当必须根据经济条件决定教育和职业自由的时候，即一切权利的行使都被金钱以及以之为基础的权力所限制的时候，名义上的自由和平等，不言而喻，不过是一句空话，一抹幻影罢了。

男性之间那些形式上的平等，丝毫不能消灭事实上的不平等，同样，女性仅在名义上所享有的平等，也不见得具有任何原则性地、普遍性地改变其地位的力量。世界大战之后，名义上女性的地位已经改善。参政权和教育、职业的自由已经成为文明国家的普遍性原则。然而，资本的攻势造成的无产阶级的牺牲，却比之以前更凄惨，特别是缺乏团结的无产阶级的女性，遭受着比男性更甚的苦难。劳动时间的延长、工钱的减少、失业、压迫破坏工会，已经是世界性的现象，无产者的生活苦难和奴隶化，现在仍不知其所止。男性的参政权，固然无力阻挡这样的形势，女性的参政权在资本的暴威面前，亦是全然无力的。在国内以彻底地弹压和剥削无产阶级来扩张声势的资本主义，在国际上以压迫剥削弱小民族而愈加强大起来，同时又到处制造着帝国主义战争的危机。于是，全人类的和平发展和创造性的文化，正被人胡乱地践踏和破坏。在这样的事实面前，所谓"女性文化"事实上究竟意味着什么呢？不去对伴随全人类的生活及文化的破坏而来的资本主义本身进行彻底的抗争，却来说女性解放，说新文化的创造，事实上，不过是在协助那些使女性解放不可能实现的凶暴的资本主义政府，以致阻碍了社会进步和女性解放。离开全人类的解放，不会有女性的解放，离开全人类的文化，不会有独立的女性自己的文化。不去和那些阻碍全人类创造、全人类共享的文化发展的政治经济条件作彻底的斗争，却提倡"女性文化"，事实上除了显示女性与资本主义文化——构筑在压迫和剥削基础上的少数特权阶级的文化——进行协力合作之外，毫无意义。显然，提倡那种在资本主义的内部，仅有少数特权阶级的女性可以均享并参与的所谓"女性文化"，骤看似乎是进步的，实则蕴藏着反动的实质。这不过是浅薄无聊的"女性主义"（Feminism）的一种表现而已。

国际和平与女性主义者

女性主义者由于被排除在公共生活之外而发起了反动，她们抱持着一种幻影，意图在资本主义经济的内部，通过恢复一切女性的公权以及参与公共活动，从而从根本上改造人类的政治、道德、生活。但我们相信男女两性的差异，并非比人类本质上的共同点还要大。男性受到社会环境的支配，女性同样亦受其支配。推动现在社会发展的，表面上是代表权力的男性，事实上，驱动男性思想的社会条件才是基础性的、根本性的力量。所以，谋求解放女性——而又同时想要解放全人类的人，不应视男性为斗争的对象，而应与那支配其思想的社会环境作斗争。那些社会条件若不变更，即便女性站在男性的位置来运用政治、经济，但由于受到同样的社会条件的支配，其结果也不过相同罢了。现在，在女性参政权及其他所谓女性解放的诸条件满足的国家，在女性大臣、官吏、议员、教授辈出的国家，占据人口九成的无产者的生活愈加贫困化、奴隶化。正如事实所证明，所造成的结果是一样的。男性中心论者由于性的缘故而轻蔑女性。女性主义者却因性的缘故而崇敬女性。她们相信，在同样的社会条件之下，男性所不能做好的，女性由于性别缘故却能做好。这毫无什么科学根据。她们不过是把自己的希望，无条件地信作客观事实罢了。我们认为女性和男性是同样的人。因此，男性做得好的事，女性固然也可以做得好，男性做不好的事，女性只因为性的缘故也并不一定能做好。女性既不是神，也不是恶魔。要言之，女性不过是人，是和男性同样的人。那些认为女性劣于男性的看法是错误的，同样，认为女性胜过男性的看法亦是错误的。

有人想从女性的团结中谋求世界的和平。这只是基于从女性爱好和平这种抽象的、一般的前提出发而产生的无条件的、非科学的信仰，并非和什么具体的、实际的观察结合起来所形成的看法。从抽象的、一般的原则来看，自不待言，人类之中即便是男性，也不会无条件地赞美战争。就一般的原则而言，在爱好和平甚于战争这一点上，男性也不见得就劣于女性。但问题并不在于这种抽象的、一般的原则方面，而是现实中战争已经爆发，或是正在爆发的时候，究竟该采取怎样的态度、怎样的手段。

大战之前，全世界的女性主义者皆主张女性要是获得参政权便可确保世界的和平。而对于迫在眼前的战争危机和军备大扩张，却不曾有过一句抗议之言。果然，等到大战开始后，他们不惜去做那最凶横的帝国主义政府的、最凶残的侵略战争的武器。最忠实于劳合·乔治（David Lloyd George）[①] 那"要战斗到最后一滴血，要克敌到最后一场战"如渴血的恶鬼般狂呼的，不就是包括埃米林·潘克赫斯特（Emmeline Pankhurst）[②] 在内的女性主义者吗？他们为了遂行战争，不惜一切牺牲。因此，两千万人的生命遭受伤害，从妻子那里夺去丈夫，从母亲那里夺走孩子，全人类的文明遭到破坏，而成为资本走狗的不就是那"女性文化"论者、女性主义者吗？高呼"停止战争"，"立刻讲和"，"无并吞、无赔偿的和平"及"反对战争的战争"的，并非女性主义者，难道不是国际无产阶级吗？使战争终结的并非癫狂的女性主义者，难道不是葬送了本国帝国主义政府的俄德无产阶级的力量吗？

现在第二次世界大战的危机已迫在眉睫。尤其是这个危机以中国问题为中心逼近远东的天空，这是谁都一目了然的事。在这种时候，主张"女性文化"的女性主义者们为防止战争付出了怎样的努力？许多主张提高女性地位的团体之中，可曾有一个团体肯与无产阶级一同抗议过那导致世界战争危机的出兵问题吗？她们尽管有时间去议论区区女性杂志的改善，但对这个迫胁

[①] 劳合·乔治（David Lloyd George, 1863—1945），英国自由党政治家，1916年至1922年间担任英国首相。第一次世界大战爆发时，他建立政府信用贷款制度，为政府筹措军费。在首相任内，镇压民族解放运动。第一次世界大战结束后，代表英国出席巴黎和会，是《凡尔赛和约》的起草人之一。

[②] 埃米林·潘克赫斯特（Emmeline Pankhurst, 1858—1928），英国女权运动代表人物、政治活动家、女性参政运动的奠基人。1889年，埃米琳·潘克赫斯特成立了女性选举权联盟，之后又创建了女性社会政治联盟，主张用暴力方式争取女性投票权。第一次世界大战爆发后，她暂停斗争，号召女性投入生产，为国家而工作。

四亿中国民众和七千万日本国民生命的最重大、最紧急的问题，全然装作毫无关心的样子。如果不是装的，而是真正的不关心，那就是难以救拔的无知和无自觉。如果是装作不关心，那就是对国际和平的故意懈怠，也是无救的伪善和欺骗。

在这样重大的危机面前所召开的太平洋沿岸诸国的国际女性会议，假如要主张国际和平，就须以彻底地反对出兵中国为中心议题，否则毫无意义。太平洋沿岸诸国的女性，若不以与中国女性同心协力实现国民的解放为重点，却要承认帝国主义者在中国的暴举，并提倡国际和平，那无疑是对和平的背叛，是以女性之名，帮助剥削并掠夺四亿邻人的断难容许的国际罪恶。她们究竟是和平的使徒呢，还是帝国主义的走狗呢？泛太平洋女性会议的本质还是让那些代表们自己来暴露吧。

［RF］

（周晓霞译）

美 学

综 论

亚历山大·戈特利布·鲍姆加登（Alexander Gottlieb Baumgarten，1714—1762）在其论著《美学》（Aesthetica）的开端表明："美学（人文学的理论，次等知识的学说，美好思维的艺术，类比理性的艺术）是感性知识的科学。"[1] 这是该书的起始宣言，该书被视为美学的历史性开端，开创了美学作为一门在哲学领域内独立自主的学科——此举造端于从理性的优先性中拯救感性的需求。感觉（Feelings，希腊语：aisthesis）与谬误的经验世界息息相关，此历史观念由来已久，可回溯至柏拉图对于感性（senses）的不信任。感性赋予一种切入现实（reality）的途径，而现实的本质却只可能在对先验的形式或者理念的反思之中找到。感性以及装扮它们的设备（涵盖了诗人的修辞世界）被隶属于精神（或者辩证的逻辑），哲学家借此来学习知识（最终的善）。鲍姆加登所面对的挑战是如何创造一种有关感知力（sensibility）的理论，其中身体可以和思维并肩而立——这是一门"感性认知的科学"（"science of sensuous cognition"），这是向感性世界投入逻辑的完善性。不论哲学家多么努力地想要提升感性的地位，根据"服从理性的法则"（拉丁语：analogon rationis），感性则不可能逃脱"下等知识形态"的命运。

当西周（にしあまね，Nishi Amane，1829—1897）在他1877年的著作《美学的解说》中向日本引进美学学科，并且运用于在日本被称作"艺术"的组织，他所面对的正是如何接受基本的先天理念所引发的问题，譬如笛卡尔的"我思故我在"（拉丁语：cogito, ergo sum）。笛卡尔并没有否认激情和感觉在人类生活中的重要性，正如他在1649年的论文《灵魂的激情》（Les

---

[1] 鲍姆加登（Baumgarten）：《美学》，1750年版，第17页。

Passions de l'âme）中所证实的。但是，笛卡尔"我思故我在"的格言的确证明，为了理解激情，人并不能仰赖激情。反之，要分析激情，人必须依赖测量员的理性，其探求的工具——精神和理性——必须从其运用的对象中自由地独立出来。对笛卡尔来说，思想绝对不是感觉，即便帕斯卡已经提醒了他，"心灵拥有其自身的理性，却不为理性所知"（法语：Le cœur a ses raisons que la raison ne connaît point）。考虑到前现代和现代早期的日本事实，当今所认为的美学思考那时是由诗人和艺人所从事的，因此以"我思故我在"开场对于一篇讲美学的论文而言并非合适。这一点在日文翻译中已经很清楚了。日文翻译 cogito 所选用的动词是"思"（思う，おもう，omou；古典日语：思ふ，おもふ，omofu），同英文的"思"（think）或者法文的"思"（penser）并不对等，因为日文"思"含有一种强烈的"感染"（英语：pathos）因素。从辞源上来看，同"思"关联的词有"隐藏"（覆う，おうう，ōu）和"表层"（面，おも，omo）。[①] 这暗示"思"本有情感之蕴积的涵义，也就是说，无论是焦虑、仇恨、希望、爱，还是期盼等，都不能让其只是停留在表层。"思"在"心"（こころ，kokoro）中发生，"心"是情感外化背后的驱动力，却被压抑在思想的过程之中。在这层意义上，"心"看上去原本是专指人内在思想与情感的显现。这样看来，日文的翻译"我思故我在"，事实上却是说，我的存在只可以由我的"思"来解释。这也就是说，我对某事或某人的渴望，我对某事将会发生的希望，我对于一份隐藏着的秘密焦虑的担忧，我明白的有些事，正发生在我的心底。动词"思"蕴含着强烈的感染因素，这让日语得以说出"心内思"（心に思う，こころにおもう，kokoro ni omou）。在那些认可思想归于理智，情感归于心灵之想法的人看来，"心内思"是一个矛盾。下面的评说，是由纪贯之（き の つらゆき，Ki no Tsurayuki，872—945）在其为皇家编撰的第一部大和语诗歌选集（《古今集》こきんしゅう，Kokinshū，905）的《序言》中所写："由于人们以许多行动来填充这个世界，他们通过语词来表达内心的思。内心的思来自他们的所见所闻。"这样，当论及日本文化对知识和感觉的探讨时，更为精确的格言应当是"我感，故我在"（拉丁语：sentio, ergo sum）。

---

① 大野晋（Ōno Susumu）：《日本語をさかのぼる》，1974 年版，第 249 页。

显而易见，在以下所选的作品中，同日本美学相关的主题在对"心"（kokoro）这一概念的讨论中达到高峰，这点读者可从井筒丰子（いづつ としひこ，Izutsu Toyoko）那里得知。在纪贯之的"心"的版本中，各种主观事件发生，比如对于思想的思考，对于感情的感觉。但是，这些思想和感情并不具备语言表达，直至它们被"致信于一个人的所见所闻"。也就是说，只有比喻能够为内在的自我提供一个通向世界的出口——《古今集》（こきんしゅう，Kokinshū）中的比喻多源于自然（"莺歌花丛中，蛙鸣水深处"）。正如《古今集》的读者立刻就意识到的，如果不是得益于选集中少之又少的诗歌信息，追溯与诗歌表述的对象相关的特定的主体性将是不可能的。诗人故意把其表达隐身于背景之中，而呈现自然的画面（离散的樱花瓣和飘落的枫树叶）为前景，这一意图让井筒丰子否认纪贯之曾经使用"心"这一词指涉任何特殊状态的主体性。她认为唯有在新古今时代（しんこきんじだい，Shinkokin period，1205 年之后）的诗歌中，特别是在藤原定家（ふじわら の ていか，Fujiwara no Teika，1162—1241）的诗中，"心"才成为真正的主体性而超越了现象经验的无常。这一隐含在"心"概念中的转化受到了天台佛教哲学的影响，特别是其"自称体验"（，じしょう たいけん，jishō taiken）的概念。这一概念在中世纪的日本影响了对主体的构建。如是，"心"成为一种"精神状态"（state of mind）。通过强调非个人化的精神状态——他称作"无心"（無心，むしん，mu shin）——藤原定家认为，"心"的创造自发起源，不受制于任何有意识的行为。如此，一部诗歌著作应该是一段自发性过程的成果：思想（おもい，omoi）从"心"自发源起，自发流入语词（言葉，ことば，kotoba）。藤原定家从他的父亲藤原俊成（ふじわら の としなり，Fujiwara no Shunzei，1114—1204）那儿汲取了许多启示，后者 1197 年的诗学论文《古来风体抄》（こらいふうていしょう，Koraifūtei shō）深契于智顗（538—597）《摩诃止观》中的哲学观念。

在 17 和 18 世纪，日本"国学"（こくがく，kokugaku）者挑战新儒学派理性主义。这是由于新儒学理性主义理论对社会责任（義理，ぎり，giri）的坚持与人之情感（人情，にんじょう，ninjō）的事实所发生的冲突。如是，理性与感性之冲突的探讨变得十分流行。作为《不尽言》（1742）的著者，堀景山（ほり けいざん，Hori Keizan，1688—1757）认为，如果不能基于一种对人类

感性的理解，孔子在《论语》中所追求的"仁"并不能得以实现。在这个越来越怀疑非理性之不可知（不可知包括了由直觉和潜意识所产生的结果）的时代，堀景山的学生本居宣长（もとおり のりなが，Motoori Norinaga，1730—1801），在他的诗学专著《石上私语》（1763）（いそのかみのささめごと）中，对认知活动（the act of knowing）和感情活动"物哀"（物の哀れ，もののあわれ，mono no aware）进行了和解。西方启蒙时代的观念通过科学的出版物和一些西方科学家的活动传入了日本。在这一普遍的环境中，为了能取得合法的关注，感性的领域必须找到理性的辩护，至少，必须能通过"知识"而得以解释。与此相关，本居宣长觉得有必要解释"认知物哀"（或者"感知事物之情"）的悖论。他深深地投入这一事业，因为他所能找到的证据来自古典文献，比如纪贯之的《序言》，其中指涉了"心内思"的观念——这一表述对本居宣长而言意味着思想深深地扎根于感性的"共理性"（co-rationality）存在。读者将会找到一篇文章论述二元论（比如理性和感性之对立）的无常性，由日本20世纪一位重要的文学评论家小林秀雄（こばやし ひでお，Kobayashi Hideo，1902—1983）所著，他贡献了其生命的最后时光来深入研究本居宣长的思想。

"心"，在其构建了日本前现代诗学的主要元素之际，不能被认为是与语词（言葉，ことば，kotoba）相分离的。正如纪贯之在其著名的《序言》中所表述的："在和语诗歌（大和言葉，やまとことば，yamato kotoba）语言中的诗是数不胜数的'语词'（言の葉，ことのは，koto no ha）的共在性（togetherness），其把人心作为它们的种子。"① 对语言的讨论成为日本"国学"学者的首要任务，正如富士谷御杖（ふじたに みつえ，Fujitani Mitsue）的论文《言灵》（言灵，ことだま，kotodama）所证实的。人对语言创造现实之功能的信念反映在对语言的恐惧和敬畏之中。特别是所谓的语言把一份陈述转化为一件事物的能力，毕竟，"言"（こと，koto）和"事"（こと，koto）字虽不同音却相同。在现代时期，哲学家大森庄藏（おおもり しょうぞう，Ōmori Shōzō）1973年在其令人折服的论文《言灵论》（ことだまろん，koto-

---

① 纪贯之（Ki no Tsurayuki）：《古今集》，905年，《序言》，《新潮日本古典集成》（Shinchō Nihon koten shūsei），第19卷，1978年版，第11页。

dama ron）中探讨了这个问题。并非出于支持语言的任何神秘威力，大森庄藏提醒读者语词所具备的感人力量，而且，其结果是，语词感人而推人在世间行动。他强调了语言的身体性之存在及其对人的感动，并加以"手势"的力量。通过启迪改变世界的行动，语言事实上具有改变和转化环境的力量。

随着18世纪末日本对美学的引进，好几个世纪以来诗人们在其歌论中已经使用了的语汇，被拿来实现美学的对话。如果我们接受小林秀雄的陈述，那么，直至明治时期（1868—1912），在日本有美丽的樱花，但是没有"美"的观念。我们甚至可以说，"美"在日本，其美学上的字义要到19世纪下半叶才被发现。柳父章（やなぶ あきら，Yanabu Akira，1928—2018）是日本一位卓越的学者，专长翻译理论。他提到了六个从日本诗学中提取的关键概念，这些概念为明治以来的学者津津乐道，并成了同美相提并论的观念："花"（はな，hana），"幽玄"（ゆうげん，yūgen）〔这两个概念都是由戏剧家世阿弥（ぜあみ，Zeami，1363?—1443?）提出的〕；"简单性"（侘び，わび，wabi），有特色地体现了著名茶师千利休（せんのりきゅう，Sen no Rikyū，1522—1591）的茶道艺术；"优雅"（風雅，ふうが，fūga），"朴素性"（寂，さび，sabi）〔这二者保存了俳句诗人松尾芭蕉（まつおばしょう，Matsuo Bashō，1644—1694）的诗学艺术〕；以及物哀（事物的悲情——这一观念最初是由本居宣长提出的）。①

幽玄是日本诗学的一个关键概念，可以在诗人鸭长明（かものちょうめい，Kamo no Chōmei，1155—1216）所著的《无名抄》（むみょうしょう，Mumyōshō，1211—1216）中叫作《歌论》（歌論としては，かろんとしては，Karon toshite wa）的一章中找到经典表达。在那儿，鸭长明把幽玄的风格同在《新古今和歌集》（しんこきんわかしゅう，Shinkokin Waka Shū，肇自1205年）中的"现代"诗歌联系起来。他写道，幽玄是语词不能够表达，诗体不能充分把握的；它是声色的缺席，然而它具有感动人类灵魂的力量，如同神灵；它是沉默中的忍受而不是袒露人的悲伤；它是雾霭笼罩的景色。秋日黄昏的静寂是幽玄特有的场所。人们可以在正彻（しょうてつ、Shōtetsu，1381—1459）的诗学论文《正彻物语》（しょうてつものがたり，Shōtetsu

---

① 柳父章（Yanabu Akira）：1982年版，第69页。

Monogatari，1450）的一节《幽玄论具有重要影响》（その幽玄論は重要な影響力を持った）中找到类似的观念。在那儿，诗人试图在连歌（れんがは、renga）的时代重新完善藤原定家的诗风。

平安时代（へいあんじだい，794—1185）的宫廷贵族是"幽玄之风体"（幽玄の風体，ゆうげん の ふうてい，yūgen no fūtei）的楷模，被戏剧家世阿弥认为是"众多艺术中的完美理念"。"能"（のう）演员在他们的表演中要求掌握这一风格，正如世阿弥在他的论文《花镜》（かきょう，1424）中所指出的。能演员必须看似一位富有尊严的贵族，他的幽玄保证了得体的尊敬：他必须重塑一个贵族言行的优雅之态。甚至在扮演一个恐怖吓人的鬼神角色之际，演员也必须奋力持有一份优雅的姿态，以此体现"鬼的幽玄"（鬼の幽玄，おにのゆげん，oni no yūgen）。对一位演员而言，最大的危险是在舞台上貌似粗俗——当他步入幽玄的王国之时，一切粗俗也就随之而亡。也就是说，幽玄是在舞台上重新塑造一个久远的时代，一个幽玄诗学可以帮助创造的世界。至于对能剧的哲学探讨，可参照世阿弥的女婿，其合法的艺术继承者金春禅竹（こんぱる ぜんちく，Konparu Zenchiku，1405—1468?）关于能和身的文章，特别是以下精选的章节。

当20世纪初日本学者面对塑造民族文化方面的问题时，"幽玄"风格成为当时最具有希望的候选者而被容纳入对日本的美学阐释。这一点可参考以下梅原猛（うめはら たけし，Umehara Takeshi，1925—2019）关于民族主义和美学的选文。通过哲学家大西克礼（おおにし よしのり，Ōnishi Yoshinori）的努力，"幽玄"成为主导性的美学范畴（美的範疇，びてき はんちゅう，biteki hanchū）之一，以致当时和之后的日本思想和日本文学的学者都运用这一概念来解释日本民族的感知力和感受力。通过分析和歌（わか，waka）诗体，通过探求直观（直観，ちょっかん，chokkan，德文：Anschauung）和感动（感動，かんどう，kandō，德文：Rührung）之间的关系，大西克礼认为"幽玄"成了日本"民族的美意识"（みんぞくてきびいしき，minzokuteki bi ishiki）的一部分。

1930年代，当美学概念的运用在日本通过大西克礼的成果达到了顶峰，其本身也已经在欧洲被质疑，因为美学概念抽去了审美的特殊性而服从于所谓的普遍性。然而，在禀赋丰厚的哲学家九鬼周造（くき しゅうぞう，Kuki

Shūzō，1888—1941）手中，"粹"（いき，iki）概念的使用熠熠生辉，正如他于1930年出版的《"粹"的构造》（いきの構造，いきのこうぞう，Iki no Kōzō）所示。在"粹"和笨拙（いき/野暮，いき/やぼ，iki/yabo）、上品和下品（じょうひん/げひん，jōhin/gehin）、卑微和彰显（地味/派手，じみ/はで，jimi/hade）、苦涩和甘甜（渋み/甘み，しぶみ/あまみ，shibumi/amami）之间存在微妙的关系，他以几何学的精准用其著名的"长方体"形式将这些方面表达了出来，以此彰显各种对立之间的张力：对等的性别，你我，以及自我和自然之间的对立。虽然九鬼周造没能解决先验主义的问题，因其隐含于"美学"概念本身，并使得"粹"概念不可避免地同种族性联系起来，他的这一知性的杰作仍十分引人注目。在更近的时期，哲学家们追求对于审美概念的分析，修订他们自己的版本，这正如大桥良介（おおはし りょうすけ，Ōhashi Ryōsuke，1944— ）在对"切"（きれ，kire）的分析中所体现的。

以下的选文也包括日本主要思想家关于各种艺术的文章，比方说久松真一（ひさまつ しんいち，Hisamatsu Shin'ichi，1889—1980）对茶道的探讨，作为一位禅僧他同京都学派的重要哲学家有密切关系。井筒丰子关于简单性（わび，wabi）的文章更进一步地提供了对茶道之哲学阐释的深见。西谷启治（にしたに けいじ，Nishitani Keiji，1900—1990），著名的京都学派成员，有一篇代表性的关于花道（生け花，いけばな，ikebana）的文章。最后，有一篇森田子龙（もりた しりゅう，Morita Shiryū，1912—1998）关于书法的选文，他是一位久松真一的崇拜者，致力于美国抽象表现主义和日本书法家之间的对话。

延伸阅读

Marra, Michael F., ed. and trans. *A History of Modern Japanese Aesthetics* (Honolulu: University of Hawaii Press, 2001).

——. *Modern Japanese Aesthetics: A Reader* (Honolulu: University of Hawaii Press, 1999).

——. *Japanese Hermeneutics: Current Debates on Aesthetics and Interpretation* (Honolulu: University of Hawaii Press, 2002).

Nara, Hiroshi, trans. *The Structure of Detachment: The Aesthetic Vision of Kuki Shūzō*, with a translation of Iki no kōzō (Honolulu: University of Hawaii Press, 2004).

Richie, Donald. *A Tractate on Japanese Aesthetics* (Berkeley: Stone Bridge Press, 2007).

Sasaki, Ken'ichi. *Aesthetics on Non-Western Principles* (Maastricht: Department of Theory, Jan van Eyck Akademie, 1998).

[MFM]

(陈怡译)

藤原俊成

藤原俊成（1114—1204）

藤原俊成，初名显广，54岁时改名俊成，63岁出家后法名释阿，是平安王朝后期、镰仓时代前期宫廷高官、著名歌人、歌学家。

俊成从小跟从其父藤原俊忠学习和歌，参加歌会，后拜倾向保守的歌人藤原基俊为师，又受源俊赖的影响，主张以《古今集》为宗，形成了幽玄艳丽的歌风，被视为当时歌坛第一人。1187年（文治三年），他奉白河法皇之命，编纂《千载和歌集》二十卷，收近二百年间三百八十三位歌人的一千二百多首作品，自觉承续《古今集》歌风。

1197年，俊成应某权贵人物（日本学者推测为式子内亲王）的请求，撰成《古来风体抄》，该书是日本第一部和歌史论，描述了日本和歌的起源与发展演化历程，并从《万叶集》以下历代歌集中，摘抄有代表性的作品，从"姿"与"词"的角度加以具体评点，故曰"古来风体抄"。该书不仅记载和保留了许多重要的文学史料，也反映了作者在和歌创作中尊重传统又不泥古、主张推陈出新的理论观点。全书分上、下两卷，上卷以《万叶集》为中心，下卷以《古今集》及此后的《后撰集》《拾遗集》《后拾遗集》《千载集》等敕撰和歌集为中心，抄录大量和歌，并穿插只言片语的简要评点。

以下译文根据小学馆版《日本古典文学全集·歌论集》，选译《古来风体抄》上卷。小标题为译者参照小学馆版所加。

古来风体抄

一、序

和歌起源以及传来的历史源远流长，自神代日本语言形成后，即以和歌表现内心世界。歌有六义，其辞留传，万代不朽。正如《古今集》序文所言，和歌以人心为本，寻春花，赏秋叶，安能无和歌！若无和歌，则无人会领会花香花色，此乃人之本性使然。因此之故，历代天皇贵胄，都不能舍弃和歌；各色人等，也争相赏玩。从古至今，有所谓"歌式"[①]、髄脑[②]、歌枕[③]等，或记录和歌吟咏的名胜，或解惑答疑，家家有著述，人人有心得，此类书籍读物世间颇为多见。这些读物对和歌的"姿"与"词"，无非说吉野川[④]好，为何好；难波江[⑤]的芦苇不好，为什么说不好。至于如何分别，则很难说清，真正弄懂者也很少。

二、和歌与《天台止观》

有一部书叫作《天台止观》[⑥]，开头有章安大师[⑦]的话，称："《止观》中的透彻解释，前所未有。"这部书内容深奥，意味深长，用词雅正。本来和歌的优劣辨别，歌意的理解，用语言难以说明，若仿照《天台止观》的写法，便能让人透彻理解。

[①] 歌式：早期和歌理论著作的一种样式，旨在确立和歌的规范，有《歌经标式》（又称浜成式）、《倭歌作式》（又称喜撰式）、孙姬式、石见女式，总称"和歌四式"。——译者注

[②] 髄脑：和歌理论著作的一种类型，有《新撰髄脑》《俊赖髄脑》等。——译者注

[③] 歌枕：将和歌所吟咏的名胜古迹等分门别类加以编纂的书。——译者注

[④] 吉野川：发源于今奈良县，向西流经和歌山县时，称为"纪川"。——译者注

[⑤] 难波江：今大阪地区海滩的古称。——译者注

[⑥] 《天台止观》：又称《摩诃止观》，全十卷，中国隋朝天台大师智顗（538—597）的弟子灌顶（章安大师）记述其师学说的著作，与《法华文句》《法华玄意》并称"天台三大部"。——译者注

[⑦] 章安大师（561—632）：名灌顶，字法云，中国佛教天台宗和尚。——译者注

《止观》首先介绍了释迦牟尼如何向弟子传授佛法，说明佛道古今传承的轨迹。大觉世尊将佛法传给大迦叶，迦叶又传给了阿难。如此代代相传，至中国的智𫖮已经有三十二人。了解其中的传承过程，才能有神圣庄严之感，和歌也是如此。和歌从古代传来日本，多有结集，其中以《万叶集》为滥觞，经《古今集》《后撰集》《拾遗集》等，和歌发展演变的情形可以一目了然。只是，佛法为金口玉言，博大精深，而和歌看似浮言绮语的游戏之作，但实际上亦可表达深意，并能解除烦恼、助人开悟，在这一点上和歌与佛道相通。故《法华经》中说："若俗世间各种经书，凡有助资生家业者，皆与佛法相通。"《普贤观》①也说："何为罪，何为福，罪福无主，由自心定。"因而，关于和歌的论述，也像佛教的空、假、中三谛②，两者相通。

三、理想的和歌

作和歌就要追求完美，所以四条大纳言公任卿将自己编撰的集子命名为《金玉集》，通俊卿也在《后拾遗集》的序文中说："辞藻要像刺绣一样华美，歌心要比大海还深。"即使不能美似锦绣，和歌也要在朗读时朗朗上口，让人听得既艳且哀。所谓咏歌，本来就是在朗诵的时候音韵铿锵，可从声韵中听出优劣高下。

四、执笔的动机

以上的想法，多年前就想表达，无奈虽然心有所想，却难以形诸文字；即便胸有成竹，口中也难以表达，如此经年累月。如今，有贵人向我提出：您深谙和歌之道，就请您把如何才能表现歌姿之妙、辞藻之美，如何才能写好和歌等，写出来与大家共享，即使篇幅很长却也无妨。我确实深知和歌之道，犹如樵夫知道筑波山何处树木繁茂，渔民知道大海何处深浅，所以才承蒙提出这样的请求。世间有些人，仅知道和歌只要平易咏出即可，却并不予以深究。然而要深究此道，需要广泛涉猎，需要旁征博引，如此成书，决非

---

① 《普贤观》：全称《观普贤菩萨行法经》。——译者注

② 空、假、中三谛：天台宗术语。意识到一切均非实在，谓"空谛"；虽空，但"缘"却存在，谓"假谛"；空、假不二一如，不可偏颇，谓"中谛"。——译者注

易事。为此，我上自《万叶集》，中至《古今集》《拾遗集》，下迄《后拾遗》及此后的和歌，以时事推移为序，在历代和歌集里，见出和歌之"姿"与"词"的演进与变化，并加以具体陈述与分析。

很难说明什么是和歌的"姿心"，但它与佛道相通，故可以借经文加以阐释。也许会有人批评说："和歌总是为自己而写，给达官贵人看的和歌，主要还是那些松、竹、贺岁、龟鹤延年之类。"虽说如此，一己之生命，就像茅草上的露水、树上的水汽，转瞬即逝。只注意那和歌浦①上的海潮音声，只倾心于住吉②的青松之色，正如盐屋的炊烟飘向一方，难免偏颇；又如海湾的水藻纷然杂陈，不免芜杂，均无助于和歌之道。倘若我能在世上留下笔墨，多年之后，读者读之会热爱和歌，批评我的人也会倾心于歌道。而千年万年之后，由和歌的深意而领悟佛法的无限奥妙，结往生极乐之缘，入普贤誓愿之海，将和歌之词变为佛赞，听佛法而往生十方佛土，愿以此引导现世众生。

建久八年③七月二十日，草庵中凉风习习，衣袖上洒满朝露，墨迹也被濡湿，人老手颤，字迹杂乱，全书写毕，命名为《古来风体抄》。

五、和歌的历史——神代

讲三十一字和歌的起源，虽属老生常谈，却也有必要。素盏鸣尊去出云国，营造宫殿时，有八色彩云升起，故咏歌曰：

> 八彩云啊起四方，
> 砌起八重高墙，
> 与吾妻共享。

天神之孙彦火火出见尊与海神姬④同宿，两人生子，名叫鹈羽茸不合命。海神姬将儿子留在彦火火出见尊那里，回到海神宫，彦火火出见尊吟咏了一首歌：

---

① 和歌浦：地名，名胜地，今和歌山县西部、和歌山市以南的海岸。——译者注
② 住吉：地名，在今大阪市南部。——译者注
③ 建久八年：1197年。——译者注
④ 海神姬：又叫丰玉姬。——译者注

有海鸭的岛上，
我和阿妹同床，
夫妻情终生不忘。①

丰玉姬唱和曰：

都说最美是赤玉之光，
哪比我情郎，
如此仪表堂堂。②

这些都是神代③的事情了。

六、仁德天皇

及至人世④，大鹪鹩帝⑤还是皇子的时候，和胞弟宇治若子在继承皇位上互相谦让，在难波时，即位的日子将近，仍然谦让。一个名叫王仁⑥的人感到不解，咏歌曰：

难波津花开，
尔今春天又重来，
花儿正好开。⑦

---

① 原文："沖つ鳥鴨つく島に我が寝ねし妹は忘れじ世のことごとに。"出典《古事记》《日本书纪》。——译者注
② 原文："赤玉の光はありと人は言へど君が装ひしたふとくありけり。"出典《古事记》《日本书纪》。——译者注
③ 神代：神的时代，神话的时代，即人出现之前的时代，接着是"人世"。——译者注
④ 参见"神代"注。——译者注
⑤ 大鹪鹩帝：传说中的日本第十六代天皇仁德天皇。——译者注
⑥ 王仁：百济人，据说曾携带《论语》《千字文》等中国典籍东渡日本。——译者注
⑦ 此首和歌暗含的意思似乎是：趁着好时机，快即位吧。原文见本书《古今集·假名序》相关脚注。——译者注

这是"人世"时代，大约是从神武天皇之后的第十六代。应神天皇是宇治宫①八幡神大菩萨，应神天皇的皇子叫作大鹪鹩皇子，也就是仁德天皇。即位以后，仁德天皇登上高楼，发现民居之上没有炊烟，遂叹息道："民房里没有炊烟，在皇宫附近的百姓尚且如此，偏远地方更可想而知了。今后三年内不要收贡物，皇宫中的衣食起居，照现在这样即可。"三年过后，再登高楼眺望，家家炊烟袅袅，天皇说道："民富，即我富矣！"并咏歌曰：

  登高楼远眺，
  见炊烟飘飘袅袅，
  知臣民温饱。②

此后百姓来到皇宫，说："今年三年已经过去，该我等上贡了。"天皇答曰："到第四年再献不迟。"又说："到第七年再来吧。"七年过后，各地的男女老少，竞相肩扛木材而来，新宫殿不久就建成了。

这位天皇在位八十七年，享年一百二十七岁。

七、安积山之歌

葛城王③被朝廷派遣到陆奥国④视察民情，地方官吏设宴款待，葛城王不高兴，见状，采女⑤作歌曰：

  如安积山影映在浅井中，
  以其小人之心，

---

① 宇治宫：日本神宫之一，即今大分县宇佐市宇佐神社。——译者注
② 原文："高き屋に登りて見れば煙たつ民の竈は賑ひにけり。"此歌不见于《古今集》或《日本书纪》，在《和汉朗咏集》《新古今集》中有收录。——译者注
③ 葛城王：橘诸兄的初名，明达天皇四世孙，《万叶集》的主要编纂者之一。——译者注
④ 陆奥国：日本古地名，在今日本东北部。——译者注
⑤ 采女：日本古代宫廷主管御膳的女官。——译者注

安度君子之腹。①

听了这首歌，葛城王就消气了。

八、圣德太子

圣德太子②过片冈山的时候，路旁有一饥民，太子下马，将身上的紫衣脱下，披在饥民身上，并咏歌曰：

片冈山脚下，
饿倒的路人，
无依无靠谁关心！
竹子均成林，
你却无亲人，
饿倒路旁实可悯！③

此乃旋头歌。
那饥民返歌曰：

斑鸠④啊，
富绪川⑤流水不绝。
太子尊名难忘。⑥

---

① 原文："安积山影さへ見ゆる山の井の浅くは人を思ふものかは。"出典《万叶集》第十六卷，总第3807首。——译者注
② 圣德太子（574—622）：日本古代政治改革家，以颁布《十七条宪法》而知名，并派"遣唐使"入华。——译者注
③ 原文："級照るや片岡山に飯に飢えて臥せる旅人あれは 親無しになれなりけめや さす竹の君はおやなし 飯に飢えて臥せる旅人あはれあはれ。"出典《日本书纪》等。——译者注
④ 斑鸠：地名，今奈良县内。——译者注
⑤ 富绪川：河流名称，发源于奈良县平群山，流经法隆寺以东。——译者注
⑥ 原文："斑鳩や富の緒川の絶えばこそ我が大君の御名は忘れめ。"——译者注

太子回宫后，派使者看望那饥民，但那饥民已经死去。太子很悲伤，予以厚葬。此事遭到大臣苏我马子及七个公卿大夫的非议，他们说："您是无上尊贵之人，路旁的饥民是卑贱者，您却下马与他交谈，还赐予和歌，死后又予厚葬。"太子叫来众人，吩咐道："去片冈山，将那坟墓打开！"打开坟墓一看，尸体没有了，棺材中升起一股香气。太子赠送的物件，整齐放在棺材上面。只是那件紫衣不见了。公卿大夫们感到非常奇怪，不由感而叹之。太子听说后，深深怀念，常常吟诵那首和歌。

九、行基菩萨

圣武天皇①建造东大寺供养之日，行基菩萨②到难波海岸，迎接从南天竺来的婆罗门僧正。僧正上岸，互相握手，互致谈笑问候，行基菩萨咏歌曰：

灵山③释迦前，
盟誓再相见，
后会有期不食言。④

婆罗门僧正返歌曰：

在迦毗罗卫⑤，
一诺值千金，
见君如见文殊菩萨。⑥

作为文殊菩萨之化身的行基菩萨，年轻时，和智光法师⑦讨论佛法，智光

---

① 圣武天皇：日本第四十五代天皇，笃信佛教。——译者注
② 行基：奈良时代著名高僧，日本佛教的开拓者之一。——译者注
③ 灵山：印度山名，释迦牟尼说法之地。——译者注
④ 出典《三宝绘词》《往生极乐记》《拾遗集》等，原文："霊山の釈迦の御前に契りてし真如朽ちせず逢ひ見つるかな。"——译者注
⑤ 迦毗罗卫：释迦牟尼的诞生地。——译者注
⑥ 原文："迦毘羅衛に共に甲斐ありて文殊の御顔逢ひ見つるかな。"——译者注
⑦ 智光法师：幼名真福田，著名学僧，著有《净妙玄论》《般若心经述义》等。——译者注

对他有点傲慢，又感觉遇上了年轻的论敌，行基对智光咏歌曰：

真福田去修行，
短裤裙我来缝，
还记得短裤裙否？①

咏毕，智光深感遇上了二世②之人，从此对他恭而敬之。话说行基菩萨前世，是大和国的长者，也是国郡的长官。他家生了一个女儿，容貌美丽，长者对她宠爱有加。家里有个守门的女佣，有个儿子叫真福田。这男孩长到十七八岁的时候，偶尔看到了主人家的小姐，从此得了相思病。快要病死的时候，他母亲知道了缘由，就对小姐说："我孩子就没救了吗？"小姐说："你的愿望我理解，但现在他还是个孩子，所以我不能满足您的希望，就让他找一个寺院做和尚，成为一个有学问的僧侣，然后再回来相见吧！"男孩的母亲听从她的话，并为他作出家的准备。小姐说："他出家穿的裤裙，拿来让我缝吧。"男孩母亲大喜，悄悄拿来让小姐缝好。就这样，那男孩去了寺院，跟随师傅昼夜钻研学问，两三年之后，成为一个出色的高僧。不久来见小姐，但可惜她忽然死去了。

法师十分悲恸，再次回到寺院，道心越来越深，学问越来越精。不过，他的幼名"真福田"在僧人中并无人知晓。又过了多年，当行基这位年轻的智者出现在他面前，与他讨论佛法的时候，叫出他的幼名，并说出"还记得短裤裙否？"智光法师想明白了："原来促使自己走上佛道的那个女子，不是别人，正是这位行基菩萨。行基为了使我成为一个出色的僧人，就变成一个女子让我看见。"想到这里，他感到十分荣幸，也十分羞愧。被引导进入佛道，真是大因缘。这位智光和赖光③是一对尊者。赖光先去了极乐世界，智光想目睹赖光所生之地，后来梦游极乐，并以曼陀罗④画出了极乐世界的情形。

---

① 原文："真福田が修行に出でし片袴我こそ縫ひしかその片袴。"出典《今昔物语集》等。——译者注
② 二世：前世、现世。——译者注
③ 赖光：著名学僧，与智光并称，人称"兴福寺双璧"。——译者注
④ 曼陀罗：佛教绘画、佛坛。——译者注

智光的曼陀罗，成为传世之作。

行基菩萨在菅原寺东南院圆寂之前，对弟子教诲说："不慎言，便招灾；闭口不说，绝对无错。虎死留皮，人死留名。"并咏歌曰：

> 世间无常态，
> 人生痛苦又无奈，
> 惟有入佛界。①

又曰：

> 为众生解惑的
> 佛法的月亮，
> 天亮时隐去了明光。②

咏罢，身心安乐而终。

一〇、传教大师

传教大师③在比睿山兴建延历寺的时候，咏歌曰：

> 阿耨多罗，三藐三菩提
> 我建佛寺，
> 祈求众佛保佑。④

---

① 原文："かりそめのやさしかる世を今更に物な思ひそ仏とをなれ。"出典《续后撰集》。——译者注
② 原文："法の月久しくもがなと思へども小夜更けぬらし光隠しつ。"出典《新敕撰集》卷十。——译者注
③ 传教大师：最澄大师（？—822），日本天台宗鼻祖。——译者注
④ 原文："阿耨多羅三藐三菩提の仏たち我が立つそまに冥加あらせ給へ。"出典《和汉朗咏集》等。——译者注

因为这样的缘故，无论是出生在这里的人还是来到这里的人，无论是僧人还是圣人，都会吟唱此歌。

一一、《万叶集》

上古时代《万叶集》的和歌，并不是有意字斟句酌，时代越古，人心也越简朴，只是心有所感即有表达，然而言简意赅，意味深长，格调颇高。另外，从前并不编纂歌集，只有山上忆良①编纂了一部名为《类聚歌林》的书，但并非奉敕命，抄写流传的人很少，世间知之者甚少。只是在《万叶集》的注释中，有"山上臣忆良《类聚歌林》曰"的字样，以此推知有此书存在。以前就有人说宇治的平等院②有收藏，但是否属实不得而知。山上忆良是柿本人麻吕同时代的人，比柿本年龄稍小。忆良曾经作为遣唐使去过中国，回国后正值圣武天皇时代，在奈良都和一位名叫橘诸兄的大臣，奉敕命编纂《万叶集》。到那时为止，对和歌进行优劣鉴别与选集，从未有过。将宫中宴席上的和歌、个人家中吟咏的和歌等，悉数原样收入。此前，柿本人麻吕就是特别优秀的歌圣，无人能够与之比肩。人麻吕的和歌不仅与那个时代的"姿心"相契合，而且随着时代变迁，他的歌无论是在上古、中古，还是在今世、末世，都可以普遍为人所欣赏。

一二、《古今集》

到了延喜圣帝③年间，天皇闻知纪友则、纪贯之、凡内河躬恒、壬生忠岑等人精通和歌之道，便对他们颁诏编纂和歌集。从《古今集》开始，可以通过编撰来确定和歌的优劣，和歌的楷模也以《古今集》为准。从《万叶集》到《古今集》，年代相隔甚远，和歌的"姿"与"词"，都有相当大的变化。

---

① 山上忆良（约660—733）：奈良时代歌人，曾作为遣唐使入华，有较高汉学修养。《万叶集》收录其作品75首。——译者注

② 宇治的平等院：著名佛教寺院，在今京都府宇治市。——译者注

③ 延喜圣帝：醍醐天皇，日本第六十代天皇，在位时间从宽平九年（897）至延长八年（930）。——译者注

一三、《后撰集》

到了村上天皇①时代，百业兴旺，和歌也备受推崇，上至左、右两大臣，即小野宫左大臣藤原实赖（清慎公）②、九条右大臣藤原师辅③，都深谙和歌之道；下到大中臣能选、清原元辅、源顺、坂上望城等，都在和歌上颇有名声。天皇命令他们将宫廷的梨壶④作为编纂和歌集的场所，并命名为"撰和歌所"。一条摄政伊尹⑤时任藏人兼近卫少将，又被任命为"撰和歌所"的所长。同时，对《万叶集》进行日语训读⑥，对《万叶集》没有收录的古代歌谣也进行收集整理。在天皇的诏令下，《后撰集》编纂完成，左大臣藤原实赖是该集的编纂人。

《万叶集》本来全部使用汉字，以汉字代假名，有学养的人能够读懂，不识汉字的一般人却读不懂，女子就更看不懂了。⑦梨壶"撰和歌所"的五人，除编撰《后撰集》之外，还对《万叶集》进行研究讨论，以源顺为首的才学之士，开始对《万叶集》加以训点，以常用的假名替换汉字。从那以后，即便是女人也能读懂《万叶集》了。

在《古今集》之后编纂《后撰集》，从延喜五年始，历经朱雀帝⑧的御时，仅有四十年时间。然而，当时从大臣到大纳言、中纳言等中下层官吏，例如曾是大纳言、后官至西宫左大臣的高明公⑨、师氏大纳言、朝中中纳言、敦忠中纳言等，歌人众多。曾经入选《古今集》的歌人，后来也吟咏了许多

---

① 村上天皇：日本第六十二代天皇，在位时间从天庆九年（946）至康保四年（967）。——译者注
② 藤原实赖（900—970）：宫廷贵族，歌人，著有《清慎公集》。——译者注
③ 藤原师辅（908—960）：宫廷贵族官僚，歌人，著有《九条年中行事》、《九条殿遗训》、日记《九历》等。——译者注
④ 梨壶：又称昭阳舍，当时的宫廷五舍之一。——译者注
⑤ 一条摄政伊尹：藤原伊尹，官至太政大臣，有《一条摄政御集》。——译者注
⑥ 《万叶集》成书时日本文字"假名"尚未发明，故全用汉字书写，后来的"训读"方法，是用日语假名将有关汉字替换下来。——译者注
⑦ 当时日本女子一般不学汉字与汉学。——译者注
⑧ 朱雀帝：日本第六十一代天皇，在位时间从延长八年（930）至天庆九年（946）。——译者注
⑨ 高明公：源高明（914—982），醍醐天皇皇子，著有《西宫记》等。——译者注

新作品。女性方面，伊势、中务、承香殿大辅等人，也是人才辈出。并且天皇也十分热衷诗歌之道，故再次敕撰了这部和歌集。

一四、《拾遗集》

此后，花山法皇①敕撰《拾遗集》，将《古今集》《后撰集》遗漏的作品编纂起来，故名曰《拾遗集》。由此，《古今集》《后撰集》和《拾遗集》，总称"三代集"。大纳言藤原公任又将《拾遗集》做了摘抄，名曰《拾遗抄》。后世更多人欣赏《拾遗抄》，而《拾遗集》则多少被掩蔽了。从《拾遗集》，到《后拾遗集》的编纂，时间也不太长，但因为被《古今集》《后撰集》遗珠者不少，《后拾遗集》予以收录，并加上了当时的歌人写的许多新作品，对《万叶集》中的和歌，如柿本人麻吕、山部赤人的和歌也选收不少，优秀作品固然很多，但也不免有些杂乱。还是《拾遗抄》尽收优秀之作，而且随着时光推移，更合今世读者之心。近世的歌人作和歌时，也多效法《拾遗抄》的风格。

一五、《后拾遗集》

《拾遗集》后，和歌长时间没有收集编纂。歌人及其作品积累多了，白河天皇②颁诏编选和歌集，通俊卿领命。因编纂的是《拾遗集》之后的作品，故名为《后拾遗集》。从该集的和歌可以看出，和歌的风格有所变化。《古今集》之后的《后撰集》，歌风较为古朴，用词较为古雅，其中赠答歌为多，和歌的编排有些杂乱。而《后拾遗集》中的和歌，以村上天皇及"梨壶五人"的作品为中心，又因和歌长期没有编辑，歌人众多，以藤原公任为首，有长能、道济、道信、实方等王公大臣，女辈则有小大君、和泉式部、紫式部、清少纳言、赤染卫门、伊势大辅、小式部、小弁等都留下了大量优秀之作，《后拾遗集》均予以编选，可谓名家名作荟萃。所以，集中的作品非常有趣，富有吸引力，对事物有敏锐的体验。但其中似乎更偏重格调新奇的作品，体

---

① 花山法皇：日本第六十五代天皇，986 年退位，成为法皇。——译者注
② 白河天皇：日本第七十二代天皇，在位时间从延久四年（1072）至应德三年（1086）。——译者注

现了编纂者的爱好。优秀之作又当别论，但介于秀歌与平庸之作的"地歌"①，与此前的和歌集比较来看，格调似乎不太高雅。此外，当时，大纳言经信比通俊年龄稍长，却舍他不用，而将编纂任务交给了中纳言通俊，则有些不合常情。为此，经信编撰了《难后拾遗》②。经信推崇高雅格调，被认为是复古派，与《后拾遗集》的风格有所不同。

一六、《金叶集》《词花集》

白河天皇退位后，堀河天皇③也雅好和歌之道。曾主持"百首歌"的编纂④，作品越来越多，鸟羽院⑤退位时，白河、鸟羽两位上皇去法胜寺赏花，之后，白河上皇对在位时编纂的《后拾遗集》感到不满足，意欲编纂新的和歌集。于是朝臣源俊赖领命，编纂《金叶集》。崇德院⑥退位后，左京大夫显辅⑦受敕命编纂和歌集，名为《词花集》。这些和歌集，一般从《万叶集》选起，一直选到《后拾遗集》，卷数为二十卷，歌数在千首以上。《拾遗抄》属于摘抄，共有十卷；《金叶集》《词花集》在编纂时参考了《拾遗抄》，两个集子也由十卷构成。

《后拾遗集》之前的和歌集都不是敕撰，而是私人编纂。能因法师的《玄玄集》，良暹法师的《打闻集》，编者不知何人。《丽花集》《树下集》等私撰集也有不少。《后拾遗集》在编选时，不知何故没有收录能因法师的《玄玄

---

① 地歌：指地方歌谣、民谣，也指自由、潇洒、轻快、诙谐而不入正宗的和歌。——译者注
② 《难后拾遗》：意为"《后拾遗集》驳难"，从《后拾遗集》中摘抄出八十四首，予以批评。——译者注
③ 堀河天皇：日本第七十三代天皇，在位时间从应德三年（1086）至嘉承二年（1107）。——译者注
④ 编纂的和歌集名为《堀河院百首》。选编了源基俊等十四人（一说十五或十六人）的百首和歌。——译者注
⑤ 鸟羽院：即鸟羽天皇，日本第七十四代天皇，在位时间从嘉承二年（1107）至保安四年（1123）。——译者注
⑥ 崇德院：即崇德天皇，日本第七十五代天皇，在位时间从保安四年（1123）至永治元年（1142）。——译者注
⑦ 左京大夫显辅：藤原显辅（1090—1155），著有《左京大夫显辅集》。——译者注

集》中的和歌，敕撰的《词花集》则不再如此，由于编选了《玄玄集》中的许多作品，比起《后拾遗集》的和歌，《词花集》的格调要高，而如今的人咏不出这样高格调的作品了，但也有人指出其中有一些和歌水准很低。而且，"地歌"都是俳谐歌①的风格，看起来滑稽逗趣。和歌的演变、编纂者的意图和用心，在这些和歌集中都有明显的表现。

一七、《千载集》

接着，奉后白河天皇②的敕命，一老法师③编纂的和歌集问世，名为《千载集》。由于编者的能力远不及从前的先辈，在此前各种和歌集基础上续编，深感力不从心。既已领受敕命，而且作为历代敕撰集之续，莲花王院④亦欲收藏之，实在诚惶诚恐。近世以降，歌人中不编撰私人和歌集者甚少，由于和歌作品数量甚多，一般编者在编选时，既要照顾各自特点，又要适当取舍。而我的编选原则与之不同，《千载集》只是基于我一己之判断，只要认定为优秀作品，则不问作者何人，选收数量多寡也全然不管他人如何评论。既已编选成书，是耶非耶，不遑顾及。

一八、和歌似易实难

总之，正如前述，论定和歌之优劣，实在是言人人殊、众说纷纭。在汉诗中，诗的形式韵律有一定规则，有五言、七言之体，有声有韵，有上下句对偶，有的是绝句，有的是四韵、六韵、八韵、十韵，就有一定法则，高低优劣，一望可知。而和歌，仅仅是在四十个假名中吟咏，五、七、五、七、七共五句三十一个音，咏歌看似容易，故常常被人轻视，然而一旦登堂入室，则会发现那里实则海阔天空，无边无际，深不可测。

……⑤

---

① 俳谐歌：以滑稽趣味为主的和歌。——译者注
② 后白河天皇：日本第七十七代天皇，在位时间从久寿二年（1155）至保元三年（1158）。——译者注
③ 一老法师：该书作者藤原俊成的自称，他于1163年出家。——译者注
④ 莲花王院：又称三十三间堂，建在京都法住寺。——译者注
⑤ 以下两小节英文版略而不译。——译者注

二一、《万叶集》的特色

关于《万叶集》,《后拾遗集·序》中说:"《万叶集》含义深邃,字面上也颇为费解,令人困惑之处甚多。"实际并非如此。《万叶集》时代,和歌用词都是人们的日常用语,但随着时代推移,许多词都产生了变化,令后人感到费解。中国也有"文体三变"之说。和歌的问题与词汇也因时代变化而变化。我认为并非古人为难后人,将本来简单的事故意说得复杂,徒增今人困惑。不过,《万叶集》在用字用词方面,不采用普通说法,而是故意使用多种表现方式,则是常有的事。

例如,"春花""秋月",不采用简明写法,而是用万叶假名,写作"波流乃波奈""阿伎奈都伎"之类,有时候同一个词,在不同的地方也要变换为不同的写法。或者,本来是三十一字,却故意用十几个字、二十几个字来表达,这种情形随处可见。因而确实像《后拾遗集·序》所说的那样,令人感到费解。直到如今,似乎还是有人被诸如此类的用字法所迷惑。

《万叶集》中的和歌,有很多作品内容雅正、用词恰当。但也有人认为,只要是《万叶集》中吟咏的事物,无论如何都好。大约是在第三卷,有太宰师大伴旅人的颂酒诗十三首;又在十六卷,有池田朝臣、大神朝臣等人的互相戏骂的和歌,这些东西未必值得效法。这些在《万叶集》中属于"俳谐歌"。还有一些和歌属于"证歌"[①],用字用词皆有典可依,颇有趣味。我当初本想只摘抄其中一部分,但最终还是抄出了不少。还想向读者表明,哪些词是古代用词,今人已不再使用了。《拾遗集》选收的《万叶集》中的作品,或者虽未选收但脍炙人口的作品,感觉不摘抄未免可惜,摘抄中不知不觉间使作品数量大增。正如前人所云,期望这些能够对理解、学习《万叶集》有所助益。

二二、歌病的产生与"和歌式"

在古歌中,一个词在上句已经用过,下句又反复使用了第二次,这种情形较为常见。不知从何时起,将此作为"病",而不能吟咏。纪淑望曾在《古今集·假名序》中写道:"自大津皇子之初作诗赋,词人才子慕风继尘,移彼

---

① 证歌:有典可考的古代和歌。——译者注

汉家之字，化我日域之俗，民业一改，和歌渐衰。"或许从那以后，才有"诗病"之说，并加以规避。

所谓"歌式"，在光仁天皇①年间参议藤原浜成作《歌经标式》，是为"歌式之始"。从那以后，有"孙姬式""喜撰式"等，确立了各种"歌病"的类型。其中，同一个词反复使用两次，或者相同的内容反复吟咏两次，都是应该规避的，至今仍是如此。其他的"歌病"，并非一定要避免。有时候如果一味规避"歌病"，反而会使和歌失去美感。不过，对于"歌式"中所列举的各种"歌病"的名称，应该有所了解。兹标记如下：

浜成式②：

"浜成式"列举了七种歌病：一曰头尾③，二曰胸尾④，三曰腰尾⑤，四曰魇子⑥，五曰游风⑦，六曰声韵⑧，七曰遍身⑨。

对歌病的具体情形，"浜成式"都有说明，引述不免冗长，兹省略。欲知详情者可以阅读浜成的《歌经标式》。

喜撰式⑩：

喜撰式中有四病：一曰岸树⑪，二曰风烛⑫，三曰浪船⑬，四曰落花⑭。

---

① 光仁天皇：日本第四十九代天皇，在位时间从宝龟元年（770）至天应元年（781）。——译者注

② 浜成式：平安朝初期歌人藤原浜成（又写作"藤原滨成"）在《歌经标式》（772）一文中提出的"歌式"。首次提出了"歌病"说，对此后的各种"歌式"书，如《喜撰作式》《孙姬式》等都有直接影响。——译者注

③ 头尾：初句与第二句尾字相同。——译者注

④ 胸尾：初句的尾字与第二句的第三或第六字相同。——译者注

⑤ 腰尾：第三句的尾字或其他字，与其他句的尾字重复。——译者注

⑥ 魇子：第三句的尾字或其他字，与其他各句中的字重复。——译者注

⑦ 游风：一句中第二字与尾字相同。——译者注

⑧ 声韵：第三句与最后一句的尾字相同。——译者注

⑨ 遍身：除第三句外，其他句的重复字在两个以上者。——译者注

⑩ 喜撰式：喜撰为平安朝前期歌人，生卒年不详，《喜撰式》传说为他所作。——译者注

⑪ 岸树：初句与第二句的第一个字相同。——译者注

⑫ 风烛：每句中的第二字与第四字相同。——译者注

⑬ 浪船：五言中的第四、五字，七言中的第六、七字相同。——译者注

⑭ 落花：每句均有相同的字。——译者注

或说"八病"：一曰同心①，二曰乱思②，三曰栏蝶③，四曰渚鸿④，五曰花橘⑤，六曰老枫⑥，七曰中饱⑦，八曰后悔⑧。

这些歌病具体见喜撰式。其中，第一个"同心"之病，是必须努力规避的，其余各种歌病并非一定规避。若一定要规避，古代许多和歌则不能写出。

二三、公任、俊赖的歌病说

四条大纳言公任著有《新撰髓脑》一书，俊赖朝臣有《俊赖髓脑》，能因法师也有著作，这些书的看法大致相同，兹不引述。欲披阅者，自可找来阅读。本书点到为止，只记歌病之名称。……⑨

我认为，所谓"歌病"，就是那些对从前之事很了解的人，故意制定规矩，规定歌病，为难后人而已。有人甚至对于前辈的和歌，觉得写得不合自己心思，就说三道四，实在令人不可思议。对前辈歌人的作品妄加批评，固不可取，而对于较为晚近的歌人品头论足，也应该谨慎从事。

二四、韵字

近来，听说有人主张长歌、短歌、返歌当中，要有所谓"韵字"。这实在叫人莫名其妙。在模仿汉诗"诗病"为和歌制定"歌式"、规定"歌病"时，又提出了"韵字"，主张和歌上段"五七五"的尾字与下段"七七"的尾字，"要避免使用相同的韵字"。实际上，和歌中绝没有所谓的"韵"。汉诗中有"切韵"，一旦确定了某一种韵，就要使用同韵的字。而在和歌中，只是上一段结尾的字，与下一段结尾的字，使用"なに""なん"之类，以汉诗的标准来看，句末的字才叫韵字，而在区区三十一字的和歌中，将第二句"七"、

---

① 同心：一首中，有相同的词，或同义词。——译者注
② 乱思：用词不当，词不达意。——译者注
③ 栏蝶：句首仔细，句尾粗疏，首尾不一。——译者注
④ 渚鸿：因拘泥于韵，而句首粗疏。——译者注
⑤ 花橘：讽喻拙劣，过于直露。——译者注
⑥ 老枫：一首中字数不够，表意也不充分。——译者注
⑦ 中饱：一首中字数多出。——译者注
⑧ 后悔：六句的旋头歌（混本歌）格律不整。——译者注
⑨ 以下一小节举歌例，略而不译。——译者注

第三句"五"的末字叫作"韵",真叫人汗颜。对汉学不甚了了,却装作博学,到老年时才略学一二,却张口"毛诗",闭口"史记",未免太浮薄了。

和歌,唯有在"心姿"上狠下功夫才好。

……①

[WRL, JWH]

(王向远译)

---

① 以下二五至二九节,略而不译。——译者注

人的情感

堀景山 1742，199–202

我非常清楚人的情感在接受告诫时所扮演的角色，因为我十分敏感情感对治理的重要性。理解人的情感就是靠近圣人教义。然而，现在的儒家学者对情感的疏远，对世界的不闻不问，却几乎成为应该被赞扬的事情。我认为一般人觉得儒家学者就应该是与众不同的看法实在是一个很大的错误。儒家学者总不能只顾阅读圣言古籍，而不想比大众更能理解人性。

尽管如此，对于学者来说，去理解人的情感就是要远离他人。他们认为自己超群出众，觉得有智慧的人应该超越世俗，与平民百姓划清界限。结果，大众也变得对学者不屑一顾，嘲笑他们对世界及政治的无知。虽然他们能够理解儒家文学的复杂性，却毫无作为。这样的儒家就是锅嫌壶黑，应该被孤立。有些人，包括那些在社会上备受尊敬的人，更加说儒家学者是傻子。现在的领主甚至看不起那些学者，觉得他们比不上武士。

自古汉朝帝王轻视儒家学者，认为他们对儒家学说其实一知半解，而且他们毫无建树，也疏远情感。现在的领主甚至觉得那些学者根本不及武士。虽然大众也有点愚昧无知，还不太懂怎样去理解儒学，但归根究底也是由于学者表现出自己的无能。然而，儒家实践者却将一切归咎于平民百姓的肤浅。他们认为那些死去的僧侣、隐居山中的隐士，那些作为诗人和作家的艺术家，那些射手、骑师和医师之所以如此出类拔萃，完全是因为他们毫不在意世界，在自然或社会里没有任何东西可分散他们的注意，他们一心一意地专注于自己的工作才能有如此非凡的成就。如果说儒家学者的工作是通窍"五伦"、阅读圣人弟子古籍、思考事物真正的意义及修身治国的话，他们又怎么可能不了解人的情感而履行职责？又如何不靠近社会去摸索所谓的"五伦"？

子曰："鸟兽不可与同群，吾非斯人之徒与而谁与？"（《论语》18.6）

这里的"斯人"是指这个世界的人民。要传授"五伦"教义，就必须理解人与人间的情感。佛教僧侣要建立自己的教义，因此他们离开世间，放弃世俗中自己的位置。要是圣人教义旨在惠及世人（即使佛学就是惠及世人的一种最谦卑的方式），儒家学者的履行方式，莫过于追求圣人教义中最高的理念。

倘若那最高的理念就是《论语》说及的"仁"，"仁"便是人的核心。要追求人的核心，就必须通过理解人的情感。学者应该以"仁"去引领他们理解人性。

子曰："夫仁者，己欲立而立人，己欲达而达人。能近取譬，可谓仁之方也已。"（《论语》6.30）

不理解人的情感，又如何对照自己与另一个他的处境？对照就是一种对他人的关心。关心他人就是寻求人性的一种方法。为此，理解人的情感就是一种关心他人的方向。

[IML]

（陈宽欣译）

知物哀

本居宣长 1763，99-100（172-4）

有人问："所谓'知物哀'乃为何事耶？"

吾答曰："《古今和歌集·假名序》中写道：'夫和歌者，以人之心为种子，生出万言之枝叶。'"① 此"心"即是知物哀之心也。其中继续写道："人存于世间，所经历事物甚多，故和歌乃是人将心中所想之事，托于所见所闻之物咏唱出来。"此处"心中所想之事"，即知物哀之心也。以上"人之心"处，讲的乃是大概，这里吾将细细说其原委。《古今和歌集·真名序》中曰"思虑易迁，哀乐相变"，这也是知物哀。

为何说这些都是"知物哀"？盖因世间生灵无不有情。有情，则应接事物必有所感。故而生灵皆有歌。其中人乃万物之灵长，其心洞然，所思之事繁多而深切。且比起禽兽，人须经历之事更多。应接之事物甚多，则人所思之事亦多也。所以，人不可无歌也。若问人所思之事为何多而深切，这是因为人知晓物哀也。因世间多事，故每逢有事，人之情动而不能静。所谓"动"，即有时欢喜有时悲伤有时气愤，有时怡然自得或心生雅兴，有时恐惧忧虑，有时觉得可爱，有时觉得可恨，有时觉得依恋，有时感动厌恶。有各种各样之所感，此即是因为知物哀，所以情动也。所谓因知物哀而情动，即比如人碰到应高兴之事为何会感到高兴，此是因为人懂得了该事物会让人感到高兴

---

① 《古今和歌集》之《假名序》据称为纪贯之所写，"ことのは·言葉"为一语双关。与此相对，纪淑望所撰的《真名序》中也写道："夫和歌者，托其根于心地，发其花于词林者也。"——译者注

的内在情趣（事の心）①，故而人感到高兴。又如碰到会让人悲伤之事，人感到悲伤，乃是因为懂得了该事物会让人感到悲伤的内在情趣，故而人感到悲伤也。因此，碰到某事，懂得其或欢喜或悲伤的内在情趣，乃是知物哀也。不知事物之心（内在情趣）时，则既无高兴之事又无悲伤之事，故而心中无所思。心中无所思，则歌无从出也。

然世间活物，皆依各自之所是，来理解事物之心。故而有欢喜之事亦有悲伤之事，于是乃有和歌。其中，对于事物之心的理解，亦有深浅之差别。禽兽乃浅，故与人相比时，则对事物之心近乎无理解。人胜于万物，善解事物之心，乃知物哀也。然人与人亦有深浅之差别，与深知物哀之人相比时，则有的人似乎全然不知晓物哀。因差别甚大，故而通常所谓不知物哀者显得甚多矣。此并非不知物哀，乃是深与浅之差别。而和歌乃是从深知物哀中产生的。

所谓"知物哀"，其大略即是如此。若更仔细道来，则"感于物"即是知物哀也。② 所谓"感"，人们通常以其专指好事，然并非如此。"感"字在辞书中注为"动也"，曰"感伤、感慨"等，盖指不论何事，触及某事而心动之也。然我国只将好事、合于心意之事者称为"感"。"賣豆留・めづる"以"感"字来写虽可，然将"感"字训读为"めづる"③ 则不佳。因为"めづる"乃"感"中之一，故可以写作"感"字。"感"字则不限于"めづる"，训读为"めづる"则不能涵盖"感"字的所有含义。不论何事，心有所动，或高兴或悲伤，其深切者，皆为"感"，此即是"知物哀"也。

[MFM]

（高伟译）

---

① 本居宣长《石上私淑言》中该处的"事の心"，若直译可以用"事物之心"来替代。若用现代用语来替换，则有学者主张将其解释为"事物的情趣性本质"。但不论是将其翻译成"内在情趣"还是"事物的情趣性本质"，事实上理解本居宣长"知物哀"说的关键在于把握他设置的"诠释循环"。即体会知物哀，人必须进入《源氏物语》等和歌与物语的世界；理解和歌与物语的真谛，又必须理解知物哀。——译者注

② "物に感ずる""感于物"的思想来源于中国典籍。《礼记・乐记》中曰："凡音之起，由人心生也。人心之动，物使之然也。感于物而动，故形于声。""人生而静，天之性也。感于物而动，性之欲也。"——译者注

③ 此处"めづる"意为迷恋某事物，被吸引。——译者注

无　常

小林秀雄 1942，17-9

　　有人曰：在比睿的日吉大社里，曾有一年轻女子假扮为女巫，在十禅师①前。待夜深人静之后，叮咚叮咚地敲起鼓来。鼓声使人内心澄澈，于是其咏唱起来："怎样都好，随它去吧。"后有人追问其何意，其曰："想到生死无常，便觉此世无须在意，随它去也。我乃求神救我来世。云云。"

　　这是《一言芳谈抄》②中的一段文章，读的时候只是觉得文章甚好。前些日子我去比睿山，望着山王权现旁边的绿叶和石墙，漫无目的地徘徊时，忽然这段文字如同见到当时绘卷残片那般浮现于心头，其中的每一句话，宛如古画中细劲的线条触动着我的心。因为这种体验还是第一次，所以内心很是不平静，在坂本吃荞麦面时也是奇思怪想不断。那时的自己感知到了什么，思考了什么？至今我仍无法释怀。当然，那只不过是发生了无聊的幻觉——这样解释倒是很方便，但不知为何，我始终无法使自己接受这种简单的解释。事实上，我是处在浑然的状态下开始动笔的。

　　《一言芳谈抄》恐怕是吉田兼好③爱读的文章之一，该文即便放在《徒然草》中也毫不逊色。如今相同的文章放在眼前，我却只能想到这些无聊的事。

---

　　① 日吉山王七社权现之一，以"国常立尊"为权现所称之名，由"琼琼杵尊"开始算位列第十之神，乃地藏菩萨之垂迹。——译者注

　　② 《一言芳谈抄》收录了关于日本中世念佛行者信仰的法语之书，编者不详。因《徒然草》引用了该书，因此推测其可能成书于《徒然草》之前的半个世纪左右，即1280—1320年之间。该书记录了法然等净土信仰者三十多人的法语，达一百五十三条。法语短小精悍，多是讲要脱离名利、认识无常等。——译者注

　　③ 吉田兼好（よしだけんこう，1283—1350），日本镰仓末期至南北朝初期的歌人、随笔家，法名"兼好"，著有《徒然草》。——译者注

它仍旧是好文章，但曾那样感动过我的美究竟去往哪里了呢？也许它并未消失，就在眼前。也许只是适宜捕捉此种美的身心或状态消失了，我不知道如何去找回。这种幼稚的疑问，已经使我陷入了重重迷雾。我就这样陷入着，不做任何反抗。因为在这种应该称为美学之萌芽的状态中，我发现不了一点可疑的东西。但是，我是不会走入美学的。

我那个时候确实不是在空想。我全神贯注地看着阳光照耀下的绿叶、石墙上爬着的青苔，而且那段文字也清晰地出现在我的脑海。多余的事情我一件也没有想。当时我精神中的何种特质，合乎了怎样的自然条件？对此我不甚清楚。这非但无法知晓，而且这种想法很可能纯是一种笑话。我只是想起了那时我拥有了从容的时间。在那样的时间里，充满了让我意识到我正活着的事实——这些事实一件件清晰地呈现在我内心。当然，现在我不能完全想起了，但当时我确实都想起来了。想起什么了呢？是镰仓时代吗？有可能是。

以前我一直认为，从历史的新看法或新见解这样的思想中彻底摆脱出来是非常困难的。因为这种思想披着各种迷人外衣将我俘虏了。新的解释并不能改变历史，历史没有这么脆弱会被其摆布。对此我越来越有体会，而历史之美愈发显现。有人认为森欧外①晚年堕落为了考证家，这种说法不足取。他晚年开始如此庞大的考证，恐怕是因为他终于窥见到了历史之魂吧。我读《古事记传》②的时候，也有同样的感觉。唯有拒绝解释的不变之物才是美的——这是宣长最坚定的想法。这是在这充满解释的现代社会中最不被道明的思想。这些都是我某天想到的。之后的某一天，我突然想到了一些东西，于是对碰巧

---

① 森欧外（1862—1922）日本小说家、剧作家、评论家、翻译家、军医、日本卫生学的开拓者，著有小说《舞姬》《青年》《雁》《阿部一族》等，晚年开始涉猎历史小说、史传。——译者注

② 《古事记传》：《古事记》的注释书，共48卷，本居宣长著。本居宣长于明和元年（1764）开始进行著述该书的准备，明和四年（1767）开始动笔，宽正十年（1798）完成。宽正二年至文政五年（1790—1822）刊行。卷1为总论，包括"书名论""文体论""文字论""古道论"等，卷2为对《古事记》序文之注释与系谱，卷3至卷44为对《古事记》正文的注释，卷45为索引（本居春庭著）。本居宣长于该书所展现的文献学式实证主义研究态度，对后世的日本古代文学研究影响甚大。——译者注

在旁边的川端康成①说了这些话。他笑笑没有回答。"活着的人，实在让人无可奈何。活着的人在想什么，要说什么，要做什么，不管是自己的事情还是别人的事情，有过清晰的答案吗？不论用于鉴赏还是观察，活着的人都没有价值。死了的人才了不起。因为他们清晰稳定。他们才真正具备了人的形态。由此说来，所谓活着的人，就是正在变成人的动物。"

"人是一种动物"的看法很是让我欣赏，但这种思考就此打住了。历史中只会出现死人。故而只出现不变的人之样态，只出现不动的美丽形态。虽然我们常说回忆看上去很美，但大家都误解了它的意思。回忆很美，是因为我们不会动不动就粉饰过去。过去只会让我们从多余的思考中解放。回忆可以使我们免于一直沦为动物。只进行记忆是不行的，必须回想起来。很多历史学家停留在动物状态正因为他们的头脑被记忆塞满了，无法使内心空虚从而去回想历史。

善于回想是很难的事情。但我认为这是唯一能够摆脱关于时间的苍白思想——对我来说其乃是现代世界之最大妄想，即认为时间乃从过去向未来延展。这是有希望摆脱的。这个世界，所谓无常，绝非像佛教说的那样。不管在何时怎样的时代，无常都是人所置身的一种动物般的状态。现代人对于无常之理解，远不如镰仓时代某处的那个年轻女子。因为他们失去了曾经的"寻常"之物。

[IML]

（高伟译）

---

① 川端康成（1899—1972），小说家。1924年与横光利一等创立了《文艺时代》，初期代表作为《伊豆的舞女》（1926），新感觉派作家，1968年获诺贝尔文学奖。1972年自杀。——译者注

言灵之辨

富士谷御杖 1811，212-3

所谓言灵，乃是寓于言中、具有活用之妙之物。《万叶集》第十三卷柿本人麻吕歌曰："敷岛之大和，言灵相助国，佑我平安归。"[①] 由此思之，言中有灵时，吾之所思自然得此灵之相助，通于神与人，带来不可思议之幸运，此乃吾国咏歌所蕴含之效果也。（此处所谓"不可思议之幸运"，乃是说人所欲之事本无可实现之理，然却得到了实现。）《古今集》序中曰："无需着力即可动天地、感鬼神"云云，此即是说言灵之妙用，无需人之力也。

若问何谓"灵将出现"，乃是说当人之所欲不宜化为行为，即人之所欲不合时宜时，为了抚慰"一向心"（ひたぶる心）[②]，聊且咏之于和歌。和歌出于此心，当无法自已，"一向心"难以抑制之情状自然止于言中，成为"灵"。因而，与为了达成所欲而咏唱之和歌，不可同日而语。言中有灵与言中无灵之区别，乃是咏歌之志在于保全时宜，还是在于所欲。两物相合之际自然产生之物，定有生生之难测妙用。比如打火石，石与铁相击时火自然产生。只有石不会燃，只有铁亦不会燃。只有石与铁二者间，才能产生燃烧物体、照临黑暗之妙用。另外，酒也是如此。它原本乃米与水之相合所自然产生之物。

---

① 原文："志貴嶋 倭國者 事霊之 所佐國叙 真福在与具。"训读为："磯城島の大和の国は言霊の助くる国ぞま幸くありこそ。"《万叶集》（13/3254）。——译者注

② 富士谷御杖从作为和歌之源泉这个角度，将人之心分为"偏心""一向心""真心"几个阶段。"偏心"乃是指偏于某处之心，不限于邪正；"一向心"则是"偏心"以理为盾、无比强硬之心。"偏心"用神道可以缓和，"一向心"则借助歌道得到抚慰，从而达到"真心"之境。参看《万叶集灯解说》，《新编富士谷御杖全集》第二卷，第48页。——译者注

然而，喝水不会醉人，吃米饭亦不会醉人。只有水与米二者之相合，才能产生使人喝醉脸红之妙用。故而，和歌乃是"公身"与"私心"二者之相撞,①产生了"灵"。即便言语之道停止时，亦可感通对方。此乃和歌之妙用也。不因所欲而打破时宜，言灵之妙即诞生于此心。听任所欲而化之为行，更乃不可之事。

[MFM]

（高伟译）

---

① "公身"是指人受到外在性、规范性之理的制约，"私心"是指包含个人私欲的心。——译者注

幽　玄

落花 歌论集
正彻 1450，224-5

夜里花之梦，
樱放烂漫落连绵。
花开花即逝，
梦中飘散满天华，
霎时峰上雾浮云。

　　这是一首幽玄体的诗。幽玄是一种存于内心而无法言说的意境。像明月被薄云遮掩，红叶在山上挂上秋雾，就是幽玄风情和姿态的表现。幽玄是即使去提问"哪些地方是幽玄"也无法具体指出的。不理解这种意境的人，只看见皎洁的明月挂在漆黑的夜空时才觉得有趣。幽玄是种不能用言语直接指出哪里是趣味、哪里是微妙所在的气氛。"花开花即逝"是出自源氏物语的诗句。正当光源氏与藤壶中宫重逢之际：

重逢即别离，
梦中相聚已无时。
此生难再会，
但愿哀伤此身躯，
融入梦里长夜中。

这也有幽玄之态的诗。"重逢即别离，梦中相聚已无时"是指这像做梦般的重逢，只怕此生难再。源氏情愿在这梦中消失，也不情愿醒来。"夜中梦"比喻这次相会，他情愿融化在这个与爱人相会的梦中。藤壶回答道：

> 世语传千里，
> 声名狼藉使人愁。
> 愿离此世间，
> 与君融身梦里去，
> 消散漫漫恋夜中。

藤壶是光源氏的继母，只要他们之间的恋爱关系存在，哪怕死去，坏名誉也会一直流传。藤壶深深地受领，也回应了光源氏诗中"但愿哀伤此身躯，融入梦里长夜中"。诗中"花开花即逝"指樱花在夜梦中花开，随即也在夜梦中落下。"梦中飘散满天华，霎时峰上雾浮云"指天晓了，弄不清是云还是绽放的樱花。一夜梦中花开，花也落。

[RB]

（陈宽欣译）

金春禅竹

在我们家业的"猿乐"(sarugaku)中,身体表现出极度的美,声音产生旋律的模式。在这些活动中,表演者不知道具体的手臂动作,也不知道在哪里放置他的身体;这难道不是一种从根本上没有主观控制和客观意识的奇妙功能吗?因此,艺术暂时呈现出六个圆圈和一个露珠的形式……

第一个圈,长寿圈,是歌舞的基本来源。它是观看表演者的动作和听他唱歌时产生深刻感情的容器。由于它的圆形、完美的性质和永恒的寿命,它被称为长寿圈……

在第二个圆圈,即高度圆圈,这个单一的点上升,成为精神;宽度和高度出现,清晰的歌唱诞生。这是未通过的、最高的感觉成果……

在第三个圈子里,即持久圈,短线的位置是一个和平的地方,所有的角色都在这里形成,重要的表现产生于……

在第四圈,即形式圈中,天地间的各种形式,创造中的所有事物,都在和平……

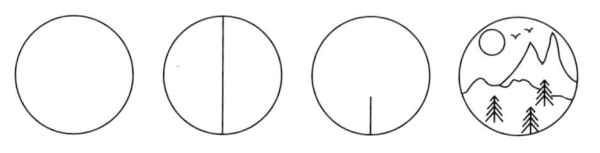

第五是"破环"。当十方天地的无尽变化的形状产生时,它们最初是在这个圆内诞生的。然而,由于它们暂时打破了它的圆形,我将其命名为"破环"……

第六圈,空性圈,是无主和无形的等级;回到起点,再次回到原始的长寿圈……

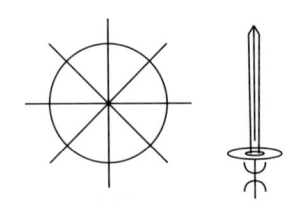

这颗露珠不属于"空"和"形"的二元论观点；它是自由的存在，不受一粒尘埃的阻碍。因此，它具有法性之剑的形状。

[AHT]

（陆秀雯译）

民族主义与美学

梅原猛 1967B，130-9

我将正冈子规（1867—1902）作为明治民族主义美学的代表者，同时阐明其美学的价值基准及其根据。子规的价值基准及根据中，"客观说"和"感情说"是从文学的本质论中得出的，"强调说"与"创造说"则是从子规所处的历史环境中得出的。显然，子规所说的未必都是正确的，同时，他的想法中还包含对日本文学传统的重大误解。……因此我们必须重新思考他的美学以及明治民族主义的精神。

一只狗从一个长长的盹儿中醒来，突然发现自己身处一群猛兽之中。虎豹狮子等各种各样的猛兽，面对这个刚刚醒来的小犬，表面上伸出友情之手相互牵制，实际上心底暗藏阴森意图。终于这只小犬看到自己周围善良的友人们——山羊和兔子被猛兽们弑杀吞食。自己恐怕最终也会被弑杀吞食吧。在胆战心惊的小犬看来，他的未来似乎只有两条路可选：被猛兽弑杀吞食，抑或自己也变成猛兽，从而保护自己不被猛兽侵袭。路看着好像有两条，其实又只有一个选择。小犬当然希望选择生存。它选择成为猛兽之路。因此它必须寻找自己与猛兽相似的本性。狗的祖先不是狼吗？它深信自己有狼的本性，只要回归到狼性，就能成为立于猛兽群中的猛兽了。

欲理解子规的美学内涵，以上的比喻或许是必要的。子规的美学并非对传统正确的理解，毋宁说他是对意识层面的传统的误解。但那是为了生存而产生强烈生存意志时才会有的误解。除了变成强国以外不知道还有其他道路可选的日本，对日本来说，从自己的文化中寻找强盛的传统，难道不是应当的吗？明治的民族主义，在历史的情势之下，只引出符合这个历史要求的传统，并且深信这就是自己的本质。这种由于深刻的生存冲动而产生的错误自我认知的欲求——此处即潜藏着子规的美学以及明治民族主义美学的深层秘密。

这个自我认知的错误，在一定时期内有其历史有效性。我们深信自己是猛兽，使我们成功脱离被猛兽厮杀吞食的历史危机。而在这种错误的自我认知下，误以为的自我属性，取代了自己真正的本性。在这个意义上，为了新的创造，有时候意识层面的自我误认是有必要的。我们确实在这个意识层面的自我误认的基础上，完成了若干的创造。

但是，现在我们来到一个新的时代，让我们清楚看到这个自我误认并非加分的，而是不利的。今天的诗歌变成什么样子了呢？以子规的创造说和强调说作为起点的近代短歌，写尽了所有的感觉，写尽了所有的调子，已经到了创造灵感枯竭、奄奄一息的状态了，不是吗？难道我们不需要重新检讨子规的观点，重建新的诗歌认识理论吗？继承了子规误解的文化史，即便是用和辻哲郎博士这样敏锐而博学的眼光都无法看穿其美学的基本误解，这个文化史对于今日的日本文化来说是无法获得整体的正确的视野的。把自己从这个历史的误解以及自我魔咒的束缚之中解放出来，用新的眼光来重新审视日本文化的时机，已经到来了，不是吗？

今日我们从这样的历史性自我误解的魔咒中解脱出来的必要性，不仅仅是为了现在衰弱的文化注射强心剂这么简单。最重要的是，把过去我们认为自己有必要自我误认的历史状况本身彻底地变成历史，变成过去。虎豹狮子的时代，早已经过去。至少今天表面上以弑杀吞食其他动物来自我发展的模式，对于猛兽们来说已经不可能了。所有的动物都应该自由生存的时代到来了。不再模仿猛兽，而是寻找新的独特的生存方式，不再学习欧洲帝国主义的道路，而是独立地寻求新的国家生存方式，这是时代给我们的新的历史课题。

这个新的历史课题，需要相适的新的美学。这个新的美学，必须从明治民族主义所犯的历史误解中解放出来，再从传统中寻找立于世界的新原理。

今日的世界，不正是欧洲反省自己生存原理的至好时代吗？以往，欧洲知识分子没有人怀疑自己的文化是唯一优秀的文化这个事情。但是今天，对自己的文化提出深刻疑问，成为欧洲最好的知识分子的一种习惯。海德格尔（Heidegger）和萨特（Satre）可以说是现在最认真的文化反省学者了。在萨特成为欧洲政治原理的反省者之前，海德格尔已是存在论之欧洲文明原理的反省者了。萨特认为危机仅存在于资本主义之中，但海德格尔认为危机是内在于西方文化之中的，仅采用共产主义也无法解决其危机。

他认为西洋文明是意志的文明。而意志对他来说等同于理性。为何这么说呢？近代欧洲的认识论中，把所有的东西都置于意识之前，作为意识的对象而存在。反过来说，意识是把存在的所有东西放在自我之前。海德格尔认为，这种将所有存在之物都当作意识的对象而置于自己之前的近代哲学的思维方式，其结果是人类按自己的意志来支配存在的所有东西。近代的理性背后，是支配的意志，这种意志是使所有的东西按照自己的意志放置于自己面前的理性，这就是近代西洋技术文明的本质。

当然海德格尔的哲学是非常难懂的，在此无法一一说明。但是思考子规美学的时候，有一个地方需要注意，即欧洲文明的原理是意志的原理，同时也是理性的原理。前面提及，我们可以在子规的美学中看到其对感性感觉和强烈感情的重视。这两个原理能在子规的阐述中联结，是因为二者都是欧洲文明所持有的原理。子规所主张的对感觉与写生的重视，其实就是重视科学的欧洲科学技术精神；强烈意志，即是欧洲在背地里所持有的支配的意志。作为科学理性第一阶段的正确的感性，以及代表强烈意志的强烈情感的重视，是子规歌论的中心原理。由此，我们可以再次确认子规的理论其实是西洋的，而不是日本的，子规对传统的解释，不过是用西洋原理来解释日本传统而已。

海德格尔认为，支配意志的原理，其立场是整个世界即将分崩离析的时代。因此，在这种将所有的东西都按照我的意志来支配的意志原理之下，欧洲文明被孤立化、无力化，以至今日直面破灭的危机。海德格尔认为要解除这个危机只有一个方法，即恢复已然失去的那种对于存在的正确关系，要从把自己作为世界的中心、将所有的东西视为自己意识的对象的自我中心观之中解脱出来，明确把握人类在世界中的地位，找回对存在这个对象的亲近感，是至关重要的。

虽说将海德格尔这个思想作为治疗法还存在相当的问题，但不得不承认其对于欧洲文明的精神疾病的诊断确有其命中之处。欧洲文明在其根底就与支配的意志深深联结。科学技术即是其一。这是人类想要确立对自然的支配的思想。这种人类对自然的支配思想，转化为人类对人类的支配思想，也是自然之理了。也可以说，欧洲是以人类对自然的支配为武器，来完成人类对人类的支配。

今日的世界，充满了想要挣脱这种欧洲支配意志压力的抵抗意志。不被欧洲当作人来对待的人们，一面揭穿欧洲人文主义的虚伪，一面以血肉身躯来抵抗欧洲的支配意志。这种抵抗意志与日俱增，将会成为能与支配意志匹敌的力量。然而，我们应该无条件地祝福这种抵抗意志的立场吗？抵抗意志也是一种意志，是一种反欧洲支配意志的意志。谁又能保证世界不会在这种意志与反意志角力的斗争中灭亡？并且，谁能轻易地断定，抵抗的意志不会在打破抵抗对象的时候，非常容易地变成另一种支配的意志呢？海德格尔的"去意志的立场"这句话，现在听起来似乎还比较遥远，但预言家的声音能够更容易为人听到的时代终于到来了，不是吗？

在这种时代中，我们不是从欧洲文化原理的传统中，而应从自己的传统中寻找应对历史危机的新思想。我们的美学传统，在这样的历史中能回答什么呢？在这篇急于挥动破邪之剑的论文中，可能已经没有余地来回答这个问题了。因此我想以一个比喻来结束本篇论文。

之前我说过，把自然作为心的象征来看，是日本诗歌的特征。但是，这个特征与法国象征诗中的象征是同义的吗？心是容易捕捉的吗？自然是心的比喻还是象征呢？以往我把这些疑问都一一搁置。但这些疑问中确有更深层的值得深究的内在，我对此尝试作如下的思考。日本诗歌的象征与法国象征诗的象征应该是不同的！日本的诗歌中，被象征的心，与提供象征意象的自然在本质上是同一的，这种确信难道不是存在于背后的世界观之中吗？我们人类也好，自然也好，都是生命的表现。因此，人类的心无论多么复杂，也必定是以自然的各种姿态来表现，这不正是我们潜藏的想法吗？

神道是多么崇拜清净的自然啊。由于崇拜拥有清净力量的自然，我们的心因此而获得清净，获得力量，比起天皇崇拜来说，应该是对古老神明的崇拜吧。佛教在日本化的时候，在其日本化过程中起最大作用的是密教。密教的本尊是大日如来，与其他佛不同，大日如来是大自然的本体佛。通过这种自然崇拜，佛教与神道结合，使得成为日本宗教基础的神佛混淆成为可能。在日本，很多文化现象，比如和歌、俳句、能乐、绘画之中，可以看到将自然与人类合一的思想是处于支配地位的。也可以说，这种思想同时影响到近代日本小说，改变了其形态。

把有生命的东西作为所有存在的代表，把所有东西都同样看作有生命的，同时对于那些生发出生命又难以描述的存在也同样致以敬意，这样的世界观被称为"泛灵论"。而我们存在偏见，习惯性地认为这是原始宗教的产物。

从死物之中寻找存在的代表者并以物质为中心的"唯物论"也好，或者是认为神祇赋予精神给人类，从精神层面来看一切存在的"观念论"也好，都有存的权利的话，那么非物质非精神、从生命中寻找代表者、认为一切生物皆为存在的"存在论"，则应该也有存在的权利。欧洲的思想是物质和精神对立的历史。但是这种对立，本身立足于有一定的选择原理的存在论之上的。在欧洲文明原理面临重大危机的当下，我们难道不应该留意那极端原始的，因而也非常根源的存在论吗？带给现代文明危机的"存在"概念，仿佛从地底之下传来的声音，而那些侧耳倾听的人，他们究竟是幻听者，还是真正的有识之士，要分辨他们绝不是容易的事情。

[TK]

（林超纯译）

粹的构造

九鬼 1930, 7-14 (13-18)

"粹"（iki）这一现象有着怎样的结构？首先我们应以何种方法才能阐明"粹"的结构并掌握其存在？毫无疑问，"粹"构成一个意涵。事实上"粹"作为一个语词①是成立的。那么我们是否可以说，"粹"这个语词普遍存在于各国语言中？我们必须首先调查这个问题。如果"粹"一词只在我国语言中存在，那么就说明"粹"的意涵具有特殊的民族性。那么当面对这个具有特殊民族性的意涵，也即特定的文化性质时，应该采取怎样的方法论态度去处理它呢？在开始解明"粹"的结构之前，我们必须先回答这些问题。

首先，一般来说一个语词与一个民族群体之间有着怎样的关系呢？作为语词内容的意涵与民族存在又立于怎样的关系之中呢？意涵的妥当问题不可能使意涵的存在问题失效。② 相反，存在问题才是本源。因此，我们必须从被给予的具体事实出发。毫无疑问，被直接给予我们的，正是"我们"这一事实。它指的是我们的综合，即"民族"。当一个民族的存在样态对该民族来说处于核心地位的时候，它就会显现为一种"意涵"。而意涵则通过"语词"来敞开［通往民族的］路径。因此，一种意涵或一种语词所代表的无非一个

---

① 这里"语词"的日文原文为"言語"，明显不是指我们通常说的"语言"（索绪尔意义上的 langage），而更接近词语，或海德格尔意义上的 Sprache（言葉）。为提高警惕，故在中译中将语意偏向 Sprache（言葉）的"言語"翻作"语词"。——译者注

② 海德格尔对新康德派（西南学派）的"妥当"（Geltung）问题的批判在此有所体现。洛采（Lotze）将一切判断视作关乎妥当问题的价值判断。海德格尔则把逻各斯放在了存在论的问题设定中。新康德派与海德格尔因此在对康德的认知论阐释与存在论阐释之间产生了对立。

民族的过去和现在对自身的存在样态的表明，或说是一个特定历史文化的自我揭示。因此，一方面的意涵和语词与另一方面的民族意识的存在之间，不是前者集合起来形成后者，而是民族经历过的存在创造了意涵和语词。两者的关系并非部分机械性地构成整体，即部分优先于整体；而是一种有机的关系，即整体决定其部分。因此，一个民族所持有的某种具体意涵或语词作为该民族的存在的表明，不可能不带有民族体验的特殊色调。

　　本来（固然），属于自然现象的意涵及语词具有广泛的普遍性。然而，这种普遍性并非绝对的。例如，如果我们把法语的"ciel"或"bois"与英语的"sky"和"wood"以及德语的"Himmel"和"Wald"相比，这些词的意涵并不一定完全相同。凡是在这些国家生活过的人都能立刻领会这件事。Le ciel est triste et beau① 中的 ciel、What shapes of sky or plain② 中的 sky 以及 Der bestirnte Himmel über mir③ 中的 Himmel，它们的内容都受制于国土与本地住民的规定。如果描述自然现象的词在不同的语言中都会有这样的差异，更别说要在一种语言中找到与他国语言中描述特殊社会现象的词的严密对应词是多么困难了。例如，不论是古希腊语的 Polis（城邦，都市国家）还是 Hetaira（卖春妇），都与法语的 ville（城市）或 courtisane（特指混迹于交际圈的高级妓女）的意涵不同。即使这两个词有相同的词源，但当它们存立在特定的单一国家的语言中时，其意涵内容也会出现差异。比如拉丁文的 caesar（出自尤里乌斯·凯撒的名字）和德文的 Kaiser（皇帝）的意涵内容就绝不相同。

　　在无形的意涵与语词中也同样如此。不仅如此，当一个民族的特殊存在样态通过意涵和语言的形态揭示其民族的内核，且正因其他民族不具备这种核心体验时，其意涵和语词可能会明显缺失。例如，esprit 的意涵反映了法国国民的性情与整体历史。这个意涵与语词以法国国民的存在为前提，在其他民族的词汇中我们找不到与它完全相同的词。在德语中，通常会用 Geist 对应 esprit，但由黑格尔的用语方式所表现的 Geist 的固有意涵与法语的 esprit 并不相同。Geistreich 这个词也没有完全含有 esprit 的色调。即使它含有，那也只

---

　　① 出自波德莱尔的《夜晚的和声》（Harmonie du soir）。
　　② 出自雪莱的《致云雀》（To a Skylark）。
　　③ 出自康德的《实践理性批判》结语："我头顶的星空与我内在的道德法则，我对两者抱有无尽的敬畏之念。"

限定于在 geistreich 被有意用来翻译 esprit 的情况下。在这一情况下，这个词被迫在其原有的意涵内容之外附加上了另一种色调。倒不如说这是在把其他的新意涵导入语词中。这种新意涵不是本国人民有机创造的；而不过是从他国机械导入的。英语中的 spirit、intelligence 或 wit，这三者没有一个的意涵与 esprit 相同。前两个词的意涵不足，而后者的意涵则过剩。另一个例子是德语词的 Sehnsucht（渴望，憧憬，思慕，眷恋），这个词是德意志民族孕生的话语，它与德意志民族有一种有机关系。Sehnsucht 表现了烦恼于阴郁的气候风土或战乱的民族对敞亮幸福的世界所抱有的憧憬意识。这种对柠檬花盛开的国家的向往并不只局限于迷娘的思乡情。[①] 它更是表现了全德意志国民对于敞亮南方的恼人/闹心憧憬。这是一种"我飞到了梦想不到的未来，到艺术家所想象不到的更炎热的南方；那里诸神裸体跳舞，以一切的衣饰为可耻"的憧憬。尼采所说的 flügelbrausende Sehnsucht（振翅的憧憬）同样被全体德国国民所怀恋。这一愁恼最终产生了一种设定睿智世界的、形而上的情调。英语的 longing（热恋，迫切渴望）或法语的 langueur（萎靡忧郁）、soupir（如怨如诉）、dèsir（欲求）都无法复写 Sehnsucht 的所有色调。埃米尔·布特鲁在论文《神秘学说的心理》中，关于神秘学说进行了以下阐述。"[神秘学说的]出发点是一种很难定义的精神状态。而德语的 Sehnsucht 则很好地表明了这一状态。"这意味着布特鲁承认了在法语中没有词能够表现 Sehnsucht 的意涵。

日语中的"粹"也是一个具有丰富民族色调的词。现在我们试着在欧洲语言中寻找同义词。首先，在英语和德语中，所有与"粹"含义相似的词都借用自法语。那么，我们能否在法语中找到与"粹"对应的词呢？先来看看 chic 这个词。这个法语词被英语和德语［作为外来词汇］直接沿用，在日语中经常被译作"粹"。关于这个词的词源，基本上有两种说法。一种说法认为，chic 是 chicane 的缩写，原意指的是善于使用将法庭审判变得错综复杂的"巧妙诡计"。另一种说法认为，chic 的原型是 schick，即从动词 schicken 变化而来的德语词。和 geschickt 一样，schick 的意涵是指面对各种事务时的"巧

[①] 出自歌德的诗曲《迷娘》（Mignon）。"你可知，那柠檬花开的地方"是该诗曲的开篇第一句。"柠檬花开的地方"指德国以南的意大利。该诗词也透露出歌德对南方国度意大利的憧憬。

妙"。法国引进了这个词后，逐渐被用于描述面对审美趣味时的场面，此时它更接近于 élégant 的意思。后来，拥有全新意涵的 chic 又被引进回德语。如果我们问这个词目前指示的内容，它的限定程度绝不如"粹"。Chic 的意涵外延要广泛得多。它既包含了"粹"和"上品（高雅）"，还可以表达"野暮（粗野）"，"下品（低俗）"的对立面，即趣味的"纤巧（纤细巧妙）"或"卓越"。接下来我们来看看 coquet。这个词来自 coq，它发源自一只公鸡被许多母鸡包围时的光景。因此，它有着"媚态的（妩媚的）"的意涵。这个词在英语和德语中被作为外来词汇直接沿用。在 18 世纪的德国，有人提议用 Fängerei① 这个词来取代 coquetterie②，但它没能被广泛普及。Coquet 这个非常"法国"的词确实形成了"粹"的表征之一。但是，在不增加其他表征的情况下，coquet 中并不会出现"粹"的意涵。不仅如此，根据表征间的结合情况，它甚至可以变成"下品（低俗）"和"甜腻"。卡门通过演唱舞曲《哈巴内拉》来媚惑堂·何塞的态度确实是 coquetterie，但绝不是"粹"。〔此外，法语中还有"raffiné"一词。它从动词 re-affiner（使……更精细）而来，意思是"洗练"。这个词同时也进入了英语与德语。"raffiné"一词算是"粹"的一个表征，然而之于"粹"的意涵，仍然缺少一些重要表征。并且，当"raffiné"与某些表征结合时，会出现"老练（涩味，成熟的苦涩）"的意涵。然而该意涵在某种意义上与"粹"相对立。总而言之，我们只能在欧洲语言中找到与"粹"相近似的词，但无法找到与其完全等值的词。因此，我们可以说"粹"是东洋文化的，不，是大和民族的特殊存在样态的显著自我表明之一。〕③

当然，在西方文化中寻找与"粹"类似意涵的词，并通过形式上的抽象在其中找到一些共同要素也不是不可能。但如果我们想理解的是作为民族存在样态的文化存在的话，这就不是一个合适的方法论态度。即使我们通过自由地改变一个持有民族性、历史性存在规定的现象，在一个可能的领域中进行所谓的"观念辨识"（ideation）④，我们最终也只能得到一个包含了上述现

---

① 疑似源自动词 fangen（捕获），过去分词 gefangen 有"被迷住""被吸引住"的意思。
② 形容词 coquet 的名词形态。
③ 该部分在英文版中被省略。——译者注
④ 此概念从属于胡塞尔现象学中的现象学还原的本质还原（现象学还原分为本质还原与先验还原）。观念辨识（或被译作观念抽象）是本质直观过程中的意识状态。

象的、抽象的类概念①。理解一种文化存在的要点在于，我们不能伤害到它作为事实的具体性，而要把它的存在本身作为活生生的形态来把握。柏格森指出，当我们闻到玫瑰花香回忆起过去时，并不是因为通过被给予的玫瑰花香而联想起了过去；而是在香味之中直接闻到了过去的回想。② 如玫瑰花香这样不变的事物，或说是适用于所有人的类概念在现实中并不存在。相反，只存在具有不同嗅觉内容的个别香味。正如柏格森所言，将如玫瑰花香那样普遍的事物与如记忆那样特定的事物联合起来去解释说明经验，这就像试图通过排列各国共通的字母来发出某国语言的特定发音一样。③ 用形式上的抽象来为"粹"和西方文化中的类似现象找共同点，这也属于柏格森所说的那类例子。每当我们试图考察如何去把握"粹"这一现象时，我们面对的无非一个普遍性（universalia）的问题。安瑟伦基于把类概念视作实在的立场，拥护了认为圣父、圣子、圣灵终归是一位上帝（三位一体）的正统派信仰。与此相反，罗瑟林采用唯名论的观点，认为一般概念只是名称，主张圣父、圣子、圣灵分别代表三个独立的神，为此被视作三神论的支持者的他甘愿忍受诽谤。在理解"粹"的时候，我们必须要有成为异端的觉悟，即把普遍性的问题带到唯名论的方向去解决。换句话说，我们不能把"粹"作为单纯的种概念去处理，从而谋求一个对类概念的抽象且普遍的"本质直观"。对作为意涵体验的"粹"的理解必须是一种具体的、符合事实的、特定的"对存在的领会"。在追问"粹"的本质（essentia）之前，我们应首先追问其实存（existentia）。简而言之，面对"粹"，我们需要的不是"形式性的"研究，而是"解释性的"研究。④

---

① "类概念"指包含了"种概念"的上级概念。比如类概念的"生物"中包含种概念的"动物"。

② 前者是通常意义上的 mémoire（所谓的记忆力），后者则是柏格森重点关注的 souvenir（物本身作为纯粹过去而存在）。故记忆并非被物外在地触发，而是物本身就是记忆的存在样态之一。

③ 此处的类比有些许难懂。大意是说，像记忆或发音这类特定的事物不能被还原成普遍的要素。

④ 此处的"形式性"暗指胡塞尔的本质直观概念。在胡塞尔的文脉中本质直观又被换言为对形式（eidos）的直观（参考胡塞尔为大英百科全书执笔的"现象学"词条）。"解释性"则指前期海德格尔的方法论，即解释学性的现象学。

以民族性的具体形态来被体验的"粹"究竟有着怎样的结构？为了回答这个问题，我们必须首先领会作为意识现象的"粹"的存在样态，然后再去考究作为客观表现的"粹"的存在样态。如果我们忽视了前者，或者颠倒了前者和后者之间的考察顺序，我们对"粹"的把握将徒劳无功。事实上，试图阐明"粹"的研究大多会陷入这种谬误。这些研究先把客观表现作为研究对象，并只把目光局限在客观表现的范围内去寻求一种普遍性的特征。这样的研究〔不仅无法把握作为意识现象的"粹"，甚至〕无法把握作为客观表现的"粹"的民族特殊性。此外，这些研究将对客观表现的理解误认为等同于对意识现象的领会，结果他们对作为意识现象的"粹"的说明变得抽象而形式化；并无法具体且解释性地阐明被历史与民族所规定的存在样态。我们的研究必须从考察具体的意识现象出发，踏上一条与他们相反的道路。

〔NH〕

（鹿传宇译）

切的构造

大桥良介 1986, 87-92

当自然界中的事物"干涸"时,它们的生命就会消逝,形态也会消失。这通常意味着向丑陋的方向发展,但在"干涸"的日本花园中,它却向美的方向转变。

我们可以从世阿弥的"花"中窥见其中的奥秘。花朵的饱满在凋谢中显现。丰满发生在生命的升华处,在生命力最鲜活的地方。但恰恰在这里,生命掩盖了一种倾向,而这种倾向是所有生命的重要组成部分。在生命的充实中,死亡被遗忘,使生命的一个方面黯然失色,而这个方面始终是一种可能性。自相矛盾的是,如果说美是花朵在生命丰盛时状态的合理化,那么这种丰盛的一个方面却缺失了,就像刺眼的阳光挡住了我们的视线一样。正午炽热的阳光只有在日落时分才会变得清晰可见,就像双重曝光一样。日本庭院的干燥就像正午阳光上已经覆盖的晚霞,"切割"了正午阳光的自然性,展现出其内在的光彩,但在其他地方被遮挡住了。穿过干燥的山峦和溪流,构成景观的光明与黑暗、生命与死亡的"切割与延续"第一次变得清晰可见。

在这种切割的结构中,一些根本性的东西显现出来:时间元素。时间存在于花朵的盛开与凋零,正午太阳的炽热与落山。一棵树的干枯意味着它的衰老,也意味着时间的长短。

为了更好地理解时间这一要素,我们可以看看诗人芭蕉的诗句:

一条干鲑鱼,
和朝圣者的憔悴,
隆冬寒冷中。

据说芭蕉为创作这首诗而备受煎熬，"日复一日地绞尽脑汁"。干瘪的鲑鱼、衣衫褴褛、面容憔悴的僧人空也以及京都的寒冷，这三个意象一字排开，表达了芭蕉的心情。每幅画都描绘了肉体的摧残和生命的温暖光辉。这里没有留下任何美感。寒冷似乎渗入了吟诗者的内心深处。短短十七个音节，却将这种寒冷和紧缩感表达得淋漓尽致！干涸、憔悴、寒冷——生命的自然消逝在一种美的基调中。

干涸的鲑鱼、僧侣空也和隆冬的寒冷，各自描绘了自己的"时间"，而不仅仅是自然界中生命即将结束的信号。当鲑鱼肉逐渐干瘪枯萎时，它进入了鲑鱼干的时间，并获得了新的生命。"吃"下鲑鱼干的僧人空也本身是憔悴的，但他在念诵佛号的禅定中清醒过来，过着在佛的生命中不断重获新生的生活。僧侣和鲑鱼都被寒冷包裹着，寒冷指向时间的充实，因为一年即将结束，一切都将获得新生。每个人都在创造自己的时间世界。这不是在时间的自然流动中走向成熟，而是离开时间。显然，干涸的鲑鱼和憔悴的僧侣，还有笼罩的寒冷，都代表着人类生活中的"寒冷"，它们有着各自的季节。我们看到芭蕉也被包裹在同样的"寒冷"中，他在日语原文中以"k"开头的十七个音节中苦苦挣扎。他努力赋予干涸的鲑鱼、憔悴的身影和隆冬的寒冷以各自的世界，它们彼此割裂却又相互连接，从而赋予整体以美学特征。

"切"是自然生活模式的中断，是自然时间活动的中断。通过它，时间不仅被切断，而且成熟为一种新的存在方式。

[IML]

（张政远译）

茶　道

久松真一 1962，139-44

　　茶道的玄旨在于茶道深奥而微妙之理，即其奥义之中。这个玄旨，正如《信心铭》中的语句：

　　　不识玄旨，徒劳念静。

　　又如《临济录》中说：

　　　道流，把得便用，
　　　更不着名字，
　　　号之为玄旨。

　　首先，《信心铭》说的"不识玄旨，徒劳念静"是什么意思呢？心静且沉着是极为重要的。然而，如果一个人固执地相信某个想法就是心灵的终极，一味执念于此，也并不能获得真正的心灵平静。真正的静心在于行为本身，在于动静一体不二的寂静，其根源在于欲趋而能返的、不被固定的玄旨。不识玄旨反而固执己见，则是悖离玄旨，如缘木求鱼，徒劳无功。
　　《临济录》中的语句大意是：为求道而汇聚的人们啊，如有获得（某物）即自在使用，不必执着其各自的名字，此即为玄旨。此句之前有："便能入凡入圣，入净入秽，入真入俗。"两句结合起来大概表示：不必耽于凡圣净秽真俗之差别境而能自由自在出入其中，才是玄旨所在；也不必为其取名字，取名之后就不能自在出入万境之中了。

一般来说，玄旨是用来表示那些言语、思维难以到达的深奥而微妙的道理。老子有言"玄之又玄，众妙之门"，即言语、分别所不能表达的，就是所谓言语道断、心行处灭、言诠不及、离言等所表示的意思吧。因此，我认为，茶道玄旨是表示在茶道未成形之际既已存在的茶之精神，或茶之本质。

　　如果按照这种理解，茶道的玄旨乃茶道的本质，这种本质不仅是作为学问上的对象知识，而且是茶之能表现的本质。把茶的本质作为对象性的知识，是指把茶所表露于外的一切现象剥离其所能表现的主体。茶的本质必须是一种活跃的作用知。但是要讨论作用知则必须先考虑作用本身，因这个作用本体与作用知必须是一体的，即这个作用本体是因为这种作用知而进行运作，而这个"知"也是因为这个作用本体的运作才能表现出来。这种"知"，与作为对象的知识比较的话，应该可以称作"主体知"。因知与主体是完全一体不二的状态，从主体的角度来说，也可以说是知（智慧）的主体。活跃作用的本质；从作用角度来说，是表现的主体，形成的主体，创造的主体。

　　这种主体知，也就是智慧的主体，用中国自古有之且日本也使用的语言来说可以称为"极则"。"极则"就是作用的终极法则，法则本身就具有主体性，法则与作用主体是一体不二的。"极意"一词亦有相同意思。若用非常日式（大和）的说法，大概是"こつ"（要领、精义）这个词。不过，"极意"与"こつ"用于日本各类艺术的情况比较多。茶道虽然与各种艺术形式有所联系，但也有超越艺术的地方。因此茶道说"极意"与"こつ"的时候，可能也包含其他艺术的"极意"与"こつ"无法完全表达的东西，并且这种东西在茶道中非常受重视，必须留意。关于这一点后面会详谈，现在我们先谈谈主体知、极则，以及"こつ"这些概念的根本性格，即知、法则与主体之间一体不二性的真义及与创造性问题之间的联系。

　　作为茶道玄旨的"主体知"，即"智慧的主体"起作用时，知、法则与主体之间的一体不二关系，必要合乎茶的法则而起作用，若与茶的法则相悖而起作用则是不可能的。但是，说到与法则相合，一般会认为好像存在一个主体本质以外的法则，只要与这个法则相合即可的想法。然而并非如此，应该说是这个主体本身是自主自律自由自在，并且完全与茶的法则相合的。从这个主体来说的话，毋宁说茶的法则是由这个主体的自主自律自由自在的活动作用才引发出来的。换句话说，其作用与活动本身才是法则出现的根源性主体。这个主体本身就是与法则相契合的，并不是把这个法则作为一种外在的原则去遵守。因为这个法则并非外在施加，因此也不存在被这个法则所拘束所制约的情况。也就是说，这个自主且自由的活动作用因为变成法则而自动与法则契合，如此主体也就经常脱离法则本身而自由地活动了。

作用主体与法则之间相契合的情况，不能与主体为了与外在法则契合而调整自我并渐渐与法则相合的情况等同视之。确实，根据法则进行训练，最终也能达到行为或作用完全不离法则、作用乃至作用主体与法则合为一体、作用与法则之间相互离不开的状态。这种情况乍一看与我们所说的玄旨非常相似，但可以说实际上与玄旨中的作用主体有着本质差别。这种情况的结果就是主体不能脱离法则存在而法则也成了不能变动的死法。更糟的是，创造法则也变成不可能的事情。一般来说，训练或学艺如果能达到这个境界就是成功了。但是这种境界无法让人切身体会到玄旨。虽说训练或学艺，确实先要遵循一定法则，并以努力达到法则要求为目的。然而训练或学艺的终极目标，不仅在于能够与特定法则合二为一，更是要让这些法则在内心起作用，自在地使用这些法则，同时能够自由地创造新法则。孔子云"随心所欲而不逾矩"，若只会根据法则训练，完全不敢背离法则，那与体会玄旨的境界完全是南辕北辙。不是数量上的差异，而是质上的相悖。玄旨虽然也是追求作用主体与法则一体不悖的状态，但追求一体不悖状态的方法完全不同。

玄旨与法则合二为一的方法，必须是基于能够超越法则的自在作用。因此这种作用主体在起作用时是能够创造法则的立法主体。是自己自由创造法则，且不会总被这个法则所制约的自由主体。与其说是主体去契合法则，不如说是法则也要去契合主体。

在茶道中有"好（爱好、嗜好）"这个词，潜藏着深奥的主体意识。因为"爱好"，茶席也好，露地也好，各种茶器也好，或者各种做法、规矩，茶道的规则才能整合为一体而被创造出来。从更深层的意义来说，这必须是主体利用玄旨来自我表现。真正意义上的"好（爱好）"是自由运用玄旨，对既已成型的茶道进行评价选择后,创造出茶道中还未有的其他规则。因此,既要契合茶的法则,也要契合这个爱茶的主体。只有这样,才能成为不为旧有法则所制约且常能创造新法的主体。

[IML]

(林超纯译)

花　　道

西谷启治 1953，212-6（33-5）

我曾在报纸上读到一篇文章，大意是存在主义哲学家让-保罗·萨特对日本花道艺术很感兴趣。这篇文章很简短，没有说明他感兴趣的原因，但我觉得我对原因有了一些了解。我想起了十多年前我从欧洲留学归来，用新的眼光看到花道时的印象。

虽然留学时间只有两年半，但我已经习惯了欧洲的生活。因此，回国后我用外国人的眼光看待很多事情。在这样的心境下，我对所参观的房屋中的花道之美印象尤为深刻。无论我们对某一事物多么习以为常，当我们有一段时间没有看到它时，我们的好奇心就会被唤醒，从而重新审视它。本是司空见惯的事，但偶尔也会睁大眼睛，惊叹不已。再次看到花道对我来说就是这样一次经历。

在欧洲时，我尽可能多地去看艺术品，不仅在大城市，也在小城镇和乡村。在那里，我发现了用世代相传的技术制作而成的艺术品，它有一种真正的精致和沉稳。但是，我在花道中发现了与欧洲艺术的整体气质完全不同的东西。

花道所表达的美从一开始就只为那一刻而创造。这种艺术随着季节的变化而变化，它的美只在花和枝被剪掉后的几天内展现出来。就其本质而言，它是临时的、即兴的。它的本质美恰恰在于它的短暂性和及时性。它是一种拥抱时间的美，一种从时间本身的无常中显现出来的美。花道的人都明白这一点。创造这种美所带来的愉悦甚至可能与其时间性成正比。这当然是一种独特的感受。

当然，所有艺术都有一定的寿命。即使是伟大的科隆大教堂和圣彼得大教堂，与世间万物一样，终有一天也会消亡。然而，建筑、雕塑、绘画等，都是为了抵御我们称之为时间的东西。这些艺术作品无视时间带来的变化，希望无论如何都能留存下来，表达了一种坚韧不拔的意志。也许这种愿望或意志隐藏在艺术家的创作冲动中，因此我们才会在艺术作品中看到它的影子。

花道及其所反映的艺术家的思想则完全不同。花道不是试图从时间之中否定时间，而是在时间中前进，没有丝毫间隙。它就像传说中的倩女[①]病在床上，同时又离开了；又像坐禅时的自然呼吸：吸气和呼气合二为一，使人彻底认同自己在时间中的存在。

花道的全部内容已经包含在对花、叶、枝的剪裁和摆放之中。花道与其他造型艺术的区别并不仅仅在于花艺家使用的材料与自然界中的材料一样。这只是表面上的区别。本质的区别在于对花朵和枝条的剪裁。

一棵树或一棵草从地里自然生长出来，也表现出一种试图否认时间的存在方式。它抵御着自身内部对停止的引力，仿佛试图超越时间，不断超越自我，超越自我。但它无法以这种方式超越时间，因为它一开始就存在于时间之中。在试图否定时间或超越时间的过程中，草木本身就是一种不断变化的时间性存在。它是有生命的，它的存在就在于它努力否定时间，尽管它是在时间之中。它存在的可能性在引力场中得以实现。它在自身内部进行着一场失败的战斗。草木将自己给予阳光、雨水和风，给予土壤中的养分和昆虫。这种付出也是它挣扎求生的一部分——所有这一切无非试图否定时间的一种方式。

不仅草木是这样，人和万物也是如此。人和自然界中的一切生命也是如此。柏拉图说，所有生物都在这个变化的世界中通过生育寻求永恒，但即使在这里，我们也能看到同样的企图，即从时间之中否定时间。上文提到的艺术家的生命和艺术创作的冲动与自然界的万物同属于一种生命。艺术属于人类文化世界，因此不同于简单的自然界，但艺术生命仍然源于自然生命。歌德认识到，艺术创造力是以自然生产力为基础的，它是有生命的，与所有生命一样，其本质是在时间之中否定时间的意志或愿望。

花道正是对自然生命的一种割裂。田野或花园中的花朵为了繁衍后代而

[①] 唐代有一个传说，年轻女子倩女与情人私奔，而她的身体却留在家中，卧病在床。

授粉。这是自然意志或生命欲望的一部分。花道切断了这种意愿或欲望。它处于死亡的世界，在死亡中蓄势待发。它与时间割裂开来，否定了生命，作为瞬间的东西进入了时间。

虽然大自然的生命将时间性作为其本质的一部分，但它抗拒并掩盖了这一本质。大自然的存在仿佛是在试图摆脱时间。与此相反，剪去根须的花朵却一举回到了它在时间中最初的、本质的命运。这不是自然界中花朵的生命。花朵本身无法做到这一点。只是由于人类的任性，花朵才违背了自己的自然意愿或愿望。因此，花朵不得不在其隐藏的本质中屹立不倒，以揭示其本质。

世间万物本质上都是无根之物，没有固定的居所。在扎根的过程中，它们将自己的无根掩盖起来。它们的根被斩断，使它们明白了自己的本质存在是无根的。从生命世界到死亡世界，对花来说也是一种超越。在死亡中停驻的花朵被切断了生命中的时间，仿佛存在于永恒的当下，其当下的存在已成为生死之外的一个瞬间。花朵被定格在这个超时空的瞬间。它冲破时间的表层，成为永恒中的一瞬。

花朵的生命被斩断，它的死亡是一种虚无，其存在的潜能被切断。这不是单纯的自然死亡。自然死亡的花朵只是凋谢和腐烂，而插好的花朵必须在凋谢之前被扔掉。鲜花在活着的时候被剪掉，它的死亡超越了自然的生命，超越了时间，站在了当下的新生命中。这种虚无获得了新的存在可能性，成为时间中永恒的瞬间。

当有人在凹槽里花道占据某个空间时，他们可能意识到也可能没有意识到这一切。只要鲜花占据了那个空间，它就仿佛从虚无中，从萦绕在鲜花庄严周围的空旷空间中浮现出来。凹室和整个房间的气氛都变得紧张而庄重，仿佛房间因花的存在而充满了电。花朵的宁静和它对空间的把握让周围的一切都变得清晰起来。花朵本身既不知道这一点，也无意这样做。它对周围环境的"净化"是它在虚无中的反应。事实上，这就是为什么需要有一个像花道室这样的地方。花属于那里，那是它应有的位置。它的平静中萦绕着一股寒意，在完全的寂静中唤起永恒，就好像花已经切断了对生命的一切依恋，几乎就像一个放弃了生存理由的人。

我一直在谈论花道中美的特征。作为完全瞬间的东西，它也是即兴的。花道的美会随着季节的变化和有生命的植物的存在而变化。花道之美在短短几天后就会消失，但又很容易重现。这种美是短暂的，但就好像它的短暂性已经转化为一种更高层次的美。正如我们所说，将植物转化为艺术的精髓在于剪裁。通过切割，隐藏在植物深处的空灵得以展现。甚至可以说，在它的空灵中，蕴藏着时间的永恒。这种更高层次的瞬间性表达了永恒。有限，虽然是彻底的有限，却成为永恒的象征。时间虽然是短暂的，却成为永恒的瞬间。随着切割活动的进行，存在深处的虚无被揭示出来，永恒的瞬间得以实现。

通过这种领悟，人们进入了一个完全不同的维度，将两种艺术区分开来。一种是生前的艺术，另一种是死后的艺术。也就是说，一种艺术通过否定时间性来寻求永恒，另一种艺术则试图通过彻底的时间性来揭示永恒。前者产生于生命的自然意志或欲望，后者产生于割裂了自然意志或欲望的虚无。

[JMS]

（张政远译）

书　　道

森田子龙 1970，124-5

　　一出生，我就被推入一个由事物和文字组成的世界，我自己并不情愿，也无法选择一个没有事物和文字的地方。一旦出生，我就不能不在此时此地生活在与事物和语言的联系中。我的生命、我的存在源于万物，万物的存在也源于我。我活着这一事实本身就意味着，从根本上说，我本质上就是这样一种存在。

　　如果我现在拿起毛笔创作作品，这支毛笔就不仅仅是一支毛笔。从一开始，它就是我的生命和存在的源泉。毛笔之所以是毛笔，是因为它是一个让我在此时此地存在的东西；没有它，我就不会存在。在任何地方都没有一个简单的"我"，一个独立的自我；只有这个"我"在此时此地通过毛笔而存在。同样，毛笔此时此地也只是作为毛笔而存在，而我的生命则来源于毛笔。因为不存在自我本身，也不存在毛笔本身，所以不存在某个先前的"我"和某个先前的"毛笔"之间的关系。相反，我们必须说，存在的是一个整体，我们可以称之为"我和我的毛笔"。这个不可分割的整体就存在于此时此地，这就是我此时此地成为书法家的实质。

　　让我们把这个单一的整体称为"场所"。现在，这并不简单地意味着通过在自我上添加一支毛笔而达到的整体。这意味着，没有毛笔的地方就没有书法家，没有书法家的地方就没有毛笔。从"我"和"我的毛笔"无处不在但存在于某个地方的意义上说，我们可以说"我"和"我的毛笔"诞生于某个地方，而某个地方又孕育了我们。乍看之下，"我和我的毛笔"可能只是碰巧存在的一个环节，但事实上并不存在更大的必然性，因为我们存在的基础就在这里。

这个单一整体或场所的性质不能仅从书法家本身或毛笔本身来确定。它不是两者的总和，也不能通过寻找两者的共同点来发现。一个地方有它自己的原则，这决定了它的性质。作为一名书法家，我的生活不可能离开一个有生命的地方。为了我的生活，一个地方被赋予了生命。这个地方实现了自身的统一，并带来了自己的自主原则。我的书写，我此时此地的生活，就是这个地方被统一的作品，这个地方被称为"我和我的毛笔"。只有在"我"与毛笔真正合二为一的那一刻，"我写书法"才真正发生。

　　如果"我"作为一个有形的、有限的人，与有形的、有限的毛笔相对立，那么"我"与毛笔就会相互制约，无法合二为一。这个被称为"我"的外壳必须裂开，这个外壳必须脱落，自我才能被释放到一个无形的、无限的世界中。释放出来的自我与某个地方融为一体，成为"我和我的毛笔"的整体。

　　因此，书法的"此时此地"有两个方面：

　　1. 在场所的统一中，我与毛笔合二为一。我就是毛笔，毛笔就是我。我不受制于毛笔。

　　2. 我不是我（而是这个地方），因此我就是我。毛笔不是毛笔（而是这个地方），因此它就是毛笔。作为一名书法家，我超越了自我，从自我中解放出来；这种解放继续在我心中发挥作用。我不再受自我的限制。在这里，我可以真正成为我自己。

　　自由本身就是这样一种状态，我既不受自己的限制，也不受毛笔的限制。换句话说，实现自由是这个地方的根本要求。这是一个面向自由的地方，只有在这样的地方才能实现自由。是什么让我在此时此地存在，是这个地方；是什么给予我自由，让我成为真正的自我，是这个地方。如果说没有毛笔就没有自我，那么没有毛笔，我就没有自由。没有毛笔，我就无法真正成为我自己。此时此地，毛笔就是"我"，（作为场所）我不是"我"。这种视角不是把毛笔当作我之外的东西，不是局限于外在工具的东西。相反，它让我在毛笔中看到自己，让毛笔在其中生存。这不仅仅是我的愿望。它必须指向这样一个事实："我和我的毛笔"存在于此时此地，此时此地我还活着。

〔JCM〕

（张政远译）

鸭长明

鸭长明（1155—约1216）

鸭长明，镰仓时代著名歌人、散文作家、琵琶名手。

出身于神职家庭，幼年丧父，由祖母抚养成人。他曾希望继承祖业成为神社社司，因神社权力争斗，在50岁时出家为僧，法名莲胤。先去大原山，后入日野山，隐居方丈庵。一生历经天灾人祸，痛感世态炎凉，人生无常，而著散文随笔集《方丈记》，成为日本文学史上与《枕草子》（清少纳言）、《徒然草》（吉田兼好）并称的三大随笔作品集。在和歌方面，鸭长明33岁时，有一首作品被选入《千载集》，1203年（建元二年）被聘为宫廷"和歌所"的"寄人"，晚年曾到镰仓对幕府第三代将军源实朝讲授和歌，著有歌集《发心集》等，在歌坛有相当影响。

鸭长明在和歌理论方面的著作有《无名抄》和《莹玉集》，后者主要论述和歌的本质特征与分类，未完成；代表作则是《无名抄》。《无名抄》写于建历元年（1211）以后，全书由多篇长短不齐、格式不一的随笔文章组成，包括问答、纪事、议论、抒情等，内容包括歌论、歌话、歌坛轶事等，表达了不少新鲜见解。在理论观点上继承其师藤原俊惠，并受藤原俊成的影响，也有对此二人的质疑与超越，其显著特点是以"幽玄"为中心，论述近代歌体及其历史变迁。

《无名抄》全书七十八篇，约合中文四万余字，以下选译其中两篇。

[MFM]

无名抄

关于近代歌体

或问：当今之世，人们对于和歌的看法分为两派。喜欢《古今集》时代①和歌的人，认为现在的和歌写得不好，动辄以"达摩宗"相讥讽。另一边，喜欢当代和歌的人，则讨厌《古今集》时代的和歌，谓之"近俗，无甚可观"。有点像宗教上的宗派分歧，不免有失公正，也可能会误导后学之辈。怎样看待这个问题呢？

答云：这是当今和歌界很大的争论，我不敢轻易妄断是非。然而，人之习性，在于探索日月运行，在于推测鬼神之心，虽无确切把握，但须用心探求。而且，思想不同，看法各异。大体看来，两派看法势如水火，难以相容。

和歌的样态，代代有所不同。从前文字音节未定，只是随口吟咏，从《古事记》的"出云八重垣"开始，才有五句三十个字音。到了《万叶集》时代，也只是表现自己的真情实感，对于文字修饰，似不甚措意。及至中古《古今集》时代，"花"与"实"方才兼备，其样态也多姿多彩。到了《后撰集》时代，和歌的词彩已经写尽了，随后，吟咏和歌不再注重遣词造句，而只以"心"为先。《拾遗集》以来，和歌不落言筌，而以淳朴为上。而到了《后拾遗集》时期，则嫌侬软，古风不再。无怪乎有先达说："那时的人不明就里，名之曰'后拾遗'，实乃憾事。"《金叶集》则一味突出趣味，许多和歌失于轻飘。《词花集》和《千载集》大体继承了《后拾遗》之遗风。和歌古今流变，大体如此。

《拾遗集》之后，和歌一以贯之，经久未变，风情丧失殆尽，陈词滥调，斯道衰微。古人以花簇为云朵，以月亮为冰轮，以红叶为锦绣，如此饶有情趣，而今却失去了此心，只在云中求各种各样的云，在冰中寻找异色，在锦绣中寻求细微差异，如此失掉安闲心境，则难有风情可言。偶有所得，也难

---

① 日文为"中比の体"，从后文"中比古今之时"一词可以看出，指的是《古今集》时代。——译者注

及古人，不免模仿痕迹，难以浑然一体。至于用词，因为词语用尽，鲜明生动之词匮乏，不值一觑。不能独运匠心，读完"五七五"，下面的"七七"之句即便不读，亦可推而知之。

今世歌人，深知和歌为世代所吟诵，历久则益珍贵，便回归古风，学"幽玄"之体。而学中古之流派①者，则大惊小怪，予以嘲讽。然而只要心志相同，"上手"②与"秀歌"③两不相违。清辅、赖政、俊惠、登莲等人的歌，今人亦难舍弃，而今人和歌中，优秀之作也无人贬低。至于劣作，则一无可取。以《古今集》时代的和歌与当今的和歌相比，就好比浓妆者与素妆者相杂，〔各有其美，〕对当今的和歌，或全然不解，或厌恶嫌弃，那就太偏颇了。

或问：认为今世和歌之体是一种新体，是否合适？

答曰：这样责难是不合适的。即使是新体，也未必不好。在唐土，有限的文体也随时世推移而有变化。我国是个小国，人心尚欠睿智，所以万事都欲与古代趋同。和歌抒怀言志，悦人耳目，供时人赏玩而已，何况和歌本身亦非出自今人之工巧。《万叶集》时代已经古远，就连《古今集》中的和歌也有人读不懂了，所以才提出如此的责难。《古今集》中有各式各样的体式，中古的歌体就出自《古今集》。同时，"幽玄"之样式也见于《古今集》。即使今日歌体已经用尽，今后要有新创，但就连"俳谐歌"④算在内，恐怕也难以凌驾于《古今集》之上。我一向闭目塞听，厌恶诋毁之词，只是专对中古的和歌情况而论罢了。

或问：这两种歌体⑤，哪种更好吟咏？哪种容易咏出秀歌？

答曰：中古之体容易学，但难出秀歌，因中古之体用词古旧，专以"风情"为宗旨；今世之体难学，但如能心领神会，当易歌咏。其歌体饶有新意，乃"姿"与"心"相得益彰之故。

---

① 日文写作"中古の流れ"，据日本学者研究，可能是指以清辅、季经、显昭等为中心的六条藤家一派。以下译文中的"中古"，均为"中古"的直译，含义大体相同。——译者注

② 上手：高手。——译者注

③ 秀歌：秀逸之歌。——译者注

④ 《古今集》第十九卷"杂体"中，有"俳谐歌"一类。——译者注

⑤ 似指以上所说的"今世和歌之体"和"中古之体"。——译者注

或问：我们听到，歌人皆好恶分明，优劣判然，习者都自以为是，互不相让。我们该如何判断孰优孰劣呢？

答曰：为何非要分出优劣不可呢？不论何人，只要懂得如何用心作歌就好。不过，正如寂莲入道所言："此种争论，宜适可而止。为什么这样说呢？以摹仿手迹而论，拙劣的字容易摹仿，而摹仿比自己写得好的字则很困难。大言'我等想吟咏什么样的歌，都可张口即来'的季经卿、显昭法师等人，伏案数日，却一无所得。而那些人想吟咏的和歌，我只消挥毫泼墨，顷刻即成。"

别人暂且不说，以我自身经验而论，以前参加人数众多的歌会，听了他们的歌，具有独运匠心之风情者极少，不少作品差强人意，但立意新鲜者难得一遇。然而，参加皇宫的歌会，每个人吟咏的和歌却都能出人意表，入斯道[①]正相契合，圆通无碍，岂不可畏！因而，对和歌之道心领神会者，即是登堂入室，即是进入了名家的境界，即是攀越了高峰绝顶，此外岂有他哉！而风情不足者，尚未登堂入室，徒然贻笑大方。正如化妆，谁人都知道什么是化妆，连出身低贱的下女，也会随心所欲涂抹一气。作歌不能独出心裁，只一味拾人牙慧，止于效颦。诸如"晶莹露珠""风吹夜深""心之奥""哀之底""月正明""风中夕暮""春之故乡"之类，开始使用时有新鲜之感，但后来不免陈词滥调，了无新意。吟咏和歌时若自己心里尚且懵懂，其结果必然是所咏和歌令人莫名其妙。此种和歌不能进入"幽玄"之境，确实可以称之为"达摩宗"。

或问：对事物之情趣略有所知，但对"幽玄"究竟为何物，尚未了然，敢问其详。

答曰：和歌之"姿"领悟很难。古人所著《口传》《髓脑》等，对诸多难事解释颇为详尽，至于何谓和歌之"姿"，则语焉不详。何况所谓"幽玄之体"，听上去就不免令人困惑。我自己也没有透彻理解，只是说出来以供参考。

进入境界者所谓的"趣"，归根到底就是言词之外的"余情"、不显现于外的气象。假如"心"与"词"都极"艳"，"幽玄"自然具备。例如，秋季

[①] 此处的"道"似指"歌道"而言。——译者注

傍晚的天空景色，无声无息，不知何故你若有所思，不由潸然泪下。此乃不由自主的感伤，是面对秋花、红叶而产生的一种自然感情。再如，一个优雅的女子心有怨怼，而又深藏胸中，强忍不语，看上去神情恍惚，与其看见她心中怨恨，泪湿衣袖，不如说更感觉她可怜可悲；一个幼童，即便他不能用言语具体表达，但大人可以通过外在的观察了解他的所欲所想。以上两个譬喻，对于不懂风情、思虑浅薄的人而言，恐怕很难理解。幼童的咿呀学语即便一句也没听清，却愈加觉其可爱，闻之仿佛领会其意，此等事情说起来很简单，但只可意会，难以言传。又，在浓雾中眺望秋山，看上去若隐若现，却更令人浮想联翩，可以想象满山红叶层林尽染的优美景观。心志全在词中，如把月亮形容为"皎洁"、把花赞美为"美丽"，何难之有？所谓和歌，就是要在用词上胜过寻常词语。一词多义，抒发难以言状的情怀，状写未曾目睹的世事，借卑微衬托优雅，探究幽微神妙之理，方可在"心"不及、"词"不足时抒情达意，在区区三十一字中，感天地泣鬼神，此乃和歌之术。

关于假名序

古人云：以假名写作的文字，当以《古今和歌集·假名序》为宗，日记则沿袭《大镜》，和歌用词则学《伊势物语》中的和歌歌词，物语则无有过于《源氏物语》者。写作时应牢记这些古典。无论何种情况下都不要写汉语词汇。只要"心"到，无论何事都可以写得柔和婉转，实在力所不能及，则使用汉语。拨音①与汉语的入声字难写，就弃而不用。《万叶集》中将"新罗"写作"しら"，《古今集》中将"喜撰"写作"きせ"，都是明证。② 又，不可为了词语修饰而随意使用对偶句，只可自然而然地使用，频繁使用对偶句会使日语类似汉语，并非假名文字的本来面目，此法实不可取。在《古今集·假名序》中，有"花中莺鸣，水中栖蛙"之类，原是难以避免的自然而

---

① 即日语的鼻音"ん"。——译者注

② 在日语中，这两个词都有拨音"ん"，"新罗"写作"しんら"，"喜撰"写作"きせん"。《万叶集》中将"新罗"写作"しら"，《古今集》中将"喜撰"写作"きせ"，省略了拨音，故作者如此说。——译者注

然的对句。至于枕词①，诸如"草菅长根""小余绫急"②之类，或者取自古典，或为独出心裁。

胜命③云："以假名写作，清辅最为出色。清辅在初次歌会比赛的日记中，曾风趣地写道：'花下来了花的客人，柿下映着柿树的影子。'假名的对句就应如此写才好。"

[HK]

（王向远译）

---

① 日文为"词の次"，指的是和歌的"枕词"。枕词是和歌中冠在某词上的四音节或五音节的修饰词，起到凑齐音律的作用。——译者注
② 原为地名，后因有谐音效果而被用作枕词。——译者注
③ 胜命：人名，生平不详。——译者注

世阿弥元清

世阿弥元清（1363—1443）

世阿弥，原名服部元清，又叫结崎元清，法号世阿弥，著名能乐艺术家观阿弥（服部清次，1333—1384）之子，日本传统戏剧——能乐艺术的集大成者。

世阿弥继承了其父的思想与艺术遗产并将其发扬光大，集编剧、演员、导演、戏剧理论家于一身，兼收并蓄、博采众长，使"观世流"成为当时日本能乐最有影响的流派，将能乐艺术推向成熟境地，并成为流传至今的具有日本民族风格的古典戏剧样式。他一生创作了一百多部剧本，撰写了二十多种能乐理论著作，主要代表作有《风姿花传》（1400—1418）、《至花道》（1420）、《三道》（1423）、《花镜》（1424）、《游乐习道风见》、《九位》（写作年代不详）等，涉及能乐学习论、能乐表演论、能乐剧本创作论、能乐审美特征论、能乐鉴赏批评论等多方面的理论问题，提出或进一步界定了一系列理论概念，如"花"、"风"、"风体"、"幽玄"、"蔫美"、"模仿"（模拟）、"艺位"、"二曲三体"、"三道"、"九位"、"序破急"，等等。世阿弥戏剧理论来自实践，又努力用理论指导实践，既有经验总结、心得体会，又有抽象概括乃至体系性的理论建构。在日本古典戏剧理论中，世阿弥能乐论以其全面性、系统性独占鳌头，在世界戏剧理论史上也具有独特的重要地位。

以下将世阿弥的《风姿花传》《至花道》《三道》《花镜》《游乐习道风见》《九位》《六义》《拾玉得花》八种能乐论代表作全文完整译出。

风姿花传①

可延年益寿之申乐②，探其源头，有人说起源于佛陀的故乡，有人说自远古神代传至日本。岁月推移，时代流转，原貌难存。

后来为万民所喜爱者，是在推古天皇③时，圣德太子命秦河胜④为天下安宁、百姓快乐，而上演的六十六出曲目，名为"申乐"。此后，世代之人皆可从中玩赏风月。秦河胜的子孙将技艺传承下来，出任春日神社、日吉神社的神职⑤。故两社以申乐奉神者皆由和州、江州⑥两地人士承担，延赓续后、兴盛至今。

学习古人、欣赏新风之余，切不可有损能乐之风流⑦。辞须文雅，姿⑧须"幽玄"，方可作斯道之达人。

欲成斯道达人，必须心无旁骛，然唯有歌道⑨，可为申乐锦上添花，必多援用。

---

① 《风姿花传》，一名《花传书》，简称《花传》。共分七篇。"风姿"（ふうし），是"花"的修饰词，即"风姿之花"；"传"（chuan）者，传承之意。——译者注
英文译者对世阿弥元清的文献节选过于简略，为方便中文读者理解，中文译者在相关日文文献的基础上稍有扩充，特此说明。——译者注
② 申乐：来源于唐朝的"散乐"（さんがく），10世纪时改称"猿乐"（さるがく），14世纪后逐渐通称"猿乐（申乐）之能"。世阿弥秘传中多写作"申乐"（さるがく），主要强调它原本是祭神祈福的"神乐"的性质。有时写作"申乐之能"，或简写为"能"。所谓"能"泛指"艺能"，亦即艺术、技艺。这几种称谓时常混用，但不称"能乐"。"能乐"是明治时代以后的名称，指的是以观阿弥、世阿弥父子的申乐为代表和为主体的戏曲样式。——译者注
③ 推古天皇：日本第三十三代天皇，也是日本第一个女皇。592—628年在位，其间颁布了圣德太子主持拟定的《十七条宪法》。——译者注
④ 秦河胜：传说中的"能乐"创始人，详见下文第四篇。——译者注
⑤ 神职：在神社奉神之人。——译者注
⑥ 和州：今奈良县；江州：今滋贺县。——译者注
⑦ 风流：汉语词，日本美学的重要概念。此处风流，指"遗风""传统"。——译者注
⑧ 姿：能乐美学的重要概念，显现在外的美感特征，与"风姿"同义。——译者注
⑨ 歌道：和歌之道，关于和歌的学问。——译者注

谨将本人自幼以来所学所见所闻，大体胪列于后。

好色、博弈、嗜酒，为三重戒，向为先贤古人谆谆告诫；学艺者应刻苦修习，练功习艺，切忌懈怠，戒骄戒躁。

一　各年龄段习艺条项

七岁时

学习此艺一般从七岁开始。这一时期的学艺，必会体现出少年儿童的自然天性和应有的风体①。他们无论舞蹈、动作、歌唱，还是生气发怒，皆出于自然，因而不必强求，顺其自然为好，不能动辄随口臧否。若过于苛责，孩子就会泄气，厌恶能乐，不再用心学习。

也不要对他们传授音曲、动作、舞蹈之外的复杂演技。过于复杂的模拟表演，即使他们能学，也不要教。此外，不要让他们在盛大演出中首场登台。可在第三、第四个曲目中，选择适当的时机，让他们表演其拿手好戏。

十二三岁时

此年龄段，已能逐渐准确地掌握声韵音阶，对能乐也有了一定的理解力，应循序渐进地教他们各种技艺。

首先，因本身为童姿，表演起来无论怎样都有"幽玄"之美，嗓音也动听，有了这两个条件，可使其表演瑕不掩瑜、扬长避短。

一般而论，教少年儿童演出申乐，不要让他们做细腻的模拟表演。这在场上看起来也不合适，还将导致将来难以长进。不过，如果那孩子演技特别出色，那让他怎样演都行。身姿、声音、演技俱佳，那又何尝不可？

尽管如此，此时的"花"②并非真正的"花"，只是昙花一现而已。因为此时期所学的演技都很简单，故而不能以此时表现得好坏来评价他。

此时期的学习应从易处着手，务求打好基础。应该力求做到动作准确到位，唱词字正腔圆，舞姿优美自如。

---

①　风体：日本传统美学概念，本为和歌评论用语，是歌风、歌体的意思。此书用于能乐，指能乐表演的体式风貌，与"风姿"近义。——译者注

②　花：是本书也是作者全部理论著作的一个核心概念，以"花"作象征与比喻，概指能乐艺术之美，尤其是新颖、新鲜的艺术效果。——译者注

十七八岁以后

此时期，是学习上的困难阶段。首先是因为处于变声期，少年时最可贵之"花"也没有了，身体长高了，也失去了形体美。而在此之前，声音动听，姿态优美，所学简单，而现在忽然有所改变，就会泄气，再加上有观众故意看其出丑，会让演员羞愧难言，顾虑重重，以致想打退堂鼓。

在此时期的学习中，即使被人挑剔耻笑，也不要介意。唯需闭门练功，早晚练习吊嗓子，以求开阔音域。一定要暗下决心，全力以赴，意识到时不我待，成败在此一举，誓将一生奉献于能乐，除此之外，不可枉费心力。若在此时半途而废，则能乐的学习前功尽弃。

一般说来，一个人的音质如何取决于先天生成，但使用黄钟调、盘涉调① 发声应该不难。倘若过于拘泥于音高，会连累表演的姿态，且会随着年龄增长使音质受损。

二十四五岁时

此时期，是确立自己从艺生涯的最初阶段，也进入了学习练功的新阶段。此时变声期已过，体态基本定型。能乐的两个基本条件，就是声音与姿态，这两个条件就是在这个时候确定的，并成为精力旺盛的年轻演员发挥潜力的基础。

有了这样的条件，演出时才会引人注目，观众一看就觉得："啊，高手出来啦！"在能乐的竞演中，即便对手是名人，年轻演员也须凭借青春之"花"而展示其魅力。而一旦战胜对手，观众就会过高评价他的实力。该演员也会觉得自己已是名角。要注意，这对演员本人是极为有害的。要知道此并非真正的"花"，而只是因为年轻而给观众以新鲜感觉的"花"而已。有眼光的观众是能够做出判断的。

要知道此时期之"花"只是初学期之"花"，若认为自己已经登峰造极，于是脱离能乐正轨，举止轻浮，以名角自诩，则浅薄至极。要知道，即使被人赞许，即使与名家竞演时胜出，也只不过是一时新鲜之"花"罢了，应更好地练习表演模仿的基本功，向名家虚心请教，刻苦用功，更上一层楼。倘

---

① 黄钟调、盘涉调：均为日本古典音乐的音调名称，黄钟调相当于西洋乐的 A 调，盘涉调相当于 B 调。——译者注

若将一时的"花"误为真正的"花",则会离真正的"花"更远。然而,许多人往往被一时之"花"所迷惑,焉知不可持久。所谓"入门"时期,往往会出现这种情况。

又,应该像禅家那样反省顿悟,若能对自己此时的技艺有正确认识,则此时的"花"可以永葆新鲜。如自视过高,已绽放的"花"则会很快凋谢。切记切记!

三十四五岁时

此时期之能乐在一生中最为辉煌。到此,若对本书所讲的各条能够充分理解掌握,技艺精湛,定会得到天下赞许,做到实至名归。到了此时倘若仍未得到世人的充分认可,名气也不怎么大的话,那么无论是什么样的高手,都要认识到自己并未摘取最高之"花"。没有摘取最高之"花",四十岁以后演技就会不进而退。是否摘取了最高之"花",四十岁以后会得到验证。一般而言,能乐艺术的上升期到三十四五岁为止,下降期自四十岁以后开始。假如四十岁之前尚未得到世人的承认,以后再想登堂探奥,就不可能了。

这一时期是温故知新的最佳时期,更须谦虚谨慎。此时达不到高峰,则难有大的出息了。

四十四五岁时

自这一年龄段起,表演起能乐来会有很大变化。哪怕自己已为世人认可,已经掌握了能乐的精髓,也要找一合适的接班人,以便继承衣钵。即使自己的艺术没有下降,无奈随着年龄增长,活力降低,形体之"花"以及观众眼中之"花",都会有所失色。特别出色的美男子又当别论,即使相当优秀的演员,演出不戴假面的能乐时,也让人觉得老气横秋,而有碍观瞻。要明白,此时演出不戴假面之能乐,已是力不从心的事了。

从四十四五开始,应避免需要耗费体力的非常精细的模拟动作,要选择基本适合自己的风体,表演务求轻松自如、以逸待劳。要让年轻人持"花"出彩,自己尽量作年轻人的配角。即使没有合适的继承人,亦不要勉为其难地去演那些动作精细又耗费体力的曲目。勉力为之,也无"花"可言。

进入这一时期后,若"花"仍未失色,那一定是真正的"花"。到五十岁尚有"花"不失色的演员,四十岁之前大体已经博得声誉。有过声誉的演员，若是高手，当有自知之明，就要注意培养继承人，自己不要出演那些耗费体力又暴露自己弱点的曲目。有自知之明者，方是斯道达人。

五十岁有余

到了这一年龄，一般说来除了不登台演出之外，别无选择。谚语曰："老骥不如驽马。"然而尽管如此，演员若真正掌握了申乐，即使能上演的曲目以及可观之处都越来越少，但唯有"花"是长存不谢的。

先父①在他五十二岁那年五月十九日逝世。那月四日，他还在骏河国②的浅间神社参加了供奉神佛的演出。他那天出演的申乐非常华美，观众无论层次高低均交口称赞。那时他已将所演曲目都让给了崭露头角的我，对于万无一失的曲目表演也很克制，然而一旦上台，光彩不失当年，"花"愈见灿烂。这才是真正的"花"。他所演的申乐，叶儿虽少、枝干苍老，而"花"却不凋谢。只有先父，才让我明白"老树着花"究竟是什么。

各年龄段的学习条项如上。

二 模拟表演各条项

模拟表演的种类颇多，不能一一尽述。但模拟表演是斯道关键，无论如何都应下苦功钻研。

概而言之，无论什么都要能够模仿和表演，最应好好模仿的则是其"本意"③。但也要根据模仿对象的不同，区分出粗细浓淡。

首先，以天皇、大臣为首的公卿贵族之举止，还有武士之动作，因演员出身卑微而不易模仿，很难演得逼真。尽管如此，要揣摩贵族的言谈方式和行为动作，还要恭听观众的意见和建议。此外，应细致入微地模仿上层人物的姿态，对风花雪月之事也要尽可能细致模仿，至于村夫蛮汉的粗俗举止则不必模拟过

---

① 先父：指作者的父亲观阿弥（1333—1384），名清次，艺名观世，法名观阿弥陀佛（简称观阿弥、观阿），日本南北朝时代的能乐演员、剧作家。他吸收近江猿乐与田乐的长处而形成幽玄的艺术风格，引进"曲舞"对"谣"进行改革，代表作有《自然居士》《卒都婆小町》等。——译者注

② 骏河国：今静冈县。——译者注

③ 本意：指本有的根本之意，本质、实质、精神内涵，是世阿弥能乐论中的一个抽象概念。——译者注

细。不过，像砍柴、除草、烧炭、晒盐等不乏情趣的动作，似可细腻模拟。而对于更为低贱的卑微小人，就不要细腻模仿了。因为这些都是不能入达官贵人之法眼的。他们看了这些，会因过于卑俗，而感到兴味索然。切记切记！

女体

概而言之，女性的姿态适于年轻演员扮演，但实际上演起来非常困难。

首先，若装扮不好，便无甚可观。演女御①、更衣②时，因其日常生活演员看不到，所以需要好好调查请教。她们的上衣下衣的穿法，都有一定之规，需要查询清楚。若是世间普通女子的姿态，因已司空见惯，所以模拟表演起来较为容易。表演普通女子的日常便装之态，大体相差无几就足够了。而演"曲舞"女③、"白拍子"④ 舞女、狂女⑤时，无论持扇，还是持其他物件，都要尽量给人一种纤弱之感，不要用力握紧。上衣、裤裙要长些，以能够盖住双脚为宜。腰部与腿要舒展，整个身体要柔软。至于脸部，若仰头，则不美；若低头，则背姿不好；若颈部挺直，则没有女人味。要穿长袖和服，不让观众看到指尖。和服腰带也不要系得太紧。

俗话说"人是衣裳马是鞍"，衣装打扮是为了更美。无论扮演什么人物，装扮不好都不行，尤其扮演女子，装扮是最最要紧的。

老人体

扮演老人，在艺能之道中最有奥义。观众一眼就可以看出扮演者的演技高低，因此，扮演老人最不可掉以轻心。

一般而论，即使是对艺能已经相当精通的演员，也有不少人演不好老人。像砍柴、晒盐之类有特色的老人姿态，只要演得像，人们往往就会称赞他为高手，然而事实上并非如此。因为这个比较容易，最难演的是正装抑或便装的贵族老人姿态，如果不是具有极高造诣的名角，那是演不好的。没有长年的学习、修炼，达不到最高水准的演员，这类表演难以胜任。

---

① 女御：皇宫女官，位于皇后、"中宫"之后。——译者注
② 更衣：皇宫中地位低微的女官，因负责为天皇更衣，故名。——译者注
③ 曲舞：是日本南北朝时代流行的一种且舞且唱的歌舞形式，通常以鼓伴奏，具有很强的节奏性。女性角色可由男性扮演。——译者注
④ 白拍子：平安时代末期至镰仓时代初期的一种歌舞，以鼓乐伴奏。——译者注
⑤ 狂女：发疯的女子，能乐中的一种人物类型。——译者注

而且，扮演老人时若无"花"，便无甚可观。表演老人，固然要表现其老态，但若是弯腰屈膝，身体蜷缩，那就失去了"花"，看上去老朽不堪，很少有可看之处。另外还要注意，不能将老人演得轻佻浮躁，而要尽量表现出老成持重之态。

老人舞姿，尤其难演。表演老人，既要有"花"，又要像是老人。对此要好好体味，以追求"老树着花"的境界。

直　　面①

扮演直面也不容易。一般来说，演员身为凡人俗身，而表现凡人俗身按理说较为容易，但不可思议的是，如果演员的演技尚未达到一定高度，直面是演不好的。

首先，原则上，演员当然要能扮演各种人物，但实际上，脸部表情常常无法与所扮演的人物完全一致，于是就要极力模拟所演人物的面相表情，这样反而弄巧成拙，令人不堪。因此，要注意在举止动作上、在神韵上贴近所扮演的对象。至于面相表情，则尽量不要刻意模仿，以追求自然之态为上。

疯　　人②

此为能乐中最能发挥情趣的人物类型。疯人的类型很多，对疯人的心理素有研究的熟练的演员，自然也会精通其他人物。表演此类角色需要对扮演对象反复揣摩，刻苦修炼。

首先，扮演被鬼神附体的各种疯人，如被神、佛附体，被生灵或死灵诅咒而发疯的人，附之于身的神、佛等本身，扮演起来较为容易。而像与父母分别，寻找自己丢失的孩子，被丈夫遗弃，与妻子死别等，扮演这种由于感情失衡而发疯的人物，是很困难的。即使是水平很高的演员，对发疯的原因不加区别，只是一味地表现狂乱动作的话，那是不会打动观众的。表现由感情失衡而引起的发疯，要深入人物内心世界的忧郁的"本意"中，把"发疯"作为展示"花"的关键之处，如能深入表现人物内心世界的错乱，就一定会有看点，观众一定会被感动。若能以此使观众感动得落下眼泪，那就可

---

① 直面：不戴假面具，素颜。——译者注
② 疯子：日文为"物狂"。——译者注

以称之为最优秀的演员。这些，都要用心加以揣摩领会。

总的来说，疯人的扮演应与人物表现的要求相称，这本是不言而喻的。然而，因为扮演的是疯人，要根据情况，尽量装扮得华美一些，也可以在发饰上插上应季鲜花。

顺便说一下，虽然追求尽可能的相似是表演的根本，但也要有所区别。如上所说，疯人的"本意"在于被外物附体而发疯，所以要表现附体之物。但在表演女性疯子的时候，却不能表现她被修罗道的恶鬼所附身，原因是，如果要表现这些附身的恶鬼之类，就势必要表现女性的狂怒之态，这与女性之美很不协调；而以女性之姿为表演的重心，又无法表现附体的恶鬼之类。被女人的怨灵附体的男性疯子，道理与此相同。总之，其中的秘诀就是避免演出这样的能乐。作者写作此类能乐的剧本，也是出于思虑不周。精通此道的能乐作者，是决不会随便写这种难以表演的"能"的。如何处理这类棘手的问题，是此道秘事。

此外，扮演"直面"的疯人，假如能乐的技艺未达到相当高度，是难以胜任的。因为，如果面部表情不像，就看不出疯人的样态；而不恰当的表情，又令人不堪入目。所以说"直面"扮演疯人是大有学问的。在盛大演出中，缺乏经验的演员对此应谨慎对待。扮演"直面"的人物难，扮演疯人更难，要同时克服这两重困难，且要开出有趣之"花"，岂不是难上加难的事吗？必待刻苦学习而后可。

法　　师

法师的扮演，在能乐中虽有，但很少见，不必专门练习。例如，扮演神态庄严的僧正、僧纲①等高僧时，都应以表现其威仪为本，模拟其高尚的气质。至于一般普通僧人、遁世者、修行者，重要的是表现出他们的云游之姿与沉湎于佛门之态。不过，根据素材的不同，扮演法师也需要其他一些手法技巧。

修　　罗②

这也是一种扮演类型。扮演此类人物即使演员演得很好，也不会让人感

---

① 僧正、僧纲：都是朝廷任命的高级僧侣的职称。——译者注
② 修罗："阿修罗"之略，佛教用语，此处指死后堕入修罗道而痛苦挣扎的古代武士的亡灵。——译者注

觉很有趣，所以还是少演为好。不过，若在源氏、平氏名将故事中加上一些风花雪月，且演得又好，那就会情趣盎然，并且体现出它的华美之处。

这种类型的修罗人物的狂暴动作，很容易表演为鬼的样子，有时还会弄成舞蹈动作，这是不可以的。不过，如果音曲之中有曲舞的风格，那就会带上一点舞蹈的味道。修罗的装扮是身背弓箭，手持刀剑，威严肃穆。此时要弄清其兵器的持法与使用方法，按其兵器的持法及使用方法而设计动作。鬼的动作很容易做得像是舞蹈，对此要特别加以注意。

神

概而言之，扮演神，在演技上属于扮演鬼的系统，原因是神之相貌总让人觉得威严发怒，所以将神按鬼的性格来表演，也未尝不可。但要知道神与鬼本性不同。神适合于以舞蹈动作来表现，而鬼则完全不适宜。

扮演神，要尽可能出神入化，品位要高，但在装扮上，除舞台上的神之外，现实中并没有神可供模仿，因此，可以穿着华丽衣装，追求衣冠楚楚的效果。

鬼

鬼的扮演是大和猿乐所擅长的，故而极为重要。

首先，怨灵、祟物之类的鬼，有使人觉得有趣之处，所以较易扮演。演员面向对方，举手投足要细腻，以头上所戴之物为中心，加以动作，便会使人觉得趣味盎然。

相反，对地狱之鬼，如摹仿得太像，则令人恐怖，情趣尽失。因扮演地狱之鬼实在太难，能演得好的十分少见。

鬼，究其"本意"，是强力而凶悍，但强力与凶悍，与趣味盎然的感觉是完全不同的。从这个角度看，对鬼的模拟是极其困难的，原因是演得越逼真，越让人觉得无趣。恐怖是鬼的"本意"，而观众的恐怖之心与有趣之感，则有天壤之别。基于这种情况，能把鬼演得有趣的演员，可以说是无与伦比的名伶高手了。不过，只会扮演鬼的演员，却是最不懂得"花"为何物的。因而年轻演员所扮演的鬼，尽管看上去不错，实际上不足称道。演员若只会扮演鬼，那么他扮演的鬼也不会让人觉得有趣，这岂不是必然的道理吗？对此唯须好好钻研。能把鬼扮演得生动有趣，就好比是石板上开出"花"来。

唐　人①

唐人的扮演，是一个特殊的门类，并没有特定的学习与表演的规则标准，最重要的是扮相。此外，使用"能面"②时，尽管唐人与我们一样都是人，但能面的模样应有不同，以表现出与我们的差别。有经验的演员适合扮演唐人，但除了服装扮相外并无特殊的表演方法。无论音曲，还是动作，都不能全似唐风，而即使扮演得酷似，也未必有趣，所以只从某一方面表现出唐人的风情即可。

这种扮相上的不同虽为小事，但在各种人体表演之中都广泛适用。并非任何事物都需要用特殊扮相加以表现，至于唐人之态究竟如何表现为好，虽尚无定则，却至少要与一般姿态有所不同，才能使观众感觉到什么是唐风，并逐渐形成一种既定印象。

结　语

模拟表演的条项如上。

除此之外，尚有许多细琐之事，在此不能一一尽述，但对以上各条均能深刻理解者，对其他细琐之事亦能迎刃而解。

三　问答条项

（一）

问：申乐上演之日，要先看演出场地，预测演出能否成功，这是怎么回事？

答：此事极难言说。不懂此道者，完全不能理解。

首先，观察当天的演出场地，就可以预测今日的能乐是否会演好。此事难以言传。尽管如此，大体可以推测一下，演出"神事"③，或有贵人观看演出时，人们熙熙攘攘，剧场是难以安静的。在这种场合，一定要等观众完全安静下来，急切地等待开演，万人之心翘首以盼，心里说："怎么还不开始

---

① 唐人：原作"唐事"，指中国的人或事。——译者注
② 能面：演出能乐时戴的假面具，作用有似中国京剧的脸谱。"能面"有二百多种，并已成为日本一种独特的艺术门类。——译者注
③ 神事：祭神仪式或祭神表演。——译者注

呀?"急得向乐屋①张望之时,就要不失时机地登场。初次亮嗓子②之后,整个剧场的观众就进入气氛之中,观众的注意力与演员的表演相互谐调,人们沉浸于剧情之中。若能这样,可以预料今日的演出会取得成功。

申乐的演出以供贵人赏玩为本,若贵人来得早,必须尽快开场。此种场合,剧场中人们尚未落座,而且还陆续有人进场,现场较为嘈杂混乱,观众尚未进入观看能乐的心境,剧场难以进入安静肃穆的气氛中,在这种场合演出第一出能③时,剧中人物登场后,各种动作都应比平时用力,声音要大,抬腿踏足要高,举止动作要充满力度,以便引人注目。这样做,剧场就会逐渐安静下来。但即使在这种场合,所表演的风体也要注意适合贵人情趣。在这种时候演出的第一出戏,往往不会十分成功,只要能让贵人们基本满意也就可以了,这一点最为要紧。

无论如何,剧场没有安静下来,尚未自然形成肃静的气氛,是演不好的。如何利用和引导剧场的环境气氛并加以处理非常重要,如果缺乏经验,就难以做出正确判断。

此外,还有一事要说,就是夜间与白天演出的申乐是不同的。夜间上演,如果开场较晚,会给人一种沉闷阴暗的感觉。因此,可以将白天上演的第二个曲目,作为晚间的第一个曲目上演。假若第一场戏给人一种沉闷阴暗的感觉,那么整晚演出的气氛都难以扭转过来。因此,一定要把好的曲目放在前面上演。尽管场内人声嘈杂,只要唱出一声,剧场马上就会安静下来。所以说,白天的申乐,后半部分比较好演,而晚间的申乐,前面比较好演。如果晚间的第一曲目令人沉闷,就不能改变了。

还有一个秘传,就是一切事物,达到阴阳和谐之境就会成功。昼之气为阳气,所以演能乐要尽量演得有静谧的气氛,这属于阴气。在白昼之阳气中,加入一些阴气,则为阴阳和谐,此为能乐的成功之始,观众也能感到有趣。而夜间为阴气,因此应千方百计活跃气氛,一开场就上演好曲目,这样使观

---

① 乐屋:本指乐队演奏的场所,也指演员的后台。——译者注
② 初次亮嗓子:日文"一声",指主角上场后的第一声唱腔,要求洪亮、有吸引力。——译者注
③ 第一出能:日文为"胁の能"。——译者注

众心花开放，此为阳。在夜之阴气中融入阳气就能成功。而在阳气之上再加阳气，阴气之上再加阴气，就会造成阴阳不和，就不会成功。不成功，如何能让观众觉得有趣呢？另外，即使是白天，有时也会感觉剧场气氛阴暗沉闷，要知道这也是阴气所为，一定要想方设法改变这种沉闷气氛。白昼有时会有阴气发生，但夜晚之气却很少能够变为阳。

预先观测剧场之事，如上。

（二）

问：在申乐之能中，"序破急"应该怎样界定呢？

答：此事很容易界定。一切事物之中都有"序破急"三个阶段，申乐也是如此。应按能乐的风情，来确定在哪个阶段、上演什么曲目。

首先，第一出曲目，其剧情一定要有真凭实据，风格务求典雅、庄重、凝练，音乐、动作一般即可，要演得简洁流畅。最为重要的是一定要上演喜庆曲目。第一个曲目无论怎样好，如果没有喜庆色彩便不合适。即或演得不太好，带有喜庆色彩亦可弥补。这是因为，第一个曲目是"序"的阶段。

而到了第二个、第三个曲目时，便进入了"破"的阶段，应表现演员所擅长的风体，上演拿手的曲目。

最后演出的曲目，进入了"急"的阶段，以上演明快热闹、演技高妙的曲目为宜。

此外，第二天演出第一曲能乐时，以演与前一天不同风体的曲目为好，而使人伤心垂泪的悲剧曲目，则要放在第二天之后的适宜时机上演。

（三）

问：在申乐的竞演中，使用什么方法可胜出？

答：此事极为重要。

首先，要增加上演的曲目，所选择的曲目要与对手的艺能在风体上有所不同。我在本书序文中已说过，要学习歌道，其用意就在于此。如果艺能的作者与演员并非同一人，无论技艺多么高超的演员，也无法按自己的意愿来表演。若是自己创作的剧本，那么语言、动作等，皆可从心所欲。因此，对于能乐中人而言，若有和歌的修养，申乐剧本的创作则非难事，而这，正是此道的生命之所在。从这个角度说，无论多么优秀的演员，若无自己创作的曲目，便如同万夫莫当的勇士，临阵时却手无兵器，赤手空拳，那样是不可能取胜的。

演员的创作才能与特色，在竞演中就会明显地表现出来。如对手所演的是华丽风格的能乐，我方就要变换风体，演出静穆而又有起伏的能乐。像这样演出与敌手不同的曲目，尽管敌手的演出也很精彩，我方也不至落败。如果我方的演出效果很好，那就稳操胜券了。

不过，申乐在实际演出时是有上、中、下之分的。选材雅正、新奇、幽玄，饶有趣味的作品，应该说是好的能乐。剧本写得好，演员演得好，演出效果好，此为上品；剧本写得不太好，但演员表演认真，不出差错，演出效果不错，此为中品；剧本虽写得不好，但演员能尽力弥补作品的欠缺，竭尽全力去演，此为下品。

（四）

问：有一事很令人费解：在竞演中，有经验、有名望的老艺人，却为初出茅庐的新手所败，此事不可思议。

答：这正是上述的三十岁之前的"一时之花"。在老演员渐渐失去"花"色，而呈现出老朽之态时，就会被新奇之"花"战胜。对此，真正具有鉴赏力的人是能够看得出来的。因此，在这个问题上，胜负的判断就要看观众的鉴赏力如何了。

不过，在年龄虽过五十但"花"却未凋谢的演员面前，无论拥有多么鲜嫩的"花"，都不会取胜。演技很好的演员，也会因"花"的凋谢而失败。无论是什么样的名木，不开"花"会招人注目吗？即便是普通的樱树，每当花朵绽开的时候，也会吸引人的目光。懂得这一比喻，自然就能够理解为什么凭"一时之花"会在竞演中获胜的道理了。

重要的是要懂得，此道之中只有"花"才是"能"的生命。"花"已凋谢却浑然不觉，沉湎于已有的名声之中，是老演员常犯的大错误。有的演员虽然学会了很多曲目，却不懂得"花"为何物，那就无异于拥有很多草木，却开不出"花"来。

万千草木，花色各异，但同样都是给人以美感的"花"。有的演员即便掌握的曲目不多，但在某一方面的技艺之"花"无与伦比，也能够持久地保持他的名望。假如演员自认为尽得其"花"，却不用心琢磨如何使观众感受到美，那么他的"花"便如同偏僻乡野或深山沟壑中的野花山梅，世人不见其面，不闻其香，徒然开放而已。

同是名优，也有种种差别。即使造诣很高的高手、名人，若对"花"无深入的研究，又试图保持名优的名声，其"花"也不会持久。而对"花"有研究的高手，即使演艺不如从前，但"花"会持久存在。只要有"花"存在，就不失其情趣。所以，在真正拥有"花"的老演员面前，无论什么样的年轻演员，都是无法取胜的。

（五）

问：在艺能之中，每个人都有所长。即便是无名演员，比起名家高手来也有自己的一技之长。名家高手不学习无名演员的长处，是不能？还是不为？

答：在一切事物中，所谓"得手得手，生来就有"，每个人都有天生的长处。高手也会有不及下手之处。不过，高手不及下手的事情，只在一般的高手中发生。刻苦钻研、有真才实学的高手，在任何方面都应该出类拔萃。只是技精艺湛的高手，万人之中难得其一。之所以如此，是因为功夫不到、掉以轻心的缘故。

总的来说，高手也有不足之处，下手也有可取之处。许多人不明此理，一些演员自身也浑然不察。有的高手过于依赖名声，自我陶醉，看不到自己有何不足。下手本来就因用功不够，不太清楚自己有何缺点，偶尔有何优点也不自觉。因而，无论高手下手，皆应向他人学习。刻苦钻研艺能的人，应深明此理。

无论对方水平多低，若发现可取之处，高手都应向其学习，这对高手进一步提高自己极为重要。有时虽看到了别人的长处，但认为"我不能向比自己差的人学"，便会自缚手脚，连自己的缺点也觉察不到。有这种想法，表明此人修养不到家。而下手发现了高手的缺点，就会想："连高手都有缺点，何况我们新手，该有多少毛病呀！"如此一想，觉得可怕，便向人求教，加强学习，艺术水平定会很快提高。反之，如果自认为"我不会演得那么差"，从而掉以轻心，则是没有自知之明的人。不知自己的优点何在，就会把缺点当作优点。年龄不断增长，演技却不见长进，这就是下手的不堪造就之处。

即便是高手，如果自满，技艺就会退步，何况下手，漫不经心，危害甚大。无论高手下手，都应该明白这样一个道理："高手为下手之楷模，下手为高手之借鉴。"取下手之长，补益于自己，此为最为有效的办法。看到别人的缺点时，一定要引以为鉴戒。优点也是一样，无需赘言。再强调一遍："刻苦修习，练功习艺，戒骄戒躁，切忌懈怠。"

（六）

问：在能中，有"位"之差别，如何理解？

答：对此，有见识的人容易分辨。一般而言，"位"，是顺着"能"的一个个的阶段逐渐上进的。令人不可思议的是，在十岁左右的演员中，竟然有人能自动达到一定"位"阶。但如果以后的学习松懈了，这种靠天分而得到的"位"是徒然无用的。

首先，随着学习练功的深入，"位"会随之提高，这是一般的道理。此外，天生之"位"叫作"长"。还有"嵩"这一概念，与"长"不同。许多人把"长"与"嵩"混为一谈。实际上，所谓"嵩"是指威严、雄壮之态，"嵩"又有广泛涉猎之意，"位""长"则与"嵩"不同。譬如，有的演员天生就有"幽玄"之美，此为"位"；有的人没有"幽玄"之美，只具有"长"，但这并不是"幽玄"之"长"。

另，初学者要注意，学习的时候老想着得"位"是绝对不行的。那不仅得不到"位"，而且连已学到的东西都会丢掉。说到底，"位"与"长"来自天赋，若无天赋，则难以获得。但只要不断勤奋学习，不断克服缺点，"位"将会自然出现。学习，是指音曲、舞蹈、动作、模拟等方面的学习，初学者要以此为目标。

仔细想来，"幽玄"之"位"或许是天生之物，而"长"之"位"则是学习修炼之所得。[①] 此事究竟如何，尚待好好研究。

（七）

问：那个汉字词"风情"[②] 是指什么？应该如何做？

答：这属于具体稽古[③]方面的事宜。

[①] 以上关于学习与天赋的关系，在表述上有矛盾之处。——译者注
[②] 风情：日语"風情（ふぜい）"，是世阿弥使用的一个重要的汉字概念。——译者注
[③] 稽古（けいこ）：指艺能的学习、练习，主要强调向传统学习，继承掌握传统中形成的一些基本程式规范。——译者注

能的所有动作，都是从唱词中生发出来的，其中包括体态、动作。具体说来，要注意按唱词来支配动作。唱词是"看"时，就要做"看"的动作；是"指""拉"时，就要做"指""拉"的动作；是"听""出声"时，要做倾听的动作。所有动作都按照唱词来做，舞台动作就会自然发生。第一是身体的动作，第二是手的动作，第三是脚的动作。体态动作还要配合音乐曲调。此事难以言传，实际练习的时候，要照着师傅现场模仿为好。

只要弄明白唱词与动作如何谐调，唱词与舞台动作便会合一。归根到底，做到了唱词与舞台动作的合一，也就领悟了能乐的奥秘。所谓熟能生巧，指的就是这一境界。此为秘传。

唱词与动作本为不同之物，能将此两者和谐统一，就是登堂入室的高手了。这种能乐才是真正的"强能"①。

对于"强"与"弱"的区别，很多人分不清楚。例如，能乐之中如缺乏柔美亲切的情趣，有人便以为这就是"强"，或者把"弱"当作"幽玄"加以评论，这简直是咄咄怪事。有的演员无论怎么看都无可挑剔，这就是"强"；有的演员无论怎么看都让人觉得华美，这就是"幽玄"。演员如能够领悟唱词与动作谐调之理，使唱词与动作高度吻合，就达到了"强"与"幽玄"融合的境界，就会自然成为无与伦比的高手。

（八）

问：平素听到的评论之中，常常出现"蔫美"② 一词，此为何？

答：此事无可言喻，这种风情也难以形容。不过，"蔫美"确实是存在的，是由"花"而产生出来的一种风情。仔细想来，这种风情靠学习无法获得，靠演技也无法表现，而只要对"花"之美有深刻领悟，是可以体会到的。所以说，即使在每次表演之中并无"花"，但在某一方面对"花"有深刻理解的人，想必也会懂得"蔫美"之所在。

因此，这种"蔫美"之境比"花"更高一层。但若"花"不存在，"蔫

---

① 强能：日文"强き能"。详见以下《花修篇》的相关论述。——译者注
② 蔫美：日文"しほれたる"，指花被打湿或将要凋零之前的那种无力、无奈、颓唐、可怜、含情、余韵犹存的样子。与和歌理论中的"しをり"（"枝折"）意义相近。——译者注

美"也便毫无意义,而只能用"湿润"一词表达。"花"呈现出"萐之美",才让人觉得富有情趣。而不开花的草木,即便呈现"萐"之状,那又有何风趣可言?无论如何,对"花"的深刻领悟非常重要,但还有比"花"更高的层次,就是"萐美",表现"萐美"更为困难。所以此种美也难以言传。

古歌云:

秋晨薄雾中,
篱笆墙上花湿润,
谁人曾言曰:
此情只在秋黄昏,
焉知此景见秋晨!①

又云:

不知不觉间,
花儿色香全不见,
转瞬即凋残。
世上人心浑似花,
焉能长久不改变!②

这样的和歌,就是"萐美"的风体,对此要用心玩味。

(九)

问:从以上诸条项中可知,在能中,对"花"的理解是最为重要的。但还有一点不明白,怎样才算理解了"花"呢?

答:这是此道中最重要的奥秘,也是头等大事,所谓秘传之事,即对此而言。

---

① 原文:"薄霧の篱の花の朝じめり 秋は夕と誰か言ひけん。"出典《新古今集》秋上,作者藤原清辅。——译者注

② 原文:"色見えて移ろふものは世の中の 人の心の花にぞありける。"出典《古今集》恋之五,作者小野小町。——译者注

关于"花"的要义，在以上的《各年龄段习艺条项》和《模拟表演各条项》之中已有详细说明。"一时之花"，例如少年时期的声音美之"花"，"幽玄"之"花"等，均为可见之物。但因其"花"是以各自身体条件为基础开出的"花"，正如应季开放的花朵一样很快就会凋谢。因不能持久，就难以誉满天下。而真正的"花"，无论是开放还是闭合，皆是随心所欲，所以此"花"能够持久不衰。至于对此应当如何理解，我或许还会在此后另文阐述①，无论如何，对"花"的探求不可失去耐心。

从七岁开始，一生中都要勤奋学习，对表演的各种要领熟稔于心。竭尽所能，倾其全力，以求"花"之持久。只有做到这一点，才算得到了"花"之根本。要知"花"，须知其根本。

"花"由心开，"种"在演技。② 古人云：

心地含诸种，
普雨悉皆萌，
顿悟花情已，
菩提果自成。③

附记：为继家业，为传技艺，将亡父④教诲，秘藏于内心深处，现粗陈大概，聊记于此。恐后来者荒废此道，故罔顾世人耻笑，撰写此传，非好为人师也，仅作子孙庭训而已。

风姿花传诸条项，以上。

于应永七年⑤庚辰卯月十三日。
从五位下左卫门大夫⑥秦元清⑦书

---

① 见后文第七篇《别纸口传》。——译者注
② "种"：是与"花"相对而言，意即"花之种"。——译者注
③ 原文为汉文，此处照录。出典《六足法宝坛经》《五家正宗赞》等。——译者注
④ 亡父：指世阿弥的父亲观阿弥。——译者注
⑤ 应永七年：1400 年，作者时年三十七岁。——译者注
⑥ "从五位"是官阶；"左卫门大夫"是能乐艺人的称号。——译者注
⑦ 能乐传人以"秦"为姓，以纪念秦河胜。作者的本名为结绮元清。——译者注

四　神仪篇

据说申乐产生于神代，原委如下：

天照大神①躲进天上石屋，天下黑暗一片，八百万众神聚集到天香具山，为取悦天照大神，而开始奏神乐，扮小丑。其时天之钿女主动走出，手持饰有纸条的榊树树枝，像神灵附体一般高声歌唱，点燃篝火，手舞足蹈。天照大神隐约闻声，便将石门打开一些，于是天下复明。当时神的脸色看上去很洁白，即"面白"②，这一游艺，即为"申乐"之肇始。对此事，以下"秘传"③将详述。

在佛陀的家乡天竺，据说须达多长者建造了祇园精舍，举行落成法会时，释迦如来亲临说法。提婆④带领一万外道，手持饰有白条的树枝、竹枝，又跳又闹，干扰释迦说法。其时，释迦以目向高足舍利弗⑤示意，舍利弗感受佛力，在寺院的后门准备好鼓、笛，以阿难⑥的才学，舍利弗的智慧，富楼那⑦的辩才，演出了六十六个曲目。外道们听见笛鼓之音，涌到后门观看，方才安静下来。其间，释迦如来继续说法。自此，天竺之艺能诞生。

在日本国，据说在钦明天皇⑧当朝时，大和国泊濑河洪水泛滥，自河上漂下一个坛罐，漂至三轮神社⑨前的牌坊附近，被皇宫的人捡起。打开一看，只见坛罐中有一婴孩，美如宝玉。因其为天降之人，便上奏天皇。其夜，天皇梦见婴孩曰："我本中国的秦始皇之再生，因与日本有缘，在此现身。"天皇惊诧不已，便召到殿上抚养。此人逐渐长大成人，才智超群，十五岁时擢升大臣，被赐予"秦"姓，"秦"这个字在日本读作"はた"，并起名曰"秦

---

① 天照大神：《古事记》与《日本纪》中的太阳神，也是日本天皇的皇祖神。——译者注
② 面白：日语形容词，意为有趣。——译者注
③ 见后文第七篇《别纸口传》。——译者注
④ 提婆：提婆达多，释迦牟尼堂兄弟，在佛经中被描绘为佛教的敌人。——译者注
⑤ 舍利弗：释迦牟尼的十大弟子之一，以足智多谋著称。——译者注
⑥ 阿难：释迦牟尼的十大弟子之一，以博学多闻著称。——译者注
⑦ 富楼那：释迦牟尼的十大弟子之一，善说法。——译者注
⑧ 钦明天皇：日本第二十九代天皇。——译者注
⑨ 三轮神社：位于奈良三轮山上的神社。——译者注

（はた）河胜"。

上宫太子①主国政时，天下稍有骚动。太子依照神代、天竺吉例，命河胜表演六十六个曲目，同时制作了六十六曲目使用的"能面"，赐予河胜。河胜在皇宫橘寺中的紫宸殿演出侍候，于是天下大治，国土安宁。上宫太子欲将此艺传至后代，又因为原本是神乐，便将原来"神乐"的"神"去掉左偏旁，于是成为十二支的"申"字，故命名为"申乐"，即表达愉悦之情的意思，同时也表明这种技艺是从"神乐"中分离出来的。

河胜自钦明、敏达、用明、崇峻、推古天皇至上宫太子时代一直为仕，同时将此艺传于子孙。河胜成仙之后，自摄津国②难波海湾乘一叶扁舟，随风飘至西海，于是到了播磨国③的坂越海岸。渔人打开船舱，只见船中之人的样子迥异于常人。从此，当地人常被神灵附体，奇事频发。于是当地人尊之为神，遂至国富民丰，人们将此神命名为"大荒大明神"，简写为"大荒"，至今灵验。此神之本尊乃是昆沙门天王。听说上宫太子讨伐逆臣守屋之时，亦借助河胜神通，大败守屋。

平安时代，村上天皇当朝之时，御览昔时圣德太子御笔《申乐延年记》④，其中写道：申乐于神代或天竺起源，由月氏⑤、中国传至日本，以狂言绮语，颂佛教、转法轮、守因缘、退魔缘、招福佑。演奏申乐，国泰、民安、人增寿。依太子御笔之文，村上天皇决意以申乐祈愿天下太平。其时，有一得秦河胜真传的秦氏子孙秦氏安，于紫宸殿表演了六十六曲目。当时有一名叫纪权守的人，才华出众。此人作了秦氏安的妹夫，并与秦氏安一同于紫宸殿奉演申乐。

后来，因六十六曲难以在一日之中演完，从中选出《稻经翁》《代经翁》《父助》三个曲目。现在的《式三番》即此。这是仿效如来的法、报、应三身之划分。有关《式三番》的秘传，将另文详述。⑥

---

① 上宫太子：圣德太子。——译者注
② 摄津国：旧地名，在今大阪与兵库县相交地带。——译者注
③ 播磨国：旧地名，今兵库县的一部分。——译者注
④ 《申乐延年记》：据日本学者考证，该书并不存在或失传。——译者注
⑤ 月氏：疑为大月支，中亚古国。——译者注
⑥ 详见后文第七篇《别纸口传》。——译者注

自秦氏安始，经光太郎①，到金春②之时，已是二十九代世孙，这便是大和国圆满井座③。此门中有秦氏安传下的三件宝，即圣德太子御制的鬼面、春日神社的神像、佛舍利。

当今，奈良兴福寺举行维摩会④的时候，在讲堂举行法会，在饭堂演出延年舞⑤。这样可安抚外道，使中邪魔者安静下来。在此期间，还在饭堂前讲经说法。这是祇园精舍的吉例。

大和国春日兴福寺，于每年二月二日和二月五日，在春日社和兴福寺举行四个座的申乐演出，一年之中的祭神仪式自此开始，以祈求天下太平。

大和国春日神社的祭神仪式的表演，由以下四个座承担：外山座、结崎座、坂户座、圆满井座。

江州日吉神社的祭神仪式表演由以下三个座来承担：山阶座、下坂座、比叡座。

伊势神宫的祭神仪式表演由咒师猿乐组成的两个座奉演。

京都法胜寺御修正法会上的演出由以下三个座来承担：河内住新座、丹波本座、摄津法成寺。此三座，亦在贺茂神社、住吉神社的祭神仪式上演出。

五　奥义篇

（一）

以上《风姿花传》各条，不可为外人道也，只作为子孙庭训而写。不过，我的本意，是因目睹当今此道之辈，忽视练功，不务正业，一旦小有名声，便急功近利，忘源失流，我痛感艺道处在荒废的末世，不禁扼腕叹息，故写此书。

---

① 光太郎：与本书作者的父亲观阿弥同时期的著名能乐艺人，"圆满井座"第二十七代的栋梁。——译者注

② 金春：金春弥三郎，著名能乐艺人，光太郎的弟弟金春权守之子。——译者注

③ 圆满井座：著名能乐剧团，金春座的前身，又称"竹田座"。——译者注

④ 维摩会：兴福寺每年十月十日开始举行的《维摩经》宣讲会，共进行七天。——译者注

⑤ 延年舞：寺院僧众在法会后演出的一种歌舞，对后来的能乐产生了很大影响。——译者注

若能重艺轻利，努力练功习艺，勤奋忘我，焉有不受益之理!?

申乐之道，既要继承传统，又须个人独创，此事难以言传。继承传统，以心传心，即有"花"在，故将此书命名为《风姿花传》。

（二）

概而言之，艺能之道，和州①风体与江州②风体有所不同。江州最重"幽玄"之境，动作的模拟表演为次，以优美的风趣③为本。而和州最重模拟，演员尽量多演各种模拟性曲目，同时也追求"幽玄"之情趣。虽说如此，真正的高手，无论任何风体，皆无所不能。只能演一种风体，是未能登堂入室之人。

和州风体，是以具体动作的模拟及舞台语言的风趣为本，因而在观众看来，以表现阳刚之气、威武强悍的动作为拿手好戏，所以和州的演员也集中训练此类曲目。而先父在他名声最响时，最擅长的风体却是《静舞能》或者《嵯峨大念佛女物狂能》④之类，从而博得举世赞美，天下无人不知，这种风体也是最"幽玄"的风体。

此外，田乐⑤的风体与猿乐的风体殊异，观众大都认为不能将田乐与猿乐相提并论。然而，听说就在晚近，那位被称作"田乐能"之圣手的本座⑥的一忠⑦，就能够上演各种曲目，对鬼神的模拟及暴怒动作最为擅长，诸种风体无所不能。正因为如此，先父提起一忠，曾说过一忠是"吾之师也"。

一般说来，从事艺能表演的人们，有的由于偏狭固执，有的人是因能力不够，而只能掌握一种风体，对其他风体不甚了了，并厌弃其他风体。实际上这并不是有选择的"厌弃"，而只是出于偏狭固执。不能掌握诸种风体，仅

---

① 和州：指今天的奈良一带，又叫"大和"。——译者注
② 江州：指近江（今滋贺县）一带。——译者注
③ 风趣：日文为"かかり"。——译者注
④ 此二曲目现已散佚。——译者注
⑤ 田乐：平安时代兴起的一种插秧时节的乡间歌舞，后来和"猿乐"一样用以表演"能"，称为"田乐能"，曾一度超过了"猿乐能"，但在观阿弥、世阿弥父子将猿乐能进一步完善之后，田乐能逐渐与猿乐能合流而走向消亡。——译者注
⑥ 本座：位于京都白河的田乐座（田乐剧团），与奈良的"新座"一道，为田乐的代表性的剧团。——译者注
⑦ 一忠（？—1354）：道号石松法师，田乐能的名家。——译者注

在某一方向博得名声，"花"不能持久，也就不被天下人认可。艺术精湛、能被天下人认可的演员，无论演什么风体，都会让人觉得情趣盎然。这些人的风体、演技虽各有特色，但在富有情趣这一点上是相同的。有情趣则为"花"，无论是"和州能""江州能"，抑或是"田乐能"，都无一例外。因而，能掌握诸种风体的演员，不可能不被天下所认可。

再者，即便未能掌握所有曲目种类，但若是掌握七八成的高手，将其中自己特别擅长的风体，作为自己门派的拿手好戏，用心切磋琢磨，亦能博得天下赞誉。不过，由于未能做得十全十美，在京城与乡间等不同场合演出时，观众的褒贬会有不同。

一般说来，艺能演员取得名声，情形各有不同。高手难以让无眼力的观众满意，下手则也不会使眼光高的观众称心。下手不能使得眼光高的观众称心如意，这不足为奇，而高手不能使无眼光的人满意，这是因为观众鉴赏力低下。不过，若是演技精湛又善于琢磨的演员，会使无眼光的观众也感觉有趣。如果是这样肯下功夫的演技出色的演员，应该说已经达到了"花"的极致。而达到此种程度的演员，无论到了多大年龄，都不会在年轻之"花"面前稍有逊色。唯有达到此种高度的演员，才能够得到天下承认，并能让偏僻之地及乡间的观众觉得有趣。这种善下苦功的演员，无论表演的是和州风体、江州风体，还是田乐风体，都能根据人们的兴趣与要求而随时上演，成为无所不能的高手。正是为了帮助演员达到这一目标，阐明其中道理，我才写作这本《风姿花传》。

如上所述，虽应兼善各家风体，但若对自家的风体钻研不够，便失去了安身立命的根本，这样的演员是没有出息的，只有首先对自家风体彻底掌握，才能兼及其他诸种风体。欲掌握诸种风体，却对自家基本风体不甚了了的演员，最终不仅搞不懂自家风体，对其他风体也不能真正理解，他所表演的能乐也必然是低劣的，"花"也不会长久。"花"不持久，无异于对一切都一无所知。所以，我在本书中论述"花"的段落中曾说："竭尽所能，倾其全力，以求'花'之持久。"①

---

① 见前文第三篇《问答条项》最后一段。——译者注

（三）

有一条秘传，就是所谓的艺能，其目的在于愉悦人心、感动上下、增福延寿。极而言之，一切的艺道最终都是为了使人增福添寿，特别是此艺能之道，重要的是通过刻苦学习修炼，达到艺术高峰，为天下人所承认，同时，也是为自身增福延年。

还有一事需要用心体味：观众层次高、眼光高，演员水平高、技艺强，二者相辅相成，则无问题。但情况往往是，愚昧无知之辈、穷乡僻壤的俗人，欣赏不了高雅的风体。对此应该怎么办呢？能乐这种艺术，只有使得众人爱敬，剧团才能兴旺发达。如果一味追求高雅，而为一般人难以理解，那就失去了更多观众。要解决这一问题，就应该始终不忘自己初学时期那种平易朴素的表演，根据时间、场合，使无知无识的观众也觉得确实好看，这样，演员观众都能受益得福。

想想这世态人情，无论是在达官贵人的大雅之堂，还是在山寺、乡间、边远之地及诸神社祭祀的场所，都不被观众嫌弃，只有这样的演员才应该说是"福寿双全文人"。换言之，无论什么样的高手，若不受众人爱敬，则无助于增福添寿。鉴于此，先父无论在多么偏远的乡间、山坳演出，都注意揣摩当地观众的心情，尊重当地的风俗习惯。

我这样说，或许初学者会想："我怎么能轻易达到那么高的要求呢？"这种畏难心理不可有。要将以上各条铭记心中，搞清其中道理，加上自己的判断，从自己的情况出发，认真切磋琢磨。

以上各条所述，不只是初学者，包括学有所成的高手也需要认真体会、加以掌握的。在如今的演员中，有人得一技之长，偶尔成功，便自傲自满，沉湎于赞扬之声，如不明白如何获得众人爱敬，那也是徒有其名，无助于增福延年。这种人多了，很令人痛惜。演员即便学有所长，若无持续长进，也成不了气候。只有下苦功提高，才能既拥有"花"，也拥有"花种"。

不过，即使是被天下公认的名家，也会由于自身无法左右的因果时运而出现失误。即使这样，倘若在乡间或边远地方还有人气，其艺术生命就不会断绝。而只要艺术生命不断绝，也就会有东山再起的机会。

顺带说明：以上讲述了增福延年的道理，但要注意不能因此而陷于世俗的盈利算计，如果为物欲所累，将会使此艺道荒废。追求技精艺湛，才是增福延年的根本。而将增福延年本身视为目的，则必导致艺道荒废。若艺道荒废，福寿就丧失殆尽了。要知道，唯须正直磊落，才能使一切福德皆备、美妙之"花"盛开。

附 记

此《花传》之中，自《各年龄段习艺条项》始，各项内容，皆非出自本人之才学。余自幼以来得先父之助，长大成人，在此后二十余年间，承父庭训，耳濡目染。余写此书，为承艺道，为继家业，非为私也。

应永九年①三月二日搁笔，世阿（花押）

六　花修篇

（一）

艺能剧本②创作，为此道之生命。即使饱有才学，也需勤学苦练，才能写出优秀的剧本。

艺能的基本风体，在论述"序破急"的有关段落已有论及。特别是第一出能乐，取材要准确可靠。应该在一开场，就让人们马上知道：啊，原来是那个故事！不要写得太过繁琐，要如行云流水，自然展开剧情，开头部分要热闹华丽，第一出申乐写作要领大致如此。接下来，第二出以下的剧目，则尽可能要在语言辞藻和发挥演技方面下功夫，要写得细腻入微。

例如，若写名胜古迹题材，就要将吟咏有关名胜古迹的人们耳熟能详的诗篇，安排于重要之处引用，在与主角的歌唱、动作无关紧要之处，不要写过于华美的文辞。因为对于观众来说，无论视觉还是听觉，全都集中在主角身上。如果观众的所闻所见都是作为全剧中心的主角的优美唱词与动作，那就会受到感动。这是写作能乐剧本的最好方法。

---

① 应永九年：1402 年。——译者注
② 艺能剧本：日文为"能の本"，后来通称"谣曲"，主要是指辞章。——译者注

写作时应注意运用优雅而又晓畅的诗句。如果优雅的语言与动作高度和谐，就会自然而然表现出人物"幽玄"之风情。而生硬的语言，是与人物动作无法协调一致的。不过生涩的语言，若适合表现主人公的性格，有时也有另外的效果。无论中国题材，还是本国题材，应按其题材类型不同，注意语言风格的差异。但无论如何不能使用卑俗之语，那会破坏整个能乐的格调。

如上所说，所谓好的申乐，应是取材可靠准确，风体新颖，有起伏有高潮，有"幽玄"之美，此种申乐为最上。剧情演技虽不新颖，但无明显败笔，剧情连贯，其中不乏情趣，此种能乐次之。以上只是大致的评价标准。此外，一曲能乐当中，有些时候若经高手加以出色表演，也会颇有可观之处。在演出曲目很多，且连日上演的情况下，即便是不太出色的剧本，在反复演出中加以调整，看上去也不乏意趣。所以，能乐的演出效果是与上演的时间、上演的顺序密切相关的，不能孤立地认定哪个剧目不好而舍弃之，还是交给演员去发挥吧。

应注意的是，有的申乐的模拟表演，在任何场合都不可行。虽说逼真的模拟表演非常重要，但在扮演老尼姑、老太婆、老僧侣之类的曲目中，不可随便模拟其狂怒的动作。同样，模拟狂怒之人时，也不能表现出"幽玄"。这类能乐不是真正的能乐，而是似是而非的能乐。这样的意思，我已在本书第二篇的"疯人"一段有所论及。

万事万物，若不和谐，便不能成就。优秀的能，由优秀演员来演出，并取得理想的演出效果，应该称之为和谐。一般认为，优秀的能由优秀演员来演出，是决不会出问题的。但奇怪的是，有时效果并不好。对此，有眼力的观众看得出问题不在演员身上，可一般观众会觉得剧目本身不好，演员演得也不好。优秀的能由优秀演员演出，为何效果不佳呢？仔细想来，或许是因为此时此地，阴阳有所不和，或者是由于演员对"花"领会不深所致吧。究竟为何，只好存疑了。

（二）

有不少问题，能的作者要懂得如何鉴别区分。有动作少的静的题材，专以音曲唱腔为主，或者相反，专以舞蹈、动作为主，侧重其中一个方面，写来较为容易。而也有对音曲唱腔、舞蹈、动作兼顾的能乐，写起来很难。而只有这种能，才能真正让人感到能的艺术魅力。写作这种能的剧本时，应使用人们熟悉的音曲、晓畅而又有趣的语言，还有有利于发挥演技的跌宕起伏的剧情。这些因素共同发生作用，便可感动观众。

还有一些细微问题需要注意。以动作为基础的表演尚处于初学程度，从音曲之中自然产生的动作则是长年练功习艺的结果。音曲是耳闻之声，动作是眼见之形。任何演技，都是为了表现某种意义而进行动作。因表达意义要靠语言，所以，音曲唱词为"体"，动作为"用"。故而由音曲唱词而产生动作者，为"顺"；由动作而产生音曲唱词者，为"逆"。万事万物皆有秩序，逆顺不可颠倒。注意应以音曲唱词为基础，由此生发出动作，这样，才能使音曲唱词与动作融为一体。

与以上相联系，写作能的剧本时，作者还需在以下方面有所用心。为使动作自然地从音曲唱词中产生，故写作能乐时应以舞台的风情表现为中心。若以舞台风情表现为中心，演唱时，动作风情就会自然产生。所以，写作时应以风情表现为先，然后在曲调、情趣方面下功夫。等到实际演出时，则要反过来以音曲为先。若能积累经验，经年苦练，演员的表演在风情、舞蹈、音曲等方面便能高度和谐，成为无所不精的达人。这也是能乐剧作者的功劳。

（三）

须知，在能中，有"强""幽玄""弱""粗"的区分。这些区分，大体看上去容易分辨，但因许多演员对此未能真正理解，所以把能乐演得"弱""粗"的演员不在少数。

首先，要知道在所有模拟表演中，若不真实，那就会流于"粗"或者"弱"。对其中的分别，不认真体会就会混淆，需用心琢磨才行。

把本是"弱"的，演成了"强"的，因为不真实，实际上是"粗"；把本是"强"的演得"强"，这才是真正的"强"，而不是"粗"。如果本应演得"强"，演员却想演得"幽玄"，也因脱离真实而并非"幽玄"，实质上是"弱"。唯有真实模仿，投入角色，不矫揉造作，才不会流于"粗"或"弱"。

此外，在应演得"强"的地方，表演得过分，就会变得很"粗"。如果本来就是"幽玄"的风体，还想演得更优雅，于是过犹不及，就变成了"弱"。

仔细想来，正因为人们使"幽玄"与"强"脱离具体对象，作为孤立的概念来理解，才产生了误解。"幽玄"与"强"是对象自身所具备的性质，例如，人之中，像女御、更衣、舞伎、美女、美男，草木之中像花草之类，凡此种种，其形态都是"幽玄"的。而像武士、蛮夷、鬼、神，及草木之中的松杉类，凡此种种，大概都属于"强"的。若能把以上各色人物都演得惟妙惟肖，那么模拟"幽玄"时，自然是"幽玄"；模拟"强"时，自然会是"强"。但如果不注意以上区别，一味地想要演得"幽玄"，而忽略了真实模仿，就会演得不"似"。自己并不知道演得不似，还一心想要演得"幽玄"，就变成了"弱"。如能正确模拟妓女、美男，那自然就是"幽玄"。一定要时刻记住"似"。同样，演"强"的人物时，若演得"似"，自然会"强"。

还有记住一点，因为能乐是供观众欣赏的，这是不得不承认的事实，因此需要顺应当世风尚，在崇尚"幽玄"的观众前演"强"的人物时，即便对准确模仿有所偏离，也要演得"幽玄"一些。

同样，能乐作者还应知道，在选择题材时，一定要选择"幽玄"的人物，而且要将内心、语言都写优雅，演出时若演得逼真，演员自然就是一个"幽玄"的演员。懂得"幽玄"的道理，自然就会懂得"强"的道理。只有做到演什么像什么，观众才看得舒畅，使观众舒畅就是"强"。

词汇的微妙语感也要注意，像"摇曳""卧""归""依"等词，因语感柔和，会自然产生"余情"。像"落""崩""破""滚"等词，因语感较强烈，对应的动作也要强烈。

再强调一遍，所谓"强"与"幽玄"，是不能脱离被模仿的对象而存在的，而只能存在于正确地模仿对象，而"弱"和"粗"的出现则是因为脱离了正确的模仿。

关于上述词汇的语感问题，能的剧作者也要有所注意。在主角上场后的第一句、第一腔、和歌等重要之处，根据模拟对象的性格，在本应注重写出"幽玄"之处，却写进了一些粗言俗语，或加进了一些晦涩拗口的梵语、汉语，这就是作者的失误。演员若按这样的语言而动作，就会出现与人物不协调之处。有经验的演员会感觉到这种不协调，从而想方设法加以补救，使这些缺陷不至于太显眼。但这属于演员之功，作者的失误仍然是显而易见的。另一方面，即使作者在这一点上加以注意、写得很好了，但如果演员不能理解作者意图，这就是另外一种失误了。

以上就是我的主要看法。

此外，根据能的种类性质的不同，有的能不可以死板地拘泥于唱词念白及词义，要演得从容不迫。演此类的能，舞蹈、歌唱都不要拘泥于技巧，要自然流畅。若将此类能演得太细太拘谨，就证明演员缺乏经验。那样演，艺术水准不会提高。所以，优美的语言，"余情"的追求，唱词意味的表现、跌宕起伏的效果，都是能乐需要做到的。不过，在从容大方的能乐中，哪怕是"幽玄"的人物配上了生硬的语言，只要演唱流畅即可。须知这种能乐正是能乐的原本的样子。但要强调的是，对以上各项未能掌握，就来表演这种从容大方的能乐，那我以上的各条庭训，就等于白费口舌了。

（四）

须知能演得好坏，与演员的"位"是密切相关的。

例如，有一种不追求文字、动作华美，但从容大方、取材可靠、品位颇高的能乐。此类能，乍看上去不太细腻，缺乏情趣，对这种能，即使出色的演员，有时也可能演不好。即使有与这种能相适应的最好的演员，若观众眼力不高，或不是在堂皇的大剧场上演，那恐怕也不会成功。所以，能之"位"、演员之"位"、观众的鉴赏力、演出场所、时间等诸多因素，如不相协调，便不能成功。

还有一种小巧精致的能，出典虽不是那么有名，但很"幽玄"，也很细腻。此类能适合初学的演员来演出。演出场所，以乡村祭祀场所或夜间的小院落为宜。对这种能，无论是有鉴赏力的观众，还是演技很好的演员，都会产生一种错觉，以为既然在乡下或小地方演出效果不错，那么无论在何时何地，在隆重盛大的场合，在有贵人出席的地方，或又有捧场者助阵，一定会成功。其结果却恰恰相反，这样不但有损演员名声，连捧场者也丢了面子。

因此，除非是不受能的种类与演出场所等种种因素的制约，而在任何时候都能获得成功的演员，否则就不能称其为已经掌握了"无上之花"的高手。对任何场合都能适应的高手，何事都不成问题。

此外，在演员之中，有人演技颇高，对能的理解却未达到同样高度，也有人对能的理解高于自己的演技。在贵族府邸或盛大场合，演员虽是高手，但因曲目选择不当而出现失误，这是因为这个演员对能乐理解不深。另一方面，演技并不甚高明，演出经验不多，尚处于初学阶段的演员，在隆重盛大的场合演出时却不失其"花"，赞誉之声不绝，而且一直不出纰漏，且状态稳定，这是因为该演员对能乐的理解高于自己的演技。

人们对以上两种演员的优劣评价不一。但无论如何，在贵人府邸或盛大场合总能获得成功的人，其名望就会持久。如此看来，比起那些虽有演技，却不懂得能的人来说，大概还是那些演技虽不太高，但对能有深刻理解的人，更适合做剧团的领头人吧。

对能有深刻理解的人，自知有不足之处，在重要场合，懂得扬长避短，先演自己擅长的风体，若整体上完美，定会受到观众赞赏。而对于自身所不擅长的，就在小的场合，或乡下边远地区多演几次。这样通过反复练习，不擅长的曲目，到时也自然会成为擅长的曲目了。由此，能的修养既广且深，艺术水平不断提高，演员个人的名望渐大，剧团也随之兴旺发达。其时虽然年事已高，但"花"尚存。可见，从初学的时候开始，就必须下苦功弄懂能的奥秘。只要弄懂能的奥秘，刻苦修炼，必定拥有"花之种"。

至于以上两种演员究竟孰优孰劣，还是由各人琢磨去吧。

以上，花修篇。

上述各条，除矢志艺能的人之外，对他人一概保密。

世阿弥

七 别纸口传①

（一）

在此口传中，我要讲如何理解"花"，首先是要懂得为何以大自然中的"花"，来比喻。

概而言之，万木千草中，四季应时而开，因其新鲜之美而为人欣赏。申乐也是同样，满足人的爱美之心，即其趣味之所在。所谓"花"与"趣"②"珍"③，三者实质是同一的。世上没有不谢之花，正因为有凋谢之时，当它

---

① 别纸口传：意即另外专门写下来的最重要的秘传。——译者注
② 趣：日文有"面白き"（おもしろき），可以译为"有趣"。——译者注
③ 珍：日文有"珍しき"（めずらしき），可以译为"珍奇"。——译者注

开放之时才会让人觉得新鲜珍奇。艺能也不是固定不变的，故与"花"同然。不断变化、风体常有更新，才有新鲜之美。

不过也要注意：虽说要有珍奇感，但亦不能上演世间所没有的稀奇古怪的风体。应按《花传》中的各条项逐一学习修炼，演出时则要根据具体情况，从中选出适宜的曲目上演。所谓"花"，只有当它应季开放之时才让人觉得新鲜珍奇。同样，演员要熟练掌握已经学过的各种能乐，根据时人风尚选择适当的风体上演，这就如同供人欣赏应季开放的鲜花一样。所谓"花"，今年所开之花为去年所种之花，能乐也同样，尽管观众以前也曾看过许多曲目，但由于曲目数量多，把它们全部演一遍需要很长时间，即使同一曲目，许久之后再演，仍会让人觉得新鲜。

人之喜好千差万别，对音曲、动作、模拟的喜好，因地域不同而各有差异，演员如不掌握诸种风体，便无法使观众满意。掌握很多曲目的演员，就如同持有从初春之梅到深秋之菊，一年四季开放的花种都能信手拈来，无论何种"花"，都能根据人们的要求，因地制宜，随时展示。如果演员掌握的曲目不够多，有时就会无"花"可取。譬如，春季已过，人们欲要欣赏夏花之时，只擅长春花的演员，手中无夏花，只能拿出已过时的春花，岂非不合时宜吗？由这个比喻，不难看出掌握多种曲目的必要性了。

所谓"花"，只有让观众感觉珍奇新鲜时才成其为"花"。所以，我在《花传》论述花的有关段落①之中表述为"竭尽所能，倾其全力，以保证永葆'花'之常在"，与此处口传的旨意相同。因而，所谓"花"并非特殊之物。只要肯下苦功，掌握各种曲目，懂得如何给观众以新鲜之感，那就得到了"花"。我曾说过："'花'在心中，'种'在演技中。"就是这个意思。

我在《模拟条项》"鬼体"中说过："演员若只会扮演鬼，那么他扮演的鬼也不会让人觉得有趣。"意思是说，演员应在掌握了诸种曲目之后，再扮演鬼，因为鬼演得偏少，人们就感觉新鲜，便有了"花"。如若不会演其他风体，被观众认为此人只是鬼演得好，即使鬼"能"演得确实不错，观众亦不会感到新鲜，因此亦不会感到有"花"。我在前面还说过"如石上生花"，是说在演鬼时，不演得凶悍可怕，让观众心惊胆战，便根本不像是鬼，所以把

---

① 即前文第三篇第九问。——译者注

这种"鬼"比作岩石。而在这岩石上开出"花"来，则是指演员熟练掌握"鬼"以外的诸种风体，观众认定他是"幽玄至极的高手"，却没想到也能演鬼，那就会让观众觉得非常新鲜，这便是"花"。所以说，只能演鬼的人，就如同只有岩石，而长不出"花"来。

（二）

现在要说的，是关于具体演技的秘传。

音曲、舞蹈、动作、招式、风情等具体演技，与上述相同。在相同的能乐中，动作、唱词总是大同小异，当观众习惯地以为"今天的演出还是老样子吧"的时候，演员的演出却与以往不同。虽为同样的动作，演得比以往更为得心应手；即便是相同的音曲，又经过锤炼提高，曲调更优美，唱腔更动听，演员自己也觉得"从未像今天演得这么好"，感到很满意的话，观众一定会评论说："今天比以往更有趣。"这岂不是因为观众由此感觉到了新鲜之美吗？

因此，尽管是相同的唱词，相同的动作，上手演得格外富有情趣，而下手只是按学过的曲谱演唱，给人索然无味之感。所谓的"上手"就是虽演唱同一曲调，但他懂得什么是"曲"。所谓"曲"，就是曲调上的"花"。同样是上手，同样掌握了"花"的人，下最大的功夫钻研、用心思索的人，就会对"花"有更深一层的体会。一般而言，曲调在音曲之中是有基本规范的，而在此基础上有"曲"者，只有最好的演员才能做到。在舞蹈中，动作是有程式的，而由舞蹈动作产生的"极品"演技，也只有最好的演员才能做到。

（三）

演员模拟人物时，有一种"不似之位"，就是深谙模仿的奥义，完全进入角色后，似不似就完全不成问题了。在这种情况下，全部心思都集中于如何表演得更加富有情趣，怎么会无"花"呢？例如，模拟老人时，进入角色，演员的内心感觉就与一个普通老人身着彩装跳风流延年[①]舞时没什么两样。本来老人自身因为上了年纪，无需想着自己要像老人，心里只想着进入情境与角色即可。

---

① 风流延年：日本中世纪的一种民俗歌舞，舞者化妆，应节奏起舞。——译者注

关于老人的扮演问题，以上我曾说过：既要有"花"，又要像是老人。①重要的是绝对不要老想着自己的动作是否像老人。一般而论，舞蹈动作是合着音乐节拍手舞足蹈，举止动作都是与节拍互相协调的。但如果扮演的是老人，动作要比大鼓、歌唱及小鼓节拍稍迟缓一些，一招一式都要显得比节拍迟缓。这一点是扮演老人的诀窍之所在。演员要将这一点牢记心中，至于其他方面，只要按常规尽量演得华美即可。老人一般的心态是，无论何事，都希望显得年轻，但无奈身体活力不足，动作迟缓，听觉不敏，心有所想，力有不逮。懂得这一道理，就能够真实地模拟老人了。总体上，要将动作做得有意显得年轻一些，这样就表现出了老年人羡慕年轻的心态与动作。但无论怎样显得年轻，却总要演得比节拍稍迟缓一些，这是基于老人心有余而力不足的道理。而老年人特意做出的显得年轻的动作，又会使人产生新鲜感，这就如同"老木着花"。

（四）

以下论述艺能中的"十体"②。

"十体"兼备的演员，在一个地方将自己所掌握的曲目逐一上演一遍需要很长时间，因此会让观众感到新鲜有趣。掌握十体的演员，再不断完善细节，可做到无所不能。

首先，同一曲目，三五年之间只演一次，就会使每次演出都让人觉得新鲜不厌，此种做法最为有效。其次，还要注意，根据一年之中的季节变化，选择适当的曲目安排演出。此外，在连日上演的场合，不用说一天之中的曲目要适当搭配，整个演出过程都要注意搭配不同风体，根据演出顺序，适当安排各种不同风体的曲目，以免单调。似这样，从全局到具体细节，每次每场都能安排有序得体，方可永葆"花"之常开。

"十体"固然重要，还不可忘记"年年岁岁之花"。什么是"年年岁岁之花"呢？"十体"指的是模拟表演的各种类型，而"年年岁岁之花"是指幼年时期的童姿、初学时期的神态、壮年时期的演技、老年时期的风度等，将以上各时期的特点都集于一身。如此，所演之能，有时让人感觉是孩童或幼

---

① 此语又见于前文第二篇"老人"一节结尾部分。——译者注
② 十体：泛指能乐表演中的所有演技、风体。——译者注

者，有时又让人感觉是壮年演员，而有时又让人感觉是技艺精湛的老演员，看起来每次都让人觉得不是同一人。这种将幼年至老年的所有技艺集于一身的效果，就叫作"年年岁岁之花"。

不过，达到这种品位的演员，自古以来闻所未闻。据说先父盛年时期的表演已经达到了老年演员那样的高品位，他自己也颇为自得。他四十岁之后的演出我经常观看，的确如此。听说他在演出《自然居士》[①]这一曲目时，表演主人公在高台上讲经说法，时人对此评论说："简直就像十六七的少年啊！"人们都这么说，我也亲眼所见，先父的确是达到此种艺术品位的高手。像这样在年轻时便掌握了将来要掌握的老年风体，老年时还保持着年轻风体的演员，除先父之外我还没有见过第二个人。

可见，艺能演员不可丢掉初学时期掌握的各种风体，在必要的时候要能够随时献艺。年轻时掌握的老年风体，老年时仍能加以保留，岂不是别有一番新鲜味道吗？而随着艺位的提高，若将以往的风体丢掉了，那就如同失去了"花种"。"花"只管在各时期开放，却不注意保存"花种"，那就像是被折断的树枝上的花。若有"花种"在，年年岁岁都可以盛开。重要的是不能丢掉以往学过的东西。在对演员的评论中，我们经常听到对年轻演员的称赞是："成熟得真快""很有功底"，而对老年演员的称赞则是："多年轻呀！"这不正是因为人们感到新鲜才这么说吗？

在"十体"中不断完善并加以变化，就会有"百色"之效。将"年年岁岁之花"集于一身，持久保持，此"花"岂不就是"花"中极品了吗？

（五）

对能的表演来说，各方面都要留心。例如，在表演愤怒之时，演员不可忘记保持柔和之心。原因是无论多么愤怒，演员表演起来都不能失之于蛮劣。在表现愤怒时也仍保持柔和之心，才会别有一番情趣。而做"幽玄"的表演时，也不能忘掉"强"。以上道理，适用于一切方面，包括舞蹈、动作、模仿表演，等等。另，做基本的形体动作时，这种心情也不可缺少。做强烈动作时，踏足要轻；用力踏足时，身体姿势要保持平静。

[①] 《自然居士》：传统能乐曲目之一，作者观阿弥，剧中主人公是一年轻僧侣。——译者注

以上之事，书不尽言，宜在现场传授。

此事在《花习》①中论述较详。

（六）

须知"花"应保密，正因是秘密，所以才是"花"。懂得这一道理，对理解"花"非常重要。

世上各种艺道中，都有各家不公开的"秘传"，因为是秘传才使其发挥了更大作用。而一旦将秘密之事公开，就变成了平凡无奇的东西。谁以为秘传之事无关紧要，谁就是不懂得此事的重要性。

首先，就在这本关于"花"的秘传之中，倘若"珍奇就是'花'"这一道理众所周知，即便表演得不乏新奇，观众心里也未必觉得新奇。对于观众来说，正是由于他们不知道"花"为何物，演员才能有"花"。观众只是觉得演员演得比想象的更好，而不知道这就是"花"，这才是演员之"花"。总之，能使观众感觉出乎意料，就是"花"。

例如，在武道之中，有时足智多谋的名将会以出奇制胜之法击败强敌。从败者的角度看，岂不是被出乎意外的计谋所迷惑才失败的吗？所以说，在一切事物中，出人意料是取胜的法宝。事情过后才对敌人所用计谋恍然大悟，以后就容易采取应对之策了。先前的失败是因为不知就里。所以说，所谓"秘传"，就是把某物藏在自家中。

不仅如此，还要注意：不但不应将"秘传"示人，而且连家中有秘传之事，也不可让他人知道。假若让人知道了，对手就会小心提防，这样就等于提示对方提高警惕。敌方麻痹大意时，我方取胜才容易。让对手掉以轻心，才能出奇制胜。所以，自家的秘事决不可外传，才能确保自家永远是"花"之主。保密才有"花"，泄密则失"花"。

（七）

懂得"因果之花"的道理极为重要。

一切事物皆有因果。从初学到掌握各种演技，是为"因"；对艺能有很高

---

① 《花习》：世阿弥的另一部著作，为《花镜》的初稿。——译者注

造诣而取得名望，是为"果"。如忽视学习之"因"，便难以达到应有之"果"。对此道理一定要有充分认识。

还要特别注意时运，须知去年盛开的"花"，今年也许不会再开。就是在短时间内，也有好时运，也有不好的时运。在"能"中，无论演员自身如何努力，演出效果有好的时候，也有不好的时候，这不是人力所能改变的。懂得这一道理，在不太重要的演出场合，哪怕是"竞演"，也不要志在必胜，不要过分费力。即便输了，也不必介意，须有所保留，不要倾其所有。这样观众也许会纳闷："这是怎么回事？"觉得有些失望。而一旦到了重要演出场合，则应幡然豹变，献出自己的拿手好戏来，竭尽全力表演，观众会觉得格外精彩。于是，在重要的竞演中，在决定胜负的场合，旗开得胜。这是由于出奇制胜的新奇感发挥了巨大作用。前后演出的好坏，是时来运转的因果关系。

通常，在三天内各演一场的情况下，第一天要演得有所保留，适可而止。而在三天内最重要的一天之中，则要亮出拿手好戏来，并倾尽全力演好。在一天之内的"竞演"中，若感觉时运不佳，开头的表演就要有所保留，待对方的时运由好转坏时，再拿出精彩的曲目竭尽全力去演。此时的时运对自己有利，如发挥出色，就会成为当天最精彩的演出。

时机的好与坏，是说在所有的比赛中，一定会有一方感到一切顺利，这就是时运好的缘故。在"竞演"曲目多、时间长的情况下，好时运在双方之间来回转移。有一本书上写道："有胜负之神，胜神与负神各就其位，决定胜负。"这在武道兵法中是专门研究的秘事。假若对方的申乐演得非常顺利，就要意识到此时胜神在对方那边，要小心对待。但胜神、负神是来回交替的，当觉得胜神又回到了我方时，就要演出自己拿手的曲目。这就是剧场上的因果规律，对此一定要认真领会，不可掉以轻心。常言道："信则灵。"

(八)

"因果"关系，即运气时好时坏，仔细想来，无非能否给观众以新鲜感的问题。同一个优秀演员，上演同一曲目，相同的观众如果昨天今天连看两次，昨天还觉得饶有情趣，今天便会感到索然无味。之所以如此，是因为昨天的印象还残存于心中，对今天同样的演出就会失去新鲜感，因而觉得不好。隔一段时间再看，同一演员的同一演出，又觉得饶有情趣，这是因为虽然以前觉得不好，但隔了一段时间又觉得新鲜有趣了。

如上所述，演员对此能乐有了很高造诣之后，便会懂得，所谓"花"并非什么特别之物，但假如未得登堂探奥，不在万事万物中领悟怎样才能产生新鲜之感，那就不会懂得"花"为何物。

佛经云："善恶不二，邪正一如。"究竟根据什么来确定何为善，何为恶呢？只能根据时间场合，把有益之物作为"善"，把无益之物作为"恶"而已。就能乐的各种风体而言，也要根据不同的观众、不同的场合、时尚好恶等，选出合适的曲目上演，因其有用而成为"花"。然而，此地喜好这种风体，而彼地却喜好另一种风体。人人不同，人心不同，"花"亦不同。不过这些"花"都是真正的"花"。须知，为时人所用者，皆为"花"。

跋

此篇《别纸口传》，于艺道、于我家门均极重要，一代只可单传一人。即使是吾家血脉，若无此道才赋，亦不得相传。有言曰："家，仅有后嗣不能称其为家，有继承者方可为家；人，不在有人，唯有传人方可谓人。"此秘传，可令功德圆满，妙花常开。

此口传之各条，早先曾传与胞弟四郎①。因元次②有艺能之天赋，故又传之。

秘传秘传！

应永廿五年六月一日③，世阿弥

[TH]

（王向远译）

---

① 世阿弥之弟，音阿弥之父，能乐艺术家。——译者注
② 元次：人名，所指不详。取世阿弥的名字"元清"之"元"和观阿弥的名字"清次"之"次"而成，有日本学者怀疑是世阿弥的儿子十郎元雅的曾用名。——译者注
③ 庆永廿五年：1418年。时年作者五十五岁。——译者注

大西克礼

大西克礼（1888—1959）

大西克礼从 1922 年至 1949 年于东京大学教授美学。他的大量著作都是对于康德的浪漫主义以至 20 世纪现象学等德国美学的专门研究。大西运用自己所学西方哲学理论的知识去阐明多年来备受议论的日本美学和诗歌中的关键概念。他毕生对美学的研究反映在其两辑著作当中。第一辑是关于西方美学的，而随后一年出版的第二辑则是针对日本美学中重要课题之分析。他在著作《幽玄与物哀》（1939）中指出"幽玄"和"物哀"这两个概念可视为相应于西方的"内在性"（interiority）。在以下的节录中，我们将看到大西如何综合"幽玄"的"概念性"特征以及这些特征对于阐释"幽玄"在诗歌上的功能的恰当性。

[MFM]

幽玄论
大西克礼 1939，85-91

我在此尝试分析成为幽玄概念的各种契机。第一、有关幽玄的概念，一般的解释是指形体被隐藏或是被遮蔽，意即事物没有清晰地显露，而其内在部分被笼罩了起来。这一个重要的契机无疑可从"幽玄"的字面上推断其意。正如正彻的诗歌中的"薄云遮蔽月""遍山红叶被雾盖"，均能直接地感知对象被薄薄地遮蔽之意象。

由此自然而然地衍生出微暗、朦胧、薄明的第二类概念。不解此旨趣的人会认为"万里晴空,欣喜若然"。然而"幽玄"的这些特质在审美学的感情效果上,别具一番特殊意义。而这绝不是被隐藏的事物和黑暗的事物所带来的恐怖与不安。相反,是与露骨、直接、尖锐等对立的一种温娴雅致、低调和柔和。同时,此处幽玄宛如"春花被云雾缭绕"般的朦胧氛围所增添的情趣,以及藤原定家在宫川歌合的判词中所说的"物之心幽"等,带有保留余白、不寻根究底的磊落大方和高雅。

第三种契机,与上述紧密关联,是指一般性"幽玄"概念中伴随着微暗和隐藏的事物所带来的寂静。而与此映照的美学情感有鸭长明所言的面对无色彩、无声的秋天黄昏茫然垂泪的心情,还有藤原俊成咏"幽玄"的"深秋时雨中的寂寥芦草屋"的情感,以及从秋天雀鸟飞离湖泊沼泽的景象所感受到的一种物哀心境。

接着,幽玄的第四种意义是深远。尽管和以上所述的意义都有关联,这个意义的契机和一般幽玄的概念相比,不单只与时间上和空间上的距离有关,而是更隐藏着一种深奥难解的思想(如"佛法幽玄")的特殊精神意义。此处与美学意义相应的有歌论等屡屡谈及的"心深",或者是定家等人所言的"有心",乃至于正彻、心敬等人所特别强调的幽玄契机。

第五种意义,我想指出,它直接与以上各种意义相扣,是一种所谓的充实相(Fülle)。幽玄的内容不单单是隐藏的、微暗的、难解的东西,更藏着聚集无限量的东西所凝结出来的(inhaltsschwere)的充实相。我认为这就是其本质及以上列举幽玄的各种性格所结合而成的产物。禅竹也说:"所谓幽玄,大部分人都有自己的见解。有的见解以伪饰、柔弱、忧郁为幽玄,其实不然。"(《至道要抄》)又或者在这里所说的意义中,"幽玄"一词是否应与幽微、幽暗、幽远等近义词区别开来呢?无论如何,我认为如果将"幽玄"当作一种单纯的形式概念的话,往往会引起对这个概念的忽略和歪曲。此处所谈及的充实性是指与艺术的"形式"相关的"内容"的充实性,而它在日本歌学中是尤其被注重的。"词少而心深,当中能够倾听、观察出许多事物"(《咏歌一体》),就是一个关于这一点的阐述。

然而,从美学观点来看,我们在这里所谓的充实相当然与庞大、厚重、强力、又长又高,又或者崇高等意思有着非常重要的联结。而定家时期以后所提出的单纯的样式概念,如"长高体""远白体"或"挫鬼体"等,只要与幽玄的其他契机没有矛盾的地方，也包摄于上述的美学范畴之内。就如之前所述，正彻将家隆的和歌"滨松树梢年历风吹，寂静月下鹤的一声鸣"评为"壮大而厚实的歌体"，但又补充说"但不属幽玄体"。我认为由此观点可见他过度局限了"幽玄"的概念。而从被俊成评为"幽玄"的广田社歌合的"划船出海"、新罗社歌合的"难波岸滩"，又或者后鸟羽院的"风吹"等和歌可见，家隆的和歌其实与它们无异。

而幽玄的第六种契机则可考虑为是与以上五点联结的一种神秘性，又或是超自然性。虽然"幽玄"作为宗教乃至哲学的概念是必然的事，但是在神秘的、形而上学的意义上，或被感受为美的意识之时，"幽玄"就形成了一种特殊的感情方向。不过，在这里我想指出的是，这种特殊的感情方向是关于其本身的意义，而和歌的素材则不包含任何宗教的思想和观念。虽然在宫川歌合中，和歌评论者定家将和歌"源远流长的河水汇出宫川为神域的结界"评为"义隔凡俗兴入幽玄"，但是在慈镇和尚自歌合中屡屡看到颂咏佛教之心的和歌中的"幽玄"则没有美学意义。在美学意义上，神秘感就是和自然感情融和，在和歌的核心中的一种深刻的宇宙感情。换言之，在和歌中渗透出来的神秘的宇宙感就是人的灵魂与自然万物深深地契合后所衍生的刹那的美的感兴和最纯粹的流露。我们所感受到的西行对鸟飞离湖泊沼泽的物哀感情、俊成对鹌鹑在秋风深草中悲鸣的感觉，和长明眺望秋天夕暮的天空而落泪的感伤，通常也多少包含了此种幽玄。虽然形式上多有不同，《愚秘抄》中说明幽玄体的巫山神女传说，其中的神秘性乃至于超自然性更是向某方向发展，又或是夸张地阐明幽玄。

最后，关于幽玄的第七种意义契机，虽然与前面提及的第一和第二契机极为相近，但又与它们单纯的隐和暗有些微差异，不如说是与非合理、不可言喻和微妙等性质相关的意义。幽玄概念的一般性意义都与深远、充实等意义直接联结，指的是非言语所能表达的深趣妙谛。而如果将其转至美学意义上，就是如正彻爱在说明"幽玄"时指出的"飘泊""缥缈"等，是一种难而言喻、不可思议的美学情趣。如"余情"等之说，主要是在这个意义契机的发展下，在和歌的直接词心以外，所言及的难以表达的缥缈气氛和与歌共同摇曳的情趣。从Wirkungsaethetik的立场出发，以及特别像和歌这一特殊的艺术场合中，对于幽玄之美，现在所说的这个意义契机是最重要的。我们也曾看到在日本中世的歌论中，对于"幽玄"的价值概念，在多数的场合中，都带有一种腔调，并且特别被局限于优婉情趣的意义之中，并由此衍生出特殊的形式概念。我认为作为美学概念的"幽玄"，在其整体概念被考虑之时，往往其部分概念都被过度偏重，于是这种以偏概全产生了对"幽玄"的歪曲也是在所难免的。

[JWH]

（曾敏华译）

井筒丰子

井筒丰子（1925—2017）

1952年自东京大学文学部毕业后，井筒丰子（笔名：丰）与著名哲学家兼东方学专家井筒俊彦结婚。两人紧密合作，直至1993年井筒俊彦逝世为止。她是一位才华横溢的作家，曾出版翻译、散文和短篇故事作品，并著有一份关于平安时代与中世和歌的长篇研究，由汤浅泰雄编辑出版。她因和其丈夫以英语合著之关于日本美学基本的作品闻名于海外，该著作后来被翻译成德文。下文关于"心"和"侘"之美学关键概念，摘录自上述文献。

[JWH]

心
井筒丰子 1981A，5-11

"和歌"的两个限制——异常简洁的格式和丰富的修辞手法，后者同时也是其结构上最必要和基本的元素——或会对诗句在句法上的自然延展构成强大的阻碍。然而，它们被巧妙地融合于诗句的特异结构，即其词组在"语义学"上的配置当中，如此这些限制变成了一些有正面作用的元素。

以上显示和歌在语言学上的整体结构从一开始已被设计成非常强调表述方式，且朝此方向专门发展，以致对其他句法的发展产生了负面影响。

事实上，对和歌的句法构筑产生巨大影响的元素，同时也是对其语义分节有正面影响的。

换句话说，和歌尝试创造一个语言学的"领域"，一个语义分节的联网，即相对于线性的、时间性的文字序列，一个不受时间限制、语义饱和的"空间"。它是一种仅作为诗句的连接方式的句法流动。

和歌歌人似乎与语言的本质背道而驰；透过文字，他尝试创造一个共时的"领域"、一个空间的延展。相对于在线性且时间性的文字序列中，接续的文字被持续地掩盖，如上文所述，和歌旨在带出全貌，所有使用的文字在同一时间均是可见的——这是在如和歌（31音节）和俳句（17音节）等极短的诗歌以外不可能做到的。这种综观全貌的角度构成了我们所说的"领域"。在如此构筑的领域当中，所有文字同时存在于同一个球内，因此时间可说是静止的，甚或是彻底消失了。

在这个诗歌语言学的领域中，和歌那些多样奇特的修辞自然地将语意清晰度推至饱和，在其中创造出一个超越时间的美学平衡或充实的状态。

和歌中的这种领域创造意识在其后期，尤其在藤原定家（1162—1241）——一位颇具代表性的歌人与和歌理论家——在世的13世纪初期的新古今时期的发展中，出现了急剧的增长。

我们发现领域创造意识对于打破语言学的框架，即加诸脑海中的诗意表述之句法规范，甚或歌人本身内在的语言活动，具有强烈且持久的倾向。

领域创造意识的架构，由于其非瞬时的特质，似乎能够与原始心灵的认知与意识——即经过世世代代的和歌歌人，在牵涉内在和外在语言活动的创作过程中，严格且锐利的观察栽培而成的创作的基础（心）——并驾齐驱。

在和歌的古典理论中，有心灵（心）、词、动作和音调变化这些关键词。最后的两个可以说是代表和歌在其诗意表达已经外延发展后的状态。动作，一个视觉意义在诗歌理论中显得不寻常的词语，却于这个特定的语境中最恰当地显示出其独特的非瞬时和谐，即语意关联的共时一致性，亦即对应上述的语言领域，还有建基于语意关联的视觉饱和度——尽管音调变化自然地指向瞬时层面，即诗句趋向句法和音调的统一而行的持续且线性的发展。

因此，当动作和音调变化与和歌的外延状态挂钩时，"心"和词则被功能性地融入了和歌的创造意识的有机的整体本身。心和词之间错综复杂的关系，对于和歌的创造意识的内在构造有着根本的重要性。我们会从分析心作为和歌歌人的内在创造场所的构造开始着手探究这个问题。

纪贯之（875—946）在《古今集》有名的序言中叙述了他对于和歌的看法，指受外界事物与事件刺激的心创造了不同的思绪，而歌人透过词来描述他们所见所听的纤细事物。这个看起来并不重要的论点引发了许多日本诗人和学者之间的辩论，从而可能扩展成在和歌的诗意艺术之内在创造现象中对于架构的意识上理论性和——特异地——系统性的发展。

纪贯之对于心的描述反映了它并不被理解成某种主观的状态，或已活化成某种艺术创作的意识。相反，贯之将它在架构上定义为除了诗意创作外，还包含所有心理及认知活动发生的场所。这暗示心被视为某种心理潜能，或是尚待点燃——被搅拌或受外界事物刺激——的动力，以思想（包括视觉影像和意念）与感受的方式呈现并发挥作用。

在这种狭窄且技术性的层面，心可谓内在主观的特定区域，是在所有具功能性的表现之前，未经活化的区域。然而在广义层面，心代表了内在主观的整体，同时涵盖未经活化的和已活化的；它同时是视觉影像、意念、思想、感受和情感的发生场所及其表现。

在早期，心在其狭义之中，虽然被预设与认识为思想和感受的结构基础，却并未展现出它在和歌的实际创作中的真正重要性。在和歌的发展史后期，尤其在《新古今》时期，心的这种重要性达到了巅峰，甚至说它改革了和歌这个概念，并深至其内在性格和系统也不为过。

对于定家来说，心在其狭义中不再如贯之所想般，单是一个结构上的前提。它现在是一个活着的真正的主观性，一个主观平衡状态，超越了心理层面的自然悸动的无常性，而且并不能成为任何认知活动，或是任何基于语言心理学表现的活动的客体。它是自性光明意识的主观充实，我们有充分的理由相信，可以在其中找到冥想训练中特有的、称为"自性光明经验"——佛教天台宗经典《摩诃止观》的中心思想——的精神经验之痕迹。

于是心被自性光明意识的经验赋予了活力和充实，然后被认可及确定为思绪中神秘的（或阶级的）结构的最高点，即和歌歌人的创意自我。因此，在定家时期的和歌理论中，诗意意识的焦点从真实的诗词语言学的表述转移到更早的状态：狭义的、作为"思绪状态"的心。这种在思绪的状态与表达的过程之间的本质上的关联，只有表达行为的酝酿过程在那里发生，而这可能决定了它成文的方式这一点。

在这种关联中，我们必须提醒自己，心在其"思绪状态"之狭义中，本是一个超越所有内在语言的奇特领域。一旦经过现象化或语言化的改变，它便不再是心。失去了它的特质后，心必然会转化为想法或感受。因此，关于心和词的关系，主要的问题在于语言领域本身的特殊范围上。它究竟实际上有多广呢？

总的来说，这是在诗歌艺术中特有的结构特点，尤其在和歌中，创造意识制造的一个表现，可以在不经任何剧烈变化的情况下具体化及外化。因为创造的（语言的内在形式）和表现出来的（外化和具体化后的形式）在语义句法上属于同一范畴。这个事实在和歌中占了一个决定性的席位。在创意的外化过程的最终阶段，内在语言转化为一系列语音，形成31个音节或字符。和歌极端的短，几乎是一瞬间的。

如此，我们可见在歌人的创造意识中，有一种介乎外在与内在语言之间的有机延续性。这似乎显著地影响了由和歌歌人——那些在本质上对语言非常敏感的人们——构想出来的和歌理论的基本规章。

一旦外在与内在之间建立起有机的延续性，内在语言就会被描述为自身的延伸，直至所有语言表现与超语言或狭义的心之间的分界线上。语言表现会被发现包括心的所有灵动……结果内在语言的领域和"意识"完全重复了，不只涵盖视觉影像、意念、思想，甚至还有创造的意图或其他相类似的东西。

值得留意的是，在此从心浮现的思想（即内在句法构筑中的句法单位，还有视觉影像和意念）应该是完全自发与必然地取决于某人的思绪状态，又或是与其密不可分的。如同我们稍早的观察一般，未活性化和已活性化的心的关系，在本质上是正在创造的根源和源头的关系。定家在他的诗歌理论中给予这事实关键的重要性。对他来说，思考，因其创意的可靠性，直接、不受控制、由思绪引发的自发性，必须是由可能会被艺术性和诗意地言辞化的内容组成。

我们不可以忽略这个暗示：真实的思想——从作为思绪状态的心直接和自发地衍生的现象——在其领域中建构成一种超越人为操作的状态。结果，作为诗意美学的言辞化之可能内容，思想在思想本身层面不可亦不应被任何意识加以控制。相反，这种控制必须通过心的矫正来实行，而它本身是存在于超越所有意识行为的位置，即内在语义句法构造的层次。如要尝试管理和控制在思想层面的思考行为，内在的语言构筑便会被催促，或是结果变得混乱。定家在其论著中痛斥其为一种伪创意，是"徒然的思考和缺乏"心的。

侘

井筒丰子 1981B，48-52

"侘"这个词在成为茶道独有的一美学专有名词之前，已明显地被使用了好几个世纪。在古典文学，例如在和歌中，它经常被用于描述一种贫穷、匮乏、被剥夺、绝望、荒凉、拮据、煎熬等状态，显示一种带有诗意的优雅色调的、主观层面的思绪中强烈的情感饱和。

侘一词在茶道中有一个祖先：数寄。相对于数寄一词的背景，侘似乎演变成一个关于喝茶"艺术"范畴的专有名词——那是茶道发展的早期——假设是它发展的第一阶段中某种伦理美学意涵和后期阶段中的抽象意涵。

数寄一词原本是"艺术的热情"的意思，是一种生活方式中特定的主观态度，赋予美学意识不成比例的优越性，以及实用主义之上的感性。如此的一种态度必然衍生一个特别具有艺术性的、非实用的价值系统。这个系统有两个可能的发展方向：其一是导向繁茂而丰富的外在表述中的美学放纵；另一个则是导向与隐士形而上学伦理中的简朴相容的美学理想论。前者实际上代表了"数寄"的狭义，而后者则启发了一种特定的"美学禁欲主义"，直接与茶之艺术中的侘的意义相关。

在喝茶的艺术中，数寄在狭义的美学放纵中，撷取了某种艺术态度中的特殊意义：品味精炼，在拥有一系列完整而复杂、作为茶具使用的艺术品之前不会满足。这种美学放纵在 15 和 16 世纪紧随着宫廷精致化美学的端正色彩。然而，如同我们容易想象的一般，它与在贵族隐士和禅宗或其他佛教宗派的僧侣之间高度培养的伦理美学禁欲主义的特定内在扩展不太兼容。这些人在他们的和歌和散文中表现出对外在而且纯粹正面的美学价值观的厌恶，认为它是肤浅而粗糙的。例如，他们认为作为正面的美学价值的自然之美，在它完全实现的高峰的瞬间，不应给予如同它短暂的衰退过程，甚至是它消逝后的痕迹一样的赞赏。为了探究侘的源头，于人类存在的真实中的非技术意义和寻找其中的伦理美学满足的真正慰藉，他们走得很远。

值得注意的是，这些人不单给予在他们的理解中作为诗词和散文中的美学概念的侘以言语上的表述，最终他们还发现了一种描述这种对于侘的独特理解的特殊方式，给它赋予了一个至高无上的美学地位，并将它完美地融会到一种名为茶道的精神视觉艺术的感官结构之中。此外，在茶道中，侘不再是单指美学禁欲主义的一个概念。相对地，侘，在集其发展之大成后，被视为美学伦理观的最高价值，给予茶道一个坚实的形而上学背景……

根据茶的爱好者们所述，侘的形而上学在以下两首分别由定家和家隆所写的知名和歌中，被赋予了一种诗意的表述。这两首和歌收录于《南坊录》，并附有利休的短评。利休认为它们在表现侘的两个相异的结构性层面之形而上学美学精神上具有代表性。

　　放眼望去，
　　花与红叶皆无。
　　海滩上的草屋，
　　秋天的夕暮。

　　莫等春花开，
　　君不见，
　　雪下青青草，
　　春意已盎然！

针对第一首和歌，利休用了"非单一事物的领域"或"不拥有的状态"等禅的形而上学中最具代表性的说法。这明显表现出他在侘的最高实现方面认同这首和歌。在禅的沉思中的主客未分状态，不论现象世界的客体还是思绪的主动表述功能都不存在。尽管如此，任何曾被现象化的事物仍然被假设存在于此，即使在它们已被完全抹除，在非表述的领域中生产出内在形而上学表述以后也是。

因此，若我们跟随利休的解释，第一首和歌似乎描述了经过现象化表述的事物向"无"或未曾表述的整体之形而上学的"退化"过程。追求无的沉思主体的内心风景，在此以一个象征性的方式呈现。物与事，一旦经过现象化表述，继续自我消灭，一个接一个，从沉思的领域开始，在现象学上存在的层面慢慢转化它们的表述到未现象化的无的状态。经过言词表述后再抹去花和红叶的回忆，虽是否定形式，但与许多同一领域的内在表述一样，仍然存在于歌中。

在这个诗意领域中，只有一间草屋被描述为存在于意境中的斜阳之中，仿佛一半弥漫于暮色之中，表现了一个隐士的内在归所，即其沉思意识的所在地。

至于第二首和歌，它在形而上学的重要性上只有在与第一首和歌对照时才会显现。相对第一首和歌中的形而上学"回归"或所有事物向无的退化，第二首似乎指向从无开始的形而上学之"进化"。当所有现象表述消退并完全消失，退化的负向过程便完结。只有到了这一刻，形而上学进化的自然表达过程才会开始。

在这种沉思过程中，现象表述常常被象征性地以一个落在完全空白的完美圆形平面上的点来表示。在鲜绿色的春笋从铺了雪的地下零落地冒出的诗意画面中，作为艺术家，利休看到了形而上学的现实的原始现象表述和它最初的表现。

[JWH]

（陆秀雯译）

生命伦理学

综　　论

生命伦理

概　　观

1771年春天，一群日本人聚集起来，按照一份刚到手的荷兰解剖学文献，解剖了一个被称为"青茶婆"的50岁女罪犯的尸体。小组成员之一，即后来翻译文献的杉田玄白（1733—1817）忆述：

> 我们实际见到的跟荷兰文献上的解剖图相比近乎一致，这令我们惊讶不已……将军的御用医师们……之前曾经进行过七至八次解剖，但他们看到的跟过去一千年所学的都不一样，而他们的谜团也不曾被解开。他们说他们每次见到不能理解的事物就会画下来。因此，我估计，他们写下了中国人跟日本人有不同体内结构的结论。这是我所读的。
>
> 在完成解剖后，我们也尝试检看骨头的排列，又收拾起一些散落在地上、被太阳晒白了的骨头。我们发现，他们跟旧书所描述的完全不同，但跟荷兰文献所示的完全一致。我们均感到震惊。
>
> 回家的途中，我们三人……谈及当日所遇到的、触目惊心的启示。我们为我们一直以来的无知感到羞愧。我们原来一直是狂妄地侍奉我们的主子，作为御用医师，我们一直只是在假装履行职务。因为我们完全没有真正认知人的身体构造——治疗艺术的基础！

杉田及他的同僚在江户（即现在的东京）组织起来去探究人体构造，这成为后来被称为"兰学"的核心。他们对此有无尽的热情：

> 我们得知自己过去长年被错的思维所束缚。那些误解相继被动摇，我们就像女人和小孩紧张地等待祭祀日的黎明一样，急切地期待下一个指定日期的来临。

翻译荷兰文章过程中他非常挣扎。他原想模仿佛经的中文翻译方法，以介绍一个有传统且有坚实基础的新思维，最后却放弃了：

> 我本想用既有的中文术语去翻译，但不久就发现荷兰文跟中文的概念有很大的出入，我又不时因为没有特定的规则而感到困惑。经过全面考虑，我决定尝试令自己成为一个新学科的始祖，好让文章简单易明。以此为基础，我有时会用适用的日文作翻译，有时会创造新字，有时会根据荷兰语的发音用日文来作拟音词。经过不断尝试，摸索不同的方法，投入心力及精神，重写了十一次手稿……用了四年时间终于完成了。〔杉田玄白1815，35-6，43，51（30-2，38，47）〕

明治时期，一直依赖传统权威的日本受到西方思想及科学进步的不断冲击，无法抵抗及自辩，这令上述场景不断发生。传承了数个世纪的道德敏感性及文化价值的强烈暗流无不经过相当大的争论——丸山真男称为执拗低音（basso ostinato）——以确立其在现代日本的角色。

尽管如此，在日本哲学中科学与文化的会通问题是较晚才找到其定位的。相比其他西方哲学流派，战后引入的逻辑实证主义及分析哲学因其不愿与日本前科学哲学资源有所会通而引人注目。20世纪最后的二十年间，围绕日常生活的科学及技术的影响给道德领域以巨大的刺激，令情况开始发生变化。从滥用环境至基因操纵的潜力，关于这一切问题的辩论均使哲学不能忽视科学。这些问题非常多元且易变，不能从简而论，但仔细研究脑死亡问题有助于利用本土资源解决生命伦理问题。

日本人对普及生命伦理的挑战

近代日本思想已经表现出对生命伦理方面的敏感性，也在逐步揭露某些假设的特质被默认为一般概念，这些方面在西方社会很少受到关注。无疑，大量由西方国家传入的"正统"生命伦理已在日本应用，也在构成问题及塑造辩论时占据重要的位置。同时，日本对西方国家及全世界提出的数个见解，也可以从进行讨论的独特方法中看到。

广义的生命伦理——医疗专业人员的道德规范——在深受佛教及儒家思想影响的前现代日本已经存在。有人认为，德川时期早期的医生及新儒家学者贝原益轩，就撰写了给医护专家的道德指引。他坚信医学是人道之行，医生应善待患者。此想法成为日本行医的理想，形成对患者的家长式作风。

现代意义上的生命伦理学，大概可以追溯至1974年波特（V. R. Potter）的《生命伦理》被翻译成日语，而该著作对环境伦理的强调却未能引起广泛关注。然而，在最初几年中，只有武见太郎及木村利人等几位先驱者很快就接受了现代生命伦理学的因果关系。

1980年代中期，日本才把生命伦理确立为一门学科。千叶大学的学者翻译了数本 Georgetown University Kennedy Institute of Ethics 及 Hastings Center 的著作。日本生命人伦理学会在1987年成立，其他医学及伦理学术协会也相继关注生命伦理问题。大约在这个时候，日文中生命伦理的术语开始被大众媒体使用，说明随着生物医学技术的迅速发展，社会对其中道德的关注也日益增加。

作为一门学科，生命伦理学最初是经由翻译西方文献而传到日本的。生命伦理的主流是参照西方，尤其是北美国家，西方通用的道德原则及思想被带入日本。只要翻阅这一学科的标准教科书，就能看到西方自主和自决之类观念的主导地位。

日语具有其文化背景，故导入的用语也难以避免地带有其自身的涵义。例如木村意识到对医生权威的特殊信任，是和"关系自主"及"在争取关系和谐而做出自主性决定"的思想联系起来的。然而，已建立的术语多被认为是对所谓普世伦理的本土化产物，当普世思想被应用于日本的特殊情况时，偶尔会遇到障碍。同时，"自我决定"及"知情同意"等观念率先克服了日本医护的专制及家长式作风，尽管我们必须指出，如癌症个案，在日本依然有不少医生不愿告知患者其真实病情。

总括而言，生命伦理学家尚未直视文化偏见的问题，依然致力于西方生命伦理的核心——个人主义及功利主义原则。他们很少在自己道德传统的范围内反思这些原则的有效性，更别提对一般生命伦理的反思。

要了解生命伦理问题在日本扎根的方法，我们要关注在学术界之外进行的重大又有影响力的讨论。其参与者不是受生命伦理专业训练的医护人员或专科医生，而是记者、科学史学家、文化人类学家及哲学家。尽管他们的言论在正规生命伦理争论中可能没有多少重量，他们对公众舆论却有相当大的影响力，并经常为被忽视的"正统"带来独特见解。这种情况在 20 世纪八九十年代爆发的"脑死亡"辩论中尤其明显。

"脑死亡"辩论

日本于 1997 年通过器官移植法，首次在法律上认可脑死亡患者的器官移植。这一新医疗科技的运动引发了全国对其过程中的伦理问题的激烈辩论。最后，法律条列了两项严谨的规定，使器官移植变得困难：病人在认可的捐赠卡上表示同意或病人家属同意。相比西方国家，日本的志愿捐赠者数量少，故此移植案例很少。这反映了人们对接受脑死亡为充足的死亡标准，及对由死者移植器官至活者有根深蒂固的抵抗。

在欧美国家，由脑死者移植器官的技术好像没有太大的道德阻力。从脑死者"收割"器官是一件好事，而不是一个道德争议话题。这当然有例外。1974 年，著名德国哲学家汉斯·约纳斯（Hans Jonas）批评哈佛委员会对脑死亡的重新定义。他对社会认可谋杀的危险发出警告，又揭露从所谓尸体移植器官观念背后潜在的功利主义。他的训诫在北美国家很少受到注意，但在日本，得到了广泛理解及认真对待。根据威廉·拉弗洛尔（William LaFleur）观察，从 1980 年代至 1990 年代的激烈辩论可见，约纳斯的观点跟日本脑死亡批判者的观点有相当明显的一致性。直至最近，其著作在日本被广泛研究的功利主义哲学家彼得·辛格（Peter Singer），也对将死亡定义为大脑事件的后果提出了疑问。

在日本发生抵抗的部分原因是偶然的。1968年，札幌医科大学的和田武雄进行了日本首例心脏移植。他因为对捐赠者之死的可疑判断而受到严厉抨击，又被指控从事非法人体实验。此案引起了公众对医疗技术无节制发展的强烈抗议，也激起了支持或反对脑死亡及器官移植的辩论。但人们的情绪比事件来得深刻。由1980年代中期起，在厚生省特设委员会提出了脑死亡标准，及日本移植学会坚持器官移植的授权需要后，很多具有影响力的记者及学者纷纷出来，质疑把人死亡跟脑死亡相等同。这些批判者没有占上风，而评论最终获得接纳。然而，这些辩论值得我们进一步研究，我们需要反思被忽略的、与日本文化所涉及原则的普世适用性层面。

关于生命、死亡及身体的文化假设

对一些日本器官移植的批评者而言，移植技术的哲学假设有异于日本传统的生死观念。在脑死亡争议初期，科学史学家米本昌平率先指出"文化因素"的重要性。他认为，机械世界观为主的西方国家能视人体为一个物体，其器官是在需要时可更换的机械部件：

> 在器官移植及脑死亡的案件中，引起怀疑的是支持论证逻辑的现代科学框架。例如美国的《统一遗体捐赠法》（*Uniform Anatomical Gift Act*）是为捐赠器官而立的法律，有时会像提到"备用零件手术"般谈及移植器官。这反映了西方对人体的机械观看法，器官是可以替换的零件。相对地，日本人趋向于相信个人特性是与身体整体同在的。

一个日本母亲捐赠了脑死亡孩子的肝脏后感叹："我不觉得我的小孩死了，他依然是健康地活在另一个人体内。"在西方国家，这种说法会被归类为例外，只会被视为诗意化的人类行为，但在日本的移植手术中则是自我说服的逻辑。可能令人惊讶，但这大概是在日本推广器官移植的

要诀。(米本昌平1985,200)

人气评论者梅原猛加入了文化抵抗运动。最初,他以脑死亡首相特别委员会一员的身份提倡主流意见,表示支持将死亡重新界定为脑死亡,但他对此说法的怀疑日渐增加。梅原在一篇评论文章中指出,脑死者进行器官移植技术背后的哲学假设是实用主义及笛卡尔的身心二元论。他辩说更改死亡定义显示了促进器官移植的更多实用动机。跟约纳斯的评论一致,他坚持这些忧虑不应超越死亡标准的历史传统。但在西方思维方式的潜在笛卡尔主义下,他的论据是:

> 笛卡尔相信物质世界的发展不是由某种精神推动的,而是某种可以数学及物理定律进行分析的机械性发展。现代医学就是从这种笛卡尔原理开始的。内科医学分析人体的机械定律,确认病因及用药物或疗法去治疗;外科医学用切除病灶修复称为"身体"的机械的部件功能。如果外科医学被称为现代医学的皇冠珠宝,器官移植,即人和人之间的器官互换,则是由笛卡尔主义开始的必然结论。因此,笛卡尔哲学为移植及脑死亡辩解。移植是现代医学根源及光辉顶点之人体机械观念最清楚的标示。再者,如果思考是最与众不同的人类活动,脑死者完全失去思考能力,明显可被视作死亡。笛卡尔哲学就似一堵雄伟的墙,隔绝脑死亡不是死亡这简单常识。
>
> 现代欧洲社会催生的科学视自然为客观的东西。科学知识的有效性在于其控制自然的应用技术。现代医学的技术发展一直倾向于这种优先选择,或偏见。从极端角度看,这是实用主义的思维模式。真相的客观性不再是问题;唯一重要的是结果。运用这种观念,死亡或决定于心脏衰竭或决定于大脑衰竭,但以大脑作为指标因方便器官移植及促进医学发展而较可取。
>
> 归根究底,将脑死亡等同于死亡,理论上就是否认了没有思考能力的生命的存在,亦有效地排除了动物及植物的生命存在。这是否意味着植物根本就是单纯地没有大脑皮层而以脑死亡状态存在的生物?对生命的敬畏必须成为新哲学的原则,但我害怕那些为了移植而宣传脑死亡的人缺少这种敬畏。

显然，只批判笛卡尔是不够的。在某个时点，我会对自己进行彻底的批判，但由于讨论点为脑死亡，以西方常识作基础的笛卡尔哲学在生命课题上存有严重缺陷。毋庸置疑，它促成了现今世界的成就，但要克服我们眼前面对的危机，我们需要坚持克服推动自然世界毁灭的哲学二元论，也要坚持脑死亡不一定等同死亡。（梅原猛1992，223-4，228）

梅原认为，日本文化观建基于神道教及日本佛教的万物有灵论，生命渗透于自然世界的整体，包括人体。他主张日本的"生命"哲学应当成为抵挡现代技术文明不受控发展的壁垒。作为神道学者及神道教神学倡导者的上田贤治，在几年前也提出过相似的主张。

文化人类学家波平惠美子指出，传统日本人的身体观，强调日语中"遗体"及纯粹的"尸体"之间有明确的区分。后者指的是没有生命的物体，而前者保留了死者和其他人，尤其是跟其直系亲属的一定程度上的个人关系。因此，她引出了一个普遍可见的习俗：家庭成员采集遭到灾难或严重事故而被破坏的家人尸骸：

遗体没有真正表达自己意愿的能力，但对生者而言，他们曾有愿望、欲望，以及他们应有的权利。一具"遗体"跟"尸体"的区别在于其跟生者的关系。逝者的朋友及亲属的失落感和怀念并不是全部。对生者而言，逝者似乎希望恢复"遗体"的形态。

在现今日本，很难找到器官捐献者的原因是很明显的。确认死亡的程序取决于亲属及家人的肯定，故此最佳方法是得到直系或尽量亲近的亲属的认可。一方面，很多潜在捐赠者在意外中突然死亡，在脑死亡及器官死亡之间的时间太短，未能聚集家人作决定。另一方面，人们相信"遗体"的状态会影响逝者灵魂的安否，而这一信念又跟祖先信念连在一起，逝者的安否会影响在生亲属。故此，日本人不喜欢在尸体上添加伤口的想法。（波平惠美子1990，51，66）

许多日本人会因为近亲的遗体被视为"对象"并加以处理、分解或弃置而不安，因为他们对遗体依然感受到某种个人联系。交放所有控制权予移植技术的想法在情感上和文化上都是令人反感的。这种依恋也正反映在日语中"佛"的独特用法，即尸体或死者。这种用法反映了日本人对逝者的特殊依恋，不论在火化和葬礼之前或之后。

脑死亡及人际关系

反对脑死亡的其他争议均基于人类的关系观。我们尝试揭露脑死亡观念背后个人主义的偏见：把死亡归纳为仅是死者的事。在日本人的文化中，死亡被视作广义人际关系领域的事，而家人则在其中饰演重要的角色。

例如，记者中岛美智搜集了大量家属对于脑死亡的感受的资料，跟心脏死亡的案例作对比：

> 当亲人逝去，心脏衰竭令皮肤变冷的实时现象是很明确的一回事。死者身体渐渐冷却僵硬，给予亲人一种生命无法挽回的感觉。这是很明显的、大众所公认的死亡，故此在社会、文化及法律层面上都必须认真对待。在脑死亡的案例中，则没有这种死亡的感觉。

> 尽管器官能为他人所用，对比火化成灰更有意义。但是，当你想象自己的小孩早上还在精神奕奕地满屋跑，却被汽车撞倒，然后被宣告脑死亡。你站在孩子的床边，孩子皮肤还有体温。你会否真的思考孩子将会在此种情况下变成灰烬？把本可成灰的东西转化为对某人身体的有用资源，是一个对象的概念。这种智能化是否只是增强了脑死亡人体是对象的真实化？（中岛美智1992，274，276）

中岛批判脑死亡是"无形的"，因为它否定了家人在承认死亡中的角色。为此，她尝试引起人们对死亡的关系环境的关注。其他人则以此进行更深入的理论研究。生命伦理学家森冈正博就是其中一员。他主张把脑死亡理解为人际关系的现象：

> 我偏向说脑死亡是人与人之间关系的轨迹，其中心点是"大脑已经

停止运作的人"。脑死亡不只是特定人物脑内发生的事；它发生在此人周围的人际关系中。我们需要探究"脑死亡的轨迹"。换言之，在人与人之间的联系中寻求脑死亡的精髓。其中一项就是为"大脑已经停止运作的人"进行大脑检查，即医生眼中的脑死亡。（森冈正博1989，9）

著名精神科学家和哲学家木村敏以将个人置于人际关系（后来扩展至包括一般生物）中的"中间性"分析而广为人知，其思想亦受和辻哲郎的影响，他提出了两个论点：一是对"使用"身体的道德观念的怀疑，二是对假设脑死亡是个人事情的怀疑。

> 从一开始我就明确反对以脑死亡作前提使用器官移植的概念。理由很简单，为了达到其他目的而等待一个人死亡，在道德上是不能接受的。
>
> 尤其是在直系亲属或非常亲密的朋友死亡的情况下，鉴于一个真实的人从他们之间消失的客观事实，死者身处其中的团体的每一个成员都需要完成一定程度的内在"哀悼过程"，而这个过程需要相当的时间。为了促成这个哀悼过程，团体会举行某些具有神奇意义的正式仪式。
>
> 赞成脑死亡的论点忽略了死亡不仅是某个死者的事情。又或者，生命和"生存"必须包括死亡并不是个别"生物"的事情。
>
> 只根据医学和自然科学理论将"脑死亡"定义为"一个人的死亡"，再以这个定义为基础去决定"死亡时刻"，就可以进行从"尸体"上拿去器官的手术。对死者身边的人而言，这种强行诱发的死亡不正是暴力、不自然、跟谋杀无分别的事件吗？（木村敏1992，274，276-8，284）

受到木村启发的科学史学家小松美彦，将"共鸣死亡"的概念引入脑死亡争议。小松曾提及中世纪菲利普·阿里斯（Philippe Aries）研究过的"驯服的死亡"，和普鲁斯特（Proust）用"亲密的缺席"形容死亡。他写道：

> 在西方中世纪，我们所见的死亡概念并不集中在死亡点上，而是在时间流上，其影响范围可以扩大至其他人。故此，死亡不只是归纳为死亡事件。人们跟死者以某种联系生活过。就像一条振动的弦线引起了一

连串的共鸣以发出一个声音，一个人的死亡就是跟身边的人分享了一次死亡。现今"限于个人的死亡"被归类为死亡事件及被认为仅属于面临死亡的人，跟"共鸣死亡"在本质上是完全不同的。

　　死亡尚未被医学篡改。从历史角度看，死亡本来就不是我们自身拥有的东西。相反，医学引生了一种新的死亡，并将其移植至我们的体内。"决定自己死亡的权利"打破了死亡维持的共鸣联系，从而独特死亡使垂死者的独特性与其他人的独特性之间的关系失去主体；死亡被吞噬成一种无机普通的死亡。（小松美彦1996，180-1，205，221）

日本"临床哲学"倡导者鹫田清一认为器官移植技术是"生命商业化"的直接结果，会风行现代社会及将人体视为私有财产：

　　死亡不是失去一个人的"疏离"，而是一段关系的逝去。一个人被紧紧封闭在虚构的身体内，阻碍了通往其他身体的通道……跟其他身体的"身体间的关系"是否存在于那个身体内？这个跟自己直接且内在的关系，"在我身体内"，是否从一开始就不可能？这些不只是生命的问题，也是死亡的问题。

　　究竟把器官移植看作身体部位的交换还是存在的交换，这个问题仍没有解决方案。起码我们可以质疑一个想法：把身体视为属于某人的"财产"，因为财产是可转让的。这个主意被用来为"脑死亡"之后的器官移植辩护。（鹫田清一1998，90，105）

和辻哲郎最后的入室弟子，比较哲学家汤浅泰雄不仅研究了器官移植背后的笛卡尔前设，更指出美国生命伦理学的功利主义倾向。他建议以"之间关系论"的伦理作补充，去维护死亡事件的人际方面：

　　把严格的法律术语放下不谈，当代医学技术将脑死亡定义为类死亡，再将尸体当作"物质"。在不违背道德的情况下，任何事都可以做，这一想法大概是当代生命伦理学的基础。它基于一个观点：人体器官就像汽车零件，其功能可以器官的组装作解释。换言之，器官移植就跟循环再用的技术一样，把废车中可用的零件取出重用。在今日的美国，尝试处理可再用的器官及其他身体部位是一门正在增长的生意。相反，接受了心脏移植的病人最近开始抱怨看到捐赠者的异象，亦引起了人们对接受移植者的性格及气质承接案例的关注。

当前医学伦理面对的最严重的意识形态问题是如何思考"死亡"。在器官移植的术语背后的假说是，"死亡"本身是无意义的。一个捐赠者的尸体就像其他对象，其中并没留有人类特质。这种概念的前设是死亡对人类而言是无意义的事件。对科学而言，"死亡"可能是一个空洞的概念，但人类对此的反思才是最重要的。

人们会谈到人类死亡的意义，这是我们至亲的某人逝去而诱发我们对这个问题深思的经验。例如，在交通意外中的第三者死亡数字一般不会影响到我们。但当我们经历跟我们分享过生活的人，如孩子、配偶或者终生朋友的死亡，我们被迫去思考这些人的生命的意义……现代哲学始于第一人的自我意识。如果我们视此理论为绝对，被视作第三者的"其他人"本质上就是客观的、物质性的事物；只有"我"被认为是一个人。如果一个人以此逻辑去作结论，一个人的死亡终归只不过是"另一个人"的死亡而已，不值得去考虑自己跟一个人死亡的联系。当说到死亡，说这是现在医学治疗背后的想法是否太过分呢？（汤浅泰雄2001，63-4，67）

上述的意见领袖致力于把人际关系层面带入脑死亡的辩论。的确，森冈正博就是其中一个声称日本人对死亡有特别态度的学者，他们的家庭感不会因为对垂死家人庇护、优先的情绪而减少。为此，他提出了所谓"人际关系主导处理脑死亡"作为日本辩论的永久特征。

因此，日本脑死亡争议的主要人物集中讨论两个方面：生命、死亡和身体的形而上学观点，及垂死者与直系亲属和朋友的关系。日本参与者为辩论带来了不同的背景及传统，有助于揭示脑死亡及器官移植背后假设的文化特殊特质，进而有助于西方学者反思问题的隐藏复杂性。

把"日本生命伦理学"置于其境

坚持上述生命伦理学观点的所有要素都为日本独有，是单纯且具有误导性的。一方面，日本人的思想远非单一。概括声称"日本人是万物有灵论者和关系主导者"是一种文化本质主义，它忽略了日本人多样性的种种证据。事实上，当今有相当数量的日本人已经适应了伴随着西方文化传入的个人主义价值观。在生命伦理学中，个人主义原则也得到了职业伦理学家和广大公众相当多的同情。可以说，日本社会的主流倾向是接受医疗技术的进步，而不是拒绝。如果以前"西方人说是，日本人说不"的说法是准确的，现在也肯定不再如此。

另一方面，强调日本生命伦理学的"独特性"很容易导致某些圈子中缠绕不断的民族主义思潮激增。不可否认的事实是，与许多现代文明一样，生命伦理学和生物医学不是本土产生的，而是源于"无"：日本人应该争取自己的立场与欧洲和美国不同的事实。这种"通过文化因素争论"，森冈指出，封闭的民族主义情绪只会分散伦理辩论中的必要的认真和理性思考。相反，承认国家及其公民的文化多样性有助于保持辩论的开放性，避免盲目接受和盲目拒绝的双重陷阱。

文化本质主义从两个方面阻碍生命伦理学思想的交流互鉴。一方面，它令人无视世界其他地方在生命伦理学讨论中取得的成就。在这方面，日本仍然受害于许多不利于患者的医疗公约——其中包括医师的专制和家长式态度——可以受益于外国拥护的自决民主和自治价值观之认真讨论。对每个问题都产生"日本人"生命伦理学的关注，只会阻碍需要改进的进展。

另一方面，如果将日本的生命伦理学讨论减少到仅为"全球"现象增加本地风气，那么整个生命伦理学也是失败的。被"全球标准"掩盖的偏见程度可能是巨大的，这既是因为它给予控制标准的主导文化特权，又因为它制造的印象，可以在没有充分注意所有特殊性的情况下伪造普遍道德。在某种程度上，日本和西方没有相互学习，生命伦理在这一鸿沟的两面都受到了影响。要采取下一步行动，可以说日本尚未从其邻近的亚洲文化及其伦理传统中学到什么。

话虽如此，尽管梅原他们的观点因其民族主义倾向受到批评，但它确实以工具性和机械性思维方式对现代技术文明进行了必要和激进的批判。这种批判也不能脱离日本人固有的非西方思想传统，因而可在其中发现更多问题并为之担忧。

至于死亡的关系方面，我们没有必要诉诸日本坚持人类需要个人和人际关系层面才是完整的传统价值观。相反，日本人在这一点上的坚持，促使西方伦理学家扭转个人主义伦理学与生物医学技术的结合被贬低的趋势。我们不应忽视一个事实：不少对脑死亡的批评来源于非日本人的启发。例如，小松从欧洲中世纪的历史发展了他的"共鸣死亡"的概念，而鹫田受法国哲学家Gabriel Marcel 和 Maurice Merleau-Ponty 的启发。他们都没有依靠日本传统的思想家。

同时，类似日本的东亚社会的关系伦理学，也可以引起本土文化领域之外的关注。哲学家今道友信多年来一直从事全球价值体系的辩论，他赞同将传统西方个人主义伦理学方法与东亚文化较为集体主义的方法进行融合：

> 在20世纪下半叶的现代人类生活领域中，出现了许多不能以自然社会建立的传统伦理来解读的伦理现象。例如，在传统伦理学中，人们一直认为个人身份比集体身份更高，更重要。
>
> 在技术社会中，决策的主题通常不是个人，而是委员会。因此，在技术伦理学中，我们必须根据其决策权力考虑委员会的道德含义和本体结构。这是后文化社会的新层面，我们必须考虑这种集体身份的责任主题是什么。身份的主题必须根据这最现代的意识问题来发展。
>
> 东方集体主义形式固有的道德风险之一，是个人道德的心理表象。取代自我主义的危害，东方也"迎接到"了诺斯主义的危害，即寻找群体的利益。这对于团队合作非常有效，但前提是要击败另一个团队。而且，东方集体认同的原则是家庭主义，有倾向于民族主义的危险。但是，这不是原始的集体主义。在这种集体主义下，个性是被一种相同的意识形态所支配的。它是一种功能性的集体主义，也就是说，它没有被成员的意识形态或宗教信仰束缚；重要的只是成员对组织贡献的能力。因此，这里没有精神身份，但是具备有效的功能身份。（今道友信1998，14-5，17）

作为一个发达的国家,人们享受包括生物医学在内的现代经济和技术进步的成果,日本无法回避这种进步遗留下来的严重伦理问题。在努力向讨论中引入"非西方"响应的同时,日本生命伦理学家正在开启具有广泛影响的跨文化对话。为此,尽管依然要继续吸收外国的理论,日本生命伦理学也需要利用自身的哲学资源。

延伸阅读

Hurst, G. Cameron iii, "Death, Honor, and Loyalty: The Bushidō Ideal," *Philosophy East and West* 40/4 (1990): 511-27.

Kimura, Rihito, "Medical Ethics: Contemporary Japan," in *Encyclopedia of Bioethics* (New York: Macmillan Reference, 2004, 3rd edition), 1706-14.

LaFleur, William, "The Afterlife of the Corpse: How Popular Concerns Impact upon Bioethical Debates in Japan," in Susanne Formanek and William La Fleur, eds., *Practicing the Afterlife: Perspectives From Japan* (Vienna: Verlag derösterreichischen Akademie der Wissenschaft, 2004), 485-504.

LaFleur, William, Gernot Böhme, and Susumu Shimazono, eds., *Dark Medicine: Rationalizing Unethical Medical Research* (Bloomington: Indiana University Press, 2007).

Morioka, Masahiro, "Reconsidering Brain Death: A Lesson from Japan's Fifteen Years Experience," *Hastings Center Report* 31, 4: 41-6.

Steineck, Christian, "Der Leib als Eigentum: bioethische Debatte und aktuelle Rechtsentwicklung in Japan," in C. Steineck and O. Döring, eds., *Kultur und Bioethik. Eigentum am eigenen Körper* (Baden-Baden: Nomos, 2008), 86-99.

——. *Der Leib in der japanischen Bioethik* (Würzburg: Königshausen und Neumann, 2007).

[HY]

(钟绮雯译)

参考资料

词汇表

下面的词汇表只包括那些不是标准的西方哲学术语而直接由日语翻译的技术术语。这些术语在每一章中首次出现时，都在文中用括号（）标出。除非另有说明，外国术语是日语。括号内的数字指的是有关术语出现的页面。许多术语在不同的传统和时期有多种用法。这里的定义仅限于与《资料集》所选术语的使用最相关的含义。①

absolute nothingness 绝对无（J. *zettai mu*）→ nothingness

Amaterasu 天照。神道教万神殿中的太阳女神，被认为是日本皇室的祖先。

Amida 阿弥陀（S. Amitābha, Amitāyus）。一位与西方极乐净土有关的特殊菩萨。

Amitābha → Amida

Avalokiteśvara → Kannon

birth-and-death → samsara

bodhi-mind 菩提心（S. bodhicitta, J. bodaishin）。对菩提或觉悟的渴望。

bodhisattva 菩萨（J. bosatsu）。渴望获得菩提或开悟的人。在日本的大乘佛教中，指任何相信大乘经文并修习其中所述修行方法的佛教徒。它也指天人，他们对苦难众生的慈悲使其成为大乘佛教虔诚、沉思和祈求的对象。

body-mind 身心（J. shinjin）。人类个体作为一个整体，是身体和精神的统一体。

明德（J. meitoku）。有时也被称为"明德"，这是康熙年间的一个术语，指的是德行灿烂地展示给所有人看。在政治上，也用于表现那种不仅可以超

---

① 本词汇表依照英文版的次序（英文字母顺序）译出，页数不翻译。——译者注

越自我，而且可以超越社会和整个世界的美德的意义。

bright virtue 明德（J. meitoku）。有时也称为"明德"，是儒家的一个术语。指美德灿烂地展现在众人面前。在政治上也被用于表现那种不仅能改变自我，还能改变社会和整个世界的美德。

buddha-dharma → Buddha's truth

Buddhahood. 菩萨所达到的觉醒状态，或以菩萨为例。它表示道路的完成，并被用作完全开悟的同义词。

buddha-mind 仏心（J. busshin）。在禅宗中，一个人的本性或开悟的状态。

buddha-nature 仏性（J. busshō）。成佛的潜力；成佛的种子是先天存在的。

Buddha's teachings → Buddha's truth

Buddha's truth 仏法（J. buppō）。字面意思是，佛法。这个词指的是佛陀的教义，与其他大师的教义相对应，有时也被用来指代整个佛教。也常用来代表生活和感知现实的真正方式。

bushidō 武士道。一个经常被不合时宜地用来表示武士或战士之道的术语。

compassion 慈悲（S. karuna, J. jihi）。佛教的美德，使人倾向于解救他人。通常与 prajña 或智慧配对。严格来说，它是"四无量心"（S. catvāri apramānāni, J. shimuryōshin, J. 四无量心）中的第二种：慈（S. maitrī, J. ji），悲（S. karunā, J. hi），喜（S. muditā, J. ki 喜），和舍（detached impartiality（S. upeksā, J. sha）。

Consciousness-only → Yogācāra

cultivation 修行（J. shugyō）。修行是一组术语之一，也可以转化为"实践"，即通过身体参与和精神关注的方式进行学习的活动。密切相关的术语包括行和稽古。

daimoku 题目。一篇文章的标题。在日莲佛教中，它指的是对《法华经》名称的赞颂，读作 namu-myōhōrenge-kyō。

daimyō 大名。近代早期日本正宫的附庸，以领主身份统治一个世袭领地。

Dainichi 大日如来（S. Mahāvairocana）。大日如来，深奥教义的阐释者，其身体被认为是整个宇宙。是真言宗的核心佛陀。

dependent origination → pratītya-samutpāda

dhāranī 总持（J. darani）。梵文佛教术语，指记忆性的咒语，通常是佛经中的短语，其声音被认为是产生各种理想效果的有力手段，从保护人们免受毒蛇的攻击到帮助人们集中注意力以达到三摩地（samādhi）。

dharma 法（J. darani）。在梵文中，一般指人类行为的规范或标准；因此译为法律。在印度，它也被用来描述一个公认的权威的宗教或哲学教义。在佛教中，具体而言，它指的是佛陀所教导的真理；另外，根据上下文，它也可以指现象、事物或现实的组成部分。（同上）

dharma-body 法身/dharma-Buddha 法佛（S. dharmakāya，J. hosshin/hōbutsu）。大乘佛教认为，真理的本质是不存在的，而是"体现"在菩萨的教义中。这种观念后来在某些学派中演变为包括真理或现实的概念，即体现在大日如来的宇宙菩萨的形式中。

dharmadhātu 法界（J. hokkai）。梵文佛教术语，指现实领域，有时指时间、空间和所有现象的物理宇宙，因此相当于"现象界"。它也可以指只有开悟的人或菩萨知道的现实。这是《华严经》中的典型修辞。→ dhatu。

Dharmākara 法藏（J. Hōzō）。在净土传统的神话中，通过刻苦修行而成为阿弥陀佛的僧人的名字。阿弥陀佛的救世誓愿是由达摩祖师所发，作为对未来的承诺，但由阿弥陀佛在现在颁布。

dharma-nature → dharmatā

dharma realm → dharmadhātu

dharmatā 法性·法尔（J. hosshō，hōni）。字面意思是"法"或"佛法"。这是一个佛教术语，指的是真正的现实，通常是指具体现象。

dhātu 界（J. kai）。梵文佛教术语，意为境界，也译为世界、元素或神圣的地方。

dhyana 禅·禅定（J. zenjō）。在印度佛教中是一种通过禅修达到的恍惚状态，在中国和日本佛教中是各种禅修的总称。禅宗的中文名称"禅"，是由禅那的中文音译而来，发音为 chan-na。

Dutch studies 兰学（J. rangaku）。江户或德川时代（1600—1868）对西方学科、语言和物质文化的研究。之所以称为兰学，是因为荷兰人是这一时期西方文化的主要传播者，而且荷兰语是最常学习的语言。

empty, emptiness 空，虚空（śūnya，śūnyatā；J. kū）。大乘教义认为，所有众生都是空的，或缺乏永久、独立的存在或实质性的自性。与汉字"天空"

的形象一致，故用它来表示梵文术语。空这个词经常被用作佛教意义上的"无"的变体。

Enlightenment, the 文明开化（J. *bunmei kaika*）。明治初期（1868—1912）日本知识分子和政府官员的运动，推动了现代化，推进行了采用西方价值观、习俗和军事政策。

Expedient means 方便（S. *upāya*，J. *hōben*）。佛陀根据听众的不同能力而采取的巧妙的教学手段。许多大乘经文中的一个重要主题。

filial piety 孝（J. *kō*）. 子女应该向父母表达的那种尊重和爱。对许多儒者来说，这是德行和伦理关系的开端。

final stage of the dharma → mappō

five constant virtues 五常德（J. *gojō toku*）。在儒家传统中，指的是仁、义、礼、智、信的美德。

five relations, five relationships 五伦（J. *gorin*）。在儒家传统中，要保持和谐的五种基本关系：君臣之间、父子之间、夫妻之间、兄长和弟弟之间、朋友和朋友之间。

Flower Garland Sutra → Kegon 华严

Fudō Myōō 不动明王（S. *Acalanātha*）。火和智慧之神，愤怒的邪恶之敌；是密宗佛教中备受崇敬的主要保护者之一。

gatha 偈·伽陀（J. *ge*, *kada*）。诗句，通常用于重述散文经文的某一章节。

generative force → ki

gods → kami

(go) honzon（ご）本尊。佛教祭坛上的中心崇敬对象。在日莲传统中，这个术语特指日莲本人在木头或纸上绘制的曼陀罗，代表宇宙及其神秘法则。

great matter 一大事（J. *ichi daiji*）。菩萨出现在世上的最终原因：使众生觉醒。在禅宗中，指最重要的生死大事，应该成为修行者努力的重点。在净土法门中，它表示死亡和超越。

Great Vehicle → Mahayana

heart (*kokoro*) → mind

Hinayana 小乘（J. *shōjō*）。与大乘相比，小乘作为一个贬义词，指所有拒绝承认大乘法的合法性的佛教流派。

Hossō 法相。瑜伽行派的日本分支，其名称来自对知觉特征的分析。在日本，该学派还以发展逻辑和正式辩论的技术而闻名。

Huayan → Kegon

humaneness 仁（J. *jin*）。儒家的同理心美德，强调把别人当作自己来考虑。徂徕更多的是从政治和功利角度来定义仁，把它作为统治者的美德，为所有人提供繁荣和稳定。

iki いき・粋。江户时代城市文化的审美理想，即在衣着和行为方面具有微妙的感性美。いき 是九鬼周造的一个关键概念，他将其定义为一种超脱但仍然大胆的娇媚，并认为这是日本文化与西方文化差异的标志。

Indra's net 因陀罗网（J. *Indara mō*）。《华严经》中关于现实性质的一个比喻。在这个比喻中，覆盖宇宙的网的每个间隙中的宝石不仅反映了整个宇宙，而且还反映了网中的每个其他宝石，因此每个反射的图像包含了所有其他的反射，形成了一个无限的系列。这是对众生相互联系的比喻。

Inverse correlation 逆对应（J. *gyaku taiō*）。西田几多郎哲学中的一个术语，表示作为绝对存在的上帝与相对的、有限的自我之间的自我否定方式；一种绝对矛盾的自我认同，但不是一种对称的关系。

Investigation of all things 格物（J. *kakubutsu*，C. *gewu*）。这个术语反映了朱熹和后来的新儒家对通过理解原理和组成它们的 *ziZ* 来理解人性和整个世界的现实的强调。这一概念培养了一种对世界的准科学方法，有助于接受新儒家思想教育的日本人接受西方科学及其对人类和物质世界的方法。

jōri 条理。在三浦梅园的思想中，这是一个独特而复杂的对立系统，旨在以一种比通常的阴阳二分法更令人信服的方式来捕捉现实的语言和形而上学结构。整体性是在对立面中看到统一性。

kalpa 劫。在印度神话中，一个极长的时间段。

kami 神。这个词在两个不同的意义上使用，但相互重叠。首先，它指的是各种神灵或上帝，包括从宇宙层面的高级生命到地方精神。神的领域无法分类，但重要的变体包括古典神话中的神（如《古事记》和《日本书纪》中的神）、神社中的神、对人类有害的愤怒的神，以及已故祖先或英雄的灵魂。第二个更抽象的意义是指在世界或人心中发现的神圣本质。这种神的本质不仅被神道思想家，而且被佛教徒和新儒家不同程度地概念化了。

Kannon 观音（C. *Guanyin*，S.）。观世音菩萨的简称，是慈悲的菩萨，其名字的意思是"感知世界上苦难众生的声音"。观世音菩萨的名字是"观世音菩萨"。对观音的崇拜在亚洲是最普遍的，它不是以历史人物为基础的，而是代表着某种宗教理念，成为人们崇敬和祈祷的对象。

karma 业（J. *gō*）。行动。在佛教中，精神、语言和身体行为的力量，会产生道德上的好的、坏的或中性的影响，并导致在三摩地的重生。

kata 型。一般来说，"型"是指风格的模式（如和歌）或行动和运动的模式（如戏剧艺术、武术以及传统的茶道、花道等"方式"）。一个"型"是一个特定动作或行为的典范或缩影。

Kegon 华严（C. *Huayan*）。源自中国的佛教流派，以《华严经》（又称《华严经》、《起信论》或《华严经》）为经典基础，以其对万物相互联系的宏大论述而闻名。与天台宗一起，它们被认为是中国佛教的两大哲学传统之一。传到日本后，它是奈良佛教的六大流派之一，总部设在东大寺。

ki 气（C. *qi*）。生成的力量，是存在于无止境的变化过程中的转化物。

kōan 公案（C. *gong'an*）。一个问题或一段话，通常来自禅宗文本，用来测试修行者的经验深度，修行者必须向禅师提出他们的答案或理解。

Kojiki《古事记》《古事记》是日本现存最古老的记录，其成书时间可以追溯到大约 712 年。它以一种混合语言书写，是用日语书写的最古老的文本。

kokoro → mind

kokutai 国体。字面意思是，"国家的主体或本质"。这个词在 18 世纪末开始使用，作为日本皇室政体的名称，有时也作为天皇本人的称号。在整个现代时期，政治思想家们提供了各种解释，一些人声称这是一种神圣的统治形式，必然是日本独有的；另一些人则建议将其解释为一种类似于君主立宪制、民主制或共产主义的政体，这种解释至少在理论上不需要将其与任何一个国家如日本有具体联系。

koto こと・事・言。一个术语，意义非常广泛，可以指事物、事件、事态，甚至词语（言叶）；在哲学上，可以表示主观名称和客观事物之间，以及感觉和所指之间的差异背后的无差别。有时与物或世界上的外部物体意义上的事物形成对比。

kotodama 言灵。字面意思是词语的精神，认为本土语言在其发声中蕴含

着一种神圣的力量，可以表现事物并影响世界上所有事物的进程。

kū → emptiness

latter day of the Law → *mappō*

learning 学（J. *gaku*）。一个具有广泛含义的儒家术语，可以指学习、教育以及一套特定的教义，或与某一教义或哲学家相关的哲学流派。学是学习和研究，是自我修养和完善以成为圣人的主要手段。通过学习，人们可以保持他们原有的人性，如果失去了，也可以恢复它。

Lord above 上帝（C. *Shangdi*, J. *Jōtei*）。中国古代商朝的最高神灵。或把这个词作为天堂的等同物，或把它拟人化地理解为古代五位圣人的精神，这些都不是一些新儒家喜欢的理性主义解释。

Mahāvairocana → Dainichi

Mahayana 大乘（Mahāyāna, J. *daijō*）。自称是佛教中的"上乘之道"，从克什米尔传到中国和日本，强调菩萨修行、众生觉悟、信仰、涅槃和生死不分离、空性，使用象征性的真理和理解的代表。与它所称的小乘形成鲜明对比。在日本，所有主要的佛教流派和哲学发展都源于大乘。

Maitreya 弥勒（J. *Miroku*）。未来的菩萨，被预测为当菩提教从我们所知的世界上完全消失时出现。

Man'yōshū《万叶集》。日本最早的诗歌集，由7世纪初至8世纪中叶创作的和歌，以及一些中文诗歌和其他中文短文组成。

mappō 末法。佛法的最后时代，指的是在教义消失之前佛教在世界上的最后时代；源于一些经文对宗教信仰和实践的历史性衰落的预测，因此也包含对社会的预测。

mean 中（J. *chū*）。起源于中国古代的"中庸之道"；在新儒家思想中，指一个人在感情出现之前的心态。对奥尤·索拉伊来说，孝、敬、忠、中的简单美德，对任何人来说都不会太崇高或太简单。

merit transfer → transference of merit

Middle way, middle（1）中道（J. *chūdō*）。一个一般的佛教术语，表示节制，用于各种场合，如拒绝自我折磨或自我放纵的极端，道德后果的极端是不可改变的或虚幻的，等等。（2）《中论》（J. *chūron*）的教导。即现象不能被定义为存在或不存在，停止或永久存在，同一性或多样性等类别。（3）中

(J. *chū*)。天台宗中这一概念是在描述现象为空和临时或暂时的中间。

Mind 心灵・こころ・心（J. kokoro, shin）。在日本本土的意义上，kokoro 是认知、情感、想象和食欲能力的一个综合术语，或者说，是它们发挥作用的反应领域。因此，它有时被翻译为"心"。心这个汉字在中国也被用来翻译佛教梵文术语 citta，在这里被翻译为"心""思想""意识"或"心与心"，后者强调的是情感方面。儒家特别将其视为人类的积极能力，使人们能够了解自己，并在认知和情感上与人类社会和世界中表现出来的道相融合。（同上）

moment of thought → thought-moment

mono no aware 物哀 もののあはれ。广义上讲，是指对事物的感觉或悲怆，是平安时代（794—1185）宫廷文化中培养的一种理想，并由本居宣长倡导以表达对自然和人类事物的短暂之美的深刻认识。

Mt Sumeru 须弥山（J. *Shumisen*）。在印度的宇宙论中，矗立在这个世界中心的山，有时被用来代表无数个世界的中心。象征广大宇宙的中心，佛陀可以在其中出现。

mu 无 → nothingness

namu-Amida-Butsu 南无阿弥陀佛 ——> *nenbutsu*

namu-myōhō-rengekyō 南无妙法莲华经。称颂归依《法华经》的标题，这是日莲佛教的主要修行方法，被认为能唤起《法华经》教学的精髓，特别是在一个堕落的时代，能引导人走向佛道。→ *mappō*

nenbutsu 念佛。称念阿弥陀佛的名号，既是口头上的表达，也是精神上的集中，修行的目的是往生净土；是南无阿弥陀佛。

Nihon shoki《日本书纪》（或 *Nihongi*《日本纪》）。日本的编年史可以追溯到大约 720 年，完全用中文编写，被认为是官方的、经法院批准的记录，描述了从神的神话时代到 8 世纪吉藤皇后统治时期的事件。

nirvāna 涅槃（J. *nehan*）。脱离痛苦或三摩地；佛教信仰和实践的最终目标，有时等同于开悟或觉醒。

Nō 能。一种戏剧艺术形式，以仪式性的动作和庄严的音乐为特征，演员在其中扮演人类世界和超自然现象之间的中介角色。

no-mind 无心（J. *mushin*）。在佛教中，特别是在禅宗中，指没有抓取或欲望的意识的质量或状态，其中积极的思想不再运作。

nonfinite 无极（J. *mukyoku*）。一个新儒家术语，也被翻译为"无极"，意思是"非存在的终极，但也是最高的终极"。在其积极的意义上，"无极"指的是在创造性转化的世界中潜在的无限来源。

not-doing 无为（C. *wu-wei*，J. *mui*）。通常被认为是道家的概念。在儒家的用法中，它的意思是不需要做任何可能会违背与他人的道德关系的事情。在佛教文献中，最主要的是在禅宗文献中，这个词指的是一种不受限制的、无拘无束的自发性或创造性，它显示了开明的能力，以一种不强迫的甚至不费力的方式来处理事情。

nothingness 无（J. *mu*）。在佛教中，无可以指事物的不存在，或指事物中没有自我实体的现实。京都学派的哲学家们通常在七种不同的意义上使用"绝对无"一词，以表示：（1）所有事物的开放性或开放的基础，与基于存在的形而上学终极基础或原则相反；（2）所有事物的创造性和生成性的非时间性起源；（3）与"存在"相关的"相对无"的定义不同。→ absolute nothingness

在理学中，这个词指的是不受私欲、激情或错误思想遮蔽的头脑的清晰和开放的性质。仁斋拒绝任何关于虚无和空虚等的概念在儒家讨论中占有一席之地的建议。

Nyorai 如来 → Tathāgata

one great matter → great matter

One Vehicle 一乘（S. *ekayāna*，J. *ichijō*）。带领众生开悟的最高教导。这个词出现在许多经文中，但最有名的是《法华经》，它指出了声闻、缘觉和菩萨等所使用工具的基本统一性，诸佛菩萨都通过权宜之计并根据修行者的能力来教导众生。

ordinary people 小人（J. *shōjin*）。儒家术语，指在道德优先事项和对人类的愿景方面比较小的人。与君子形成对比。

original enlightenment 本觉（J. *hongaku*）。认为所有的有情众生（乃至所有的事物）都有可能开悟，或者他们已经是佛陀了，就像佛一样。有时译为"先天觉醒"或"固有的开悟"。

other-power 他力（J. *tariki*）。超越自己的力量在精神上对一个人的帮助。通常被认为是佛陀或菩萨的力量，特别是阿弥陀佛的力量，人们依靠这种力量达到涅槃，有别于自力。

perfections 波罗蜜（S. *pāramitā*，J. *haramitsu*）。菩萨所培养的六种（有时是十种）德行——布施、持戒、忍辱、精进、禅定和智慧，来自 bodhisattva → *prajnapāramitā*

phenomenal realm, world → *dharmadhātu*

place 场所（J. *basho*）。有时被译为 *topos*，场所是西田几多郎哲学中的一个术语，它指的是各种现象以及解释现象的认识论构架必须被置于其中，以使它们能够被理解并与其他同类现象相区别。与事物的基础或充分理由的哲学概念相比，场所的概念将事物彼此联系起来，并与定义或决定它们的概念空间联系起来，在时间上和物质上都如此。一系列越来越具体和包容的场所导致了绝对无的场所。

prajnā 般若（J. *hannya*）。佛教术语，指辨别真理的智慧，无论是本体论的真理，如事物的空性，还是有利于觉醒的认识论真理，如对现实构成的描述。般若被认为是开悟的必要条件或开悟的根本功能，与三个相关概念（karunā compassion，śīla moral conduct，dhyāna meditation）组成三学（three kinds of learning）。

prajnapāramitā 般若波罗蜜多（J. *hannya haramitta*）。也被称为"智慧的感情"，这个名字指的是一组大约二十几部大乘佛经的特点是彻底解构或空性的哲学和否定的逻辑。

pratītya-samutpāda 缘起·因缘（J. *engi*，*innen*）。依存的起源或依存的共同生产。所有佛教传统的共同理论，指所有事物在相互条件或非实质原因的网络中相互依存地产生和消亡。

pratyekabuddha 缘觉·独觉·辟支佛（J. *engaku*，*dokkaku*，*byakushi butsu*）。通过自己的努力，在没有老师的帮助下实现部分觉醒的人。这些人通常生活在宗教团体之外，在大乘佛教中被批评为缺乏对社会的参与，无论是僧侣还是俗人。

principal object of veneration → *gohonzon*

principle 理（J. *ri*）。在新儒家思想中，指万物的理性和伦理秩序。虽然在其善的方面是统一的，但原则在整个过程中都表现出不同的宇宙。因为原则被认为是一个统一体，当人们了解自己的人性时，也就了解了万物的本质。

在华严宗和相关的佛教理论中，原则一般是指作为本体论最基本形式的现实，或者是指现象所符合的基本模式。

propriety 礼（J. *rei*）。儒家的美德，即适当和恭敬的行为，特别是表现在五伦之中。

Pure Land 净土（J. *jōdo*）。一个被想象为超越业力的世界（因此超越欲望和痛苦）。净土可以在冥想时暂时出现在脑海中，也可以是一种因菩萨的存在而变得幸福和美好的永久状态。在日本，最常见的是指阿弥陀佛创造的特定净土，信徒们会转生到那里，有时也被认为是此时此地。这个净土至少在17世纪，如果不是更早的话，已经成为日本人最主要的死后目的地，它让人们把对觉醒的追求推迟到了下辈子。

净土宗是指以实现阿弥陀佛的净土为直接宗教目标的信仰和实践，对一些人来说是通往涅槃的权威途径，对另一些人来说是涅槃本身的体现。净土宗是那些专门致力于这种形式的佛教的宗教机构。→ 净土真宗 Shin Buddhism

qua → *soku-hi*

refined person 君子（J. *kunshi*）。字面意思是统治者的儿子。儒家的"君子"概念，质疑与世袭出身有关的特权。孔子用这个词指一个从事自我修养的人，他具备了与身居高位的人相关的那种性格，因此，是一个值得尊重的高尚的人。

reverence 敬（J. *kei*）。儒家术语，表示对某些物体或人的深深敬意；也被翻译为严肃性。对许多新儒家来说，是指通过静坐所达到的精神状态。

ri 理 → priciple

righteousness 义（J. *gi*）。什么是正确的；我们对正确的理解与错误的理解相对应。

rūpa 色（J. *shiki*）。梵文中的一个术语，指任何物质元素或物质形式；但当用于表示色界（*rūpaloka*）时，它表示精神上的高级生命的存在境界，他们能感知物质世界，但对它没有欲望或排斥感。由于汉字"色"也有"颜色"的意思，神秘的佛教传统有时也将颜色的仪式使用与它的含义联系起来。(224)

samādhi 三昧（J. *sanmai*）。三昧是佛教术语，指一种深度平静和集中或冥想的状态。有许多不同类型的三昧，为了互相区分，而有种种三昧之名。

有时被称为"恍惚状态"，这些状态很难达到，一旦达到，就被认为是通往最终解脱之路的具体成就。→ self-enjoying *samādhi*

Samantabhadra 普贤菩萨（J. *Fugen bosatsu*）。普贤菩萨象征着真理和修行，经常出现在释迦牟尼佛的旁边，与代表智慧的文殊菩萨一起。被认为具有延长人的生命的能力。

samsara 生死（J. *shōji*）。以痛苦为特征的无尽的生死轮回。在大乘佛教中，通常被理解为与"三昧"不分。

sarugaku 猿乐。在古代日本表演的戏剧艺术，为野人戏剧的先驱。字面意思是"猴子乐"。

satori 悟り。字面意思是"悟"。禅宗文献中经常使用的关于觉醒或开悟的术语。

self-enjoying *samādhi* 自受用三昧（J. *jijuyū zanmai*）。享受并利用自身觉醒的三昧。它有时与"他人享受的三昧"相提并论，以区分为自己享受觉悟成果的三昧与为他人享受觉悟成果的三昧。

self-identity of absolute contradiction 绝对矛盾的自己同一（J. *zettai mujunteki jikodōitsu*）。也可译为"self-identity of absolute contradictories"，是西田几多郎哲学中的一个专业术语，表达了事物作为对立面的统一体而存在和相互联系的方式，被宽泛地视为矛盾体，如多和一。在这种情况下，对立面作为相关物而保持在一起，而不被升华为一个更高的统一体。

self-nature 自性（J. *jishō*）。根据语境，是一个或有消极意义或有积极意义的术语。（1）有时也翻译为"自性"（S. *svabhāva*），在佛教中被认为是虚幻的。这个概念是指事物有其自身的性质，在本体论上独立于其他事物。而佛教认为"所有的事物（法）都没有自性"。

（2）在禅宗典籍中，与一个人的"本性"（J. *honshō*）或佛性同义，包括所有现象的"本来面目"，在其真实性中。

self-power 自力（J. *jiriki*）。一个有点争论性的术语，意思是完全依靠自己努力的力量来达到开悟的目的。与"他力"形成对比。

semblance dharma 像法（J. *zōhō*）。三个时期中的第二个时期，表示佛陀涅槃后教学效果的下降。关于三个时期的描述各不相同，但在东亚，一个常见的方案是"正确的佛法"（正法）的第一个时代，持续500年，在此期间，佛法得到正确的实践，众生经常获得开悟；随后是第二个时代，持续约 1000 年，此时，佛法只是被模仿而不被理解；最后是一个退化的时代（→ *mappō*），持续约 10,000 年，其中，佛法被腐蚀，众生即使开悟，但也很少。这个计划对大多数日本天台宗、净土宗和日莲宗的佛教徒都很重要，但在很大程度上被禅宗忽略了。

seppuku 切腹。通过剖腹自杀的仪式。与腹切（hara-kiri）同义。

Shakyamuni 释迦牟尼。约 2500 年前出生于印度的历史人物，被称为佛陀或"觉醒者"，他创立了佛教传统。在神话中，每个时代都有自己的佛陀，而释迦牟尼是我们的佛陀。虽然有许多佛祖，但在经文中以第一人称宣讲佛法时，释迦牟尼是最常见的。

Shin（Pure Land）Buddhism 净土真宗或日语中的真宗（Shinshū）。西方常用的宗教和知识传统的名称。该团体是净土宗的一种流派，以真如为创始人，与其他净土宗分支相结合，形成了当今日本最大的宗教组织。→ Pure Land

shingaku 心学。字面意思是，"心学"。指对自己的反思，对心和思想的调查。特别表现于石田梅岩的学说，它以朱熹的哲学为基础，但融入了禅宗的教义，主张社会各阶层的平等。

Shingon 真言。基于金刚乘或密宗教义和实践的佛教流派，历史上以空海为中心，组建在高野山和京都的东寺。"真言"一词的字面意思是"真理之言"，是咒语的常用译法。空海教导说，通过使用特定的身体、语言和精神练习的集中调停，今生有可能开悟。

shinjin → trusting faith

Shinto incarnations of the Buddha 本地垂迹（J. *honjisuijaku*）。神道是佛祖或其他佛教人物的地方化身的理论；从 7 世纪开始流行，直到 1868 年被明治政府禁止。

Shogunate 幕府（来自将军 shōgun）。指 1192 年至 1867 年期间统治日本的一个军事政府，与京都的人头天皇下的文官政府形成对峙。

sincerity 诚（J. *shin*, *makoto*）。在儒家思想中，"诚"的美德在伦理学和形而上学方面都被定义为"真"。实现真诚是"人性之道"。有时译为信任或值得信赖。在国学的诗学和神道教义中，指在对事物的直接、纯粹的反应中所表达的真诚。在佛教中，这两个汉字中的前一个往往可以指"信仰"。→

trusting faith

sive → soku-hi

soku-hi 即非。即（在英文版中被译为"-qua-"、"-sive-"和"-in-"）是一个常用于连接两个相反或矛盾的术语的共轭词，以表明一个立即暗示或包含另一个，但同时也否定了（非）它们在普通意义上的身份。经常以 a soku b，b soku a 的形式出现，强调术语之间的相互关系。

Son of Heaven 天子（J. tenshi）。中国对皇帝的称号。

spirit of words → kotodama

śrāvaka 声闻（J. shōmon）。字面意思是"听众"，是大乘法中的一个论证术语，指的是那些听过佛陀传教，但认为大乘教义和目标是异端的人。与"听众"相对应的是菩萨，大乘的倡导者。这个词有时也被大乘论者用来泛指小乘僧人。

suchness, thusness 真如，如实（S., J. shinnyo, nyojitsu）。事物的真实形式。这个术语主要是大乘佛教的概念，它既表示现象形式中固有的绝对真实，也表示它们的本质空性。

sudden enlightenment 顿悟（J. tongo）。顿悟是直接实现的，不需要调解，没有（或尽管有）任何对抗或意图，是所有禅宗流派的特点。

śūnyatā, śunya → emptiness

supreme ultimate 太极（J. taikyoku）。在新儒家思想中，这个词指的是无差别的、无限的潜能状态，是所有存在的最高原则，也被表述为"无极"（mukyoku）。

Tathāgata 如来（J. Nyorai）。梵语中对佛陀的称谓；字面意思是"这样来"的人；因此，指走完了这条道路的人。

tathagatagarbha 如来藏（J. nyoraizō）。字面意思是，一个人的子宫（或胚胎）。→ buddha-nature

tathatā → suchness

temperament 气质（J. kishitsu）。儒家术语，指一个人的气（generative force）和质（substantive qualities）。在其意义上，作为一个人的身体倾向的性质，该术语通常与"本性"相对应。

Tendai 天台（C. Tiantai）。源于中国的一个佛教流派，与《法华经》有关。它由斋正在日本创立，混合了密宗和禅宗的修行方法，对原始开悟和无生命的众生成佛的思想做出了贡献，并为镰仓佛教的伟大改革者如法能、信然、道元和日莲提供了培训场所。

tetsugaku 哲学。philosophy 的标准的现代日语翻译。

thought-moment 一念（J. *ichinen*）。在佛教中，这个词既可以指沉思的焦点，也可以指在一念中实现开悟。更广泛地说，是指最短的时间跨度，即一个念头发生的时间。

three bodies 三身（S., J. *sanjin*）。体现佛陀所教导的真理的三种模式，分别为：法身；天体或报身（S. *sambhogakāya*），其中佛性以理想的形式显现，如阿弥陀佛；以及表体或应身（*nirmāñaakāya*），其中佛性以不同的、具体的形式显现，如历史上的释迦牟尼。

three worlds 三界（J. *sangai*）。在佛教思想中，指欲望的世界、形式的世界和无形的世界。

Thus Come One → Tathāgata

thusness → suchness

torii 鸟居。独特的门，位于在神道教的神社前或附近的小路上，进入它们表示进入一个神圣的空间。

Transference of merit 回向（*parināma/parināmanā*，J. *ekō*）。佛教中认为通过修行和仪式获得的业力利益可以转移到自己、他人或死者未来的宗教目标上。

Trusting faith 信心（J. *shinjin*）。相信的心。有时被简单地翻译为"信仰"或"信任的心或思想"，是佛经中信仰和信念的常用表达方式，在日本的净土论中经常与安心一起使用。在净土传统中，它表示一种相当于开悟或解脱的宗教成就，一些学者没有将其翻译出来。

truth word → Shingon

unborn 无生（J. *mushō*）。盘珪永琢的学说中，指所有的有情众生都具有一个绝对的原则，表明它们"不生不灭"的性质。与其说它是指永恒和不朽的东西，不如说它是指超越存在和成为世界的内在神圣性。类似于佛性的学说。

unobstructed penetration of thing and thing 事事无碍（J. *jiji muge*）。所有事

物相互之间的"相互渗透"。根据华严的传统，这是智慧的最高境界，据此，人们看到的表象世界不仅仅是与导致其运作方式的原则不可分割的物体（称为"理事无碍"），而且是本身互相渗透到其他物体中的物体。换句话说，就是把握住现实的整体性。

uta 歌。日语中的歌或诗的意思。

Vairocana → Dainichi

vajra 金刚（J. *kongō*）。梵语，意为钻石和雷电，在佛教中常被用来比喻为金刚不坏之物。作为一个形容词，它既表示光芒四射，又表示切开自我的妄想；作为密宗话语中的名词，它是一种三棱形或五棱形金属器具的名称，在仪式中用来象征权力。

Vajrayana 金刚乘（S. *Vajrayāna*，J. *kongōjō*）。金刚乘也被称为密宗，是印度大乘佛教的后期发展形式，以其在实践上的创新而非教义上的创新最为著名。它利用个人的想象力，在仪式中赋予语言和视觉符号以宗教意义，经常借鉴以前被佛教拒绝的古印度宗教传统。在日本，它是在真言宗和天台宗中发现的深奥层面的发展基础。

vijñāna 识（J. *shiki*）。梵语中指示意识的一般术语，有时更具体地指辨别力，有时更模糊地译为心。

void 虚（J. *kyo*）。在儒家思想中，与"空""无"或"空虚的状态"一起，是一个表示潜在成为的无限的、无穷的性质的术语。当使用负面意义的时候，这个词是对佛教形而上学的完全空洞的谴责。

wabi 侘。在茶道和日本诗歌中培养的一种审美理想，也赞美不受影响的简单和朴素。

waka 和歌。用日语写的诗歌的总称，与用中文写的诗歌相反。也被更具体地用来表示一种简练的抒情诗体，5 行 31 个音节，区别于俳句和连环诗或灵格诗，以及现代自由诗。

Way 道（C. *dao*；J. *dō*，*michi*）。在整个东亚传统中发现的一个综合术语，指的是人们应该遵守的万事万物的秩序，事物真正的样子，也可以指实现真理的途径。在佛教中，"得道"是指开悟。（同上）

Way of warrior, samurai → *bushidō*

will of heaven 天命（J. *tenmei*）。天命或法令，是指上天认可的、人类应该遵循和创造的美好方面。在中国，所谓的违反天命有时被用作推翻皇朝的理由。有时译为"mandate of heaven"。

wisdom 智慧（J. chi）。在儒家思想中，指领悟道的美德。在佛教中，与 *prajnā* 同义。

yaka 夜叉（J. *yasha*）。在佛教神话中，是八种非胡人或半神中的一种。在印度神话中，夜叉一般都是恶魔，但在佛教中，他们已被转化为保护宗教的仁慈的精神。

Yogācāra 唯识（J. *yuishiki*）。印度佛教的一个主要大乘学派，贡献了复杂的意识理论，包括教导我们普通的、由欲望驱动的感知和认知构成的虚幻的对象，当意识被净化时，其真实性就会出现。也对印度佛教的逻辑和认识论做出了重要的贡献。

yomi 黄泉。在日本神话中，是指死者的冥界。在某些情况下，如在平田笃胤，与月亮有关。汉字的字面意思是"黄泉"，是对中国神话的暗示。

yūgen 幽玄。暗示语言、情感或事物的优雅微妙和神秘深邃的美学理想，是人类无法掌握的。

zange 忏悔。佛教术语，指悔过、忏悔。在田边元的战后哲学中，它被用作日本的 *metanoia*，表示对理性和自我意志的毋庸置疑的信心的心态改变，并主张对普通的、以自我为中心的自我所不能理解的力量的依赖。

zazen 坐禅。坐禅是禅宗传统中的主要修行方式。

文献表

以下文献表包含了所有的原始资料，并在适用的情况下。资料手册中所包含的材料的英文译本。在某些情况下译本也已标明。左边的日期是指原始的日期，或其最接近的日期。书目介绍和历史概述的具体信息载于每个条目的末尾，在此不再重复。在每个条目的末尾，这里不再重复。

Analects Confucian Analects. Trans. consulted：James Legge，*The Four Books*（New York：Paragon Book Reprint Corp.，1966）；Arthur Waley，*The Analects of Confucius*（New York：Vintage Books，1938）.

Book of Changes Trans. consulted：*I Ching：The Book of Changes*，trans. by James Legge（New Hyde Park：University Books，1964）.

CK *Chūōkōron Discussions*. 『世界史的立場と日本』［The world-historical standpoint and Japan］（Tokyo：Chūōkōronsha，1943）.

Hekiganroku（C. *Pi-yen lu*）『碧巌録』［Blue cliff record］. Trans. consulted：Katsugi Sekida，*Two Zen Classics：Mumonkan and Hekiganroku*（New York：Weatherhill，1977）.

Kojiki Kojiki，trans. by Donald L. Philippi（Tokyo：University of Tokyo Press，1968）.

Kyōgyōshinshō See Shinran 1247.

Laozi Trans. consulted：*Lao-tzu*，*Te-Tao Ching*，trans. by Robert G. Henricks（New York：Ballantine Books，1989）；*Tao Te Ching*，trans. by D. C. Lau（Baltimore：Penguin Books，1963）.

Mencius Book of Mencius. Trans. consulted：D. C. Lau，*Mencius*（London：Penguin，1970）.

Mean Doctrine of the Mean. Trans. consulted: *The Chinese Classics*, vol. 2: *The Works of Mencius*, trans. by James Legge (Hong Kong: Hong Kong University Press, 1960).

Mumonkan (C. *Wumenguan*)『無門関』[The gateless barrier]. Trans. consulted: Zenkei Shibayama, *Zen Comments on the Mumonkan* (New York: Harper and Row, 1974); Katsugi Sekida, *Two Zen Classics: Mumonkan and Hekiganroku* (New York: Weatherhill, 1977).

NKC *Collected Writings of Nishitani Keiji*. See Nishitani Keiji 1949.

NKZ *Complete Works of Nishida Kitarō*. See Nishida Kitarō 1911.

Odes The Book of Odes. Trans. consulted: *The Chinese Classics*, vol. 4: *The She King*, trans. by James Legge (Hong Kong: Hong Kong University Press, 1960).

OM *Overcoming Modernity: A Symposium*. See Kawakami Tetsutarō, 1943.

Rinzairoku English trans., *The Record of Linji*, edited and annotated by Ruth Fuller Sasaki, compiled by Thomas Kirchner (Honolulu: University of Hawai'i Press: 2009).

Samyutta Nikāya Connected Discourses of the Buddha (Ilford: Wisdom Books, 2002).

Shōbōgenzō See Dōgen 1231.

Suttanipāta The Sutta-nipata: A Collection of Discourses, Being One of the Canonical Books of the Buddhists. Trans. by V. Fausboll (Oxford: Clarendon Press, 1898).

T『大正新脩大蔵経』[Taishō-era revised Buddhist canon], ed. by Takakusu Junjirō 高楠順次郎 and Watanabe Kaikyoku 渡辺海旭 (Tokyo: Taishō Issaikyō Kankōkai, 1924–1932), 85 vols. Cited by volume, page, column, and line.

WTZ *Complete Works of Watsuji Tetsurō*. See Watsuji Tetsurō, 1923.

Zhuangzi Trans. consulted: *The Complete Works of Chuang Tzu*, trans. by Burton Watson (New York: Columbia University Press, 1968); *The Inner Chapters*, trans. by A. C. Graham (Indianapolis: Hackett Publishing Company, 2001).

参考文献中使用的缩略语

KNST 『近代日本思想大系』（Tokyo：Chikuma Shobō, 1974-1978），35 vols.

MBZ 『明治文学全集』（Tokyo：Chikuma Shobō, 1977）. 100 vols.

NKBT 『日本古典文学大系』（Tokyo：Iwanami Shoten, 1957-1969），102 vols.

NKBZ 『日本古典文学全集』（Tokyo：Shōgakkan, 1970-1976），51 vols.

NMC 『日本の名著』（Tokyo：Iwanami Shoten, 1969-1982），50 vols.

NST 『日本思想大系』（Tokyo：Iwanami Shoten, 1970-1982），77 vols.

NSTS 『日本思想闘諍史料』（Tokyo：Meicho Kankōkai, 1969-1970），10 vols.

SJT-1 *Sources of Japanese Tradition*, Wm. Theodore de Bary et al., eds., (New York：Columbia University Press, 1964, 1st edition)，2 vols.

SJT-2 *Sources of Japanese Tradition*, Wm. Theodore de Bary et al., eds., (New York：Columbia University Press, 2001, 2nd edition)，2 vols.

SNKBT 『新日本古典文学大系』（Tokyo：Iwanami Shoten, 1989-2006），100 vols.

SNKS 『新潮日本古典集成』（Tokyo：Shinchōsa, 1976-1989），58 vols.

参考文献

Abe Jirō 阿部次郎

1921 "人生批評の原理としての人格主義的見地" ［The personalist viewpoint as a principle for criticizing human life］, knst 34：113-25.

Abe Masao 阿部正雄

1987 "Śūnyatā as Formless Form：Plato and Mahayana Buddhism," in *Zen and Comparative Studies*, ed. by Steven Heine（Honolulu：University of Hawai'i Press, 1997），139-48.

Andō Shōeki 安藤昌益

1762 『自然真営道』 [The true workings of nature], vols. 1-7 of 『安藤昌益全集』 [Complete works of Andō Shōeki] (Tokyo: Nōsan gyo son Bunkakyōkai, 1982-1987); nst 45: 11-171 (abridged). Partial English trans. by Yasunaga Toshinobu, *Andō Shōeki: Social and Ecological Philosopher in Eighteenth-Century Japan* (Tokyo: Weatherhill, 1992), 118-299.

Arai Hakuseki 新井白石

1710 "鬼神論" [An essay on ghosts and spirits], in 『新井白石全集』 [Complete works of Arai Hakuseki] (Tokyo: Kokusho Kankōkai, 1905-1907) 6: 1-23; nst 35: 145-81.

1716 『折たく柴の記』 in *Complete Works of Arai Hakuseki* 3: 1-191. English trans. by Joyce Ackroyd, *Told Round a Brushwood Fire: The Autobiography of Arai Hakuseki* (Tokyo: University of Tokyo Press, 1979), 35-277.

1725 "西洋紀聞" [Writings on the West], in *Complete Works of Arai Hakuseki* 4: 741-97; nst 35: 7-82.

Asami Keisai 浅見絅斎

1695 『絅斎先生敬斎箴講義』 [Master Keisai's lecture on *Maxims of the Reverence Studio*], nst 31: 120-88.

1698 "秦山先生手簡巻上" [Letter to Shinzan, 1 May 1698], cited in Maruyama Masao 丸山真男 "闇斎学と闇斎学派", nst 31: 601-74. English trans. in Barry D. Steben, "Orthodoxy and Legitimacy in the Kimon School," part 1, *Sino-Japanese Studies* 8/2 (1996): 6-49.

1701 "中国弁" [Discourse on the Middle Kingdom], in 『浅見絅斎集』 [Asami Keisai anthology] (Tokyo: Kokusho Kankōkai, 1989), 368-73; nst 31: 416-20.

1706 "四十六士論" [An essay on the forty-six *rōnin*], in *Asami Keisai Anthology*, 689-94; nst 27: 390-6. English trans. by Barry D. Steben and John A. Tucker, sjt-2, 2: 452-8.

1718 "拘幽操師説" [Our teacher's interpretation of the *Juyoucao*], in *Asami Keisai Anthology*, 671-7; nst 31: 229-37.

1794 "常話雑記" [Miscellaneous recorded sayings], in *Asami Keisai Anthology*, 557–608. English trans. by Barry D. Steben from Maruyama, "Orthodoxy and Legitimacy," part 2, *Sino-Japanese Studies* 9/1 (1996): 3–34. 1272 | bibliography

1858 "浅見先生学談" [Scholarly discussions with Master Asami], in *Asami Keisai Anthology*, 642–57; English trans., Maruyama, "Orthodoxy and Legitimacy," part 1, 42.

N. D. -A "討論筆記" [Transcription of debates], cited from nst 31: 630; English trans., Maruyama, "Orthodoxy and Legitimacy," part 1, 41.

N. D. -B "絅斎先生遺書" [Posthumous writings of Master Keisai], in the 狩野文庫 [Kanō anthology], Sendai, Tōhoku University; English trans., Maruyama, "Orthodoxy and Legitimacy," part 1, 28–9.

Bankei Yōtaku 盤珪永琢

1690 "盤珪禅師説法" [Sermons of Zen master Bankei], in 『盤珪禅師全集』 [Complete works of Zen master Bankei] (Tokyo: Daizō Shuppan, 1976), 1–121. English trans. by Norman Waddell, *The Unborn: The Life and Teachings of Zen Master Bankei, 1622–1693* (New York: North Point Press, 2000), 39–121.

Dōgen 道元

1231 "正法眼蔵 辨道話" [*Shōbōgenzō*, A talk about pursuing the truth], in 『道元禅師全集』 [Complete works of Zen Master Dōgen] (Tokyo: Chikuma Shobō, 1969), 1: 729–46; nst 12: 9–31. English trans. by Gudo Wafu Nishijima and Chodo Cross, *Master Dogen's Shobogenzo* (Charleston: Booksurge Publishing, 2006) 1: 1–19.

1237 "正法眼蔵随聞記" [*Shōbōgenzō zuimonki*], recorded by Koun Ejō 孤雲懷奘, edited by Watsuji Tetsurō 和辻哲郎 (Tokyo: Iwanami Shoten, 1989); nkbt 81: 215–438.

1240A "正法眼蔵 有時" [*Shōbōgenzō*, The existential moment], in *Complete Works of Zen Master Dōgen*, 1: 189–94;; nst 12: 256–63.

1240B "正法眼蔵 山水経" [*Shōbōgenzō*, Mountains and waters sutra], in *Complete Works of Zen Master Dōgen*, 1: 258–67; nst 12: 331–41. English trans. for the Soto Zen Text Project by Carl W. Bielefeldt, online at http://hcbss.stanford.edu/research/projects/sztp/translations/shobogenzo/index.html.

1240C "正法眼蔵 諸悪莫作" [*Shōbōgenzō*, Not doing evils], in *Complete Works of Zen Master Dōgen*, 1: 277–84; nst 12: 356–64. Eng. trans. by William Bodiford, Soto Zen Text Project, *ut supra*.

1240D "正法眼蔵 礼拝得髄 [*Shōbōgenzō*, Getting the marrow by doing obeisance], in *Complete Works of Zen Master Dōgen*, 1: 246–57; nst 12: 317–30. Eng. trans. by Stanley Weinstein, Soto Zen Text Project, *ut supra*.

1242A "正法眼蔵 仏向上事" [*Shōbōgenzō*, What is beyond the Buddha], in *Complete Works of Zen Master Dōgen*, 1: 224–30; nst 12: 300–9.

1242B "正法眼蔵 全機" [*Shōbōgenzō*, All functions], in *Complete Works of Zen Master Dōgen*, 1: 203–5; nst 12: 275–7. English trans. by Nishijima and Cross, *Master Dogen's Shobogenzo*, 2: 243–5

1243A "正法眼蔵 坐禅儀" [*Shōbōgenzō*, Principles of *zazen*], in *Complete Works of Zen Master Dōgen*, 1: 88–9; nst 12: 125–6. Eng. trans. by Carl W. Bielefeldt, Soto Zen Text Project, *ut supra*.

1243B "正法眼蔵 坐禅箴" [*Shōbōgenzō*, Lancet of *zazen*], in *Complete Works of Zen Master Dōgen*, 1: 90–101; nst 12: 127–40. Eng. trans. by Carl W. Bielefeldt, Soto Zen Text Project, *ut supra*.

1243C "正法眼蔵 密語" [*Shōbōgenzō*, Esoteric words], in *Complete Works of Zen Master Dōgen*, 1: 392–6; nst 13: 55–60.

1243D "正法眼蔵 葛藤" [*Shōbōgenzō*, Intertwining], in *Complete Works of Zen Master Dōgen*, 1: 331–6; nst 12: 425–31.

1252 "正法眼蔵 現成公案" [*Shōbōgenzō*, The case of presencing], in *Complete Works of Zen Master Dōgen*, 1: 7–10; nst 12: 35–9.

N. D. "正法眼蔵 道心" [*Shōbōgenzō*, A mind for the way], in 『正法眼蔵』 [*Shōbōgenzō*] (Tokyo: Iwanami Shoten, 1965), 3: 243–6. English trans. by Nishijima and Cross, *Master Dogen's Shobogenzo*, 4: 223–5.

Fujita Masakatsu 藤田正勝

2000 "日本の哲学?" [A Japanese philosophy?], in Fujita Masakatsu, ed.,

『知の座 標軸——日本における哲学の形成とその可能性』［The coordinates of knowledge: The formation and possibility of philosophy in Japan］（Kyoto: Kōyō Shobō），3-19.

Fujitani Mitsue 富士谷御杖

1808 『古事記燈 大旨』［Illuminating the *Kojiki*: Overview］, in 『新編 富士谷御杖 全集』［Complete works of Fujitani Mitsue, New edition］（Kyoto: Shibunkaku Shuppan, 1979-1993）1: 31-92.

1811 『真言辨』［An essay on the spirit of words］, in *Complete Works of Fujitani Mitsue*, 2: 187-232.

Fujiwara Seika 藤原惺窩

1630 "大学要略"［An outline of the *Great Learning*］, in 『藤原惺窩集』［Fujiwara Seika anthology］（Kyoto: Shibunkaku Shuppan, 1978），1: 379-417; nst 28: 42-78.

1650 "仮名性理"［A vernacular account of human nature and principle］, in *Fujiwara Seika Anthology*, 2: 397-414; nst 28: 237-55. N. D. "舟中規約", in *Fujiwara Seika Anthology*, 1: 126-7; nst 28: 89-90. English trans. by Willem Boot, "Ship Compact," sjt-2, 2: 39-40.

Fujiwara no Shunzei 藤原俊成

1197 『古来風躰抄』［Notes on poetic style through the ages］, in nkbz 50: 271-465. Partial trans. in William R. LaFleur, *The Karma of Words: Buddhism and the Literary Arts in Medieval Japan*（Berkeley: University of California Press, 1983），90-1.

Fukansai Habian 不干斎巴鼻庵

1605 『妙貞問答』［A dialogue between Myōshū and Yūtei］, Parts 2 and 3, in nst 25: 113-79; nsts 10: 39-114.

1620 "破提宇子", in *Complete Collection of Japanese Classic Texts*, 45-2: iii, 1-30; nst 25: 423-47. English trans. by G. Elison (Jurgis S. A. Elisonas), *Deus Destroyed: The Image of Christianity in Early Modern Japan*（Cambridge: Harvard University Press, 1973），257-91. Alternative trans. by Esther Lowell Hibbard, *Refutation of Deus by Fabian*（Tokyo: International Institute for the Study of

Religions, 1963).

Fukuzawa Yukichi 福泽谕吉

1875 『文明論之概略』, in 『福澤諭吉選集』 [Selected writings of Fukuzawa Yukichi] (Tokyo: Iwanami Shoten 1951–1952), 2: 1–270; knst 2: 81–230. English trans. by David A. Dilworth and G. Cameron Hurst, *An Outline of a Theory of Civilization* (Tokyo: Sophia University, 1970).

1876 『学問のすゝめ』, in *Selected Writings of Fukuzawa Yuki chi* 1: 83–228; knst 2: 3–80. Partial English trans. by David Dilworth and Umeyo Hirano, *An Encouragement of Learning* (Tokyo: Sophia University, 1969).

1885 "日本婦人論" "日本婦人論、後編" [Japanese women, 1 and 2], in *Selected writings of Fukuzawa Yuki chi* 5: 1–81; mbz 8: 104–16 (partial). English trans. by Eiichi Kiyooka, *Fukuzawa Yukichi on Japanese Women: Selected Works* (Tokyo: University of Tokyo Press, 1988), 6–69.

1899 "女大学評論・新女大学" [Critique of the "Great Learning for Women," The new great learning for women], in *Selected Writings of Fukuzawa Yuki chi* 5: 233–316. English trans. by Eiichi Kiyooka, *Fukuzawa Yukichi on Japanese Women*, 170–244.

Funayama Shin'ichi 船山信一

1933 "〈世界観〉としての唯物論" [Materialism as a "worldview"], in 『船山信一著作集』 [Collected writings of Funayama Shin'ichi] (Tokyo: Kobushi Shobō, 1998–2001) 1: 357–76.

1935a "現在に於ける日本主義理論の特質" [Characteristics of Japanism theories in contemporary Japan], in *Collected Writings of Funayama Shin'ichi* 2: 366–85.

1935b "社会理論に於ける全体主義論理の進展" [The development of totalitarian theory within social logic], in *Collected Writings of Funayama Shin'ichi* 2: 386–98.

1938 "東亜思想とナショナリズム" [Nationalism and the idea of East Asia], in *Collected Writings of Funayama Shin'ichi* 2: 424–38.

1942 『現代文化の哲学的反省』 [Philosophical reflections on contemporary culture] (Tokyo: Konnichi no Mondaisha, 1942). 1956『日本の観念論者の性格』[The character of Japanese idealists], in *Collected Writings of Funayama Shin'ichi* 8: 236–42.

1959『明治哲学史研究』[Studies in the history of Meiji philosophy], in *Collected Writings of Funayama Shin'ichi* 6.

1971『人間学的唯物論の立場と体系』[The standpoint and system of anthropological materialism], in *Collected Writings of Funayama Shin'ichi* 4: 9–302.

1975 "日本の近代哲学の発展形式" [The form of the development of modern Japanese philosophy], in Nishitani Keiji 西谷啓治, ed.『現代日本の哲学』[Contemporary Japanese philosophy] (Kyoto: Yūkonsha, 1975), 49–87.

Genshin 源信

N. D. "真如觀", in nst 9: 120–49. English trans. by Jacqueline Stone, "The Contemplation of Suchness," in George J. Tanabe, Jr., ed. *Religions of Japan in Practice* (Princeton: Princeton University Press, 1999), 204–9.

Hakamaya Noriaki 袴谷憲昭

1989 "本覚思想批判の意義" [The significance of critiques of original enlightenment], in『本覚思想批判』[Critiques of the doctrine of original enlightenment] (Tokyo: Daizō Shuppan, 1989), 1–34.

Hakuin Ekaku 白隠慧鶴

1743『息耕録開筵普説』[Talks given introductory to Zen lectures on the records of Sokkō], in『白隠和尚全集』[Complete works of monk Hakuin] (Tokyo: Ryūginsha, 1967) 2: 365–450. English trans. by Norman Waddell in *The Essential Teachings of Zen Master Hakuin* (Boston: Shambala, 1994).

1747『遠羅天釜』[The *orate* kettle], in *Complete Works of Monk Hakuin* 5: 107–210. English trans. by Philip B. Yampolsky, *The Zen Master Hakuin: Selected Writings* (New York: Columbia University Press, 1971), 29–106.

1751『遠羅天釜続集』[The *orate* kettle: Supplement], in *Complete Works of Monk Hakuin* 5: 211–46. English trans. by Philip B. Yampolsky, *The Zen Master Hakuin*, 106–23.

1792『藪柑子』[The small green shrub], in *Complete Works of Monk Hakuin*

5: 319-40. English trans. by Philip B. Yampolsky, *The Zen Master Hakuin*, 159-79.

N. D. 『坐禅和讃』[Song of *zazen*], in 『白隠禅師法語全集』[Complete dharma talks of Zen Master Hakuin] (Kyoto: Kōbunsha, 1999-2002) 13: 256. English trans. by Isshū Miura and Ruth Fuller Sasaki, *Zen Dust: The History of the Koan and Koan Study in Rinzai (Lin-chi) Zen* (New York: Harcourt, Brace, and World, 1966), 251-3.

Hara Nensai 原念斎

1816 『先哲叢談』[Collected talks with Confucian thinkers] (Tokyo: Heibonsha, 1994). English trans. by Tsunoda Ryūsaku, sjt-2, 2: 90-1.

Hase Shōtō 長谷正當

2003 『欲望の哲学』[A philosophy of desire] (Kyoto: Hōzōkan, 2003). \

Hatano Seiichi 波多野精一

1943 『時間と永遠』, in 『波多野精一全集』(Tokyo: Iwanami Shoten, 1968-1969), 4: 281-506. Alternative trans. by Ichiro Suzuki in Hatano Seiichi, *Time and Eternity* (New York: Greenwood Press, 1988).

Hayashi Razan 林羅山

1629 『春鑑抄』[Spring lessons], nst 28: 116-49.

1659 "性理字義諺解序" [Preface to the vernacular exposition of Beixi's *Meaning of Terms*], in 『林羅山文集』[Collected writings of Hayashi Razan] (Tokyo: Perikansha, 1988) 2: 583-5.

N. D. 『三徳抄』[Selections on the three virtues], nst 28: 151-86.

Hirata Atsutane 平田篤胤

1813 『霊能真柱』[The true pillar of the soul] in 『新修 平田篤胤全集』[Complete works of Hirata Atsutane, revised edition] (Tokyo: Meicho Shuppan, 1976-1981), 7: 87-190; nst 50: 11-131.

Hiratsuka Raichō 平塚らいてう

1911 "元始、女性は太陽であった——『青鞜』発刊に際して" [In the beginning, woman was the sun: On the inaugural issue of *Seitō*] in 『平塚らいてう著作集』[Collected writings of Hiratsuka Raichō] (Tokyo: Ōtsuki Shoten, 1983-

1984), 1: 14–27. Partial English trans. by Teruko Craig in *In the Beginning, Woman Was the Sun: The Autobiography of a Japanese Feminist* (New York: Columbia University Press, 2006), 157–9.

1915A "明治末期より大正初頭の我が婦人問題" [Women's issues from late Meiji to early Taishō], in *Collected Writings of Hiratsuka Raichō* 2: 106–16.

1915B "処女の真価" [The true value of virginity], in *Collected Writings of Hiratsuka Raichō* 2: 53–60.

1915C "〈個人〉としての生活と〈性〉としての生活との間の争闘について" [The Conflict of life as an "individual" and as a "gender"], in *Collected Writings of Hiratsuka Raichō* 2: 36–52.

1916 "南湖より（2）" [From Nango: 2], in *Collected Writings of Hiratsuka Raichō* 2: 163–9.

1917 "母としての一年間" [A year as a mother], in *Collected Writings of Hiratsuka Raichō* 2: 266–75.

1920 "社会改造に対する婦人の使命——『女性同盟』創刊の辞に代えて" [The mission of women in social reform: In lieu of a foreword to the inaugural issue of *Women's League*], in *Collected Writings of Hiratsuka Raichō* 3: 159–71; knst 34: 105–12.

1930 "婦人戦線に参加して" [At the women's front], in *Collected Writings of Hiratsuka Rai chō* 5: 173–87.

1948 "わたくしの夢は実現したか" Has my dream come true?], in *Collected Writings of Hiratsuka Raichō* 7: 29–44.

1971 『元始、女性は太陽であった——平塚らいてう自伝』 [In the beginning, woman was the sun: The autobiography of Hiratsuka Raichō] (Tokyo: Ōtsuki Shoten), 2 vols. English trans. by Teruko Craig, *In the Beginning, Woman Was the Sun*.

Hiromatsu Wataru 廣松渉

1991 『世界の共同主観的存在構造』 [The ontological structure of a common subjectivity of the world] (Tokyo: Kōdansha Gakujutsu Bunko, 1991).

2007 『事的世界観への前哨』 [Outpost to a *koto*-based worldview] (Tokyo:

Chikuma Shobō, 2007).

Hisamatsu Shin'ichi 久松真一

1946 "東洋的無の性格" in 『久松真一著作集』 [Collected writings of Hisamatsu Shin'ichi] (Tokyo: Risōsha, 1969–1996), 1: 33–66. English adapted from the trans. of Richard De Martino, "The Characteristics of Oriental Nothingness," *Philosophical Studies of Japan* 2 (1960): 65–97.

1962 "茶道の玄旨" [The hidden meaning of the way of tea], in *Collected Writings of Hisamatsu Shin'ichi* 4: 139–65.

Hōnen 法然

1212a 『浄土宗略抄』 [Summary of the Pure Land school], in 『昭和新修法然上人全集』 [Complete works of Hōnen Shōnin in a new Shōwa edition] (Kyoto: Heiraku-ji Shoten, 1974), 590–605. 1212b 『三心義』 [The meaning of the three mindsets], in *Complete Works of Hōnen Shōnin*, 454–7. 1212c 『鎌倉の二位の禅尼へ進する御返事』 [Reply to a Zen nun of the second rank in Kamakura], in *Complete Works of Hōnen Shōnin*, 527–32.

Hori Keizan 堀景山

1742 『不尽言』 [Inexhaustible words], snkbt 99: 135–246.

Ichikawa Hakugen 市川白弦

1970 『仏教者の戦争責任』 [Wartime responsibilities of Buddhists], in 『市川白弦著作集』 [Collected writings of Ichikawa Hakugen] (Kyoto: Hōzōkan, 1993), 3: 5–216.

Ienaga Saburō 家永三郎

1940 『日本思想史に於ける否定の論理の発達』 [The development of the logic of negation in Japanese thought], in 『家永三郎集』 [Ienaga Saburō anthology] (Tokyo: Iwanami Shoten, 1997–1999), 1: 3–78.

Ikkyū Sōjun 一休宗純

1457 "骸骨" [Skeletons], in 『禅門法語集』 [Collected Zen sermons] (Tokyo: Shigensha, 1996), 1: 227–34. English trans. by R. H. Blyth, "Ikkyū's Skeletons," *The Eastern Buddhist* 6/1 (1973): 114–25.

Imakita Kōsen 今北洪川

1862 『禅海一瀾』［One wave in the sea］, original text with modern Japanese trans. by Morinaga Sōkō（Tokyo：Hakujusha, 1987）.

Imanishi Kinji 今西錦司

1941 『生物の世界』［The world of living things］, in 『今西錦司全集』［Complete works of Imanishi Kinji］（Tokyo：Kōdansha, 1972–1975）, 1：3–164. English trans. by Pamela J. Asquith et al., *A Japanese View of Nature：The World of Living Things*（London：RoutledgeCurzon, 2002）.

Inoue Enryō 井上圓了

1886 "哲学一夕話"［An evening's talk on philosophy］, in 『井上圓了選集』［Selected works of Inoue Enryō］（Tokyo：Tōyō Daigaku, 1987–1990）1：33–84; mbz 80：43–62.

1893 "仏教哲学"［Buddhist philosophy］, in *Selected Works of Inoue Enryō* 7：107–181.

1913 "哲学一瞥"［A glance at philosophy］, in *Selected Works of Inoue Enryō* 2：65–88.

1917 『奮闘哲学』［A philosophy of struggle］, in *Selected Works of Inoue Enryō* 2：205–444.

Inoue Tetsujirō 井上哲次郎

1890 "勅語衍義"［An exposition of the Imperial Rescript on Education］, in 『井上哲次郎集』［Inoue Tetsujirō anthology］（Tokyo：Kuresu Shuppan, 2003）1：2/1–154. Partial English translation by Carol Gluck, sjt-2, 2：781–2.

1894 "我世界観の一塵"［A bit of my worldview］, in 『哲学雑誌』［Journal of philosophy］89（1894）：489–512; mbz 80：147–55.

1901 『武士道』［*Bushidō*］（Tokyo：Kaikōsha, 1901）.

1908A "宗教以上の道徳"［Morality beyond religion］, in *Inoue Tetsujirō Anthology*, 9：302–6.

1908B "儒教の長処短処"［The strengths and weaknesses of Confucianism］, in *Inoue Tetsujirō Anthology* 9：308–9.

1917 "道徳上より観たる〈神〉問題"［A moral perspective on the question of the gods], in *Inoue Tetsujirō Anthology* 9: 356-65.

Ishida Baigan 石田梅岩

1739『都鄙問答』[City and country dialogues], in『石田梅岩全集』[Complete works of Ishida Baigan] (Osaka: Seibundō, 1972) 1: 1-183; nsts 2: 469-596. English trans. of selection by Janine Anderson Sawada, sjt-2, 2: 300-2.

Ishizu Teruji 石津照璽

1947『天台実相論の研究』[Studies in the Tendai theory of actuality] (Tokyo: Sōbunsha, 1980).

Itō Jinsai 伊藤仁斎

1705『語孟字義』[The meaning of terms in the *Analects* and *Mencius*], in nst, 33: 11-113. English trans. by John Allen Tucker in *Itō Jinsai's "Gomō jigi" and the Philosophical Definition of Early Modern Japan* (Leiden: Brill, 1998), 69-255.

Izutsu Toshihiko 井筒俊彦

1977 *Toward a Philosophy of Zen Buddhism* (Tehran: Imperial Iranian Academy of Philosophy, 1977).

1982『意識と本質』[Consciousness and essences], in『井筒俊彦著作集』[Collected writings of Izutsu Toshihiko] (Tokyo: Chūōkōronsha, 1991-1993) 6.

2001 *Lao-tzǔ: The Way and its Virtue* (Tokyo: Keio University Press, 2001).

Izutsu Toyoko 井筒豊子

1981A "The Aesthetic Structure of *waka*," in Toshihiko and Toyo Izutsu, *The Theory of Beauty in the Classical Aesthetics of Japan* (The Hague: Martinus Nijhoff, 1981), 3-25. English adjusted.

1981B "The Way of Tea: An Art of Spatial Awareness," in *The Theory of Beauty in the Classical Aesthetics of Japan*, 46-61. English adjusted.

Jiun Sonja 慈雲尊者

1758 "応無所而生其心開示" [Produce a mind that abides in no place], in『慈雲 尊者全集』[Complete works of Jiun Sonja] (Kyoto: Shibunkaku Shuppan, 1977), 14: 351-61.

Kaibara Ekken 貝原益軒

1710 "楽訓" [Precepts on happiness], in『益軒全集』[Complete works of

Kaibara Ekken〕（Tokyo：Ekken Zenshū Kankōbu, 1910–1911）3：605–40.

1714 "大疑録"〔The record of great doubts〕, in *Complete Works of Kaibara Ekken* 2：151–75；nst 34：10–64. English trans. by Mary Evelyn Tucker in *The Philosophy of Qi：The Record of Great Doubts* (New York：Columbia University Press, 2007), 76–149.

Kakuban 覚鑁

1143 "五輪九字明秘密釈" in 『興教大師撰述集』〔Selections from Kōgyō Daishi〕, ed. by Miyasaka Yūshō 宮坂宥勝 (Tokyo：Sankibō Busshorin, 1977), 1：176–222. English trans. by Dale A. Todaro, "The Illuminating Secret Commentary on the Five Cakras and the Nine Syllables," in *Shingon Texts* (Numata Center for Buddhist Translation and Research, 2004), 261–328. Alternative trans.：Hendrik van der Veere, *A Study into the Thought of Kōgyō Daishi Kakuban* (Leiden：Hosei Publishing, 2000), 129–215.

N. D. "阿弥陀秘釈" in *Selections from Kōgyō Daishi* 1：149–52. Alternative English trans. by Inagaki Hisao："The Esoteric Meaning of 'Amida'," in 『興教大師覚鑁研究』〔Studies in Kōgyō Daishi Kakuban〕(Tokyo：Shunjūsha, 1992), 1099–1104；and Hendrik van der Veere, *A Study into the Thought of Kōgyō Daishi Kakuban*, 111–24.

Kakuun 覚運 and Ryōgen 良源

1336 "草木発心修行成仏記"〔Record plants and trees aspiring to liberation and practice to attain buddhahood〕, in 『大日本仏教全書』〔Complete writings of Japanese Buddhism〕(Tokyo：Meicho Fukyūkai, 1970) 24：309–10.

Kamo no Chōmei 鴨長明

1212 『無名抄』〔The nameless treatise〕, in nkbt 65：37–98. English trans. by Hilda Katō in *Monumenta Nipponica* 23 (1968)：351–425.

Kamo no Mabuchi 賀茂真淵

1765 "国意考"〔Reflections on the meaning of the country〕, in 『賀茂真淵全集』〔Complete works of Kamo no Mabuchi〕(Tokyo：Zoku Gunsho Ruijū Kanseikai, 1977–1982), 10：7–34；nst 39：374–93. English trans. by Peter Flueckiger in *Monumenta Nipponica* 63 (2008)：239–59.

Karaki Junzō 唐木順三

1963 『無常』[Impermanence], in 『唐木順三全集』[Complete works of Karaki Junzō] (Tokyo: Chikuma Shobō, 1967-1968), 7: 1-251.

Karatani Kōjin 柄谷行人

1992 "エクリチュールとナショナリズム", in 『ヒューモアしての唯物論』[Materialism as humor] (Tokyo: Kōdansha, 1999), 65-91. Trans. by Indra Levy in "Nationalism and *Ecriture*," *Surfaces* 5/201 (1995): 2-25.

Kawakami Tetsutarō 河上徹太郎, et al.

1942 『近代の超克』[Overcoming modernity] (Tokyo: Fuzanbō, 1994).

Kimura Bin 木村敏

1972 『人と人との間』[Between person and person], in 『木村敏著作集』[Collected writings of Kimura Bin] (Tokyo: Kōbundō, 2001) 3: 165-319.

1973 『異常の構造』[The structure of abnormality], in *Collected Writings of Kimura Bin* 6: 3-121.

1982 『時間と自己』[Time and self], in *Collected Writings of Kimura Bin* 2: 129-268.

1992 『生命のかたち/かたちの生命』[The form of life, the life of form], in *Collected Writings of Kimura Bin* (Tokyo: Kōbundō, 2001) 4: 251-398.

Kiyozawa Manshi 清沢満之

1893 "The Skeleton of a Philosophy of Religion," in 『清沢満之全集』[Complete works of Kiyozawa Manshi] (Tokyo: Iwanami Shoten, 2002-2003), 1: 109-46; mbz 46: 201-14.

1902 "絶対他力の大道"[The great path of absolute other-power], in *Complete Works of Kiyozawa Manshi* 6: 110-13; mbz 46: 232-4.

1903 "宗教的道徳（俗諦）と普通道徳との交渉"[Negotiating between religious morality and common morality], in *Complete Works of Kiyozawa Manshi* 6: 148-58; mbz 46: 275-80.

Kobayashi Hideo 小林秀雄

1942 "無常ということ"[Transiency], in 『小林秀雄全集』[Complete works of Koba yashi Hideo] (Tokyo: Shinchōsha, 1967-1979) 8: 17-19. b i b l i ography | 1281

Konparu Zenchiku 金春禅竹

1455 『六輪一露之記』[A record of six circles and one dewdrop], in 『金春小伝 書集成』[Collected transmissions of Konparu], Omote Akira 表章 and Itō Masayoshi 伊藤正義, eds. (Tokyo: Wan'ya Shoten, 1969), 197–214; nst 24: 323–34. English trans. by Arthur H. Thornhill iii, *Six Circles, One Dewdrop: The Religio-Aesthetic World of Komparu Zenchiku* (Princeton: Princeton University Press, 1993), 24–87.

Kōsaka Masaaki 高坂正顕

1937 "〈みち〉の解釈学的構造"[The hermeneutical structure of the "Way"], in 『高坂正顕著作集』[Collected writings of Kōsaka Masaaki] (Tokyo: Risōsha, 1964–1970) 1: 251–60.

Kōyama Iwao 高山岩男

1976 "教育哲学"[Educational philosophy] (Tokyo: Tamagawa University Press 1976).

Kūkai 空海

815 "辯顕密二教論"[Treatise on distinguishing the two teachings], in 『定本 弘法大師全集』[Complete works of Kōbō Daishi, critical edition] (Wakayama: Kōyasan Daigaku Mikkyō Bunka Kenkyūjo, 1991–1997), 3: 75–110. Alternative trans. by Rolf W. Giebel in *Shingon Texts* (Berkeley: Numata Center for Buddhist Translation and Research, 2004), 15–61.

817 "声字実相義"[The meaning of voice, word, and reality], in *Complete Works of Kōbō Daishi* 3: 35–49. Alternative English trans. by Giebel in *Shingon Texts*, 83–103.

824 "即身成仏義"[The meaning of the realization of Buddhahood in this very body], in *Complete Works of Kōbō Daishi* 3: 17–31. Alternative English trans. by Giebel in *Shingon Texts*, 63–82.

830 『秘蔵宝鑰』[Precious key to the secret treasury], in *Complete Works of Kōbō Daishi* 3: 113–75. English trans. by Rolf W. Giebel in *Shingon Texts*, 133–215. Partial alternative trans. by Yoshito S. Hakeda, *Kūkai: Major Works* (New

York: Columbia University Press), 157–224.

Kuki Shūzō 九鬼周造

1930 『いきの構造』[The structure of *iki*], in 『九鬼周造全集』[Complete works of Kuki Shūzō] (Tokyo: Iwanami Shoten, 1980–1982), 1: 1–108. English trans. by Hiroshi Nara, in *The Structure of Detachment: The Aesthetic Vision of Kuki Shūzō* (Honolulu: University of Hawai'i Press, 2004), 13–129.

1932 "偶然性（博士論文）"[Contingency (Doctoral dissertation)], in *Complete Works of Kuki Shūzō*, 2: 267–318.

1935 『偶然性の問題』[The problem of contingency], in *Complete Works of Kuki Shūzō*, 2: 1–265.

Kumazawa Banzan 熊澤蕃山

1672 『集義和書』[Japanese writings on accumulating righteousness], in 『増訂蕃山全集』[Complete works of Banzan, revised edition] (Tokyo: Meicho Shuppan, 1978–1980) 1: 1–465; nst 30: 7–356. Selected translations in Minamoto Ryōen, "*Jitsugaku* and Empirical Rationalism in the First Half of the Tokugawa Period," Wm. Theodore deBary and Irene Bloom, eds., *Principle and Practicality: Essays in Neo-Confucianism and Practical Learning* (New York: Columbia University Press, 1979), 375–469.

1686A 『集義外書』[Unofficial writings on accumulating righteousness], in *Complete Works of Banzan* 2: 1–293; nst 30: 357–403 (partial). English trans. by Ian James McMullen, sjt-2, 2: 129–30.

1686B 『大学或問』[Questions and answers on the *Great Learning*], in *Complete Works of Banzan* 3: 233–62; nst 30: 404–63. English adapted from the trans. of Galen M. Fisher, sjt-1 1: 379–83.

N. D. "源氏外伝"[Supplement on the *Tale of Genji*], in *Complete Works of Banzan* 2: 419–53. English adapted from the trans. of Ian James McMullen, sjt-2, 2: 128–9.

Maruyama Masao 丸山真男

1984 "原型・古層・執拗低音——日本思想史方法論についての私の歩み"[Archetypes, old strata, basso ostinato: My path towards a methodology for

Japanese intellectual history], in 『丸山真男集』[Maruyama Masao anthology] (Tokyo: Iwanami Shoten, 1995–1997) 12: 107–56.

Matsumoto Shirō 松本史朗

1989 "如来蔵思想は仏教にあらず" [The doctrine of *tathāgatagarbha* is not Buddhist], in 『縁起と空』 [*Pratītya-samutpāda* and emptiness], 1–9. English trans. by Jamie Hubbard in Paul L. Swanson and Jamie Hubbard, eds., *Pruning the Bodhi Tree: The Storm Over Critical Buddhism*, (Honolulu: University of Hawai'i Press, 1997), 165–73.

Miki Kiyoshi 三木清

1936 『哲学的人間学』 [Philosophical anthropology], in 『三木清全集』 [Complete works of Miki Kiyoshi] (Tokyo: Iwanami Shoten, 1966–1968) 18: 125–419.

1939 『構想力の論理』 [The logic of imagination], in *Complete Works of Miki Kiyoshi* 8; knst 27: 278–407 (partial).

Minamoto Ryōen 源了圓

1992 "型と日本文化" [Form and Japanese culture], in 『型と日本文化』, ed. by Minamoto Ryōen (Tokyo: Sōbunsha, 1992), 5–58.

Miura Baien 三浦梅園

1775 『玄語』, in 『梅園全集』 [Complete works of Baien] (Tokyo: Kōdōkan, 1919–1920), 1: 1–299; nst 41: 9–602. "Deep Words," in Rosemary Mercer, *Deep Words: Miura Baien's System of Natural Philosophy* (Leiden: E. J. Brill, 1991), 78–149.

1776 "與弓埼美忠" [Letter to Yumisaki Yoshitada], in *Complete Works of Baien* 2: 748–50.

1785 "與麻田剛立" [Letter to Asada Gōryū], in *Complete Works of Baien* 2: 752–4.

Miyake Gōichi 三宅剛一

1966 『人間存在論』 [Human ontology] (Tokyo: Keisō Shobō, 1966).

Mori Arimasa 森有正

1972 『経験と思想』 [Experience and Thought], in 『森有正全集』 [Complete works of Mori Arimasa] (Tokyo: Chikuma Shobō, 1978-1982) 12: 3-186.

Morita Shiryū 森田子龍

1970 "書と抽象絵画" [Calligraphy and abstract painting], in 『森田子龍第一作品集』 [A first collection of the works of Morita Shiryū] (Kyoto: Bokubi Press, 1970), 120-33.

Motoori Norinaga 本居宣長

1763 "石上私淑言" [Personal views on poetry], in 『本居宣長全集』 [Complete Works of Motoori Norinaga] (Tokyo: Chikuma Shobō, 1968-1975), 2: 85-189. Partial English trans. by Michael F. Marra, *The Poetics of Motoori Norinaga: A Hermeneutical Journey* (Honolulu: University of Hawai'i Press, 2007), 172-94.

1771 "直毘霊" [The spirit of rectification], in *Complete Works of Motoori Norinaga* 9: 49-63. Trans. adjusted from Nishimura Sey in *Monumenta Nipponica* 46/1 (1991): 27-41; nsts 7: 63-87. Alternative trans. by Ann Wehmeyer, *Kojiki-den Book* 1 (Ithaca: Cornell University East Asia Program, 1997), 213-38.

1780 『くすばな』 [Arrowroot], in *Complete Works of Motoori Norinaga* 8: 123-79; nsts 7: 187-276.

1798 『うひ山ぶみ』 [First steps into the mountain], in *Complete Works of Motoori Norinaga*, 1: 3-30. English trans. by Nishimura Sey, "Uiyamabumi," *Monumenta Nipponica* 42/4 (1987): 456-92.

Musō Soseki 夢窓疎石

1342 『夢中問答』, critical edition by Satō Tai shun 佐藤泰舜 (Tokyo: Iwanami Shoten, 1991). English trans. by Thomas Y. Kirchner, *Dialogues in a Dream* (Kyoto: Tenryu-ji Institute for Philosophy and Religion, 2010).

Mutai Risaku 務台理作

1939 『社会存在論』 [Social ontology], in 『務台理作著作集』 [Collected writings of Mutai Risaku] (Tokyo: Kobushi Shobō, 2000-2002) 4: 7-172.

1961 『現代のヒューマニズム』 [Humanism today], in *Collected Writings of Mutai Risaku* 6: 165-304.

Myōe Kōben 明恵高弁

1197『高山寺明恵上人行状（仮名行状）』［Acts of saint Myōe of Kōzan-ji,（*Kana* acts）］, in『高山上人資料』［Saint Myōe: Resources］（Tokyo: University of Tokyo Press, 1971）1: 1–80.

Nakae Chōmin 中江兆民

1901『一年有半』『続一年有半』,［A year and a half; A year and a half, continued］, in『中江兆民全集』［Complete works of Nakae Chōmin］（Tokyo: Iwanami Shoten, 1983–1986）10: 125–292; knst 3: 145–74.

Nakae Tōju 中江藤樹

1640『翁問答』［Dialogues with an old man］, in『藤樹先生全集』［Complete works of Master Tōju］（Ōtsu: Kōbundō, 1976）3: 57–276; nst 29: 19–177. Partial alternative trans. by Barry Steben, sjt-2, 2: 117–21.

1651『文武問答』［Dialogues on letters and arms］in *Complete Works of Master Tōju*, 3: 5–322.

N. D. "文集、巻乃三、五、二十一"［Complete writings, scrolls 3, 5, 21］, in *Complete Works of Master Tōju*, 1: 117–54, 215–50; 2: 557–90. Partial alternative trans. by Tsunoda Ryūsaku, sjt–1 1: 374–5; sjt–2, 2: 115–6, 121.

Nakamura Hajime 中村元

1956『日本宗教の近代性』［Modernity in Japanese religion］, in『中村元選集』［Collected works of Nakamura Hajime］（Tokyo: Shunjūsha, 1988–1999）, 別巻 8.

1964 *Ways of Thinking of Eastern Peoples: India, China, Tibet, Japan*（Honolulu: University of Hawai'i Press, 1964）. 1967 "Consciousness of the Individual and the Universal among the Japanese," in Moore 1967, 179–200.

1998『東西文化の交流』［East-West cultural exchange］, in *Collected Works of Nakamura Hajime*, 別巻 5.

Nakamura Yūjirō 中村雄二郎

1979『共通感覚論——知の組みかえのために』［A theory of common sense: Towards a reassembly of knowledge］, in『中村雄二郎著作集』［Collected writings of Nakamura Yūjirō] (Tokyo: Iwanami Shoten, 1993) 5.

1982『パトス論』[A theory of pathos], in *Collected Writings of Nakamura Yūjirō* 6: 1-283.

1983『西田几多郎』[Nishida Kitarō], in *Collected Writings of Nakamura Yūjirō* 7: 1-193.

1987『西田哲学の脱構築』[The deconstruction of Nishida's philosophy], in *Collected Writings of Nakamura Yūjirō* 7: 195-358.

Nichiren 日蓮

1260 "立正安国論", in『日蓮大聖人御書全集』[*Complete writings of Nichiren Daishōnin*] (Tokyo: Sōka Gakkai, 1987), 17-35; nkbt 82: 291-326. English trans., "On Establishing the Correct Teaching for the Peace of the Land," in *The Writings of Nichiren Daishonin* (Tokyo: Soka Gakkai, 2003, 2006), 1: 6-27. Alternative trans. by Nichiren Shū Overseas Ministers in Kyōtsu Hori et al., *Writings of Nichiren Shōnin* (Tokyo: Nihiren Shū Overseas Promotion Association, 2002-2007), 4 vols.

1264 "月水御書", in *Complete Writings of Nichiren Daishōnin*, 1199-1203. English trans., "The Recitation of the 'Expedient Means' and 'Life Span' Chapters," in *The Writings of Nichiren Daishonin*, 1: 68-75.

1266 "女人成仏抄", in *Complete Writings of Nichiren Daishōnin*, 470-3. English trans., "On the Attainment of Buddhahood by Women," in *The Writings of Nichiren Daishonin*, 2: 306-10.

1275 "教行証御書", in *Complete Writings of Nichiren Daishōnin*, 1276-83. English trans., "The Teaching, Practice, and Proof," in *The Writings of Nichiren Daishonin*, 1: 473-83.

1277 "六郎次郎殿御返事", in *Complete Writings of Nichiren Daishōnin*, 1464-6. English trans., "The Kalpa of Decrease," in *The Writings of Nichiren Daishonin*, 1: 1120-2.

N. D. "白米一俵御書", in *Complete Writings of Nichiren Daishōnin*, 1596-7. English trans., "The Gift of Rice," in *The Writings of Nichiren Daishonin*, 1: 1125-6.

Ninomiya Sontoku 二宮尊徳

1893 『二宮翁夜話』［Ninomiya's evening talks］, in nst 52: 122–234;『二宮尊徳全集』［Complete works of Ninomiya Sontoku］(Tokyo: Fukumura Shoten, 1957), vols. 1–2. Partial alternative trans. by Yamagata Isō 山縣五十雄 in Ishiguro Tadaatsu 石黒忠篤, ed., *Ninomiya Sontoku: His Life and "Evening Talks"* (Tokyo: Kenkyūsha, 1955), 77–246.

Nishi Amane 西周

1862 "西洋哲学に対する関心を述べた松岡鱗次郎宛の書翰"［Letter to Matsuoka Rin jirō on interest in western philosophy］, in『西周全集』［*Complete works of Nishi Amane*］(Tokyo: Munetaka Shobō, 1960) 1: 7–11.

1870 "復某氏書"［A critique of Native Studies and development of a theory of knowledge］, in *Complete Works of Nishi Amane* 1: 291–307.

1871 『百学連環』［Encyclopedia］, in *Complete Works of Nishi Amane* 4: 8–294; mbz 3 46–62 (partial).

1873 『生性発蘊』［Foundations of physiology and psychology］, in *Complete Works of Nishi Amane* 1: 29–129; mbz 80: 3–17 (partial).

1874A 『百一新論』［A new theory of the unity of the various fields of learning］, in *Complete Works of Nishi Amane* 1: 232–89; mbz 3: 2–24.

1874B "教門論"［Discussions on religion］, in『日本の名著』［Japanese classics］(Tokyo: Chūōkōronsha, 1972), 34: 186–98; mbz 3: 81–7.

1879 "自由ハ自立ニ成ルノ説"［On the idea that freedom is independence］, in *Complete Works of Nishi Amane* 2: 312–13.

1882 『尚白劄記』［Jottings］, in *Complete Works of Nishi Amane* 1: 165–72.

Nishida Kitarō 西田几多郎

1911 『善の研究』, in『西田几多郎全集』［Complete works of Nishida Kitarō］(Tokyo: Iwanami Shoten, 2003–2009) 1: 3–159. English trans. by Masao Abe and Christopher A. Ives, *An Inquiry into the Good* (New Haven: Yale University Press, 1990).

1923 "哲学"［Philosophy］, in『哲学事典』［Dictionary of philosophy］(Tokyo: Iwanami Shoten, 1923), 667–8.

1926 "場所" [Place], in *Complete Works of Nishida Kitarō* 3: 415–77.

1927 "働くものから見るものへ" [From working to seeing], in *Complete Works of Nishida Kitarō* 4: 249–554.

1932 "ゲーテの背景" [Goethe's background], in *Complete Works of Nishida Kitarō* 7: 321–30. Alternative trans. by Robert Schinzinger in Nishida Kitarō, *Intelligibility and the Philosophy of Nothingness* (Tokyo: Maruzen, 1958), 143–59.

1933 『形而上学序論』 [Preface to metaphysics], in *Complete Works of Nishida Kitarō* 7: 5–65.

1936 "再版の序" [Preface to the new typesetting of *An Inquiry into the Good*], in *Complete Works of Nishida Kitarō* 1: 3–4. English trans., *An Inquiry into the Good*, xxxi–iv.

1944 "哲学論文集第四補遺" [Supplement 4 to *Collected Philosophical Essays*], in *Complete Works of Nishida Kitarō* 11: 192–207.

1945A "場所的論理と宗教的世界観", in *Complete Works of Nishida Kitarō* 10: 295–367. English trans. by Michiko Yusa, "The Logic of Topos and the Religious Worldview," *The Eastern Buddhist* 19/2 (1986): 1–29; 20/1 (1987): 81–119; English adjusted.

1945B "私の論理について" [Concerning my logic], in *Complete Works of Nishida Kitarō* 10: 431–2. Alternative trans. by David A. Dilworth, "Concerning My Logic," in *Last Writings: Nothingness and the Religious Worldview* (Honolulu: University of Hawai'i Press, 1987), 125–6.

Nishitani Keiji 西谷启治

1949 『ニヒリズム』 [Nihilism], in 『西谷启治著作集』 [Collected writings of Nishitani Keiji] (Tokyo: Sōbunsha, 1986–1995), 8: 3–290. English trans. by Graham Parkes and Aihara Setsuko, *The Self-Overcoming of Nihilism*, (Albany: SUNY Press, 1990).

1953 "生花について" [*Ikebana*] in *Collected Writings of Nishitani Keiji* 20: 212–19. English trans. by Jeff Shore, "Ikebana: A Glimpse of Emptiness," *Kyoto Journal* (Fall 1987), 33–5.

1961 『宗教とは何か』 [What is religion?], in *Collected Writings of Nishitani*

Keiji 10. English trans. by Jan Van Bragt, *Religion and Nothingness* (Berkeley: University of California Press, 1982).

1982 "空と即", in *Collected Writings of Nishitani Keiji* 13: 111–60. English trans. by Michael Marra, "Emptiness and Sameness," in *Modern Japanese Aesthetics: A Reader* (Hono lulu: University of Hawai'i Press, 1999), 179–217.

Ogyū Sorai 荻生徂徠

1726 『政談』[Discourses on government], in nst 36: 259–445.

1727 『徂徠先生答問書』, in 『荻生徂徠全集』[Complete works of Ogyū Sorai] (1973–1977) 1: 421–86; nkbt 94: 179–220. English trans. by Samuel Hideo Yamashita, *Master Sorai's Responsals: An Annotated Translation of "Sorai sensei tōmonsho"* (Honolulu: University of Hawai'i Press, 1994).

1737A 『弁名』[Distinguishing names], in *Complete Works of Ogyū Sorai* 1: 29–128; nst 36: 37–186. English trans. by John A. Tucker, *Ogyū Sorai's Philosophical Masterworks: The Bendō and Benmei* (Honolulu: University of Hawai'i Press, 2006), 171–337.

1737B "弁道" [Distinguishing the way], in *Complete Works of Ogyū Sorai* 1: 9–27; nst 36: 9–36. English trans. by John A. Tucker, in *Ogyū Sorai's Philosophical Masterworks*, 137–67.

Ōhashi Ryōsuke 大橋良介

1986 『〈切れ〉の構造——日本美と現代世界』[The structure of the cut: Japanese beauty and the contemporary world] (Tokyo: Chūōkōronsha, 1986).

1998 『悲の現象論序説——日本哲学の六テーゼより』[Prolegomenon to a phenomenoetics of compassion: Six theses on Japanese philosophy] (Tokyo: Sōbunsha, 1998).

2005 『聞くこととしての歴史——歴史の感性とその構造』[History as listening: The sense of history and its structure] (Nagoya: Nagoya Daigaku Shuppankai, 2005).

2009 『感性の精神現象学』[A phenomenology of mind for sensibility] (Tokyo: Sōbunsha).

Ōkuni Takamasa 大國隆正

1861 "神理小言"［Small words on the divine principle］, in 『大國隆正全集』［Complete works of Ōkuni Takamasa］（Tokyo: Kokusho Kankōkai, 2001）8: 98-123.

Ōmori Shōzō 大森荘蔵

1973 "ことだま論——言葉と〈もの-こと〉"［*Kotodama* theory: Words and "things"］, in 『大森荘蔵著作集』［Collected writings of Ōmori Shōzō］（Tokyo: Iwanami Shoten, 1998-1999）, 4: 115-67.

1995 "〈後の祭り〉を祈る——過去は物語り"［A prayer for the "day after": The past as a tale］, in *Collected Writings of Ōmori Shōzō* 9: 45-9.

Ōnishi Hajime 大西祝

1893 "忠孝と道徳の基本"［Loyalty, filial piety, and the foundations of morality］, in 『大西祝全集』［Complete works of Ōnishi Hajime］（Tokyo: Nihon Tosho Sentā, 1982）, 5: 308-23; mbz 80: 112-16.

Ōnishi Yoshinori 大西克礼

1939 『幽玄とあはれ』［*Yūgen* and *aware*］（Tokyo: Iwanami Shoten, 1939）.

Orikuchi Shinobu 折口信夫

1943 "国学の幸福"［The good fortunes of Native Studies］, in 『折口信夫全集』［Complete works of Orikuchi Shinobu］（Tokyo: Chūōkōronsha, 1955-1957）, 20: 306-19.

1949 "神道の新しい方向"［The new direction of Shinto］, in *Complete Works of Orikuchi Shinobu* 20: 461-72.

Saichō 最澄

1480 『修禅寺相伝私注』［Private note on the transmission from Xiu chan-si］, in 『伝教大師全集』［Complete works of Dengyō Daishi］（Tokyo: Sekai Seiten Kankō Kyōkai, 1975）, 5: 69-90; nst 9, 41-96.

Sakabe Megumi 坂部恵

1987 "〈主体の鏡と物神〉としてのことば"［Language as "mirror and idol of the subject"］, in 『坂部恵集』［Sakabe Megumi anthology］（Tokyo: Iwanami Shoten, 2006-2007）5: 23-46.

Satō Naokata 佐藤直方

1686 『董伸舒像賛 討論筆記』[Notes on a discussion concerning the title of a portrait of Dong Zhongshu], in 『増訂 佐藤直方全集』[Complete works of Satō Naokata, revised edition] (Tokyo: Perikansha, 1979) 1: 41-72. English trans. of selection by Barry D. Steben, "Orthodoxy and Legitimacy in the Kimon School," part 1, *Sino-Japanese Studies* 8/2 (1996): 6-49.

1705 "四十六人之筆記" [An account of the forty-six *rōnin*], in *Complete Works of Satō Naokata* 1: 579-81; nst 27: 378-80. English trans. by Barry Steben and John A. Tucker, sjt-2, 2: 449-51.

1706 『中国論集』[China], in *Complete Works of Satō Naokata* 1: 549-66; nst 31: 420-5. Partial English trans. by Barry Steben in sjt-2, 2: 96-8.

1716 『学談雑録』[Record of talks on learning], in *Complete Works of Satō Naokata* 1: 73-140; nst 31: 428-62. English trans. of selected passages in Minamoto Ryōen, "*Jitsugaku* and Empirical Rationalism in the First Half of the Tokugawa Period," Wm. Theodore deBary and Irene Bloom, eds., *Principle and Practicality: Essays in Neo-Confucianism and Practical Learning* (New York: Columbia University Press, 1979), 375-469.

1717 "静坐集説" [Quiet sitting], in *Complete Works of Satō Naokata*, 3: 465-71.

N. D. 『王学論談』[A talk on theories of Wang Yangming], in *Complete Works of Satō Naokata*, 1: 505-28. English. trans. of selected passages in Minamoto, "*Jitsugaku* and Empirical Rationalism in the First Half of the Tokugawa Period."

Shidō Bunan 至道無難

1670 "即心記" [Descriptions of this mind], in 『至道無難禅師集』[Zen Master Shidō Bunan anthology] (Tokyo: Shunjūsha, 1981), 3-50. English trans. by Kobori Sōhaku and Norman A. Waddell, "Sokushin-ki," *The Eastern Buddhist* 3 (1970) 89-118.

Shimomura Toratarō 下村寅太郎

1962 "哲学的思惟の多様性について", in 『下村寅太郎著作集』[Collected writings of Shimomura Toratarō] (Tokyo: Misuzu Shobō, 1982-1999) 11:

468–89. Alternative trans. in "On the Varieties of Philosophical Thinking," *Philosophical Studies of Japan* 4（1963）：1–21.

1977 『西田几多郎——人と思想』［Nishida Kitarō: The man and his thought］（Tokyo: Tōkai Daigaku Shuppankai, 1977）.

Shinran 親鸞

1247 『顕浄土真実教行証文類』［A collection of passages revealing the true teaching, practice, and realization of the Pure Land way］, in 『真宗聖教全書』［Complete sacred texts of Shin Buddhism］（Kyoto: Ōyagi Kōbundō, 1941）, 1: 1–203; nst 11: 15–260. Alternative trans. in *The Complete Works of Shinran*（Kyoto: Jōdo Shinshū Hongwanji-ha, 1997）, 1: 77–292.

1250 "唯信鈔文意"［Notes on "Essentials of Faith Alone"］, in *Complete Sacred Texts of Shin Buddhism*, 2: 621–38. Alternative trans. in *The Complete Works of Shinran*, 1: 451–69.

1255 "尊号真像銘文"［Notes on the inscriptions on sacred scrolls］, in *Complete Sacred Texts of Shin Buddhism* 2: 577–603. Alternative trans. in *The Complete Works of Shinran* 1: 491–520.

1258A "正像末和讃"［Hymns of the dharma ages］, in *Complete Sacred Texts of Shin Buddhism*, 2: 516–31; nkbt 82: 89–113. Alternative trans. in *The Complete Works of Shinran* 1: 397–429.

1258B "末燈鈔"［Lamp for the latter days］, in *Complete Sacred Texts of Shin Buddhism*, 2: 656–94; nkbt 82: 115–51. Alternative trans. in *The Complete Works of Shinran* 1: 521–33.

N. D. 『歎異抄』［A record of lament over divergence］, in *Complete Sacred Texts of Shin Buddhism*, 2: 773–95; nkbt 82: 191–215. Alternative trans. in *The Complete Works of Shinran* 1: 661–81.

Shōtetsu 正徹

1450 『正徹物語』, in nkbt 65: 166–234. English trans. by Robert H. Brower in *Conversations with Shōtetsu*（Ann Arbor: University of Michigan Press, 1992）, 113–64.

Shōtoku Taishi 聖徳太子

604 "憲法十七条"［Seventeen-article constitution］, nst 2：12–23.

Soga Ryōjin 曽我量深

1900 "弥陀及び名号の観念"［Mida and the idea of the Buddha's name］『曽我量深選集』［Selected writings of Soga Ryōjin］（Tokyo：Yayoi Shobō，1970–1972），1：250–68.

1901 "余が信仰"［My faith］, in *Selected Writings of Soga Ryōjin* 1：269–82.

1914 "原始の如来"［The original Buddha］, in *Selected Writings of Soga Ryōjin* 3：25–8.

1917A "名号の世界"［The world of the Buddha's name］, in *Selected Writings of Soga Ryōjin* 3：265–81.

1917B "親鸞聖人の人格と信仰"［The personality and faith of Shinran］, in *Selected Writings of Soga Ryōjin* 4：442–9.

1917C "正覚より本願へ"［From enlightenment to vow］, in *Selected Writings of Soga Ryōjin* 3：121–43.

1917D "大自然の胸に"［In nature's bosom］, in *Selected Writings of Soga Ryōjin* 3：175–211.

1918 "法界より衆生界へ"［From the world of the dharma to the world of sentient beings］, in *Selected Writings of Soga Ryōjin* 3：237–42.

1938 "七祖教系論"［Explaining the lineage of the seven patriarchs］, in *Selected Writings of Soga Ryōjin*, 1：3–165.

Suzuki Shōsan 鈴木正三

1619 "盲安杖"［A safe staff for the blind］, in 『鈴木正三道人全集』［Complete works of the monk Suzuki Shōsan］（Tokyo：Sankibō Busshorin，1981）49–60; nkbt 83：242–61. English trans. by Royall Tyler, *Selected Writings of Suzuki Shōsan*（Ithaca：Cornell University Press，1977），31–52.

1662 "破吉利支丹", in *Complete Works of the Monk Suzuki Shōsan*, 131–7; nst 25：450–7. English trans. by George Elison, *Deus Destroyed：The Image of Christianity in Early Modern Japan*（Cambridge：Harvard University Press，1973），377–89.

1696 『驢鞍橋』［Donkey Saddle Bridge］, in *Complete Works of the Monk Suzuki Shōsan*, 138–284. English trans. by Royall Tyler, *Selected Writings of Suzuki Shōsan*, 75–198.

Suzuki (Teitarō) Daisetsu 鈴木（貞太郎）大拙

1940 "禅経験の研究について"［Studying Zen experience］, in 『鈴木大拙全集』［Complete writings of D. T. Suzuki］(Tokyo：Iwanami Shoten, 1968–1970) 13：497–517.

1942 "他力の信心について"［Trusting faith and other-power］, in *Complete writings of D. T. Suzuki* 6：210–46.

1943 "大乗仏教の世界的使命――若き人々に寄す"［The world mission of Mahayana Buddhism：To the youth］, in *Complete writings of D. T. Suzuki* 32：420–35. Alternative English trans. by Wayne Yokoyama, "The International Mission of Mahayana Buddhism," *The Eastern Buddhist* 39/2（2008）：79–93.

1944A "金剛経の禅"［The Zen of the *Diamond Sutra*］, in *Complete writings of D. T. Suzuki* 5：263–45；knst 12：95–158.

1944B "日本的霊性", in *Complete writings of D. T. Suzuki* 8：1–223. English trans. by Norman Waddell（Tokyo：Japan Society for the Promotion of Science, 1972）.

Takahashi Satomi 高橋里美

1912 "意識現象の事実とその意味――西田氏著『善の研究』を読む"［The reality and meaning of conscious phenomena：Reading Nishida Kitarō's *Inquiry into the Good*］, in 『高橋里美全集』［Complete works of Takahashi Satomi］(Tokyo：Fukumura Shuppansha, 1973) 4：153–82.

1929 "体験全体の立場"［A standpoint of empirical totality］, in *Complete Works of Takahashi Satomi*, 1：84–96.

1940 "包弁証法（要旨）"［Inclusive dialectics（A summary）］, in *Complete Works of Takahashi Satomi*, 3：310–14.

Takeuchi Yoshimi 竹内好

1948 "近代とは何か", in 『竹内好全集』［Complete writings of Takeuchi Yoshimi］(Tokyo：Chikuma Shobō, 1980–1982), 4：128–71. English trans. by

Richard F. Calichman, "What is Modernity?", in *What is Modernity? Writings of Takeuchi Yoshimi* (New York: Columbia University Press, 2004), 53–81.

1959 "近代の超克", in『竹内好全集』8: 3–67. English trans. by Richard F. Calich man, "Overcoming Modernity," in *What is Modernity?*, 103–47.

1961 "方法としてのアジア" in『竹内好全集』5: 90–114. English trans. by Richard F. Calichman, "Asia as Method," in *What is Modernity?*, 149–65.

Takeuchi Yoshinori 武内義範

1960 "仏陀の沈黙" [The silence of the Buddha], in『武内義範著作集』[Collected writings of Takeuchi Yoshinori] (Kyoto: Hōzōkan, 1999), 3: 309–32. English trans. by James W. Heisig in Takeuchi Yoshinori, *The Heart of Buddhism: In Search of the Timeless Spirit of Primitive Buddhism* (New York: Crossroad, 1983), 127–43.

1974『親鸞と現代』[Shinran and the world today], in *Collected Writings of Takeuchi Yoshinori* 2: 3–160. Partial English trans. by James W. Heisig in *The Heart of Buddhism*, 127–43.

Takizawa Katsumi 滝沢克己

1936『西田哲学の根本問題』[Fundamental questions in Nishida's philosophy], in『滝沢克己著作集』[Collected writings of Takizawa Katsumi] (Kyoto: Hōzōkan, 1972–1973) 1: 1–194.

1954 "西田几多郎" [Nishida Kitarō], in *Collected Writings of Takizawa Katsumi* 1: 419–38.

1973『日本人の精神構造――イザヤ・ベンダサンの批評にこたえて』[The structure of the Japanese mind: A response to the critique of Isaiah Ben Dasan] (Tokyo: Kōdansha, 1973).

Takuan Sōhō 沢庵宗彭

1642『不動智神妙録』[Notes on the mysteries of undisturbed wisdom], in『沢庵和尚全集』[Complete works of Priest Takuan] (Tokyo: Nihon Tosho Sentā, 2001) 5: 1–27.

Tamaki Kōshirō 玉城康四郎

1982『仏教の根底にあるもの』[Things at the ground of Buddhism] (Tokyo：Kōdan sha，1986）．1983『東西思想の根底にあるもの』［Things at the ground of ideas East and West］（Tokyo：Kōdansha，2001）．

Tanabe Hajime 田辺元

1935 "社会存在の論理"［The logic of social existence］, in『田辺元全集』［Complete works of Tanabe Hajime］（Tokyo：Chikuma Shobō, 1963–1964）, 6：51–167.

1936 "種の論理と世界図式"［The Logic of the specific and a world scheme］, in *Complete Works of Tanabe Hajime* 6：171–264.

1937 "種の論理の意味を明にす"［Clarifying the logic of the specific］, in *Complete Works of Tanabe Hajime* 6：447–521.

1939A "国家的存在の論理"［The logic of national existence］, in *Complete Works of Tanabe Hajime* 7：25–99.

1939B "正法眼蔵の哲学私観"［My view of the *Shōbōgenzō*］, in *Complete Works of Tanabe Hajime* 5：443–94.

1940『歴史的現実』［Historical reality］, in *Complete Works of Tanabe Hajime* 8：117–69.

1945 "懺悔道としての哲学" in *Complete Works of Tanabe Hajime* 9：1–269. English trans. by Takeuchi Yoshinori, Valdo Viglielmo, and J. W. Heisig in Tanabe Hajime, *Philosophy as Metanoetics*（Berkeley：University of California Press，1986）.

Teshima Toan 手島堵庵

1771『坐談随筆』［Notes of a conversation］, in『増補 手島堵庵全集』［Complete works of Teshima Toan, revised and expanded］（Osaka：Seibundō, 1973）, 21–30.

Tominaga Nakamoto 富永仲基

1745 "出定後語", in nmc 18：73–173. English trans. by Michael Pye, "Emerging from Meditation and Then Speaking," in *Emerging from Meditation*（Honolulu：University of Hawai'i Press，1990），71–183.

1746『翁の文』, in nkbt 97：541–61. English trans. by Katō Shūichi, "*Okina no fumi*：The Writings of an Old Man," *Monumenta Nipponica* 22/1–2

(1967), 194–210. Alternative trans. by Michael Pye, in *Emerging from Meditation*, 48–70.

Tosaka Jun 戸坂潤

1930 "イデオロギーの論理学" [The logic of ideology] 『戸坂潤全集』[Complete works of Tosaka Jun] (Tokyo: Keisō Shobō, 1966–1967), 2: 1–80.

1933 『現代哲学講話』[Lectures on contemporary philosophy], in *Complete Works of Tosaka Jun* 3: 1–218.

1936A 『思想と風俗』[Thought and mores], in *Complete Works of Tosaka Jun* 4: 269–453.

1936B 『日本イデオロギー論』[Japanese ideology], in *Complete Works of Tosaka Jun* 2: 225–438.

1937 『世界の一環としての日本』[Japan as part of the world], in *Complete Works of Tosaka Jun* 5: 3–226.

Tsujimura Kōichi 辻村公一

1982 "西洋と東洋における〈一即一切〉の相違について" [Differences between the eastern and western ideas of "all-in-one-"], in 『一即一切——日独哲学コロクィウム論文集』[All-in-one: Discussions between Japanese and German philosophy] (Tokyo: Sōbunsha, 1986), 391–406.

Ueda Kenji 上田賢治

1986 『神道神学』[Shinto theology] (Tokyo: Taimeidō, 1986). 1991 『神道神学論考』[Studies in Shinto theology] (Tokyo: Taimeidō, 1991).

Ueda Shizuteru 上田閑照

1990 "言葉と神秘主義" [Words and mysticism], in 『上田閑照集』[Ueda Shizuteru anthology] (Tokyo: Iwanami Shoten, 2001–2003) 8: 288–303.

1997 "言葉——その〈虚〉のちから" [The "hollow" power of words], in *Ueda Shizuteru Anthology* 2: 347–67.

2001 "後語 禅へ、禅から——機縁と歩み" [Afterword: From Zen and back again: An affinity takes its course], in *Ueda Shizuteru Anthology* 4: 369–92.

Umehara Takeshi 梅原猛

1967A 『美と宗教の発見——創造的日本文化論』[The discovery of beauty

and religion: Creative theories of Japanese culture] (Tokyo: Chikuma Shobō, 1967).

1967B 『地獄の思想――日本精神の一系譜』(Tokyo: Chūōkōron, 1967). English trans. by Robert J. J. Wargo, *The Concept of Hell* (Tokyo: Shūeisha, 1996).

1992 "脳死――ソクラテスの徒は反対する" [Brain death: Opposition from a disciple of Socrates], in 『〈脳死〉と臓器移植』 ["Brain death" and organ transplants] (Tokyo: Asahi Shinbunsha, 1992), 207–36.

Watsuji Tetsurō 和辻哲郎

1923 『沙門道元』 [The monk Dōgen], in 『和辻哲郎全集』 [Complete works of Watsuji Tetsurō] (Tokyo: Iwanami Shoten, 1961–1963) 4: 156–246.

1931 『続日本精神史研究』 [Historical research into the intellectual history of Japan: Part 2], in *Complete Works of Watsuji Tetsurō* 4: 273–551.

1933 『孔子』 [Confucius], in *Complete Works of Watsuji Tetsurō* 6: 257–356.

1935 『風土』, in *Complete Works of Watsuji Tetsurō* 8: 1–256. English trans. by Geoffrey Bownas, *Climate and Culture* (Westport, Conn.: Greenwood Press, 1988). Translation revised.

1945 『倫理学』 [Ethics], in *Complete Works of Watsuji Tetsurō* 10. Alternative trans. by Yamamoto Seisaku and Robert E. Carter, *Watsuji Tetsurō's "Rinrigaku": Ethics in Japan* (Albany: SUNY Press, 1996).

Yagi Seiichi 八木誠一

1978 "Buddhism and Christianity," *The Northeast Asia Journal of Theology* (March 1978) 20: 1–18. English adjusted.

1988 *Die Front-Struktur als Brucke vom buddhistischen zum christlichen Denken* (Munich: Kaiser Verlag, 1988); English trans. from Seiichi Yagi and Leonard Swidler, *A Bridge to Buddhist-Christian Dialogue* (New York: Paulist Press, 1990), 73–152.

Yamaga Sokō 山鹿素行

1665A 『聖教要録』 [Essential records of the sagely teachings], in nst 32: 8–28.

1665B 『山鹿語類 巻第二十一』［Conversations, Part 21］, in nst 32: 29–171.

Yamakawa Kikue 山川菊栄

1919 "労働階級の姉妹へ"［To my sisters in the working class］, in 『山川菊栄集』［Yamakawa Kikue anthology］(Tokyo: Iwanami Shoten, 1981–1982), 1: 247–53.

1928 "フェミニズムの検討"［Examining feminism］, in *Yamakawa Kikue Anthology* 5: 157–74.

1931 "満州の銃声"［Gunshots in Manchuria］, in *Yamakawa Kikue Anthology* 6: 8–13.

Yamazaki Ansai 山崎闇斎

1650 "白鹿洞学規集註序"［Preface to the collected commentaries on the *White Deer Grotto Academy*］, in 『続 山崎闇斎全集』［Supplement to the Complete works of Yamazaki Ansai］(Tokyo: Nihon Koten Gakkai, 1937) 3: 1–2. English trans. by William Theodore de Bary, sjt-2, 2: 251–2.

1667 『洪範全書』［Complete writings on the great norm］, in *Supplement to the Complete Works of Yamazaki Ansai* 2: 236–371.

1671 『藤森弓兵政所の記』［Record of the Fujimori Shrine］, in Ishida Ichirō 石田一良, ed., 『神道思想集』［A collection of Shinto thought］(Tokyo: Chikuma Shobō), 272–4.

1675 "垂加翁神説"［Yamazaki Ansai's explanation of *kami*］, in *A Collection of Shinto Thought*, 249–98.

N. D. -A 『神代巻講義』［Lectures on the "Age of the *Kami*" chapters］, in *Supplement to the Complete Works of Yamazaki Ansai* 3: 206–304. English trans. of selections by Herman Ooms, *Tokugawa Ideology: Early Constructs*, 1570–1680 (Princeton: Princeton University Press, 1985) and Tsunoda Ryūsaku, sjt-2, 2: 88–9.

N. D. -B 『垂加草』［Notes of Yamazaki Ansai］, in 『山崎闇斎全集』［Complete works of Yamazaki Ansai］(Tokyo: Nihon Koten Gakkai, 1936–1937) 1. English trans. of selection by Tsunoda Ryūsaku, sjt-2, 2: 87–8.

Yasuda Rijin 安田理深

1960 "名号について——名は単に名にあらず"［The name that is not a name］, in『安田理深選集』［Collected writings of Yasuda Rijin］（Kyoto: Bun'eidō Shoten, 1983-1994）, 1: 318-45.

Yosano Akiko 与謝野晶子

1911『一隅より』［From a corner］, in『定本 与謝野晶子全集』［Complete works of Yosano Akiko, revised edition］（Tokyo: Kōdansha, 1979-1981）14: 3-328.

1915 "鏡心燈語"［Mind as mirror, words as torch］, in *Complete Works of Yosano Akiko* 14: 430-57.

1916 "母性偏重を排す"［Eliminating the motherhood bias］, in *Complete Works of Yosano Akiko* 15: 194-206.

1918 "三面一体の生活へ"［A life of unity in three dimensions］, in *Complete Works of Yosano Akiko* 16: 317-31.

1919 "婦人改造の基礎的考察"［Basic thoughts on women's reform］, in *Complete Works of Yosano Akiko* 17: 201-16.

1926 "私の生活"［My life］, in *Complete Works of Yosano Akiko* 19: 389-92.

1931 "私の歌を作る心持"［The mind in which I compose my poems］, in *Complete Works of Yosano Akiko* 20: 294-313.

Yuasa Yasuo 湯浅泰雄

1970『近代日本の哲学と実存思想』［Modern Japanese philosophy and existential thought］, in『湯浅泰雄全集』［Complete works of Yuasa Yasuo］（Tokyo: Hakua Shobō, Being-Net Press, 1999-2008）11: 136-489.

1977『身体論』［A theory of the body］, in *Complete Works of Yuasa Yasuo* 14: 136-395. English trans. by Nagatomo Shige nori and T. P. Kasulis, *The Body: Toward an Eastern Mind-Body Theory*（Albany: SUNY Press, 1987）.

1978『ユングとキリスト教』［Jung and Christianity］, in *Complete Works of Yuasa Yasuo* 3: 94-361.

2001 "現代人のたましいを問うユング心理学"［Jungian psychology questions the modern soul］, in『ユング心理学と現代の危機』［Jungian psychology and the crisis of our times〕（Tokyo：Kawade Shobō Shinsha, 2001）, 9–78.

Zeami Motokiyo 世阿弥元清

1418 "風姿花伝", in nst 24：13–75. English trans. by Tom Hare, "Transmitting the Flower through Effects and Attitudes," in *Zeami：Performance Notes*（New York：Columbia University Press, 2008）, 24–73.

1420 "至花道", in nst 24：111–20. English trans. by Tom Hare, "A Course to Attain the Flower," in *Zeami*, 129–38.

1424 "花鏡", in nst 24：83–110. English trans. by Tom Hare, "A Mirror to the Flower," in *Zeami*, 97–126.

1428 "拾玉得花", in nst 24：183–96. English trans. by Tom Hare "Pick Up a Jewel and Take the Flower in Hand," in *Zeami*, 204–22.

其他引用文獻

Aizawa Seishisai 会泽正志斋

1825 『新論講話』〔Lectures on the "New Theses"〕（Tokyo：Iwanami Shoten, 1941）. Partial English trans. by William Theodore de Bary and Tsunoda Ryūsaku, sjt-2, 2：621–5.

Andō Bun'ei 安藤文英 and Jinbo Nyoten 神保如天

1914 『正法眼蔵註解全書』〔Complete commentaries on the *Shōbōgenzō*〕（Tokyo：Mugasanbō, 1956）, 11 vols.

Baumgarten, Alexander Gottlieb

1750 *Estetica*（Milano：Vita e Pensiero, 1993）.

Busse, Ludwig

1892 *Introduction to Philosophy*（Tokyo, 1892）.

Daidōji Yūzan 大道寺友山

1834 『武道初心集上巻』〔Collected writings on martial arts for novices, Part 1〕, in 『武士道全書』〔Collected writings on *bushidō*〕（Tokyo：Jidaisha, 1942）, 2：297–368.

Fujiwara no Teika 藤原定家

1222 "詠歌大概" [Essentials of poetic composition], nkbt 50: 493-510. Partial English trans., sjt-2, 1: 203-4.

Hashimoto Mineo 橋本峰雄

1969 『形而上学を支える原理』[The principle upholding metaphysics], in Furuta Hikaru 古田 光 and Ikimatsu Keizō 生松敬三, eds., 『岩波講座哲学』 [Iwanami lectures in philosophy] (Tokyo: Iwanami Shoten, 1969) 18: 53-88.

Hattori Unokichi 服部宇之吉

1938 『東洋伦理綱要』[Outline of oriental ethics] (Tokyo: Dōbun Shoin, 1938).

1939 『孔子教大義』[The essence of Confucian teaching] (Tokyo: Fuzanbō, 1939).

Hori, Victor Sōgen

2003 *Zen Sand: The Book of Capping Phrases for Kōan Practice* (Honolulu: University of Hawai'i Press, 2003).

Ichikawa Tazumaro 市川匡麿

1780 『末賀能比連』[A critique of Motoori Norinaga's *Arrowroot*], nsts 7: 157-86.

Imamichi Tomonobu 今道友信

1998 "Technology and Collective Identity: Issues of an Eco-ethica," in Imamichi Tomo nobu, Wang Miaoyang, and Liu Fangtong, eds., *The Humanization of Technology and Chinese Culture* (Washington, dc: Council for Research in Values and Philosophy, 1998), 9-22.

Jin Jungwon 陳姃湲

2006 『東アジアの良妻賢母論——創られた伝統』[The East Asian idea of the good wife and wise mother] (Tokyo: Keisō Shobō, 2006).

Jowett, Benjamin, trans.

1937 *The Dialogues of Plato* (New York: Random House, 1937), 2 vols.

Kant, Immanuel

1790 *Critique of Aesthetic Judgment*, trans. by James Creed Meredith (Oxford:

Clarendon Press, 1911).

Katō Hiroyuki 加藤弘之

1910 "進化学より見たる哲学" [Philosophy in the light of evolution], mbz 80: 31–42.

Kawashima Takeyoshi 川島武宜

1967 "The Status of the Individual in the Notion of Law, Right, and Social Order in Japan," in Moore 1967, 262–87.

Ketelaar, James Edward

1990 *Of Heretics and Martyrs in Meiji Japan: Buddhism and its Persecution* (Princeton: Princeton University Press, 1990).

Kita Ikki 北一輝

1919 『日本改造法案大綱』 [Outline of a plan for reorganizing Japan], in [北一輝著作集] [Collected writings of Kita Ikki] (Tokyo: Misuzu Shobō, 1959), 2: 285–407. Partial English trans. by Marius Jansen, sjt-2, 2: 960–7.

Kitabatake Chikafusa 北畠親房

1343 『神皇正統記』, nkbt 87: 37–193. English trans. by H. Paul Varley, *A Chronicle of Gods and Sovereigns: Jinnō Shōtōki of Kitabatake Chikafusa* (New York: Columbia University Press, 1980).

Koeber, Raphael Gustav von

1895 *An Introduction to Philosophy* (Tokyo: Shūeisha, 1895).

Komatsu Yoshihiko 小松美彦

1996 『死は共鳴する――脳死・臓器移植の深みへ』 [Death resonates: Getting to the bottom of brain death and organ transplants] (Tokyo: Keisō Shobō, 1996).

Kuwaki Gen'yoku 桑木嚴翼

1900 『哲学概論』 [An outline of philosophy] (Tokyo: Waseda Daigaku Shuppanbu, 1926); mbz 80: 192–202 (partial).

1906 "田中君に答ふ（其一）" [In answer to Tanaka: 1] 『哲学雑誌』 21/237 (1906), 18–26.

Löwith, Karl

1948『ヨーロッパのニヒリズム』［European nihilism］, trans. by Shibata Jisaburō 柴田治三郎（Tokyo：Chikuma Shobō, 1948）. Original German in "Nachwort an den japanischen Leser," *Samtliche Schriften*, Bd. 2（Stuttgart：Metzler, 1983）, 533–40.

Miller, Roy Andrew

1982 *Japan's Modern Myth：The Language and Beyond*（Tokyo：Weatherhill, 1982）.

Ministry of Education 文部省

1937『国体の本義』［Fundamental principles of the *kokutai*］（Tokyo：Monbushō, 1969）, English trans. by Robert King Hall and John Owen Gauntlett, *Kokutai no hongi*（Cambridge：Harvard University Press, 1949）, 57–183.

Mishima Yukio 三島由紀夫

1967『葉隠入門──武士道は生きている』［An introduction to the *Hagakure：Bushidō* lives］, in『三島由紀夫全集』［Collected works of Mishima Yukio］（Tokyo：Shinchōsha, 1973–1976）, 33：52–115. English trans. by Kathryn Sparling, *Mishima Yukio on Hagakure：The Samurai Ethic in Modern Japan*（Tokyo：Charles E. Tuttle, 1978）.

Miyake Setsurei 三宅雪嶺

1889 "哲学涓滴"［Philosophical trifles］, mbz 33：145–99.

Moore, Charles A., ed.

1967 *The Japanese Mind：Essentials of Japanese Philosophy and Culture*（Tokyo：Charles E. Tuttle, 1967）.

Morioka Masahiro 森岡正博

1989『脳死の人──生命学の視点から』［The brain dead：A view from life science］（Tokyo：Tokyo Shoseki, 1989）.

Mou Zongsan 牟宗三

1963『中國哲學的特質』［The characteristics of Chinese philosophy］（Taipei Student Books, 1998）. English trans. of selected passages by Lam Wing-Keung, "Redefining Philosophy through Assimilation：Nishida Kitarō and Mou Zongsan," in James W. Heisig, ed., *Frontiers of Japanese Philosophy*（Nagoya：Nanzan

Institute for Religion and Culture, 2006), 22-38.

Murasaki Shikibu 紫式部

N. D. 『源氏物語』, in nkbt 14-18. English trans. by Royall Tyler, *The Tale of Genji* (New York: Viking, 2001), 2 vols.

Nakajima Michi 中島みち

1992 "〈見えない死〉の立法化はできない" [The "invisible death" beyond legalization], in 『〈脳死〉と臓器移植』 ["Brain death" and organ transplants] (Tokyo: Asahi Shinbunsha, 1992), 266-83.

Namihira Emiko 波平恵美子

1990 『脳死・臓器移植・がん告知——死と医療の人類学』 [Brain death, organ transplants, cancer disclosure: The anthropology of death and medical treatment] (Tokyo: Fukutake Shoten, 1990).

Nishimura Shigeki 西村茂樹

1899 "自識禄" [A record of self-knowledge], mbz 80: 18-23.

Nitobe Inazō 新渡戸稲造

1899 *Bushido: The Soul of Japan* (Tokyo: Tuttle, 2001).

Ōno Susumu 大野晋 et al.

1974 『岩波古語辞典』 [The Iwanami dictionary of ancient words] (Tokyo: Iwanami Shoten, 1974).

Sakaguchi Fumi 坂口ふみ

1996 『〈個〉の誕生——キリスト教教理をつくった人々』 [The birth of the individual: Makers of Christian doctrine] (Tokyo: Iwanami Shoten, 1996).

Sekiguchi Sumiko 関口すみ子

2007 『国民道徳とジェンダー』 [National morals and gender] (Tokyo: University of Tokyo Press, 2007).

Sugita Genpaku 杉田玄白

1815 『蘭学事始』 (Tokyo: Kōdansha, 2000). English trans. by Matsumoto Ryōzō, *Dawn of Western Science in Japan* (Tokyo: Hokuseidō Press, 1969).

Takamure Itsue 高群逸枝

1930 "我が国マルクス婦人の頭脳発見" [Our Marxist women and the discovery of their brain], in 『アナキズム女性解放論集』[Essays on anarchist women's idea of liberation] (Tokyo: Kokushoku Sensensha, 1989).

Takano Chōei 高野長英

1835 "西洋学師の説" in nst 55: 204–10. Trans. consulted: Gino K. Piovesana, "*Seiyō gakushi no setsu*: The Theories of Western Philosophers." *Monumenta Nipponica* 27/1 (1972): 85–92.

Tanaka Kiichi 田中喜一 (alias Ōdō 王堂)

1901 "活動的一元論と『続一年有半』)" [Dynamic monism and *A Year and a Half*, Ctd.] 『哲学雑誌』178: 1010–32.

Tokieda Motoki 時枝誠記

1940 『国語学史』[The history of the national language] (Tokyo: Iwanami Shoten, 1940). Ton'a 頓阿 1333 『一言芳談』[Fragrant sayings], nkbt 83: 185–215. English trans. by Dennis Hirota, *Plain Words on the Pure Land Way: Sayings of the Wandering Monks of Medieval Japan* (Kyoto: Ryukoku University, 1989), 3–65.

Uchimura Kanzō 内村鑑三

1895 *How I Became a Christian*, in 『内村鑑三全集』[Complete works of Uchimura Kanzō] (Tokyo: Iwanami Shoten, 1981–1984) 3: 1–167.

1922 『羅馬書の研究』[A study of the Epistle to the Romans], in *Complete Works of Uchi mura Kanzō* 26: 16–450.

1926 "Two Js," in *Complete Works of Uchi mura Kanzō* 30: 53–4.

Ueda, Makoto 上田真

1991 *Basho and his Interpreters: Selected Hokku with Commentary* (Stanford: Stanford University Press, 1991).

Washida Kiyokazu 鷲田清一

1998 『悲鳴をあげる身体』[Crying bodies] (Tokyo: php Kenkyūjo, 1998).

Wittgenstein, Ludwig F.

1951 *Philosophical Investigations*, 2nd ed., trans. by G. E. M. Anscombe (New York: Macmillan, 1958).

Yamamoto Tsunetomo 山本常朝

1716 『葉隠』in nst 26: 213-579. Alternative trans. by Barry Steben, *The Art of the Samurai: Yamamoto Tsunetomo's Hagakure* (London: Duncan Baird, 2008).

Yanabu Akira 柳父章

1982 『翻译語成立事情』[Conditions surrounding the emergence of translation] (Tokyo: Iwanami Shoten, 1982).

Yanagita Kunio 柳田國男

1938 『木綿以前の事』[The way things were before cotton], in 『定本 柳田國男集』[Works of Yanagita Kunio, revised edition] (Tokyo: Chikuma Shobō, 1969), 14: 1-218.

Yokoi Shōnan 横井小楠

1860 『国是三論』[Three matters of the state] in nst 55: 438-65.

Yonemoto Shōhei 米本昌平

1985 『バイオエシックス』[Bioethics] (Tokyo: Kōdansha, 1990).

Yoshida Kenkō 吉田兼好

N. D. 『校註"徒然草"』(Tokyo: Kasama Shoin, 1968), ed. by 松尾聰著. English trans. by Donald Keene, *Essays in Idleness* (New York: Columbia University Press, 1967).

Yukawa Hideki 湯川秀樹

1959 "Modern Trend of Western Civilization and Cultural Peculiarities in Japan," in Moore 1967, 52-65.

时序表

[第一栏：日本时代]

Kofun 古坟　300—710

Nara 奈良　710—794

Heian 平安　794—1185

Kamakura 镰仓　1185—1333

Muromachi 室町　1333—1568

Momoyama 桃山　1568—1600

Edo 江户　[Tokugawa 德川]　1600—1868

Meiji 明治　1868—1912

Taishō 大正　1912—1926

Shōwa 昭和　1926—1989

Heisei 平成　1989—

[第二栏：人物]

Prince Shōtoku 圣德太子（574？—622？）

Saichō 最澄（767—822）

Kūkai 空海（774—835）

Tokuitsu 德一（781？—842？）

Ki no Tsurayuki 纪贯之（868？—945？）

Ryōgen 良源（912—985）

Genshin 源信（942—1017）

Kakuun 觉运（953—1007）

Murasaki Shikibu 紫式部（973—1014）

Kakuban 觉鑁（1095—1143）

Fujiwara no Shunzei 藤原俊成（1114—1204）

Hōnen 法然（1133—1212）

Kamo no Chōmei 鸭长明（1155—1216）

Fujiwara no Teika 藤原定家（1162—1241）

Myōe 明惠（1173—1232）

Shinran 亲鸾（1173—1263）

Dōgen 道元（1200—1253）

Nichiren 日莲（1222—1282）

Musō Soseki 梦窗疏石（1275—1351）

Kitabatake Chikafusa 北畠亲房（1293—1354）

Zeami Motokiyo 世阿弥元清（1363—1443）

Shōtetsu 正彻（1381—1459）

Ikkyū Sōjun 一休宗纯（1394—1481）

Konparu Zenchiku 金春禅竹（1405—1468?）

Fujiwara Seika 藤原惺窝（1561—1619）

Fukansai Habian 不干斋巴鼻庵（1565—1621）

Takuan Sōhō 泽庵宗彭（1573—1645）

Suzuki Shōsan 铃木正三（1579—1655）

Hayashi Razan 林罗山（1583—1657）

Shidō Bunan 至道无难（1603—1676）

Nakae Tōju 中江藤树（1608—1648）

Yamazaki Ansai 山崎暗斋（1618—1682）

Kumazawa Banzan 熊泽蕃山（1619—1691）

Yamaga Sokō 山鹿素行（1622—1685）

Bankei Yōtaku 盘珪永琢（1622—1693）

Itō Jinsai 伊藤仁斋（1627—1705）

Kaibara Ekken 贝原益轩（1630—1714）

Daidōji Yūzan 大道寺友山（1639—1730）

Satō Naokata 佐藤直方（1650—1719）

Asami Keisai 浅见绚斋（1652—1711）

Arai Hakuseki 新井白石（1657—1725）

Yamamoto Tsunetomo 山本常朝（1659—1719）

Ogyū Sorai 荻生徂徕（1666—1728）

Ishida Baigan 石田梅岩（1685—1744）

Hakuin Ekaku 白隐慧鹤（1685—1768）

Hori Keizan 堀景山（1688—1757）

Kamo no Mabuchi 贺茂真渊（1697—1769）

Andō Shōeki 安藤昌益（1703—1762）

Tominaga Nakamoto 富永仲基（1715—1746）

Teshima Toan 手岛堵庵（1718—1786）

Jiun Sonja 慈云尊者（1718—1804）

Miura Baien 三浦梅园（1723—1789）

Motoori Norinaga 本居宣长（1730—1801）

Sugita Genpaku 杉田玄白（1733—1817）

Fujitani Mitsue 富士谷御杖（1768—1823）

Hirata Atsutane 平田笃胤（1776—1843）

Aizawa Seishisai 会泽正志斋（1782—1863）

Ninomiya Sontoku 二宫尊德（1787—1856）

Ōkuni Takamasa 大国隆正（1792—1871）

Higuchi Ryūon 樋口龙温（1800—1885）

Takano Chōei 高野长英（1804—1850）

Yokoi Shōnan 横井小楠（1809—1869）

Imakita Kōsen 今北洪川（1816—1892）

Nishimura Shigeki 西村茂树（1828—1902）

Nishi Amane 西周（1829—1897）

Fukuzawa Yukichi 福泽谕吉（1835—1901）

Katō Hiroyuki 加藤弘之（1836—1916）

Nakae Chōmin 中江兆民（1847—1901）

Torio Koyata 鸟尾小弥太（1847—1905）

Inoue Tetsujirō 井上哲次郎（1855—1944）

Inoue Enryō 井上圆了（1858—1919）

Miyake Setsurei 三宅雪岭（1860—1945）

Uchimura Kanzō 内村鉴三（1861—1930）

Okakura Tenshin 冈仓天心（1862—1913）

Nitobe Inazō 新渡户稻造（1862—1933）

Kiyozawa Manshi 清泽满之（1863—1903）

Ōnishi Hajime 大西祝（1864—1900）

Fukuda Hideko 福田英子（1865—1927）

Tanaka Kiichi 田中喜一（1867—1932）

Hattori Unokichi 服部宇之吉（1867—1939）

Nishida Kitarō 西田几多郎（1870—1945）

Suzuki Daisetsu 铃木大拙（1870—1966）

Kuwaki Gen'yoku 桑木严翼（1874—1946）

Yanagita Kunio 柳田国男（1875—1962）

Soga Ryōjin 曾我量深（1875—1971）

Hatano Seiichi 波多野精一（1877—1950）

Yosano Akiko 与谢野晶子（1878—1942）

Kita Ikki 北一辉（1883—1937）

Abe Jirō 阿部次郎（1883—1959）

Tanabe Hajime 田边元（1885—1962）

Takahashi Satomi 高桥里美（1886—1964）

Tanizaki Jun'ichirō 谷崎润一郎（1886—1965）

Hiratsuka Raichō 平塚らいてう（1886—1971）

Orikuchi Shinobu 折口信夫（1887—1953）

Kuki Shūzō 九鬼周造（1888—1941）

Ōnishi Yoshinori 大西克礼（1888—1959）

Watsuji Tetsurō 和辻哲郎（1889—1960）

Hisamatsu Shin'ichi 久松真一（1889—1980）

Mutai Risaku 务台理作（1890—1974）

Yamakawa Kikue 山川菊荣（1890—1980）

Miyake Gōichi 三宅刚一（1895—1982）

Miki Kiyoshi 三木清（1897—1945）

Miyamoto Yuriko 宫本百合子（1899—1951）

Tosaka Jun 户坂润（1900—1945）

Kōsaka Masaaki 高坂正显（1900—1969）

Yasuda Rijin 安田理深（1900—1982）

Nishitani Keiji 西谷启治（1900—1990）

Kobayashi Hideo 小林秀雄（1902—1983）

Ichikawa Hakugen 市川白弦（1902—1986）

Imanishi Kinji 今西锦司（1902—1992）

Shimomura Toratarō 下村寅太郎（1902—1995）

Ishizu Teruji 石津照玺（1903—1972）

Karaki Junzō 唐木顺三（1904—1980）

Kōyama Iwao 高山岩男（1905—1993）

Funayama Shin'ichi 船山信一（1907—1994）

Takizawa Katsumi 泷泽克己（1909—1984）

Takeuchi Yoshimi 竹内好（1910—1977）

Mori Arimasa 森有正（1911—1976）

Morita Shiryū 森田子龙（1912—1998）

Nakamura Hajime 中村元（1912—1999）

Takeuchi Yoshinori 武内义范（1913—2002）

Ienaga Saburō 家永三郎（1913—2002）

Izutsu Toshihiko 井筒俊彦（1914—1993）

Maruyama Masao 丸山真男（1914—1996）

Tamaki Kōshirō 玉城康四郎（1915—1999）

Abe Masao 阿部正雄（1915—2006）

Minamoto Ryōen 源了圆（1920—2020）

Ōmori Shōzō 大森庄藏（1921—1997）
Tsujimura Kōichi 辻村公一（1922—2010）
Imamichi Tomonobu 今道友信（1922— ）
Mishima Yukio 三岛由纪夫（1925—1970）
Yuasa Yasuo 汤浅泰雄（1925—2005）
Nakamura Yūjirō 中村雄二郎（1925—2017）
Izutsu Toyoko 井筒丰子（1925—2017）
Umehara Takeshi 梅原猛（1925— ）
Ueda Shizuteru 上田闲照（1926—2019）
Ueda Kenji 上田贤治（1927—2003）
Yanabu Akira 柳父章（1928— ）
Kimura Bin 木村敏（1931—2021）
Nakajima Michi 中岛みち（1931— ）
Yagi Seiichi 八木诚一（1932— ）
Hiromatsu Wataru 广松涉（1933—1994）
Sakaguchi Fumi 坂口フミ（1933— ）
Kimura Rihito 木村利人（1934— ）
Sakabe Megumi 坂部惠（1936—2009）
Hase Shōtō 长谷正当（1937— ）
Karatani Kōjin 柄谷行人（1941— ）
Namihira Emiko 波平惠美子（1942— ）
Hakamaya Noriaki 袴谷宪昭（1943— ）
Ōhashi Ryōsuke 大桥良介（1944— ）
Yonemoto Shōhei 米本昌平（1946— ）
Fujita Masakatsu 藤田正胜（1949— ）
Washida Kiyokazu 鹫田清一（1949— ）
Matsumoto Shirō 松本史朗（1950— ）
Komatsu Yoshihiko 小松美彦（1955— ）
Morioka Masahiro 森冈正博（1958— ）

[第三栏：省略]

[第四栏：中国朝代]

Tang 唐　618—907
Song 宋　960—1279
Yuan 元　1264—1368
Ming 明　1368—1644
Qing 清　1644—1911

主题索引

主题索引邀请我们去探索日本哲学的主题，而不以西方哲学的范畴为优先。例如，下面的组织图没有显示与世界分离的自我，因为大多数日本哲学家认为这两者是从一个连续的现实中抽象出来的。从这个出发点出发，他们通常承认有两种方式来接触这个现实：通过表达和理解。就像陶艺家和地质学家以复杂但显著不同的方式接触黏土一样。

日本的伦理学也需要艺术上的回应和认识上的分析，以公正地反映现实。分析，以公正地对待公共世界的完整性。在处理这些问题时，日本的每个主要哲学传统都试图 在处理这些问题时，日本的每一个主要哲学传统都试图涵盖图中所代表的整个动态。

为了进一步探索这些主题的词汇，《主题索引》包括词汇表中的相关项目。包括词汇表中的相关项目。词汇表列出了所有的页面参考可以找到这些术语。

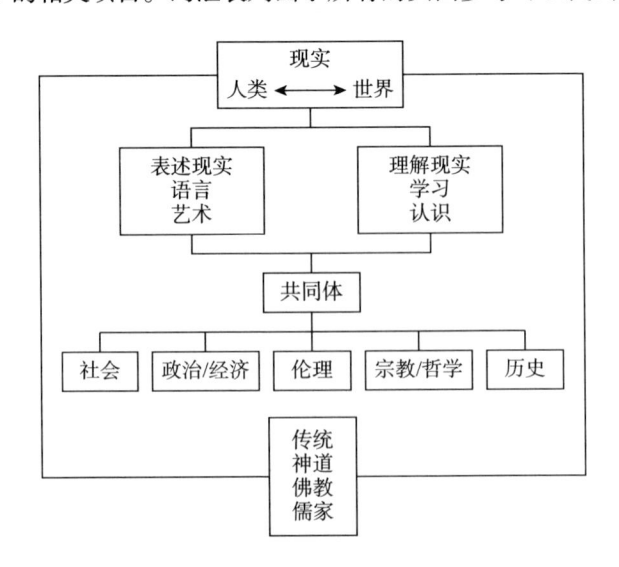

Reality 现实：The Human 人类　The World 世界

Expressing reality 表述现实：Language 语言　The Arts 艺术

Comprehensive reality 理解现实：Studying 学习　Knowing 认识

The communal world 共同体：Social 社会　Political/Economic 政治/经济　Ethical 伦理

Religious/Philosophical 宗教/哲学　Historical 历史

The traditions 传统：Shinto 神道　Buddhist 佛教　Confucian 儒家

现实：人类

人的意义

定义人格

人性、本性、佛性

自我、无我

人格同一性

自律性

身心

心灵

性

母性

死亡

来世、黄泉

词汇表：生死、身心、佛心、佛性、五伦、型、本觉、他力、自性、自力、气质、菩萨、不出生、黄泉

人的活动

经验

经验

与无

思维、感觉

情绪、激情、污秽

爱

幸福

意志、人格主体

意识

自觉

主体、客体

直观

词汇表：中、心、无心、无、气质、意识

现实：世界

根据

自然

时空

永恒

因果

形而上学

东西比较

存在论地位

鬼神

神佛

现象世界

心灵

元素

原理

物质现实、唯物主义

功能

自然性、自发性（自然 jinen）

无常、偶然、相互依存

存在与无

气

理

阴阳

词汇表：大日、法身、法界、法性、空、因陀罗网、条理、神、气、事、上帝、无限、无、理、缘起、色、轮回、自性、真如、本地垂迹说、太极、三身、三界、不出生、事事无碍、空、道、天命、夜叉、黄泉

表述现实

语言

一般理论

解释、神话、隐喻

日语

词汇表：总持、言、言灵、真言

艺术

创造力、想象力

美学

诗学、诗歌

美

文学

能剧

音乐、歌曲、舞蹈

武道

茶道

花道（生け花）

书道

词汇表：武士道、いき、伽陀、型、言、言灵、万叶集、物哀、能、猿乐、歌、佗、和歌、幽玄

理解现实

学习

教养、冥想

练习、实践

修心

阶段

教师、圣人、学生

词汇表：菩萨、佛性、修行、题目、禅定、方便、大事、小乘、格物、公案、学、大乘、心、念佛、无心、场所、普贤菩萨、君子、敬、三昧、悟、自受用三昧、声闻、心学、顿悟、如来、一念、金刚、金刚乘、道、智慧、唯识、忏悔、坐禅

认识

认识的种类

密教

认证

占卜

先天

学术

科学

理性与逻辑

神秘主义

怀疑、怀疑论

不二智慧

一之心

真理

逻辑同一性

词汇表：佛性、佛法、法界、荷学、文明开化、逆对应、格物、条理、学、中、心、无心、无、般若、般若波罗蜜多、绝对矛盾的自我同一、即非、识、智慧

共同体

社会

文化

日本文化

性别

阶级

社区

社会秩序

社会变革

权威

词汇表：武士道、五伦、小人、心学

政治和经济

政治认同

法律

治理与统治

宪法

圣德太子

明治

天皇制与民族主义

自由、解放

和谐

战争与和平

革命与改革

贸易

民主

资本主义

社会主义、马克思主义

词汇表：天照、大名、国体、小人、幕府、天子、天命

伦理

善恶、道德

儒家德性

信任、信用

佛教慈悲

神道道德

武士价值

现代伦理理论

权利

生命伦理学

词汇表：明德、武士道、慈悲、孝、

五常、仁、因果、中庸之道、无为、小人、波罗蜜、礼、君子、敬、义、心学、诚、回向、忏悔

宗教与哲学

哲学与宗教

哲学的定义

比较哲学

宗教同一性

罪、宗教与道德

信仰

上帝

基督教

道教

词汇表：佛法、文明开化、小乘、逆对应、神、大乘、中道、他力、自力、本地垂迹、声闻、哲学、金刚、金刚乘、唯识、忏悔

历史

历史的意义

达摩时代

世界历史与日本

现代性

词汇表：文明开化、因果、古事记、末法、日本书纪、像法

传统

神道

词汇表：天照、神、古事记、心、国体、言灵、日本书纪、本地垂迹、鸟居、歌、和歌、道、黄泉

佛教

词汇表：菩提心、佛心、佛性、佛法、慈悲、法、法身、法界、空、方便、法相、

因陀罗网、因果、华严、末法、中道、心、无心、无、无为、本觉、他力、般若、般若波罗蜜多、缘起、理、生死、自性、自力、真言、本地垂迹、即非、真如、如来藏、天台、一念、三身、三界、信心、无生、事事无碍、识、道、智慧、唯识、忏悔

儒家

词汇表：明德、孝、五常、五伦、仁、格物、条理、气、学、上帝、中庸、心、无极、无、无为、小人、礼、君子、敬、义、心学、诚、天子、太极、气质、虚、道、天命、智慧

总索引

总索引包括人名和地名,古典作品的标题,词汇表和主题索引中的术语,以及出现在资料手册中的日语、汉语和梵语词汇。标有"g"或"ti"的条目指的是词汇表或主题索引中提供交叉引用和附加页码的那一页。

Abe Jirō 阿部次郎
Abe Masao 阿部正雄
Abelard
Abhidharma
Abhidharmakośa
Abraham
absolute nothingness,
See also being and nothingness, experience and nothingness, *mu*; nothingness, Achilles
Adam
aesthetics, ti
afterlife ti. See also *yomi*, Pure Land
agency. See personal agency
agotra
aidagara 间柄
Aizawa Seishisai 会泽正志斋
Aizu-Wakamatsu 会津若松

Ajataśatru
Akashi Kamon 明石扫部
Akita 秋田
ālaya-vijnāna
Ama no Yasunokawara 天安之河原
amai 甘い
Amakusa 天草
Amaterasu 天照, g
Amatsukyō 天津教
Amatsumara 天津麻罗
Amenokoyane no mikoto 天儿屋根命
Amenominakanushi no kami 天之御中主神
Amenouzume no mikoto 天宇受卖命
Amida 阿弥陀, g. See also Amitābha
Amidism
Amitābha See Amida, g
Amoghavajra

Ānanda

anātman

Anaximander

Andō Shōeki 安藤昌益

Andronicus of Rhodes

Anesaki Masaharu 姊崎正治

animitta

Annei, Emperor

Anselm of Canterbury

Aquinas, Thomas

Arai Hakuseki 新井白石

Aries, Philippe

Ariga Nagao 有贺长雄

Aristotle

ārjava

Armstrong, H.

Arrowroot (Motoori Norinaga)

Asada Gōryū 麻田刚立

Asakusa 浅草

Asami Keisai 浅见绚斋

Asanga 281

Asano Naganori 浅野长矩

Ashikaga Tadayoshi 足利直义

Ashikaga Yoshimitsu 足利义满

Ashikaga Yoshinori 足利义教

Ashoka, King

Assalāyana sutta

asura

Aśvagosa

ātman

Atsuta Shrine 热田神宫

Augustine of Hippo

Aum Shinrikyō オウム真理教

Austin, J. L.

authentication, ti

authority, ti

autonomy, ti *See also* personal agency

Avalokiteśvara 96, 98, 109. *See* Kannon, g

Awagihara 阿波岐原

Awakening of Faith (*in the Mahayana*)

awareness. *See* self-awareness

Ayer, A. J.

Azabu 麻布

Baba Akiko 马场あき子

Bachelard, Gaston

Bacon, Francis

Bai Juyi 白居易

Bai Qi, General 白起

Baizhang Huaihai 百丈怀海

Bankei Yōtaku 盘珪永琢

Banzan Hōshaku. *See* Panshan Baoji

Barth, Karl

Bashō. *See* Matsuo Bashō

Baumgarten, Alexander Gottlieb

beauty, ti; *See also* *wabi*

Bebel, August

being and nothingness, ti; *See also* nothingness

Bendōwa (Dōgen) 弁道话

Bergson, Henri
Berkeley, George
Bhagavad Gītā
Bhaisajya-guru
bhakti
bioethics, ti
birth-and-death *See* samsara, g
bitaiteki 媚态的
Bizen (Okayama) 备前
Blondel, Maurice
Bluestocking Society *See also Seitō*
Bode, Johann Elert
bodhi
Bodhidharma
bodhi-mind, g
bodhisattva, g
Bodhisattva Kannon
Bodhisattva Mahāsattva
Bodhisattva Vasubandhu
body-mind, g; ti
Boehme, Jakob
Book of Changes
Book of Filial Piety
Book of History
Book of Music
Book of Odes
Book of Rites
Boutroux, Emile
Brahman, Brahmanism
Brandenburg, A. O. E.

bright virtue, g
Bruckhardt, Jacob
Buber, Martin
Buchner, Hartmut
Buddha; as-cosmos, of Immeasurable Life, of Unimpeded Light; Shakyamuni, Vairocana, *See also* Shakyamuni, Vairocana
buddha-dharma. *See* Buddha's truth, g
buddha-dhātu
buddhahood, g
buddha-ksetra
buddha-mind, g
buddha-nature, g; ti
buddhas. *See* ontological status of *kami* and buddhas
Buddha's teachings. *See* Buddha's truth, g
Buddhism, ti
Buddhist compassion. *See* compassion
Bultmann, Rudolf
bushidō 武士道 g
Buson. *See* Taniguchi Buson
Busse, Ludwig
Calligraphy, ti
capitalism, ti
Caodong 曹洞. *See also* Sōtō
School, Zen Buddhism
Carnap, Rudolf
Carus, Paul
Cassirer, Ernst

causality, ti *See also* dependent origination, karma, *pratītyasamutpāda*

Chamberlain, Basil Hall

Chan 禅 *See also* Zen

Chang'an 长安

Charter Oath

Chen Beixi 陈北溪

Cheng Hao 程颢

Cheng Tang 成汤

Cheng Yi 程颐

Chi Wen-tzu 季文子

Chigaeshi no kami 道反神

Chikuzen 筑前

chirigigaku 知理义学

Chōkū 迢空

Chomsky, Noam

ch'ŏrhak 哲学

Christ

Christianity, ti. *See also* God

Chronicle of Gods and Sovereigns

Chronicles of Japan. See *Nihon shoki* g

Chūai, Emperor 仲哀

Chūkō 中香

Chūōkōron Discussions

Cicero

citta

Chōkū (Shaku) (释) 迢空

Clarkson, Thomas

class, ti. *See also* social order

Cohen, Hermann

Collection of Japanese-language Poetry Ancient and Recent

Commentaries on the Four Books (Zhu Xi)

Commentary on the Kojiki (Motoori Norinaga)

Commentary on the Mahayana Treatise

Commentary on the Rites

Commentary on the Wisdom Sutra (Nāgārjuna)

communal world, ti

community, ti

comparative philosophy, ti. *See also* philosophy

compassion, g, ti

comprehending reality, ti

Confessions (Augustine)

Confucianism, ti; Confucian virtues, ti

Confucius 孔子

consciousness, ti *See also* self-awareness

Consciousness-only. *See* Yogācāra, g

constitutions, ti. See also *Meiji Constitution*, Seventeen-Article Constitution

Contemplation of Suchness (Genshin)

Contemplation of the Buddha of Immeasurable Life

contingency, ti. *See also* impermanence, interdependence

Conversations (Yamaga Sokō)

Conversations with Shōtetsu

Copernican Revolution

Copernicus

Co-Prosperity Sphere. *See also* East Asian Co-Prosperity Sphere

Council of *Kami* Affairs

Council of Nicea

Counsels of Great Yu

Crane Forest

creativity, ti. *See also* imagination, spontaneity

Critical Buddhism

cultivation, g; ti. *See also* selfcultivation

culture, ti. *See also* Japanese culture

Cusanus. *See also* Nicholas of Cusa

Da Vinci, Leonardo

Dahui Zonggao 大慧宗杲

Daidōji Yūzan 大道寺友山

Daigo-ji 醍醐寺

Daijizaiten 大自在天. *See also* Te-nman Daijizaiten

daimoku 题目, g

daimyō 大名, g

Dainichi 大日, g. *See also* Mahāv-airocana, Vairocana

Daitō Kokushi 大灯国师

Daitoku-ji 大德寺

Daiusu 提宇子. *See also* Deus

dance, ti

Dandoku. *See* Mt Dandoku

Dante

Dao 道

Daochuo (J. Dōshaku) 道绰

Daodejing 道德经

Daoism, ti

Daolin 道林

Daoxue 道学

Darwinism

de Gouges, Olympe,

de Man, Paul

de Stael, Anne Louise Germaine

death, ti. *See also* afterlife, *yomi*

Deep Words (Miura Baien)

defilements, t. *See also* passions

Deguchi Onisaburō 出口王仁三郎

Dejima 出岛

De-Kan-Sho

democracy, ti

dependent origination. See *pratītyasamutpāda*, g

Derrida, Jacques

Descartes, Rene; Cartesianism,

Desdemona

Deus. *See also* Daiusu, God

Deus Destroyed (Fukansai Habian)

Dewa 出羽

Dewey, John

dhāraṇī, g

dharma, g

dharma ages, ti. See also *mappō*

dharma nature. See *dharmatā*, g

dharma realm

See *dharmadhātu*, g

Dharma School

dharma-body, g

dharma-buddha

dharmadhātu, g. *See also* dharma realm, world

Dharmākara, g

dharmatā, g. *See also* dharma nature

dharmatā dharma-kāya

dharma-uta

dhātu, g

dhātu-vāda

d'Holbach, Baron

dhyāna, g

Dialogues in a Dream (Musō Soseki)

Diamond Sutra

Digest of the Great Learning

Dilthey, Wilhelm

Dilun 地论

Discourses on Government (Ogyū Sorai)

Distinguishing Names (Ogyū Sorai)

Distinguishing the Way (Ogyū Sorai)

divination, ti

Divine Spirits of Naobi (Motoori Norinaga)

dō

Doctrine of the Mean

Documents of the Elders

Dōgen 道元

Dongshan Liangjie 洞山良价

dōri 道理

Dōshin (Dōgen) 道心

Dōshisha Eigakkō 同志社英学校

Dōshun 道春

Dostoevsky, Fyodor

dōtoku 道德

doubt and skepticism, ti

Dummet, Michael

Durkheim, Emile

Dutch Studies, g

East Asian Co-Prosperity Sphere, *See also* Co-Prosperity Sphere

East Mountain

East-West philosophy. *See* comparative philosophy

Eckhart, Meister

economics, ti

education. *See* teachers and students

ego, ti. *See also* no-self

Eihei-ji 永平寺

Eisai 荣西

Eitaku 荣泽

Ejō. *See* Koun Ejō

elements, ti

Emerging from Meditation (Tominaga Nakamoto)

Emerson, Ralph Waldo

emotions, ti. *See also* feeling, defilements, passions

Empedocles

empty, emptiness, g

Engaku-ji 圆觉寺

Engi (Era) 延喜

Enlightenment: European, Japanese, g

Enryaku 延历

Epicurus

epistemology. See comprehending reality

Eshin-in 惠心院

esoteric knowing, ti; words

Esoteric Words (Dōgen)

Essay on Ghosts and Spirits (Arai Hakuseki)

Essay on the Two Enemies of the Kami (Hirata Atsutane)

Essays in Idleness (Yoshida Kenkō)

Essential Records of the Sagely Teachings (Yamaga Sokō)

Essentials for Attaining the Way (Konparu Zenchiku)

Essentials of Faith Alone (Shinran)

Essentials of Poetic Composition (Fujiwara no Teika)

eternity, ti

ethics, modern ethical theories, ti. *See also* bioethics, morality

Eucken, Rudolf

Exorcising Evil (Motoori Norinaga)

expedient means, g

experience, e. and nothingness, ti

Ezo 虾夷

Fabian. *See* Fukansai Habian

Fan Chi 樊迟

Fazang 法藏

feeling, ti. *See also* emotions, passions

Feng Youlan 冯友兰

Fenollosa, Ernest

Feuerbach, Ludwig

Fichte, Johann Gottlieb

filial piety, g

final stage of the dharma. See *mappō*, g

five constant virtues, g

Five Mountain system

five relations, five relationships, g

Flammarion, Ernest

flower arranging, ti. See also *ikebana*

Flower Garland Sutra. *See* Kegon, g

Foguang Ruman 佛光如满

Foguo 佛果

Foolish Secret Notes

forty-six *rōnin*

Fourier, Jean Baptiste Joseph

Francis of Assisi

freedom, ti

Freud, Sigmund

Fucan Fabian. *See* Fukansai Habian

Fuchs, Ernst

Fudō Myōō 不动明王, g

Fudoki 风土记

fūga 风雅
Fujita Masakatsu 藤田正胜
Fujitani Mitsue 富士谷御杖
Fujitani Nariakira 富士谷成章
Fujitsubo 藤壶
Fujiwara no Ietaka 藤原家隆
Fujiwara no Kintō 藤原公任
Fujiwara no Sadanaga 藤原定长
Fujiwara no Tameie 藤原为家
Fujiwara no Shunzei 藤原俊成
Fujiwara no Teika 藤原定家
Fujiwara Seika 藤原惺窝
Fukansai Habian 不干斋巴鼻庵
Fukuba Bisei 福羽美静
Fukuda Hideko 福田英子
Fukui 福井
Fukumoto Kazuo 福本和雄
Fukuzawa Yukichi 福泽谕吉
Funayama Shin'ichi 船山信一
Fundamentals of the Kokutai
Furong Daokai 芙蓉道楷
Furugōri Kentsū 古郡兼通
Furuta Hikaru 古田光
Fusūsal-hikam
Fuxi 伏羲
Fuzan 巫山
Gadamer, Hans-Georg
gainen 概念
gaku 学. See learning, g
gakushi 学师

Galileo
Galvani, Luigi
Gaofeng Yuanmiao 高峰原妙
Gaozi 告子
gatha, g
Gautama. See also Buddha
gehin 下品
gender, ti
generative force, ti. See also ki, g
Genji. See Hikaru Genji
Genjōkōan 现成公案（Dōgen）
genri 元理
Genshin 源信
ghosts and spirits, ti. See also spirits
Gifu 岐阜
Gilman, Charlotte
Giotto di Bondone
giri 义理
Giulio Aleni
Gnosticism
Gobineau, Joseph Arthur Comte de
God, ti. See also Christianity, Deus.
gods. See kami, g
Goethe, Johann Wolfgang von
gohonzon ご本尊, g. See also principal object of veneration
Go-Komatsu, Emperor 后小松
Golden Light Sutra
good and evil, ti
Gosenshū 后撰集

Goshūi (*waka*) *shū* 后拾遗（和歌）集
Gotama. *See also* Buddha, Siddha-rtha
Gotō Fusa 后藤房
Go-Toba, Emperor 后鸟羽
gotra
governance, ti
Great Calming and Contemplation
Great Learning
Great Learning for Women (Kaibara Ekken)
great matter, g. *See also* one great matter
Great Vehicle 114, 192. *See* Mahayana, g
Greater East Asian Co-Prosperity Sphere
Green, T. H.
Grotius, Hugo
Guanding 灌顶
Guanwuliangshou jing 观无量寿经
Guisheng. *See* Yexian Guisheng
gūzen 偶然
Gyōnen 凝然
Hachiman 八幡
Hachiman (Daibosatsu) 八幡（大菩萨）
Hachinohe 八户
Hagakure 叶隐
haikai 俳谐
haiku 俳句
Hakamaya Noriaki 袴谷宪昭
Hakone 箱根
Hakuin Ekaku 白隐慧鹤
Hamamatsu 浜松

Hamelin, Octave
Han Dynasty 汉朝
Han Fei 韩非
Han Lu 韩卢
Han Yu 韩愈
hana 花
Hanfeizi 韩非子
Hangzhou 杭州
happiness, ti
Hara Nensai 原念斋
Hara Tanzan 原坦山
Harima 播磨
harmony, ti
Hartmann, Nicolai
Hase Shōtō 长谷正当
Hashimoto Mineo 桥本峰雄
Hatano Seiichi 波多野精一
Hattori Nakatsune 服部中庸
Hattori Unokichi 服部宇之吉
Haushofer, Karl
Hayashi Razan (Nobukatsu) 林罗山 (信胜)
heart (*kokoro*) *passim. See* mind, g
Heart Sutra
Hegel, G. W. F.
Heian (era) 平安
Heidegger, Martin
Heien-ji 平盐寺
Heiler, Friedrich
Heisei (era) 平成

Hekiganroku 碧严录

Heraclitus

Herazaka 弊罗坂

Herder, Johann Gottfried

Higoroya（Hibiya）日比谷

Higuchi Ichiyō 樋口一叶

Higuchi Ryūon 樋口龙温

Hikaru Genji 光源氏

Himeji 姬路

Hinayana, g

Hinduism

Hino 日野

hiragana 平假名

Hirata Atsutane 平田笃胤；Hirata School, Hirata Shinto

Hirata Orise 绢濑

Hirata Tōbei 平田藤兵卫

Hiratsuka Raichō（Haru）平塚らいてう（明）

Hiromatsu Wataru 广松涉

Hiroshima 广岛

Hirota Shrine 广田社

Hiruko 蛭子

Hisamatsu Shin'ichi 久松真一

history, ti. See also mappō

Hitachi 常陆

Hitler, Adolf

hito 人

Hizen 肥前

Hō Shō 凤志よう. See Yosano Akiko.

Hobbes, Thomas

Hōbutsushū 宝物集

Hokkaido 北海道

Holscher, Uvo

Hōnen 法然

hongaku 本觉

Hongan-ji 本愿寺

Hongdao. See Yaoshan Hongdao

hōni. See jinen hōni

honzon. See gohonzon

Hori Keizan 堀景山

Hoshina Masayuki 保科正之

Hossō 法相, g

hotoke 佛

Howard, John

hrdaya

Hu Shih 胡适

Huang Zunxian 黄遵宪

Huangbo Xiyun 黄檗希运

Huanglong Huinan 黄龙慧南

Huayan. See Kegon, g

Huayan Sutra

Huiguo 惠果

Huike 慧可

Huineng 慧能

Huitang Zuxin 晦堂祖心

human agency. See personal agency

human nature, ti. See also buddhanature, reality: the human humaneness, g

Humble Comments on the Divine Principle

(Ōkuni Takamasa)
Humboldt, Wilhelm von
Hume, David 24,
Hundred Schools of Thought
Husserl, Edmund
Hymns of the Dharma Ages（Shinran）
Hyūga 日向
Ibn al-ʻArabī
Ibsen, Henrik
Ichii Saburō 市井三郎
Ichikawa Hakugen 市川白弦
Ichikawa Hiroshi 市川浩
Ichikawa Tazumaro 市川匡麿
Ide Takashi 出隆
identity. *See* logical i., personal i., political i., religious i.
Ienaga Saburō 家永三郎
Ietaka. *See* Fujiwara no Ietaka
Ieyasu. *See* Tokugawa Ieyasu
Ikago 伊香
ikebana 生（け）花, t
Ikeda Mitsumasa 池田光政
Ikegami Shōzan 池上湘山
iki, 粋, g
Ikimatsu Keizō 生松敬三
Ikkō 一向
Ikkyū Sōjun 一休宗纯
Illuminating the Kojiki（Fujitani Mitsue）
imagination, ti
Imai Utako 今井歌子

Imakita Kōsen 今北洪川
Imamichi Tomonobu 今道友信
Imanishi Kinji 今西锦司
Imperial Rescript on Education
imperial system, ti
impermanence, ti. *See also* contingency, interdependence
Inari 稻荷
Inbe 伊部
Indications of the Goals of the Eighteen Assemblies
Indra's net, g
Inland Sea
innate knowledge, ti
Inoue Enryō 井上圆了
Inoue Kowashi 井上毅
Inoue Tetsujirō 井上哲次郎
interdependence, ti. *See also* contingency, impermanence
interpretation, ti
intuition, ti
inverse correlation, g
investigation of all things, g
Irving, Washington
Isaac
Ise 伊势
Ishida Baigan 石田梅岩
Ishida Mitsunari 石田三成
Ishikawa Prefecture 石川县
Ishikoridome no mikoto 伊斯许理度卖命

Ishizu Teruji 石津照玺

Islam

Isuzu no Miya 五十铃宫

Itagaki Taisuke 板垣退助

Itō Jinsai 伊藤仁斋

Itō Noe 伊藤野枝

Itoku, Emperor 懿德

Iwashita Sōichi 岩下壮一

Izanagi no mikoto 伊奘诺命

Izanami no mikoto 伊邪那美命

Izumi Shikibu 和泉式部

Izumo 出云

Izumo yaegaki 出云八重垣

Izutsu Toshihiko 井筒俊彦

Izutsu Toyoko 井筒丰子

Jacobi, F. H.

Jakobson, Roman

Jakuren 寂莲

James, William

Jameson, Fredric

Japanese culture, ti

Japanese language, ti. See also language

Japanese Writings on Accumulating Righteousness（Kumazawa Banzan）

Jaspers, Karl

Jellinek, Georg

Jesus Christ

ji 辞

Jiaxiang 嘉祥

Jicang 吉藏

Jichin（Jien）慈镇（慈圆）

Jie of Xia, King 夏桀

Jien. See Jichin

Jingū, Empress 神功

Jinbo Nyoten 神保如天

jinen 自然, ti. See also naturalness, spontaneity

jinen hōni 自然法尔

Jingū, Empress 神功

Jinmu, Emperor 神武

Jippan 实范

Jitō, Empress 持统

Jiun Sonja 慈云尊者

Jizi 箕子

Jizō 地藏

Joao

jodōshi 助动词

jo-ha-kyū 序破急

jōhin 上品

Jonas, Hans

jōri 条理, g

joshi 助词

Jung, Carl Gustav

Juyi. See Bai Juyi

Jūzenji 十禅师

Ka 囚

Kabuki 歌舞伎

Kada no Arimaro 荷田在满

Kagasewo 香背男

Kagu-tsuchi 迦具土

Kaibara Ekken 贝原益轩

Kaibara Sonsai 贝原存斋

Kaiseijo 开成所

Kaitokudō 怀德堂

Kajikawa Yosobē 梶川与物兵卫

Kakinomoto no Hitomaro 柿本人麻吕

Kakuban 觉鑁

Kakuun 觉运

kalpa, g

Kamakura（era）镰仓

Kamei Katsuichirō 龟井胜一郎

Kamei Koremi 龟井兹监

kami 神, g; ti. *See also* gods

Kamimusubi 神皇产灵尊

kamma vipāka

Kamo no Chōmei 鸭长明

Kamo no Mabuchi 贺茂真渊

Kamo no Nagatsugu 鸭长继

Kamo no Taketsunomi 贺茂建角身

kamunagara 随神

kana 仮名

Kan'ami 观阿弥

Kanazawa 金泽

Kaneko Daie 金子大荣

Kang Hang 姜沆

Kang Youwei 康有为

kanji-kana konkō 汉字仮名混交

kannen 观念

Kannon 观音, g. *See also* Avalokiteśvara

Kansai 关西

Kansei 宽政

Kant, Immanuel

Kapila

Karaki Junzō 唐木顺三

Karatani Kōjin 柄谷行人

karma, g

Karumoshima 刈藻岛

Kashima Shrine 鹿岛神宫

Kāśyapa

kata 型, g

katakana 片仮名

Katō Hiroyuki 加藤弘之

Katsuki Yasuji 胜木保次

Kattō (Dōgen) 葛藤

Kawabata Yasunari 川端康成

Kawachi 河内

Kawakami Hajime 河上肇

Kawakami Tetsutarō 河上彻太郎

Kawashima Takeyoshi 川岛武宜

Kegon 华严, g. *See also* Huayan

Keichū 契冲

Keijō Imperial University 京城帝国大学

Keikō, Emperor 景行

Keizan Jōkin 莹山绍瑾

kengaku 贤学

Kenmu 建武

Kennin-ji 建仁寺

Kenshō 显昭

kentetsu 贤哲

Kepler, Johannes

Kettering, Emil

Key, Ellen

ki 气, g; ti. *See also* generative force

Ki no Tsurayuki 纪贯之

Kierkegaard, Soren

Kikai 喜海

kikengaku 希贤学

Kikyōya 桔梗屋 Juan

kikyū 希求

kikyū tetsuchi 希求哲智

Kimura Bin 木村敏

Kimura Motomori 木村素卫

Kimura Rihito 木村利人

Kinai 畿内

Kinmei, Emperor 钦明

Kira Kōzukenosuke 吉良上野介

kire 切れ

kirishitan 切支丹

kishitsu 气质. *See* temperament

Kita Ikki 北一辉

Kitabatake Chikafusa 北畠亲房

Kitano 北野 1

kitetsugaku 希哲学

Kiyō Hōshū 岐阳方秀

Kiyozawa Manshi 清泽满之

knowing, knowledge, ti. *See also* authentication, divination, esoteric k., innate k., nondual wisdom, scholarly k., scientific k.

kōan 公案, g

Kobayashi Hideo 小林秀雄

Kōbō Daishi 弘法大师. *See* Kūkai

Koeber

kogaku 古学

Kogojūi 古语拾遗

Koguryŏ 高句丽

Kojiki 古事记, g

Kojikiden (Motoori Norinaga) 古事记传

Kokin (*waka*) *shū* 古今（和歌）集

kokoro 心, こころ. *See* mind, g

Kokugaku 国学

Kokugakuin University

kokugo 国语

kokutai 国体, g

Kokutai no hongi 国体的本义

Komatsu Yoshihiko 小松美彦

Komazawa Universities

Konishi Settsu no Kami Yukinaga 小西摄津守行长

Konoe Fumimaro 近卫文麿

Konohanasakuya Hime 木花之开耶姬

Konparu Zenchiku 金春禅竹

Kōsaka Masaaki 高坂正显

Kōshō, Emperor 孝昭

koto 琴

koto こと, 事, 言, g

kotoba 言叶

kotodama 言灵, g. *See also* spirit of words

Kōtoku, Emperor 孝德

kotowari 理

Koun Ejō 孤云怀奘

Kōyama Iwao 高山岩男

Ksatriyas

kū 空. See empty, emptiness, g

Kuji River 久慈川

Kūkai 空海

Kuki Shūzō 九鬼周造

Kumazawa Banzan 熊泽蕃山

Kunado no kami 久那斗神

Kunisazuchi no mikoto 国狭槌尊

Kunitokotachi no mikoto 国常立尊

Kuroda 黑田

Kusanagi 草薙

Kusunoki Masashige 楠木正成

Kusunoki Masasue 楠木正季

Kuwaki Gen'yoku 桑木严翼

Kūya 空也

Kuzubana くすばな

Kyōgyōshinshō 教行信证 (Shinran)

Kyushu 九州; Kyushu University

LaFleur, William

La Mettrie, Julien Offray de

Lacan, Jacques

Lake Nojiri 野尻湖

Lancet of Zazen (Dōgen)

Lange, Friedrich Albert

language, ti. *See also* Japanese la-nguage

Laṅkāvatāra sūtra

Laozi 老子

Larger Sukhāvatīvyūha sūtra

Lask, Emil

latter day of the law. See *mappō*, g

law, ti

learning, g

Lee Kwang-Lae 李光来

Lee Kwan-Yong 李灌镕

Leibniz, Gottfried

Leng yan jing 楞严经

Leroi-Gourhan, Andre

Levinas, Emmanuel

Liang Qichao 梁启超

Liang Shumin 梁漱溟

liberation, ti

Liebmann, Otto

Linji Yixuan 临济义玄

Linnaeus

Lipps, Theodor

Literary World 文学会

literature, ti. *See also* poetics, *waka*

lixue 理学

Lloyd George, David

Locke, John

logic, logical identity ti. *See also* self-identity of absolute contradiction

Lord above, g

Lotus Sutra; *L. S. of the Marvelous Law*

Lotze, Rudolf Hermann

love, ti. *See also* compassion

Lower Kamo Shrine 下贺茂神社

Lowith, Karl
Lu Xun 鲁迅
Lukacs, Georg
Luo Qinshun 罗钦顺
Luther, Martin
Mach, Ernst
Mādhyamika School. *See also* Sanlun School
Maga no hire 末贺能比连（Ichikawa Tazumaro）
Mahāmatī
Mahāparinirvāna sūtra
Mahāsattva
Mahāsthāmaprāpta
Mahāvairocana. *See also* Dainichi, g; Vairocana
Mahāvairocana sūtra
Mahayana, g
Mahāyāna śāstra
Mahayana Treatise
Mahesvara
Maimonides, Moses
Maine de Biran, Pierre-Francois
Maitreya, g
Makabe no Heishirō 真壁平四郎
makoto 真，信
Malebranche, Nicolas
mana 真名
mandala
Manjuśrī
Mannheim, Karl

mantra
Man'yōshū 万叶集, g
mappō 末法, g. *See also* dharma ages, final stage of the dharma, latter day of the law
Marcel, Gabriel
Mars
martial arts, ti. *See also* Way of the warrior
Maruyama Masao 丸山真男
Marx, Karl; Marxism ti
Masaoka Shiki 正冈子规
Master Kong. *See* Confucius
Matsumoto Shirō 松本史朗
Matsunaga Sekigo 松永尺五
Matsuo Bashō 松尾芭蕉
Matsusaka 松阪
Maudgalyāyana
Māyā
Mahayana Treatise
Mead, George Herbert
mean, g
Meaning of our Country (Kamo no Mabuchi)
Meaning of "Realizing Buddhahood in This Very Body" (Kūkai)
Meaning of "Voice, Word, and Reality" (Kūkai)
medical ethics. *See* bioethics
meditation. *See* cultivation, practice, *zazen*

Meiji（era）

Meiji Constitution, ti

Meiji, Emperor 明治

Meiji Restoration

Meiji Six Society 明六社

Meiner, F.

Meister Eckhart

Mencius 孟子

merit transfer. See transference of merit, g

Merleau-Ponty Maurice

metaphor, ti

metaphysics, ti. See also reality: the world

Miaolo Zhanran 妙乐湛然

Michelangelo

Middle Path

Middle Treatise（Nāgārjuna）

middle way, middle, g

Mignon

Miki Kiyoshi 三木清

Milinda, King

Mill, John Stuart

Miller, Roy Andrew

Minagawa Kien 皆川淇园

Minamoto no Yorimasa 源赖政

Minamoto no Yoritomo 源赖朝

Minamoto Ryōen 源了圆

Minatogawa 凑川

mind, g; ti; mind of oneness, ti. See also nondual wisdom, *prajnā*

Ming Confucian

Ming Dynasty 明朝

Ming of Han, Emperor 汉明

Minkowski, Hermann

Mirror to the Flower（Zeami）

Mishima Yukio 三岛由纪夫

Mito School 水户学

Mitsugo 密语（Dōgen）

Mitsuki 密筑

Mitsunari. See Ishida Mitsunari

Miura Baien 三浦梅园

Miyagawa Poetry Contest 宫川歌合

Miyake Gōichi 三宅刚一

Miyake Setsurei 三宅雪岭

Miyamoto Musashi 宫本武藏

Miyamoto（Nakajō）Yuriko 宫本（中条）百合子

Miyazawa Kenji 宫泽贤治

modernity, ti

Mohe zhiguan 摩诃止观

moment of thought. See thought-moment, g

Momoyama（era）桃山

Mona Lisa

Mongolia, Mongols

Monkey Sermons

mono もの・物

mono no aware もののあはれ, g

monogatari 物语

Montaigne, Michel Eyquem de

morality, ti. See also good and evil, religion and morality, Shinto.

Mori Arimasa 森有正
Mori Arinori 森有礼
Mori Ōgai 森鸥外
Morioka Masahiro 森冈正博
Morita Shiryū 森田子龙
Morning Glory Diary
Moroi Saburō 诸井三郎
motherhood, ti
Motoori Norinaga 本居宣长
Mou Zongsan 牟宗三
Mountains and Waters Sutra (Dōgen)
Mt Asama 浅间山
Mt Atago 爱宕山
Mt Dandoku 檀特山
Mt Fuji 富士山
Mt Hiei 比叡山
Mt Ikoma 生驹山
Mt Kagu 香具山
Mt Kishima 杵岛岳
Mt Kōya 高野山
Mt Kurohime 黑姬山
Mt Myōkō 妙高山
Mt Penglai 蓬莱山
Mt Sumeru 须弥山, g
Mt Tai 泰山
Mt Toribe 鸟边山
Mt Tsukuba 筑波山
Mt Yamamuro 山室山
mu 无. *See* absolute nothingness; nothingness, g

mudrā
Mugai Nyodai 无外如大
Muhammad
Mūlamadhyamakakārikā (Nāgārjuna)
Mumonkan 无门关
Murasaki Shikibu 紫式部
Muromachi (era) 室町
Musashi. *See* Miyamoto Musashi
music, ti
Musō Soseki 梦窗疏石
Musubi (no) kami 产灵神
Mutai Risaku 务台理作
Mutsu 陆奥
My Personal View of Poetry (Motoori Norinaga)
Myōe 明惠
Myōshū 妙秀
Myōtei Dialogue (Fukansai Habian)
mysticism, ti
myth, ti
Nagai Kafū 永井荷风
Nagami Yutaka 永见裕
Nagano 长野
Nagaoka 长冈
Nāgārjuna
Nagasaki 长崎
Nagasena
Nagasunehiko 长髄彦
naka 中
Nakae Chōmin 中江兆民

总索引 | 1333

Nakae Tōju（Tokusuke）中江藤树（笃介）
Nakajima Michi 中岛みち
nakama 仲间
Nakamura 中村
Nakamura Hajime 中村元
Nakamura Hideyoshi 中村秀吉
Nakamura Yūjirō 中村雄二郎
Nakatomi 中臣
Nakatsukuni 中国
Nameless Treatise
Namihira Emiko 波平惠美子
namo amitābhāya buddhāya
namu-Amida-Butsu 南无阿弥陀佛. See *nenbutsu*, g
namu-Daishi-Henjō-Kongō 南无大师遍照金刚
namu-ichijō-myōten 南无一乘妙典
namu-Kanzeon-Bosatsu 南舞观世音菩萨
namu-myōhō-rengekyō 南无妙法莲华经, g
namu-Shakamuni-Butsu 南无释迦牟尼佛
namu-zettai-mugenson 南无绝对无限尊
Nanbōroku 南方录
Naniwa Bay 难波潟
Nanquan Puyuan 南泉普愿
Nansen. See Nanquan Puyuan
Nanzen-ji 南禅寺
Nara 奈良
Narcissus
Narimoto 成元

national identity. See political identity
nationalism, ti
Native Studies
Natsume Sōseki 夏目漱石
naturalness, ti. See also *jinen*, spontaneity
Nazis
Nehru, Jawaharlal
nenbutsu, g. See also *namu-Amida-Butsu*
nenbutsu-samādhi 念佛三昧
Neo-Confucianism
Neske, Gunther
New Collection of Ancient and Modern Times
New Confucianism
New Life 新生命
Newton, Isaac
Nichiren 日莲
Nicholas of Cusa. See also Cusanus
Niebuhr, Reinhold
Nietzsche, Friedrich
Nihon ryōiki 日本灵异记
Nihon shoki 日本书纪. See also *Ni-hongi*
Nihon shoki sanso 日本书纪纂疏
Nihongi 日本纪. See *Nihon shoki*
nihongo 日本语
nihonjinron 日本人论
Niida 仁井田
Nijō, Emperor 二条
Nikkō 日光
ningen 人间

Ninigi no mikoto 琼琼杵尊
ninjō 人情
Ninna-ji 仁和寺
Ninomiya Sontoku 二宫尊德
nirvāna, g
Nirvāna sūtra
Nishi Amane 西周
Nishida Kitarō 西田几多郎
Nishimura Shigeki 西村茂树
Nishitani Keiji 西谷启治
Nitobe Inazō 新渡户稻造
Nō 能, g
Noah
No-a-ku 能安玖
Nobo 能烦
Nogi 能义
no-mind, g
nondual wisdom, ti. See also mind, mind of oneness, *prajnā*
nonfinite, g
Nonomura Naotarō 野野村直太郎
Norinaga. See Motoori Norinaga
no-self, ti. See also ego
Not Doing Evils (Dōgen)
not-doing, g
nothingness, g; being and n., ti; experience and n., ti. See also absolute nothingness, *mu*
Novalis
Nyorai 如来

Ō no Ason Yasumaro 太朝臣安万侣
Ōanamuchi no mikoto 大己贵命
objectivity, ti
Ogyū Sorai 荻生徂徕
Ōhashi Ryōsuke 大桥良介
Ōi 大井
Oita 大分
Ōjin, Emperor 应神
Okakura Tenshin 冈仓天心
Okayama 冈山
Okinawa 冲绳
Okumura Hiroshi 奥村博史
Ōkuni Takamasa 大国隆正
Okuninushi 大国主
Okura. See Yamanoue no Okura
Olympe de Gouges
Ōmi 近江
omo(i), *omo*(u) 思
Ōmori Shōzō 大森庄藏
On Establishing the Correct Teaching for the Peace of the Land (Nichiren)
On Particles and Auxiliary Verbs (Fujitani Nariakira)
one great matter. See great matter, g
One Vehicle, g
Ōnishi Hajime 大西祝
Ōnishi Yoshinori 大西克礼
Ono 小野
Ono no Komachi 小野小町
onozukara 自然. See also *jinen*

ontological status of *kami* and buddhas, ti

ordinary people, g

original enlightenment, g

original nature, ti. *See also* buddha-nature, human nature

Orikuchi Shinobu 折口信夫

Orise. *See* Hirata Orise

other-power, g

Owari Province 尾张县

Ōyashima 大八州

Paek Chong-Hyon 白琼铉

Paekche 百济

Pang Yun 庞蕴

Pangu 盘古

Pankhurst, Emily

Panshan Baoji 盘山宝积

Park Chong-Hong 朴钟鸿

Parmenides

passions, ti. *See also* defilements, emotions, feelings

Paul, Saint

peace, ti

Pearl Harbor

perfections, g

personal agency, ti

personal identity, ti

personhood, ti

Peter, Saint

phenomenal realm, world, ti. *See also* dharmadhātu, g

philosophy, defining p., ti; p. vis-avis religion, ti. *See also* comparative philosophy, religion place (logic of), g

Platform Sutra

Plato

Plotinus

Poetic Styles Past and Present

poetics, ti. *See also uta*, *waka*

Poggeler, Otto

Poincare, Henri

Polanyi, Michael

political identity, ti

politics, ti. See also *kokutai*, g

Pontigny

Pope Benedict Ⅺ

Potter, V. R.

practice, ti. *See also* cultivation, meditation, *zazen*

prajñā, g

Prajñā Wisdom Sutra

prajnapāramitā, g

pramāna

prasthitam cittam

pratītya-samutpāda, g. *See also* dependent origination

pratyekabuddha, g

praxis. *See* practice

Preceptor Kai of Mt Dayang 大阳山楷和尚

Precepts Sect

Precious Key to the Secret Treasury (Kūkai)
principal object of veneration. See (*go*) *honzon*, g
principle, g; ti. See also *ri*
Principles of Zazen (Dōgen)
"Private Notes on the Transmission from Xiu chan-si" (Saichō)
propriety, g
Proudon, Pierre-Joseph
Proust, Marcel
Pure Land (Buddhism), g. *See also* afterlife, Shin Buddhism
putradharma
Pythagoras
Qiannu 倩女
Qin Dynasty 秦朝
Qin Shi, Emperor 秦始皇
Qing Dynasty 清朝
Qingyuan Weixin 青原惟信
qua. See *soku-hi*, g
Questions and Answers on the Great Learning (Kumazawa Banzan)
Questions of King Milinda
Rai San'yō 赖山阳
Raichō. See Hiratsuka Raichō
rajja
rangaku 兰学. See Dutch Studies, g
Ranke, Leopold von
Ravaisson-Mollien, Jean Gaspard Felix
reality: the human, ti; the world,

reason and logic, ti
Record of Ancient Matters. See *Kojiki*, g
Record of Great Doubts (Kaibara Ekken)
Record of Linji. See *Rinzairoku*
Record of Nanbō. See *Nanbōroku*
Records of the Grand Historian
rectifying the mind, ti. *See also* mind
Red Wave Society 赤澜会
refined person, g
reform
See also revolution and reform
Regulations and Laws of the Engi Era
Reid, Thomas
Reinhardt, Karl
Reiyūkai 灵友会
religion, ti; r. and morality, ti. *See also* Buddhism, God, *kami*, Shinto, philosophy, sin
religious identity, ti
Renaissance
renga 连歌
Rennyo 莲如
reverence, g
revolution and reform, ti. *See also* reform
Rhys Davids, T. W.
ri 理, ti. *See* principle, g
Rickert, Heinrich
Ricoeur, Paul
rigaku 理学

righteousness, g

rights, ti

rihō (*sei*) 理法（性）

Rikyū. *See* Sen no Rikyū

rin 伦

rinnri 伦理

Rinsen-ji 临川寺

Rinzai Zen 临济禅. *See also* Zen Buddhism

Rinzairoku 临济录

riron 理论

risei 理性

Risshō Kōseikai 立正佼成会

Rites of the Zhou 周礼

ritsuryō 律令

Rodin, Francois-Auguste-Rene

Rohrig, Margarete

Rokujō School 六条派

Rombach, Heinrich

rōnin. *See* forty-six *rōnin*

Ronse, Henri

Rorty, Richard

Roscelin

Rousseau, Jean-Jacques

rulership, ti

rūpa, g

Russell, Bertrand

Ryōgen 良源

Ryōgoku 两国

Ryōiki. *See Nihon ryōiki*

Ryūon. *See* Higuchi Ryūon

Sado (ga shima) 佐渡（岛）

Sāgaramegha

sage, ti. *See also* teachers and students

Sahā world

Saichō 最澄

Saigusa Mitsuyoshi 三枝充德

Saigyō 西行

Saihō-ji 西芳寺

Sakabe Megumi 坂部惠

Sakaguchi Fumi 坂口ふみ

sakaki 贤木

Sakamoto 坂本

Sakihara no Saki 前原崎

Sakuyahime. *See* Konohanasakuya

samādhi, g

Samantabhadra, g

Samantabhadra bodhisattva sūtra

samsara, g. *See also* birth-and-death

samurai 侍; s. values, ti. *See also bushidō*, g; Way of the warrior

Samyuktāgama

Samyutta Nikāya

Sand, Georges

sangha

Sanlun School 三论宗. *See also* Mādhyamika School

Sannō Gongen 山王权现

Santa Maria

Śāriputra

Sartre, Jean-Paul
sarugaku 猿乐, g
sasang 思想
Sataśāstra
Satan
Satō Naokata 佐藤直方
satori 悟り, g
Satsuma 萨摩
Satyasiddhiśāstra
Saussure, Ferdinand de
Sawada Nobushige 泽田允茂
Scheler, Max
Schelling, F. W. J.
Schleiermacher, Friedrich
scholarly knowledge, ti
School Sayings of Confucius
Schopenhauer, Arthur
Schreiner, Olive
scientific knowing, ti
Secret Adamantine Vehicle
Secret Mandala: Treatise on the Ten Mindsets (Kūkai)
Secret Sayings of an Ancient Ancestor (Matsuo Bashō)
Sei Shōnagon 清少纳言
Seichō-ji 清澄寺
Seika. See Fujiwara Seika
Seikaku 圣觉
Seikō 静香
Seitō 青鞜. See also Bluestocking Society.

seken 世间
Seki Takakazu 关孝和
Sekiguchi Sumiko 关口すみ子
Selective Outline of Te-ni-ha
self-awareness, ti. See also consciousness
self-cultivation. See also cultivation, g, ti
self-enjoying *samādhi*, g
self-identity of absolute contradiction, g
self-nature, g
self-power, g
semblance dharma, g
Sen no Rikyū (Sōeki) 千利休 (宗易)
Sendai 仙台
Sengaku-ji 泉岳寺
Sengcan 僧璨
senkō 纤巧
Sennan no Tsu 泉南ノ津
Senzai (*waka*) *shū* 千载（和歌）集
seppuku 切腹, g
Sergi, Giuseppe
Sessen Dōji 雪山童子
Seventeen-Article Constitution, ti
sex, ti
Shaftesbury, Earl of
Shaka. See also Shakyamuni
Shakespeare, William
Shakya
Shakyamuni, g
Shandao 善导
Shandong Province 山东省

Shang Dynasty 商朝

Shangdi 上帝

Shanghai 上海

Shelun 摄论

shi 词

Shidō Bunan（Munan）至道无难

Shika（waka）shū 词花（和歌）集

Shiki 志纪

shi-kiken 士希贤

Shikishima 敷岛

Shikoku 四国

Shimaji Daitō 岛地大等

Shimane 岛根

Shimazu 岛津

Shimomura Torararō 下村寅太郎

Shin Buddhism, g. See also Pure Land (Buddhism)

Shinagawa Bay 品川港

shingaku 心学, g

Shingi Shingon 新义真言

Shingon 真言, g. See also truth word

shinjin 信心. See trusting faith, g

Shinkei 心敬

Shinkokin（waka）shū 新古今（和歌）集

Shinpu 信风

Shinran 亲鸾

Shinshū 真宗. See Shin Buddhism, g

Shinto 神道, ti; S. morality, ti

Shinto incarnations of the Buddha, g

Shiragi Shrine 新罗神社

Shirozuka Noboru 城塚登

Shiva

Shōbōgenzō 正法眼藏（Dōgen）

shōgun 将军

shogunate, g

Shōheikō 昌平簧

Shōju Rōjin 正受老人. See Dōkyō Etan

shōken 圣贤

Shōkoku-ji 相国寺

Short Sayings of the Great Teachers（Ton'a）

Shōsai Hōshin 性才法心

Shōtetsu 正彻

Shōtoku Constitution, ti. See also *Seventeen-Article Constitution*

Shōtoku Taishi 圣德太子

Shouleng'yan jing 首楞严经

shugi 主义

Shūishū 拾遗集

shūkyō 宗教

Shun, Emperor 舜

Shūon-an 酬恩庵

Shutsujō shōgo 出定笑语

Siddhārtha Gautama. See also Buddha, Shakyamuni

Sidotti, Giovanni Battista

silhak 实学

Silla Kingdom 新罗

Silver-Colored Woman Sutra

sin, ti

sincerity, g

Singer, Peter
sive. See *soku-hi,* g
Six Classics
Sixth (Zen) Patriarch
Skeletons (Ikkyū)
skepticism, ti
Smaller Sukhāvatīvyūha sūtra
Smith, Adam
social order, change, ti
socialism, ti
Socrates
Sōen 宗演
Soga no Kurayamada 苏我仓山田
Soga Ryōjin 曾我量深
Sōka Gakkai 创价学会
Sokō. See Yamaga Sokō
soku, soku-hi, g. See also *qua, sive*
Son of Heaven, g
Sone no Yoshitada 曾祢好忠
song, ti. See also *uta, waka*
Song Dynasty 宋朝
Sontoku. See Ninomiya Sontoku
Sorai. See Ogyū Sorai
Sotan 曾丹. See Sone no Yoshitada
Sōtō Zen 曹洞禅. See also Caodong School, Zen Buddhism
Sotoori, Princess 衣通姫
space; space and time, ti
Spencer, Herbert
Spengler, Oswald

Spinoza, Baruch
Spirit of Rectification (Motoori Norinaga)
spirit of words. See *kotodama,* g
spirits, ti. See also ghosts and spirits
spontaneity, ti. See also creativity, *jinen,* naturalness
śrāvaka, g
stages in studying, ti
Stenger, Georg
Stirner, Max
studying, ti
Śubhākarasiṃha
Subhūti
subjectivity, ti
suchness, thusness, g
sudden enlightenment, g
Śuddhodana, King
Sudhana
Suetsune. See Fujiwara no Suetsune
Sugawara no Michizane 菅原道真
Sugita Genpaku 杉田玄白
Sui Dynasty 隋朝
Suijin 水神
Suiko, Empress 推古
Suinin, Emperor 垂仁
Suizei, Emperor 绥靖
Sujin, Emperor 崇神
Sukhāvatī
suki 隙
Sukunahikona no kami 少名毗古那神

Sumemima no mikoto 皇御孙命

Sumida River 隅田川

Suminoe 住之江

Sumiyoshi 住吉; S. Shrine,

sun goddess. See Amaterasu, g

Sunshin 寸心

śūnyatā. See empty, emptiness, g

supreme ultimate, g

Śūraṅgama sūtra

Susanoo 须佐之男

Sutra of Perfect Enlightenment

Suttanipāta

Suzuki Akira 铃木朖

Suzuki Daisetsu (D. T.) 铃木大拙

Suzuki Shigetaka 铃木成高

Suzuki Shōsan 铃木正三

Suzuki Takao 铃木孝夫

Taccitam acittam yaccitam

Tachibana Moribe 橘守部

Tachibana no Odo 橘小门

Tagore, Rabindranath

Taishō (era) 大正

Taizong of Tang, Emperor 唐太宗

Tajimamori 田道间守

Takada branch (Pure Land Buddhism) 高田派

Takahashi Fumi 高桥文

Takahashi Satomi 高桥里美

Takamagahara 高天原

Takamatsu In 高松院

Takamatsu (Shikoku) 高松

Takamimusubi no kami 高御产巢日神

Takamimusubi no mikoto 高皇产灵尊

Takamure Itsue 高群逸枝

Takano Chōei 高野长英

Takao 高尾

Takasago 高山

Takayama Chogyū 高山樗牛

Takayama Ukon 高山右近

Takeda Taijun 武田泰淳

Takemi Tarō 武见太郎

Takenouchi no Sukune 武内宿祢

Takeuchi Yoshimi 竹内好

Takeuchi Yoshinori 武内义范

Takeuchi Yoshitomo 竹内良知

Takizawa Katsumi 泷泽克己

Takuan Sōhō 泽庵宗彭

takuetsu 卓越

Tale of Genji (Murasaki Shikibu). See *Bendōwa*

tama 灵

Tamaki Kōshirō 玉城康四郎

Tamanooya no mikoto 玉祖命

Tanabe Hajime 田边元

tanagokoro 掌

Tanaka Kiichi 田中喜一

Tanaka Michitarō 田中美知太郎

Tang Dynasty 唐朝

Tang Junyi 唐君毅

Taniguchi Buson 谷口芫村

Tanizaki Jun'ichirō 谷崎润一郎
tanka 短歌
Tanluan 昙鸾
Tannishō 叹异抄
taoyame-buri 手弱女振り
Taoyuanxiang 桃源乡
Tathāgata,
Tathāgata Mahāvairocana
Tathāgata Shakyamuni
Tathāgata Vairocana
tathāgatagarbha, g
tathatā. See suchness, g
Tatta no Tachimu 龙田的立野
Tauler, Johannes
Tayasu Munetake 田安宗武
tea ceremony, ti
teachers and students, ti
Teiyū Ethics Society 丁酉伦理会
temperament, g
Ten Oxherding Pictures 十牛图
Tendai 天台, g
Tengu 天狗
Tenman Daijizaiten (jin) 天满大自在天 (神). See also Daijizaiten
Tenmu, Emperor 天武
tennri 天理
Tenryū-ji 天龙寺
Teshima Toan 手岛堵庵
Tetsugakkai zasshi 哲学会杂志
tetsugaku 哲学, g

tetsugakusha 哲学者
tetsujin 哲人
tetsuri 哲理
Text on the Five Teachings (Kūkai)
Thales of Miletus
Things that Cannot be Fully Expressed in Words (Hori Keizan)
thinking, ti. See also mind, thought-moment
Third (Zen) Patriarch
Thorild, Thomas
thought-moment, g. See also moment of thought
Three Anthologies
three bodies, g
three worlds, g
Thus Come One. See Tathāgata, g
thusness. See suchness, thusness, g
Tiantai. See Tendai, g
Tiantong Rujing 天童如净
Tibet
Tillich, Paul
time, ti. See also eternity, space and time
To ho kami emi tame 远神惠赐
Toba, Emperor 鸟羽
Tō-ji 东寺
Tōkaku 东郭. See Teshima Toan
Tokieda Motoki 时枝诚记
Tokoyo no kuni 莲莱山

Tokuan 得庵

Tokugawa（era）

Tokugawa Ienobu 德川家宣

Tokugawa Ieyasu 德川家康

Tokugawa Tsunayoshi 德川纲吉

Tokugawa Yoshimune 德川吉宗

Tokugawa Yoshinobu 德川庆喜

Tokuitsu 德一

Tōkyō Senmon Gakkō 东京专门学校

Told Round a Brushwood Fire（Arai Hakuseki）

Tolischus, Otto D.

Tolstoy, Leo

Tominaga Nakamoto 富永仲基

Ton'a 顿阿

Toneri (Shinnō), Prince 舍人（亲王）

Tongshu 通书

torii 鸟居, g

Torio Koyata 鸟尾小弥太

Tosaka Jun 户坂润

Toyama Masakazu 外山正一

Toynbee, Arnold

Toyokumunu no mikoto 丰斟渟尊

Toyotama prison 丰多摩监狱

Toyotomi Hideyoshi 丰臣秀吉

trade, ti

Tradition and Change in Japanese Culture

transference of merit, g. See also merit transfer

Treasured Biographies of Recent Zen Monastics

Treatise on the Great Perfection of Wisdom

Treatise on the Pure Land Sutra（Vasubandhu）

Treatise on the Ten Mindsets（Kūkai）

Treatise on the Ten Plateaus（Vasubandhu）

True Pillar of the Soul（Hirata Atsutane）

trust, ti. See also sincerity, trusting faith

trusting faith, g. See also *shinjin*

truth, ti. See also Buddha's truth, *dharma*

truth word. See Shingon, g

Tsuda Mamichi 津田真道

Tsuda Umeko 津田梅子

Tsujimura Kōichi 辻村公一

Tsurumi Shunsuke 鹤见俊辅

Tsuwano 津和野

Tusita Heaven

Uchimura Kanzō 内村鉴三

Ueda Kenji 上田贤治

Ueda Shizuteru 上田闲照

Ueki Emori 植木枝盛

Ui Hakuju 宇井伯寿

Uji 有時（Dōgen）

Ukashi 猾

Umehara Takeshi 梅原猛

Umemoto Katsumi 梅本克己

unborn, g

unhindered reason, things. See unobstructed penetration of thing and thing

Unmon. *See* Yunmen Kuangzhen

unobstructed penetration of thing and thing, g. *See also* unhindered reason, things

Universe, The (Miyake Setsurei)

Unoke 宇ノ气

upāya. See expedient means, g

upāya dharma-kāya

Urashima (Tarō) 浦岛（太郎）

uta 歌, g

Vairocana. *See also* Dainichi, g; Mahāvairocana

Vaiśyas

vajra, g

Vajra Needle

Vajra Peak Scripture

Vajrabodhi

Vajrayana, g

Valery, Paul

Varnhagen, Rahal

Vasubandhu

Vedānta

Vedas

Vernacular Account of Human Nature and Principle (Fujiwara Seika)

Verses on Faith in Mind (Sengcan)

Vico, Giambattista

vijñāna, g

vikalpa

Vimalakīrti

Vimalakīrti-nirdeśa sūtra

vinaya

Vissering, Simon

void, g

Voltaire

Vulture Peak

Wabi 侘, g

Wada Takeo 和田武雄

waka 和歌, g

Wang Guowei 王国维

Wang Yangming 王阳明

Wang Yangming School 阳明学

war and peace, ti

Ward, Lester

Washida Kiyokazu 鹫田清一

Watsuji Tetsurō 和辻哲郎

Watt, James

Way, g

Way of heaven

Way of humanity

Way of Japan

Way of Natural Spontaneity and Living Truth, The (Andō Shōeki)

Way of Shinto

Way of subjects

Way of Tea. *See* tea ceremony, ti

Way of truth

Way of the warrior, samurai. *Seebushidō*, g; martial arts, ti

Weber, Max

Weil, Simone

Weise Rose

Wen, King 文

West Lake

Western Paradise. See also Pure Land, g

Whitehead, Alfred North

will, ti; will of heaven, g

wisdom, g

Wisdom Sutras

Wittgenstein, Ludwig

Wolff, Christian

Wollstonecraft, Mary

Women of the World（世界妇人）

wǒnhak 原学

world. See reality: the world

world history and Japan, ti

Writings of an Old Man（Tominaga Nakamoto）

Wu, Empress 武

Wu of Han, King 汉武

Wu of Liang, Emperor 梁武

Wuzong of Tang, Emperor 唐武宗

Xiong Shili 熊十力

Xiuchan-si 修禅寺

Xuanzong, Emperor 玄宗

Xunzi 荀子

Yabo 野暮

Yagi Seiichi 八木诚一

Yagyū Munenori 柳生宗矩

Yahweh

yaksa, g

Yamaga Sadamochi 山鹿贞以

Yamaga Sokō 山鹿素行

Yamagata 山形

Yamagata Bantō 山片蟠桃

Yamakawa (Morita) Kikue 山川（森田）菊荣

Yamamoto Tsunetomo 山本常朝

Yamanba 山姥

Yamanoue no Okura 山上忆良

Yamato 大和; Y. language, See also *Yamato kotoba*

Yamato kotoba 大和言叶. See also Yamato language

Yamato Takeru 倭武

Yamazaki Ansai 山崎暗斋

Yamazaki Kurando 山崎藏人

Yan Hui 颜回

Yanabu Akira 柳父章

Yanagawa 柳河

Yanagisawa Yoshiyasu 柳泽吉保

Yanagita Kunio 柳田国男

Yangzhu 杨朱

Yao of Tang, Emperor 唐尧

Yaoshan Hongdao (Weiyan) 药山弘道（惟俨）

yaso 耶苏

Yasuda Rijin 安田理深

Yasuda Yojūrō 保田与重郎

Yexian Guisheng 叶县归省

yin-yang 阴阳, ti

yo no naka 世の中

yoga

Yogācāra, g. *See also* Consciousness only

Yokohama 横浜

Yokoi Shōnan 横井小楠

Yokoi Tokio 横井时雄

yomi 黄泉, g. *See also* afterlife

Yomotsuhirasaka 黄泉比良坂

Yomotsushikome 黄泉丑女

Yonemoto Shōhei 米本昌平

Yongjia Xuanjue 永嘉玄觉

Yongming Yanshou 永明延寿

Yorimasa. See Minamoto no Yorimasa

Yosano Akiko 与谢野晶子

Yosano Tekkan 与谢野铁干

Yoshida Kenkō 吉田兼好

Yoshida Shinto 吉田神道

Yoshimitsu Yoshihiko 吉满义彦

Yoshimoto Takaaki 吉本隆明

Yoshio Gonnosuke 吉雄权之助

Yu 禹

Yuan Dynasty 元朝

Yuanwu Keqin 圆悟克勤. *See* Foguo

Yuasa Yasuo 汤浅泰雄

yūgen 幽玄, g

Yuien 唯圆

Yukawa Hideki 汤川秀树

Yumisaki Yoshitada 弓埼美忠

Yunmen Kuangzhen 云门匡真

Yūtei 幽贞

Zange 忏悔, g

zazen 坐禅, g. *See also* practice

Zeami Motokiyo 世阿弥元清

Zeller, Eduard

Zen Buddhism. *See also* Rinzai Zen, Sōto Zen

Zenmon hōkun 禅门宝训

Zeno

Zenrinkushū 禅林句集

Zhang Zhidong 张之洞

Zhanran 湛然

Zhaozhou 赵州

zhexue 哲学

Zhiyi 智顗

Zhou, Duke of 周公旦

Zhou Dunyi 周敦颐

Zhou Dynasty 周朝

Zhou of Shang, King 帝辛

Zhu Shiying 朱世英

Zhu Xi 朱子

Zhuangzi 庄子

Zigong 子贡（端木赐）

Zilu 子路（仲由）

Zizek, Slavoj

Zuigan-ji 瑞严寺

Zweig, Stefan

授　权

编辑们要感谢以下出版机构容许使用以下资料，详情可参考本书的文献表。

Brill, Leiden, for excerpts from Itō Jinsai 1705 (*Itō Jinsai's "Gomō jigi" and the Philosophical Definition of Early Modern Japan* c1998) and Miura Baien 1775 (*Deep Words* c1991).

The Center for Japanese Studies at the University of Michigan for an excerpt from Shōtetsu 1450 (*Conversations with Shōtetsu* c1992).

Columbia University Press, New York, for excerpts from *Sources of Japanese Tradition*, 2 vols., 1st edition c1958 and 2nd edition c2001, 2005: Asami Keisai 1706, Fujiwara Seika n. d., Hara Nensai 1816, Inoue Tetsujirō 1890, Ishida Baigan 1739, Kumazawa Banzan 1686a, 1686b, and n. d., Satō Naokata 1686 and 1706, Yamazaki Ansai 1650 and n. d. -b; and from Hakuin Ekaku 1747 (*The Zen Master Hakuin* c1971), Hiratsuka Raichō 1911 (*In the Beginning, Woman Was the Sun* c2006); Kaibara Ekken 1714 (*The Philosophy of Qi* c2007) Takeuchi Yoshimi 1948 and 1959 (*What Is Modernity?* c2005), and Zeami Motokiyo 1418, 1420, 1424, and 1428 (*Zeami* c2008).

Crossroad Publishing Company, New York, for an excerpt from Takeuchi Yoshinori 1960 (*The Heart of Buddhism* c1983).

The Eastern Buddhist Society, Kyoto, for excerpts from *The Eastern Buddhist*: Ikkyū Sōjun 1457, Nishida Kitarō 1945a, and Shidō Bunan 1670.

Farrar, Straus and Giroux llc, New York, for an excerpt from Bankei Yōtaku 1690 (*The Unborn: The Life and Teachings of Zen Master Bankei* c2000).

Harvard University Press, Cambridge, for excerpts from Fukansai Habian 1620 and Suzuki Shōsan 1662 (*Deus Destroyed* c1973).

Kyoto Journal for an excerpt from Nishitani Keiji 1953.

Leonard Swidler for an excerpt from Yagi Seiichi 1988 (*A Bridge to Buddhist-Christian Dialogue* c1990).

Numata Center for Buddhist Translation and Research, Berkeley, for excerpts from Kakuban 1143 and Kūkai 830 (*Shingon Texts* c2004).

Presses de l'Universite de Montreal for an excerpt from *Surfaces*: Karatani Kōjin 1992.

Princeton University Press, Princeton, for excerpts from Konparu Zenchiku 1455 (*Six Circles, One Dewdrop*) and Genshin n. d. (*Religions of Japan in Practice* c1999).

Shambala Publications, Boston, for excerpts from Andō Shōeki 1762 (*Andō Shōeki* c1992) and Hakuin Ekaku 1743 (*The Essential Teachings of Zen Master Hakuin* c1994).

Sokagakkai, Tokyo, for excerpts from Nichiren 1260, 1264, 1266, 1275, 1277, and N. D. (*Complete Writings of Nichiren Daishōnin* c2003, 2006).

Sophia University, Tokyo, for excerpts from *Monumenta Nipponica*: Kamo no Chōmei 1212, Kamo no Mabuchi 1765, Motoori Norinaga 1771 and 1778, Tominaga Nakamoto 1746, Takano Chōei 1835; and from Fukuzawa Yukichi 1875 (*An Outline of a Theory of Civilization* c1973) and 1876 (*An Encouragement of Learning* c1969).

The Soto Zen Text Project for excerpts from Dōgen 1240b, 1240c, 1240d, 1243a, and 1243b.

Springer Science and Business Media for an excerpt from Izutsu Toyoko 1981a and 1981b (*The Theory of Beauty in the Classical Aesthetics of Japan* c1981).

SUNY Press, for excerpts from Nishitani Keiji 1949 (*The Self-Overcoming of Nihilism* c1990) and Yuasa Yasuo 1977 (*The Body* c1987).

Tenryū-ji Institute for Philosophy and Religion, for an excerpt from Musō Soseki 1342 (*Dialogues in a Dream* c2010).

The Regents of the University of California, Berkeley, for excerpts from Nishitani Keiji 1961 (*Religion and Nothingness* c1982) and Tanabe Hajime 1945 (*Philosophy as Metanoetics* c1986).

University of Tokyo Press, Tokyo, for excerpts from Arai Hakuseki 1716 (Joyce Ackroyd, *Told Round a Brushwood Fire: The Autobiography of Arai Hakuseki* c1979).

中译本后记

2011年10月底开始，我有机会到京都的国际日本文化研究中心工作一年。国际视野的开拓和基础史料的沉潜，可能是这一年感受最深的。西方的日本研究者怎么读日本的史料，也是当时关心的问题之一。这样，自然注意到了这本刚刚出版不久的英文版《日本哲学资料集》（*Japanese Philosophy：A Sourcebook*，Honolulu：University of Hawai'i Press，c2011. 以下简称《资料集》）。

将这本《资料集》翻译成中文出版，这个想法是什么时候开始有的，已经记不太清楚了。2015年10月23—24日香港中文大学比较日本学研究中心主办"近代日本的中国学"学术研讨会，我有幸应吴伟明教授的邀请参加这次研讨会。会议期间，与《资料集》的英译者之一、当时在香港中文大学日本研究学系工作的张政远兄交流，得知他也有将《资料集》翻译成中文的意愿，加上当时参加会议的廖钦彬、李永强等青年学者的支持，我们都很兴奋。经过了一段时间的充分酝酿之后，我和政远兄计划举办一个正式启动该书中文翻译工作的研讨会。这个研讨会，2017年9月2日在香港中文大学日本研究学系顺利召开。我当时还很热心于中华日本哲学会的工作，邀请的大部分译者，也都是此学会的骨干成员。当天正式开会之前，政远兄还特别邀请该资料集原著的编者之一James W. Heisig教授在线上给与会者很多鼓励。这个会上，我们讨论了翻译计划的相关事项，基本上确立了各篇的译者，还专门分"儒学与国学""佛学""现代哲学"三个组进行了比较深入的研讨。

后来因为各种原因，译者的阵容也有些变化。下面是本书中译本的译（包括校订）者名单，共47人，按照目录的顺序以第一次出现为准，依次是：

张政远（东京大学综合文化研究科）

高慧君（香港中文大学日本研究学系）

陈宽欣（香港中文大学日本研究学系）
贾思京（南开大学日本研究院）
殷晨曦（长沙师范学院外国语学院）
刘潇雅（浙江工商大学东方语言与哲学学院）
李莘梓（天津理工大学语言文化学院）
于　君（南开大学外国语学院）
陆秀雯（香港中文大学日本研究学系）
林超纯（香港中文大学日本研究学系）
孙雪梅（南开大学外国语学院）
王　起（黄淮学院天中文化研究院）
陈　宇（南开大学日本研究院）
高　伟（深圳大学外国语学院）
丁诺舟（南开大学日本研究院）
韩立红（南开大学外国语学院）
唐小立（沈阳市委党校文史教研室）
张铉寯（东京大学综合文化研究科）
赵晓靓（广东外语外贸大学日语语言文化学院）
郭驰洋（东京大学综合文化研究科）
王振涛（南开大学日本研究院）
罗　江（中山大学哲学系）
薛雅婷（南开大学日本研究院）
李佐泽（中山大学哲学系）
张　政（中山大学心理健康教育咨询中心）
龚　颖（山东大学哲学与社会发展学院）
彭　曦（南京大学外国语学院）
曾敏华（香港中文大学日本研究学系）
朱坤容（中山大学历史学系）
钱立斌（东京大学综合文化研究科）
钟绮雯（香港中文大学日本研究学系）
杨　杰（东京大学综合文化研究科）

刘　争（关西国际大学国际学部）
张夕靖（广东外语外贸大学日语语言文化学院）
石　璞（南开大学日本研究院）
陈伶俐（广东外语外贸大学日语语言文化学院）
朱奇莹（天津职业技术师范大学外国语学院）
陈倩婷（广东外语外贸大学日语语言文化学院）
孙　彬（清华大学外文系）
刘仕豪（东京大学综合文化研究科）
李建华（北京理工大学外国语学院）
汤恺杰（广西师范大学文学院/新闻与传播学院）
徐　越（东京大学综合文化研究科）
周晓霞（天津社会科学院亚太合作与发展研究所）
陈　怡（*The Journal of East Asian Philosophy* 副主编）
王向远（广东外语外贸大学日语语言文化学院/东方学研究院）
鹿传宇（东京大学人文社会系研究科）

感谢中国日本哲学思想研究界"骨干中的骨干"都留下来了，也感谢新朋友的踊跃加入。期间正好遇上朱谦之先生诞辰120周年的纪念活动，我撰写了《中国的日本哲学思想史研究如何从朱谦之"接着讲"？》的长文，发表在中国社会科学院日本研究所主办的《日本文论》2019年创刊号上。如何"接着讲"，无非在两个方面下功夫：一个是系统扎实的史料功夫，一个是严谨可信的理论功夫，而史料功夫是基础。在此前后，我有机会就呼吁，特别感佩于朱谦之先生主持编译的《东方哲学史资料选集·日本哲学》（"古代之部"和"德川时代之部"两册先后于1962年12月、1963年2月由商务印书馆出版。以下简称《资料选集》），这么伟大的学者，也愿意在基础史料方面花功夫，为后学打基础。同时也感叹：半个世纪过去了，中国的日本哲学研究，在史料建设上还没有实质性的推进。可喜的是，我们终于在《资料选集》出版60年之际，看到了魏常海、孙彬主编的《日本哲学资料选编》（上下册，北京大学出版社2023年版。以下简称《资料选编》）出版了。

《资料选编》对《资料选集》做了大幅度的增补，除了"古代""德川时代"之外，增加了"明治时代"和"大正时代、昭和前期"两个部分，总字数达八十余万字。值得庆幸的是，孙彬教授也是这本中译本《资料集》的译者。我相信，将《资料选编》和这本《资料集》对照着研读，对于关心日本历史、关心日本思想文化的读者，一定会是非常有益也非常有趣的事。

寡闻所及，这本《资料集》或是目前出版的所有同类单行本著作中收录资料时间跨度最长、涉及人物最多、组织的问题群（主题）最繁复、解说最详细的一本。解说部分单独拿出来出版的话，相信也会是一本不错的《日本哲学史论说集》。日本有没有"哲学"，这个早在明治时代曾成为日本知识界热议的问题，英文版《资料集》的出版，或是一个很好的回答。值得注意的是，论题中的京都学派一些学者的言论，特别是1942年到1943年先后发表在《中央公论》和《文学界》杂志上的几次重要的座谈会记录（后来分别结集为《世界史的立场与日本》《近代的超克》，在1943年先后由中央公论社和创元社出版），真实地保留了那个时代日本的知识精英是如何企图在理论上粉饰那场法西斯主义的侵略战争，甚至为其"正当性"不遗余力地进行辩护的证据。这类日本哲学史上的重要史料，是需要我们擦亮眼睛，认真面对并深入批评和彻底揭露的。这方面，本人将"世界史的立场与日本"和"近代的超克"都纳入专著《日本近现代思想史》（世界知识出版社2010年版）中，并为此专门设立一节进行探讨。此外，关于京都学派，比较新的研究成果，可以参考卞崇道、吴光辉、廖钦彬、张政远等人著述；关于"近代的超克"，可以参考孙歌、赵京华等人的成果。

本《资料集》的译者中有许多是我的学生，同学们的英文都比我好得多，特别是唐小立和殷晨曦同学，她们告诉我英译本对日文原典的翻译，有不少随意的地方。这些地方如果都能以注释的形式标示出来，我觉得也会蛮有意思。我甚至鼓励她们多收集一些类似的例子，写成文章，其意义并不局限于翻译，对于了解西方学者的日本观，也许能够提供一些有意思的线索。不过，就我所知，大部分译者是直接从日文原典翻译成中文的。这也有好处，或许可以较大限度地保持对日文原典理解的准确性。

这个中译本，主要的工作都是张政远兄所为，我只是做了一点组织的工作。感谢各位译者的合作与奉献。很高兴能够结识到这么多志同道合的朋友。能够将这本《资料集》收入"善美原典日本研究文库"，也是十分令人高兴的事。当然，这个译本因为译者人数多、内容难，译文有许多未达到尽善尽美之处，是可以想见的。希望读者多提批判意见。最后，还要感谢南开大学梅田善美日本文化研究基金和南开大学中外文明交叉科学中心2023年度的出版资助，不然这本《资料集》不可能这么快正式出版。

刘岳兵
于南开大学日本研究院307室
2024年6月25日初稿
卢沟桥事变87周年纪念日修改